历史真相

《历史真相》编辑部 主编

北京·旅游教育出版社

策　　划:丁海秀　李荣强
责任编辑:李荣强
部分图片提供:微图网　全景图片

图书在版编目(CIP)数据

窥探:历史真相:超值白金版/《历史真相》编辑部主编. -- 北京:旅游教育出版社,2014.1
ISBN 978 - 7 - 5637 - 2838 - 1

Ⅰ.①窥… Ⅱ.①历… Ⅲ.①中国历史—通俗读物 Ⅳ.①K209

中国版本图书馆 CIP 数据核字(2013)第 280816 号

窥探——历史真相(超值白金版)

《历史真相》编辑部　主编

出版单位	旅游教育出版社
地　　址	北京市朝阳区定福庄南里1号
邮　　编	100024
发行电话	(010)65778403　65728372　65767462(传真)
本社网址	www.tepcb.com
E - mail	tepfx@163.com
印刷单位	北京嘉业印刷厂
经销单位	新华书店
开　　本	787 毫米×1092 毫米　1/16
印　　张	25
字　　数	474 千字
版　　次	2014 年 1 月第 1 版
印　　次	2014 年 1 月第 1 次印刷
定　　价	28.80 元

(图书如有装订差错请与发行部联系)

编委会

主　编： 山野卧龙

副主编： 李银良　卫　卫　马　琳

编　委： （排名不分先后）

孙　沛	戴天毓	李鹏飞	刘　宝
李　怡	杜蒙蒙	滕婷婷	苑　城
罗凤琴	陈雪姣	杨晓东	赵一文
李　然	王军锋	周鸣敏	江　飞
王　欢	谌立军	陈代明	邓　阳
邓益香	谌雨霞	邓幸妮	洪　武
程　倩	邓琴书	王　超	梁　慧
夏鸥云	唐　璐	刘小波	闵颖慧
黄　玉	霍庆冬	罗　垠	潘吉钜
彭赠忠	杨成芳	雒岩卫	张　娟
曹昌虹	秦玉虎	张冬霞	赵东瑾
王雷鸣	宗　静	徐丽丽	李瑶瑶
宫　烁	江鑫森	杜　慧	马　静

前 言

子在川上曰：逝者如斯夫！回望历史，每一篇都是一段真实而精彩的过往，凝聚着多少历史烟云，汇集了多少人生悲喜……然而，在您看到的这些盛世、光辉的表象下，往往充满了鲜为人知的秘闻逸事、迷雾重重的历史之谜、鲜为人知的诡异情景、怪诞无比的幕后真相、惨绝人寰的瞬间，以及骇人听闻的军事密谋：

秦始皇为何不立皇后？西施的最终结局怎样？武则天究竟有没有亲手掐死亲生女儿？元代皇帝尸骨为何难觅？古代令人发指的食人真相如何？李鸿章是否为卖国贼……

通过这些一个个有趣的话题，您会发现：有多少您所耳熟能详的历史是不真实的？有多少您所崇拜的历史人物是虚构的？有多少您所痛恨唾骂的奸臣是被冤枉的？有多少您所根深蒂固的观念是歪曲的……

本书试图通过帝王的离奇之死，残酷的权位斗争，深宫后院的秘闻，宫廷"变态"的隐私，不为人知的皇家秘密，残酷的古代刑罚，惨绝人寰的瞬间，名人死因的幕后真相，名人的另类谜团，名士不为人知的脸谱，颠覆尘封历史的"真相"，金戈铁马的军事之谜，不可思议的历史怪圈，千年难解的文化疑案，难以破解的文明、文物之谜，神秘的墓葬之谜，不容误解的文化史实等部分，为您打开已尘封千年的历史门窗,发现历史长河中的跌宕与传奇;为您从众多正史典籍、稗官野史以及民间传说中,钩沉历史的细节,搜寻历史深处的蛛丝马迹,重新揭秘那些被误传已久的经典定论;为您披露惊心动魄的历史真相,还原中华历史的本来面目。

《窥探——历史真相》(经典插图版)自出版以来,受到广大读者的欢迎,本书是其浓缩的超值白金版,内容仍然浅显易懂,有着特殊的吸引力。我们继续选取那些最具代表性、最容易引起人们兴趣的趣闻逸事,选取那些课堂上老师不会讲的历史故事、专家有意回避或语焉不详的历史尘封、丰富典故,逐一呈现给渴求精神财富的您。这些内容不但是您茶余饭后消遣的谈资,更是您了解中国历史文化的绝佳窗口。另外,书中还精心挑选了弥足珍贵的近600张精美图片,让您在趣味阅读中充分感受到中国文化的底蕴。

斯人已去,时光如水;千年往事,转眼成空,历史终究已成为历史……让我们一起去发掘历史碎片,重温那些或精彩、或血腥、或平淡、或曲折的历史画面,聆听那一曲曲壮丽无比的历史叹歌吧!

《历史真相》编辑部

总目录

第一篇　帝王的离奇之死……………………………1
第二篇　残酷的权位斗争……………………………19
第三篇　深宫后院的秘闻……………………………47
第四篇　宫廷"变态"的隐私…………………………81
第五篇　不为人知的皇家秘密………………………91
第六篇　残酷的古代刑罚……………………………119
第七篇　惨绝人寰的瞬间……………………………127
第八篇　名人死因的幕后真相………………………135
第九篇　名人的另类谜团……………………………161
第十篇　名士不为人知的脸谱………………………183
第十一篇　颠覆尘封历史的"真相"…………………207
第十二篇　金戈铁马的军事之谜……………………245
第十三篇　不可思议的历史怪圈……………………275
第十四篇　千年难解的文化疑案……………………297
第十五篇　难以破解的文明、文物之谜……………319
第十六篇　神秘的墓葬之谜…………………………341
第十七篇　不容误解的文化史实……………………367

目 录

第一篇　帝王的离奇之死

霸主齐桓公为何被活活饿死	2
秦始皇暴死之谜	3
被后妃捂死的东晋孝武帝	4
孝文帝拓跋宏病死之谜	4
慕容冲杀死苻坚真相	5
萧衍的凄惨下场	6
成吉思汗猝死六盘山之谜	7
赵匡胤猝死之谜	8
北宋徽钦二帝的悲惨结局	9
辽太宗为何死后被制成木乃伊	10
建文帝生死下落之谜	11
崇祯帝死亡之谜	12
皇太极突然离世之谜	13
雍正皇帝暴死之谜	13
嘉庆帝是否被雷劈死	14
同治皇帝死亡之谜	15
光绪皇帝死亡之谜	16
袁世凯猝死之谜	17

第二篇　残酷的权位斗争

"尧舜禅让"的历史内幕	20
周公为何没取周成王而代之	21
巫蛊引起的宫廷血案	22
杀光百名侄子的冷血帝王	23
玄武门之变的历史真相	23
房玄龄稳居相位的秘诀	24
冯道为何能"事四朝,相六帝"	26
曹操为何不敢接受帝号	27

司马光为什么竭力反对王安石变法	28
明朝名将蓝玉为何被杀	29
朱元璋杀刘伯温的真正内幕	31
徐达死亡真相	33
万历皇帝为何包庇谋杀太子的皇妃	34
努尔哈赤凭何在后金部落中脱颖而出	36
多尔衮为何生前不称帝，死后却"谋逆"	37
康熙帝为何选中乾隆	39
康熙修建避暑山庄的政治目的	40
雍正皇帝14位兄弟的生死之谜	41
年羹尧为何不得不死	43
跛足咸丰继位内幕	45

第三篇　深宫后院的秘闻

夏亡是妹喜之过吗	48
妲己是否为祸国殃民的"狐狸精"	49
商王后妇好一生嫁几次	50
乱伦之恋的文姜是否一无是处	51
秦始皇为何不立皇后	52
"毒妇人"吕后的本来面目	53
汉武帝后妃的悲惨下场	54
舞姿如燕心如毒蝎——赵氏姐妹自杀之谜	56
陪伴六位君王的隋朝萧皇后	57
上官婉儿为何不记恨武则天	58
萧皇后"十香词冤案"之谜	59

妃子侍寝招数何其多	61
杨玉环为何没被立后	63
杨贵妃下落之谜	64
永泰公主死因之谜	65
万贵妃与明宪宗的畸形恋	67
宫女的悲惨生活	68
皇太极为何娶寡妇为妃	70
孝庄太后下嫁多尔衮之谜	71
顺治与董小宛的关系之谜	73
姑侄女三人同嫁一夫的传奇	73
真香妃是否体有异香	75
东太后慈安死亡之谜	76
光绪为何不肯入洞房	77
慈禧太后的奢华马桶知多少	78
末代皇后和皇妃的凄惨下场	79

第四篇　宫廷"变态"的隐私

宫廷内的性丑闻知多少	82
汉唐后宫的脏乱知多少	83
孝文帝皇后的私通丑闻	84
武则天后宫面首知多少	85
太平公主在寺庙的淫乱	86
红杏出墙的皇太后知多少	87
深宫里太监的变态行为	88
嗜好"同性恋"的帝王	89

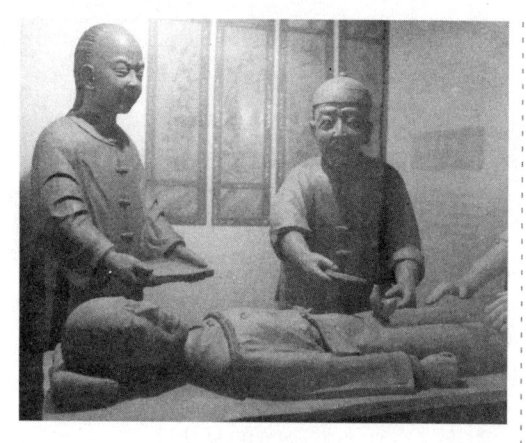

第五篇 不为人知的皇家秘密

盘庚有没有迁都到安阳殷墟	92
秦始皇身世之谜	92
秦始皇铸造十二"金人"的真正缘由	93
王莽弑帝篡位之谜	94
晋武帝为何传位傻太子	95
历史上竟有三位女皇帝	96
隋炀帝"迷楼"中的奥秘	97
唐太宗为何篡改国史	97
驸马爷不为人知的命运	98
唐玄宗为何被奉为"梨园领袖"	99
唐宣宗为何装疯卖傻36年	100
唐朝公主愁嫁内幕	101
南唐后主李煜死亡之谜	102
成吉思汗为何不辞万里三召丘处机	103
元代皇帝尸骨为何难觅	104
朱棣生母之谜	105
明成祖大肆捕捉尼姑之谜	106
明代公主为何屡次被无赖骗婚	106
万历帝为何数十年不上朝	108
嘉庆帝扳倒和珅的真正内幕	109
崇祯帝为何誓死不南迁	110
顺治帝出家之谜	110
孝庄为何不与皇太极合葬	111
雍正帝继位之谜	112
乾隆帝身世之谜	113
清宫选秀为何要避讳叶赫那拉氏	114
道光帝为何要穿补丁衣服	115
大清皇帝为何会接连绝后	116
古代皇帝如何用餐	117
古代皇帝如何治病用药	118

第六篇 残酷的古代刑罚

惨绝人寰的炮烙之刑	120
车裂究竟是不是五马分尸	120
残忍的剥皮之法	121
惨无人道的"剖腹观胎"	123
十恶不赦知多少	124
腰斩之刑是如何被废除的	125
最残忍的死刑——凌迟（千刀万剐）	125

第七篇 惨绝人寰的瞬间

古代令人发指的食人真相	128
古代灭绝人性的大屠杀	129
太监"净身"大揭秘	131
古代第一淫乱凶残的帝王	132
揭秘朱元璋陪葬妃子的残忍死法	134

第八篇 名人死因的幕后真相

西施的最终结局怎样	136
项羽之死的真相	137
屈原投汨罗江真相	138
韩非死亡之谜	139
蔡伦为何自杀	141

三国名将吕布死因新解	141
杨修之死的真实原因	142
司马昭为何处死嵇康	143
奸相蔡京为何被饿死	145
洪秀全死因之谜	145
李莲英死亡之谜	147
林则徐死亡之谜	147
李白死亡之谜	148
岳飞被杀真相	149
袁崇焕被杀之谜	150
郑成功暴死之谜	151
李自成下落之谜	152
名妓陈圆圆结局之谜	153
名妓柳如是自缢之谜	154
方孝孺被"诛十族"的真相	155
纳兰性德为何英年早逝	156
王国维投湖自杀真是为清朝殉葬吗	157
康有为死因之谜	159

第九篇　名人的另类谜团

孔子的身世之谜	162
鬼谷子有无其人	163
李广为何难封	164
昭君出塞原因之谜	165
貂蝉身世之谜	166
诸葛亮娶丑妻探秘	167
李白身世之谜	169

李师师下落之谜	169
欧阳修是否曾作艳词	171
陆游与唐琬的关系之谜	172
王重阳为何穴居"活死人墓"	173
沈万三缘何富甲天下	174
郑和下西洋的真实意图	175
魏忠贤私通客氏真相	176
唐伯虎点过秋香吗	177
戚继光斩子之谜	178
福康安是否为乾隆帝的私生子	179
和珅为何如此受宠	180
曾国藩为何不称帝	182

第十篇　名士不为人知的脸谱

管仲被妓女奉为"祖师爷"	184
孔子是否会武功	185
画丑昭君并非毛延寿所为	186
魏晋名士"放浪形骸"的无奈	187
刘备薄情"丢"妻儿	188
关羽是否好色	189
诸葛亮并非千古名相	190
魏徵死后的凄惨下场	191
寇准为何不招人喜欢	192
秦桧是否为金人奸细	193
牛皋有无气死金兀术	195

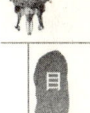

潘美是否为"大宋奸臣"	196
南宋词人李清照是否善赌	197
抬棺上疏的海瑞为何平安无事	198
郑板桥为何"难得糊涂"	199
吴三桂是否"冲冠一怒为红颜"	200
李卫是否为乞丐出身	201
纪晓岚并未与和珅斗法	202
刘墉既非宰相，也非罗锅	203
真实黄飞鸿的武功有多高	203
杨秀清是否曾"逼封万岁"	204
梁启超晚年为何对革命恨之入骨	205

第十一篇　颠覆尘封历史的"真相"

商纣王本非昏君	208
鲁班和公输班是否同一个人	209
端午节并非起源于纪念屈原	210
越王勾践"卧薪尝胆"是真的吗	211
秦始皇焚书时留有完整备份	212
赵高根本不是太监	213
项羽是否真的"火烧阿房宫"	214
项羽盗掘秦始皇陵真相	216
"三顾茅庐"是真还是假	218
周瑜并非心胸狭窄之人	219
被湮没的张飞真实形象	220

刘禅并非"扶不起来的阿斗"	221
梁武帝40年不近女色真相	222
隋炀帝并非十恶不赦的暴君	224
太子李建成并非无能之辈	225
唐僧取经系"偷渡"出境	226
武则天究竟有没有亲手掐死亲生女儿	227
陈世美蒙受的不白之冤	229
包拯并未做过丞相	230
狸猫换太子的历史真相	231
武松并没有上过梁山	232
武大郎与潘金莲：蒙冤千年的恩爱夫妻	233
达摩并不是少林武术的祖师爷	234
武当拳的鼻祖是张三丰吗	235
清宫选秀女和选宫女不是一回事	237
康熙帝不可能爱苏麻喇姑	238
历史上朱元璋的真实面目	239
"独臂神尼"并非会武功	240
李鸿章是否为卖国贼	241
中国最后一位状元是谁	243

第十二篇　金戈铁马的军事之谜

炎黄二帝战蚩尤是否真实存在	246
秦赵渑池之会的幕后真相	247
李陵投降匈奴之谜	249
霍去病为何英年早逝	251

官渡之战是否"以寡敌众"	252
曹操赤壁之战失败之谜	253
诸葛亮"借"东风之谜	255
诸葛亮究竟杀没杀马谡	256
淝水之战是否以少胜多	258
关羽败走麦城,刘备为何不救	259
"陈桥兵变"的历史真相	261
"杯酒释兵权"之谜	262
宋朝为何不养战马	264
杨门女将:一段美丽的"历史传说"	265
穆桂英:历史上并无此人	267
蒙古铁骑为何灰飞烟灭	268
施琅是否忠臣	270
皇太极为何两次招降祖大寿	271
石达开兵败大渡河之谜	272
《李秀成自述》是曾国藩伪造的吗	273

第十三篇　不可思议的历史怪圈

"子贵母死"的背后隐情	276
项羽为何根本不能过江东	277
瓦岗军为何灭不了隋朝	279
超级富国宋朝为何被落后的少数民族灭亡	280
"尽忠报国"并非岳母所刺	281
马可·波罗是否曾来过中国	282
康熙并没有"微服私访"	284

古代文人为何偏爱"小脚"女人	285
古代商人为何长期地位低下	286
古代名医为何都不愿入宫当值	288
古代为何屡现外戚干政	289
古代宦官为何能专政	290
为什么功臣都很难避免"兔死狗烹"的下场	291
为何位高权重的"顾命大臣"大多难得善终	292
为何中原王朝总以和亲换和平	293
为何中国产生不了哥伦布	295

第十四篇　千年难解的文化疑案

孔子著《春秋》之谜	298
《孙子兵法》作者之谜	299
《国语》是由左丘明所作吗	300
《胡笳十八拍》究竟为谁所做	301
诸葛亮到底有没有写过《后出师表》	302
《兰亭序》是王羲之写的吗	303
《推背图》神奇的预言之谜	305
《广陵散》失传没有	307
《满江红》的作者是否为岳飞	308

《百家姓》为何以"赵"姓为首	309
《清明上河图》"五次入宫、四次被盗"之谜	310
谁是《金瓶梅》真正作者	312
《永乐大典》的正本下落之谜	314
《水浒传》的作者是施耐庵吗	316
高鹗到底有没有续写《红楼梦》	317

第十五篇 难以破解的文明、文物之谜

秦始皇传国玉玺下落之谜	320
秦始皇陵兵马俑之谜	321
南越王国千古之谜	323
巴人王朝为何湮没	324
女儿国消失之谜	324
楼兰古城消失之谜	325
乐山大佛为何历经1000多年风雨而不毁	327
马王堆女尸不腐之谜	327
悬空寺悬空千年之谜	328
塞外雄关玉门关之谜	330
诸葛亮造的木牛流马之谜	330
舍利子是怎么形成的	332
敦煌莫高窟选址之谜	333
"南海一号"南宋沉船之谜	334
小雁塔离合之谜	335
慈禧太后遗体三次入殓之谜	336

| 北京人头盖骨失踪之谜 | 338 |

第十六篇 神秘的墓葬之谜

曾国国君墓为何建在随国	342
金缕玉衣之谜	343
龟山汉墓千古之谜	344
秦始皇陵坐西朝东之谜	346
汉景帝陵墓为何如此奢华	347
曹操的72座疑冢之谜	348
刘备陵墓之谜	349
为何40万人都挖不动武则天墓	350
武则天无字碑之谜	352
包公两座墓之谜	354
西夏王陵千古之谜	355
成吉思汗陵为何建在"马背上"	357
僰人悬棺千古之谜	358
明孝陵地宫之谜	359
定陵出土的帝后尸骨下落之谜	361
明代宗的陵墓为何葬于北京西山	363
西宫太后慈禧死后为何葬在东边	363
清东陵被盗之谜	365

第十七篇 不容误解的文化史实

灵柩不是棺材	368
鸳鸯并非仅仅指夫妻	368
"千金"原并非指女子	369

五毒原来是良药	370
"衣冠禽兽"实为赞美	370
"皇袍"并非全是"黄袍"	371
宦官不等于太监	372
观音菩萨原本是男相	372
皇帝的女儿并非全是格格	373
万岁原本非皇帝	374
"倒楣"原来非"倒霉"	374
"长袖善舞"不跳舞	375
"呆若木鸡"境界高	376
"五服"并非五件衣	376
"昨日黄花"应该是"明日黄花"	377
"跳槽"本是青楼语	378
狗咬吕洞宾原来与狗无关	378
"丰碑"自古不是碑	379
"捉刀""捉笔"意不同	380
"道人"未必是"道士"	380
"兵""勇"其实本不同	381
"三教九流"无贬义	382
"淑女""美女"大不同	383
"使节"原本不是人	383

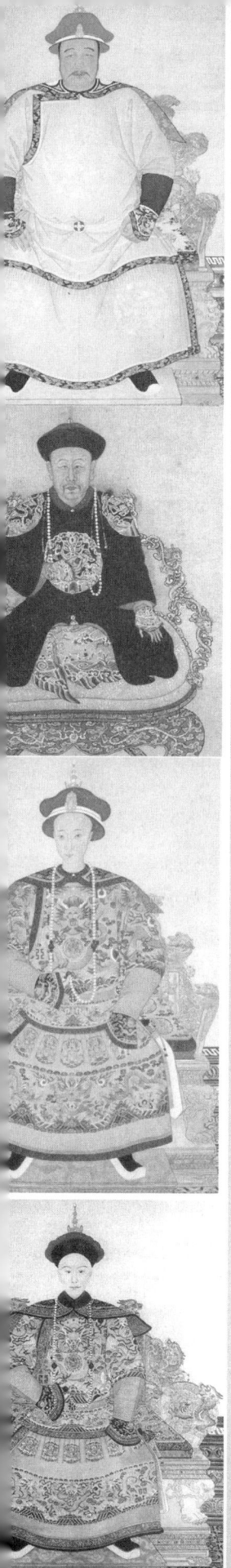

第一篇

帝王的离奇之死

霸主齐桓公为何被活活饿死

齐桓公（前716—前643），姜姓，吕氏，名小白，齐国国君，在位43年（前685—前643）。他在位的早中期由管仲辅佐，选贤任能，发展生产，加强武备，以"尊王攘夷"的名义，在北方助燕败北戎，援救邢、卫，阻止狄族进攻中原；在南方伐蔡攻楚，迫使楚国恢复向周王室纳贡，受到周王室的赏赐，成为当时诸侯国中的霸主。

齐桓公晚年，日益昏聩，宠信易牙、开方、竖刁等奸佞之徒。桓公四十一年（前645年），宰相管仲年老重病，桓公前往探视，问："仲父若离去，谁可继宰相之位？"管仲说了几个老臣，都不合桓公心意。齐桓公问："易牙如何？"管仲不同意。桓公说："易牙掌管寡人的饮食。有一次，寡人说这一生什么美味都吃过了，就是没有吃过婴儿肉，真是遗憾。易牙便烹了他初生孩子给寡人吃。他爱寡人胜过爱他孩子，怎么不行呢？"管仲说："人之至情莫过于至亲，他对亲生骨肉都这么残忍，怎么会真爱你呢！"桓公又问："竖刁如何？他阉了自己来宫中侍候寡人，可算是爱寡人胜过爱他自身了吧。"管仲说："人的血肉形体受之于父母，一生之中要爱惜，不使损伤。他连自己的身体都去伤害，还有谁不敢伤害的？"桓公再问："卫国公子开方放弃太子之位到齐国效力，恪尽职守15年，连他父母死也没回去，对齐国可谓是尽忠了吧？"管仲说："人生在世，孝道为先。他连生养大恩都不顾，还会顾谁？"桓公听后默不作声。管仲说："这三个人一定要远离，如果让他们掌权，齐国就会大乱。"

公元前645年管仲去世后，齐桓公便疏远了易牙、竖刁、开方三人。但桓公远离他们之后食不甘味，寂寞难受，不久又重新起用他们。三人便沆瀣一气，朋比为奸，培养奸佞，打击忠良。

这时齐国后宫开始争立嗣。齐国立嗣的特点是哪位夫人得宠，便立谁的儿子为嗣。齐桓公好色，有三位正夫人，都未生子，另有六位如夫人，每人生有一子。六位如夫人都想立自己的儿子为嗣。桓公最喜欢三夫人，答应立其子公子昭，并将其托于宋襄公。可易牙、竖刁与二夫人卫姬关系很近，便一起向桓公游说。桓公又答应立卫姬之子无亏。其他夫人也要求立他们的儿子为嗣。桓公年老智昏，经不住她们的纠缠，一一答应了她们的要求。这下乱了套，六位如夫人各自拉拢朝臣，结党营私。

公元前643年桓公病重，易牙、竖刁与卫姬趁机拥立无亏，断了桓公的饮食，禁止任何人入宫探视。过了三天，见桓公还没死，又在其寝殿周围筑起三丈高的围墙，断了内外通信，只留一个小门，让内侍每天进去看看死了没有。鲁历十月七日，一个宫女乘看守疏忽之机进入院内探视。桓公说："寡人饥渴难忍，为何不送饮食？"宫女如实相告，说他们把持宫中，不让送汤水，就等着你死。桓公眼角流泪，说："恨不听圣人之言。"说罢，拉起床单遮面，连叹三声而死。

齐桓公雕塑

齐桓公死后,五公子为争夺王位互相攻打,齐国一片混乱。桓公的尸体在床上67天无人过问。尸体上生蛆,蛆又变成苍蝇从门窗里飞出来。直到鲁历十二月十四日新立的齐君无亏正式即位后,才把桓公的尸骨收敛待葬。

齐桓公一生功业显赫,享尽人间荣华富贵,最终却落得不得好死的下场,着实令人深思。他在位期间好色多宠,创设妓馆,晚年又宠信佞臣,得到这样的下场也是自找的。

秦始皇暴死之谜

秦始皇在第五次出巡时病死于沙丘(今河北省平乡县),时年49岁。由于事发突然,引发政变,长子扶苏被矫诏自杀,少子胡亥即位。两千多年来,很多人猜测始皇的死因,提出多种说法,一说病死,一说吃丹药中毒而死,一说被害死。

司马迁的《史记》记载始皇是病死的。秦王政三十七年(前210年)十月始皇出巡(按:秦以十月为岁首),少子胡亥想游览河山,便随行。先后至云梦、丹阳、会稽,又北至琅邪乃回。"行至平原津而病。始皇恶言死,群臣莫敢言死事。上病益甚,乃为玺书赐公子扶苏曰:'与丧会咸阳而葬。'书已封,在中车府令赵高行符玺事所,未授使者。七月丙寅,始皇崩于沙丘平台。"

秦始皇体质较弱,但又过于勤政,每日批阅文书简120斤,劳累过度,加上七月高温,长途巡游劳顿,诸因素并发,突然重病。《史记·秦始皇本纪》记载:"秦王为人蜂准,长目,鸷鸟膺,豺声,少恩而虎狼心……"郭沫若据此推测,秦始皇幼时患有软骨症,有支气管炎,所以才形成鸷鸟胸,声音似豺,后来又因政务繁重,引发脑膜炎和癫痫等病症。

另有人认为始皇是吃丹药过量,引发中毒。始皇想长生不死是出了名的,以至于有方士骗他说某地有不死药。他们所献丹药多少有些毒性。始皇帝长年服用,导致慢性中毒。最终毒性与其他病一起发作,不治身亡。

第三种说法认为赵高与胡亥害死了始皇帝。郭沫若认为可能是胡亥害死了他。也有说是赵高主谋害死了他。但这些说法都属猜测,欠考虑,经不住考证。始皇帝病于平原津。从平原津到沙丘有一百多公里,按慢行约需两三天。这期间他也认识到自己不久将死,便给长子扶苏写诏书:"与丧会咸阳而葬",并且还加了封。结果,还没有派专人去送便死了。死之前胡亥、赵高、李斯等人都不知诏书内容,没有加害动机。得知始皇帝死后,赵高私看了诏书,知其意为立扶苏。赵高与扶苏、蒙恬不和,便劝胡亥趁机夺位。从《史记》的记载看,胡亥最初还不同意,认为有违忠孝。所以说赵高和胡亥谋害了始皇帝之说不可靠。

秦始皇

从上面的几种说法来看，还是司马迁所记最可信，毕竟其离得最近，史料多，可以查证。近代以来的种种推测多属附会，难以让人信服。

被后妃捂死的东晋孝武帝

东晋孝武帝（362—396），名司马曜，字昌明，晋简文帝之子，公元373年即位，在位24年。其在位期间，于太元八年（383年）发生淝水之战，东晋击败强敌前秦苻坚的大军。但之后不久他便沉湎于酒色，好彻夜之饮，醒日既少。

太元二十一年（396年）九月庚申，孝武帝与宠爱的张贵人饮酒作乐。有些醉意的司马曜跟张贵人戏言："你年近三十，到了该作废的年龄了。"贵人非常生气。俗话说女到三十豆腐渣，人老如珠黄。宫中妃子最忌讳的就是被废黜，何况是司马曜当面这样说，怎教贵人不生气呢。入夜，孝武帝已醉得不省人事，寝于清暑殿。张贵人便为司马曜多盖被子，令其在酒醉中窒息而死，对外则声称帝暴崩。当时太子司马德宗愚痴，李太后不谙政事，司马曜之弟、太傅司马道子好酒昏惑，不理政事，实际上是司马元显专权。这些人竟然都不去追查死因，追究谁是罪人，以至于这事就稀里糊涂地过去了。

东晋孝武帝司马曜

晋孝武帝因一句戏言死在自己的女人手里，死时才35岁，并且死因也没有查证，凶手也没有得到惩办，可谓是死得窝囊。

孝文帝拓跋宏病死之谜

北魏孝文帝拓跋宏（471—499）五岁即位，由冯太后辅政。太和十四年（490年）冯太后死，他始亲政，把都城从平城迁往洛阳，让鲜卑族学汉语，穿汉服，进行政治改革，算是一位很有作为的君主。但不幸的是，他英年早逝，死时年仅29岁。关于他的死因，一说是病逝，一说是被皇后气死。

拓跋宏的皇后原是冯太后兄长冯熙的二女儿冯清。冯熙的庶出大女儿冯润也被封为昭仪。后来，冯清因违反诏令，不习汉话，被废为庶人，入瑶光寺养老。拓跋宏又立冯润为皇后。冯润与拓跋宏原本感情很好，但因拓跋宏忙于征战，多时不在宫中，她寂寞难耐，便与假太监高菩萨淫乱，还培植亲信，拉帮结派。拓跋宏的六妹彭城公

孝文帝拓跋宏

主是个有名的美人,守寡在家。冯润的弟弟冯夙贪恋其美色,便求姐姐帮助。冯润便自作主张命彭城公主再嫁给冯夙。彭城公主不从,带领十来个家人冒雨逃到前线军中,找兄长拓跋宏求救,并告发了皇后冯润的淫乱行为。拓跋宏听后十分生气。冯润得知公主投奔拓跋宏后,害怕事发,便伙同其母常氏请女巫施法术,欲咒死拓跋宏,以求一了百了。

拓跋宏回宫后立即拘捕了高菩萨等人审问,得知确有淫乱行为和巫蛊之事,便诛杀了高菩萨等人,但舍不得杀冯润,只是将其关押。他也因此一气得病。拓跋宏病了几年之后,死于南征途中。临死之时他下密诏:"后宫久乖阴德,自寻死路。我死后可赐其自尽,惟葬用后礼,亦可掩冯门大过。"拓跋宏死后,太子拓跋恪即位,派侍臣持毒药赐死了冯润。

有的女的是帮夫命,有的女的是克夫命。不管拓跋宏是病死的还是被气死的,总是跟皇后冯润关系最大。由此可见,男人选妻一定要慎重,要把德行作风放在第一位考虑,不可贪图美貌,否则只能自食苦果。

慕容冲杀死苻坚真相

公元370年,前秦灭前燕,俘虏前燕王慕容暐及其妹清河公主、其弟慕容冲,并将这三人和四万户鲜卑人迁往关中;其叔慕容垂与其弟慕容泓逃亡。慕容暐被控制,14岁的清河公主和12岁的慕容冲皆被前秦王苻坚宠幸。当时长安有歌谣云:"一雌复一雄,双飞入紫宫。"慕容冲身为俘虏,有亡国之恨,又被苻坚当做娈童受到侮辱,自是想报仇,但一时没有力量,只好忍着。大臣们眼看苻坚迷于此姐弟二人,日久必生祸端,便极力劝阻。尤其是在王猛多次劝告后,苻坚才放慕容冲出宫。

公元383年,前秦苻坚于淝水之战中大败,其乌合的80万各族大军一下瓦解。其中的鲜卑人慕容垂、慕容泓、慕容冲等更是趁机报仇,挥军与前秦作战。由于慕容泓用法苛刻严峻,被部下杀死,其弟慕容冲便成为领袖。慕容冲挥军攻打长安。苻坚派人送一锦袍给他,希望能念往昔之情,被慕容冲断然拒绝。苻坚大怒曰:"悔不用王景略和阳平公(苻融)之言,使白虏敢猖狂如此!"因鲜卑好穿白衣,故苻坚称之白虏。城内的慕容暐刚要秘密召集鲜卑人准备杀死苻坚,以里应外合,不想被苻坚等人看穿。其与城内数千族人、鲜卑人皆被杀。

长安城被围日久,城内断粮,甚至有人吃人的现象,多有人饿死。慕容冲又挥军猛攻。眼看长安旦夕不保,苻坚便留太子苻宏守城,自己从长安突围而出。慕容冲攻下长安,纵兵大掠,死者不可胜计。

苻坚逃到五将山(今陕西岐山县东北),被老

淝水之战

部下羌族姚苌派军包围并俘虏，让他交传国玉玺不从，让他禅让帝位也不从，遂被缢死于新平佛寺（今陕西省彬县水口镇静光寺），时年48岁。其子苻诜、两女以及夫人张氏等人皆被迫自杀。

纵观苻坚的成败，在灭鲜卑人的北燕之后，为博得柔仁之名，留慕容暐等人不杀，且又宠幸侮辱慕容冲，以致留下亡国杀身的祸种，最终被慕容冲逼死。由此可见，为人处世不能假仁假义，既干了坏事，还想得个好名声，终是误己害身，为世人笑。

萧衍的凄惨下场

萧衍（464—549），字叔达，小字练儿，南兰陵中都里人（今江苏常州市武进区西北）。南齐中兴二年（502年），接受齐和帝"禅位"而建立南梁，在位48年，颇有政绩，而且信奉佛法是出了名的，多次舍身于寺院。然而这样一个善人皇帝，晚年却被侯景囚禁，饿死于台城，很令人惊讶。

萧衍的悲剧要从羯人侯景说起。五胡乱华时羯族以凶残著称，屠杀了数百万汉人。后来羯族几乎被汉人皇帝冉闵杀戮殆尽，仅剩3000人逃跑。北魏末年，羯族为反抗鲜卑的统治而投奔东魏，其首领即侯景。侯景的队伍在东魏很快发展壮大。547年，其与东魏高澄反目，战败降西魏，又惧怕遭西魏诱灭，于二月上表萧衍请以豫、广、颍、洛、阳、西扬、东荆、北荆、襄、东豫、南兖、西兖和齐十三州降梁求援。南梁大臣反对，但萧衍想扩北土，同意侯景归降，并封其为河南王、大将军、大行台。五月，侯景被东魏韩轨领重兵围于颍川，窘困中他再割东荆、鲁阳、长社、北兖四城向西魏请救。西魏宇文泰遣兵前往颍川解围，又令荆州刺史王思政赶紧接收七州十二镇，并企图虚委侯景重任，实去其权。侯景领兵南逃，与南梁北伐兵会合，先败后胜又败。548年春侯景军瓦解。侯景领步骑800逃走，夺了梁之寿阳城。后其与梁反目，即强行征兵备战，大肆烧杀抢掠，屠杀奸淫，而南梁对此竟几乎一无所知。虽有人上书说侯景要反，但萧衍不信。八月，侯景反。萧衍派儿子邵陵王萧纶统率大军前往讨伐。

梁武帝萧衍

九月二十五日侯景以打猎为名率军出寿阳城，欲直袭建康。十月初三奇袭攻下谯州，二十日进兵历阳。此时，南梁却认为侯景不会过长江。然而防守长江的梁将萧正德却与侯景勾结，征集了几十艘大船，供侯景军渡江之用。十月二十二日侯景率8000余人渡江。陈昕仓促迎战，战败被杀。侯景军直扑建康。萧正德开建康正门引侯景军进城。建康守将庾信、王质、萧大春、谢禧等不战而逃。侯景军连下东府城、石头城，于十月二十四日进围台城。台城由羊侃和萧纲率军把守,侯景久攻不下。

十一月,侯景立萧正德为帝,自为丞相,再攻台城。十一月二十三日,侯景大败赶来的萧纶大军。这时南梁大将羊侃又突然病死。各路勤王的军马多观望。549年正月,侯景军屡败勤王大军。二月,侯景诈与萧衍歃血为盟停战,之后乘机抢夺粮草,缮修器械,休整军队,十余日后,毁盟开战,猛攻台城。三月十二日夜,叛军攻上台城,俘虏萧衍和太子萧纲。侯景军在城中大肆烧杀、抢掠奸淫,无恶不作。城中尸横遍野,到处是残垣断壁。之后,他又纵兵大肆屠杀江南民众。侯景觉得势力巩固后,即断了萧衍饮食供应。五月初二,萧衍被饿死,终年86岁。萧衍昏庸,引狼入室,死不足惜,只可惜江南的千万百姓,被屠杀了十之五六。

成吉思汗猝死六盘山之谜

蒙古人孛儿只斤·铁木真(1162—1227),是蒙古国的开国之王,尊号成吉思汗。他于公元1206年春天建立蒙古国之后,多次发动对外征服战争。1219年西征花剌子模时派兵一直打到中亚、东欧的黑海海滨。1224年班师返漠北。1226年,他率军10万歼灭西夏军主力。1227年正月,蒙古军队包围了西夏都城中兴府,六月西夏请降。七月十二日铁木真猝死于甘肃六盘山下清水县,年66岁。关于他是怎么死的,成为一时之谜。

据1240年成书的蒙古官修史书《元朝秘史》记载,铁木真于1226年冬季到阿儿不合打猎时,马受惊,他从马上坠落受伤,当夜即病重。后病情一直不见有大的好转,于1227年七月不治身亡。此说若能验以尸骨即可证明真伪,但据说鄂尔多斯的成吉思汗陵只是个衣冠冢,没有尸骨,对此事起不到什么证明作用。

另据罗马教廷使节约翰·普兰诺·加宾尼的文章透露,成吉思汗可能是被雷电击中身亡,因为那里常有凶猛的雷击和闪电,致使很多人死亡。蒙古草原几乎没有树,站立或骑于马上是最高的目标,夏天打雷时,人容易被雷电击中。约翰·普兰诺·加宾尼到蒙古时,距成吉思汗死亡只有18年,其记叙可能是有根据的。

又据《马可·波罗游记》记载,成吉思汗在进攻西夏的太津(吉州,古要塞)时,膝部中了西夏的毒箭,最后毒发身亡。民间另有传说,认为被俘的西夏王妃古尔伯勒津郭斡哈屯乘机下毒毒死了成吉思汗。

另据成书于清朝康熙元年的《蒙古源流》记载,成吉思汗在非礼被俘的西夏王妃古尔伯勒津郭斡哈屯时,被王妃刺伤阴囊,不治身亡。《蒙古源流》原名《额尔德尼——因托卜赤》,是蒙古族人萨囊彻辰撰,可谓是对蒙古知根知底。此书有很高的可信度。由于这种事对于成吉思汗来说是难以启齿之丑事,只好对外宣称是坠马受伤致病。

成吉思汗

以上几种说法中，只有蒙古官修史书《元朝秘史》说成吉思汗是病死的，其他四种说法均认为其死于非命。官修史书多隐讳是很常见的，或许成吉思汗真的是非正常死亡。

赵匡胤猝死之谜

北宋开宝九年（976年）十月十九日夜里，赵匡胤与其弟赵光义在宫中饮酒。凌晨，赵匡胤暴死，享年49岁。其死因在正史中没有详载，野史中的记载又说法不一，成为一桩离奇悬案。

据北宋僧人文莹撰写的《续湘山野录》记载，一天夜里，赵匡胤召赵光义饮酒，"宦官、宫妾悉屏之，但遥见烛影下，

宋太祖赵匡胤

太宗时或避席，有不可胜之状。饮讫，禁漏三鼓，殿雪已数寸，帝引柱斧戳雪，顾太宗曰：'好做，好做！'遂解带就寝，鼻息如雷霆。是夕，太宗留宿禁内，将五鼓，伺庐者寂无所闻，帝已崩矣。太宗受遗诏于柩前即位。"由于赵匡胤死得不明不白，这段"烛影斧声"的传闻在宋代流行很广。

司马光在《涑水纪闻》中记载，有一个叫(钱)君倚的曾说："宋太祖初晏驾，时已四鼓，孝章皇后使内侍都知王继隆召赵匡胤幼子秦王德芳，但王继隆以太祖传位晋王（赵光义）之志素定，乃不诣德芳，而以亲事一人径趋开封府召晋王……（赵光义、继隆）遂与俱进宫。至寝殿，孝章皇后闻继隆至，问曰：'德芳来邪？'继隆曰：'晋王（赵光义）至矣。'（皇）后见王，愕然，遽呼'官家'，曰：'吾母子之命，皆托官家。'王泣曰：'共保富贵，无忧也。'德玄后为班行，性贪，故官不甚达，然太宗亦优容之。"由上可见，皇后本欲唤德芳即位，但内侍直接请来赵光义，控制住了局面。皇后没有办法，只好曲从。但这里也没记赵匡胤与赵光义二人在宫中饮酒之事，整个事情颇令人生疑，或另有隐情。

据赵光义说，他之所以继皇帝位，是他母亲杜太后的主张。杜太后临终时告诫赵匡胤说："我们之所以得了柴氏的天下，是因为他们孤儿寡母。将来你要把皇位传给光义，光义再传光美，你们四兄弟轮流做皇帝，这样社稷才能长久。"赵匡胤说："敢不听从母教？"还由赵普写了盟书，保存于金匮，称为"金匮之盟"。即便真有这事，赵光义不传皇位给其老三赵光美，而传其子，也是破坏了"兄死弟及"。这一说法是赵光义一面之词，很难令人信服。即便真有"金匮之盟"之事，也是赵匡胤因其母临终，暂时答应，未必会传位给赵光义。

另据南宋《烬余录》记载，晋王赵光义素慕花蕊夫人。一天夜晚，太祖生病就寝，赵光义前往探视，乘机调戏花蕊夫人，被太祖发觉。太祖用玉斧刺他，他便打伤太祖，逃出宫。后来太祖死，他便夺了皇位。

赵光义即位后不等到第二年就改换年号,把只剩下两个月的开宝九年,改为兴国元年;并且赵匡胤的长子德昭(当时已30岁)和幼子德芳(仅26岁)又暴病身亡。另外,赵匡胤的皇后死后,也没按皇后礼仪发丧。这些都很令人怀疑赵光义是不是真的合法继承皇位。

到了南宋赵构时,因其受伤不能生育,赵光义一支的子孙又几乎断绝。赵构便选赵匡胤的七世孙赵慎当皇子。这时离那个"烛影斧声"之夜已经有180多年了。

北宋徽钦二帝的悲惨结局

北宋徽宗末期,政治腐败,决策也一错再错,致使形势急转直下。公元1125年年底,完颜宗望所率的金军抵达宋都开封城下。宋徽宗赵佶无策应对,便把皇位让给了太子赵桓,自己退位做起了太上皇。赵桓即史称的宋钦宗。

靖康元年(1126年)正月,宋钦宗迫于形势起用主战派的李纲来主持开封防务。李纲率军民击退金军的进攻。完颜宗望见开封一时难以攻下,便施展"以和议佐攻战"的策略诱惑宋钦宗,要求和谈。宋钦宗便急忙派使者去金营议和。李纲反对同金军议和被罢免。由于众人反对,宋钦宗不得已又起用了李纲。这时有20万勤王之兵赶到,金军得到宋割让三镇之保证后,于二月率军撤离开封北还。

从二月至七月,宋军曾三次大规模救援太原,合计投入兵力40万人,均被金军击败。河东的敌我形势暂时胶着。宋钦宗以为太平无事了,便罢了老将种师道的兵权,遣还各路赶来的勤王兵,调出李纲援太原。

金军在经过一个夏天的休整后,于八月再次南侵。九月初三日攻破太原,十月初攻入河北重镇真定府。十一月金军前锋到达东京城外。闰十一月初金军东西两路会师开封城下,对开封展开攻势。当时开封城内兵力仅有3万,士气不振。危急之际,宋廷竟派郭京带领"六甲神兵"出战,大败溃散,开封城被攻破。但城内有民众30万准备展开巷战。金军不敢贸然进占全城,于是故技重施,又假装和议。宋钦宗仍不能醒悟,派宰相何㮚去金营乞和。完颜宗翰和宗望要宋钦宗亲自到金营商议割地赔款之事。钦宗便进入金营献上降表,并秉承金人的意旨,下令各路勤王兵停止向开封进发,解散民兵。靖康二年(1127年)正月,金军先后把宋徽宗、宋钦宗拘留在金营。二月六日金主下诏废宋徽宗、宋钦宗为庶人,另立原宋朝宰相张邦昌为伪楚皇帝。四月初一日,金军携徽、钦二帝和后妃、皇子、宗室、贵戚等3000多人及大批宝物北返。北宋从此灭亡。

被俘虏的这3000多人一路之上自杀、被杀、病

宋徽宗

宋钦宗

死者甚多,抵达金国时仅剩一半。当宋俘抵达时,金国人高兴得如过年一样。徽、钦二帝被初解至金上京城,今哈尔滨市阿城区白城。金天会八年(1130年)又被改囚于五国城,今哈尔滨市依兰县城北。二人受尽屈辱,生不如死。徽宗崩于1135年,钦宗崩于1156年。钦宗的朱皇后因不堪羞辱,为保全清白,自杀身亡。宋俘在金国自杀者比比皆是,令人心碎。

徽、钦二帝的悲惨结局实乃昏庸自取,但宋朝的俘虏和百姓却为此付出了惨痛的代价。其中的伤痛,中原汉人至今不愿提起。

辽太宗为何死后被制成木乃伊

中国人并不习惯将尸体剖开做成木乃伊。帝王死后,多是将其全尸加药物密封保存。但据史籍记载,确有一位皇帝被制成了"木乃伊"。他就是辽太宗耶律德光。那么,辽太宗为何会被制成木乃伊呢?

辽太宗耶律德光是耶律阿保机的次子,于公元927年继位。公元936年,辽太宗以后晋皇帝石重贵"称孙不称臣"为借口侵略中原,并于公元947年攻入后晋都城开封,灭了后晋。但辽兵四处打草谷,掠夺财物,遭到民众围击,被迫退出中原北返。

在北返途中,辽太宗染上热疾。太医告诫他要远离女色。辽太宗大骂太医无能,说:"你真是不学无术。热病正需女色泻火,怎能远离女色?"其终因纵欲和热疾,行至栾城杀胡林时身亡。此时,辽述律太后传来懿旨:"生要见人,死要见尸。"当时正值炎热夏天,尸体很快就会腐烂。如何把尸体完整地运回去,令众将束手无策。这时一位御厨说:"可以做成'羓',尸体就不会腐烂。""羓"是游牧民族将吃不完的牛羊肉用盐卤上,制成的咸肉。由于没有别的好主意,众人只好将辽太宗的尸体开膛,塞入大量的盐,做成"羓",运回辽都城上京。

述律太后见到了基本完整的辽太宗的尸体,也算得到了其生死的实信儿。辽太宗也因此成为中国历史上唯一一位被制成木乃伊的皇帝。

木乃伊

建文帝生死下落之谜

明建文帝朱允炆是明朝的第二代皇帝,明太祖朱元璋的长孙。1398年5月,朱元璋去世,朱允炆即位,年号建文。由于各藩王拥兵自重,早晚要反,其中以燕王朱棣兵力最盛,于是建文帝与大臣开始实行削藩。但他心怀仁义,手段不够狠,给了燕王朱棣起兵的机会。朱棣于建文元年(1399年)七月于北京发动兵变。建文四年(1402年)六月他攻入南京后,立即派人找建文帝。当时皇宫燃起大火,太监说建文帝携皇后马氏已于火中自焚,妃嫔侍从等随其投火而死,但尸骨已被烧焦,无法辨认。又有说建文帝已从地道出逃,不知下落。从此建文帝的生死下落成为一个谜。

建文帝朱允炆

据《明史纪事本末》说,朱棣攻破南京时,朱允炆想自杀,一个老太监说:"太祖临驾崩时留下一个铁箱子,秘藏于奉先殿,当临大难时可打开。"众人打开箱子一看,里面是三张写了姓名的度牒,一把剃刀,三件僧衣,一封书信。按照书信所示,朱允炆等人便剃了头,换上僧衣,从暗道出城,到别处云游去了。

听说建文帝可能是出逃了,急坏了起兵夺权的朱棣。他派人四处寻找,得到多种说法。有的说建文帝流亡于云南、贵州、四川、湖北,有的说去了江浙、广东等地,有的说流亡到了南洋,但无一是实信儿。据《推背图》第二十八象记载:"羽满高飞日,争妍有李花。真龙游四海,方外是吾家。"由此推断,建文帝是去海外了。《明史》载:"成祖(朱棣)疑惠帝(建文帝)亡海外,欲踪迹之,且欲耀兵异域,示中国富强。永乐三年六月,命(郑)和及其侪王景弘等通使西洋,将士卒二万七千八百余人,多赉金币。"但这些人在南洋、西洋并未访得建文帝的下落。

明嘉靖时郑晓撰《吾学篇》记有传闻,说建文帝年老到广西思恩州官府,自称是建文帝。当地官员将其送至京师。经辨认确为建文帝,就被迎入宫内,后老死于宫中,葬于北京西山,不封不树。此说有为朱棣子孙树德之嫌,不为人信。

又据《胡濙传》记载,在朱棣死前一年的一个晚上,他已睡下后,听说派去查找建文帝下落的胡濙回来了,便急忙召见。胡濙访得建文帝已削发为僧,一直藏在江苏吴县普洛寺内,已无复位之意。此说也不大让人相信。

后来出现的说法,还有建文帝藏于四川平昌佛罗寺(望京寺)说、湖北武昌说、福建宁德金坝村说等。据《明神宗实录》记载,万历二年(1574年)十月,12岁的神宗曾问张居正建文帝下落。张居正回答:"国史不载此事,但先朝故者相传,言建文皇帝当靖难师入城,即削发披缁,从间道走出,后云游四方,人无知者。"可见连明朝的帝王重臣也不知道建文帝的具体下落。

另为后人忽略的是,靖难之后,朱棣将建文帝两岁的幼子朱文圭关在宫内,禁止任何人和他说话。直到55年后,明英宗第二次执政时才把他放出来。此时的朱文圭已听不懂人们所说的话,也说不出一句话,连牛马都分辨不清。可见朱棣是多么的虚伪,他的种种"靖难"借口都是假的。

崇祯帝死亡之谜

明崇祯十七年(1644年)三月十七日,闯王李自成的起义军包围北京城,而各地勤王兵不至。崇祯皇帝朱由检派太监曹化淳守城。十八日晚,崇祯帝命周皇后、袁贵妃、张皇后自缢,又赐死长公主和妃嫔数人,以免落入李自成军之手。十九日凌晨,李自成军从彰义门杀入北京城。朱由检自缢于皇宫后煤山东坡的槐树上。王承恩也在对面树上吊死。李自成军搜遍皇宫没有找到崇祯帝,又到处寻找他,直到二十二日,在煤山东坡发现了自缢于树上的崇祯帝。

但关于崇祯帝的自缢,还有另外几种说法。据赵士锦《甲申纪事》说,李自成军先是在煤山的松树(有称是槐树)下发现了崇祯皇帝遗落的弓箭,然后找到了自缢的两个人。一人身穿蓝绸道袍、红裤,一只脚穿鞋,一只脚没有鞋子,头发散开,左手上写着"天子"二字。经过宫中太监辨认,此人正是崇祯皇帝,另一人是太监王承恩。

据李清的《三垣笔记》叙述,崇祯皇帝与王承恩等数十人想逃出城,但没有成功,便又返回宫中,最后在宫城后的煤山古槐树上自缢身亡。据说这棵古槐树在"文化大革命"期间被"革命小将"砍翻,以至于今日无物可考。

崇祯帝

另据《明季北略》等书记载,崇祯帝不是缢死在槐树上,而是自缢在"寿皇亭"中。十九日凌晨崇祯帝在宫中前殿召集文武百官,却没有一人来,十分失望,于是和亲信太监王承恩一起登上煤山,在寿皇亭中自缢。但据考证,明朝的煤山并无寿皇亭的称呼,因此这一记载是不确切的。

另据明末钱粵所著的《甲申传信录》记载,三月十八日夜,崇祯帝和王承恩到崇文门、正阳门、朝阳门、安定门转了一圈,欲寻机出城未果,走到皇城东北角的巾帽局后,二人便自缢而亡。

另外还有一些说法。清时的《明亡述略》说崇祯皇帝死于西山。近代史学家黄云眉在《明史考证》中提出崇祯皇帝死于今天北海的白塔山。而红学家俞平伯在《崇祯吊死在哪里》一文中引用西方作家邓尼的观点,说崇祯帝自缢于煤山管园子人所住的小屋椽子上。

从上述各种说法看，崇祯皇帝自缢的地点在煤山是比较可信的，也合乎情理，但到底死于松树下或是槐树下，或亭子里，已难以考证了。

皇太极突然离世之谜

1643年八月九日清朝君主爱新觉罗·皇太极突然去世于沈阳清宁宫，年52岁。他南征北战，正在事业的巅峰，却突然去世。其死因引人猜测。

据史籍记载，皇太极一生娶了15位夫人。1634年，一位来自蒙古草原的美丽女子——海兰珠，在兄长科尔沁贝勒吴克善的陪同下，入嫁盛京皇宫，做了皇太极的侧福晋。这年，她已经26岁了。皇太极最喜欢的就是海兰珠。二人十分恩爱。1637年，海兰珠生下一子。皇太极高兴至极，封其为将来皇位的继承人，并为此发布了一道大赦令。但这个儿子两岁时便夭折。海兰珠在这一沉重打击下，抑郁成病。1641年八月十四日，皇太极患严重的鼻衄病，流

皇太极

鼻血不止，但他还是赶往松锦前线与明军作战。后听闻海兰珠病危时，急忙赶回盛京。当他赶回宫中时，海兰珠已死。皇太极悲伤过度，饮食骤减。从此之后，皇太极身体一日不如一日，经常生病。有一次，他对妻妾儿女们说："山峻则崩，木高则折，年富则衰，此乃大特贻朕以忧也。"他似乎已知自己快不行了。公元1643年八月九日夜，皇太极端坐在清宁宫东暖阁的南炕上，无兆而终，年仅52岁。

由于后金和清的王位争夺很激烈，就连皇太极的王位也是夺来的，各王子常常是为此而不择手段。皇太极死时，多尔衮权力最大，且后来又发生了"大妃阿巴亥之死"和"孝庄下嫁多尔衮"两事，因此有人猜测，皇太极是被多尔衮和庄妃合谋杀死的。但这种说法得不到史料证明。

另有人根据史料推测皇太极是死于痰疾。从公元1640年开始，清朝的史料中多次出现"圣躬违和"、"圣躬不豫"的字样。1643年，清朝宫室让李氏朝鲜进贡竹沥。竹沥是青竹沥出的汁液，可镇咳祛痰。李氏朝鲜的史书中记载皇太极可能患有风眩之病。因此推测皇太极可能死于"痰疾"。

从上面的几种说法中可以看出，皇太极晚年有鼻衄病，还经常生其他的病，身体不好，最终可能死于痰疾。至于被谋害说，由于无史料支持，不甚可信。

雍正皇帝暴死之谜

在大清王朝的众多皇帝中，雍正可谓是最神秘的一位。从他的即位登基到他所实行的严厉治国之策，到他的突然暴死，无一不引起当世乃至后世之人的迷惑。由于官书对

雍正帝

雍正之死的记载非常简单,所以更引起人们的猜测。

关于雍正之死,广为流传的有这样几种说法。

一是吕四娘刺杀之说。传说吕留良因犯文字狱使得吕氏一门或死或亡,只有其女吕四娘携母及一仆侥幸逃脱。后吕四娘苦练武功,乔装打扮混入宫廷,砍下了雍正皇帝的脑袋,雪了家恨。后来的民间传言"当时雍正的棺材被打开后,人们发现其遗体并无尸首",也恰好印证了上面的说法。然而学者认为,吕留良之案,吕氏一门,男女老幼,俱已严禁,不能逃逸,吕女更不可能逃脱。故吕四娘行刺雍正之说,实属子虚乌有。

二是吞食丹药而死之说。雍正曾极力推崇金丹派南宗祖师张伯端,把他封为"紫阳真人"。雍正还曾延请道士张太虚、王定乾等到圆明园炼丹,以求吞服灵丹妙药,长生不老。据记载,至少从雍正四年(1726年)开始,雍正就经常吃道士炼制的丹药。况且,历史上死于丹药中毒的皇帝也不在少数。因此,雍正吞食丹药而死的说法也流传开来。

三是宫中缢死之说。传说雍正九年(1731年)宫女伙同太监吴首义、霍成,趁雍正皇帝熟睡之时,欲用绳子将其缢死。这个说法可能源自明世宗嘉靖皇帝的故事。历史上,宫女杨金英等人也欲趁明世宗熟睡之时,将其以绳勒死。而恰巧清朝的雍正皇帝庙号同为世宗,故雍正宫中缢死之说明显是张冠李戴了。

四是曹寅谋害之说。有传说雍正皇帝是被曹雪芹和竺香玉合谋毒死的。据传《红楼梦》的作者曹雪芹,有个恋人叫竺香玉,是林黛玉的化身。竺香玉后来被雍正霸占成为皇后。曹雪芹想念恋人,就找了一个差事混入宫中,与竺香玉合谋,用丹药将雍正毒死。这同样是编造的故事,属于无稽之谈。

另外,还有雍正中风而死之说、贪图女色之说等说法。然而历史已经逐渐湮没在时间的洪流之中,我们已然很难去对证,只能交给史学家们继续考证了。

嘉庆帝是否被雷劈死

清嘉庆二十五年(1820年)初秋的七月二十四日,嘉庆带着大批随员和名优艺伎抵达热河避暑山庄,开始按清朝宫廷的传统进行木兰秋狩。二十五日,60岁的嘉庆帝突然驾崩。热河行宫立即封锁消息,限制人员出入。到二十七日,留京王公大臣才得知嘉庆驾崩。延至八月初二,继位的道光帝才发布嘉庆死讯。由于嘉庆突然驾崩,并且清廷对其死因隐讳其词,引发种种推测和传闻。主要说法是嘉庆帝被雷劈死,且此说又有多种。

第一种说法是嘉庆皇帝在木兰秋狩时遇疾,卧床调养,一日,风云骤变,雷鸣电闪,其寝宫遭雷击,嘉庆帝"触电"身亡。第二种说法是嘉庆帝木兰围场秋狩时,追猎多日,所获甚少,扫兴而归,路上恰遇变天,雷电交加,忽然一声巨雷,众人之中,唯独嘉庆被击中落马,令人恐慌。第三种说法是嘉庆帝长期嬖宠一小太监,在避暑山庄寝宫后的一座小楼内,二人正寻欢作乐之时,忽然一道闪电劈下,一个火球飞进小楼,嘉庆顿时毙命。

传说嘉庆因被雷击而死,面目被烧焦,若被场外人看见,无疑是给清廷抹黑。于是近臣们想了个办法,将一个与嘉庆相似的老太监秘密绞死,化装之后,安置于嘉庆帝尸体之上,以此掩人耳目,运回北京后,祭葬了事。

但据清宫史料记载,七月二十三日嘉庆已感到头晕目眩,认为是轻微中暑,至二十五日突然昏迷,不治身亡。由于嘉庆身体较胖,因此有人推测,他死于心血管一类的疾病。但不管怎么说,嘉庆的确是"暴死",至于是死于雷击还是疾病,还需要深入的研究。

嘉庆帝陵墓昌陵

同治皇帝死亡之谜

清穆宗爱新觉罗·载淳六岁时登基,年号同治,17岁时大婚,18岁时亲政。但他亲政后,其母慈禧太后仍常常插手干预,使载淳很郁闷,常常出宫游玩。两年后,同治十三年十二月初五日载淳崩于皇宫养心殿,年仅19岁。清廷宣称同治帝死于天花,但民间却传说他死于花柳病梅毒。

据金梁编《四朝佚闻》记载:"穆宗之崩,传者不一,或云天花,或云内毒,而医药不能尽合……"濮兰德、巴克斯著《慈德外记》记载:"私家著述,皆谓太后纵帝游荡,及至得疾,又不慎重爱护,以至深沉不起……盖帝常履饮于外,至翌晨召见军机时犹未归也,或醉中言语失次,杂以南城猥贱之事……一八七三年(即同治十二年)外间皆窃窃私议恐帝寿之不久。至次年十二月,帝得痘症,不能临朝,两宫皇太后代执国政。至月底帝遂降谕曰:'朕于本月有天花之喜……'"这些著述可证由于西太后专权,同治忧郁不快,出宫去京南,至整夜不归,竟至次晨朝事时还未归,或醉语胡言中有南城猥贱之事。

但有人认为皇帝的一言一行都会被记在起居注上,但当时的起居注上并没有记载同治帝微服出游一事,且同治皇帝有太监和大臣监护,不可能微服出游。当然也可能是为掩人耳目,修改了起居注。

有人据太医院脉案记载推断,同治皇帝从发病到死亡不过月余时间,不可能是得花柳病死的。但也有人反驳,同治皇帝得花柳病前期并未就医,至后期才由太医诊治。但当时太医李德立的曾孙李镇在《文史哲》1989年06期上发表《同治究竟死于何病》一文,称李德立的长子说同治确是死于梅毒。

据《翁同龢日记》记载:"二十日,(同治)腰间肿痛作痈流脓。项脖臂膝皆有溃烂处。

同治帝载淳

脉息皆弱而无力。腰间肿处两孔皆流脓，而根盘甚大，内溃则不可言，意甚为难。看昨方，按云脉滑缓无力，惟肾愈流注，脓汁虽稍见稠，而每日流至一茶盅有余，恐伤元气云云。起坐时少，流汁极多，殊委顿也。"从这些记载来看，其症状不像天花，而像梅毒。

《翁同龢日记》又记："荣禄曰有祁仲者，年八十九，治外证甚效，可传来诊视。太后颔之，语甚多，不悉记。退坐奏事处，有敕勿即散直。有顷传诸臣皆入，上（同治帝）侧卧，御医揭膏药挤脓，脓已半盅，色白而气腥，漫肿一片。腰以下皆平，色微紫，视之可骇。"据祁仲诊断，"痘痈发处尚非肾俞穴，冀可治，药用十全大补汤"。但祁仲的药方却未被慈禧采纳，而另请太医李德立医治。之后同治帝病情愈益加重。

十二月初二日《翁同龢日记》又记道："今日方匆匆一看，用酒连、葛根二钱也，不可解，不可解。"翁同龢看出药不对症，纯是拖延时间而已。十二月初五日（1875年1月12日）同治帝死去。

还有一说，同治帝是在病时被慈禧惊吓致死。据传十二月初三，皇后阿鲁特氏前往探视同治，哭诉受太后之气，被慈禧听知。慈禧扯其头发拖到室外痛打。同治受惊吓过度，当场昏厥，不治身亡。

据说导引同治帝走邪路的是翰林侍读王庆祺。王庆祺向同治进献有春宫画，还介绍妓女给他。同治帝死后，御使陈彝上奏王庆祺行为不端。当天慈禧便发下批文："王庆祺革职，永不叙用，以肃官方。"另外，十二月二十五日，总管太监张得喜等被发往黑龙江为奴；十二月二十六日，内务府大臣文锡、贵宝被革职。张得喜正是陪同治帝游妓院的太监，而文锡、贵宝则是看管同治失职。由此可证，同治确曾出宫冶游。至于同治是死于天花还是梅毒，还需检验证实。

光绪皇帝死亡之谜

1908年11月14日，即光绪三十四年十月二十一日，38岁的光绪皇帝在中南海瀛台涵元殿驾崩。第二天下午，慈禧皇太后病亡于中南海仪鸾殿。两人相继辞世间隔不足24小时，于是各种评论和猜测随

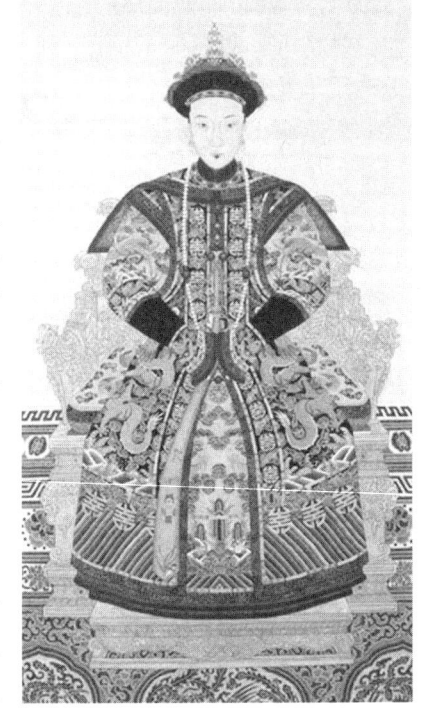

备受慈禧虐待的同治皇后：阿鲁特氏

之而起。怀疑光绪皇帝被谋杀致死的说法不胫而走，由于这种怀疑缺乏可信的证据而成为历史一大谜团。

首先被怀疑的是慈禧太后，许多人认为她害怕自己死后光绪帝掌权会翻案，因此在自己临死前将他害死。据长期陪侍在光绪皇帝身边的恽毓鼎在《崇陵传信录》中记载，光绪死前十一天慈禧生日，光绪率百官贺寿，但慈禧拒见光绪。名医屈贵庭在《诊治光绪皇帝秘记》中称，光绪死前三天，"在床上乱滚"，"大叫肚子痛得不得了"，且"面黑，舌焦黄"，"此病与前病绝少关系"。

李莲英和袁世凯甚至隆裕皇后也都被怀疑是凶手。德龄公主在《瀛台泣血记》中认为，大太监李莲英等人平日仗着主子慈禧太后权势，经常愚弄光绪皇帝，因害怕慈禧死后光绪重新执政会清算他们的昔日罪孽，因此先下手为强将皇帝害死。溥仪的《我的前半生》中认为袁世凯在戊戌变

光绪帝载湉

法中辜负了光绪皇帝的信任，也担心光绪重新执政后遭清算，于是借机将其毒死。更有说因光绪皇帝与隆裕皇后夫妻不和，日久生恨，然后隆裕皇后狠下杀手。

但这些毕竟众说纷纭，莫衷一是，很多只是一面之词，不足取信。究竟光绪是怎么死的？在中国第一历史档案馆所藏清宫医案（又称"脉案"）中，有大量光绪帝的病案，并且保存得相当完整。20世纪80年代，清史研究更加重视清宫档案。历史学家、档案学家和医学家共同合作，仔细研究得出结论：光绪帝一生身体虚弱，最终久治不愈而亡。

但种种说法可信吗？2003年中央电视台组织了包括中国原子能科学研究院、北京公安局法医检验鉴定中心和清西陵文物管理处的相关专家的课题组，对光绪帝的头发进行研究，发现光绪的两小绺头发砷含量的最高值远远高于当代人，也远远高于其棺椁内物品和墓内外环境样品的最高含砷量。2008年11月3日，国家清史编纂委员会在北京举行光绪死因研究报告会，正式宣布光绪死于急性砒霜中毒。

从检测结果与史料记载来看，这或许就是事实的真相。以当时的条件、环境而论，如果没有慈禧太后的主使、授意，谁也不敢、不能下手杀害光绪。但这一切要想得出最终结论，尚需进一步研究论证。

袁世凯猝死之谜

民国五年（1916年）六月初六日，窃国大盗袁世凯在内外交困和亿万民众的声讨中死去，时年57岁。孙中山领导的讨袁大军不战而胜，一时全国为之欢庆。但在民众互相庆贺的同时，也不免产生疑问，袁世凯是因什么猝死？有人说他是被气死的，有人说他是病死的，有人说是因为冤魂索命，还有人说是其家族的生理缺陷或族命致死。

袁世凯

据中华民国五年黄毅写的《袁氏盗国记》记叙："盗国殃民，丧权乱法，在中国为第一元凶，在人类为特别祸首，其致死固宜，益以年老神昏、兵之将变。人心怨怼、体面无存，袁氏人非木石，顾后思前，能不自疚，此即袁氏病死之真因也。"佚名的《袁世凯全传》中述："袁世凯以称帝不成，中外环迫，羞愧、愤怒、怨恨、忧虑之心理循生迭起，不能自持，久之成疾。"《文史资料选辑》第74期上有袁世凯的女儿袁静雪的《我的父亲袁世凯》一文，称其是"内外交攻，气恼成病而死"。上面材料都认为袁世凯在气愤中生病而死。

但当时官方的讣告中说袁世凯是病死的。黄毅的《袁氏盗国记》记："五月二十七日，经中医刘竺鉴、肖龙友百方诊治，均未奏效，延至六月初四日病势加剧，即请驻京法国公使馆医官博士卜西京氏诊视症状，乃知为尿毒症，加以神经衰弱病入膏肓，殆无转机之望。"佚名《袁世凯全传》记："相传为尿毒症，因中西药杂进，以致不起。"据说在对袁世凯医治方案上，大儿子袁克定主张用西医动手术；二儿子袁克文则反对用西医，主张用中医，双方相持不下，贻误治疗的时机，最终导致袁世凯死亡。

另有一说是冤魂索命。据说袁世凯在彰德（安阳）修养时，请一位有名的术士给他算命。术士称袁"不得过五十八岁"。袁问："有何禳解否？"术士说："此事甚难，非得龙袍加身不可。"这正中袁世凯下怀。为了保密，他便用毒酒将术士毒死。但从此后，他便有了称帝之心。1916年袁世凯称帝后众叛亲离，积忧成疾，昏迷之中，总看见术士来索命，侍人所进的药汤，在他看来是给术士喝的毒药，怎么也不肯吃，最后只好改用针灸治疗，不久便身亡。

另据调查，袁家男人都不满花甲而死。袁世凯的曾祖父袁耀东不足40岁就死了，三爷袁甲三病死时57岁，袁世凯的生父袁保中终年51岁，嗣父袁保庆病死时49岁，堂叔袁保恒病死时52岁。因此有算命的说袁家男人大限为57岁。袁世凯死时57岁。有人说这是其族命，有人说是其家族基因病。

从上面的记载和分析可以看出，袁世凯不是死于单一某种原因，而是因众叛亲离，气愤生病，再加其他原因，最终气病而死。

河南安阳袁世凯墓

第二篇 残酷的权位斗争

"尧舜禅让"的历史内幕

上古之时,尧舜禹禅让而治天下,成为政权交接的典范。春秋战国时的儒家相信这段历史是真的,但战国时的法家则不承认有禅让之事,认为人心本恶,帝王之位都是去争夺,怎么可能有禅让之事。之后的2000多年里,多数人认为尧舜禹禅让是真的,直到近代疑古派兴起,再次抛出尧舜禹争夺帝位之说,才使人们对这段历史有些疑惑。

其实先秦和秦汉史书中记载尧舜禹禅让的很多,只有法家有一点无根据的反驳。记载最早的莫过于《尚书·尧典》。书中详载了帝尧七十年选帝位继承人之事。当时大臣们先是推荐帝尧之子丹朱,帝尧认为他"嚚讼",既不讲忠信,无道义之心,又好争颂,不可。大臣们又推荐治水30年未成而被削职的共工,帝尧认为他"静言庸违,象恭滔天",即阳奉阴违,好说谎话,不可信,若选他会误天下民众。尧让帝位于大臣四岳,四岳认为自己德行不足以治天下,拒绝了尧。于是大臣又推荐以孝行和仁德闻名的舜。帝尧把两个女儿娥皇、女英嫁给舜以考察他。经过多次明暗考察,帝尧认为舜的德行可配天下,便让他代行天下事。舜代行天下事一直到帝尧崩,共28年。三年丧满之后,舜让大臣和诸侯在他和丹朱之间选一人继承帝位。大臣和诸侯选舜而不选丹朱,于是舜继帝位。

但法家的韩非子则称:"尧欲传天下于舜,鲧谏曰:'不祥哉,孰以天下而传之于匹夫乎!'尧不听,举兵而诛,杀鲧于羽山之郊。共工又谏曰:'孰以天下而传匹夫乎!'尧不听,又举兵诛共工于幽州之都。于是天下莫敢言无传天下于舜。"《韩非子·说疑》又说:"舜逼尧,禹逼舜,汤放桀,武王伐纣。此四王者人臣弑其君者也,而天下誉之。察四王之情,贪得之意也;度其行,暴乱之兵也。然四王自广措也,而天下称大焉;自显名也,天下称明焉。则威足以临天下,利足以盖世,天下从之。"

帝尧

帝舜

其实最不可相信的就是法家,法家韩非子之流为达其游说目的而不择手段,能把黑说成白,把是说成非。就连近代学者所辑的《古本竹书纪年辑证》中的"尧之末年,德衰,为舜所囚"、"舜囚尧于平阳,取之帝位"、"舜囚尧,复偃塞丹朱,使之不与父相见"、"益干启位,启杀之"等,也不是《竹书纪年》的原文,而是出于同一批出土的竹书中的法家著作。

舜年老时将帝位禅让给禹,禹年老时禅让给伯益。禹死后,夏启夺了帝位,有扈氏表示反对,启率大军将有扈氏打败。从此禅让制结束,开始了家天下的时代。

近些年考古工作者在山西陶寺等地发掘出了距今3900年左右大规模杀戮的遗迹。有人认为这可证明4000年前尧舜禹禅让的虚假性。但经深入研究,这些杀戮的遗迹在夏朝早期,而且是外族入侵进行的杀戮,并不是内部的相互征伐。总而言之,史载尧舜禹禅让制是真实存在的,而并不像某些疑古派学者所说,存在暴力夺权的现象。

周公为何没取周成王而代之

西周周武王率军打败商纣王取得天下之后,在位六年而崩。当时太子成王年纪尚小,由周武王的弟弟周公旦辅政。后世有人说周公夺取了周成王的位子后来又还给了成王,但实际上周公并没有夺取周成王的位子,而只是辅政而已。很多人有疑问,周公既然大权在握,为何不取代成王夺取天子之位?事实上当时的情况并不像一般人想得那么简单。

成王元年,周公辅政行天下事。周武王的其他三个弟弟管叔、蔡叔、霍叔认为周公旦要夺成王的位子,或有其他企图,便勾结纣王之子武庚发动叛乱。由于流言对周公很不利,秋天某日,周公便向东出逃。第二年,原来殷商的嫡系奄人、徐人及淮夷也发动叛乱,一时天下大乱。秋天一日,大雷电劈开金縢匮。成王见周公的《金縢》书后,始信周公之忠,于是又把周公从东国迎了回来。

当时周公虽执政,但军权归于老太师姜子牙。姜子牙是周成王的外公,只能是帮成王而不是帮周公。迎回周公后,在成王和姜子牙等人的授权下,周公开始东征平叛。成王三年,杀武庚禄父,五年东夷基本被平。成王八年年初,周公还政于成王。成王开始亲政。周公执政的七年里,做了很多有益于天下的事,比如制定周礼,规范婚姻程序等。由于周公品德高尚,才干和功业都很高,汉朝时将周公列为圣人。

从上面可以看出,周公之所以不取代成王夺取天子之位,一是因为军权在姜子牙手中,但主要还是因为周公品行高尚,并无夺位之意。后世关于周公夺权之猜测,都有"以小人之心度君子之腹"之嫌。

周公

巫蛊引起的宫廷血案

汉武帝为人刚愎自用，处事武断，常造成冤案。其晚年身体欠佳，宠信术士江充等人，最终酿成宫廷血案。公主、皇后、太子、重臣被杀或自杀。朝廷根基动摇。武帝痛失亲人，自食其果。

征和元年（前92年），丞相公孙贺之子公孙敬声因挪用北军钱一千九百万被捕入狱。公孙贺奏请亲自办案抓获通缉犯阳陵游侠朱安世，以为儿子抵罪。朱安世被抓获并投入监狱。他出于报复，在狱中上书揭发公孙敬声与阳石公主私通，并诬称公孙一家在甘泉宫驰道埋木偶人诅咒汉武帝。武帝大怒，将公孙贺父子下狱。征和二年正月，公孙贺父子死在狱中，其家人全被斩杀。数月后，巫蛊案连及阳

汉武帝刘彻

石公主和另一个卫皇后所生的女儿诸邑公主，以及卫青的长子卫伉。他们全部被杀。当时江充与太子刘据不合，他见武帝年老将终，担心太子刘据继位后会对自己不利，又见武帝连自己的骨肉阳石公主和诸邑公主都敢杀，便想先下手利用巫蛊之案除掉太子。

当时汉武帝身体欠安，江充便对武帝说："宫中蛊气太重，巫蛊不除，陛下的病很难好转。"于是武帝任命江充追查巫蛊。江充先从失宠的后宫夫人查起，把屋里屋外都掘遍了，一直掘到皇后和太子的住所，把事先准备好的桐木人拿出来，并宣扬说："太子府挖到的木人最多，还发现了太子诅咒皇帝的帛书。应该马上奏明皇帝，办他的死罪。"但此时汉武帝在甘泉宫养病，不在长安。

太子刘据问太子少傅石德该怎么办。石德说："上疾在甘泉，皇后及家吏请问皆不报，上存亡未可知，而奸臣如此，太子将不念秦扶苏事耶？"意云怕太子刘据重蹈秦扶苏被奸臣害死的旧辙，建议太子拘捕江充等人及追查他们的阴谋。征和二年（前91年）七月壬午，太子派人假冒武帝的使者收捕江充等人。江充助手韩说怀疑使者身份，不肯受诏，被杀。皇后得知后，向太子伯舍人分发武

巫蛊之祸中自杀的皇后卫子夫入宫图

器。太子告百官江充谋反,便把江充杀了,将胡巫烧死于上林苑。江充一伙的苏文逃到甘泉宫,向武帝控诉太子谋反。武帝派使者召太子。使者没敢到太子那里,回报武帝说:"太子反已成,欲斩臣,臣逃归。"武帝大怒,令丞相刘屈氂率兵平乱。太子的数万兵与丞相军激战五日,死者数万人。长安城有流言说太子谋反,人们不敢依附太子。最终,太子势孤兵败,逃离长安。皇后卫子夫自杀。

太子向东逃到湖县(今河南灵宝西),隐藏在泉鸠里。后来消息泄露。八月初八辛亥,地方官围捕太子。太子自缢而死,二位皇孙也一同遇害。小皇曾孙刘病已尚在襁褓,被下狱。

杀光百名侄子的冷血帝王

五胡十六国时期,后燕王慕容熙异常残暴,后被中卫将军冯跋等人杀死。冯跋立高丽人高云为王,史称北燕。后来高云被侍卫班离、桃仁杀死。冯跋派兵杀死班离、桃仁之后,被众人拥立为王。但其堂兄冯万泥和侄儿冯乳陈也想取得王位,便想发动政变,被冯跋的二弟冯弘率兵平息。冯跋便任冯弘为骠骑大将军,封中山公司徒录尚书事,主理政务。

冯跋

冯跋一族是胡化汉人,是春秋晋国毕万的后裔。冯跋在位 22 年,做了不少利国利民的好事,如简省赋役,奖励农桑,惩治贪污,发展教育。在那个乱世之中,北燕能保持稳定 20 多年,可谓难得。但好景不长,公元 430 年冯跋病危,本应太子冯翼即位,但宠妃宋氏想立自己的儿子为王。冯弘借机发动政变,拘禁宋妃母子,控制了政局。冯跋亦在惊吓中死去。冯弘便自立为王。他不但废杀了太子冯翼,还把大哥冯跋另外的 100 多个儿子全部杀光,以绝后患。如此不念亲情,残杀自己侄子的可谓绝无仅有。之后,他又霸占了兄长的妃子,遭人唾骂鄙视。

冯弘的残杀和逆行造成众叛亲离,连他的三个儿子冯朗、冯崇和冯邈都率部投奔了北魏。北燕从此元气大伤。公元 436 年,北燕被北魏所灭。冯弘逃到了高丽,两年后被高丽王所杀。这也算是他倒行逆施,多行不义必自毙的下场。

玄武门之变的历史真相

唐高祖武德九年(626 年)六月四日,秦王李世民在玄武门射杀其兄长太子李建成、弟李元吉等人,史称"玄武门之变"。关于这次政变的原因,唐朝史书多说因秦王李世民创业功大,为太子李建成所不能容;李世民被逼无奈,为保性命,不得先下手除去了李建成等人。但历史真相到底如何呢?

历史上,对"玄武门之变"有异议者不乏其人。北宋司马光认为李建成若能有"泰伯

唐太宗李世民

之贤",李世民能有"子臧之节",二人互相礼让,则不至于生出手足相残的变乱,对此弟杀兄之举表示:"贻讥千古,惜哉!"宋人范祖禹也认为,李建成为李渊所立之正统太子,李世民杀他是"无君父也"。很多人都对李世民在道德上的缺欠颇有不满。

政变后,李世民让亲信房玄龄辩称他之所以发动政变,是因为太子李建成两次要杀他。第一次是李建成在校场替李世民挑一匹烈马,想摔死他。结果那马连蹶三下,李世民都及时跳离马背,并无受伤。第二次是在玄武门之变前两天,李建成请李世民去他家饮宴,在酒中下了毒,致李世民吐血数升,险些没命。

其实这都是李世民的一面之词。试想李建成怎么能笨到认为烈马能摔死李世民,并且,既然在酒中下毒,还不下剧毒,还能让李世民中毒后回到家中再解了毒?且看李世民在玄武门之变中的表现。他亲自上阵,一箭射死了李建成,又追杀李元吉,没有一点中毒后的虚弱,可见他在说谎。他在杀了李建成、李元吉等人之后,又杀了李建成的五个儿子和李元吉的五个儿子,并霸占了李元吉的妃子杨氏。如果说他杀李建成、李元吉是为了保命,那么他又杀死10个侄子,则纯属为夺皇位而除掉障碍。

在杀死李建成、李元吉等人后,李世民让尉迟恭去"日夜保护"李渊。当时李渊正在宫中海池划船。尉迟敬德手持长矛带着人马进入宫中,向李渊禀报说:"秦王以太子、齐王作乱,举兵诛之。"李渊知道事情已无可挽回,只好听其所便。三天后,李渊立世民为太子,诏令其处理一切军国庶事。八月,李渊传位于太子世民,自称太上皇。整个事变之中,李渊是多么的不情愿,但也没有办法。如果建成有子未死的话,李渊可能会考虑立其为皇太孙。但事情都让李世民做绝了。

而且原太子建成的旧臣大都被贬黜,就连魏徵也是先遭贬,后来才提升的,并不像当时所称的过往不咎。有一次,李世民指责魏徵挑拨他们兄弟的关系。魏徵则说,如果当初建成能采纳我建议的话,你还能有今日吗?李世民无法反驳。可见当时太子建成并没有下决心除掉李世民。而李世民发动政变,主要是因为李渊没有改立太子的意思。眼看自己无缘太子之位,于是他用武力夺取了皇位。

房玄龄稳居相位的秘诀

房玄龄(579—648),名乔,字玄龄,唐朝齐州临淄(今山东淄博)人,隋泾阳县令房彦谦之子。房玄龄是唐朝初年名相,身居相位20多年,一人之下,万人之上。他到底有什么秘诀使自己稳居相位呢?

房玄龄博通经史，工书善文，18岁时本州举荐他应进士考，及第后先后授羽骑尉、隰城尉。隋末大乱，玄龄于渭北投李世民，任秦王府记室，参谋划策，为秦王收罗人才。每当他撰写奏章时，常就地驻足，一挥而就，行文简洁，道理充分。他和杜如晦是秦王最得力的谋士，有"房谋杜断"之称。唐武德九年（626年）他参与策划玄武门之变。李世民即位后，房玄龄任中书令。他与杜如晦、长孙无忌、尉迟敬德、侯君集被称为五大功臣，房居第一。贞观三年（629年）二月任尚书左仆射，监修国史；贞观十一年（637年）封梁国公；贞观十三年授太子太师；贞观十六年（642年）七月进位司空，仍综理朝政，曾受诏重撰《晋书》。贞观十五年，房玄龄认为自己居宰相位已有15年，女儿是韩王妃子、儿子房遗爱娶高阳公主，已是极为显贵，于是频繁上表，请求辞去

"房谋杜断"之房玄龄

相位。但太宗未批准。贞观十七年，房玄龄和长孙无忌等人的像被画在凌烟阁上，其赞词为："才能兼有辞藻，思虑化人神机。为官励精守节，奉上尽忠忘身。"

贞观十九年（645年）二月唐太宗征辽东高句丽时，让房玄龄留守京师，其诏书说："由你担当萧何那样的职任，朕就没有后顾之忧了。"可见太宗对房玄龄的信任。

有一次，房玄龄曾因微小过失被罢官回家。黄门侍郎褚遂良上奏说："玄龄在臣节方面确实没有什么亏欠，虽有无上功勋，却忠心依旧。不能因一点小过错就抛弃他不用。"于是太宗又恢复了他的官职。

贞观二十二年（648年），房玄龄病重，难以行走，应诏前往玉华宫见太宗时是被抬到殿中的。太宗为之垂泪。之后，房玄龄又上表云："北方突厥才是我们的大患，像高丽这样的边远残类，不值得劳师远征，应当宽恕，以免误事。"太宗高阳公主说："人都病成这样了，还为朝廷担忧。"七月廿四癸卯日（648年8月18日），房玄龄病逝，时年70岁。太宗命百官三天不朝，朝廷供丧葬器物，陪葬在昭陵，赐其谥号"文昭"。

唐人柳芳云："房玄龄佐太宗定天下，及终相位，凡三十二年，天下号为贤相。然无迹可寻，德亦至矣。故太宗定祸乱而房玄龄不言己功；王珪、魏徵善谏，房玄龄赞其贤；李勣、李靖善将兵，房玄龄行其道；使天下能者共辅太宗，理致太平，善归人主，真贤相也！房玄龄身处要职，然不跋扈，善始善终，此所以有贤相之令名也！"宋人司马光、欧阳修等人深以为然。

《新唐书》评价他说："玄龄当国，夙夜勤强，任

"房谋杜断"之杜如晦

公竭节,不欲一物失所。无娼(mào)忌,闻人善,若已有之。明达吏治,而缘饰以文雅,议法处令,务为宽平。不以己长望人,取人不求备,虽卑贱皆得尽所能。或以事被让,必稽颡请罪,畏惕,视若无所容。"

房玄龄在世的时候常常告诫其子:"不可骄奢,不可沉溺于声色,不可以地位和门第欺凌他人!"又说:"后汉时的袁家历代都保有忠节,是我所崇尚的,你们应当效仿。"

由此可见,房玄龄并非看重相位而长期占有,而是因为其为人谦和,不居功自傲,任职严谨认真,故而身居相位直到病死,而并非一般的投机钻营之徒。

冯道为何能"事四朝,相六帝"

五代时冯道历仕后唐、后晋(契丹)、后汉、后周四朝十君,三入中书,在相位20余年,"累朝不离将、相、公三师之位",人称官场"不倒翁"。纵观政权更迭频繁的五代历史,国家和个人的好运转眼即逝。冯道为何能在混乱的政局之中"左右逢源",官运亨通呢?

唐朝末年,冯道做幽州节度使刘守光的幕僚。刘守光败后,他转事河南东监军大宦官张承业。张承业把他推荐给沙陀人晋王李存勖,任河东节度掌书记。有一次大将郭崇韬惹怒了李存勖。李存勖生气地说:"你们另选统帅吧,我让贤回太原。"他命冯道起草告示。再三催促之下,冯道却迟迟不动笔,心平气和地说:"崇韬所谏并不过分,何必生气。若让敌人知道了,以为我们君臣不和,恐怕于我们不利。"李存勖听后猛然醒悟。郭崇韬也来向李存勖谢罪。一场将帅矛盾就此平息,冯道也因此受到尊重。李存勖称帝后,冯道被升为户部侍郎,充翰林学士。在为父丧丁忧期间,每遇到饥荒,他就尽力救济乡里,帮助耕种缺少劳力的乡人耕种。有人前来道谢,他却说这是自己应该做的。

后唐明宗李嗣源时期,冯道拜端明殿学士,后来又做了宰相。他伺候皇帝时,说话非常得体。有一次,水运军在临河县得到一个玉环,玲珑剔透,上刻有"传国宝成岁环"六字,便献给了明宗。明宗非常喜欢这个玉环,常拿出来在大臣面前出示。冯道说:"这种前代遗宝不足为奇,陛下的身体才是真正的无价之宝,还请陛下好好爱护。"这话说得明宗美滋滋的。

李嗣源死后,他在闵帝李从厚时仍任宰相。当李从厚出奔卫州时,他又率百官迎接末帝李从珂入主朝廷,仍然被任命为宰相。后曾一度被黜为同州节度使,一年后又任司空。

石敬瑭的后晋灭后唐后,冯道又投靠后晋,被石敬瑭任为守司空、同中书门下平章事,加司徒,兼侍中,封鲁国公。事无巨细,悉以归之。其荣宠更胜前朝。石重贵时,他仍

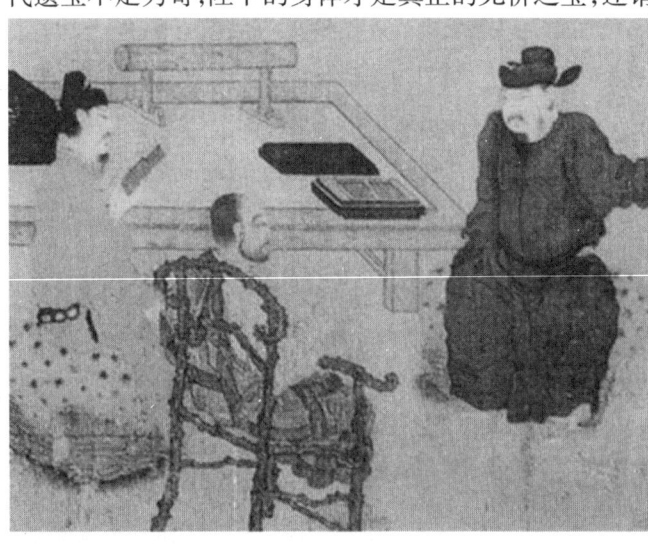

官场不倒翁冯道

任宰相,加太尉,封燕国公。在晋梁交战前线,他在军中的帐内不设床席,仅用一捆牧草铺地而睡。有将士送他掠得的美女,他却将女子安置于别室,然后设法送回。

后他出任匡国军节度使,又徙镇威胜(今河南邓县)。公元947年,契丹攻破开封,灭了后晋。冯道又事契丹。耶律德光斥责他事后晋无状,他不能对。耶律德光又问:"何以来朝?"他答:"无城无兵,安敢不来。"德光讥讽他说:"尔是何等老子?"道对曰:"无才无德痴顽老子。"耶律德光一高兴,任他为太傅。耶律德光曾问他:"天下百姓,如何可救?"他说:"此时佛出也救不得,惟皇帝救得。"其言辞很讨耶律德光喜欢。耶律德光北撤时,他一直随从到了常山。刘知远建立后汉称帝之后,冯道任太师。后周灭后汉之后,冯道又被后周任命为太师兼中书令。

到后周世宗柴荣时,冯道有点吃不开了。周世宗柴荣雄才大略,容不得冯道这种圆滑之人,非常厌恶这个已历四朝九君的人,便寻机罢了他的太师之位。冯道又羞又气,不久郁郁而终。

有两句话对冯道很合适,"时代造就英雄","识时务者为俊杰"。在五代那样的乱世,冯道既能审时度势,又能随波逐流,虽不受人赞赏,但这也需要胆量和技巧,非一般人所能为。

曹操为何不敢接受帝号

东汉末年,吏治腐败,军阀割据,百姓流离失所,曹操以汉丞相之身份,以复兴汉室为号召,笼络了大批文臣武将,东击吕布、刘备于徐州;北破袁绍和乌桓;西胜马腾、马超;南降荆州之地,重新统一了中国北方地区,功绩非凡。当时汉帝只是傀儡,军政大权皆归曹操,得皇帝之位如囊中之物。那么,曹操为何不敢趁机称帝呢?其原因有以下几点。

第一,有碍于正统观念。汉时的五德始终思想还很盛行。自汉武帝"罢黜百家,独尊儒术"后,尊崇刘氏的观念根深蒂固。百姓只认刘姓皇帝。所以无论是何进、董卓还是曹操,虽然位极人臣,大权在握,也只能是"挟天子以令诸侯",而不能取而代之。

第二,信奉儒家的价值标准。忠君报国,扫除奸佞,匡扶社稷,是那个时代有志之士的理想与追求。曹操起兵的初衷就是讨伐董卓。他亦深知那个时代士人的普遍愿望,所以不敢冒天下之大不韪,只能是依托汉室,招揽人才。

第三,曹操是个实干家,注重实实在在的利益。皇帝不过是一个名号,他挂着丞相的名号,做的是皇帝的事情,如果废汉自立,必然招来其

安徽亳州曹操公园

地方军阀的不满和讨伐,还落得个叛逆的骂名,得不偿失,反而不美。

第四,形势需要。当时军阀割据,拥兵自重,孙权、刘备二人又虎视眈眈。曹操依托中央汉室,便于发展自己的实力。对于实力强大的地方豪强,也只能是一步一步地削弱。

第五,珍惜名誉和后世评价。曹操统一了北方,恢复了工农生产,稳定了社会秩序。他甚至自比周公,谋汉自立这种事他做不出来。正所谓"雁过留声,人过留名",汉末的人还是很注重自己的名誉和后世评价的。

从以上分析可知,曹操称帝不合时宜。他虽然没有称帝,但他建立的基业为后来曹丕篡汉建魏奠定了基础,一番心血没有白费。

司马光为什么竭力反对王安石变法

北宋中期,冗官、冗兵、冗费耗费了朝廷的大量财政收入,使北宋朝廷在财政方面入不敷出,陷入财政危机。同时,以步兵为主的北宋军队在与以骑兵为主的辽军和西夏军对抗时处于劣势。嘉祐三年(1058年)王安石在长达万言的《上仁宗皇帝言事书》中分析了宋朝内忧外患交织,财政日益困穷的形势,提出了变法革新的主张,但没有被朝廷采用。宋神宗即位后,于熙宁二年(1069年)二月,任命王安石为参知政事。王安石以"因天下之力以生天下之财,取天下之财以供天下之费"为原则,开始变法,为朝廷谋增财政收入。四月,王安石遣刘彝、谢卿材、侯叔献、程颢、卢秉、王汝翼、曾伉、王广廉八人察诸路农田、水利、赋役;七月,立淮浙江湖六路均输法;九月,立青苗法;十一月,颁农田水利条约。

王安石的变法遭到很多老臣名臣的反对。翰林学士范镇认为实行"青苗法"是变富人之多取而少取之。范纯仁上书皇上,公开指责王安石"掊克财利",舍"尧舜知人安民之道"。御史中丞吕海上书弹劾王安石巧诈,"置诸宰辅,天下必受其祸"。老臣司马光屡劝王安石其法不可行,必为天下之害。但王安石云:"天变不足畏,祖宗不足法,人言不足恤。"于是司马光与王安石决裂,"犹冰炭之不可共器,若寒暑之不可同时"。朝廷之中也形成两派,一派是主张变法的新党,一派是反对变法的旧党。

从历史结局来看,王安石的变法确实损害了北宋社会,造成了深远的负面影响,仅仅几十年后,北宋就灭亡了。这跟实行新法有很大的关系。从其变法主张来看,王安石是把天下财货流通中富人环节中利益收归中央,实行政府专营,即夺富人之将得之财,而归朝廷。这种办法在王安石任地方官时试验过,政绩还很好。但治理天下比治理一个县府要难得多。一个县府之事,王安石可以

司马光

管得过来,但天下这么多个州县,他是管不过来的。也就是说这个能在一个县府使用的治法,并不能应用于治理天下。

财富流通有其自身规律,王安石的变法则是违其规律而行。其变法本为惠民,但不管是对其赞赏的人还是反对的人都承认,其变法并没有给民众带来实惠,反而使很多小民破产流亡。在执行变法的过程中,缺乏有效的监督保障,地方官员有趁机鱼肉百姓的现象。在商品流通中原来富有官商应得的利益被阻断后,他们转向依靠变法谋利益。比如,实行青苗法,朝廷规定利率为20%,地方官员擅自提到30%。结果新法实行之后连年自然灾害,官员逼债,农户纷纷破产,连富户也无法幸免。如果贫困民户自愿请贷官钱,终无法偿还而被捕入狱,尚有理可说,但实际上是地方官强迫农民五家互保后再逐家派定数目,称

王安石

为散青苗。地方官为了保障秋后本息全部收回,散派的对象是中上之家而非贫下之户。中上之家反受其害。经过层层盘剥,贷款利息竟然高达原来的数倍,比向富人借贷还要高,逼得农民"哀求于富家大族",宁借高利贷,也不敢向政府贷款。"利民之政"变成"扰民之举"。地方政府要平抑物价、抑制私商,官员就用更坏的官商代替私商,市场、货源、价格被政府高度垄断。百姓被盘剥更严重。变法虽然增加了朝廷的财政收入,但却是以民穷为基础的,使乡野民不聊生,怨声载道。

而王安石固执地认为,朝廷财力不足,并非奢靡而起,而是不善理财之故。他把理财的作用提得过高。而事实上,理财虽能增加朝廷收入,但并不能增加天下的财富,本质上只能是取东补西。司马光看出了王安石变法的本质,他认为:"天地间物产财富总有一个定数,不在民,便在官,王安石所谓的善理财只不过是盘剥百姓或中间商罢了。"

而变法中所用的人也很有问题。由于正直的官员往往不愿参与变法,王安石不得不起用新人。而一些不法之徒则趁机钻营,获取权力。在变法派中有邓绾、吕惠卿、蔡京等人,为官作风都不好。变法仅仅40余年后,北宋在变法派宋徽宗和蔡京的经营下,羸弱不堪,被金国灭亡。这不能不令后世反思。我们不能因为外国有人给予王安石变法很高的评价就赞扬其变法。王安石若活在现在,会是很好的经济学家和财政大臣,但在宋朝那个时代,他的变法是不合时宜的。

明朝名将蓝玉为何被杀

蓝玉是明朝初的名将,安徽定远人,开平王常遇春妻弟,官拜大将军,战功显赫,因于捕鱼儿海中大破北元,基本摧毁其职官体系,被封为凉国公。后遭疑谋反,被明太祖处决,株连一万五千人,史称"蓝玉案"。这样一位能征善战的将军,到底是因为什么被杀的呢?

常遇春

明太祖朱元璋时期,蒙古人虽被逐出中华,但仍未臣服。北元贵族时常举兵南下,骚扰边疆,入侵中原之心不死。是故,明军数次大规模出塞北征,以图消灭北元势力。洪武五年(1372年),明太祖第二次北征沙漠之战中,蓝玉为中路军先锋,先出雁门关,败扩廓帖木儿游骑于野马川(今中蒙边境克鲁伦河),又败扩廓帖木儿于土剌河(今外蒙古乌兰巴托西土拉河)。扩廓帖木儿逃去。洪武七年(1374年),蓝玉带兵占领兴和(今河北张北),俘获元国公贴里密赤等59人。洪武十一年(1378年),同沐英讨西蕃叛乱。次年大胜还朝。洪武十四年(1381年)以左副将军之职随征南将军傅友德、右副将军沐英南征云南,消灭了云南的残元势力。战后评功,蓝玉为多,增禄五百石。洪武二十年(1387年),拜征虏左副将军,随大将军冯胜北征北元太尉纳哈出。二月初三日,冯胜遣蓝玉率轻骑乘天大雪出兵,杀北元平章果来,擒其子不兰奚。明军追击纳哈出至吉林双辽,生擒纳哈出,降其余部。期间,遇冯胜获罪,太祖命蓝玉"总管军事",拜大将军,屯蓟州(今天津蓟县)。洪武二十一年(1388年)率军15万北征,乘风雪偷袭北元王室于捕鱼儿海(今内蒙古与蒙古交界贝尔湖),大败元军,杀其太尉蛮子,擒元王次子地保、妃、公主以下100余人,及吴王朵儿只、代王达里麻,以及平章以下官属3000人,俘获男女77 000余人,缴获宝玺、符敕金牌、金银印诸物及马驼牛羊15万余,销毁元军械不计其数,基本摧毁北元职官体系。元王脱古思帖木儿及太子带领随从数十人仓皇北逃,蓝玉以精兵追之未及。元王和太子天保奴在北途中被部下也速迭尔杀死。蓝玉又袭破哈剌章营,获人畜6万。

北元王室被消灭的消息传到明廷,朱元璋大喜,遣使劳军,诏令嘉奖,将蓝玉比之为卫青、李靖。然而随着战功越来越大,蓝玉开始居功自傲,日益专横跋扈。早在征云南胜利后,他就派人私自贩盐,牟取暴利。在捕鱼儿海战役后,蓝玉私占掠获了大量珍宝、驼马。所俘元王妃本应献给朱元璋,但蓝玉将其据为己有,致使元王妃自杀。但蓝玉不知收敛,后班师至河北迁西县喜峰关,因已入夜,守关明军未及时纳入。蓝玉怒不可遏,竟然纵兵破关而入,大犯军法。朱元璋得知后大怒,云:"蓝玉无礼如此,岂大将军所为哉!"朱元璋原准备将其封为梁国公,临时改封凉国公。一字之差,同音不同意。梁国地处中原,而凉国在今甘肃中部。蓝玉领兵在外,经常擅自升降将校,诏令有所不从;又蓄庄奴、假

"蓝玉案"模拟场景

子数千人，横行霸道，胡作非为，曾私占民田。御史按问之，蓝玉竟然将其逐出。

洪武二十三年（1390年）蓝玉率军平贵州，二十四年（1391年）率军追逃寇祁者孙，收复西番罕东之地，又俘反叛臣原建昌指挥使月鲁帖木儿，降服其部众，班师而还，封太子太傅。蓝玉居功自傲，常因非法之事，而被太祖责备。明洪武二十五年（1392年）夏四月，太子朱标病逝。朱元璋立长孙朱允炆为皇太孙，以接替帝位。当时朱元璋已65岁，朱允炆年纪尚轻。朱元璋怕他死后，朱允炆无法控制这些权臣，于是大杀功臣之心顿盛。

此外，蓝玉还卷入了皇子之间的争斗中。蓝玉与太子朱标相好。有一次，蓝玉自蒙古班师回朝，告知太子说："臣观燕王（朱棣）在国，举动行止，与皇帝无异。又闻望气者言，燕有天子气，愿殿下先事预防，审慎一二！"为人忠厚的太子朱标答："燕王事我甚恭，决无是事。"蓝玉解释说："臣蒙殿下优待，所以密陈利害，但愿臣言不验，不愿臣言幸中。"此事后来为燕王朱棣所知悉。到朱标薨逝后，燕王入朝上奏朱元璋说："在朝公侯，纵恣不法，将来恐尾大不掉，应妥为处置。"他暗批蓝玉等虎将立于朝廷，要趁早抑制，否则将来难治。但是蓝玉等将领依旧桀骜不驯，完全未察觉政局发生了微妙变化。

洪武二十六年（1393年），锦衣卫指挥蒋瓛告发蓝玉谋反。太祖将蓝玉下狱审讯。狱词称同景川侯曹震、鹤寿侯张翼、舳舻侯朱寿、定远侯王弼、东莞伯何荣及吏部尚书詹徽、户部侍郎傅友文等，拟乘朱元璋藉田时发动叛乱。朱元璋大怒，将蓝玉处死，灭三族，坐党论死者15 000人，包括1公爵、13侯爵、2伯爵。此案是继胡惟庸案后的又一次大案。

总而言之，蓝玉居功自傲，横暴不法，又卷进皇位争夺的旋涡中，再加上皇太孙年纪尚轻，太祖猜忌功臣，这种种因素最终导致了其被杀。纵观古今，这也常是只知进而不知退的功臣的下场。

朱元璋杀刘伯温的真正内幕

刘基（1311—1375），字伯温，谥曰文成，汉族，青田县南田乡（今属浙江省文成县）人，元末明初杰出的军事家、政治家及文学家，通经史，晓天文，精兵法。他辅佐朱元璋开创明朝，是朱元璋的第一谋臣，被后人比作诸葛武侯。可是，人们万万没有想到，就这样一个足智多谋、思维缜密、料事如神的人，也落得了一个不知病因而病死的悲惨下场。

洪武八年（1375年）正月下旬，刘基感染了风寒。朱元璋知道后，派右丞相胡惟庸带御医去探望。御医开了药方。他照方抓药煎服后，觉得肚子里好像有一些不平整的石块挤压在一起，让他十分痛苦。二月中，刘伯温抱病朝见朱元璋，婉转禀告胡惟庸带着御医来探病，按其药方服药后却更加不适。朱元璋只说了一些要他宽心养病的安慰话，并没有当成大事。这让刘伯温相当心寒。三月下旬，刘伯温已经无法下床活动，自

刘伯温

李善长

知来日无多，便申请还乡。回到家几天之后，他找来两个儿子刘琏、刘璟交代后事，又对他们说："为政的要领在宽柔与刚猛循环相济。如今朝廷最需做的，是尽量修养道德，尽量简要酷法。"又说："本来想写一篇奏表，向皇帝献上我的主张，但胡惟庸还在，写了也是枉然。不过，等胡惟庸败后，皇上必定会想起我，会向你们询问我临终的遗言，那时你们再将我这番话向皇上密奏吧。"四月十六日，刘伯温病故，享年65岁。

从事实上看，刘伯温可能是被胡惟庸指使医官害死的。但有人推测其中的缘由，不是胡惟庸想杀刘伯温，而是朱元璋意图借他二人（李善长、胡惟庸）之手杀掉这个心腹大患。原因其实也很简单，首先，朱元璋是一个乡土观念很重的人，而李善长是他的老乡，且多年来只在幕后工作，从不抢风头。朱元璋对这样的人很是放心。而刘伯温是一个别乡人，从心理上朱元璋就信不过他。但是刘伯温太聪明，太能干了，在某些事情的判断上常常比朱元璋要准确，故为朱元璋所不容。但这也只是一些人的猜测，没有什么可靠的证据。

朱元璋本想让刘伯温任宰相，但刘伯温坚辞不受。或许是因为他太聪明，太有才干，故而引起李善长和胡惟庸等人的嫉妒。常言说得好，"一山不容二虎"，故将他害死。从各种史料分析，刘伯温不是朱元璋害死的，也不是朱元璋指使或借刀杀人害死的。

至于朱元璋大杀功臣，那是洪武二十六年（1393年）蓝玉案发以后的事，与洪武八年（1375年）的刘伯温之死无关。事实上，朱元璋和开国功臣们的关系有一个逐渐变化的过程。朱元璋是一介农民出身，战争时期需要与这些仁人志士同仇敌忾，一起打江山；可是获得天下之后，就不再需要那么多功臣了。正所谓"患难兄弟"，就是只能共患难，却不能同享受。而这些人对大明的江山会有威胁，让谁当皇帝都会把功臣的权力收回，只是朱元璋的做法过于武道而已。洪武三年（1370年），朱元璋为了巩固自己的地位，确保功臣忠心，他首先封李善长等6人为公爵，另外28人为侯爵，赐其土地和金银财宝，并与其结姻。到洪武五年朱元璋颁布了《洪武青花执壶铁榜文》，严厉指责文武功臣违法乱纪的行径，使君臣关系变得有些紧张。到洪武八年，刘伯温便不明不白地"病"死时，朱元璋还没有开始大杀功臣。

而胡惟庸在洪武六年（1373年）七月凭李善长推荐任右丞相后，日益骄横跋扈，擅自决定官员的生杀升降，先阅内外诸司奏章，对己不利者，辄匿不上报。他得知大将军徐达对他不满后，曾诱使徐达府的守门人福寿谋害徐达，因福寿揭发，而未能得逞。而他所任的右丞相之职本是朱元璋留给刘伯温的。故胡惟庸对刘伯温非常妒忌，便寻机害死了他。

明武宗正德八年（1513年），明朝廷赠刘伯温为太师，谥号文成。明世宗嘉靖十年（1531年）因刑部郎中李瑜的建言，朝廷再度讨论刘基的功绩，并决议刘伯温和徐达等开国功臣一样，配享太庙。可见明朝廷对刘伯温的评价还是很高的。

徐达死亡真相

徐达(1332—1385),字天德,汉族,濠州钟离(今安徽凤阳)人,明朝初功臣。野史和清朝戏曲里称,因徐达功大,引起朱元璋的猜忌,后为朱元璋用鹅肉害死。事实真是这样吗?

传说朱元璋登基后,心胸狭隘,爱猜忌,想除掉众多功臣。于是在庆功楼为众功臣设宴,以表彰他们的功劳,而实际上已在楼下备好了柴火。时机一到,朱元璋命点火,遂将这些功臣烧死于庆功楼。只有徐达得到刘伯温的忠告紧跟朱元璋,侥幸逃过一劫。后来徐达背患痈疽,忌吃鹅肉,而朱元璋却派内臣赐他鹅肉。徐达只得含泪吃下鹅肉,次日身亡。

又传说徐达得了痈疽病。朱元璋召来太医,问知得了痈疽病的人忌吃牛肉,因为牛肉性甘温。于是派人赐徐达牛肉。徐达看到送来的牛肉后,便明白朱元璋已经视自己为眼中钉了。不久后,他又收到马皇后相赠的礼物"枣和桃",更是证实了这一想法。想想自己上有80岁的老母,如果按照马皇后的指示"早逃"的话,势必会殃及自己的家人,所以徐达选择装聋作哑。后来徐达的痈疽在医官的悉心治疗下,伤口已愈合。朱元璋又特意赐徐达熟鹅一只,以庆祝他早日痊愈。大凡患痈疽者,最忌鹅肉,特别是疮口愈合时,其毒性倍增。徐达知道此次在劫难逃,于是含泪吃下鹅肉,随后毒发身亡。也有传说徐达痈疽病已经痊愈,吃下鹅肉并无大碍,只是他知道如果自己不死,朱元璋不会罢休,于是瞒着家人服下毒药身亡。不管徐达是因吃了朱元璋所赐鹅肉而死,还是徐达自己服毒而亡,最根本的原因都是朱元璋为了斩草除根,消除一切可能威胁自己统治的人。

其实,火烧庆功楼和用鹅肉害死徐达这些传说只是戏曲和野史里杜撰的,事实上并没有这些事。鹅肉害死徐达这一传说出自明朝后期徐祯卿所著的笔记小说《翦胜野闻》,后为清朝赵翼所作的《廿二史札记》所误用,遂广为流传。小说《翦胜野闻》中的内容多为荒诞不经之事,其说法甚不可信。但清代的戏曲则对此说大加宣扬,有意无意地迎合了清朝政府贬低朱元璋的需要。在各种不正常心理的推动下,此说影响甚广。

徐达与朱元璋是同乡,小时曾和朱元璋一起放过牛。当朱元璋还是郭子兴的部将时,徐达就投其帐下。二人情同手足,是名副其实的难兄难弟。有一次,朱元璋被孙德崖的部众扣留,徐达挺身而出,到孙德崖军中去做人质,换回朱元璋。直到郭子兴释放孙德崖后,徐达才被放出来。因此,朱元璋对徐达非常感激和信任。朱元璋挥师南渡长江,攻占采石、太平,谋攻集庆(今江苏南京)时,徐达"与常遇春皆冠军,而达独参与进止","廓江汉,清淮楚",击灭陈友谅势力,

徐达

南京瞻园徐达官邸

升任总兵官、大将军；又"电扫西浙"，攻占平江（今江苏苏州），消灭张士诚势力；后受命为征虏大将军，率师北伐，"席卷中原"，克复大都（今北京），"声威所震，直达塞外"。徐达在世时，明朝仍在与北元蒙古人作战，正需要武将来协助，而且当时明太祖尚未开始屠杀武将，徐达又实实在在是朱元璋最倚重的大将。因此，朱元璋是不会杀徐达的。正史中也没有朱元璋杀徐达的记载和动机。

徐达虽然功劳极大，但安分守己，从不结党营私。他的子孙也未见因是皇亲国戚而骄傲蛮横，而有违法乱纪的行为。徐达治军严明，"令出不二"，严禁兵将骚扰百姓，"有违令扰民，必戮以徇"。他不贪女色，不图货利，攻占平江后，封姑苏之府库，占领大都之后，"置胡宫之美人财货无所取，妇女无所爱"。徐达摆脱乡土观念，不和同乡拉帮结派，没有卷进以胡惟庸为首的淮西集团的是非之争。他还提醒朱元璋，胡惟庸这种人不适合当丞相。后来，胡惟庸因谋反被杀，应了徐之先见，故朱元璋更看重徐达。

洪武十八年（1385年）二月，徐达病逝，享年54岁。朱元璋追封他为中山王，赐谥"武宁"，赐葬于南京钟山之阴，并亲为之撰写神道碑，赞其"忠志无疵，昭明乎日月"。后复命"配享太庙，塑像祭于功臣庙，位皆第一"。可见朱元璋对徐达的器重。

综合各种史料分析，朱元璋没有诛杀其最倚重的徐达，而且，鹅肉造成背疽毒发之说也毫无科学依据。徐达死于洪武二十六年（1393年）朱元璋大杀功臣之前8年，其死与大杀功臣之事无关。朱元璋害死徐达之说，都是应了清廷贬低明朝和洪武帝的需要，才被广泛流传的。

万历皇帝为何包庇谋杀太子的皇妃

万历皇帝朱翊钧的太子朱常洛不是皇后所生，而是万历皇帝与一王姓宫女在洗手时有染所生，生于万历十年（1582年）。万历帝并不喜欢这个宫女和他们的孩子。他真正宠幸的是郑贵妃。郑贵妃在14岁的时候就成为万历皇帝的宠妃，美貌而且聪明机警，敢于毫无顾忌地挑逗、嘲笑万历皇帝，同时又能倾听皇帝诉苦。她生下了两个孩子，但都不是万历帝的长子。其长子朱常洵生于万历十四年（1586年），是皇三子，但最为万历帝所喜爱。万历皇帝最希望朱常洵继承皇位，但是依照祖训，只能册立长子朱常洛为皇太子。

万历二十九年（1601年），朱常洛被正式立为太子，时已20岁。但其地位并不稳固，郑贵妃一班人不死心，总在伺机让万历帝改立太子。同年10月朱常洵被封为福王。按道理他应该离开京城到属地洛阳就任，但在郑贵妃的要求下，却迟迟没有离京。

万历四十三年（1615年）五月初四日黄昏时分，一个身材高大的陌生男子手持一根粗大的枣木棍闯入朱常洛居住的慈庆宫，打倒了几个守门的太监后，便直奔太子就寝的大殿而去。朱常洛的贴身太监见外边的太监拦截不住，立即关闭大殿的大门，并临窗大声呼喊"抓刺客"。太子侍卫韩本用闻讯赶到，在前殿逮捕了刺客，交由东华门的守卫指挥使朱雄收监。第二天，朱常洛将此事告知了万历皇帝，说有人行刺。万历皇帝听了很吃惊，急忙派人提审这名刺客。

经过御史刘廷元审讯，刺客名张差，蓟州井儿峪人，但其语言颠三倒四，常提到"吃斋讨封"等语。刑部提牢主王之寀认为事有蹊跷，觉得张差不像疯癫之人，便

万历皇帝

用饭菜引诱他说："实招与饭，不招当饥死。"张差低头，又说："不敢说。"王之寀便退去众人，亲自审问。张差说他原来靠砍柴与打猎为生，一个月前，在济州卖完货后，赌钱输了，正巧遇上一位太监。太监说可以带他赚钱。他随这位太监入京，见到另外一位老太监，得到其酒肉款待。几天后，老太监带他进紫禁城，给酒饮用以壮胆，又交给他木棒，带他到慈庆宫，嘱他进宫后有人拦便打，若见到一穿黄袍者（即太子朱常洛），这是奸人，要把他打死，打死重重有赏；如他被人捉住，也会被救出。张差供出的是郑贵妃手下太监庞保、刘成。

消息传开后，一时间朝野哗然，纷纷猜测是郑贵妃想要谋杀太子，以使另立福王。王志、何士晋、张问达奏疏谴责外戚郑国泰"专擅"。形势对郑贵妃非常不利，她惶惶不可终日，向皇上哭诉。万历帝指责郑贵妃说："群情激怒，朕也不便解脱，你自去求太子吧！"朱常洛看到父亲生气，又听出话中有音，亦不愿深究，便说："这件事只要张差一人承担便可结案。请速令刑部办理，不要再株连其他人。"万历皇帝听后顿时眉开眼笑，频频点头，说："还是太子说得对。"刑部判张差处以凌迟。据《先拨志始》记，张差临死时说："同谋做事，事败，独推我死，而多官竟付之不问。"不久刑部、都察院、大理寺三法司前后五次会审庞保、刘成两人，由于人证消失，庞、刘二犯有恃无恐，矢口否认涉案。六月一日，明神宗密令将庞保、刘成处死。全案遂无从查起，不了了之，成为明朝三大迷案之一，史称"梃

万历皇贵妃郑氏

击案"。

此案虽没有最终查清,但却使郑贵妃的势力大衰。万历帝也不得不放弃改立福王为皇太子。正是偷鸡不成反蚀一把米,弄巧成拙。从此朱常洛的太子之位才得以稳固。他苦熬了39年之后,终于得到了梦寐以求的皇帝宝座。他即位后重振纲纪,提拔新官吏,革除弊政,重视军事,很有作为。但在即位后的第30天清晨,他莫名其妙地去世了,葬于十三陵庆陵,庙号光宗。皇位由其长子朱由校继承。

努尔哈赤凭何在后金部落中脱颖而出

努尔哈赤于明世宗嘉靖三十八年(1559年)出生于建州左卫苏克素护部赫图阿拉城(今辽宁省抚顺市新宾县),其祖父觉昌安、父塔克世为建州左卫指挥。但努尔哈赤并不受祖父觉昌安、父亲器重,便单独在外谋生。万历十一年(1583年)辽东总兵李成梁攻打古勒寨。觉昌安、塔克世进城探望其女,于混乱中被杀。努尔哈赤和他的弟弟舒尔哈齐在败军之中,因仪表不凡,被李成梁的妻子放走。努尔哈赤归途中受到额亦都等人拥戴,便用祖父、父亲所遗的13副甲胄起兵,开始统一建州女真各部的战争。但仅凭这13副甲胄,努尔哈是如何在女真各部中脱颖而出的呢?

明朝时东北地区的女真人有建州女真、海西女真、野人女真三部,每个部又分许多小部。其中野人女真位于最北方,主要分布在松花江中游、黑龙江和乌苏里江流域,东达鄂霍次克海岸与库页岛。海西女真居住在松花江大曲折处及今哈尔滨以东阿什河流域。建州女真分布于今牡丹江、绥芬河及长白山一带。当时最主要的军事力量是辽东总兵李成梁的明军。李成梁利用女真各部落之间以及他们与其他民族部落之间的矛盾以控制局势。

万历十一年(1583年)五月,努尔哈赤以13副铠甲、30人起兵后,逐渐吞并了其他建州部落,以及海西女真、野人女真的一些部落。在军事与外务上,努尔哈赤主要策略有三。第一,抗拒者杀,俘获者为奴。纳殷部七村诸申降后复叛,据城死守,"得后皆杀之"。因额赫库伦部女真拒不降服,努尔哈赤遣兵攻克,斩杀其守兵,"获俘一万",灭其国,"地成废墟"。第二,把降者分别编在各个牛录内,不贬为奴,不夺其财物。原部长、寨主等大都封授官职,编其旧属人员为牛录,归其辖领。第三,来归者奖,这样就缩小了打击面,争取到许多部长、路长带领属人前来归顺,因而加速了女真统一的进程。仅据《八旗满洲氏族通谱》的记载,黑龙江、吉林、辽宁女真酋长统众来归的,就有二三百

努尔哈赤

起之多。

努尔哈赤还采取了正确的用兵策略,打击目标一般是由近及远,先弱后强,逐步扩大。努尔哈赤长于用计,重视保密,多谋善断,议即定,定即行,骑兵一出犹如暴风骤雨,迅不可挡,经常以少胜多,变被动为主动。他还积极争取与蒙古部结盟,尽力避免过早地遭到明朝军队的打击,故直到万历四十六年(1618年)其以七大恨发动叛乱以前,没有受到明军的征剿。

万历四十四年(1616年)正月除夕,努尔哈赤在赫图阿拉举行开国登基大典,定国号为大金。一个辖地千里、统兵民数十万的叛乱政权出现在大明的东北地区。万历四十六年(1618年)他又以七大恨为由发动叛乱,向明军进攻。

沈阳故宫崇政殿

努尔哈赤是在女真人渴望统一的形势下,以短短30余年时间,完成了统一女真各部的事业。后来女真人和一些蒙古人、汉人等逐渐融合为一个新的民族——满族,成为清朝入主中原的基础。

多尔衮为何生前不称帝,死后却"谋逆"

爱新觉罗·多尔衮是清太祖努尔哈赤的第十四个儿子,清太宗皇太极之弟。多尔衮是清朝一位杰出的军事家和政治家,功勋卓著,对清朝入主中原,统一全国起了至关重要的作用,虽名为摄政王,却是清朝入关初期的实际统治者。当时孝庄太后用尽手段严防其夺位称帝。多尔衮也因种种原因始终没有称帝,但他死后,却被加上"谋逆"的罪名。

多尔衮的母亲乌拉氏阿巴亥在努尔哈赤死后仅九个时辰,就被皇太极众兄弟逼迫殉葬。多尔衮同母兄弟三人,处处被皇太极众兄弟压制。对此,多尔衮心生愤恨,但未表露。多尔衮在皇太极生前就已经战功赫赫。皇太极去世时,继位的人选并未确定,他是有机会称帝的。当时他手握两白旗重兵,并且两白旗的统帅阿济格和多铎就是他的同母同父的亲兄弟。两白旗的支持把多尔衮推向了争夺帝位的风口浪尖上。而另一个竞争者是皇太极的长子豪格,有不少军功。两黄旗大臣、正蓝旗都支持豪格继位。双方剑拔弩张,气氛十分紧张。多尔衮虽然只有两白旗支持,但正红旗、正蓝旗和正黄旗中也有不少宗室支持他。从当时的形势来看,他是有能力登上帝位。但为了避免清朝的内部冲突,他改立年仅六岁的皇太极的幼子福临为帝,以便于控制。野史上常说,是因为福临的生母孝庄和多尔衮有风流韵事,多尔衮才改为支持福临登基的。

多尔衮执政期间功绩不凡,与蒙古结盟,共同击败了李自成的军队,并迁都北京,统

多尔衮

一中原,又治理西藏,整顿吏治等。但他作风专横,得罪过不少人,背负了许多骂名。豪格显然是多尔衮最需严加防范的政敌。于是他找借口幽禁了豪格,使其死于狱中。另外的反对派分子图赖、索尼、鳌拜等也都遭到了残酷打击。多尔衮真正依赖的是自己的两个亲兄弟阿济格和多铎。顺治六年(1649年)多铎死于出痘,使多尔衮一派的力量大减。阿济格是一勇之夫,脾气暴躁,容易坏事,使多尔衮不敢十分重用。

多尔衮当摄政王时,府第威仪超过顺治帝。到顺治五年(1648年)十一月,"加皇叔父摄政王为皇父摄政王,凡进呈本章旨意,俱书皇父摄政王"。至此,多尔衮大权在握,权势地位已达到无以复加的程度,"凡一切政事及批票本章,不奉上命,概称诏旨";"不令诸王、贝勒、贝子、公等入朝办事,竟以朝廷自居,令其日候府前。"

多尔衮身体一直欠佳,据说是在松山大战时落下的病根。而入关之后,他经常头昏目胀。据说其病症是"风疾",即脑血管病。多尔衮不能生育,一直没有子嗣,也是他没有夺位的重要原因。顺治七年(1650年)十二月九日,多尔衮因狩猎坠马,膝盖受伤,涂以凉膏,竟不治死于喀喇城。

多尔衮在弥留之际,与同胞兄长阿济格有过密谈。多尔衮刚一断气,阿济格立即派自己的亲兵三百骑兵飞驰北京,似要发动军事政变。其心腹大学士刚林洞悉此中底细,立即快马飞奔进京告密,布置关闭城门,通知诸王做好防变准备。顺治帝听从诸王的要求,将阿济格三百飞骑收容在押,诛杀殆尽。阿济格随多尔衮的灵柩进京时,立即被捕入狱。

尽管如此,多尔衮一派的势力仍很强大。在多尔衮心腹罗什等人的要求下,福临下诏为多尔衮举行国丧,"中外丧仪,合依帝礼",还被追尊为"懋德修道广业定功安民立政诚敬义皇帝",庙号成宗。顺治八年(1651年)正月十九日,又将多尔衮夫妇同祔于太庙,二十六日,福临正式颁诏,将尊多尔衮夫妇为义皇帝、义皇后之事并同祔庙享之事公诸于众,并覃恩大赦。

但是,多尔衮死后不久,其政敌便纷纷出来翻案,揭发他的大逆之罪。他们首先议了阿济格的罪,因故赐令其自尽。然后恢复两黄旗贵族的地位,提升

多尔衮弟弟多铎

两红旗的满达海、瓦克达、杰书、罗可铎等。白旗大臣苏克萨哈等也纷纷倒戈。众人要孝庄处理多尔衮的余党。起初,孝庄还不同意。但众人揭发出了多尔衮的种种丑事。顺治二年(1645年)时,多尔衮"于八旗选美女入伊府,并于新服喀尔喀部索取有夫之妇"。他还强占其侄子豪格的妻子;又曾逼朝鲜送公主来成婚,在发泄欲望之后,又嫌其不美,让朝鲜再选美女。在他死前不久,还偷偷养着两个朝鲜美女。这令本已感到委曲的孝庄大怒,说:"看来是高看他了。"便下令拘捕多尔衮死党,先将罗什等五人入狱,然后正式宣布多尔衮罪状,追夺一切封典,毁墓掘尸。

意大利传教士卫匡国在《鞑靼战纪》中记载:"顺治帝福临命令毁掉阿玛王(多尔衮)华丽的陵墓。他们把尸体挖出来,用棍子打,又用鞭子抽,最后砍掉脑袋,暴尸示众。他的雄伟壮丽的陵墓化为尘土。"接着,又接连处罚了刚林、巴哈纳、冷僧机、谭泰、拜尹图等。多尔衮多年培植的势力迅速瓦解。

多尔衮死后仅两个月,就从荣誉的顶峰跌落下来。其原因一是树敌太多;二是压得小皇帝顺治喘不过气来,还害死了顺治的哥哥豪格;三是其多好色之丑行,令孝庄心生愤恨。在这种形势下,多尔衮被迅速判罪是必然的。

康熙帝为何选中乾隆

据说康熙帝因儿子众多,不知道应该把皇位传给谁,于是就用了观皇孙的方法,打算在诸孙中选一个当皇帝。最后他选择了四子胤禛的儿子弘历,也就是后来的乾隆。也就是说,康熙之所以把皇位传给了胤禛(雍正),并不是看上了胤禛,而是看上了弘历(乾隆)。

当时,四子胤禛见父王喜欢小孩,便安排了弘历与康熙见面。康熙六十年(1721年)的一天,康熙帝在雍正王府的后花园见到正在练武的弘历时,一下子就喜欢上了这个孩子。当时弘历12岁。康熙帝下令将弘历养育宫中,亲授书课。此间弘历曾经随同康熙前往木兰围场行围。康熙开枪将一只黑熊射倒在地,命弘历前往再射,以锻炼他的胆量。弘历走近黑熊时,不料黑熊伤轻,见有人近前,突然立起,扑向弘历。弘历毫不惊慌,镇定自若,与熊周旋。康熙急忙又发一枪,将黑熊射死。康熙说弘历"有英雄气象,必封为太子"。

有大臣跟康熙帝说,只要有三位明君,就能保证大清有百年以上统治。在康熙眼里,四子胤禛(雍正)未必能成为理想的明君,但他的孩子弘历可以。于是他传位给胤禛,以使王位能传给弘历。后来弘历即位后,使大清的国力走到了鼎盛。这也算是康熙还有些眼光的证明。

乾隆

康熙修建避暑山庄的政治目的

承德避暑山庄，又名承德离宫或热河行宫，始建于康熙四十二年（1703 年），建成于乾隆五十五年（1790 年），历时 87 年，占地 564 万平方米，有殿、堂、楼、馆、亭、榭、阁、轩、斋、寺等建筑 100 余处，是清代皇帝夏日避暑和处理政务的场所。其面积大约是北京颐和园的两倍。它的最大特色是山中有园，园中有山，山区占了整座园林面积的五分之四，群峰环绕，谷壑纵横。山谷中清泉涌流，密林幽深。山庄的围墙高 3 米，宽 1.5 米，长达 10 公里，有小长城之称。墙上筑有垛口，可供巡逻和作战之用。承德避暑山庄的修建，不单纯是为了皇帝的享乐，还有其他政治原因。

清朝为东北黑水流域的半耕半猎民族出身，弓马娴熟，以骑兵为盛，多次击败马上民族蒙古。他们并不像以步兵为主的汉族王朝那样惧怕北方骑兵，因此对修长城防御北方骑兵不感兴趣。但拉拢蒙古贵族是清朝的一贯政策。在清军入关时，清朝就是在蒙古出兵协助作战的情况下，才战胜了李自成大顺政权的军队，从而建立了清王朝。

清朝在北京站稳脚跟后，边远地区的民族首领开始定期到北京觐见清皇帝。但当时的蒙古王公惧怕关内的传染病天花，不想到北京觐见。一番考量之下，康熙决定在塞外修建行宫，以便于接见蒙古人和其他边地使臣。为了不让对方轻视自己，塞外行猎正是展示清朝威风的一个好方法，同时也能锻练一下清宗室子弟。于是承德避暑山庄和木兰围场便开始修建。宫殿区的建筑虽然恪守"天子身居九重"之制，但不用黄琉璃瓦，代之以灰瓦盖顶青砖砌墙，使宫殿区的建筑与整个山庄的建筑风格相一致，古朴淡雅、简洁。

当时一位名为柳得恭的朝鲜使者曾写道："康熙皇帝修建避暑山庄，实质是为了巩固边疆，对少数民族实行一整套怀柔笼络政策。这里明明是皇帝施展权术的地方，可是却取名'避暑山庄'，似乎是一个富于闲情逸致的环境，好像一层薄薄的轻纱，掩盖了政治统治的实质，可见康熙用心之良苦。"

清朝的康熙、乾隆时期，清皇帝每年大约有半年时间要在承德度过。很多重要的政治、军事、民族、外交等国家大事，都在这里处理。因此，承德避暑山庄也就成了北京的陪都和第二个政治中心。伴随着避暑山庄的修建，周围的外八庙也相继建造起来，以适应不同边疆民族的信仰需要。外八庙，其名称分别为：溥仁寺、溥善寺、普乐寺、安远庙、普宁寺、须弥福寺之庙、普陀宗乘之庙、殊像寺。

乾隆三十九年（1774 年）又仿照浙江宁波的天一阁，在避暑山庄苑景区北建成文津阁，用于藏书和传播文化。文津阁藏有巨著《古今图书集成》和《四库全书》一

承德避暑山庄大门

套。文津阁本《四库全书》共计36 304册,用6750个木制书函和128个木制书架贮书。

乾隆时期,乾隆皇帝在这里接见并宴赏过厄鲁特蒙古杜尔伯特台吉三车凌、土尔扈特台吉渥巴锡,以及西藏政教首领六世班禅等重要人物,还在此接见过以特使马戈尔尼为首的第一个英国访华使团。1820年,清嘉庆帝病逝于此。1860年,英法联军进攻北京,

承德避暑山庄湖区

清帝咸丰逃到避暑山庄避难,在这里批准了《中俄北京条约》等几个不平等条约。1861年七月,咸丰皇帝病死于避暑山庄。之后的"辛酉政变"亦发端于此。随着清王朝的衰落,避暑山庄也日渐败落,渐渐失去了政治功能。

雍正皇帝14位兄弟的生死之谜

康熙六十一年十一月十三日(1722年12月20日),清康熙帝崩。京城九门关闭6天,诸王非得令旨不得进入大内。康熙有子35人,到他驾崩时,存活且满20岁的共有15人,即雍正的大哥胤禔(tí)、二哥胤礽(réng)、三哥胤祉、老四胤禛(zhēn,雍正)、五弟胤祺、七弟胤祐(yòu)、八弟胤禩(sì)、九弟胤禟、十弟胤䄉、十二弟胤祹、十三弟胤祥、十四弟胤禵、十五弟胤禑(xú)、十六弟胤禄、十七弟胤礼。当时四子胤禛与其他兄弟争夺帝位,形势异常紧张。传言康熙本来命十四子胤禵即位,但老四胤禛与隆科多等人改了诏书,成了命胤禛即位。十四子胤禵时任抚远大将军,手握重兵。胤禛命大将军年羹尧牵制胤禵,使其无法回京夺位。胤禛即位之后,就对这些兄弟进行了清理。

老大胤禔: 在太子废立中得罪康熙,被夺封爵,幽于府第,成为一只不见天日的老虎。雍正十二年(1734年)死,以贝子礼殡葬。

老二胤礽: 生于康熙十三年(1674年)五月,刚满周岁时即被确立为皇太子。康熙四十七年(1708年)九月初四日,被废黜,禁锢在咸安宫。雍正即位后对他仍不放心,一方面封其为理郡王,另一方面又命在山西祁县郑家庄盖房驻兵,将胤礽移居幽禁。雍正二年(1724年),胤礽死。

老三胤祉: 不太热心皇储,一门心思编书,但也受到牵连。雍正即位后,以"允(胤)祉与太子素亲睦"为由,命其"守护景陵",发配到遵化为康熙守陵。胤祉私

雍正八弟胤禩

雍正十四弟胤祯

下发些牢骚，被雍正探知，被夺爵，幽禁于景山永安亭。雍正十年（1732年），胤祉死。

老五胤祺：在康熙亲征噶尔丹时，曾领正黄旗大营，后被封为恒亲王。胤祺没有结党营私，图谋帝位。但雍正即位后，还是借故削其封爵。雍正十年（1732年），胤祺死。

老七胤祐：于康熙五十七年十月（1718年），奉命管理正蓝旗满洲、蒙古、汉军三旗事务。雍正元年（1723年）四月晋封和硕亲王。后来，以疾解旗务。雍正八年（1730年）卒，谥曰度。刻碑记功，诏褒其"敬谨小心，安分守己"。

老八胤禩：因其母卫氏出身卑微，故少时在众兄弟子侄间并不受看重，但他是雍正兄弟中最有才能的一位。原皇太子胤礽被废后，他谋继立，故"世宗（雍正）深憾之"。雍正继位后，视胤禩及其党羽为眼中钉、肉中刺，先封胤禩为亲王。其福晋对来祝贺者说："何贺为？虑不免首领耳！"雍正探知，即命革去胤禩福晋的福晋名，赶回娘家，令严加看管。雍正四年（1726年）六月，雍正以"凶恶之性，古今罕闻"，结党妄行等罪削胤禩王爵，以高墙圈禁，并削宗籍，称其为"阿其那"。"阿其那"是满语，意思不甚清楚，大概是"猪"或"不要脸"等意。同年九月初八日，胤禩因呕病卒于监所。民间认为他是被毒死。

老九胤禟：通满文等文，好技术发明，但因同胤禩结党，为雍正所不容。胤禟私下表示想出家为僧，不被允许。雍正四年正月，以"僭妄非礼"，革去黄带子，除宗籍，从西宁逮还京师。八月，定罪状28条，三条铁链加身，送往保定。还被加名"塞思黑"。"塞思黑"是满语，意思不明，大概与"狗"、"不要脸"、"讨厌鬼"等有关。同年，胤禟因"腹疾卒于幽所"，享年43岁。也有传说他是被毒死的。

十弟胤䄉：因党附胤禩，为雍正所恨。雍正元年（1723年），雍正命其居住于张家口。同年借故将其夺爵，逮回京师拘禁。直到乾隆二年（1737年）才开释，乾隆六年（1741年）九月初九，胤䄉病死，年59岁。

十二弟胤祹：康熙末年任镶黄旗满洲都统，很受重用，但没有结党谋位。雍正即位后，封其为履郡王。不久，借故将其降为"在固山贝子上行走"。贝子不给实爵，地位远低于贝勒。不久，又将其降为镇国公。乾隆即位后被晋封为履亲王。乾隆二十八年（1763年）卒，享年78岁。

十三弟胤祥：与雍亲王胤禛关系最密。因其对雍正朝的治绩助力甚大，遂得世袭罔替的许可，为铁帽子王。雍正八年（1730年）五月初四日病故，年仅44岁。

十四弟胤祯：又名胤禵，虽与胤禛（雍正）为一母同胞，但因党同胤禩，又与雍正有帝位之争，故为雍正所忌。雍正即位后，不许抚远大将军胤祯进城吊丧，然后夺其抚远大将军之职，又命其在遵化看守皇父的景陵，后将其父子禁锢于景山寿皇殿。亲兄弟二人成了不共戴天的冤家。乾隆继位后,于十一月将其开释。乾隆二年(1737年)二月,授辅国公品极。十二年六月,封贝勒。十三年正月,晋为恂郡王。二十年卒,年68岁。

十五弟胤禑:雍正四年(1726年)五月,封贝勒,命守景陵。八年(1730年)二月,晋为愉郡王。雍正九年(1731年)二月卒,年39岁。

十六弟胤禄:雍正元年(1723年)三月,庄亲王博果铎(皇太极孙)卒而无子,胤禄奉命继嗣为后,承袭庄亲王爵位。雍正十三年(1735年)雍正遗诏命胤禄为四辅政大臣之一。乾隆三十二年(1767年)死,年73岁。

十七弟胤礼:于雍正元年四月十六日封为多罗果郡王,管理藩院事。雍正六年(1728年)晋封亲王,身兼正黄旗蒙古都统、镶红旗满洲都统、镶蓝旗汉军都统和镶蓝旗蒙古都统四职。乾隆三年(1738年)二月,胤礼病逝,年42岁。

雍正即位后,为避其名讳,命其兄弟将名中的"胤"字一律改为"允"字排行,因此他们的名字都变成了"允某"。在雍正的十四个兄弟中,境遇比较好的有三人,十三弟允祥、十六弟允禄和十七弟允礼。允祥和允礼显然早加入"胤禛党",只是康熙在世时,没有暴露。胤禛即位后,这三人受到格外重用。因王室往往子嗣众多,又有王位之争,故王室兄弟感情不如民间的深厚,在争夺王位时,常有兄弟相残之事。

年羹尧为何不得不死

年羹尧,字亮工,号双峰,原籍安徽怀远,汉族,后改隶属汉军镶黄旗。其父年遐龄官至工部侍郎、湖北巡抚。其兄年希尧亦曾任工部侍郎。年羹尧的妻子是纳兰性德的女儿,继室为辅国公苏燕之女。他的妹妹是胤禛的侧福晋,在胤禛即位后,被封为贵妃。胤禛即后来的雍正皇帝。也就是说,年羹尧与雍正有姻亲关系。但在雍正四年(1726年)年羹尧被赐自尽。那么,雍正为什么要杀他呢?

年羹尧儒生出身,自幼读书,颇有才识。康熙三十九年(1700年)中进士,不久授职翰林院检讨。康熙四十八年(1709年),年羹尧迁内阁学士,不久升任四川巡抚。这时的他还不到30岁。年羹尧到任后,很快就熟悉了四川的大概情形,出台了很多兴利除弊的措施。后来,年羹尧在保障清军的后勤供给上立了大功。康熙五十七年(1718年),年羹尧被授予四川总督,兼管巡抚事,统领军政和民事。康熙六十年(1721年),年羹尧进京入觐,康熙亲赐弓矢,并提升为川陕总督,成为西陲的重臣要员。这年九月,年羹尧又迅速平息了青海郭罗克地方叛乱。康熙六十一年(1722年)十一月,年羹尧受命与抚远大将军延信共同执掌军务。

年羹尧

雍正即位后,年羹尧更受倚重。他和隆科多并称雍正的左膀右臂。隆科多是胤禛的亲娘舅,二人的亲密程度自不必说。雍正元年(1723年)五月,雍正发出上谕:"若有调遣军兵、动用粮饷之处,著边防办饷大臣及川陕、云南督抚提镇等,俱照年羹尧办理。"这样,实际年羹尧遂总揽西部一切军政事务,权势地位在抚远大将军延信和其他总督之上。同年十月,青海发生罗卜藏丹津叛乱。雍正命年羹尧接任抚远大将军,驻西宁坐镇指挥平叛。雍正二年(1724年)初,此叛乱被年羹尧用分道奇袭战术迅速平息。年羹尧晋升为一等公。

但该年七月中旬后,雍正便使出浑身解数要置年氏于死地。雍正为什么转变得这么快?一说随着年羹尧不断得到恩宠,权势越来越大,便妄自尊大,自恃功高,终于使雍正忍无可忍,下了杀心。雍正二年(1724年)十月年羹尧进京陛见,在赴京途中,他令都统范时捷、直隶总督李维钧等跪道迎送。到京时,令郊迎的王公以下官员跪接,自己则乘马而过。王公大臣下马向他问候,他也只是点头回应而已。更有传言,他"御前箕坐,无人臣礼",亦令雍正很生气。十一月京中出现"雍正赏兵乃是年羹尧主意"的谣言。十五日,雍正不满云:"朕又不是三岁小孩,难道还要年羹尧指点?难道非要等到年羹尧陈奏,朕才赏兵的吗?"又云:"年羹尧的才能,做个大将军或者总督还可以,但怎么可能有天子的才智!"十二月下旬,年羹尧回到西安,雍正给他的折子上批曰:"若倚功造过,必致反恩为仇,此从来人情常有者……我君臣期勉之,慎之。"雍正的这段话意味深长,等于警告年羹尧了。

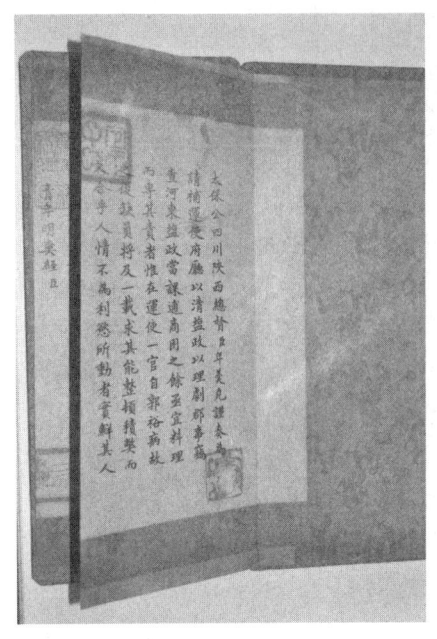

雍正二年四川陕西总督年羹尧奏折

雍正三年(1725年)三月,出现"日月合璧,五星联珠"的祥瑞天象,大臣们纷纷上表祝贺。年羹尧也上了一表,但表中把"朝乾夕惕"误写成了"夕惕朝乾",成了讽刺之语。雍正接阅后大怒,说:"年羹尧自恃己功,显露不臣之迹,其乖谬之处,断非无心!"尽管年羹尧后来一再进折请罪,但雍正已下决心置年羹尧于死地了。

首先,雍正撤换了一些四川和陕西的官员,并对年羹尧的部下进行分化瓦解,让他们和年羹尧划清界限。随后,雍正撤了年羹尧川陕总督的职,命他交出抚远大将军印,并调他去任杭州将军。年羹尧并无心理准备,只得谢恩从命。

善于察言观色的朝中大臣们见这般情形,便乘机落井下石,一个个挺身而出,大力揭发年羹尧的罪状。当年六月,雍正又下令革去年羹尧的杭州将军一职。十一月,年羹尧被械系至京。十二月,他被众议政大臣定了92款大罪,分别是:大逆罪5条,欺罔罪9条,僭越罪16条,狂悖罪13条,专擅罪6条,忌刻罪6条,残忍罪4条,贪婪罪18条,侵蚀罪15条。他们把结果报给了雍正,请求对年羹尧明正典刑。雍正接报后仁慈地说,这92款中应服极刑及立斩的就有30多条,念及年羹尧的功勋,杀了他怕有人不服,姑且从轻发落,赐其在狱中自裁。

当时年羹尧对雍正还抱有幻想。据说年羹尧接到雍正命他自杀的圣旨后,一直不肯自杀。他向雍正上书哀求说:"臣今日已知道自己的罪了,求饶了臣,以慢慢效力。"但雍正回复道:"尔自尽后,稍有含冤之意,则佛书所谓永堕地狱者,虽万劫不能消汝罪孽也。"年羹尧看到回复后只好上吊自尽。另外,年羹尧的家产被全部抄没,嫡亲子孙被送往边地充军,就连其族中做官的也一律被革职。

另外,也有人认为年羹尧的死与雍正帝夺位之事有关。据说康熙帝临终时指定十四子胤禵嗣位。但四子胤禛串通隆科多,矫诏篡位,并暗令年羹尧牵制胤禵。当时,十四子胤禵身在四川,为抚远大将军,本可挥兵争位,但受制于川督年羹尧,而无力争夺帝位。在雍正帝位稳固后,便寻机除掉了年羹尧和隆科多。同时这也跟清朝政府猜忌汉族大臣有关。

跛足咸丰继位内幕

清咸丰帝爱新觉罗·奕詝生于道光十一年(1831年),道光帝的第四子,母亲是钮祜禄氏。道光皇帝一生有九个儿子,前三个儿子都幼年夭折,五子过继给了他的弟弟绵恺,后三个孩子还小。奕詝虽只是道光帝的第四子,但前三个兄长都死了,他成了实际上的长子。但是奕詝有点跛足。据《道咸以来朝野杂记》记载,奕詝"为皇子时,从猎南苑,驰逐群兽之际,坠马伤股。经上驷院正骨医治之,故终身行路不甚便"。静贵妃所生的六皇子奕訢在才华武功上都比老四奕詝强,很讨道光帝的喜欢。道光三十年(1850年)正月丙午,道光帝不豫,宣布由奕詝继位。这很出人意料。道光帝为什么选跛足的四子奕詝来继大统呢?

关于奕詝继位的内幕,民间流传着多种版本。有说因为道光帝深爱奕詝的生母,所以有意将帝位传给四子奕詝。奕詝的生母是道光宠爱的孝全成皇后钮祜禄氏,自然子凭母贵,深受道光帝的喜爱。但钮祜禄氏早逝,奕詝从十岁起便由静妃收养。静妃生的孩子奕訢排行老六,善骑射,有才华,对安邦治国也有自己的见解。因此,在立谁为储上,道光皇帝也是颇费了一番周折,以至于朝野有"先立奕訢,后立奕詝"的说法。

清朝自康熙帝立储君以来,有把已选定的皇太子名字写在一诏书上,放在"正大光明"匾额后,到皇帝临终时再公示的习惯。经道光帝长期考虑之后,已决定了立谁为储。于是,一天晚上,道光帝清理了大堂之内的宫女和太监,拿出一张纸,写上册立储君的"遗诏"。守门的小太监遥看道光帝写字笔画的方向,判断最后一笔是个长竖,应该是个"訢"字,而不是"詝"字,即继位的人是奕訢,遂将此事告诉了静妃。静妃把风不紧,使立奕訢为储的消息迅速传开,闹得宫里人尽皆知。这事使道光帝很生

咸丰帝

咸丰元宝

气,觉得静妃奕䜣母子处事不够稳重,于是改变了主意。

另据文献资料记载,奕詝、奕䜣兄弟对储位的争夺,实际上变成了他们背后两位师傅之间的斗智斗勇。奕詝是在老师杜受田的帮助下,利用谦虚仁慈的品性获得了道光帝的垂爱。当时,道光帝想要测试一下自己的两个儿子。一次,道光帝带诸皇子去南苑打猎,皇六子奕䜣打到的猎物很多,皇四子奕詝却一箭未发,一物未得。道光帝问奕詝怎么回事。奕詝回答说:"时方春,鸟兽孳育,不忍伤生以干天和。"道光帝听后非常高兴,夸说:"此真帝者之言。"于是他决定立奕詝为皇储。事实上,事先就能看出,在狩猎上,奕䜣明显占优势,奕詝处于劣势。是奕詝的师傅杜受田事先教他这样做,说出这样的大道理的。

又据《清朝野史大观》里记载,道光皇帝晚年的一天,把奕詝和奕䜣都召进宫来,以当面测试。两个儿子接到传唤后都向自己的师傅请教应对之法。奕䜣的老师卓秉恬告诉他,在谈论国事上,他比奕詝强,要他知无不言,言无不尽。面对奕詝处于劣势的事实,其师杜受田给他出了一个高招。他说:"阿哥如条陈时政,智识万不敌六爷,惟有一策,皇上若自言老病,将不久于此位,阿哥惟伏地流涕,以表孺慕之诚而已。"奕詝按照杜受田的教导行事,果然博得了道光皇帝的好感。道光皇帝认为四子奕詝是一个仁孝之人,于是决定把皇位传给奕詝。

道光三十年(1850年)正月丙午日丁未,道光帝病情加重,急忙宣召众大臣进宫,命令他们随同总管太监从正大光明匾额后取下锦盒,宣读诏书。锦盒里有两道诏书,一为:"封皇六子奕䜣为亲王,皇四子奕詝立为皇太子";另一诏为:"皇四子奕詝著立为皇太子,尔王大臣等何待朕言,其同心赞辅,总以国计民生为重,无恤其他。"

奕詝虽然用计得到了帝位,但即位后做得并不好。他在位11年,经历了太平天国起义、英法联军侵华等事件,前者使其丢失了半壁江山,而后者则毁了有着"万园之园"美称的圆明园,签订了几个辱国的条约。总的来说,奕詝缺乏长远眼光和帝王智慧。虽然不能称其为昏君,却可以说他是个做不成大事的庸君。

恭亲王奕䜣曾居住的恭王府二宫门

第三篇 深宫后院的秘闻

夏亡是妹喜之过吗

妹喜,又作末(音 mò)喜、末嬉,夏朝最后一个君主夏桀的宠妃。史载妹喜眉清目秀,身段婀娜,有倾城倾国之貌,因此得到夏桀的万般宠爱。然而就是这样一位貌美如花的柔弱女子却被后世冠上"亡夏"的罪名,是亡夏的罪魁祸首。真正的历史果真如此吗?

妹喜

关于妹喜亡夏最主流的共识是,因为妹喜鼓动夏桀沉迷玩乐,耽于奢侈。妹喜生性好游乐,喜欢让人们在规模达到可以划船的酒池里饮酒。夏桀就为其建造酒池,然后邀请3000名饮酒高手在击鼓声中下池畅饮,致使其中的一些人酒醉而被淹死。妹喜喜爱听绢帛撕裂之声,夏桀就命人拿来锦缎一匹一匹地撕给她听,哄她开心。可以说,夏桀对妹喜的无理要求无所不应。但是当时的社会经济还不发达,许多人都还过着食不果腹、衣不蔽体的穷困生活。夏桀和妹喜的穷奢极侈自然引起群情激愤。老百姓们忍无可忍,发出"时日曷丧?予与汝偕亡"的呼声。在商汤的带领下,他们揭竿而起,灭亡了夏朝。因此后世的《烈女传》对妹喜的评价是"美于色,薄于德,乱无道",明确指出其貌美而无德,与夏朝的覆灭有直接关系。

此外,关于妹喜亡夏还有另外一种版本。《竹中纪年》中记载,好色的夏桀在得到妹喜后并未停止猎艳。他听说岷山出了两位美女,一位叫琬,一位叫琰,便出兵岷山,掳获二女。得到琬和琰后,夏桀立刻移情别恋,冷落了妹喜。嫉妒是女人的天性,妹喜怒火中烧,便秘密与商汤的大臣伊尹取得联系,里应外合,帮助商汤灭亡了夏朝。关于此种说法,屈原在其《天问》中也有相应的记载。但是此说可信度并不高,因为史书中并没有关于岷山之战的详细记载。

妹喜原本是当时有施氏的妹妹,后来成为夏桀攻克施国后掳获的战利品之一。可以说,她只是夏朝的一名俘虏,只是因为貌美而得到夏桀的青睐。虽然身为宠妃,但是俘虏的出身令妹喜政治地位低下。估计他除了陪着

夏桀行乐图

夏桀游乐外，在其他方面没有任何的发言权。这一点，柏杨在其《中华古籍之皇后之死》中分析得相当透彻："施妹喜是个可怜的女孩子，她的身份是一个没有人权的俘虏。在她正青春年华的时候，不得不离开家乡，离开情郎（假如她有情郎的话）。为了宗族的生存，像牛羊一样地被献到敌人之手。"这段话中肯地点出了妹喜在夏宫的许多不得已之处。

不论是夏桀因宠爱妹喜而亡夏，还是妹喜因失宠而亡夏，妹喜在夏亡中都扮演了一个极不光彩且重要的角色。但是冰冻三尺非一日之寒，任何一个朝代的灭亡都有其深刻的历史根源，而非一朝一夕之事。虽然不能完全忽略妹喜与亡夏之间的联系，但是夏朝中后期君主的昏庸好色，将相的腐败无能，最后导致内外交困，民心不稳，这才是夏亡的根本原因。将一个朝代的灭亡归咎于一个柔弱女子，可笑而更可悲。

妲己是否为祸国殃民的"狐狸精"

在中国神话小说《封神演义》中，苏妲己被描写成幻化成人形的千年狐狸精，受了女娲娘娘的派遣，来到凡间迷惑商纣王，使其江山断送。书中的妲己不仅美艳异常，而且阴狠毒辣，善于蛊惑人心。商纣王在她的挑唆下纵情声色，错杀忠良，置黎民大众于水深火热之中，导致了商朝的灭亡。由于《封神演义》在民间的广为流传，苏妲己是狐狸精成为家喻户晓的说法。在科学技术日新月异的今天，我们已经可以肯定，苏妲己绝非狐狸精。那么，在历史上她的真正形象是怎样的呢？她难道真的是商朝灭亡的罪魁祸首吗？

苏妲己在历史上确有其人。根据《晋语》记载："殷辛伐有苏，有苏氏以妲己女焉。"也就是说妲己是纣王征战得胜的"战利品"。据说有苏氏是以九尾狐为图腾的部落，所以才会有日后《封神演义》中"狐狸精"的附会。妲己虽为女俘，但却得到纣王的荣宠。史载商纣王为了讨好妲己，也是颇费心思，作靡靡之音，建酒池肉林，使人在肉林中裸体相逐，彻夜畅饮，嬉戏达旦。如此可谓荒淫至极。更重要的是，纣王对妲己的话言听计从。司马迁在《史记》中明确记载商纣王"爱妲己，妲己之言是从"。商纣王在妲己的鼓动下兴炮烙之刑，将忠臣比干剖腹挖心，甚至为探胎儿性别而活生生地剖开孕妇肚皮。这些恶行令人发指，令大商子民们苦不堪言，直接导致了商纣王人心尽失、天下尽丧的结局。

妲己的妖孽形象也是随着历史而逐渐丰富多彩起来的。在离商代最近的西周并没有留下有关妲己的史料记载，春秋时也没有。直到战国末期，韩非子才对"酒池肉林"、"炮烙"有了生动的描述，但他也并未提妲己之名。之后随着历朝历代小说家的不懈努力，妲己的蛇蝎形象才越来越清晰，越来越生动，也越来越夸张。最后，《封神演义》将其直

苏妲己

接描绘成狐狸精的化身。可见关于苏妲己"削人足,剖妇腹,吃人心,挖人肝"的事也只是后人带有文学色彩的恶传。

至于商纣王听信于妲己一说,也难以让人相信。商人颇为迷信,任何重大举措,都要求神问卜来决定吉凶,不是个人可以左右的。这在出土的甲骨文中已经得到证实。因此,战俘出身的妲己能干预朝政的能力微乎其微。加上商纣王刚愎自用,不喜听人摆布,得到妲己时更已至垂暮之年,何谈对一个比自己小几十岁的女子言听计从,甚至到了其干涉政治策略的地步。

君暴民反,商王朝的覆灭势在必然。妲己作为一个弱女子在商王朝的灭亡中是不会也不可能起到决定作用的。但是她也并非无辜,因为她确实不应该陪纣王淫乱作乐,助纣为虐,而是应该学习九侯的女儿坚贞不屈,最后死在乱箭之下。但是身为战俘,要想在胜利者的面前安身立命,同时又肩负着全族人的安危,苏妲己想尽办法讨商纣王的欢心,也是她不可抗拒的宿命。

商王后妇好一生嫁几次

距今3000多年前,中国的殷商王朝正值鼎盛时期。但是由于频繁的战乱,这个王朝留给今人的痕迹已经非常稀少。1976年考古学家在河南安阳殷墟发现一个大型墓葬。经考证,这个墓的主人名叫"妇好"。妇好墓以及带有"妇好"字样的200多片甲骨,使这位湮灭3000多年的女政治家和军事家的事迹重见天日。

根据甲骨的记载,妇好是商王武丁第一任王后,三位合法妻子之一。她名"好","妇"为亲属称谓,死后庙号"辛",生活于公元前12世纪前半叶武丁重整商王朝时期。虽然武丁妻妾众多,但是这丝毫不影响他对妇好的独宠。这是因为妇好是一位文武双全的伟大女性。出土的大量甲骨卜辞表明,妇好多次受命征战沙场,为商王朝拓展疆土立下汗马功劳。她还经常受命主持祭天、祭先祖、祭神泉等各类祭典,又任占卜之官。这令武丁对她既喜爱又敬佩。可以说,妇好在国家和夫君武丁的心目中都占有极其特殊的地位。

然而,随着对妇好墓以及出土于墓中甲骨研究的深入,人们发现"贞,妇好有娶"这句卜辞反复出现了三次。而且卜辞的结论是:妇好再嫁了,而且嫁给了武丁之前的三位商王。这些国王都是武丁的祖先,他们去世已久,在位时都是贤明的君主。这个结论令人讶异:武丁难道会允许自己的爱妻另嫁他人,并且还如此关心?而一个尊贵的王后怎么可能在数百年的时间内嫁给四位国王呢?其实这主要因为当

安阳殷墟商王后妇好墓

时商王朝盛行的冥婚。

据记载,妇好死亡时年仅 33 岁,这在生活水平低下的商朝已经不算早夭,但是与终年 59 岁的武丁相比,还是太过短暂。妇好先自己而去令武丁伤心不已,难以释怀。为了寻求心理上的安慰,武丁按照当时风俗习惯,亲自为爱妻与早已去世的先王操持冥婚。武丁为妇好选择的冥婚对象是大甲、成汤、祖乙,他们三位均是殷商历史上的贤王。这一方面是因为武丁认为妇好是一位杰出的女性,因此必须找同样伟大的帝王来匹配。另一方面是因为商代人极信鬼神,崇尚天命。他们认为人世间的一切都取决于上帝、神灵与祖先。武丁认为,只要把自己珍爱的妻子许配给去世已久的贤王,这些死去的祖先就会在阴世保护他的妻子,也会保佑阳世自己的王国长治久安。种种情由之下,武丁命人反复占卜冥婚是否顺利。当卜辞告诉武丁,妇好已经按照他的心愿在九泉之下再嫁时,武丁才获得了心理的安慰。

商王后妇好虽然从理论上共出嫁了四次,但是所谓的冥婚只是在科技不发达时期人们对逝者的一种终极关怀,因此她实际上只有武丁这一位丈夫。但是,丈夫为妻子主持冥婚,可见武丁与妇好二人至真至深的夫妻之情。这种跨越生死的感情令人不禁动容。

乱伦之恋的文姜是否一无是处

文姜是中国春秋时期齐国国君齐僖公的次女,与她的姐姐齐宣姜均为绝色美人。但是尊贵的地位和美丽的容貌并未给二人带来好运,反而使二人时乖命蹇,其中文姜尤甚。

文姜在当时以淫乱著称,主要是因为她与自己的同胞兄弟有乱伦的行为。文姜最初被许配给郑国公子忽,本来是一场门当户对的美好姻缘。但是不久郑国以"齐大非偶"为由退掉了这门亲事。因退亲而郁郁寡欢的文姜和她的胞兄——齐国世子诸儿发生了感情。二人开始了兄妹之间的不伦之恋。之后文姜又被嫁到鲁国,成为鲁桓公的夫人,并生育了两个儿子。由于年轻貌美,文姜备受宠爱。长子一出生便被封为世子。本来一切都可以这样平平安安地度过,但是在文姜嫁到鲁国的第十五年时,事情发生了变化。已经继承爵位三年的齐襄公诸儿决定向周王的公主求婚,并按照周礼,邀请和周天子同姓的鲁桓公来代为主持。文姜获知后,要求和丈夫一起去齐国。鲁桓公不顾大臣反对,答应了她的请求。令鲁桓公万万没有想到的是,文姜和诸儿在齐国见面后旧情复燃。她以种种理由彻夜留宿齐宫,不归鲁侯居住的驿馆。戴了绿帽子的鲁桓公大为光火,斥责了妻子。不想受了委屈的文姜立刻向兄长齐襄公告状。齐襄公被爱情冲昏了头脑,为了

文姜

和妹妹长相厮守,便起了杀心。他设宴款待鲁桓公,同时令大力士彭生在送鲁桓公回驿馆的路上将其杀死。

这例惨案充分印证了红颜祸水这句古语,文姜自此也背上了乱伦杀夫的恶名。但是文姜也并非一无是处。在丈夫死后,文姜有家难回,只好怀着矛盾的心情留在齐鲁之间的禚地。她的儿子继承了鲁国的爵位,是为鲁庄公。文姜心系鲁国,远在禚地帮助儿子庄公处理政务。凭借敏锐的政治才能和杰出的军事才能,文姜帮助儿子把鲁国发展成经济军事强国,提高了鲁国的威望,在之后的诸国战争中屡屡得胜,并在长勺挫败了霸主齐桓公的进攻。文姜去世后,鲁国为她风光大葬,大赦天下,并赐美谥"文",以彰显其卓越的才华。

在历史的长河中,文姜的乱伦颇受诟病。她被许多人看成是淫娃荡妇无耻之徒。但是也不乏对其才华的肯定。明末小说家冯梦龙便在其《东周列国志》中称赞文姜"兼且通今博古,出口成文"。文姜,一个柔弱的女子,凭借自身的努力在中国历史画卷中留下了毁誉参半的浓墨重彩一笔。

秦始皇为何不立皇后

在庞大的秦始皇陵墓内,只有秦始皇墓一墓独尊,没有皇后墓。在中国历史上,秦朝是中国皇后制度和皇后名号出现的时期。但是,作为中国历史上第一位皇帝,"千古一帝"秦始皇却始终没有册封皇后,堪称千古之谜。那么,是什么原因导致秦始皇没有册封皇后呢?

秦始皇性格多疑。他唯恐册立皇后之后,皇后会对自己的权力形成牵制。

秦始皇母亲的恶劣影响。秦始皇的母亲赵姬本是吕不韦府上的一名歌姬,后被赠与秦国公子异人。本来名声就不好,在秦始皇即位后,她又与吕不韦和嫪毐扯上了不清不楚的关系,并生下了两个儿子。这种淫乱后宫的恶行对秦始皇的思想产生了极其恶劣的影响。秦始皇不仅把母亲赶出了咸阳城,并且至死都没有让母亲踏入过咸阳一步。所以,秦始皇由怨母产生的仇视女人的心理,也是他迟迟没有立后的一个十分重要的因素。

秦始皇的母后赵姬

追求长生不老。晚年的秦始皇一心追求长生不老之术,还为此不惜用掉很多的时间和精力。长生不老的欲望在一定程度上延迟着秦始皇立后的行动。

后宫佳丽尽充后宫。秦统一六国后,六国的美女几乎都进了秦始皇的后宫。在如此多的出身名门的贤德佳丽中,选出一位能服众的,也确实不是一件易事。加之秦始皇由于仇视母亲而产生的不健康心理，使他仅把这众多的六国佳丽看成是满足自己生理需求的工具而不是发展爱情的对象。

所以，我们可以看出，秦始皇没有册封皇后的原因主要是来自于他复杂的内心深处。

"毒妇人"吕后的本来面目

吕雉（前241—前180），亦称汉高皇后吕氏，是汉朝开国皇帝汉高祖刘邦的正配夫人。其吕氏属战国末吕不韦一族。当刘邦任亭长时吕雉嫁给了他。当时的刘邦年43岁，吕雉28岁。婚后她生下一儿一女。公元前202年2月刘邦称帝时，吕雉被立为皇后，其子刘盈被立为太子。公元前195年四月，刘邦驾崩，太子刘盈继位，史称汉惠帝。吕雉被尊为皇太后，开始临朝称制，掌握汉朝政权长达16年。

吕后为人有谋略，心狠手辣，擅长权术。韩信、彭越、英布皆死于其谋。《史记》记载："吕后为人刚毅，佐高祖定天下。所诛大臣多吕后力。"在她执政期间，继续保持"与民休养生息"政策，与匈奴和亲，所以汉朝得到恢复，为以后的盛世局面奠定了基础。吕后在一些事上过于毒辣，所为似非人类，故被人称为"毒妇人"。

楚汉战争时，公元前205年，刘邦为项羽所败。吕雉和刘邦的父母被俘，做了两年的人质。她可谓是为刘邦做了很大的牺牲。公元前203年秋，吕雉携子归汉后，却发现刘邦身边早已有了位得宠的戚夫人，不禁怒火中烧，便留守关中，与刘邦分居两地。

当时刘邦嫌吕后所生的太子刘盈性弱，且宠爱戚夫人所生的儿子赵王如意，便想废掉太子刘盈，改立赵王如意。《史记·吕太后本纪》："孝惠（刘盈）为人仁弱，高祖（刘邦）以为不类我，常欲废太子，立戚姬子如意，如意类我。戚姬幸，常从上之关东，日夜啼泣，欲立其子代太子。吕后年长，常留守，希见上，益疏。如意立为赵王后，几代太子者数矣。"幸在吕后的多方安排下，才保住了刘盈的太子之位。这些事使吕后对戚夫人怀恨在心。

公元前195年四月，刘邦死后，吕后便临朝称制，夺了大权，便开始发泄仇怨。她逼戚夫人穿上囚衣，戴上铁枷，在永春巷舂米。戚夫人悲痛作歌："子为王，母为虏，终日舂薄暮，常与死为伍！相去三千里，当谁使告汝？"意为让其子赵王刘如意来救她。吕雉闻知大怒，召赵王回京，于公元前194年十二月，借机将其毒死。其死时年仅15岁。吕雉又下令将其剪去头发，砍断手脚，弄瞎双眼，熏聋双耳，灌哑酒，关在猪圈里，呼之为"人彘"。她让儿子惠帝刘盈来参观戚夫人。刘盈本性懦弱，想不到母亲会残忍到这种程度，见戚夫人的惨状，绝非人类，顿时被吓成重病，不几年，于公元前188年就病死了，年方24岁，只当了7年皇帝。

吕雉

吕后又立惠帝刘盈之子刘恭为少帝。少帝因其生母为吕后所杀,有怨言。公元前184年,吕后杀少帝刘恭,又立刘盈次子刘弘为(后)少帝。大权仍在吕后手中。刘邦共有8个儿子,分别是长庶子刘肥、嫡长子刘盈、刘如意、刘恒(即汉文帝)、刘恢、刘友、刘长、刘建,其中只有刘盈是吕后亲生的。吕后掌权后,先是毒杀了刘如意,然后又想杀刘肥。刘肥设计自保逃过一劫。吕后又设计杀了刘友,又迫使刘恢自杀。刘建病死时留下一个儿子,吕后派人将其杀掉。8个儿子中,直接或间接死于吕后之手的有4人,1人被绝了子孙。没有受到损伤的只有刘肥、刘恒和刘长3人。

另有谣传,由于刘邦经常在外征战,吕雉与故友审食其勾搭成奸。审食其也多次照顾其母子。刘邦称帝后,在吕雉提请下,审食其被封为"辟阳侯"。辟阳侯与吕雉交往过密,令人怀疑,但无证据,又不敢乱说,故刘邦一直不知。刘邦死后,有人宣扬审食其与吕后的事情。《汉书·朱建传》载:"久之,人或毁辟阳侯(审食其),惠帝大怒,下吏,欲诛之。太后惭不可言。大臣多害辟阳侯行,欲遂诛之。"幸得朱建托宠臣救助讲情,审食其才免一死。惠帝死后,审食其与吕后关系更为密切。吕太后死后,淮阳王刘长怀恨审食其在汉高祖时对其母亲见死不救,于公元前177年,伺机杀了审食其。

匈奴冒顿单于乘刘邦之死,下书羞辱吕后说:"你死了丈夫,我死了妻子,两主不乐,无以自虞,愿以所有,易其所无。"吕后大怒,欲伐之,但尚未到用兵时候,便依季布的主张,强压怒火,复书说:"我已年老弃衰,发齿也堕落了,步行也不方便。"赠匈奴车马而止。

吕后晚年,因没有子孙,怕高祖刘邦的子孙欺凌吕氏,故大封诸吕为侯。公元前180年八月一日,吕后病死,终年62岁,与汉高祖合葬于长陵。诸吕欲为乱,刘氏诸王与周勃、陈平等人发兵诛平之。

纵观吕雉的一生,既刚毅干练,又凶狠毒辣。但她统治期间,仍推行"无为而治,与民休息",政绩显著。史家称赞当时"天下晏然,刑罚罕用,民务稼穑,衣食滋殖"。这或许是对吕雉功过的最客观评价。

汉武帝后妃的悲惨下场

提起汉武帝刘彻,除了是一位有胸才大略的皇帝之外,人们更津津乐道于他那几位史上有名的后妃。然而可惜的是,做汉武大帝的女人并不比做田舍翁的妻子幸福多少,反而一个个卷入政治的洪流,结局令人扼腕而叹。

陈阿娇是汉武帝刘彻姑妈长公主刘嫖的女儿,是刘彻的表姐。刘彻自幼对他的这位表姐就十分迷恋。二人青梅竹马,两小无猜。刘彻小小年纪便许下诺言将来要娶阿娇,而且要建一座金屋子让其居住,成为"金屋藏娇"的佳话。刘彻在17岁即帝位,立阿娇为皇后。本

陈阿娇

来二人是天作之合,生活幸福美满。但是阿娇的久不生育令刘彻十分不满。同时阿娇自幼娇惯成性,对刘彻并不十分顺从。这也让刘彻对其宠幸日渐淡薄。阿娇见状惊慌,为了挽救爱情,她出重金问医求子,但都无果。苦闷无奈之下,阿娇让巫女楚服在皇宫设坛请神,作法念咒。没想到,巫蛊是皇家大忌。刘彻察觉后,立即将楚服等人斩首。阿娇也被囚禁于长门冷宫,终日以泪洗面。据说为了最后一搏,阿娇曾出千金向当时的著名文学家司马相如求得《长门赋》一篇,希冀以此换来刘彻对自己的宠爱,但是终究是一场空。阿娇只好在懊悔与期待中走至人生的尽头,终年不足40岁。

接替陈阿娇成为皇后的是卫子夫。卫子夫原本为刘彻姐姐平阳公主家的歌伎。一次刘彻到姐姐家做客时见到了能歌善舞的卫子夫,两人一见钟情。后卫子夫随刘彻入宫,连生三女一男,儿子起名刘据。公元前122年,刘彻立刘据为太子,卫子夫为皇后。卫子夫性情温柔和婉,颇得刘彻宠爱。因她身为太子之母,弟弟卫青、外甥霍去病又是刘彻的爱将。所以卫子夫到日后虽然人老珠黄,但是依然稳居皇后宝座。但是不幸的是,太子刘据长大后与刘彻身边的近臣江充不和。江充心怀不轨,诬陷刘据参与巫蛊作祟。刘据不能自明,举兵追捕江充。这一举动反被武帝认为是觊觎皇位,犯上作乱,于是派兵镇压。父子之间误会重重。最后太子兵败,在朝廷的追逼下自缢而死。卫子夫听到太子失败的消息后,自知难保,悬梁自尽。

除了以上两位颇具传奇色彩的皇后外,刘彻还有一位爱妃李夫人。李夫人是刘彻宫廷乐师李延年的妹妹。李延年用"北方有佳人,绝世而独立。一顾倾人城,再顾倾人国"的动人歌词巧妙地向刘彻举荐了自己的妹妹。刘彻一见李延年的妹妹,发现果然人如其歌,倾国倾城,立即纳入后宫,封为夫人。李夫人荣宠日盛,为刘彻生下一男。但是红颜薄命,李夫人正值壮年就沉疴在床,容颜渐损。刘彻曾经想要看望病中的李夫人。但李夫人是个聪明人,知道自己的恩宠全凭借出色的容貌,而今病颜憔悴,只能引起刘彻的厌恶,故至死避而不见。李夫人死后,其美丽的容颜令刘彻思念不已,追封其为"孝武皇后"。虽然李夫人死于疾病,但是她的哥哥和弟弟在她死后不久,都被刘彻以奸乱后宫的罪名诛灭全家。李氏全族,无一人幸免,试想若是李夫人在世,也未必能幸免。

钩弋夫人赵氏是汉武帝刘彻晚年在巡狩途中得到的一名奇女子。据记载,赵氏不仅年轻貌美,更令人称奇的是,她天生双手握成拳状,10多年不能伸开。但见到武帝时,她的双手竟自然分开,手掌心里还握着一只小玉钩。武帝将其带回皇宫,号为"拳夫人"。不久拳夫人晋升为婕妤,因所住宫殿被命名为钩弋宫,所以也被称为钩弋夫人。太始三年(前94年),钩弋夫人生一子,取名弗陵。刘彻晚年得子,欣喜异常。由于弗陵和上古尧帝一样是母亲怀胎十四

李夫人

月而生,刘彻便将钩弋宫改作尧母宫。之后发生了著名的"巫蛊之祸",太子刘据自杀。刘彻必须重新考虑皇位继承人。思来想去,刘彻把目光放在了幼子刘弗陵的身上,认为他最像自己,很有潜力。但是同时刘彻害怕子幼母壮,重蹈吕后女主乱政的局面,于是渐起立子杀母之心。下定决心后,刘彻故意寻找钩弋夫人的过错,令其自杀。

可以说,作为汉武帝最宠爱的女人,陈阿娇、卫子夫、李夫人和钩弋夫人都曾和刘彻有过甜蜜的爱情。刘彻也给予了她们至高无上的尊贵地位。但是她们却仍然一个个落得不能善终的结局。这中间自然有误会,有她们自身的原因,但是导致她们人生悲剧的最主要原因则是残酷的政治斗争和"伴君如伴虎"的宿命。身为皇帝的女人,是幸,还是不幸,只能留给后世来感叹与评说。

舞姿如燕心如毒蝎——赵氏姐妹自杀之谜

赵飞燕,原名赵宜生,是汉成帝刘骜的第二任皇后。她的妹妹赵合德是汉成帝的昭仪。姊妹二人共事一夫,荣宠无比。其中赵飞燕还是我国古代著名的舞蹈家。史载她迎风起舞时姿态轻盈,故得"飞燕"之美誉。然而虽然舞姿曼妙,却不代表人如其舞。赵飞燕与她的妹妹赵合德心狠手辣,心如蛇蝎,将汉成帝的后宫搞得乌烟瘴气,最终自己也落得自尽的结局。

因早年练舞,飞燕姊妹都曾使用过有保持身材功效的息肌丸。息肌丸中含有麝香,长期使用必然导致日后不宜受孕。她们自己不能生育,就十分害怕别的嫔妃生下儿子,夺去她们的地位与恩宠,因此,就暗中杀死许多皇子。《汉书·外戚传》中记载,宫人曹宫曾为成帝生下一子。赵合德获悉此事后,立刻假传圣旨,杀害曹宫母子二人。不久许美人也生下一子,赵合德知道后,与成帝大吵大闹,以死相逼,史载其"以手自捣,以头击壁户柱,从床上自投地,啼泣不肯食",状如疯妇。面对赵合德的淫威,懦弱无能的汉成帝竟然一筹莫展,命令将自己的亲生骨肉活埋。从此之后,汉成帝后宫中笼罩着恐怖的气息,但凡怀孕的人都被逼喝堕胎药,大胆敢生下孩子者则必死无疑。以致当时有"燕飞来,啄皇孙"的民谣。

此外,赵飞燕为了早日怀孕,不惜一切代价从宫外找来年富力强的青壮年借种求孕。此事被汉成帝得知后,赵飞燕慢慢受到冷落,赵合德得到专宠。绥和二年(前7年),汉成帝死在昭仪赵合德的床上。史载汉成帝本来身体健壮,却被美色掏空了身体,促使其早死。在《赵飞燕别传》中如此描述汉成帝之死:"帝日服一粒(春药),颇能幸昭仪。一夕,在大庆殿,昭仪醉。连进十粒,是夜绛帐中拥昭仪,帝笑声吃吃不止。及中夜,帝昏

赵飞燕

昏,却不可将。抵明,帝起御衣,阴精流输不禁,有顷绝倒。褰衣视帝,余精出源,沾污被内,须臾帝崩。"赵合德令汉成帝误食春药过量导致其死亡。野史虽不足为据,但是汉成帝死在色字之上却是不争的事实。

关于汉成帝的死因,权臣兼外戚王莽率先拷问赵合德。赵合德虽然没有害死汉成帝,可是汉成帝死在她床上这一事实,让她百口莫辩。最终她只好自杀。而赵飞燕却因受到汉成帝的冷落而逃过一劫。之后即位的汉哀帝刘欣,因其竞争太子时受到赵飞燕姊妹的帮助,故即位后立刻尊赵飞燕为皇太后。可是汉哀帝仅仅在位六年就撒手西去,由汉平帝继承了皇位。赵飞燕失去了最后的靠山。当朝群臣开始清算赵飞燕以往的罪过,认为她有失妇道,淫乱宫闱,不能生育,断了皇室后代。之后穷途末路的赵飞燕先被贬为孝成皇后,迁居北宫,很快又被贬为庶人,赐命自杀。

赵飞燕姐妹的先后自杀,可以说是她们坏事做尽而咎由自取。但是她们得汉成帝专宠10多年,荣宠日盛而不衰,也是历史上的一个反常显现。由此可以看出汉成帝的昏庸与当时朝政的混乱。西汉的灭亡之日已屈指可数了。

陪伴六位君王的隋朝萧皇后

暴君隋炀帝杨广的种种恶行在中国历史上遗臭万年,人尽皆知,但是他的皇后萧氏一生的传奇经历却甚少被人所了解。萧氏出身高贵,是南北朝末期西凉的公主,父亲是西梁孝明帝萧岿。据说萧氏出生时,著名的占卜师袁天纲就看出她相貌不凡,仔细推算了她的生辰八字后得出"母仪天下,命带桃花"的结论。袁天纲果然名不虚传,后来萧氏的一生果然印证了这八个字。

隋朝建立后,开国皇帝杨坚立长子杨勇为太子,封次子杨广为晋王,并从一向关系良好的西梁国挑选了萧氏作为晋王之妃。萧氏正式嫁给杨广时年仅13岁,而杨广已经25岁。但是年龄的差距并未影响两人的感情,夫妇二人琴瑟和谐,很称公公隋文帝和婆婆独孤皇后的心意。这一点也为日后杨广夺得太子之位加了不少分。七年后,杨广在争夺储位的斗争中获得完胜,被封为太子,萧氏也跟着升格成太子妃。不久,隋文帝病逝,杨广即位,是为日后的隋炀帝。萧氏也顺理成章地被晋封为皇后,印证了袁天纲说她将"母仪天下"的预言。杨广即位后立刻开始广置后宫,搜罗全天下的美女,花心本性暴露无遗。但是他对萧皇后一直礼遇有加,每次外出巡游时都将其带在身边。这不仅是因为萧皇后本人容貌秀丽,且知书达理,多才

隋朝萧皇后

多艺,同时也因为杨广认为萧皇后"母仪天下"的命格给自己带来了好运。

但是"花无百日红",杨广即位后的暴政激起全天下的造反。公元618年的春天,图谋不轨的宇文化及率领禁军,将刚满50岁的隋炀帝勒死于扬州离宫,萧皇后自此也开始了自己"命带桃花"的曲折命运。

宇文化及早就对萧皇后垂涎不已,杀了杨广之后,立即以萧皇后儿子的性命相要挟,逼她做自己的偏房。不久,宇文化及自立为许帝,立萧皇后为淑妃。但是很快宇文化及被自封为大夏"长乐王"的窦建德杀死。

萧皇后成为窦建德的战利品,被他纳入后宫。萧皇后这次选择了自尽,但是却被救下。窦建德害怕萧皇后再次寻死,加之自己的妻子曹氏是个妒妇,十分凶悍,只好暂时对萧皇后以礼待之,不敢轻举妄动。就在这危机时刻,之前远嫁给突厥可汗的隋朝义成公主,终于打听到了哥哥隋炀帝遗孀萧皇后的下落,就派使者到窦建德处迎回嫂子。窦建德不敢与突厥人正面对抗,只好乖乖地交出萧皇后和其他隋皇室的人。

窦建德

萧皇后本来认为自己终于可以平静地度过余生了。但是没承想到突厥后,突厥番王处罗可汗一见萧皇后就为之着迷,逼她做了妃子。处罗可汗死后,由他的弟弟颉利可汗继位。按突厥人的风俗,老番王的妻妾义成公主与萧皇后姑嫂二人又被新任的番王接纳。

时至唐太宗贞观四年(630年),唐朝大将李靖打败了突厥大军,迎回了曾是前朝皇后的萧氏。回归故土的萧皇后此时已经年近50岁,但是多年的颠沛流离与异域生活并未消减她的美丽容颜与高贵气质。33岁的唐太宗李世民对萧皇后一见倾心,立刻将她迎入后宫,封为昭容。隋朝的皇后最后成为唐朝的妃子,这莫不是对一个人命运的巨大讽刺。但是多年的坎坷命运已让萧氏的内心难起波澜,在唐宫中平平静静地度过了自己人生的最后的时光。萧氏于贞观二十一年(647年)溘然而逝,终年67岁。李世民以皇后礼仪将萧皇后葬于杨广之陵,上谥愍皇后。"愍"即为"悯",怜悯之意。看来李世民对萧皇后始终抱着一种同情的态度。

历史上迷倒君主的美艳女人不计其数,然而像萧皇后这样历经多次改朝换代,却总是让九五至尊的君主拜倒在石榴裙下的女人,在中国历史上恐怕是屈指可数。是"命带桃花"的命运使然?还是动乱政治格局的牺牲品?这一切都只能留给后人去评说了。

上官婉儿为何不记恨武则天

唐麟德元年(664年),宰相上官仪因替唐高宗起草废黜武则天皇后之位的诏书,而被武后诛灭全家。只有上官仪刚刚出生的孙女上官婉儿与她的母亲郑氏幸免于难,但以罪臣家属的身份配入掖廷,成为宫婢。可以说,上官婉儿与武则天有不共戴天之仇。然而令人惊奇的是，上官婉儿长大后却成为武则天身边的得力助手，她陪伴一代女皇走向生命的最后一刻。为什么上官婉儿不记恨杀祖、杀父仇人武则天呢？这主要源于上官婉儿母亲郑氏的力量和武则天的个人魅力。

上官婉儿的母亲郑氏出身名门。在掖廷为奴期间，她没有像其他遭遇不幸的女人一样怨天尤人，蹉跎度日。她温和从容，不仅没有给上官婉儿从小灌输仇恨，反而将所有的人生不幸都化作力量来养育上官家唯一的后代。优秀的遗传基因，加上母亲的精心培养，使上官婉儿自幼聪慧机敏，文史兼通，诗词文章尤为出色，才名很快传到武则天的耳中。仪凤二年（677年），武则天召见了年仅13岁的上官婉儿，当场命题，令其作文。上官婉儿文不加点，须臾而成，且文意通畅，辞藻华丽，语言优美。武则天看后大悦，

上官婉儿

赞其"才智非凡，赛过须眉"，当即下令免其奴婢身份，让其掌管宫中诏命。

虽然史书经常将武则天描绘成一个心狠手辣的暴君，但是在重用上官婉儿一事上可以看出武则天的王者风范。假如武则天是一个小肚鸡肠之人，她不仅不会重用上官婉儿，反而会将其杀之以除后患。估计当时武则天的做法令上官婉儿也大吃一惊。可能她也从未想过武则天会是一个不记旧仇，爱才惜才之人。假如上官婉儿此时心中还存有一丝仇恨，那么也被武则天的大度所感化。之后的上官婉儿和武则天名为君臣，实为母女，一同走过了风风雨雨的政治生涯。

同时，也应该看到上官婉儿是一个识时务者的聪明角色，非常懂得审时度势。她一眼看到只有武则天才能帮她和她的母亲脱离掖庭的困境，使自己的才华显现于世。也正是她的这种聪敏，使自己重获荣华富贵，青史留名。

萧皇后"十香词冤案"之谜

耶律乙辛，字胡睹衮，五院部人。他幼时曾梦到自己吃下一个太阳和一个月亮，被认为有异兆。果然，他日后成为辽朝权奸，害死了一位皇后与一位太子，应验了梦境。这位皇后便是辽朝历史上著名的萧观音，太子便是萧观音的亲生儿子耶律濬。

萧观音是辽道宗耶律洪基的皇后。史载萧观音出身高贵，美貌多姿，且多才多艺，善琵琶，工诗词，这在文化并不发达的辽朝实属罕见，被夫君道宗誉为"女中才子"，宠爱有加。萧观音也很争气，婚后不久就为道宗生下长子耶律濬。其聪明伶俐，后被立为太子。

因此,才貌双全又诞下皇嗣的萧观音深得道宗喜爱,夫妻二人感情甚好,生活美满幸福。但是这幸福生活并未持续到永远。

道宗后期,近侍耶律乙辛权倾朝野。这令萧皇后很是忧虑,便婉转劝说道宗,希望道宗不要沉溺游猎,荒废国事,更不要把政事全部委托乙辛,以免奸臣乱政。这番恳切的进言引起了道宗的重视。道宗下旨封太子为燕赵国王,取代乙辛,参与朝政,各部奏折先送太子过目。而太子参政后对耶律乙辛处处节制。这一切都引起乙辛的恐慌,他知道太子即位后,自己必死无疑,便开始寻找时机陷害萧皇后和太子。

恰巧此时,萧皇后已至中年,人老珠黄,道宗宠爱他人,恩宠不复。深宫寂寥,萧皇后作《回心院词》一组以解心中空虚。《回心院词》共有10首,情致缠绵,令人动情。萧皇后以求此词传至道宗耳中,令其能回心转意。当时宫中的伶官赵惟一把这首词谱成乐曲,并熟练地演奏弹唱。因此,赵惟一便得到恩准时常进宫面见萧皇后。不想后宫乃是非之地,一时间关于萧皇后和赵惟一相好的流言四起。

耶律乙辛利用事先在萧皇后身边布下的眼线——侍女单登得知了这一切后,便开始采取行动。乙辛与心腹张孝杰、萧十三进行秘密商讨后,由张孝杰写了一组香艳无比的《十香词》交给眼线单登。

《十香词》共十首,每首描写身体的一个方面,按照十首的次序是:发、乳、颊、颈、舌、口、手、足、阴部,及一般肌肤。原文如下:

青丝七尺长,挽作内家装;不知眠枕上,倍觉绿云香。

红绡一幅强,轻阑白玉光;试开胸探取,尤比颤酥香。

芙蓉失新艳,莲花落故妆;两般总堪比,可似粉腮香。

蝤蛴那足并?长须学凤凰;昨宵欢臂上,应惹领边香。

和羹好滋味,送语出宫商;安知郎口内,含有暖甘香。

非关兼酒气,不是口脂香;却疑花解语,风送过来香。

既摘上林蕊,还亲御院桑;归来便携手,纤纤春笋香。

凤靴抛合缝,罗袜卸轻霜;谁将暖白玉,雕出软钩香。

解带色已战,触手心愈忙;那识罗裙内,销魂别有香。

咳唾千花酿,肌肤百和装。无非瞰沉水,生得满身香。

单登故意将《十香词》拿给萧皇后看,并请求萧皇后代为誊写。萧皇后不知是计,立刻答应了单登的要求。可能由于自己很久没

萧观音

有被道宗宠幸，萧皇后抄完之后，口齿留香，心中别有滋味，即兴在卷尾又赋《怀古》诗一首："宫中只数赵家妆，败雨残云误汉王。惟有知情一片月，曾窥飞鸟入昭阳。"至此，单纯善良的萧皇后完全坠入耶律乙辛布置的陷阱之中。

拿到萧皇后墨宝之后，耶律乙辛立刻让单登等人向道宗告发萧皇后和赵惟一之间的"奸情"。物证就是萧皇后亲笔书写的《十香词》和《怀古》诗，并曲解《怀古》一诗中暗含赵惟一的姓名。有了这样一个"物证"，加上宫中的一些谣传，道宗雷霆震怒，命乙辛亲自审问此案。羊入虎口，难逃一劫。赵惟一不堪酷刑，被屈打成招，承认与萧皇后的奸情。虽然有大臣对此事心生疑惑，联名上书为萧皇后请命。但是盛怒之下的道宗不辨真伪，认定萧观音与伶官赵惟

萧观音与辽道宗

一私通，敕令萧皇后自尽，赵惟一凌迟处死，诛全族。处决命令下达后，萧皇后请求再见道宗一面。道宗却不念夫妻之情而置之不理。萧皇后最后彻底绝望，写完一首《绝名词》后，关上门自缢身亡，终年仅36岁。之后，年刚18岁的太子耶律濬也在耶律乙辛的构陷下被废为庶人，不久之后也被加害致死。《十香词》案最终以一后一太子的死落下帷幕。

然而吞月食日的耶律乙辛最后也不得善终。萧皇后死后，道宗逐渐冷静下来，逐渐发现《十香案》中的疑点和冤情，就此窥探出乙辛的狼子野心。道宗开始逐步削夺耶律乙辛的权力，最后以妄图逃亡到宋朝为由，将其处死。辽道宗死后，前太子耶律濬的儿子耶律延禧继位，是为天祚帝。天祚帝一即位立刻追谥祖母为宣懿皇后，葬于庆陵。同时，天祚帝将已死去的宰相张孝杰剖棺戮尸，再搜捕耶律乙辛的子孙及亲旧，尽行诛戮，以报祖母和父亲枉死之仇。为了寄托对祖母的哀思，天祚帝仍立萧氏家族之女为皇后。但是萧氏女中再也没有出现像萧观音这样完美的女性了。

妃子侍寝招数何其多

人们常说："后宫佳丽三千。"其实，后宫佳丽三千只是虚指。唐朝后宫多达数万名美女。妃子如何侍寝成为一个问题。《春秋传》记载，古代帝王按照月圆月缺来制定后宫侍寝的顺序。其实纵观历史，皇帝打算和哪个妃子睡觉完全不受"礼法"的约束。"母凭子贵"，如何让皇帝临幸自己，成为妃子的一个问题。

第一，掷骰子，凭运气。骰子是赌具，但是在宫廷内部，唐朝开元年间却被称为"媒人"。皇帝不必费神思考何人侍寝，只需要让妃子掷骰子看点数大小，点数大的就留下来侍寝。唐玄宗李隆基在春天之时，就会让妃子头戴鲜花。自己捉来一只蝴蝶放飞。蝴蝶

古代妃嫔侍寝图

停在哪个妃子的头上，那个妃子就可以侍寝。这种方法和掷骰子一样都是听天由命，看运气。

其实，有些妃子会采取积极态度争取侍寝的机会。

第二，插竹撒盐汁。一个太监给皇帝出主意，让他每晚乘着羊车在后宫闲逛。如果羊车停在某个妃子的门口，则这个妃子就可以侍寝。为了能使羊车停在自己的门前，众妃子绞尽脑汁，用了各种各样的办法。其中有个妃子知道羊喜欢青竹叶和盐汁，便在自己宫前插上竹叶，洒上盐汁。这样皇帝自然就常在她那里过夜了。

第三，歪打正着。这似乎是运气的成分居多。元顺帝时，有个妃子因一直在宫内受人排挤，日子过得很凄凉。一日，她忍受不住寂寞，便登楼唱歌。歌声哀婉低沉，如泣如诉，恰好被路过的元顺帝听到，打动了他。元顺帝便去她那里过夜。这位妃子后来"位在皇后之下，而权则重于禁宫"。

第四，互相引荐。宋朝时，有两个女人一起入宫，情同姐妹。当时她们就曾约定，如果有人被皇帝临幸了，则要提携另一个，"苟富贵，勿相忘"。后来其中的一个得到皇帝的宠爱，她便向皇帝推荐自己的姐妹。于是，这二人就同时得到了皇帝的宠爱。这二人就是乔贵妃和韦妃。

第五，托人传梦。文官可以毛遂自荐，其实妃子也会毛遂自荐。宋代的一个妃子原本只是一个宫女，丝毫引不起皇帝的注意。但是有一次，在伺候皇帝洗手的时候，趁机和皇帝聊了起来。皇帝见她还有几分姿色，就没有着急走。她趁机告诉皇帝："昨晚做了一个梦，梦见一个仙人从天而降，他告诉我，我会遇到贵人，生下一个儿子。"当时皇帝正没有儿子，一听这话心中很高兴，当即临幸了这个宫女。第二年，这个宫女就生了一个儿子。她就是宋真宗的爱妃李氏。

第六，乱点鸳鸯。在古代，皇帝临幸错了人是很常见的事情。汉景帝就是如此。一日，汉景帝喝醉了酒，想要召幸程姬。但程姬恰好来了月事，她

故宫养心殿后殿皇后侍寝凤床

又不想皇帝召幸别的妃子,就自作主张,让自己的侍女打扮一番去见皇帝。皇帝已醉,辨不出真假。一夜巫山云雨之后,那名侍女居然怀孕了,后来产下一子。母凭子贵,她就成了皇帝的妃子。

这些后宫逸闻听起来有意思,但是其中包含了多少痴情女子的心酸之泪。住在后宫的妃子,虽然地位尊贵,在皇帝看来不过是传宗接代或发泄欲望的工具而已。而且侍寝有严格的过程。在清代,妃子侍寝之前要先沐浴好。之后由太监用披风裹严实全裸的妃子送到皇帝房间。此时,皇帝已经躺在了床上,身上盖着被子,下面露出了脚。妃子从下面掀开一角,匍匐着进去,"与帝交焉"。

一入侯门深似海。妃子和皇帝一夜风流之后,能否改变命运,全是未知之数。但是大多数妃子都是在宫中因寂寞抑郁而死。进宫做了皇帝的妃子,究竟是幸运还是不幸,恐怕全在个人的遭遇了。

杨玉环为何没被立后

白居易在《长恨歌》中这样描写杨贵妃:"承欢侍宴无闲暇,春从春游夜专夜。后宫佳丽三千人,三千宠爱在一身……在天愿为比翼鸟,在地愿为连理枝。"可见其荣宠之盛,与唐明皇感情之深。《明皇杂录》、新旧《唐书》等多种史书的记载,可以证明白居易的描写基本属实,并非文学夸张。同时,杨贵妃在开元二十四年(736年)被唐玄宗纳为妃子,天宝初年即进册为贵妃,到天宝十五年(756年),杨贵妃被赐死在马嵬坡。推算起来,杨玉环做唐玄宗妃子的时间长达20余年,做贵妃的时间也有15年左右。因此,唐玄宗假如想要册立杨贵妃为皇后,时间是非常充裕的。更为重要的是,唐玄宗将原配王氏皇后废为庶人之后,皇后之位一直空着。那么既有恩宠,又有深情,加上时间充裕,后位空悬,占尽"天时、地利、人和"的杨玉环为什么始终没有被唐明皇册立为皇后呢?这其中的原因是多种多样的。

根据《旧唐书》《新唐书》《资治通鉴》等史书记载,杨玉环原为唐玄宗的儿子寿王李瑁的王妃。唐玄宗是通过不正当的手段从儿子手中抢过来的。虽然唐朝是中国历史上少有的开放的朝代,但封建伦理等级制度还是有约束力。因此,虽然唐玄宗"父夺子媳"的做法并没有招致太大的反对,但抢夺儿媳纳为己用毕竟不是件光彩的事情,要是再立之为皇后,必然会引起天下哗然,被人所诟病,因而动摇其统治根基。因此唐明皇对杨贵妃曾经是自己儿子寿王妃的这一身份有所顾虑。

更重要的是,在唐明皇之前的唐朝皇帝,只有唐高宗李治一生两次立后,第一个是原配王皇后,第二个是武则天。武则天女主乱唐,自己即位称帝。这给李唐皇室和忠于李唐皇室的大臣们造成深刻的阴影,认为二次立后必

杨贵妃

然会带来不详。在杨贵妃之前,诞育有皇子与公主的武惠妃很得唐玄宗宠爱。唐玄宗曾想要册立其为皇后。但是这一想法很快便遭到朝野上下的反对。一方面是因为武惠妃与曾经搞得李唐王朝鸡犬不宁的武三思和武延秀有亲属关系,唐玄宗跟他们有不共戴天之仇。另一方面就是因为众人害怕二次立后会给李唐皇朝再次带来不幸。所以武惠妃再受宠爱,也只有在死后被追封为"贞顺皇后",何况没有子嗣的杨玉环呢?

不论何种原因,杨玉环始终没有被立为皇后,只能被永远地称作"杨贵妃"。"一骑红尘妃子笑,无人知是荔枝来",杨玉环虽无皇后之名,但是享受的却是皇后之实,甚至超越皇后的标准,况且她还拥有别的皇后很少能拥有的君王之爱,作为一个女人,此生足矣。

杨贵妃下落之谜

杨贵妃,名玉环,中国历史上著名的四大美女之一。她本是唐玄宗之子寿王李瑁的妃子,后被唐玄宗看中,招入宫中,入居南宫,赐号太真,后进封为贵妃,享受与皇后同等的待遇。然而杨贵妃得到的不仅仅是一人之下、万人之上的地位,更多的是与唐明皇可歌可泣的爱情。不过,自古红颜多薄命,唐朝天宝年间,安史之乱爆发。杨玉环随同唐玄宗逃出京城,在陕西马嵬驿,遭遇了兵变。杨玉环的族兄杨国忠被杀后,士兵们又逼唐玄宗杀死杨贵妃。玄宗无奈之下只好赐爱妃自尽。这位"三千宠爱在一身"的女子真的当时就香消玉殒了吗?事实上对于杨贵妃的最后归宿,千百年来众说纷纭,至今仍然疑团重重。

杨贵妃死于马嵬驿是许多史书公认的事实。其中《旧唐书·杨贵妃传》记载,禁军将领陈玄礼等杀了杨国忠父子之后,认为"贼本尚在",请求再杀杨贵妃以免后患。唐玄宗无奈,与贵妃诀别,"遂缢死于佛室"。也就是说,杨贵妃最后死在佛堂里。《资治通鉴·唐纪》也认为杨贵妃是被高力士带到佛堂里缢死的。《唐国史补》却记载说,杨贵妃死亡地点是在梨树之下。然而陈寅恪先生在《元白诗笺证稿》中指出:"所可注意者,乐史谓妃缢死于梨树之下,恐是受香山(白居易)'梨花一枝春带雨'句之影响。果尔,则殊可笑矣。"陈指出,认为杨贵妃死在梨树下是受到了诗句的影响,不太可信,但是杨贵妃被三尺白绫缢死在马嵬驿还是有据可查的。

唐诗中有一些句章也可以觅到这位绝世贵妃的芳踪。杜甫《哀江头》有句"明眸皓齿今何在,血污游魂归不得"。李益所作七绝《过马嵬》和七律《过马嵬二首》中有"托君休洗莲花血"和"太真血染马蹄尽"之句。这都纷纷暗示杨贵妃不是被缢死于马嵬

《华清出浴图》中的杨贵妃

咸阳市兴平县杨贵妃墓园

驿,因为缢死是不会见血的;贵妃实应为乱军所杀,死于兵刃之下。而刘禹锡所用的《马嵬行》则云:"绿野扶风道,黄尘马嵬行,路边杨贵人,坟高三四尺。乃问里中儿,皆言幸蜀时。军家诛佞幸,天子舍妖姬。群吏伏门屏,贵人牵帝衣。低回转美目,风日为天晖。贵人饮金屑,攸忽舜英暮。平生服杏丹,颜色真如故。"这透露出杨贵妃是吞金而死的。

但是更多人更愿意相信杨贵妃没有死,死的只是一个替身。白居易《长恨歌》中一句"马嵬坡下泥中土,不见玉颜空死处"透露出,唐玄宗最后并未在马嵬驿找到杨贵妃的尸骨。这也就给后世人留下了关于"贵妃未死"的无尽遐想。我国著名红学家俞平伯就持这种观点,他认为当时缢死的是个宫女,而杨玉环却辗转逃往日本了,随其一起出逃的还有杨国忠的儿媳及孙子杨欢。据一些日本野史记载,杨玉环寓居日本时,还帮助日本天皇挫败过一起宫廷政变。至今日本还有两座贵妃墓。日本人对杨贵妃逃亡日本深信不疑。1963年有一位日本姑娘向电视观众展示了自己的一本家谱,说她就是杨贵妃的后人。日本著名影星山口百惠也曾自称是杨贵妃的后裔。此外,还有一种离奇的说法是杨贵妃远走美洲。台湾地区学者魏聚贤在《中国人发现美洲》一书声称,他考证出杨贵妃并未死于马嵬驿,而是被人带往遥远的美洲。

历史长流滚滚而过,关于杨贵妃之死的传说愈来愈生动,当然离开史实也愈来愈远。其实,从马嵬驿事变的形势来看,杨贵妃是非死不可的。民间传说杨贵妃死而复生,这充分体现了人们对她的同情与怀念。经过历史的洗礼和反思,人们也逐渐认识到了历史的真相。杨贵妃事实上并不是安史之乱的本源,民间传说还给了她一个公正的评判。贵妃之死,既有其咎有自取的一面,更有作为牺牲品的一面,令人扼腕,更令人深思。

永泰公主死因之谜

唐朝永泰公主,名李仙蕙,是唐中宗李显的第七个女儿,原封号为"永泰郡主",死后被追封为"永泰公主"。她出身高贵,祖父李治、祖母武则天、父亲李显均是皇帝,夫君武延基是武家贵胄。可以说永泰公主是含着金汤匙出生的,本应一生无忧无虑。但是造化弄人,永泰公主17岁便韶华早逝,令人惋惜。

《新唐书·则天顺圣武皇后纪》中记载:大足元年(701年)"九月壬申,杀邵王重润及永泰郡主、主婿武延基"。认为永泰公主是被祖母武则天赐死的。同时赐死的还有永泰公主的哥哥李重润与夫君武延基。司马光编定的《资治通鉴》也执此种观点,并且对赐死的

陕西乾县永泰公主墓

原因描写得更为详细。《资治通鉴·则天顺圣皇后》中记载："太后（武则天）春秋高，政事多委张易之兄弟，邵王重润与其妹永泰郡主、主婿魏王武延基窃议其事，易之诉于太后，九月壬申，太后皆逼令自杀。"可见永泰公主之死是因为参与了对武则天男宠的非议，最后被自己的亲祖母赐死。

但是1960年开始挖掘的永泰公主陵，却让永泰公主的死因扑朔迷离起来。根据所出土的墓志铭记载永泰公主："自蛟丧雄锷，鸾愁孤影；槐火未移，柏舟空泛。"有人推论出永泰公主的夫君武延基丧命于利刃之下。但是永泰公主并未与其一同被处死，而是孤单地苟活了一段时间。同时墓志铭另有"珠胎毁月，怨十里之无香。琼萼凋春，忿双童之秘药"之句，暗示了当时永泰公主已怀有身孕，没有被立斩或杖杀，而缓期逼令服药自杀。

但是有人对永泰公主的骸骨进行过研究后，又得出新的结论，认为永泰公主骨盆骨骼纤细柔弱，尚未发育成熟，较之同龄女性骨盆都显得狭小，生育对她确实是有一定困难的；又结合墓志铭"珠胎毁月"句，断定"永泰公主死于难产"，而非其祖母武则天所杀害。因此不少人认为武则天并未下令处死永泰公主，但是夫君和哥哥同时丧命的事实对她打击颇大，身心俱碎，加之生育困难，最后难产而死。

其实根据墓志铭的记载，永泰公主的死亡日期是"九月初四"，只比祖母杀死哥哥与夫君的"九月壬申"晚了一天。同时武则天是一个政治家，从来都不会对自己的反对者心慈手软。她早年为求后位亲手掐死自己的女儿，后来又因权力之争将四个亲生儿子整得死去活来。况且与永泰公主夫妇一起参与非议的邵王李重润，为李显正妃韦氏所生，是不折不扣的嫡长子，未来的法定继承人。如此的地位都未保全李重润的性命，何况庶出的女儿李仙蕙呢？武则天绝对不会违背自己一贯的原则，对其格外开恩。

历史是已经发生过的事情，其魅力所在便是不可复原，只能令人在蛛丝马迹中自由揣测。永泰公主的死因真相也许永远都是一个历史谜团，但是她的死与武则天密切相关却是不争的事实。

陕西乾县永泰公主墓出土的唐三彩

由此也可看出武则天的毒辣与宫廷争斗的残酷。永泰公主的父亲李显即位后,立刻追封枉死的女儿为"永泰公主",并于公元705年将永泰公主与其丈夫合葬于乾陵东南,升"墓"为"陵"。无论是郡主,还是公主,无论是墓,还是陵,17岁的李仙蕙都不会知道了。但是作为一名无可奈何的父亲,李显之举是这场悲剧中唯一的一丝温暖与亲情。

万贵妃与明宪宗的畸形恋

历史上得专宠的后妃不在少数,她们或容貌倾城,或才华横溢,或贤良淑德。但是像万贵妃这样比明宪宗朱见深大了10多岁,性格又飞扬跋扈、阴损毒辣,却能得到其专房之宠的,不仅少见,而且空前绝后。

明宪宗的爱妃万氏,小名贞儿,山东诸城人。万贞儿四岁入宫,服侍宪宗的祖母孙太后,因聪明伶俐很得孙太后的喜爱。长大后,万贞儿被孙太后亲自选往东宫服侍太子朱见深。此时的万贞儿已经21岁,而朱见深才三岁,乳臭未干。但是将近20岁的年龄差距并未阻止二人发生感情,朱见深即位之前两人就关系暧昧。朱见深即位两年后,万贞儿为他生下一位皇子。明宪宗大喜,史载他"遣中使祀诸山川,遂封贵妃"。加封号时,宪宗特意在"贵妃"前冠一"皇"字,以示对万贞儿的宠爱。从此以后,万贞儿有了正式的"贵妃"名分。

有趣的是,明宪宗朱见深一辈子对万贵妃都非常宠幸。成化一朝的内宫,基本上是万氏主宰着,进而影响了外廷的政治。明宪宗为了万贞儿废掉原配吴皇后。万贵妃所生的儿子不幸夭折,这令她对其他嫔妃怀孕不能容忍,而大肆加以迫害。对于万贵妃的残忍之举,明宪宗宁肯断绝子嗣,也不忍阻止。最后万贵妃万氏暴病身亡,明宪宗为其辍朝七天,谥万氏为恭肃端慎荣靖皇贵妃。万贵妃的死令明宪宗悲痛异常,哀叹说:"万氏长去了,我亦将去矣!"不久也抑郁而终。

对于万贵妃的专宠,很多人都不能理解,就连宪宗之母周太后也不止一次地问宪宗:"她哪点美呀?你为何这么宠爱她?"宪宗回答:"我不在乎相貌,有她在身边,我心里就安稳、实在。"后世有人认为是因为万贵妃为人机警,工于心计,善于揣度圣意。有人认为是明宪宗有严重的恋母情结。也有人认为这是一种遗传,因为宪宗之父英宗也曾宠爱过一位比自己年长13岁的樊顺妃。其实对于万贵妃与明英宗畸形恋的原因,我们可以从明宪宗早年的经历中寻找到答案。

明宪宗朱见深,原名朱见浚,为

明宪宗爱妃万贵妃

明宪宗调禽图

明英宗长子。公元 1449 年,明英宗北征蒙古瓦剌部时奉皇太后之命,立朱见深为皇太子。可是谁知此番出征不利,发生土木堡之变,明英宗被俘。国家不能一日无君,朱见深的叔叔朱祁钰接替了皇位,是为景泰帝。景泰帝即位后,随着政局的逐渐稳定,就开始考虑如何废掉太子朱见深,用自己的儿子取而代之。经过一番精心的谋划,朱见深被废为沂王,景泰帝的儿子朱见济被立为皇太子。但是不久,新立的皇太子朱见济夭亡,景泰帝也病重。这样一来,早已回朝的明英宗夺回了皇位,朱见深的太子之位也失而复得。

但是由于幼年时的坎坷经历,尤其是在被废为沂王的一段时间里,朱见深本来众星捧月的地位一落千丈。更令人寒心的是,许多人顾忌景泰帝而不敢接触朱见深,这对一个不懂世事的孩子来说打击巨大,令他留下了口吃的毛病。朱见深虽然年幼,但是也看尽了世态炎凉,尝遍了人情冷暖。相比之下,万贞儿却不离不弃地陪伴在朱见深旁边,安慰他,鼓励他,陪他度过了人生中最艰难的阶段。也正是这种相依为命将两个人的心紧紧地连接在了一起,让日后明宪宗对万贵妃的专宠变得顺理成章。

万贵妃与明宪宗的恋爱看上去是一段畸形恋,但是究其根源后,却发现这才是夫妻之间共患难同富贵的真情。但是即便如此,万贵妃也不该恃宠而骄,残害妃嫔皇嗣,玩弄朝政。因为帝王之恋不像普通夫妻之恋那样简单纯真,其中蕴含了太多的政治因素和权宜之计。聪明的万贵妃不是不明白,只是做不到,因此她只好背上了"奸妃"的千古骂名。

宫女的悲惨生活

"宫门一入深似海",这是对宫女们最好的描述。因为一进皇宫就意味着青春、自由、爱情,乃至生命的葬送。宫女们虽然身处以奢华著称的皇宫,可是她们却要过着卑贱辛酸的生活。

历代后宫对于宫女的管理可谓是非常严格。宫女们要各司其职,未经特别允许是不可以在宫中穿行的。更为褫夺人性的是,出于保密的原因,一般宫女很少有与亲人相见的机会。在唐朝,规定宫女一年只有一日可以与亲人相见。但由于人数众多,等了一整天也未排上与家人相见的宫女也大有人在。而明朝更为苛刻,逐渐衰老的宫女们不能回家养老,只能被囚禁在浣衣局,自己孤苦终老。可以说,自从宫女踏进宫门的那一刻起,就已经开始失去了全部的生命自由,自由便成为她们的奢侈品。《旧唐书·中宗纪》记载:唐代景龙四年(710 年)元宵之夜,唐中宗下诏放出数千名宫女夜游观灯。结果这一晚不少宫女趁机逃逸不还。虽然这是唐中宗的荒唐之举，但是却能反映出宫女们对自由的渴望。

宫女入宫后会被分配到各个后宫嫔妃处听候差遣使用，有的则被分配到后勤来做皇宫的一些杂务。因此后宫中帝、后、妃嫔才是宫中的主人，宫女与宦官一样，是宫中的奴仆。帝王、后妃稍不如意，就会把气撒在宫女身上，动辄打骂。但是宫女却只能忍气吞声，默默承受。

古代宫女图

例如《元氏掖庭记》记载：元顺帝的淑妃龙瑞娇骄横跋扈，她创造了名目众多的酷刑来对付犯有过错或悖逆她的宫女。其中有以醋灌鼻、以粪塞口等，其阴损毒辣令人谈之色变，而元顺帝却并未对其制止。

宫女虽衣着锦缎，但吃住条件颇为恶劣。据史料记载：清代的宫女一般居住在宫室中的配殿耳房之中。房屋低矮、破旧，房中除了陶壶等必备的简单器皿外，一无所有。宫女们的伙食也很差。《清稗类钞》记载："每餐置饭木桶，卤鸡、鸭肉一片佐之，腐臭不中食。还之，下餐复进，故宫女姿色多减。"宫女患了病也不能得到很好的医治。明朝规定，宫女得病不能看医生，只能按症状取药。恰巧对症是大幸，不对症只能等死。此外，宫女们还常受太监的剥削。《近古录》记载："宫女能生活者，赖女红以自存，不需家人资助。所有材料，悉由巷监代购，购价必昂，制成由巷监代售，售价必贱，巷监亦从中渔利焉。"宫女明知其中把戏，但是为了生存，只能隐忍。

宫女入宫虽然有被皇帝宠幸的可能，但是这种可能极小，多数宫女一辈子都未必能见到龙颜。元稹"白头宫女在，闲坐说玄宗"深刻地描绘出这些深宫女性的悲剧人生。宫女们为了排除寂寞，她们或与别的宫女结为"夫妇"，以补偿心理上的空虚和生理上的寂寞；或与宦官结为伴侣，互相扶持着过日子。这可以说是残酷宫廷生活对宫女们心灵上的严重扭曲。

然而比起生命上的威胁，青春、自由、爱情都不算什么。"伴君如伴虎"，在封建帝王的淫威下，宫女的生命毫无保证可言。时常有大批宫女惨死在暴君淫威之下。明朝永乐八年（1410年），明成祖朱棣因怀疑其宠妃权氏是被宫女毒杀，便处死了宫女、宦官数百。之后朱棣又怀疑宫女与宦官私

北京昌平明皇宫蜡像馆宫女蜡像

通,在严刑逼供下,有的宫女诬称有弑主谋逆之心。朱棣大怒,丧心病狂地处死宫女2800多人。而且每次杀戮之时,朱棣都要"亲临剐之",其行为令人发指。而明神宗在对待宫女的态度上,丝毫不亚于他的先祖。对于犯错的宫女,无论错大错小,明神宗绝不姑息,千余名宫女都死在他的梃杖之下。

由于宫女受到统治者残酷的迫害,以及种种非人的待遇,在迫不得已的情况下,有的宫女也会铤而走险,奋起反抗。明朝嘉靖年间的"壬寅宫变"即是典型的事例。明世宗爱好方术,听信方士之言,采选数百名幼女、少女入宫,利用她们初次来潮的经血配置所谓的"长生药"。嘉靖二十一年(1542年),以杨金英、邢翠莲为首的16位宫女趁明世宗熟睡之时,企图将他勒死。虽然行动最后失败,16位宫女全部被凌迟处死,家属族诛;历史上也没有留下宫变的起因,但是从当时明世宗经常通过虐待女童而获得炼丹原料来分析,这16位手无缚鸡之力的弱女子敢于以身犯险,与明世宗荒唐变态的做法密切相关。

宫女的悲惨生活,根源在于罪恶的封建等级制度。想像"壬寅宫变"中那16位弱女子一样,仅凭一己之力取得改变,结局只能是以卵击石,令人可惜、可叹又可悲。

皇太极为何娶寡妇为妃

清太宗皇太极是大清国的第一位皇帝。史赞皇太极"允文允武,内修政事,外勤讨伐,用兵如神,所向有功"。然而正是这样一位雄才大略的帝王却连娶两位寡妇为妃,实在令人匪夷所思。

1634年,蒙古察哈尔部的大汗,也是蒙古最后一任大汗的林丹汗病故后,他的部下逐渐土崩瓦解。他的福晋们也开始寻找自己的新归宿。后金天聪八年(1634年)八月,林丹汗的窦土门福晋,率先来到皇太极处,表示愿意归顺。皇太极考虑再三后,决定娶窦土门福晋。在皇太极纳娶窦土门福晋后不到一年,即后金天聪九年(1635年)三月,林丹汗的多罗大福晋囊囊太后娜木钟率领1500户部众来归。四月,林丹汗另一位多罗大福晋苏泰太后带着她的儿子额哲和1000户部众来归,并献上历代传国玉玺。当时随同两位尊贵太后前来的还有林丹汗另两位侧室福晋伯奇福晋、俄尔哲图福晋及林丹汗的妹妹泰松公主等。她们的到来,让皇太极和诸王贝勒们欣喜若狂,因为这不但给他们送来美女,还带来了众多的家产、人口及牲畜。

在归顺的林丹汗的八大福晋中,皇太极娶了窦土门福晋和囊囊大福晋。皇太极的从弟济尔哈朗娶了苏泰大福晋,七哥阿巴泰娶了俄尔

海兰珠

哲图福晋，长子豪格娶了苔丝娜伯奇福晋。由此可见，皇太极时期，女真并未接受汉化，还没有受到汉族伦理纲常的约束，寡妇再嫁和娶寡妇都是很常见的事情。尤其是战争的胜利者娶失败者的遗孀更是一种荣耀。所以不仅皇太极，连皇太极的兄弟、儿子也都娶了林丹汗的寡妇做妻子。

更重要的原因是，当时的后金正值扩张势力时期，皇太极娶寡妇的根

皇太极调兵信牌

本原因还是为了政治联盟的稳固。而政治联姻也是女真部落的传统。皇太极的父亲努尔哈赤的妻妾见于史籍记载的共有14人。这14个人中，有七位妻妾的纳娶，是政治联盟的结果。而其余的妻妾，也大多来自不同的部落。从中可以看出，在统一女真部落的过程中，努尔哈赤的婚姻作为政治联盟的手段，起到了不容忽视的作用。根据史籍记载，清太宗皇太极有名号的后妃共有15人。在这15位后妃中，有七位来自蒙古草原，占其后妃总数的一半左右。尤其是地位最为尊贵的"崇德五宫后妃"，全部都是蒙古族女子，其中就包括林丹汗的两位寡妇。而皇太极的儿子清世祖福临亦有蒙古妻六人，占其后妃总数的三分之一。

说到底，皇太极娶寡妇为妻一方面是民族风俗使然，另一方面也是嫁娶双方互取所需的双赢选择。虽然在现代人看来有些不合情理，但是对于一位希望拥有全天下的帝王来说，政治利益重于一切。也许皇太极当时娶寡妇还曾被认为是最明智的选择。

孝庄太后下嫁多尔衮之谜

孝庄皇太后是否下嫁了多尔衮？这是清初三大疑案之一，也是后世诸多清史爱好者最为关心的谜题之一。其实"太后下嫁"之说自明末清初已经开始流传，清末排满时重又复炽，到如今已经近400年，却依然未有定论。

"太后下嫁"之说的背景是崇德八年（1643年），皇太极死后皇位继承权的激烈斗争。由于皇太极生前未指定皇位继承人，所以他的第十四弟睿亲王多尔衮和长子肃亲王豪格围绕着皇位展开了角逐。但是结果令时人震惊，两人均未获胜，反而是多尔衮拥戴皇太极年仅六岁的儿子福临荣登大宝，是为清世宗，年号顺治。福临的生母即为孝庄皇太后博尔济吉特氏。福临即位后，封多尔衮为摄政王，日后又加封叔父王、皇叔父、皇父。多尔衮对福临的拥戴，以及日后所获得荣宠加重了人们对"太后下嫁"之说

孝庄太后

孝庄太后常服像

的猜测。

有关"太后下嫁"的记载在历史上并不多见,但也的确留下了一些蛛丝马迹。南明弘光张煌言《建夷宫词》曰:"上寿觞为合卺樽,慈宁宫里烂盈门。春官昨进新仪注,大礼恭逢太后婚。"直言太后新婚。推算张煌言所在的年代,恰应"太后下嫁"之说。而从顺治八年(1651年)多尔衮死后宣布其罪状中"自称皇父摄政王,又亲到皇宫内院"等语句中也可窥出端倪。这两句话本来记载在蒋良骥的《东华录》中,后来修《清世祖实录》时被删去,颇有欲盖弥彰之嫌。但是对此,不少史学家认为:皇太后与多尔衮也许有暧昧关系。即使是关系暧昧,也不等于皇太后下嫁了。况且当时皇太极的皇后,孝庄的姑姑孝端太后尚在,她会允许自己的侄女做出败坏皇家的体统,有辱皇家的尊严的举动吗?

而孝庄太后死后未葬在昭陵也是"太后下嫁"的另一个疑点。清朝的皇帝陵分三处:一处是关外三陵——永陵、福陵(沈阳东陵)、昭陵(沈阳北陵);一处是河北遵化的清东陵;另一处是河北易县的清西陵。皇太极葬在关外三陵之一的沈阳北的昭陵。按照清朝陵寝制度,孝庄太后死后应葬在昭陵,就是同皇太极合葬。但是,她不仅没有葬在昭陵,而且葬在清东陵的风水墙外。于是就引出了许多说法。有人说因为孝庄太后下嫁了,死后无颜回昭陵见夫君,所以把她葬在清东陵大门旁,给子孙看门。事实上,到孝庄去世时,她已经在关内生活了近半个世纪,接受了汉族棺葬的习俗。关于自己的后事,孝庄太皇太后向皇孙康熙帝有过交代:"太宗文皇帝梓宫安奉已久,不可为我轻动。况我心恋汝父子,不忍远去,务于孝陵近地安厝,则我心无憾矣。"此番话合情合理。可见孝庄别葬他处与"太后下嫁"关系不大。

其实"太后下嫁"的年代为清朝初年,入关不久。满族人还没有被彻底汉化,而满族确实也流传有"兄死弟娶其嫂"的习俗。因此,当时的孝庄太后嫁给小叔子多尔衮并不是不合人伦之举。尤其当时孝庄太后想要为自己的儿子谋取皇位,为争取在政治上的支持而与多尔衮交好也是情理之中。但是后来随着汉化程度的加深,满族人逐渐接受了汉族的伦理观,认为"太后下嫁"有悖人伦,是先祖犯下的奇耻大辱。于是清朝的统治者就利用皇权销毁了之前的相关记载,使"太后下嫁"的真相逐渐湮没在历史谜团中。但是清朝统治者权力再大,也只能销毁本国的记载,对他国的记载无可奈何。《朝鲜仁祖李倧实录》记载:郑太和说多尔衮"似是已为太上矣"。"太上"与"太后"对称,是"太后下嫁"的一个旁证。

总之,太后是否下嫁,在目前仍是众说纷纭,难有定论,只有待新的材料发现和研究工作的深入,才能解开个中之谜。但是不论孝庄太后是否下嫁了多尔衮,都不会影响她是一位杰出政治家的地位。

顺治与董小宛的关系之谜

顺治帝福临是清朝入关后的第一位皇帝。顺治六岁登基继承大统，在母亲孝庄太后的精心抚养下，长大亲政后在政治上颇有建树。但是这位少年天子去世时年仅24岁，令人惋惜。但是坊间传闻，顺治并未死亡，而是因爱妃董小宛之死看破红尘到五台山出家当了和尚。难道顺治真的和歌伎出身的董小宛有密切的关系吗？

董小宛

有关董小宛的故事，《明史》和《清史稿》等正史中毫无记载，仅零星半点地存在于野史之中。董小宛，名白，号青莲，金陵人（今江苏南京），歌伎出身，名隶南京教坊司乐籍。董小宛是当时大名鼎鼎的"秦淮八艳"之一。1639年，董小宛结识了复社名士冒辟疆。据时人记载，董小宛嫁给冒辟疆以后，两人就再没分开。而且董小宛最后亦死在冒辟疆的家中。同时根据顺治与董小宛生卒年月推算，董小宛28岁去世时，顺治才13岁，怎么会对一个比自己年长15岁的女子爱得死去活来。加上当时孝庄皇后严禁汉女入宫，违令者严惩，董小宛是绝对不可能进入清宫成为宠妃的。因此，顺治与董小宛毫无关系。只是人们把顺治的爱妃董鄂氏误传为了董小宛。

董鄂氏，即董鄂妃，属上三旗贵族的正白旗，内大臣鄂硕之女，费扬占大将军之妹。因为容貌秀丽，且温柔贤惠，董鄂氏入宫后很快就力压群芳，宠冠后宫。董鄂氏初被封为贤妃，一个月后即被晋封为皇贵妃。顺治帝并为其大赦天下。董鄂氏的儿子一出生就被顺治封为荣亲王，恩宠之盛可见一斑。顺治对董鄂氏的评价甚高，认为她："恪尽孝道，辅佐朕躬，内政聿修，后幼聪颖过人，及长娴女工，有母仪之度。"但是红颜命薄，董鄂氏与顺治的儿子三月即亡。儿子的早夭对董鄂氏打击颇大，令其抑郁成疾，不久撒手人寰，年仅22岁。董鄂氏的死令顺治悲痛异常，他追封其为孝献皇后。不足一年后，正值壮年的顺治逝世，与他心爱的董鄂氏同葬清孝陵。

有人认为顺治死于天花。也有人认为董鄂氏的死令顺治看破红尘，到五台山出家为僧。从记载顺治逝世的时间来看，与董鄂氏的逝世时间相隔颇近。因此不论顺治结局如何，都应与董鄂氏之死有着莫大的关系。都说宫廷之中无真情，顺治用自己的亲身经历反驳了这句话，留下"长情"之美名。

姑侄女三人同嫁一夫的传奇

清太宗皇太极有名号的后妃共有15人。在这15位后妃中，有7位来自蒙古草原。后宫中地位最尊贵的"崇德五宫后妃"，全部是蒙古族女子。在这5位后妃中，有3位是

孝端文皇后

亲姑侄。这就是历史上"姑侄女三人同嫁一夫"的传奇婚姻。

科尔沁部是最早归附后金政权的蒙古部落之一，与后金有着极为亲善的关系。因此，才会有了两个部落的多次联姻。

明万历四十二年（1614年），科尔沁部落博尔济吉特氏左翼首领、明安部落之兄莽古斯将女儿哲哲嫁给努尔哈赤的最心爱的第八子皇太极。努尔哈赤对这次婚事极为重视，特命皇太极前往辉发扈尔奇山城迎亲，并大摆宴席，为儿子举行了隆重的婚礼。这桩亲事带有极为浓厚的政治色彩。由于嫁给努尔哈赤的两位蒙古妃子都无所出，所以嫁给皇太极的哲哲就承担着为爱新觉罗氏生子，维系科尔沁草原在后金宫廷未来地位的重要政治责任。虽然哲哲盼子心切，但是，送子观音却一直未垂青于她。嫁给皇太极11年后，哲哲仍没有诞下一儿半女。虽然后金对科尔沁草原一直厚待隆遇，但是科尔沁的王公贵族对于后金没有出一位带有蒙古血统的王子，表现得既失望又担忧。

所以，经与家族商议后，哲哲决定从科尔沁草原再迎接一位博尔济吉特氏姑娘到后金，完成生子、巩固联盟的重任。莽古斯的亲孙女、哲哲的亲侄女，年轻聪慧的布木布泰，也就是后来大名鼎鼎的孝庄太后，就成为最为合适的人选。后金天命十年（1625年），13岁的布木布泰在哥哥吴克善的护送下来到沈阳，嫁给了自己的姑父——33岁的皇太极。对于这位身份高贵又肩负重任的蒙古格格，后金给予了极高的待遇。皇太极不仅亲自出城迎接，还为送亲队伍举行了最高级别的仪式。与此同时，后金大汗努尔哈赤亲率后宫诸妃和王公大臣出城十里迎候。

虽然，两位科尔沁草原的格格十分得宠，她们也为皇太极诞育了后代，但是，她们生下的都是既不能领兵打仗又无汗位继承权的女儿。所以，为皇太极诞下皇子，成为科尔沁的当务之急。

于是，在后金天聪八年（1634年），科尔沁又将一位格格送入后金。这次皇太极迎娶的是哲哲的亲侄女、布木布泰的亲姐姐海兰珠。这时的海兰珠虽已26岁，但是美丽温顺更胜过妹妹，所以，深得皇太极的宠爱。于是，在清崇德元年（1636年），皇太极为后宫定制时，把未曾生下一儿半女的海兰珠封为宸妃，使她位居东宫，地位仅次于她被封为中宫皇后的姑姑。而先于她嫁给皇太极的布木布泰被封为庄妃，只是位列西宫。

特殊的历史背景与独特的草原文化成就了这传奇的婚姻，也成就了大清朝的霸业，留下许多美丽的动人传说。

真香妃是否体有异香

"香妃"相传为回部酋长女,是乾隆皇帝的宠妃,因为其遍体通香,故有此称。有人认为香妃的体香是因为她生理构造与普通人不同,长有一个能散发香气的香囊。也有人认为香妃未入宫前喜欢在沙枣树下玩,染上了沙枣花的芬芳。其实关于香妃是否体有异香,根本无从考证。而且根据正史记载,乾隆后宫40多位妃嫔中并无"香妃",唯一的一位维吾尔族妃子是容妃。容妃也即为香妃的原型。

容妃,霍卓氏(又作和卓氏),回部维吾尔族上层贵族阿里和卓之女,信奉伊斯兰教。清高宗时为和贵人、容嫔、容妃。乾隆五十三年(1788年)四月十九日卒,享年55岁,后入葬

香妃

清东陵之裕陵妃园寝。正史中并没有关于她有异状的记载。那么"香妃"之名是怎么流传起来的呢?据迄今为止的考证得知,最早出现香妃之名的当属光绪十八年(1892年)萧雄写的《西疆杂述诗》,其中有"纷纷女伴谒香娘"一语。同时,萧雄在附录中进一步写道:"香娘娘,乾隆年间喀什噶尔人,降生不凡,体有香气,性真笃,因恋母,归没于家。"光绪三十年(1904年)刊印的《王湘绮先生全集》第五卷中,记有回妃被拐入宫,不顺从皇帝,最后被皇太后绞杀的情节。从此开始,香妃的形象才开始丰满起来。但是小说野史不足为信,香妃体有异香估计也是文人浪漫的文学想象。

在我国历史上早有许多关于体香的记载,最著名的当属四大美人中的杨贵妃。据载,杨贵妃因胖而爱出汗,但却是香汗。其实历代后妃宫人视以有体香为贵,为此各出奇招,除了熏香沐浴外,通过食物获得体香也是一种主要途径。为了能使玉体溢香,西施常用荷花与露珠调制晨饮,从而获得体香。而在唐宋时期,无论是皇帝的后妃还是入宫备选的秀女,都非常盛行食杏仁、饮杏露、宫室熏香、品饮香茶。武则天爱饮用狄仁杰进献的"龙香汤",她的女儿太平公主每日用桃花香露调乌鸡血煎饮,"令面脱白如雪、身光洁蕴香"。杨贵妃不仅常沐香汤浴,还酷爱吃香榧子和荔枝。慈禧太后喜饮"驻香露"。不知这些方法是否真的有用,但是估计吃时间长了,香气多少也会浸润其身。

而另一种学说认为,人体分泌的汗液中有一种成分叫丁酸酯。丁酸酯存在于人体分泌的汗液中。汗液中存在这种物质多了会发出臭味,唯有其浓度适中,才是女性别具魅力的体香。估计以香妃为首带有体香的女子正是能适量地散发丁酸酯,故才有体香一说。

其实遍观历史,但凡有体香的女子都是美女,可见体香是和美貌紧密联系在一起的。可能体香只是人们对美女完美形象的一种幻想吧。因此香妃的原型容妃,不论她香与不香,但她必然拥有倾国倾城的美貌。

窥探历史真相

东太后慈安死亡之谜

慈安太后

东太后慈安，钮祜禄氏，满洲镶黄旗人，清朝咸丰帝皇后，谥孝贞显皇后。慈安生于道光十七年七月十二日（1837年8月12日）。咸丰帝驾崩后，她被尊为母后皇太后，上尊号慈安，与慈禧太后共同"垂帘听政"，被众人称为"东太后"或"老佛爷"，与西太后慈禧相对应。就是这样一位出身显贵，手握政权，地位甚至尊于西太后慈禧的人物，却在光绪七年三月初十日（1881年4月8日）突然死去，时年只有45岁。因盛年暴毙，又遇国家政局动荡，有关东太后慈安的死因一时流言四起，众说纷纭。稗官野史有关她被西太后慈禧毒死的记载不胜枚举。

慈安被慈禧毒死的情节最早可以在毓鼎的《崇陵传信录》中见到："十一日（应为十日），慈安闲立庭中，倚缸玩金鱼。西宫太监捧盒至，跪陈曰：'外舍顷进克食，西佛爷食之甚美，不肯独用，特分呈东佛爷。'慈安甚喜，启盒，拈一饼对使者尝之，以示感意。旋即传太医，谓东圣骤痰厥。医未入宫，而凤驭上升矣。"以此为蓝本，之后的《述庵秘录》《十叶野闻》《坚冰志》等笔记小说对这一事件描写得越发绘声绘色，但都大体相同，即慈禧利用慈安爱吃点心的特点下毒，毒死了慈安。

除了"点心下毒说"外，《清朝野史大观》记载道："慈禧命太医院以不对症之药，致死之。"《清稗类钞》中记载："孝钦（慈禧）实诬以贿卖嘱托，干预朝政，语颇激。孝贞（慈安）不能容，又以木讷不能与之辩。大恚，吞鼻烟壶自尽。"由此可见，不论是下毒、下药，还是慈安自己吞物自尽，时人都把慈安的死因归根于慈禧身上，认为慈禧因夺夫、夺名、夺子等各种原因害死了慈安。

但是这些都是野史中的记载，可信度并不高，经不起仔细的推敲。关于慈安太后的死亡，清官方给出的说法是"正常病死"，而且这种说法得到了很多史学家的一致赞同。最为可信的是先后担任同治、光绪帝师翁同龢的记载。翁同龢在他的日记中留下两则关于慈安发病的证据：一则是慈安太后26岁时曾经患"有类肝厥"疾病长达24天，甚至重达"不能言语"的程度；另一则是同治八年（1869年）十二月初四日，慈安太后"旧疾发作，厥逆半时许"。可见慈安虽然正值壮

故宫永寿宫咸丰丽妃金册

年,但是身体状况并不好,有厥症旧疾。"厥症"泛指突然性的晕倒,主要表现为突然昏迷、不省人事、四肢厥冷,轻者时间较短,但重者则会一厥不醒甚至死亡。而且在慈安死前数月,慈禧生病,不能打理朝政。当时朝廷内忧外患,慈安一人主事压力倍增,健康状况受到影响也是常理之中,最终因故疾重发导致死亡也有可能。

同时,我们还应看到,慈禧、慈安两人在咸丰去世后同舟共济,共同渡过难关,不说亲密无间,但也应存在深厚的情谊。而且对于慈禧来讲,慈安不善言辞,性格懦弱,政治手段也远远不及自己,又可以在自己生病期间帮衬一下,哪里有必要担上千古恶名去加害慈安呢?

宫廷之中斗争激烈,风云诡谲,谜案重重。野史中慈安被慈禧加害之说牵强附会成分过多,正常死亡应更符合当时的真实情况。但真相究竟如何,还有待于进一步的考证与分析研究。

光绪为何不肯入洞房

光绪十五年(1889年)正月二十七日,紫禁城内一片喜气洋洋,因为这一天是光绪皇帝举行隆重大婚典礼的日子。然而光绪却忧心忡忡,当晚甚至没有和新娘洞房花烛。人生得意莫过"金榜题名,洞房花烛",光绪已贵为九五至尊,"金榜题名"自不必说,为什么会对"洞房花烛"如此排斥呢?这要从他的皇后说起。

光绪的皇后,姓叶赫那拉氏,讳静芬,小名喜歌。光绪驾崩后,她被尊称为"隆裕太后",因此历史上多简称其为"隆裕"。隆裕参选秀女时已经21岁,比光绪还大三岁,早过了参选秀女的最高年龄17岁。但是隆裕的身份很特殊,她是慈禧太后亲弟弟副都统桂祥之女,是光绪帝的亲表姐。在过去姑表亲上加亲很普遍。但是对于光绪来说,娶了自己的表姐,就意味着仍然要受慈禧的摆布,因此自然而然产生一种心理反感。据史料记载,最后选定皇后时,与隆裕一同参选的还有两对姊妹花,长相都比隆裕美。光绪十分中意其中江西巡抚德馨的两个女儿,想选她们其中的一个为皇后。但是迫于慈禧太后的淫威,光绪只好最终选了自己最不喜欢的隆裕。婚姻的不自由只能让光绪日后把气撒在隆裕身上,冷淡隆裕则是最好的报复慈禧的办法。

同时,隆裕确实也不是一位讨人喜爱的可人。从她留下的照片看,她不仅长相一般,而且气质平庸。据史料记载,隆裕虽然从小得到了非常良好的教育,但是她的性格依然内向拘谨,懦弱无能。在光绪很小时,慈禧就经常把自己的这位外甥女招进宫来,让她自小就与光绪帝待在一

北京故宫坤宁宫光绪皇帝大婚的洞房

起玩耍，期望着以此来加强这对表姐弟之间的感情。但是适得其反，光绪从小就不喜欢这位一本正经的表姐，甚至还有点厌恶。因此慈禧把隆裕硬塞给光绪的做法大错特错，毁掉了两个年轻人的终身幸福。

大婚后，皇帝就再也没有去过隆裕的住处。新婚的皇后像弃妇一样被皇帝冷落在一边，引起了后宫中诸人的窃窃私议。这让贵为国母的隆裕非常尴尬，但也无可奈何，只能隐忍。曾经有一段时间，光绪也意识到隆裕当选为皇后也是一种不幸，希望能与她改善关系。但是隆裕拘谨内向的性格令她不知该如何回应光绪的亲近，反而让光绪恼羞成怒，再也不愿见她，将所有的感情都投入到活泼貌美的珍妃身上。

也许在时人看来，隆裕被选为皇后是大幸，而德馨的两个女儿落选回家是不幸。但是在没有爱情、没有亲情的后宫，隆裕承受的却是最不幸的命运。她必定十分羡慕日后嫁给平常人的德馨之女。嫁一个平常的丈夫，生一群可爱的孩子，这是每一个女人的正常生活轨迹，但是对于隆裕来讲，却是毕生的奢望。贵为皇帝后妃，却日日守着活寡，隆裕的悲剧其实也是后宫诸多女子的悲剧。

慈禧太后的奢华马桶知多少

慈禧太后生性奢侈，从衣着到饮食，从出行到沐浴无一不追求完美。史料中关于她各种奢华生活的记载不计其数，但是唯独鲜有她如何如厕的相关记载。慈禧太后再高贵也是人，也吃五谷杂粮，也要解决出恭问题。难道她会放过在如厕上做文章吗？遍寻历史，虽然相关记载甚少，但是也能寻到踪迹。

在故宫中，房子虽多，唯独没厕所。宫中居住的人用马桶，随时解决随时送到西华门城墙外的养花房。此处挖有沤粪池，其密封性能很好，臭气不致外泄，而且可以为珍贵花草提供绿色肥料。虽然大家都在马桶上方便，但因等级尊卑不同，所用的马桶也不一样。宫女、太监用的是粗瓷便盆，而皇帝、皇后和嫔妃用的称为"官房"，多用陶瓷制成。而慈禧太后为了彰显自己的与众不同，则用檀香木雕刻制作官房。据《北京往事》描写：老佛爷慈禧用的"官房"乃檀香木雕刻而成，外形是一条大壁虎，四爪落地恰成四腿底座。壁虎肚子鼓鼓地活像一个大葫芦，正好是官房的肚子。尾巴紧紧地卷起来，尾稍则折回来再和尾柄相交，形成一个八字，极巧妙地成了官房的后把手。壁虎头翘着向后微仰，嘴微张一条缝，缝内正好衔着手纸，两眼镶着红宝石。壁虎的肚子里，放有香木细末，干松蓬起而散发着清香。便物落下，立即被香木末包起来。其创意和奢华均超出普通人的想象。当慈禧要传官房时，宫女太监们就要分头行动起来，有的去叫管官房的太监，有的要去拿铺垫，有的要去拿手纸。慈禧太后每如厕一次都要如此大费周折。

在外出行时，慈禧会选用更为便利的

慈禧太后所用便盆

"如意桶"。清史家孟森曾记载道：1903年，慈禧乘火车去位于河北省易县的西陵拜祭，其车厢里"备铁床、裀褥枕被……床侧一门，启之即如意桶。如意桶者，便溺器也，底贮黄沙，上注水银，粪落水银中，没入无迹。外施宫锦绒缎为套，成一秀墩。""秀墩"即古代的凳子，成鼓状。可见当时能工巧匠的奇思妙想。他们不仅考虑到卫生问题，还考虑到马桶摆在屋中不甚雅观，故将其做成华美的凳子状，将不雅变成大雅。

然而慈禧太后的马桶再如何奢华，再如何讲究，和现代普通的抽水马桶比还是落后许多。因为奢华代替不了技术，光鲜的外表也无法掩饰落后的内涵，这就是历史发展的魅力所在。

末代皇后和皇妃的凄惨下场

作为末代皇帝，溥仪坎坷的一生令人可悲又可叹。然而溥仪的皇后婉容与淑妃文绣，也同样命运多舛，一个精神失常，一个离婚再嫁贫困终老，均没有拥有过真正的幸福生活。

溥仪的皇后婉容是紫禁城内最后一位拥有皇后地位的女性，也是中国历史上最后一位皇后。婉容姓郭布罗，字慕鸿，别号植莲，父亲荣源供职于晚清朝廷。婉容家族势力颇大，因此被选为溥仪的皇后，时年17岁。她相貌清丽，生性活泼，琴棋书画样样精通。结婚初期，婉容与溥仪感情甚好，两人还一起学习英语。1924年底溥仪被赶出了紫禁城。他带着皇后婉容、淑妃文绣住进了天津静园。随着时间的推移，溥仪性格上的弱点逐渐暴露出来，而他生理上的缺陷最终导致文绣提出了离婚。可是溥仪却把这场给他带来奇耻大辱的"刀妃革命"的所有过失都推到了婉容的身上。等到溥仪逃至长春，成为伪满洲执政府的傀儡后，他更是对婉容置之不理，不闻不问。同时婉容的行动也受到了日本人的严密监视和限制。这一切使婉容的身体和精神处于崩溃的边缘。于是婉容越来越放纵自己，她嗜毒成瘾、狂躁易怒，甚至与溥仪身边的侍卫私通，最终被溥仪打入冷宫，开始了长达数年的冷宫生活。苦闷的活死人般的日子使婉容变成一个形如槁木的疯子。到1945年日本人投降后，溥仪撇下婉容和一大群的皇亲国戚仓皇出逃。婉容只好开始了在长春、通化、吉林之间的流浪生涯。最后婉容病死在吉林延吉的监狱，年仅40岁。这位末代皇后最后被一顶破席包裹着草草安葬，至今不知葬于何处。

与皇后婉容一起被选入后宫的还有淑妃文绣，她是中国历史上最后一位合法的，并为社会所公认的皇妃。文绣，姓额尔德特，蒙古族，学名傅玉芳，小名蕙心。文绣出身于

末代皇帝溥仪和皇后婉容

末代皇妃文绣

满洲镶黄旗的贵族官僚人家,但因家族的没落和父亲的早死,文绣家并不富裕。据溥仪自己回忆,当年选后时他起初选的是文绣,因为有人阻拦才临时换成了婉容,改封文绣为淑妃。从皇后变为妃嫔,就此注定了文绣的悲情人生。虽然被逼退位,但是等级分明的思想在溥仪这个末代皇帝的脑海中根深蒂固。溥仪始终认为婉容是妻,文绣是妾,地位尊卑有别。所以溥仪在大婚后虽然也曾为文绣聘请过教师,但是他对待文绣的态度和对待婉容比却是天壤之别。加上婉容对自己的排挤,文绣的生活异常艰难。尤其在天津静园时,溥仪几乎视文绣为不存在。加上溥仪不能人事,文绣在精神和肉体上受着无法言表的折磨。忍无可忍,痛定思痛后,文绣向溥仪提出了离婚,即为著名的"刀妃革命"。这也是中国第一起皇帝离婚案。此举一出,天下哗然。经过长期协调,双方最后达成协议。溥仪付给文绣5.5万元生活费,而文绣答应溥仪永不再嫁。但是获得自由的文绣并不能摆脱皇家的烙印,她已经无法适应普通人的生活。被七扣八扣才拿到手的生活费很快被花完,文绣只好靠幼时所学的挑花艰难度日。后来文绣迫于生活无奈改嫁给了国军军官刘振东。起初两人过着小康生活,但是好景不长,由于时局动荡,刘振东破产了,两人生活日渐贫困。1953年9月17日晚10时,文绣因心梗死于家中,终年43岁,一生未有子女。安葬很简单,只有四块木板打成的一口棺材,连墓碑也没立,曾经的末代皇妃就这样被掩埋了。

婉容和文绣也许曾经被多少女性所羡慕,但是她们终究只是封建专制制度的牺牲品。她们用悲惨的一生告诉人们:那个吃人的制度怎样毁灭了数以万计的具有聪明才智的女性。

第四篇

宫廷『变态』的隐私

宫廷内的性丑闻知多少

食色,性也。古代人特别重视伦理道德。纵然食色是人的本性,他们也会择物而食,择人而"色"。但在汉朝却发生了一件荒唐的政治婚姻——10岁的外甥女嫁给了20岁的汉惠帝。在唐朝也有类似的事情:武则天原本是唐太宗的"才人",其后嫁给唐高宗做了皇后。除了这些帝王之外,宫内的太监也有性欲需求。众所周知,太监是被切除阳具的人,那么他又如何满足自己的性欲需求呢?

汉惠帝刘盈是刘邦的长子,他的亲妹妹鲁元公主嫁给赵王张敖后生有一女名张嫣。当时皇太后吕雉把持朝政,为便于自己控制大权,强行令刘盈娶张嫣为皇后。婚后不久,刘盈去世。张嫣开始守了20多年的寡,在36岁时抑郁而终。为了争夺权力而不择手段的人很多,武则天也是如此(上文已提,不再赘述)。后梁太祖朱温有两房风情万种的儿媳妇。他的两个儿子为争夺继承权,让自己的媳妇性贿赂朱温。朱温是来者不拒,将两个儿媳妇召入宫中,轮流侍寝。不惜违背伦理道德去争权夺利,实为人所不齿。

除了帝王之外,太监也会满足自己的性欲。由于宦官的阳具已经不存在,他们无法过正常的性生活。不过,虽然阳具被切除,但是性腺还在,宦官一样还有性需求。这表现为三个方面:皇帝和宦官之间的"同性恋";后妃与宦官的通奸关系;宦官也有妻室,也会寻花问柳。

史书上对宦官生活的记载很少,他们如何满足自己的性需求,一直是个谜题。由于没有了阳具,宦官的性生活肯定是不同寻常的。《浪迹丛谈》中说:"阉人近女,每喜手抚口啮,紧张移时,至汗出及止。盖性欲至此已发泄净尽,亦变态也。"除此之外,宦官还会运用狎具满足自己的欲望。《人海记》中记载:明末崇祯帝的宠妃田贵妃利用宦官与宫女淫戏之事挑拨崇祯与周皇后的关系。崇祯帝在周皇后和田贵妃的居所里发现了很多狎具。

在历史上确实有宦官淫乱宫廷的记载。明末阉党魏忠贤原先拜在魏朝名下。熹宗朱由检的乳母客氏为奉圣夫人,地位崇高。然其生性淫荡,先与魏朝交好,后听闻魏忠贤的性能力比魏朝好,就勾搭上了魏忠贤。魏朝当然受不了。在一次为争宠而斗殴中惊醒了熹宗。熹宗问明了原因并没有生气,而是召来客氏,让她决断。客氏选择了魏忠贤。熹宗就把魏忠贤赐给了客氏。在客氏的帮助下,魏忠贤步步高升,很快权倾朝野。

清末著名的太监李莲英,曾经娶过四个妻妾。"小德张"先是在天津某妓院重金购买雏妓张小仙为妻,其后又娶了数名小

太监形象

妾。除这些之外,还有很多娶妻妾的太监,在此不一一列举了。太监娶妻妾,一是为了发泄欲望,二是为了使心灵不再空虚。由于太监身份卑贱,生理不正常,进而导致心理不正常。他们也极需要别人的关心和呵护。从这层意义上考虑,太监娶妻也就不足为奇了。

汉唐后宫的脏乱知多少

古代宫廷中的淫行,在史书中早有记载。最早的记载出现在《诗经》中,有"萋斐贝锦"之叹。此后,历代后宫的脏乱情况不堪入目。到了汉唐之际,这类现象更加严重。那么这两朝的后宫到底有多脏多乱呢?

汉朝宫廷女子必须穿开裆裤。汉灵帝刘宏,是历史上有名的淫乱帝王之一。灵在谥法中解释为:"乱而不损曰灵。"汉灵帝是个穷奢极欲的荒淫帝王。他即位后,立宋氏为皇后。宋皇后性情平和,缺乏女人味。汉灵帝很不喜欢,就利用别人的诬告,废除了宋氏的皇后之位。其后,宋皇后忧郁而死。汉灵帝荒淫无道,在宫中看中哪个女子,就强行拉到床上交欢。为了方便交欢,汉灵帝规定宫内的女子只准穿开裆裤,而且裤子里什么都不能穿。听起来不可思议。其实这样做就是为了使皇帝临幸时方便,连衣服都不用脱。明末的张献忠让姬妾不穿下衣在室内行走,更是青出于蓝而胜于蓝。

汉朝"开裆裤"

汉灵帝还命人修建了"裸游馆",让人将采来的绿色苔藓覆盖在台阶上面,引来渠水绕着各个门槛,环流过整个裸游馆。然后,汉灵帝会选择肤色靓丽白嫩的女子裸身执篙在渠水中划船。盛夏之时,汉灵帝让她们裸身进入水中,追打嬉戏,以观赏裸女的华艳肌肤娱乐。渠水中种着一种叫"夜舒荷"的植物,荷叶夜舒昼卷,荷花莲大如盖,高一丈有余,一茎有四莲丛生。女子嬉戏其中,或隐或现,欲现半遮,好不诱人。汉灵帝还命她们演奏《招商七言》,以引来凉气。夜晚之时,汉灵帝就在裸游馆中和裸体宫女们饮酒,一喝就是一夜。到天亮时,若汉灵帝依然大醉不醒。宫人就学鸡叫,以喊醒汉灵帝。

汉灵帝还喜欢与14~18岁的宫女一起裸浴。当时西域进贡一种茵墀香。汉灵帝就命人煮成汤让宫女沐浴,把沐浴完的漂着脂粉的水倒在河渠里,人称"流香渠"。汉灵帝还在后宫设立市肆,让宫女扮成买东西的客人,自己则扮演卖东西的商人,玩得不亦乐乎。他白昼与宫女们贸易,夜晚就与宫女们交好。更有甚者,汉灵帝还令宫女与狗进行交配。

汉朝后宫如此,唐朝的后宫也是不堪入目。说起唐朝后宫的淫乱不得不提两个女人,一个是武则天,另一个是杨贵妃。武则天原来是唐太宗李世民的"才人"。唐太宗的儿子、太子李治看上了武则天,碍于太宗在世不敢乱来。太宗死后,武则天被送去做尼姑。

淫荡的汉灵帝刘宏

已经成为唐高宗的李治不忘旧情,到庵中寻武则天,与之幽会。其后,李治废除王皇后,光明正大地立武则天为皇后。武则天做了皇后之后,淫性大发,蓄养面首张昌宗、张易之兄弟、御医沈南璆等人,整夜淫乐。武则天还有一个情人叫薛怀义。薛怀义长得眉清目秀,不仅深得武则天喜爱,也令太平公主神魂颠倒。两人共用一个情人。

杨贵妃名叫杨玉环,原为唐玄宗的第十八个儿子寿王李瑁的王妃。唐玄宗在他宠爱的武惠妃、李瑁的母亲死了之后,精神受了很大的打击,一直萎靡不振。后来他听说杨玉环姿色绝佳,就精心策划了一场公公夺取儿媳的闹剧。唐玄宗先令杨玉环出家做道士,其后暗暗纳入皇宫,做了自己的妃子。公元745年,唐玄宗正式封杨玉环为贵妃,地位仅次于皇后。杨玉环遂成为唐玄宗的宠物。一人得道鸡犬升天,杨氏一族自此飞黄腾达,杨国忠更是被拜相。杨氏一族自此祸国殃民,终致安史之乱爆发,杨玉环被赐死在马嵬坡。

大凡后宫淫乱,必将引起朝廷动荡。所谓"红颜祸水",大约就是这个意思吧。

孝文帝皇后的私通丑闻

中国封建社会中,君主高高在上,有着无法逾越的权力,但是纵观中国历史,帝王的爱情悲剧往往比平民的恋情更让人扼腕。北魏孝文帝拓跋宏,雄才大略,以前所未有的魄力对鲜卑族落后的社会习俗进行改革,开创了一代基业。可是就是这样一位伟人,却在爱情生活上颇为坎坷,让人叹息。他钟爱的皇后冯氏丑闻不断,最后竟给他戴了绿帽子,成为他英年早逝的原因之一。

起初,因冯氏长相妩媚,又善于察言观色,深受孝文帝的宠爱。两人感情甚笃。不想冯氏得了慢性病,被太后送回家做了尼姑。就是在为尼的这段时间里,不甘寂寞的冯氏和家里的侍从发生了关系。然而孝文帝对冯氏一直一往情深。在母亲冯太后去世后不久,他就让侍从把冯氏接回了皇宫,还立了冯氏为后。然而在接下来的最初几年里,孝文帝将心思多放在了朝政上,多次出征,在宫中的时间有限。年轻的冯氏耐不住寂寞,老毛病复发,不仅和一位叫高菩萨的假宦官厮混,还和他一起结党营私,互相勾结,表里为奸。尽管宗室中有人知道他们的丑事,但也无人敢管。

但是,经过彭城公主的告发,冯氏的丑闻最终还是被孝文帝知道了。起初孝文帝非常震惊,不愿相信这个事实。但是很快,冯氏身边的一个宦官就把事情的本原报告给了孝文帝。孝文帝在惊怒之下立刻回转京师,逮捕了高菩萨等人。

如果这个时候,冯氏能诚恳认错,孝文帝一定会顾念多年真情,原谅她。但是冯氏却在关键时刻听从了自己母亲常氏的话,找了一个女巫,施展法术,以求度过危难。她向女巫许愿:"如果孝文帝能够尽快归天,让自己像冯太后那样临朝称制,不惜倾家荡产来报答神灵。"冯氏愚不可及的做法很快就被孝文帝察觉了。按常理说,孝文帝应该赐死冯氏。但他还是不忍心,于是借口冯太后在九泉下寒心,决定让冯氏一个人在宫中闲坐。心想如果她有良知,自己会去死的。经过这场风波,再加上行军打仗的劳累,孝文帝身心俱焚,身体每况愈下,最后病死在南伐中。

临死前,孝文帝对彭城公主说:"皇后失德已久,如果不除掉她,恐怕以后没有人能够制伏她。我死后,你们可用我的遗令将她赐死,然后

孝文帝皇后冯氏

按照皇后的礼节安葬她,千万不要坏了冯家的名声。"可见孝文帝至死都还念及自己与冯氏的恩爱旧情。

冯氏最终被赐死。她秽乱后宫的丑闻成为无法磨灭的事实。这让孝文帝这位在政治上如此成功的帝王不堪重负,遗憾离世,令后人惋惜和同情。

武则天后宫面首知多少

提到中国古代帝王,都会提到他们的后宫生活、六宫粉黛、三千佳丽。而作为中国历史上唯一女皇帝的武则天,她有怎么样的后宫生活呢?是否也有"三宫六院"、"三千俊男"呢?

武则天登基后,可以说是登上了封建权力之巅。不服输的性格让她在追求权力平等的方面永无止境。既然以往的皇帝都有妃嫔,她认为自己也应该有这样的权力。况且武则天身居皇宫,漫漫长夜,寂寞难耐;加上唐朝当时社会风气开化,广大民众也能容忍。于是,她搜集了大量的"面首"充实在后宫中。"面",本意貌之美;"首",意为发之美。面首,原指敷粉修面的美男子,后引申为男宠。

武则天面首的来源是多方面的,其中主要的一个渠道就是由其女太平公主亲自出马,层层把关,最后确定人选。太平公主所挑选的面首,均拥有俊美的样貌,伟岸的身材。为了保质保量,他们每一个都曾经过太平公主的亲身试验。

同时,一些朝廷大臣为了讨好武则天,也为她遍寻面首。就像男性帝王在民间挑选佳丽一样,他们将样貌英俊、体格健壮等各方面都出众的男子,送入宫中。当然,作为一个面首,不光要有好的长相、健壮的体格,而且还要有"阳道壮伟"的功力,以及对于花甲之年武则天的小心呵护。面首看上去是个不错的"差事",但是面对至高无上的女皇和皇家的威仪,他们必须谨小慎微,否则稍有不甚,就会被辱骂,严重者进宫没几天就被

女皇武则天

侍卫捆了手脚，扔进御苑中的万生池，喂了蛇蝎。

在众多面首中，还有"自我感觉良好"的男子毛遂自荐的。较有名气的有"洁白美须眉"的柳良宾和"阳道壮伟"的监门卫侯祥云。以至当时平常人家为了全家族的利益奉献美男，作为升官发财的捷径。

虽有太平公主推荐、大臣们遍寻，俊男自荐，但女皇仍不满足，还会偶尔派亲信去民间主动搜罗。据说当时女才人上官婉儿就曾接受过这样"特殊"的任务。如此一来，武则天后宫用"面首三千"来形容实不为过。她已经可以与男性皇帝相媲美了。

但是千人千面，面首一多，管理就成了问题。为了对众多后宫面首进行有效的管理，武则天成立了控鹤监，设控鹤监丞、主樽祭官。此设置是武周一朝独有的后宫管理机构，可谓"前无古人、后无来者"。后来，武则天又把控鹤监改为奉辰府，由自己宠爱的张易之、张宗昌兄弟来管理。这样的建制与男性皇帝的"三宫六院"类似。张宗昌兄弟就类似于东西宫的贵妃。

武则天拥有众多后宫面首的史实在后世广遭诟病。但是我们应当看到，当时确实到了皇族女权时代，一切性别建制和文化都具有深刻的历史根源，在历史上是首次，也是唯一的。同时，这也在中国男权社会的历史长河中画下了浓墨重彩的一笔。

太平公主在寺庙的淫乱

太平公主是我国历史上著名的女人，不仅因为她是女皇帝武则天的女儿，还因为她几乎就成了"武则天第二"。与其生母一样，太平公主也是风流成性，对于男女之情贪得无厌。武则天曾经设立一处专门豢养情人的地方。太平公主虽不能像武则天那样去设置，却可以随意出入。也就是说，武则天的情人，太平公主也可以享用。

拥有这些，太平公主还是不太满意。她曾经出嫁过两次。第一次嫁给了薛绍；薛绍死后，改嫁武攸暨。太平公主在她的"驸马府"中，风花雪月，别有一番天地。然而这些都满足不了她的欲望。

佛门是清静之地。然而，有些不法之徒经常打着佛门的幌子行狡诈之事。惠范和尚自称朝拜过天下所有的寺庙，拜访过很多得道成仙的活佛，修炼了一身极高的佛法本领；自吹虽已年至200岁，但身体健硕，面如20来岁的郎君。惠范和尚原本在本愿寺中修炼，一时间京城妇女争相朝拜。刚开始时，只是一般黎民百姓家的女眷去朝拜。后来一些达官贵人的女眷也纷纷筹备礼物，前去瞻仰活佛。有的女子甚至拜惠范和尚为师。

佛门讲究六根清净，戒色，但惠范和尚却打着赐福的幌子，经常在妇女朝拜之时要流氓行为,摸摸她们的脸蛋,揉揉她们的头发。这些被摸过的妇女都说自己得到了活佛的赐福,满心欢喜,到处宣扬。

太平公主听闻此事后,心想这么多的妇女争相寻求惠范和尚赐福,说明其肯定有"非凡的本领";若不是姿色出众,哪儿能引来如此多的"蝴蝶"?她又盘算,如果姿色符合自己的胃口还倒罢了,若是不符合自己的胃口,就找个理由将其杀掉,免得蛊惑人心,使女人想入非非。于是,她打定主意,决定去见一见这个惠范和尚。

得知太平公主即将驾临寺院后,前来寻求赐福的女子纷纷回避,躲得无影无踪。寺院周围布满了士兵,全寺戒严,任何人不准入内。太平公主只带了贴身侍女进去拜会。令人意想不到的是,太平公主竟然"朝拜"了整整一天。这是什么样的"赐福"啊!

太平公主

接下来第二天,太平公主又让惠范和尚去驸马府"讲经布道"。惠范和尚来自西域,是个胡人。因其"资本"雄厚无比,"技巧"非凡,太平公主极为满意。然而,惠范和尚毕竟是和尚,久居驸马府是不可行的。于是,太平公主斥资兴建了一座壮观的寺院,让其任住持。为了出入方便,在寺后还修建了一条密道,直通驸马府的后花园。太平公主可以随意进出,甚至留宿寺中。谁能想到佛门圣地竟成了男盗女娼之所。

太平公主贪恋男色,做出有违圣贤教诲之举,实为世人不齿。

红杏出墙的皇太后知多少

在封建时代的妇女中,地位最高贵的人当属皇太后。她们是皇帝的亲生或名义上的母亲,地位比皇后还高出一等。她们拥有至高无上的权力,享有最丰富的物质条件,生活本应美满幸福。但是在中国历史上,她们有不少不守妇道,红杏出墙,给后世留下许多丑闻与谈资。

要说中国古代权力最大的皇太后,吕雉应该算一个。吕后颇有政治才干,称制数载,位高权重。但是因为丈夫多年冷落,极度空虚,她就把自己青年时交好的审食其放在宫中,恣意淫乐,让刘邦在九泉之下还戴了一顶高高的绿帽子。

汉代之后的大唐,中国历史上又出现了一位位高权重的女子(武则天)。唐高宗去世后,身为太后的武则天,思想和身体都十分空虚。这时冯小宝出现了。武后费尽心思,让其出家当了和尚,并赐名薛怀义,进宫伺候。后来,其子唐中宗的韦皇后,在丈夫死后,也效仿武则天寻觅了两个男宠,并和亲家武三思一直保持着暧昧关系。

若说吕后、武则天和韦后皆因权重寂寞才红杏出墙,但有的太后却生性淫荡,红杏

慈禧太后

出墙只是其本性使然。其中最有名的就是秦始皇的生母赵太后。赵太后生于世风开放的燕赵之地,又是歌舞伎出身,生性轻佻放荡。她在成为太后之后,一度和自己的前夫吕不韦保持着人尽皆知的亲密关系。后来,她又找了一个名为嫪毐的男子,让其冒充宦官,入宫侍奉。更夸张的是,赵太后还和嫪毐生下了两个儿子,令秦始皇脸面无存。与赵姬一样风流成性的,还有北魏孝明帝之母胡灵皇太后。胡太后本性要强放荡,却头脑聪慧,独揽朝纲长达三年。后来,她因担心儿子长大后会干涉自己的大权以及自由淫乐的生活,竟然与人合谋杀死了自己19岁儿子(孝明帝)。此举令天下哗然,也间接导致了北魏政权的衰微。

此外,年轻守寡也是一些太后红杏出墙的原因。北魏献文帝时期的冯太后成为太后时年仅25岁。由于其盛年守寡,难耐寂寞,便选来一些美貌男子伺候自己,如宿卫监李弈、南朝齐国的使臣刘缵等。

慈禧太后守寡时也只有26岁。相传她的贴身太监安德海和李莲英都是未阉割干净而具有特殊功能的太监,能满足其生理需要。同时坊间也有其与大臣荣禄相好的传言。但是这些都来自野史,真实性还有待考证。

历史上太后红杏出墙的风流韵事还有很多,无法一一列举。她们的出轨,也从另一侧面显示了后宫的凄凉,封建制度对人性的扭曲。

深宫里太监的变态行为

太监是中国封建社会的特殊产物,他们虽居于深宫之中,和社会中权力最高的人密切接触。因为身体的缺陷和卑微的地位,受尽心灵与肉体上的凌辱。这也导致他们性格另类,情绪不稳定,自我哀怜,很容易伤感或者气愤,心胸比较狭窄,爱耍心计。更有甚者,他们有的行为已至变态,以此来宣泄对自己残缺人生的不满。

中国历史上有许多太监都仗着与皇帝的亲近关系而专宠擅权,为所欲为,但是他们也有自己的缺失,即阉物不能复生。为了弥补这一人生巨大遗憾,许多掌权太监均四处探寻解决办法。明神宗时期的太监高寀,听术士说吃童男的脑髓可使阳道复原,便出巨资购买。之后的明末权宦魏忠贤听说这种"药方"后,也杀了七名囚犯,吃下了他们的脑髓。这些令人发指的变态行为最后是否真的帮助他们恢复男身,历史上并没有记载,但根据现代医学推知,其纯粹是无稽之谈。不过,许多无辜之人却因此死于非命。

虽然恢复男身无望,但是太监们仍然具有男人的性意识与相应的心理性需求。为了满足心理上的需要,不少太监只能采取畸形和变态的行动。

据《万历野获编·宦寺宣淫》记载："比来宦寺多蓄姬妾，以余所识三数人，至纳平康歌伎。今京师坊所谓两院者，专作宦者外宅，以故同类俱贱之。"由此可见，教坊歌伎无疑是太监们重要的性伙伴。同时因为她们的社会地位和太监一样低，所以还博得了社会的认可和同情。对此，《宋史·宦者传》也有相关记载：宦官林亿年告老后曾养娼女赢利；宦官陈源因犯罪被贬，在贬所和妓女淫乱取乐，以至于有人怀疑其是否真的被阉割。到了明代，宦官（明朝称太监为宦官）势力较大，收入丰厚，京城中也有不少娼妓甘愿与他们来往。

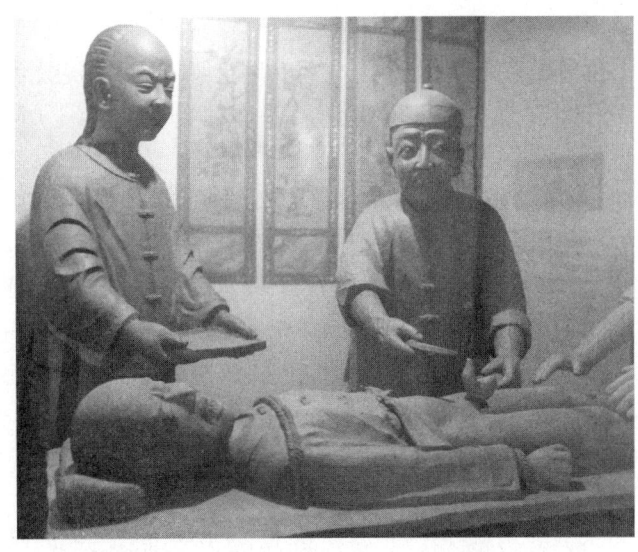

北京田义墓太监阉割场景

深宫因中压抑而孤寂的宫女也是太监重要的性伙伴。明杂剧《长生殿》中有描写宫女与太监偷看唐玄宗与杨贵妃同浴的一出戏：两名宫女正偷看唐玄宗与杨贵妃共浴，一名太监上前调笑道："两位姐姐看得高兴啊，也等让我们看看。"宫女道："我们侍候娘娘洗浴，有甚高兴？"太监笑说："只怕不是侍候娘娘，还在那里偷看万岁爷哩！"这段对白较隐晦地反映了宫女与太监对性的渴求。在明清时期，宫女与太监结成挂名夫妻的"对食"现象也很常见。据史载，明武宗时的大太监刘瑾就曾用假阳具淫死过宫女。此行为虽然恶劣而变态，但在一定程度上也反映了宫女是太监重要性伙伴的史实。

此外，在历史上，有关宦官娶妻、夺妻的记载也不绝于书。《万历野获编·石允常传》中记载，石允常在河南做官时，曾遇到良家女子被"阉宦逼奸而死"。景泰初年，大同右参将许贵奏："镇守右少监韦力转，恨军妻不与奸宿，杖死其军。又与养子妻淫戏，射死养子。"可见有些太监的变态行为已经殃及民间。

不论太监们如何选择发泄自己的欲望，都透露出他们内心的变态和扭曲。他们渴望正常的生活，并且无时无刻不想证明自己有男人的本色。就这一点而言，其变态行为实在令人可恨、可怜又可叹。

嗜好"同性恋"的帝王

古今中外都不乏同性恋之人。现代很多人还认为同性恋是不道德的行为，不为世人所接受。在古代同性恋并未受到世人多少的谴责。在古希腊，人们甚至还很崇拜同性恋。在中国古代，有不少人，甚至帝王，均宠爱同性之人，嗜好"同性恋"。

春秋时期，卫灵公和他的男宠弥子瑕大搞同性恋。一次，弥子瑕的母亲生病了。他竟敢驾着卫灵公的车去看望。按照当时的律法，弥子瑕应当被判为刖刑（即斩足之刑）。卫灵公却为他开脱："弥子瑕不顾要被判重刑的危险而去看望生病的母亲，实在是一个难得的大孝之人!"还有一次,卫灵公与弥子瑕一起去果园。弥子瑕摘了一个桃子,咬了一口,递给卫灵公吃。这在当时也是犯罪行为。卫灵公仍为他开脱:"弥子瑕尝到桃子好吃马上给我享用,这说明他很尊重体贴我。"这就是历史上的"分桃"典故。

战国时期,魏王宠幸龙阳君。《战国策·魏策》记载了龙阳君向魏王的"苦诉":"四海之内,美人亦甚多矣,闻臣之得幸于王也,必褰裳而趋王。臣亦犹曩臣之前所得鱼也,臣亦将弃矣,臣安能无涕出乎?"魏王为断绝龙阳君的担忧,遂下令,举国禁论美人,违禁者满门抄斩。这就是"龙阳之好"的由来。

汉朝时,"同性恋"的帝王最多。例如,汉高祖刘邦的宠男有籍孺;汉惠帝刘盈的宠男有闳孺;汉文帝刘恒的宠男有邓通、赵谈、北宫伯子;汉景帝刘启的宠男有周仁;汉武帝刘彻的宠男有韩嫣、韩说、李延年;汉昭帝刘弗陵的宠男有金赏;汉宣帝刘询的宠男有张彭祖;汉元帝刘奭的宠男有张恭、石显;汉成帝刘骜的宠男有张放、淳于长;汉哀帝刘欣的宠男有董贤……

汉武帝雄才伟略,竟然和一个"太监"同床共枕,听来匪夷所思。李延年因犯法被施了宫刑后,成为宫里的一名太监。因其出生在歌伎之家,所以很擅长舞曲。当时正时兴祭祀天地的颂词,李延年揣测圣意,为这些颂词谱写了新曲子,颇受赞赏。后来汉武帝又看上了李延年的妹妹,并纳为妃子。李延年也成了皇亲国戚。因其性情温顺,会阿谀奉承,被汉武帝留在了身边,饮食起居都在一起。后来,因李延年的弟弟与太监乱搞,李氏又病亡,汉武帝便找了个借口,把李延年一族除掉。

董贤长得温柔婉约,如同女子一般,皮肤白净细腻。在汉哀帝还是太子的时候,董贤为太子舍人,两人经常在一起。汉哀帝登基后,董贤也更加风流倜傥。一日,汉哀帝遇见董贤,问左右之人:"那不是舍人董贤吗?"董贤回答:"正是小臣董贤。"于是,汉哀帝拉着董贤的手问长问短。董贤回答如流,深得汉哀帝的喜欢。从此之后,汉哀帝就把董贤带在身边,同车而乘,同榻而眠。一日,汉哀帝醒来,发现董贤还在熟睡,而自己的衣袖却被其压在身下。汉哀帝不忍心惊醒董贤,就用剪刀把衣袖剪断。董贤醒来,得知此事后,甚是"感激",两人更加缠绵。这就是"断袖之癖"的由来。

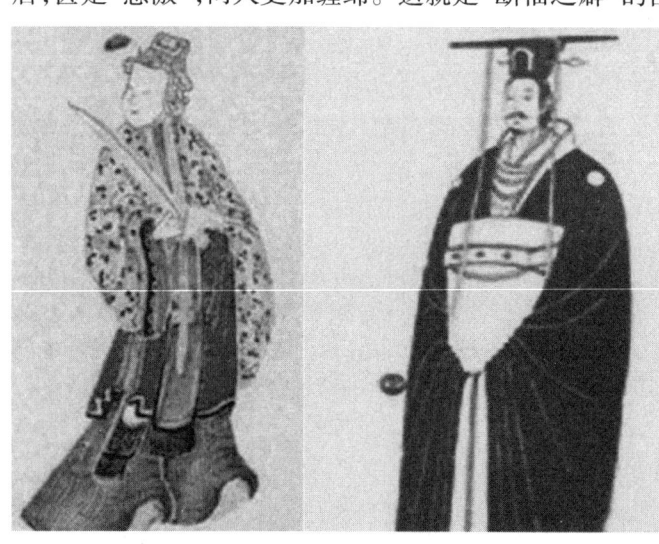

汉哀帝和董贤

晋代的风流名士阮籍有诗云:"夭夭桃李花,灼灼有辉光。悦怿若九春,馨折似秋霜。流盼发姿媚,言笑吐芬芳。携手等欢笑,宿昔同衣裳。愿为双飞鸟,比翼共翱翔。丹青着明誓,永世不相忘。"其实,美男以貌悦君,同美女以色侍君一样,一旦年老色衰,必遭君王所弃。他们之间不可能有什么"永世不相忘",他们只不过是帝王的一时玩物、性奴隶和牺牲品而已。

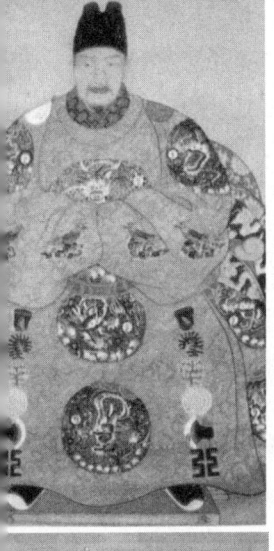

第五篇

不为人知的皇家秘密

窥探历史真相

 盘庚有没有迁都到安阳殷墟

盘庚迁殷在商朝是一件大事,对商朝有很大的影响。殷即现在的河南省安阳市。这在史籍中多有记载,从春秋到清朝,没有人怀疑其真实性。但到了近代,以顾颉刚为代表的疑古辩伪派兴起,认为历史上没有商朝,商朝是战国时人伪造并添加的。当然,他们更不会承认有盘庚迁殷一事。

商朝从公元前1600年左右建立,到公元前1050年灭亡,历经17世31王。盘庚是商代第20位帝王。在盘庚迁都之前,因水灾和帝位争夺,商朝已迁都4次。盘庚迁殷是第5次迁都。盘庚即位时,朝廷政治比较乱,社会很不安定,于是他决定再一次迁都。可是,大多数贵族贪图安逸,都不愿意搬迁。一部分贵族还煽动平民起来反对。面对强大的反对势力,盘庚并没有动摇迁都的决心。他耐心地劝人们说:"我们迁都是为了天下安定,跟朝廷迁移的,会受到表彰。不相从的会受到惩罚。"于是盘庚带着大部分臣民向北迁到北蒙(今河南安阳小屯村一带),称新都为殷。据史书《竹书纪年》记载:"盘庚十四年,自奄迁于北蒙曰殷,十五年营殷邑。"迁都之后,社会日趋安定,商朝出现中兴的势头。以后200多年,都没有再迁都。所以后世又称商朝为殷商,或者殷朝。

在商末周初,殷都被废弃。又经过3000多年的岁月后,人们已不知殷都的具体位置,甚至还有人怀疑商朝的存在。清朝末期,学者王懿荣发现了殷商的有字甲骨,但不知出于何处。1906年学者罗振玉确认甲骨文出土于河南安阳市小屯村。据统计,从1889年到1928年,私人挖掘出上的甲骨就达10万片以上。面对殷商遗址被破坏的情况,民国政府决定对小屯村进行科学发掘。从1928年秋到1937年夏抗日战争爆发时,中央研究院历史语言研究所考古组在著名考古学家董作宾、李济、梁思永等人的先后主持下,在小屯村一带进行了长达10年的15次考古发掘,先后发现了总计24 900多片甲骨,发现了商代后期的宫殿、宗庙遗址和王陵区,出土了大量珍贵的铜器、玉器、陶器,从物质文化上提供了殷墟为商代王都的证据,证实小屯村附近就是盘庚迁于北蒙的都城殷。殷墟的科学发掘成果震动了中外学术界,也使其成为世界闻名的古文化遗址。这给怀疑商朝存在的疑古派沉重一击,使史上无商朝之说不攻自破。

盘庚

 秦始皇身世之谜

秦始皇是中国历史上第一位皇帝,建立了中国第一个封建王朝秦朝,对后世影响深远。但这一位千古帝王,却有着一个令人怀疑的身世。一说秦始皇是秦王异人之亲子,一说他是吕不韦与赵姬的儿子。

据《史记·秦始皇本纪》记载："秦始皇帝者，秦庄襄王子也。庄襄王为秦质子于赵，见吕不韦姬，悦而取之，生始皇。"秦庄襄王本名异人，年轻时曾经在赵国邯郸做人质。商人吕不韦见到异人后，认为奇货可居，于是用赚来的金钱帮助异人，进行政治投资。并且还把他的小妾赵姬给了异人。没过不久，赵姬生子，取名政，就是后来的秦始皇嬴政。在吕不韦的帮助下，异人认来自楚国的王后华阳夫人为母，改名子楚，后被立为太子。子楚曾许诺："必如君（吕不韦）策，请得分秦国，与君共之。"公元前250年子楚继位为秦国国君，即秦庄襄王。吕不韦被授予国相。公元前247年五月，秦庄襄王驾崩，其子嬴政即位，即后来的秦始皇。

吕不韦"一字千金"雕塑

但据说嬴政与异人长得不像，这令人怀疑他们是不是亲生父子。鉴于赵姬原是吕不韦的小妾，故世有不少人怀疑嬴政不是异人的亲生之子，而是吕不韦之子。即吕不韦将赵姬送给异人时，赵姬已怀有身孕。《史记·吕不韦列传》记："吕不韦取邯郸诸姬绝好善舞者与居，知有身（孕）。子楚从（吕）不韦饮，见而说（悦）之，因起为寿，请之。吕不韦怒，念业已破家为子楚，欲以钓奇，乃遂献其姬。（赵）姬自匿有身（孕），至大期时，生子（嬴）政。子楚遂立（赵）姬为夫人。"

虽然司马迁在《史记》中记录了这两种前后相异的情况，但并不代表其就确认秦始皇是吕不韦之子，只能说当时有这样两种说法，他只是如实收录而已。明代著名学者王世贞认为，之所以出现秦始皇是吕不韦所生之说，是因为吕不韦的门客和被灭六国的后人为出怨气而诋毁秦始皇。据《史记》记载，赵姬嫁给异人后，怀孕足月而生嬴政。况且若赵姬嫁给异人时已怀孕，必会"不足月"而生，异人定会有所察觉。故嬴政不是吕不韦之子，而是异人亲子。

由此可见，秦始皇的身世之疑问只能被当做茶余饭后的谈资，并不能成为一个真正的史学问题。但若想获得更可靠的认定，可在秦始皇陵科学发掘后，提取始皇的DNA信息，与出土的秦国先公先王遗骨的DNA信息相对比，其身世之谜将获最终定案。

秦始皇铸造十二"金人"的真正缘由

公元前221年，"六王毕，四海一"，秦始皇建立了中央集权制的秦朝，定都咸阳。其后收缴天下兵器，熔化以之铸成十二"金人"。那么，秦始皇铸造"金人"的真正缘由是什么呢？

在秦朝统一中国后，如何稳定政局，流传百世，成为秦始皇最关心的问题。史书记载，秦始皇为了帝位永祚，制定了一系列的制度。政治上，实行中央集权制；经济上，统一货币和度量衡；文化上，焚书坑儒，统一文字；军事上，下令收缴天下兵器聚于咸阳，熔铸成十二"金人"。李太白有诗歌为证："秦王扫六合，虎视何雄哉。收兵铸金人，函谷正东开。"所谓

西安市阿房宫前"十二金人"

"金人",并非纯金所制。当时的兵器几乎都是由青铜制成。古人称青铜为金,故"金人"即铜人。据后人推算,此十二"金人"重约90万斤。

秦始皇为什么要铸造十二"金人",主要有以下几种说法。一种认为,秦始皇统一中国后,由于杀生太多,夜晚做梦有鬼怪作祟,不得安宁;万般无奈下,有道士前来指点迷津——收缴天下兵器,铸成十二"金人",以镇压鬼怪。秦始皇醒后,当即下令收缴兵器,聚于咸阳,铸造"金人"。从徐福东渡可以看出,秦始皇特别信赖道士。所以,此说法有一定的可信度。还有一种说法是,秦始皇统一中国后,政局不稳,怕百姓造反,遂想收缴散落在民间的兵器。名不正,则言不顺。言不顺,则事不成。秦始皇派人在民间散播童谣:"渠去一,显于金,百邪辟,百瑞生。"然后,他又派人假扮农民,说是见到了12个巨人。于是,秦始皇以此为借口,下令收缴了散落在民间的所有兵器,聚于咸阳,铸造成十二"金人",以威慑天下百姓。

不管是打着什么样的旗帜,秦始皇收缴天下兵器铸造十二"金人"的目的就是为了安定政局,防止百姓造反,完全是出于政治上的考虑。

王莽弑帝篡位之谜

西汉平帝时,王莽以司马大将军辅政,后来他毒杀平帝,另立一小皇帝,称"孺子婴",自称"假皇帝"。公元8年,他废孺子婴,自称皇帝,国号"新",改元为始建国元年。那么,王莽为什么会篡位呢?

王莽(公元前45—公元23年),字巨君,魏郡元城(今河北大名县东)人。其姑母王政君是汉元帝的皇后。王莽幼年时父兄先后去世,其由叔父们抚养成人。他年轻时,博学多览,谦卑有礼,喜结交贤人达士,恭敬长辈,孝顺母亲,还照顾寡嫂和侄子,得到族人的称赞。当官拜大司马的伯父王凤生病时,王莽亲自喂其汤药,不离左右。王凤让其妹王政君提拔王莽。王凤死后,王莽被封为黄门郎。为官之后,他愈加谦恭下士,勤俭节约,常把皇帝的赏赐分给下人,用自己的俸禄接济贫苦。于是,他的声望越来越高。汉绥和元年十二月(公元前7年1月)王莽出任大司马,时年37岁。

公元前2年,王莽被允许在京居住。第二年,哀帝病死,太皇太后王政君收回传国玉玺,再次封王莽为大司马,领尚书事,批阅奏折,兼管军事,掌管

王莽

禁军,立汉平帝。王莽成为国家最高行政长官之后,颇获朝臣拥护。公元1年,王莽在推辞再三之后接受了"安汉公"的称号,将俸禄转封两万多人。公元4年王莽的长女王嬿成为平帝皇后。王莽被加号宰衡,位在诸侯王公之上。他大力宣扬礼乐教化,得到儒生的拥戴。此时王莽的野心已经极度膨胀,与汉平帝之间的矛盾也日益激化。平帝元始五年(公元6年),平帝死,年仅两岁的皇太子刘婴继位。太皇太后王政君命王莽代天子朝政,称"假皇帝"或"摄皇帝"。

公元7年,东郡太守翟义及槐里人赵明、霍鸿起兵造反,王莽派兵镇压。此时,神异符命事件层出不穷,大都称王莽为真命天子。有些人借此劝王莽称帝。公元8年腊月,王莽接受小皇帝刘婴的禅让,改国号为新,自称皇帝,并改长安为常安。但此时传国玉玺尚在其姑母王政君皇太后手中。王莽多次派人去要,都未果,便亲自去要。王太后大骂王莽,将玉玺摔到地上。玉玺被摔折一角。王莽用黄金镶补了缺角,但玉玺还是留下了瑕疵。

王莽称帝后,实行一系列的改革,称为"复古改革",史称"王莽改制"。但是他的改制不仅没能缓和社会矛盾,反而造成了社会混乱。由于他对匈奴和东北、西南的轻视和羞辱,致使一些蛮族发动叛乱。公元11年,黄河改道,灾民遍野。到天凤四年(17年),全国灾荒,饥民四起,形成赤眉、绿林大起义。公元23年,绿林军攻入长安,混乱中王莽被商人杜虞所杀。新朝就此灭亡。

从史料上看,王莽为人忠孝,不好奢华、享受,又很受人拥护,实在难以看出其篡位的动机。他称帝后所行的改革也并非是为了他自己,而是为天下民众着想,很想复原出一个《周礼》中的理想社会。只是其改革不合当时的实际情况,加上连续出现天灾,造成社会动荡。种种记载表明,王莽不算是一个坏人,他代汉自立,不能视为一般的篡夺帝位。到底是出于什么原因,还有待学界进一步的研究。

晋武帝为何传位傻太子

晋武帝,即司马炎,字安世,晋朝开国皇帝。他一生纵横沙场,能征惯战,果敢英武,打下了大片江山。然而,他却把辛辛苦苦打下的江山交给一个傻儿子继承,这似乎不合逻辑。然而事实却是如此,那么英明神武的晋武帝为何要把江山交给这个傻太子呢?

晋武帝一生之中有26个儿子,其中不乏聪慧之人。其长子不幸夭折,次子司马衷成为长子。按古代继位顺序是立长不立幼,立嫡不立庶。立司马衷为皇太子是顺理成章的事。然而,司马衷天性愚笨。史书中记载了这样的一个故事:有一年闹饥荒,太子司马衷对粮食很不爱惜。有人就劝告他:"现在闹饥荒,灾民没有米饭吃,都在忍饥挨饿。"司马衷感到很奇怪,反问:"他们没米饭吃,为什么不吃肉粥啊?"可见太子司马衷是如何的痴呆。

晋武帝司马炎

太子司马衷做的痴呆事，晋武帝是知道的，也明白这个长子难以担当大任。然而，晋武帝妇人之仁的性格又使他难以立下决心换掉太子。杨艳，字琼芝，是当时的皇后，也是司马衷的亲生母亲。杨皇后，是贵族之后，生得很是美丽，晋武帝对她恩爱有加。晋武帝试探杨皇后更换太子的意思，遭到了杨皇后的反对。她对晋武帝说："太子虽然愚钝，但是生性善良，只要善加引导，总会长进的。"晋武帝说："现在更换太子还来得及。"杨皇后和颜悦色地说："既然名分已定，岂能说改就改？天子乃九五之尊，自当一言九鼎。何况无论是立嫡立长，太子都应当是司马衷。若是破坏了法则，日后岂不会乱套？"

晋武帝随后派荀勖去考察太子是否有长进。荀勖博学多闻，有着不世之才，晋武帝很信任他。荀勖考察完之后，上奏晋武帝太子有所长进。晋武帝便不再考虑换太子的事情。太熙元年（290年）晋武帝死去，司马衷即皇帝位，为晋惠帝。翌年，皇后发动政变。之后，又出了"八王之乱"。建兴四年（316年），西晋被刘曜所灭。

可怜晋武帝一代英主，死后不到25年，西晋就灭亡了。这与他因妇人之仁的性格而传位傻太子有着不可分割的联系。所以为政者，要果敢刚毅，不可优柔寡断，行妇人之仁，否则就会断送大好河山。

历史上竟有三位女皇帝

说起女皇帝，人们就会想起武则天。然而武则天不是中国历史上第一位女皇帝，也不是唯一的女皇帝。相传中国历史上有三位女皇帝。

中国历史上第一位女皇帝当属北魏孝明帝的女儿元姑娘。其时，北魏胡太后荒淫后宫。武帝驾崩之后，孝明帝继位。胡太后为怕事情败露，决定先下手为强，杀死了孝明帝。孝明帝有一女，史称元姑娘。胡太后谎称为男孩，立元姑娘为帝，改元"武秦"。很快元姑娘又被胡太后杀死。在历史的长河中，元姑娘不过是匆匆一瞥，便已作古。然而，她确实是名义上的北魏皇帝。故元姑娘应该是历史上的第一位女皇帝。

中国历史上的第二位女皇帝为唐朝永徽四年（653年）起义军的女首领——陈硕真。永徽四年（653年）十月，陈硕真起兵反唐，建立了自己的政权，称自己为"文佳皇帝"。十一月，陈硕真被俘，随后就义，起义失败。在中国历史上起兵造反的妇女多如繁星，可是做首领的却寥寥无几，而称皇帝的仅陈硕真一人。从这一点上讲，称陈硕真是中国历史上的第二位女皇帝是不足为过的。

陈硕真起义图

中国历史上的第三位女皇帝是武则天。武则天，字曌，今山西文水人，唐开国功臣武士彟的次女。于天授元年（690年）正式称帝，建立国号周，史称"武周"。武则天为中国历史上唯一的一位正统女皇帝。武则天在位16年，期间重视人才的选拔和农业的发展。在疆土方面，坚决抵制外来侵略，实行边军屯田的政策，减轻了边界人民的负担，为巩固边防做出了积极的贡献。武则天退位后，唐中宗尊称其为"则天大圣皇帝"。

中国历史上出现的女皇帝真正有作为的，被历史学家承认的也只有武则天一人。武则天一生中谋杀了93人，不包括受牵连之人。其中有多少是冤死之人，恐怕已无人可知。武则天死后，留下一座无字碑，以待后人书写其功过是非。

隋炀帝"迷楼"中的奥秘

隋炀帝杨广年轻时很有作为，为隋朝的江山做出了很大贡献，但年老之后却穷奢极欲，刚愎自用。所建"迷楼"可谓是穷天下之工巧，夺天地之造化。然其耗资巨大，几乎掏空了国库。建成之时，隋炀帝游之，赞曰："使真仙游其中，亦当自迷也。"意思是说，即使天上的仙人在"迷楼"中游玩，也会沉迷其中的。那么"迷楼"位于哪里呢？

据《资治通鉴》记载，隋炀帝曾于洛阳修建一座西苑，以供宫女居住。此说，隋炀帝修有西苑，只是不知此西苑是不是"迷楼"。历史学家比较赞同的观点是，"迷楼"位于扬州。其证据多为文人所作诗文。如包何《同诸公寻李芳直不遇》："闻说到扬州，吹箫忆旧游。人来都不见，莫是上迷楼。"杜牧的《扬州三日》："炀帝雷塘土，迷藏有旧楼。谁家唱水调，明月满扬州。"在唐人诗中的"迷楼"几乎都位于扬州。但是韩偓的《迷楼记》中却说"迷楼"位于长安。文中说："唐帝提兵，号令入京，见迷楼，太宗曰：'此皆民膏血所为。'乃命焚之。"文中说的"京"即长安。对于"迷楼"的位置，主要就是有这两种看法：一是扬州，一是长安。今人多认为是在扬州。因扬州城北的雷塘有"迷楼"遗址。作为前车之鉴，后人在遗址上建了一座"鉴楼"。现在的"鉴楼"为清朝重建，成为扬州的风景名胜。

隋炀帝

"迷楼"是当时一个能工巧匠设计的。在"迷楼"中，隋炀帝藏有来自全国各地的美女万千，以供其淫乐。楼中还有一些机关巧器，如"御女小车"、"如意车"等。其淫乱行径不堪入目。楼中还设有巨大的铜镜，用于淫乐时观赏。有时，隋炀帝在楼中淫乐，整月不出"迷楼"。隋炀帝长年累月地沉迷于"迷楼"之中，身体越来越羸弱，精神越来越疲惫。终使隋朝江山历二世而亡。

"水能载舟，亦能覆舟。"隋炀帝年轻时好大喜功，不体恤民苦，三征高丽，穷兵黩武，导致天怒人怨。年老时不思进取，不理朝政，荒淫无道，最终落得个被缢死的下场。其亡国之因，不是源于"迷楼"，而是源于本身。

唐太宗为何篡改国史

唐太宗李世民可以说是中国历史上最伟大的皇帝之一。他开创了"贞观之治"，使封

禄东赞朝见唐太宗的《步辇图》

建社会发展到顶峰。在当时,长安是世界政治、经济、文化的中心。但是唐太宗登上帝位的过程却不是很光彩。于是,民间有他篡改国史的说法。那么,唐太宗有没有篡改国史,又为何篡改国史呢?

大业十三年(617年),李渊举兵反隋。翌年,李渊建立唐朝,成为唐高祖。据《旧唐书》记载,李渊造反的原因是被李世民等胁迫的。《新唐书》《资治通鉴》都沿用这一说法,把太原起兵的功劳归结在李世民身上。这与温大雅所撰《大唐创业起居注》的起因完全不同。温大雅所著的《大唐创业起居注》是记载李渊父子起兵的最早记录,而且他亲身参与了起兵造反的过程。故此书有较高的真实性。书中说,当时李渊身边仅有李世民,其余两个儿子都在河东。所以李渊只有把心中要起兵反隋的真实想法告诉李世民。此时,李世民正是血气方刚、英勇果敢的年龄,自然成为李渊的得力助手。李渊军中将领英勇善战,士兵个个奋不顾身。他们每占领一处地方都秋毫无犯,深得百姓之心。

由此可见,太原起兵完全是李渊一手策划和导演的。此前多年的苦心经营也完全是李渊的功劳。李世民只能说是李渊的助手。用现代话说,在起兵反隋建立大唐的这部戏中,李渊是主角,李世民只是一个很好的配角。在《旧唐书》等书中,事情的真相却被歪曲。李世民在位期间,曾不止一次地查看史官修纂国史。曾言:"今欲自看国史者,盖有善事,固不须论,若有不善,亦欲以为鉴诫,使得自修改耳。"李世民还创立了宰相监修国史的制度。这样,史官所修国史必须由宰相过目。在李世民授意下,"玄龄等遂删略国史为编年体,撰高祖、太宗实录各二十卷,表上之"。

那么李世民为何要修改国史呢?这要从李世民怎么登上帝位说起。"玄武门之变"是历史上的一件大事。通过"玄武门之变",李世民除掉了自己的兄长、当时的太子李建成,并迫使父亲高祖李渊禅位。这可以说是很残暴的事情,为人们所不齿。李世民修改国史,不过是要美化自己的形象,使自己继位变成正统,取得合法性。至于还有没有其他的原因,就不为世人所知了。

驸马爷不为人知的命运

"洞房花烛夜,金榜题名时。"此乃人生两大乐事。若是中了状元,然后再做了驸马爷,似乎就不是什么乐事了。为何如此说呢?

所谓"驸马",本来是汉武帝设置的一个官职,全名是"驸马都尉",所掌管的不过是副车马之事。魏晋之后，皇帝的女婿往往都被皇帝封为这个官职。所以，人们称皇帝的女婿为"驸马"。从隋大业元年（605年）开始举行科举考试，至清光绪三十一年（1905年）举行最后一批科举考试，1300多年来出现的状元不计其数。然而真正做"驸马"的状元却只有一个。这一个"驸马"就是唐会昌二年（842年），壬戌科状元郑颢，而且他还不是自愿的。

山东沂南竹泉村驸马府

郑颢乃名门贵族之后，其祖父官拜丞相，父亲官至兵部尚书。如此家世，再加上皇帝钦点状元，马上就被宣宗派去为万寿公主择婿的宰相白敏中看中了。当时郑颢正要迎娶未婚妻卢氏。可是圣命难违，他只好赶回朝廷做了心不甘、情不愿的"驸马爷"。成为"驸马爷"之后，郑颢很是郁闷，一口怨气无处发泄。要找谁出这口怨气呢？宣宗皇帝、万寿公主，还是宰相白敏中？

找宣宗出气，恐怕他胆子还不够大，而且郑颢对宣宗还很有好感。宣宗对郑颢也很看重。宣宗喜欢文学，非常重视科举考试，与郑颢年龄上相差不大（宣宗只比郑颢大七岁），没有什么代沟，与状元郎"驸马爷"自然有共同的语言。据史书记载，两人经常谈书论文，就像一对很好的朋友。宣宗去世后，郑颢还经常与宣宗梦中相会，一起谈生前谈不完的话题。不久，郑颢也追随宣宗而去。

找公主出气，恐怕他也不够胆。要知道唐朝妇女比较开放，公主自然更加强悍，郑颢也不敢招惹。何况驸马爷又不是公主自己挑选的，纵使有气也不应撒在公主身上。

那么只有找宰相白敏中出气了。在宣宗面前，郑颢多次告白敏中的状。宣宗自知理亏，每次都压下了弹劾的奏折。郑颢与卢氏可谓是青梅竹马。白敏中断送了他们的婚姻。郑颢自是怨恨颇深，以至于白敏中差点死在他手上。

由此说来，状元郎并不一定要成为"驸马爷"才感到荣耀，而且历史上也仅郑颢一人是真正的状元"驸马爷"。状元很少成为驸马的原因不外乎两个：一是，公主认为嫁给士人是低就，委屈了自己。士人娶公主也会感到受拘束，不够自由。二是，古时公主在15岁左右就出嫁了，而士人中状元之前也几乎都已娶妻。

唐玄宗为何被奉为"梨园领袖"

我们常称戏班为"梨园"，戏曲演员为"梨园弟子"。那么"梨园"是怎么来的呢？在古代，戏子是很低下的职业，堂堂皇帝唐玄宗为何会被奉为"梨园领袖"呢？

梨园，是唐代设置的一个机构，主要用于训练乐工。据《旧唐书·玄宗本纪》记载，唐玄宗在闲暇的时候，命人在禁苑的梨园教太常乐工子弟练习丝竹之戏。《新唐书·礼乐

志》中说,唐玄宗懂音律,爱法曲。曾选300人,在梨园学习戏曲。有人唱错了,唐玄宗就会帮他改正。这些人就被称为"皇帝梨园弟子"。后来,梨园就成了一个音乐机构。

梨园究竟在长安的什么地方呢?一般认为它是长安的一个地名,位于长安的某处。对于具体地点,有很多分歧。一是,梨园就是长安县西南香积寺附近今黄良乡立园村,此村早时称为梨园村。二是,梨园在今西安城东南隅曲江池附近汉武帝所造宜苑旧址旁的春临村一带。三是,梨园位于今西安城东北唐大明宫东侧附近三华里的午门村。四是,梨园在今西安临潼县骊山绣岭下。清人汪汲《事物原会》中记载:"今西安府临潼县骊山绣岭下,即梨园地也。"陈寅恪在《元白诗笺证稿》中说唐代的梨园有两处:一处在光华门北面,一处在蓬莱宫的旁边。《辞海》说"宫内梨园"分为男女两部,统称"皇帝梨园弟子"。对于梨园的性质,李尤白指出,梨园就相当于现在的综合性艺术学校,而校长就是唐玄宗。在唐玄宗李隆基的领导下,有一部分人相当于现在的创作人员,另一部分人就相当于导演和教师。

可以这么说,唐玄宗设立了梨园,创建了中国历史上第一座"综合性艺术学校"。作为"校长"的唐玄宗被奉为"梨园领袖"是理所当然的事情了。

唐宣宗为何装疯卖傻36年

唐朝从公元618年李渊建立,到公元907年亡于农民战争,前后历经300年,在封建历史上是一段很长的岁月。在唐朝300年间出现的20余位皇帝中,唐宣宗李忱是最富有传奇色彩的一位帝王。在登基前,唐宣宗李忱为何会装疯卖傻36年呢?

从小到大,唐宣宗李忱就被认为是一个智力有问题的人。整个长安城凡是认识李忱的人都这么认为。从元和五年(810年)到会昌六年(846年),整整36年间,李忱一直都没有受到过身为亲王真正的待遇。一直被人认为是"智障"的李忱,在这波澜壮阔的36年里四处云游漂泊,远离政治斗争的旋涡。直到会昌六年(846年),李忱才在宦官马元贽的带领下回到了京都长安,摇身一变,成为史称"小太宗"的唐宣宗。直到登基后,李忱才退掉"智障"的面纱,让人们见到一个伟大政治家、领袖的真面目。

登基后,唐宣宗爆发出前所未有的精明和果敢。不但结束了长达半个世纪的"牛李党争",而且从吐蕃手中收复了沦陷近百年的河湟全境,使盛唐余晖昙花一现。那么唐宣宗是如何卖傻36年的呢?

这要从李忱的出生说起。

李忱是唐宪宗李纯的十三子,被封为光王,但却是庶出。由于庶出,李忱不像其他亲王那样受到皇帝的恩宠。小时候,李忱就落落寡合、木讷呆滞。及至成人,李忱和其他亲王在一起的时候一天之中也说不出一句话来。众人认为,这跟穆宗年间他所受惊吓有关。其时,光王李忱去谒见懿安郭太后,正好撞到刺客行刺,虽有惊无险,但从此之

陕西泾阳唐宣宗李忱贞陵

后光王李忱更加沉默寡言。人们一致认为光王李忱被吓得更傻了。之后,无论什么场合李忱都会受到人们的戏弄和嘲笑。

一次亲王宴会上,众亲王言笑晏晏,唯独光王李忱一句话不说。文宗皇帝就跟他开玩笑:"谁能让光王皇叔开口说一句话,朕重重有赏。"众亲王一哄而上,百般戏弄,可是光王仍然一句话不说,甚至连嘴角都不曾动过。众亲王看着他逆来顺受的样子,满堂大笑不止。可有一个人却没有大笑,他就是后来的武宗李炎。经受这样戏弄还不为所动的亲王,不是愚不可及,就是深不可测。李炎隐隐觉得,光王李忱是个大智若愚之人。直到登基,武宗李炎对此事还耿耿于怀。

李炎登基后,利用权力制造种种"意外",欲除光王而后快。可是光王在种种"意外"的磨炼下就是不死。无毒不丈夫。李炎派内卫绑架了光王,扔进了宫厕。之后光王李忱一直没有出现在武宗李炎的视线里。然而光王却没有死,他被宦官马元贽救走了。之后,李忱离开长安,四处漂泊。最后落发为僧。

会昌六年(846年),武宗去世。此时皇子都很年幼,没有设立储君,也无人治理朝政。在这后继无人的关键时候,光王李忱在宦官马元贽的陪同下忽然回到了长安。于是顺理成章,光王继承大统,成为皇帝。宦官马元贽本意是拿光王作为傀儡皇帝,自己把持朝政。可是李忱继位后,一反常态,处理朝政有条不紊。等马元贽明白过来的时候,生米已成熟饭,悔之晚矣。

宣宗在位期间,事必躬亲,明察秋毫,治理国家是有声有色,得到了历史的肯定,被评价为"小太宗"。在混乱的唐代历史中,1000多年后的我们还能有幸看到那盛唐下的一瞥余晖。

唐朝公主愁嫁内幕

俗话说"皇帝的女儿不愁嫁",可是在国力强盛的大唐,士族子弟都畏惧娶公主过门。在唐朝290多年的统治中,共有210位公主,但是真正嫁出去的只有130位。这是为什么呢?

首先,与中国传统的五服之礼有关。 五服之礼以"斩衰"居首。"斩衰"是要服丧之人为死者穿最粗的麻布衣服表示哀痛,服期三年。传统的"斩衰"之礼中,都是女子为丈夫服丧。但是,按照唐朝律例,倘若妻子是一位公主,丈夫要为妻子服"斩衰"之礼三年。如此沉重的礼仪,的确使人望而生畏。

其次,汉族传统的门第观念使然。 中原地区的高门大姓都以优良的门风和家族文化传统为重。李唐皇室乃突厥胡夷之族,婚姻上继承胡夷之风太过明显。弟娶兄嫂、子承父妃、父占子媳以及女子多次改嫁的习俗是汉族的名门望族难以接受和嗤之以鼻的。所

唐朝公主形象

以,中原汉族的世族子弟对于与李唐王室联姻往往都是拒绝的。

最后,**唐朝的公主大多品行不佳,骄纵奢侈、不修妇礼**。例如,唐宣宗本已准备把永福公主嫁给于琮,可是后来他发现公主的品行实在令人难以接受,于是自己收回了成命,使婚事作罢。武则天当政时期,太平公主仗着母亲宠爱嚣张跋扈。她看中了薛绍,武则天便命令薛绍迎娶太平公主。而公主下嫁的条件竟然是让非出自贵族的薛绍兄嫂萧氏和弟妹成氏离开薛家。娶一个公主,破坏家族的两段婚姻,哪一个家族胆敢冒这样的危险!又如唐太宗的女儿合浦公主嫁给了唐朝著名宰相房玄龄的儿子房遗爱。但万万没想到,合浦公主竟背地里和一个名叫辩机的和尚私通,令房家颜面全无。

所以,于情于礼,唐朝的公主的确是一块烫手的山芋。

南唐后主李煜死亡之谜

"春花秋月何时了,往事知多少……恰似一江春水向东流。"一首婉转凄凉之词成就了李煜的美名,也葬送了李煜的性命。那么,南唐后主李煜究竟是怎么死的呢?

李煜,字重光,是南唐元宗李璟的第六子。李煜继位时,国势早已衰落。李煜无时无刻不在感受着来自宋朝的压迫。生性懦弱的李煜,只好偏安一邦,自愿向宋贡物称臣。开宝八年(975年),宋军攻破南唐都城,李煜及其妻妾都被俘至汴梁。李煜精书法,善绘画,通音律。小周后本是李煜皇后娥皇的妹妹,长得是风情万种,在娥皇死后,被封为皇后,史称"小周后"。两人感情很好。成为阶下囚之后,李煜抑郁寡欢,常常写词以抒发沉闷之情。

李煜被称为"千古词帝",其词委婉凄凉。他创作了千古杰作《虞美人》《浪淘沙》《乌夜啼》等词。政治上的失败无法掩盖他在词坛上留下的美名。故有人说,李煜或许不是一个好皇帝,但他绝对是一个好词人。

太平兴国三年(978年),李煜写下千古绝唱《虞美人》。当他在楼阁中演奏的时候,被宋太宗赵光义得知。宋太宗观其词中有"故国不堪回首月明中"的句子,认为再留李煜也是祸患,不如早日除去,遂命人赐李煜牵机毒药。牵机药是一种毒药,服用后,会破坏大脑神经系统,全身抽搐,最后痛苦地死去。李煜死后,被追封为吴王,葬在洛阳邙山。不久,小周后悲愤难抑,最终殉情自杀。两人可谓是情投意合,只是生不逢时,可怜一对苦命鸳鸯。

李煜一心向往归隐生活,不愿意做皇帝,痛恨自己生于帝王之家。倘若历史能够改变,李煜只是一个普通百姓,也许他就写不出如此好的词来。李煜已经死去,所谓功过是非都成为历史车轮下的轨迹。

南唐后主李煜

成吉思汗为何不辞万里三召丘处机

丘处机在《射雕英雄传》中被金庸描写成一位豪迈奔放、武艺高强的道士。在历史上，丘处机或许不是武艺高强之人，但确实是一位豪迈奔放的道士，而且还是全真教第五任掌教。成吉思汗铁木真身为大汗，为何会不辞万里三召丘处机呢？

丘处机自幼失去双亲，尝遍人间疾苦。小时候，他就希望修"仙"以脱离苦海。传言，丘处机为磨炼意志，曾多次将铜钱从山崖扔进灌木丛中，然后再去寻找，直到找到为止。丘处机19岁时，出家昆仑山，师从王重阳，与其他师兄弟合称"全真七子"。

1221年末至1222年初，丘处机被成吉思汗不辞万里三次邀请的真诚所感动，至成吉思汗的行宫与成吉思汗见面。成吉思汗见丘处机鹤发童颜、碧眼方瞳，颇有仙风道骨，特别高兴，便赐美食，设庐帐，数次和他长谈。耶律楚材在旁记录。后来，谈话内容被整理成《玄风庆会录》一书。成吉思汗向丘处机求教长生之道。丘处机没有正面回答，而是把路上所见所闻的残暴杀戮告诉成吉思汗，并说："修仙必须先修阴德。大汗起兵伐了西夏和金是上合天意、下符民心的事情，但是要禁止过多的杀戮。上天有好生之德，得饶人处且饶人。如此，方能成就不世之伟业。"

丘处机

成吉思汗听后，又问治国之道。丘处机回答，要以民为本，敬民爱民，帝业方能长久。丘处机坦诚相见，循循善诱，对成吉思汗的思想产生了很大影响。其个人魅力深深地吸引住了成吉思汗，使他大有相见恨晚的感觉。成吉思汗高兴地说："神仙所言，甚合我心。"于是召集太子及其他大臣，要他们按丘处机的话去做，不可妄开杀戮，要体恤下民，安抚百姓。他又派人去各地张贴宣扬仁爱的告示。丘处机对成吉思汗讲的话，对成吉思汗统治中原的政策产生了不可忽视的影响。

不久，成吉思汗准许丘处机返回，命文武百官设美酒，夹道相送。丘处机返回后，受成吉思汗之命，掌管天下道教。同年，即1222年，丘处机奉旨释放3万余沦为奴隶的汉人和女真人。针对宗教间的关系，丘处机主张三教平等。自此，全真教盛极一时。

丘处机和成吉思汗的渊源颇受后人推崇，特别是对丘处机的评价很高：以宗教安定社会的功能来看，"丘处机不仅是中国道教史上的第一人，也是中国宗教史上的第一人"。其"一言止杀"的功绩被历史所铭记。

元代皇帝尸骨为何难觅

每个朝代都会留下皇帝的陵墓,在史书上也会有所记载。现实中也发现了不少皇帝墓穴。唯独元代,史学界至今都没有发现皇帝的墓穴。元代皇帝究竟葬在哪里,成为历史上的未解之谜。

成吉思汗铁木真于公元1206年建立蒙古汗国。公元1271年,忽必烈改国号为"大元"。公元1279年,统一全国。至此,中国历史上第一个由少数民族统治的封建王朝出现了。蒙古人的丧葬习俗和中原地区有所不同。据明朝叶子奇《草木子》中记载,皇帝棺椁是由被凿空的树木制成,把遗体放进树木中,然后用黄金缠绕三圈固定。接着挖一道深坑,把棺椁置于其中,让马踏平地面。然后在墓穴上面当着一头母骆驼的面杀掉一头小骆驼。再留有千骑看守,等到第二年生草时才散去。这样人们就看不出墓穴的所在。第二年祭祀的时候,牵来那头母骆驼。在小骆驼被杀的地方,母骆驼会流泪哭泣。这样前来祭祀的人就能准确地找到墓穴所在的地点。据说,成吉思汗就是以这种丧葬方式埋葬的。

内蒙古鄂尔多斯成吉思汗陵

忽必烈改国号为"大元"后,实行汉法,受汉文化的影响,丧葬方式有所改变。从史书中零星的记载可以得知,忽必烈后的元代皇帝墓葬都会有不少的陪葬品。在承德市北边郊区的双峰寺镇一带,发现一些元代的墓葬群。至于有没有皇帝的墓穴,恐怕现在还不能下结论。在这个墓葬群中,发现了"大量"的陪葬品。有学者认为,在墓葬群下还会有一座皇帝的墓穴。但是没有再次发掘,至今也不知道是否有元代皇帝墓穴存在那里。

那么,元代皇帝为什么要隐瞒皇陵的所在呢?这恐怕与古代人的迷信思想有关。古人认为祖坟被破坏后,子孙就会遭殃。在元代,各民族矛盾日益激化。元代统治者为怕祖坟遭破坏,就不让史书记载墓穴的位置。即使有记载,也不过是丧葬方式,如万马踏穴、杀骆驼等。

元代丧葬习俗虽受汉人的影响,但是本质没有改变,加上统治者的刻意隐瞒,这才导致了元代皇帝尸骨难以寻觅。不过,只要找到正确的方法,完全了解元代皇帝的丧葬方式,总有一天会发现他们墓穴所在的。

朱棣生母之谜

明成祖朱棣和唐太宗李世民有着惊人的相似之处,皇位都是靠篡位得来的。李世民发动的是玄武门之变,朱棣发动的是靖难之役。两人做皇帝后,国力都很强盛,中外交流都很频繁。朱棣和李世民也有不同之处,朱棣的生母是谁,至今还是历史之谜。

关于朱棣生母的问题,主要有以下几种说法。

一是马皇后。据清人朱孔阳《历代陵寝备考》中记载:"后生懿文太子、秦王樉、晋王㭎、成祖、周王。"文中说成祖(即朱棣)为马皇后的第四子。此说法的来源是明时的史书,如《太祖实录》《靖难事迹》《玉牒》等书中记载有类似的话。其中,还记载了朱棣亲口说的一句话:"朕高皇后第四子也。"李世民曾修改国史。那么,这些

明成祖朱棣

史书记载的朱棣为马皇后之第四子会不会也是朱棣授意杜撰的呢?有秘史说,马皇后根本没有生育能力,所谓的五个皇子都是抱养的,类似于"狸猫换太子"。

二是碽妃。《南京太常寺志》中记载,成祖朱棣是碽妃所生。在《国史异考》《三垣笔记》中也有类似的记载。20个世纪20年代,傅斯年在《明成祖生母记疑》、吴晗在《明成祖生母考》中都认为碽妃乃朱棣生母,然而却拿不出有力的证据。传闻,朱棣是碽妃的"早产儿"。朱元璋怀疑碽妃私通,于是赐碽妃以"铁裙"之刑。朱棣登基后,得知生母是碽妃,为报恩,就在南京建立大报恩寺塔。塔中秘密地供奉着碽妃的灵位。

三是元顺帝妃洪吉喇氏。传闻朱元璋攻占北京,元顺帝逃走时却留下了一个怀孕妃子。此妃就是洪吉喇氏,美貌异常,风姿绰约。朱元璋一眼就看上了她,把她带走。不久,洪吉喇氏产下一子,即朱棣。朱棣生于1360年,而大都失守是1368年,故此说法不可靠。

四是蒙古女子瓮氏。据刘献廷所著《广阳杂记》说,明成祖朱棣的母亲是瓮氏,并不是马皇后所生,"每闻燕之故老为此说,今始信焉"。此说法也不靠谱。刘献廷自己也说了是"每闻燕之故老为此说"。

在民国时期,史学家经考证发现,关于明朝的史书都有被篡改的现象。清人修撰的《明史》为了讨好清帝,也有修改的地方,甚至《南京太常寺志》都被人动过手脚。

从画像看,朱棣有点像蒙古人。至于朱棣的生母是谁,恐怕还需要史学家进一步考证。

明成祖大肆捕捉尼姑之谜

尼姑修行,讲究六根清净,四大皆空,与尘世可以说是毫无瓜葛。然而明成祖在永乐十八年(1420年)却下令捕捉天下尼姑,押往京城进行审问。这场搜捕行动,打破了佛门的清净,也使后人倍感疑惑。那么,明成祖为何要大肆捕捉尼姑呢?

唐赛儿

据史料记载,永乐十八年(1420年)二月,山东爆发农民起义。其领导者是一名叫唐赛儿的女子。她们揭竿而起,以白旗为号,建立名为"白莲教"的组织,对抗朝廷。这场起义规模很小,持续时间也很短。只三个月,起义军就被镇压。然而其首领唐赛儿却不知所踪。明成祖派人大规模搜捕唐赛儿。直到明成祖去世,唐赛儿都没有露面。那么明成祖为什么一定要捉到唐赛儿呢?这是因为起义在明成祖迁都之前发生,直接影响了迁都的进行,有损朝廷的威严;"白莲教""邪教"严重影响了社会的安定,唐赛儿不死,"白莲教"就不能完全消灭。

搜索工作进行了很长时间,却毫无进展。明成祖怀疑唐赛儿出了家。清人谷应泰所撰《明史纪事本末》中记载:"唐赛儿久不获,虑削发为尼或处混女道士中,遂命法司,凡北京、山东境内尼及女道士,逮之京诘之。"《明史》中也简单记载了这件事:永乐十八年(1420年)二月,唐赛儿造反,明成祖捉不到唐赛儿后,便下令逮捕了北京、山东境内尼姑和女道士万余人,押赴京城进行审问。

及至永乐二十二年(1424年),明成祖病逝,他一直想捉拿唐赛儿的愿望都没有实现。在捉拿唐赛儿的问题上,由于不得人心,即使是想出下令逮捕天下尼姑和女道士的荒唐、可笑的办法,动用明朝强大的特务组织——东厂,也是一无所获。至于唐赛儿到底去了哪里,成为一个历史之谜。

明代公主为何屡次被无赖骗婚

明代公主只能嫁与老百姓。明朝皇室规定,公主如果出嫁,只能选择民间的男子,禁止文武大臣的子弟娶公主。为什么这样做呢?目的就是为了防止外戚干预朝政。在明代,公主的婆家在政治上几乎没什么地位。这样就不会有人想通过联姻来影响朝政。可以说,明代通过这样的方式,确实有效地杜绝了外戚干预朝政的可能。

明朝的驸马爷绝大多数是平民百姓，在政治上没有多高的地位。因此，明朝的公主才是真正的"下嫁"。一般情况下，有公主要出嫁了，皇帝就会派宦官去民间考察。此时，有些有钱的平民百姓如想攀龙附凤，就会贿赂考察的宦官。这样，驸马爷的品德好坏全由宦官说了算。待到驸马爷和皇帝见上一面，双方父母一商量，择个良辰吉日就会完婚。这可苦了公主，运气好的能嫁个称心如意的郎君，运气不好的就要守活寡了。

虚惊一场的婚姻。明弘治八年（1495年），有一个叫袁相的大款，得知公主要出嫁，就用大量金钱贿赂考察的宦官。考察完后，宦官向弘治帝报告，推荐了袁相，并且大肆吹捧其

明朝公主服饰

优良品德。弘治帝听了之后，召唤袁相，感觉还行，就和袁相父母商量并定下了婚期，并告知天下。在大婚之前，有人向弘治帝告发袁相贿赂考察的宦官欺骗公主的婚姻。弘治帝便派人调查，发现果然如此。而且袁相不如宦官所说那么优秀，简直是个流氓痞子。弘治帝大怒，下旨废去了袁相的驸马之名。可皇帝不能失信于天下，婚期不能更改。弘治帝立即另选了一位品德良好的驸马，届时完婚。还好公主仍是完璧之身，没有吃亏。

秃顶的驸马爷。嘉靖六年（1527年），永淳公主出嫁选驸马爷。经宦官推荐，选择了一个叫陈钊的男子。有人打小报告说陈钊患有遗传病，而且其母是再嫁。经调查，果然如此。可是婚期临近，不能更改。嘉靖帝赶紧命人秘密地在全国海选驸马。千挑万选，一个叫谢昭的男子入围。嘉靖帝怕再被骗，亲自召见了谢昭。不看还好，看后嘉靖帝愤怒不已，原来谢昭是个秃顶之人。婚期已到，皇帝只好吃了哑巴亏。婚后，这个秃顶驸马爷的人品还算不错，多少算是给嘉靖帝一些安慰。

守活寡的公主。万历十年（1582年），万历皇帝的亲妹妹永宁公主要出嫁。此消息一放出，举国未婚男子震动。于是各种贿赂宦官的人源源不断。最后一个叫梁邦端的富豪被选为了驸马爷。此时，梁邦端已经是病入膏肓，将死之人了。结婚当天，梁邦端大流鼻血，受贿赂的宦官怕事情败露，欺骗皇帝说是结婚见红乃大喜之兆。夜晚，梁邦端自然不能圆房，不久便一命呜呼。可怜堂堂永宁公主虽然已婚，却没有行过夫妻之事，自然无法孕育儿女。寡居20年后，永宁公主也在抑郁中死去。

明朝公主屡次被无赖骗婚，这与当时公主的择婚方式，皇帝无能导致宦官专权有不可分割的关系。

万历帝为何数十年不上朝

明万历帝在历史得过很多"最"的称号。其中有一"最"是不上朝时间是最长的。那么万历帝为何能数十年不上朝呢？

万历帝十岁即位，初时不能治理朝政，由内阁大学士张居正辅佐。万历十年（1582年），一代名臣张居正去世，万历帝开始主持朝政。万历十七年（1589年）十二月，大理寺左评事雒于仁上疏，批评万历帝"四箴"，纵情于酒、色、财、气。万历帝甚是恼怒，把雒于仁革职为民，并在内阁大学士们面前"自辨甚悉"。明朝对酒没有实行专卖制度，谁都可以酿酒，也不禁止群饮，饮酒风气甚浓。说万历帝好酒，不过是饮酒之风的体现罢了。至于好色，万历帝确实如此，不仅一天娶了"九嫔"，而且还设有"十俊"。所谓"十俊"，是指十个漂亮的小太监"给事御前，或承恩与上同卧起"。意思是说，十个漂亮的小太监侍奉皇帝，有时皇帝宠幸妃子时和皇帝一起睡觉。故雒于仁的上疏中批评万历帝"幸十俊以开骗门"。至于贪财，可以说是实至名归。万历帝亲政之后，查抄了冯保、张居正的家产，并据为己有。他派出矿监、税监，巧立名目，四处掠夺钱财。

定陵地官：万历皇帝的下葬处

万历十四年（1586年），万历帝感到自己"一时头昏眼黑，力乏不兴"。万历十八年（1590年），他自称"腰痛脚软，行立不便"。万历三十年（1602年），万历帝病情加剧，召首辅沈一贯入阁嘱托后事。在亲政期间，万历帝很少上朝，但是并不是不处理朝政。不上朝也可以处理朝政，与当时设立的机构有关，可通过谕旨的形式向下面传递万历帝的旨意。万历帝不理朝政有两个阶段：一是不愿意上朝；二是不再批复奏折。

有一种说法认为万历帝不上朝的原因是大量服用鸦片所致。鸦片在唐朝时就已经产生，当时只是一种药材，名叫"阿芙蓉"。至明朝中期，鸦片成为一种春药。明朝中后期的皇帝发现鸦片有壮阳的功效，就开始大量服用。《大明会典》记载了当时藩属国进贡皇帝鸦片的事。还有一传说是，万历帝得到了《温补肾命术》这本奇书，在后宫荒淫无度，也不会感到疲惫。还有人认为，万历帝不上朝其实是为了报复当时"立储之争"与自己对抗的文官集团。

不管是鸦片也好，奇书也罢，还是为了报复文官集团，万历帝荒淫无度，终日饮酒作乐，不理朝政数十年，敲响了明朝灭亡的丧钟。故有人说："论者谓明之亡，不亡于崇祯而亡于万历。"

嘉庆帝扳倒和珅的真正内幕

和珅是乾隆时期的首席军机大臣，权力之大，宛如一个"二皇帝"。乾隆死后，不及十五日，嘉庆帝就下旨处死了和珅。那么，嘉庆帝为什么要扳倒和珅，其内幕又是如何？

和珅生于乾隆十一年（1746年），比乾隆小35岁。在乾隆三十五年（1770年），和珅考举未中，但他是满洲正红旗人，做了个宫廷侍卫，开始出入宫廷。从此，和珅就有了接近乾隆的机会。据《和珅列传》记载，和珅天资聪慧，记忆力惊人，而且懂多种语言文字，还有高强的武艺，可谓是文武全才。这是接近乾隆后，被乾隆帝赏识的根本所在。试想，若是和珅真如电视荧幕上说的那样不学无术，如何能得到乾隆的肯定？在陪伴乾隆时，和珅多次和乾隆对答，其才思敏捷，深得乾隆的喜爱。乾隆爱

和珅手迹

诗，和珅投其所好，也钻研诗文。乾隆喜欢书法，和珅就临摹乾隆的书法。由于和珅天资聪颖，加上能够体贴乾隆，投其所好，很快就被乾隆升为军机大臣。

和珅为官之初，清正廉明，管理布库时，令布库存量大大增加。李侍尧案时，和珅利用其机敏才智，查找出李侍尧贪污的证据，一举迫使李侍尧低头认罪。

李侍尧案后，和珅尝到了大权在握的感觉，开始一步步走向贪官的道路。乾隆四十五年（1780年）四月，和珅的长子丰绅殷德被皇帝赐婚，做了十公主的驸马爷，领受乾隆各种赏赐。百官开始巴结和珅。起初和珅不受贿赂，时间长了，经受不起诱惑，就走上了贪污之路。其时，和珅开始结党营私，大力培植势力，组成了一个巨大的贪污集团。

嘉庆帝即位后前四年，政权仍在太上皇乾隆手里。及至乾隆去世，嘉庆帝掌权后开始整治吏治。他首先处治了和珅，公布其二十大罪状，令其自杀身亡。后世之人认为嘉庆帝扳倒和珅的原因有以下几点：

第一，和珅"富可敌国"。扳倒和珅，抄其家，就可缓解嘉庆帝的财政压力。据史书记载，和珅被抄家时，发现其家产合白银8亿两。当时清政府的一年财政收入为7000万两白银。由此可见扳倒和珅确实可以大大缓解财政压力。

第二，杀和珅是为了杀鸡儆猴，以儆效尤。当时"白莲教"起义，官军抓到造反首领，问其造反原因，得知是"官逼民反"。这官是谁呢？就是和珅。于是，嘉庆帝列举和珅二十大罪状，杀了和珅。

第三，和珅"权大震主"。当时嘉庆帝初掌大权，而作为宰相的和珅权力特别大，严重威胁了嘉庆帝的皇权。只有除掉和珅，击垮和珅集团，自己的皇位才能安稳。

嘉庆帝对和珅只是作为个案处理，没有过多地牵连他人，从而也未能从根本上解决贪污的问题。和珅死时，留下了一首绝命诗："五十年前梦幻真，今朝撒手撒红尘。他时唯口安澜日，记取香魂是后身。"因而众口相传：和珅为了报仇，转世投胎成了慈禧太后，惑

乱清朝。当然，这不过是后人牵强附会罢了。

崇祯帝为何誓死不南迁

明朝灭亡始于万历，崇祯帝不该是亡国之君，却做了亡国之举。当时，大军压境，崇祯帝为何不舍弃北京，迁往南京，先保明朝半壁江山，反而宁愿自杀，吊死在煤山呢？

崇祯帝在位期间，六下"罪己诏"，决心做个有为的皇帝。可是摇摇欲坠的大明江山已经不可救药。内有农民起义，外有清军压境，可谓是朝不保夕。公元1644年，李自成正要攻破京城。崇祯帝召来大臣商议对策。商议无果。崇祯帝继续留守北京。至三月十八日，李自成攻破北京，崇祯帝上吊自杀。那么崇祯帝为什么不南迁呢？

崇祯帝没有南迁的原因大致有这样几点：

崇祯帝朱由检

一是，明朝祖陵除朱元璋的外都在北京。如果北京失陷在李自成手上，祖陵可能会被愤怒的起义军挖掘、践踏。这样崇祯帝死后就再无面目去见列祖列宗，更要背上千古骂名。

二是，崇祯帝对守在边关的吴三桂等人还抱有侥幸之心，希望他们能够来支援京城。然而，直到京城失陷，援军都没有到来。

三是，崇祯帝死要面子。崇祯帝很想做一个有作为的皇帝。如果自己提出南迁，北京失陷的责任全由自己负责。所以他希望手下众臣提出，然后自己"勉为其难"的答应。这样责任就不在崇祯帝身上了。但大臣们都知道，谁提出南迁，南迁之后，北京失陷，自己就会难逃罪责。

有人认为崇祯帝不愿南迁是怕南迁之后会像唐玄宗那样权力落入宦官之手，或者太子像唐肃宗那样自行登基。这种说法不可靠。因为在明朝时期，封建制度已经很完善了，政权一直把握在崇祯帝的手里；而且太子年幼，根本无法自行登基。

种种原因，加上崇祯帝本身贪慕虚名，优柔寡断，终于失去大明江山，成为明王朝的亡国之君。虽说明亡始于万历，然而懦弱的崇祯帝也难辞其咎。可怜屹立200余年的大明王朝被星星之火可以燎原的农民起义军所灭。

顺治帝出家之谜

顺治是清朝入主中原后的第一位皇帝，在位18年。据清朝正史记载，年仅24岁的他1661年死于痘疹。然而，民间传说顺治并没有死，而是到五台山做了和尚。果真如此吗？

在顺治在位的18年中，共娶了19位妻妾。但是，最讨他欢心的只有董鄂妃。在顺治的眼里，董鄂妃就是上天赐给他的另一个生命。两人情真意切，难舍难分。可谁知，红颜薄命,董鄂妃在顺治十七年(1660年)骤然离世。顺治皇帝痛不欲生,为了悼念董鄂妃,他5天不理朝政,亲自给礼部下了一道圣旨,采用追封的方法给董鄂妃加封谥号为:孝献庄和至德宣仁温惠端敬皇后;并要求礼部以国礼葬之。

董鄂妃死后,痴情的少年天子看破红尘,心灰意冷,对国事更是没有了丝毫的兴趣。原本痴迷于佛法的他留下一纸重诏,离宫出走,远赴五台,削发为僧。为了避免引来民间对皇家的非议,清政府只好昭告天下:顺治皇帝驾崩了。但是,谎言终归是谎言,顺治皇帝出家为僧的消息不胫而走,流传于市井房巷。据说,清圣祖玄烨亲政后,多次以进香为借口,到五台山看望父亲,并劝说父亲回宫。但是顺治不为所动。为此,康熙帝还写了一首十分悲恸的诗:"又到清凉境,岩卷复垂。芳心愧自省,瘦骨久鸣悲。膏语随芳节,寒霜惜大时。文殊色相在,惟愿鬼神知。"

顺治帝

但由于正史与民间传说的出入极大,所以,对于顺治皇帝是否出家,史学家至今仍未给予准确的解答。

孝庄为何不与皇太极合葬

康熙二十六年(1687年),享年76岁的孝庄去世。清代后陵规制是比皇帝去世晚的皇后要葬在皇帝陵墓外面的后陵之中。然而孝庄却没有这样,其原因是什么呢?

对于孝庄为什么不与皇太极合葬,民间有这样的一则传说。孝庄死后,按照祖制,要和皇太极合葬。抬运灵柩途中,忽然灵柩异常沉重,杠夫被压得寸步难行。换了一批还是如此。只好暂停前进,放下灵柩休息。大伙休息好之后,准备继续前进。可是灵柩仍纹丝不动,仿佛是长在了地上似的。此事被告知了康熙帝。康熙帝听后,更是悲伤,痛哭之余昏了过去。恍恍惚惚,康熙帝做了一个梦,梦中孝庄告诉康熙,自己不愿意远离康熙,就请在原地建造陵墓,就地安葬,否则就为不孝。康熙醒后,就按照梦中孝庄吩咐的去办,择吉日动土,修建陵墓,安葬孝庄。这当然是无稽之谈,不足为信。

有人说,孝庄曾下嫁给多尔衮,已不是皇太极的皇后了,再无资格与皇太极合葬,更无颜在地下面对皇太极。然而史书没有孝庄嫁与多尔衮的记载。康熙一直承认她是皇太极的皇后。"上寿觞为合卺尊,慈宁宫里烂盈门。春宫昨进新仪注,大礼恭逢太后婚。"诗中说的是孝庄大婚。那么作者是谁呢? 他就是清朝的大对头张煌言。清朝入关之后,张煌言就一直在南明抗清。对于千里之外的清廷宫内发生的事情,他怎么会知道的呢? 再说张煌言和清廷有仇,写一首诗诽谤孝庄也在情理之中。有人说,如果孝庄没有嫁给多尔衮,为什么顺治要称多尔衮为皇父? 姜子牙被周武王称为"尚父",难道周武王就认姜

清孝庄皇太后凤座

子牙为父了吗？顺治称多尔衮为"皇父摄政王"是迫于多尔衮的压力。

其实，孝庄不与皇太极合葬的原因，最靠谱的还是来自孝庄的遗嘱。

在《孝庄后传》中记载："我身后之事特以嘱汝，太宗文皇帝梓宫安奉已久，卑不动尊，此时未便合葬，若另起茔域未免劳民动众，究非合葬之义；我心恋汝父子，不忍远离，务必于遵化安厝，我心亡憾矣！"意思说，我告诉你们我死后如何安葬，太宗文皇帝下葬很久了，我身份卑微（相对于太宗文皇帝所言），不能惊动太宗的安宁，不便于合葬。如果另起陵墓，难免劳民伤财，最终也不符合葬的道理。我很留恋你们父子，不忍心远离，你们一定要把我安葬在遵化，我心里就没有遗憾了。

可见孝庄不与皇太极合葬的原因有三个：一是如文中所说，不愿惊动太宗文皇帝；二是不愿劳民伤财；三是舍不得康熙父子，不忍心远离。至于事实是不是如此，还有待专家们的进一步考证。

雍正帝继位之谜

清世宗胤禛是中国历史上颇有争议的一位皇帝，关于他的皇位继承、他的暴死等，都是史学界未解的疑团。胤禛的继承大统，为何会众说纷纭？究竟有何疑团使这件历史事件悬而未决？

首先，我们先来了解一下英明的康熙皇帝为何会留下众皇子夺位的惨剧。康熙是中国历史上在位时间最长的皇帝，共有35个儿子。因康熙在位时间长，期间又曾两度废除太子，所以，才会给年龄比较大的皇子们有了争夺权位的理由和动机。

关于雍正的继位，史学界主要有两种看法，也就是合法继位之说和改诏篡位之说。

合法继位的说法有它成立的理由。第一，雍正是比较得康熙的喜爱的，就在康熙病重期间，还曾派雍正到天坛代为祭天。由此可以看出康熙对雍正的倚重，代为祭天也就有要托付重任的意思。第二，以隆科多为代表的清初最大的势力家族佟家是雍正的绝对支持者。第三，也是最重要的，雍正握有兵权。综合上面的几点说法，我们可以看出雍正继位的确是在情理之中。

改诏篡位的说法也是有板有眼。据说，康熙的遗诏是写明要传位于十四阿哥的。但是，四阿哥一党却把诏书中的"十"改为了"于"，这样就变成了"传位于四阿哥"。似乎也颇有道理。但是，这两种说法，都有无可争议的漏洞。

合法继位之说的不合理之处在于康熙的大葬与雍正对兄弟、重臣的迫害。康熙死后，雍正不准任何人包括众皇子进城吊唁，而是将北京城用重兵包围。倘若他真的有遗诏在手,哪一个皇子胆敢反对?雍正继位后,不仅对他的众多兄弟判以重刑,而且将为他继位出力最大的年羹尧和隆科多都杀人灭口,这实在不能不引起人们对他继位是否正当的怀疑。

改诏篡位之说在史学家看来更是无稽之谈。因为清朝继位诏书是用满汉两种语言书写。就算是改诏书,汉字易改,满语如何更改?而且,清朝对皇子的正式称呼都带有"皇"字。例如,雍正皇帝继位前,被称为"皇四子",而十四子则称为"皇十四子"。倘若,真如改诏之说,诏书应该成了:传位皇于四子。岂不是很拗口。所以,这种说法是没有历史依据的。

自雍正登基已经近300年了,而这个谜团也存在了近300年了。但愿历史的真相能够早日浮出水面,而不是随逝去的雍正长埋地下。

乾隆帝身世之谜

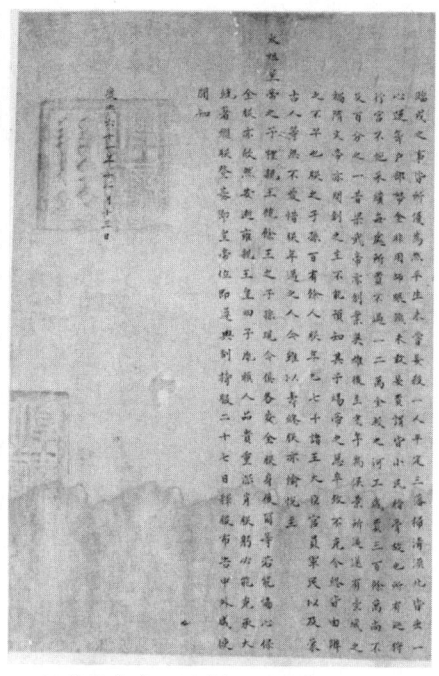

记载传位雍正的《康熙遗诏》

乾隆皇帝即位以来,励精图治,出现了"康乾盛世"的局面,被人们所称赞。然而乾隆的身世却扑朔迷离,被人们传得十分离奇。

关于乾隆身世问题流传最广的说法是,乾隆为海宁陈氏之子。康熙五十年(1711年),雍亲王添了一个小孩,同时他的陈氏好友也添了一个小孩。传说,雍亲王所生的是女孩,陈家生的是男孩。雍亲王请陈氏把孩子抱到王府看看,等陈氏抱回时,陈家男孩却成了女孩。而那个被换的男孩就是后来的乾隆。传说闹得沸沸扬扬,以至于乾隆六次南巡都被说成是回家探亲。一般来说,凡是传闻都是有一定根据的。那么乾隆是陈家的孩子的根据有哪些呢?第一,乾隆六次南巡中有四次到过海宁,并住在陈家。第二,陈家有御赐两块牌匾"爱日堂"和"春晖堂"。不管是"爱日",还是"春晖"都是出自唐诗人孟郊的《游子吟》。可见乾隆一直对陈家有报答父母之心。第三,胤禛为皇子时,生育不多。当时皇太子两次被废,储君迟迟未定。出于争储的目的,胤禛很可能把女儿换成儿子。所以后来有这样的一个说法,胤禛能当上皇帝,是因为康熙看到其子弘历(即后来的乾隆)颇有帝王之相。为了能使弘历即位成为皇帝,才传位给胤禛。第四,在清朝,海宁陈家荣宠无比。陈崇礼科举及第,道光帝得知他是海宁陈家子弟,立即擢升他为盐运使。如无乾隆和陈家的关系,陈崇礼怎么会受道光帝如此眷顾?

乾隆南巡图

以上说法符合实际吗？据史书记载，传闻中乾隆的"生父"陈氏曾因起草谕旨出错被革职。乾隆斥责他，"无参赞之能，多卑琐之节，纶扉重地，实不称职"。如此严厉的斥责别说是生父，就是前朝老臣都很少受到。至于"爱日"、"春晖"二匾，史上确实存在。清史学科奠基人孟森先生认为，二匾是康熙所书，与乾隆无关。《皇室见闻录》中记载："以雍正之英明，岂能任后宫有以女易男之事。且皇孙诞生应由本邸差派太监面见内奏，事先行口奏再由宗人府专折奏闻以便命名，岂能迟至数日数月方始声名耶？"可知所谓胤禛易子之事为传言，不可轻信。至于科举中海宁陈家多为皇帝照顾，是因为清初江南人民反清情绪高涨，清朝统治者为了笼络江南地区的文人、士大夫故意为之。以此作为乾隆是陈氏之子的证据似乎有点勉强。关于六下江南中四次住在海宁陈家，是因为乾隆的主要目的是为了视察钱塘江工程。当时，海潮向北移动，海宁一带告急。一旦所修大坝被海浪冲垮，那么江南富饶之地都会被海水淹没。乾隆二十七年（1762年），第三次南巡时，乾隆亲自去视察大坝。所修建的"鱼鳞石塘"至今还发挥着一些作用。乾隆南巡数次到海宁，不过是为了视察海宁的防潮工程。

通过层层辩驳，可知乾隆是海宁陈氏之子的说法只是传说，不足为信。那么乾隆就是雍正亲生儿子了。此说对或不对，留待史学家去考证吧。

清宫选秀为何要避讳叶赫那拉氏

清朝选秀分为两种：一种为了补充宫女，期限是一年一次；另一种是为皇帝和皇室子弟补充后宫，期限是三年一次。选秀过程非常严格，而且传闻选秀避讳叶赫那拉氏。这是为什么呢？

努尔哈赤建立后金的时候，曾经和叶赫那拉部族打了一架。叶赫那拉部族大败，氏族中就有人发誓，即使战至还剩一个女人也要报仇，覆灭努尔哈赤一族。由于誓言太过狠毒，清廷选秀就避讳叶赫那拉部族。但三百年后，来自于叶赫那拉部族的慈禧太后便几乎终结了这个皇朝。

传说不娶叶赫那拉部族的女人为妻是清朝王室不成明文的禁忌。据考证，这种说法开始于晚清民国初期，不过是为清末的灭亡找一个理由而已，或者说只是一个民间流传的故事。虽说努尔哈赤灭了叶赫那拉部族，结下了深仇大恨，但二百多

清代选秀女的仪式

年来仇恨也早该消失了。

要说选秀的禁忌,确实有一些。第一,必须是八旗女子。只要属于八旗,不管是满人血统也好,汉人血统也罢,都可以参加选秀。嘉庆帝的皇后就是汉人血统,姓魏,但身份是旗人。第二,参加选秀的女子不能为皇族女子,即姓爱新觉罗。有皇室血统的女子,还有作为公主的子女也不能参加选秀。满洲人有个习俗就是嫁出去的女儿生的女儿不能再嫁回娘家。如《红楼梦》中的林黛玉,按习俗是不能嫁给贾宝玉的。因为林黛玉的母亲贾敏就是从贾家嫁出去的。林黛玉再嫁给贾宝玉就是回嫁,这是不允许的。第三,参选的秀女必须五官端正,身体健康,而且是处子之身。

至于清宫选秀避讳叶赫那拉氏的说法多为妄言,不可轻信。否则,叶赫那拉·杏贞,也不会被选入宫,成为历史上臭名昭著的慈禧太后了。

道光帝为何要穿补丁衣服

道光帝在位期间正值清朝衰败时期,为了挽救清朝颓废之势他做了很多努力,如整顿吏治,整理盐政,疏通海运,严禁鸦片等。当时,清朝财政入不敷出,为了勤俭节约,道光帝身体力行,所穿衣服都打了补丁。

为了勤俭节约,道光帝发表了一篇叫《御制声色货利谕》的文章。文中强调了很多需要节约的地方,比如进贡、修建殿阁等。文章中说道光帝不让进贡,官员们也不知是真是假,照常进贡。贡品送到道光帝那里,道光帝收也不是,不收也不是。收了,是出尔反尔;不收,退回各省又是一大笔路费,想着都心疼。而这些贡品大多是生活必需品,如茶叶、药材等,只好让内务府收下。但规定了官员以后进贡物品的数量,不得擅自增减。

道光帝生活简朴,批阅奏章所用笔墨都是普通用品,所穿衣服破了打上补丁再穿。据《满清外史》中记载,"衣非三浣不易"。所谓"三浣"指一个月。说明他衣服很少。道光帝还规定非节假日,宫内不准开设宴席,不准吃肉,不准穿鲜艳衣服。

道光帝领头勤俭节约。众大臣纷纷效仿。上朝所穿朝服都打上补丁。散朝之后,官员们常常聚在一起,讨论哪里的蔬菜便宜,交流勤俭节约的经验。表面上看来,官场风气有所改变,其实不然。何德刚撰写的《春明梦录》中记载了这样一个故事:道光帝衣服破了,不舍得扔掉,让内务府去修补。修补完后,道光帝询问修补价钱,得知花费数千两银子,比买新衣服花费的还多。道光龙颜大怒,责问修补衣服花费数千银两的原因。内务府回答,皇帝衣服上的花样很特别,剪了上百匹绸布才找到相配的图案。补丁又是苏州著名巧匠打理,再加上路费等,花费自然就高了。道光帝不明白其中的猫腻,只

爱穿补丁衣服的道光皇帝

好哑口无言。

道光帝不仅在小事上节俭,在军国大事上一样节约。《清史稿》中记载,在探讨新疆设防方案时,将军们考虑到道光帝的节俭,上奏镇守新疆需要一万八千名士兵。道光帝一下子削去三分之二的人数。经过多次谈论,最后才决定,"各省绿营兵额内裁百分之二,岁省三十余万,以为回疆兵饷"。

纵观道光帝一生的节俭事迹,几乎每件思之都令人发笑。其所影响的范围也不过京城之内。放眼全国,官场生活依旧是宴会不断,一片歌舞升平的景象。作为皇帝,不去开源兴利,只是锱铢必较,勤俭节约,如何能够节俭出一个"康乾盛世"来!

大清皇帝为何会接连绝后

所谓"不孝有三,无后为大"。深受中原文化影响的大清皇帝为何会接连绝后?同治帝绝后,光绪帝绝后,宣统帝也绝后,三个皇帝都绝后。人们不禁要问大清皇帝怎么了?大清朝怎么了?

同治帝载淳,19周岁时死去,无后。野史中说,同治帝死时其皇后阿鲁特氏是怀有龙种的。正史没有确切材料记载,野史不足为信。光绪帝38周岁时死去,也是无后。清朝最后一个皇帝宣统帝,于1967年逝世,活了60多岁,娶了五个妻子,死时也是无后。那么是什么原因导致他们都没有生育呢?史书中没有记载,御医手中也没有留下直接的医学资料,研究难以下手。

从现代医学的角度分析,似乎依稀能够看到不孕的原因来。

清朝的婚姻制度是,丈夫死了之后,妻子可以转嫁给丈夫的兄弟,甚至可以转嫁儿子或侄子。在这种婚姻制度下,妻子是作为一种财富和交配工具存在的。清太祖努尔哈赤死前曾留下遗嘱,待我死后,我的妻儿全部交给大阿哥收养。大阿哥即其长子代善。其所说的"收养",即为代善所有。

皇太极和顺治帝的婚姻,都是典型的近亲婚配或乱伦婚配。比如皇太极的孝端文皇后和永福宫庄妃就是姑母与侄女的关系。顺治帝是庄妃所生,所娶的孝惠皇后(后被废为静妃)和淑惠妃都是他的表妹。不仅如此,顺治帝还娶了他的表侄女孝惠章皇后(孝庄文皇后的侄孙女)为妻。从另一个角度看,莽古思不仅将一个女儿(孝端文皇后)、两个孙女(孝庄文皇后、宸妃)嫁给了皇太极,而且还将两个孙女(静妃、淑惠妃)、一个曾孙女(孝惠章皇后)嫁给皇太极的儿子顺治帝福临。

近亲结婚或乱伦婚姻,可能就是大清皇帝接连绝后的原因吧。封建时期,皇帝无后,不仅

孝庄文皇后

是皇族不幸,更是社稷不幸,国家不幸,因此而引发的灾难在历史上屡见不鲜。在三帝接连绝后的晦暗之气中,大清朝走向了末日。

古代皇帝如何用餐

皇帝如何用餐,朝代不同,吃法也不同。饭菜的搭配方式和丰盛程度也会受皇帝个人口味和胃口的影响而有所不同。目前比较清楚的是明清时期的皇帝如何用餐。

皇帝并非如平常百姓那样一日三餐,有的多,有的少,比如清朝的皇帝,都是一日两餐,即早膳和晚膳。

皇帝吃饭时并不是自己一个人,有时不远处也会有站着听赏的人,如皇帝的宠臣、皇子等,但不会像平常百姓那样全家围坐在一起。如果皇帝胃口不好,或者一时高兴,虽然更多时候是吃不完,就会把饭菜赏赐给他人。被赏赐的人会在另设的桌子旁边站着享用。吃完之后还要表示非常好吃。

皇帝吃饭不叫吃饭,叫用膳。清朝末代皇帝溥仪在《我的前半生》这部自传中说,溥仪要"进膳"时,会吩咐一声"传膳",跟前的太监就会向下一步步地传话,一声声的"传膳"声不断,直至"御膳房"。之后,"御膳房"中的太监就会排好队,抬着膳桌,捧着绘有金龙的朱漆盒,浩浩荡荡奔向养心殿。至明殿,有专门的小太监接过,在东暖阁把菜都摆好。平时是两桌菜肴,冬日时会增加一桌火锅。还有各种点心、米粥、果品等三桌,一小桌咸菜。

皇帝用餐时还有一道程序叫"摆谱"。"摆谱"就是"摆菜谱"。清朝的御膳标准是,每顿120道菜,摆三大桌。除此之外,还要有主食、点心、果品等。后来由于财政压力大,皇帝感觉有些浪费,就开始减少菜肴。先是120道变为64道,及至慈安太后垂帘听政时菜肴只有24道。慈安太后死后,慈禧太后独揽人权,又开始了"摆谱",菜肴再次变为120道。所谓"摆谱"还有另一层意思,就是每道菜的菜名是什么,掌厨是谁,都会在盘子旁边标示清楚。一是为了保证饭菜质量,二是万一有毒可以方便追究责任。

皇帝用餐的餐具也很有讲究,一般是金银所制,也有一些是上等陶瓷的。用金器是为了显示皇家气派。而银器有一个实际用途,就是可以餐前验毒。当然在皇帝用膳之前,都会有专人"尝膳"。在中国历史上并不是没有被毒死在餐桌之上的皇帝。相传晋惠帝司马衷就是被人毒死的。

其实不管古代皇帝如何用餐,所吃之物也不过是用来果腹。所谓金器银器也并不一

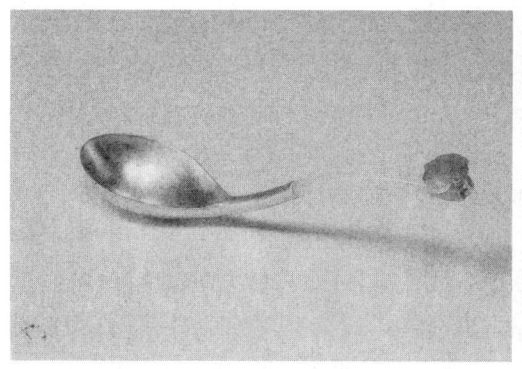

清帝用餐的金玉勺

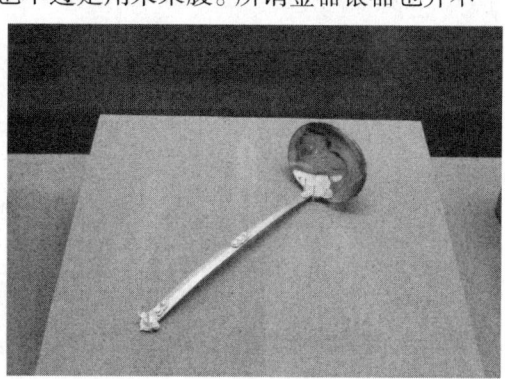

清帝用餐的金镶松石把玛瑙羹匙

定就能防止被人暗杀。

古代皇帝如何治病用药

在古代,皇帝治病主要是用太医院的御医,特殊情况下会让民间的名医入宫治病。一些皇帝在治病方面对御医言听计从,若病治好了,还会给御医些赏赐。有些皇帝则对御医很苛刻,不体谅其难处。多数御医在给皇帝或妃子等治病时总是提心吊胆,开药方相当谨慎。他们往往是只开药方,另有专人取药熬药。其诊治全程也会有人监督并记录。如果治不好病,或者开错了药方,他们轻则受罚,重则有杀身之祸。

唐朝时,有一次,高宗李治患头痛病,让人唤御医秦鸣鹤前来诊治。秦鸣鹤诊完病,说要在皇帝头上的百会、脑户两穴扎针放血。这令武则天很生气,欲杀秦鸣鹤。但唐高宗同意其医治。秦鸣鹤在唐高宗头上扎针放血后,唐高宗即刻病愈。秦鸣鹤也就免了杀头之祸。

明成祖朱棣时,东宫太子妃数月不见月水,众人都以为她怀孕了。恰此时,太子妃生病,请御医张启运诊治。张启运给太子妃开出一剂活血化瘀的药方。太子一看药方,很生气,怕动了胎气,不让太子妃服用。数日后,太子妃的病情加重。她坚持要张启运诊治。张启运仍然开了同样的药方。太子派人按方取药,但把张启运关押起来。太子妃服药后,病情大为好转,竟通了月水。这证实太子妃根本不是怀孕。明成祖听说此事后,觉得冤枉了御医张启运,便赏赐给他不少礼品,以表抚慰。

明嘉靖二十一年(1542年)十月二十一日夜,皇帝朱厚熜被宫女用绳子勒致昏死。方皇后命御医许绅救活皇帝。面对直挺昏死的嘉靖皇帝,许绅深知若是医治无效,自己必被处死,甚至会株连家族。最后他咬牙开出一剂猛药。药被灌下后,嘉靖皇帝得以生还。可是,许绅却因惊恐过度,心悸病日甚一日,一病不起,一年后便死去了。

清代皇帝、后妃、皇子、公主等人生病,都由太医院太医诊断、开方、配药,进行治疗。太医院为宫中的医疗机构,最高首领叫院使,下设御医、医士、医生等,统称太医。值班太医为皇帝看病时,都要由御医房的太监带领前往。太医和太监都要在药方上签名。煎药时,太医和太监在旁边监视。煎好后分两杯装,一杯由主治太医先尝,太监也要尝一点;另一杯进呈皇帝服用。皇帝服药后,如果病情不见好转,甚至病情加剧或死亡,太医就要被治罪,甚至被杀头。皇帝到外地出巡时,也要有太医跟随,随时应召给皇帝治病。另外,后妃、皇子、公主等生病时,他们的治病方法也与皇帝的相同。

清御药房的各种药罐

第六篇 残酷的古代刑罚

惨绝人寰的炮烙之刑

炮烙也叫炮格，是古代一种残酷的刑罚。那么什么是炮烙呢？其具体的行刑过程，现今有两种说法：一是用炭火烧热铜柱，令犯人爬行柱上，犯人堕入火中而死；二是铸一铜格，格下烧炭，令犯人行走格上，犯人堕入火中致死。

在《荀子·议兵》中记载："纣剖比干，囚箕子，为炮烙刑。"说明在商纣之时，就有了炮烙之刑。《韩非子·喻老》记载："纣为肉圃，设炮烙，登糟邱，临酒池。"而一个"设"字，说明炮烙是纣王发明的。传说，纣王协同妲己雨后出游，见一棵被雷击的树倒在地上燃烧。奇怪的是，蚂蚁从树的一头向另一头爬去，因受不住热而坠落火中被烧死。纣王觉得蚂蚁没什么好看的，而妲己却看出了一种刑罚。于是，炮烙之刑产生了。炮烙之刑真的是纣王发明的吗？

炮烙之刑

司马迁是一个严谨的史学家。他写《史记》时，选择上古传说、鉴别史料等有严格的要求，非常慎重。在《夏本纪》中，关于桀的恶行，他只说了"桀不务德而武伤百姓，百姓不堪"一句，没说夏桀发明炮烙的事，而在《殷本纪》中他却说"纣乃重刑辟，有炮格之法"。炮格即炮烙。为什么会用一个"重"呢？

清代著名法学家沈家本，在他的名著《历代刑法考》中，详细考证了历代的刑法状况。在夏朝的刑罚中，他列举了"五刑"、"肉刑"、"赎刑"、"孥戮"四个条目，每一个条目中都没有炮烙的记载。而在商朝的刑罚中，他明确地列出了"炮烙"一个条目，并说是引自司马迁《史记·殷本纪》"纣乃重刑辟，有炮格之法"这一说法。

在一些历史演义中，都说炮烙是纣王发明的，根本没有夏桀的事情。在《封神榜》中，炮烙是纣王发明的。在《中国上古史演义》中，陈稺常先生详细地描写了纣王和他的宠妃妲己发明炮烙之刑的经过。这部历史演义虽是一部小说，但是故事的基本骨架都是真实的，只有一些细节是艺术加工的。在这部书中，作者的选材都是经过严格审核的，选择的都是比较可信的，有史书、史料、典籍等根据的。

因为"纣乃重刑辟"不知"重"何人"刑辟"，在史书中找不到资料，历史久远也无从考察；所以，只能遵从现今史料典籍的记载，把炮烙之刑的"生身之父"安放在纣王身上。也许多年之后，有了新的发现，纣王所"重刑辟"之人会浮出水面，大白于天下。

车裂究竟是不是五马分尸

车裂是古代的一种刑罚。这种刑罚异常残酷，不啻炮烙之刑。所谓车裂，就是把犯人的头部和四肢分别绑在五辆车上，套上马或者牛，使车向五个方向驶去。因受力拉扯，犯人的肢体就会被分解。用刀砍下犯人的肢体都已经很费力了，若只是凭拉扯之力分解犯人的肢体，那要施用多大的拉力。以此种刑罚处死的犯人必将承受很大的痛苦。

在古代，车裂称为辕或车辕。在《周礼》中记载了车裂的刑罚，云："誓驭曰车辕。"前任注释说："车辕，谓车裂也。"也就是说，在周代已经有了车裂的刑罚。春秋之时，诸侯割据，各国国君对敢于弑君犯上的乱臣贼子都是加重刑罚，有时就采用车裂的刑罚。在史书中记载，齐国"辕高渠弥"；楚国伐陈国，将夏征舒"辕之栗门"，又"辕观起于四竟"等，不胜枚举。战国时期，车裂之刑仍然盛行。著名的政治家商鞅，在秦孝公死后，遭受敌对势力攻击，最终被车裂于咸阳。此事在史书《史记》《战国策》等都有记载。《东周列国志》更是以"咸阳市五牛分商鞅"作为第八十九回的题目。其

车裂

实，被车裂的并不都是活人，还有尸体。如吴起、苏秦及嫪毐等都是死后被车裂的。

在《东周列国志》中提到了"咸阳市五牛分商鞅"。那么车裂和五马（或牛）分尸有什么关系吗？还是说车裂就是五马分尸呢？在历代的《刑法志》等有关史籍中，都有车裂的记载，然而却见不到"五马分尸"之刑。在古代典籍中确实有车裂和五马车相提并论的记载，如《辽史·刑法志》就有"淫乱不轨者，五车辕裂之"的记载。那么"五车"和"辕裂"有什么关系呢？

有一些学者认为，车裂并非是五马分尸。第一，古代典籍中没有记载车裂就是五马分尸。在《说文解字》中，有"辍，车裂人也"、"斩法，车裂也"等说法，然而没有说五车（或马）的事情。在春秋战国时期，各国对公开处死的犯人，无论是用刀砍死，还是用弓箭射杀，最后都要肢解悬挂在高处示众。第二，在处决犯人的过程中，一般是先枭首再肢解。《史记·秦始皇本纪》记载："尽得嫪毐等，二十人皆枭首，车裂以徇。"可见执行车裂之刑时，犯人已经没有头了，也就无法五马分尸了。第三，从文字发展的角度看，车裂的车并不是指马车，而是一种工具，主要用来杀敌。那么，五马分尸是如何来的呢？

汉景帝时，刑法有大规模的改动，在汉景帝之前的刑法大多已经被人们忘记。一些古书的作者不加揣摩，又妄改原文，如《南燕录》中"车裂嵩于东门之外"一句在《太平御览》被改为"五车裂之"。《东周列国志》称商鞅被五牛分尸。这五牛分尸就是五马分尸的近源。至于五马分尸源于何时，在浩如烟海的历史资料里恐怕找不到了。

残忍的剥皮之法

剥皮这种刑罚在很久之前就存在了，然而它不属于一般的刑罚，即不在官方规定的死刑处死之列。但是这种刑罚在历史典籍中很常见，是一种不啻凌迟的刑罚。剥皮的时

曾剥人脸皮的三国吴国末帝孙皓

候一般是从脊椎下刀，一刀把背部皮肤分割成两半，然后用刀慢慢分开皮肤和肌肉，就像蝴蝶展翅一样。据说还有一种剥皮方法，把犯人埋在土里，只露出头部。在头顶上用刀划开一个十字，从开口里向犯人身体内部注入水银。由于水银比重大，就会把皮肤和肌肉分开。犯人会因为疼痛而挣扎，最后就会从头顶开的十字口里爬出来，皮肤就会留在土壤里。

汉景帝的曾孙广川王刘去就曾"生割剥人"。三国时期吴国末帝孙皓曾剥人脸皮。前秦皇帝苻生曾把囚犯的脸皮剥掉，让他们跳舞博取自己开心。根据现存史料得知，在六朝之前，剥皮只是剥掉人的脸皮。到后来，才逐渐发展为剥掉人全身的皮肤。据资料记载，元朝皇帝忽必烈就曾剥人全身皮肤，用以惩罚罪犯。

到了明朝，剥皮刑罚颇为盛行。明朝开国皇帝朱元璋，发明了一个叫"剥皮揎草"的刑罚。在叶子奇《草木子》中记载，朱元璋对各地官员要求很严，凡是贪污数额在白银60两以上的都要处以死刑，枭首示众，并且把皮剥下来，填充稻草，置于衙门里官座旁边，以警戒继任的官员。其实"剥皮揎草"是佛教传说中，对地狱里罪大恶极的灵魂施行的酷刑。而朱元璋把它搬上了现实的舞台。在明朝的府州县衙附近，都要设立一座厅堂，厅堂平时供奉土地。若需要对人执行剥皮之刑的时候，就会在这个厅堂里举行，故这个厅堂被称为"皮场庙"。朱元璋出身贫苦，对贪官污吏很是痛恨。在明朝史料中，可以看到朱元璋对贪官污吏的惩罚之严重。朱元璋的血腥手段被其后人沿用下来。"靖难之役"后，朱棣坐上皇位，对反对自己的人大肆屠杀，甚至"剥其皮，草揎之，械系长安门，碎磔其骨肉"。其后还有皇帝把人皮剥下来制成马鞍使用。

魏忠贤是历史上有名的宦官，他把持政权时，也喜欢剥人皮。在当时，"民间偶语，或触忠贤，辄被擒戮，甚至剥皮刲舌，所杀不可胜数"。据说，有一天五个人在一起饮酒，有一个人骂魏忠贤作恶多端，恶贯满盈，不久就会倒台。其余四人，纷纷要他住口。那人却说："魏忠贤再专横，又不能把我剥皮，我怕什么！"当天夜里那个骂魏忠贤的人就被魏忠贤捉走，绑在了柱子上，另外四人也被抓来。魏忠贤令手下把烧好的沥青浇在那个人身上，过一会儿沥青凝固。魏忠贤令手下用铁锤敲打沥青。只见沥青和人皮一起从那人身上掉落下来。魏忠贤又恐吓了那四人几句，便把他们放了。

剥皮之刑

明朝末年，张献忠造反，在四川成都建立大西政权，即皇帝位，国号大顺。当时有个叫龚完敬的大明进士，表面上归顺张献忠，内心里还不愿意背叛明朝。张献忠就令人把他拿下，推出朝门，进行活剥，并把剥下的皮揎上草，晓谕四方。张献忠极度残忍，规定在活剥人的时候，被剥的人不能当场死亡，否则行刑的人就要被处死。在鲁迅的文章中记录了张献忠手下孙可望活剥御史李如月一事。鲁迅说："大明一朝，以剥皮始，以剥皮终，可谓始终不变；至今在绍兴戏文里和乡下人的嘴上，还偶然可以听到'剥皮揎草'的话，那皇泽之长也就可想而知了。"

明朝之后，清朝的一些史书中很少见到这种酷刑了。然而，并不是说剥皮之刑就已经彻底绝迹了。抗日战争期间，日本帝国主义入侵中国，曾对反抗它的中国人实行剥皮。可见这惨无人道的刑罚，至少在当时还未曾消失。

惨无人道的"剖腹观胎"

若说之前的酷刑惨无人道，那么剖腹观胎更是灭绝人性。所谓剖腹观胎是指用刀割开孕妇的肚子，来查看胎儿的行为。这种酷刑，可是一尸两命，甚至一尸多命。那么剖腹观胎源于哪个朝代呢？历史上有多少个如此灭绝人性的帝王呢？

最早的记录为殷纣王时期。纣王宠信妲己，整日荒淫无道。一日，两人在摘星楼上饮酒。时值隆冬，天寒地冻，远远地看见岸边有几个人将要渡河。老人挽起了裤脚渡过河去，一些年轻人却迟迟不肯渡河。纣王就问妲己原因。妲己回答："妾听说人生一世，得父精母血，方得成胎。若父母在年轻时生子，那时他们身体强健，生下的孩子气脉充足，髓满其胫，即使到了暮年，耐寒傲冷。假如父老母衰时才得子，那他们的孩子气脉衰微，髓不满胫，不到中年，便怯冷怕寒。"纣王不信，妲己就让纣工把渡河之人抓来，斩断其腿，观看骨髓。果如妲己所言。妲己还告诉纣王，自己一看就能知道妇女怀孕是男是女。纣王命人抓来城中怀孕的妇女，让妲己辨认。辨认完毕之后，纣王令人剖开孕妇的肚子，果如妲己所言。这些是神话小说《封神榜》中的记载。事实上，纣王有没有剖腹观胎已经不好考证了。在《史记》中记载，纣王俘获妲己，非常宠爱她，并设立了酒池肉林。在安阳殷墟出土的甲骨文中也可找到纣王杀比干的记录，以及纣王时代的民俗风情。

在南朝刘宋时期，有个堪比纣王的皇帝叫刘昱，是宋后废帝。刘昱从小就很聪明，然而他的个性残暴不仁，经常以杀人为乐。一日不杀人，就会心痒难耐，闷闷不乐。他还喜怒无常，左右之人稍有不合心意就会拳脚相加，甚至杀人。刘昱10岁即位，由于年少贪玩，经常夕去晨返，晨出暮归。每次外出，左右随从皆随身带有钳、凿、斧、锯等兵器，以之实行击脑、椎阴、剖心的刑罚取乐。

一日，一个叫孙超的亲信口中有大蒜味，刘昱就令人剖开他的肚子，检查自己是否猜错。有一年夏天，刘昱暗入将军府，发现萧道成正在袒

残忍的宋后废帝苍梧王刘昱

胸露腹地熟睡。刘昱见他肚脐眼很大,就令萧道成起立,当做箭靶子。护卫队长王天恩在一旁劝说:"萧将军的肚脐眼虽是一个好靶子,但是假若射死了以后就没有这样的好靶子了。不如用假箭练习,免得损伤靶子。"刘昱一想也是,就用假箭射萧道成,箭枝正中肚脐眼。刘昱投弓哈哈大笑不止。

一次,刘昱外出游玩,他的车驾在街道上横行,人群纷纷躲避。一个孕妇因怀胎已久,身体不便,躲闪不及,被刘昱看到了。刘昱命手下将她带到眼前,问她:"你是不是怀了妖怪,见到皇帝为什么不躲闪?是不是要刺驾?"然后命人把那名吓呆的孕妇捆绑起来,将其肚子剖开。由于胎儿刚成人形,鲜血淋漓,状似妖怪。刘昱看了一阵,说:"真是一只妖怪。"便把胎儿丢了,孕妇也气绝而亡。

元徽五年,刘昱被杨玉夫等人杀害,死时15岁,被废为苍梧王。

大凡历史中的残暴不仁之辈几乎都是不得好死。身为帝王,不以民生为重,只是寻欢作乐,草菅人命,安能不官逼民反?刘昱年纪虽小,但作恶多端,真是死有余辜。

十恶不赦知多少

人们经常会用十恶不赦来形容一个人所犯的罪孽极其深重。这是为什么呢?原来这个成语与古代所设定的十条重罪有重要的关系。究竟是哪十条重罪呢?

谋反:十罪之首。就是谋朝篡位,妄图发动政变,夺取皇位。

谋大逆:同样与皇家有关。是指图谋侵害皇家的宫殿、宗庙和陵墓等。

谋叛:即预谋叛国,投向敌国。不仅会被治罪,还会受到举国上下的唾骂。

恶逆:对长辈极其不尊敬。殴打及谋杀父母、祖父母,杀伯叔父母、姑、兄姐、外祖父母,女子杀丈夫、丈夫的祖父母、父母等即犯恶逆之罪。

不道:即杀死没有犯死罪的一家中的三人,并且将其尸体肢解。

大不敬:即触犯皇帝尊严的罪行。如盗窃皇家物品、诽谤皇帝、对抗皇帝特使等行为。

不孝:即对父母长辈不敬。比如,在父母健在时闹分家,对父母或祖父母出言不逊,没有及时供养父母、祖父母,诈称父母、祖父母死亡等。

不睦:即破坏家庭和睦的行为。如谋杀、殴打亲属,女子殴打、诽谤丈夫等。

不义:即女子做出对丈夫不敬的事。如隐瞒丈夫去世的消息,不为丈夫办丧事,在为丈夫守灵期间穿喜庆衣服、擅自改嫁等。

内乱:指在家族内部中作出违背伦理纲常的乱伦之事。

若是犯了这十项重罪,一般是难逃死罪了。所以,叫做十恶不赦。

明珠:告自己谋反的宰相

腰斩之刑是如何被废除的

腰斩之刑出现在周朝，是周朝对死刑犯处以死刑的主要方式，延续了上千年，一直到清朝的雍正年间才被皇帝亲自下令废除。古代的酷刑如此之多，为何皇帝单单下令废除了腰斩之刑呢？

腰斩是用重斧将人从腰部截为两半。行刑时，要将犯人的衣服脱光，使其腰部裸露，将其伏在铡床或木、铁的砧板上，然后行刑。因为人的主要器官在上半身，所以，被处以此刑后的犯人并不会立即死去，还会神志清醒、痛苦地过好一段时间才断气。普通人见此情景都会吓得魂飞魄散，对于被行刑人来说，其痛苦更是无法形容。

腰斩在行刑时，有"慢死"和"快死"的区别。所谓"慢死"，就是刽子手在犯人腰部往下一点的部位下刀，"快死"则相反。如果要想让犯人死得不那么痛苦，犯人家属必须贿赂刽子手。否则，刽子手绝不会对犯人手下留情，让犯人好过的。

"腰斩之刑"示意图

雍正年间，福建学政俞鸿图在主持科举考试时，因其小妾背地里收人钱财，泄露考题，最后竟使一个"戏子"中举，闹得满城风雨，引起轩然大波。雍正十二年（1734年），俞鸿图被判以腰斩。

俞鸿图被押赴刑场前，并不知道自己被处以腰斩。到了刑场之上，监斩人才把他被判此刑的情况告诉他。这时，俞鸿图已来不及准备钱财为自己打点了。结果，行刑时，刽子手就给了他一个"慢死"。

当俞鸿图被腰斩之后，其上半截在地上翻来覆去，痛苦万状。他忍着极大的痛苦，拼尽所有力气，用手指蘸着自己身上的血接连在地上写下七个"惨"字后，才慢慢痛苦地气绝身亡。

当监斩人把俞鸿图死时的惨状告知雍正皇帝后，雍正顿时感觉腰斩之刑太过残忍，于是下令封刀，腰斩之刑从此被废除。

最残忍的死刑——凌迟（千刀万剐）

凌迟是世界上最残忍的死刑。凌迟原本叫陵迟，指山陵的坡度是慢慢降低的，即"缓缓的山丘"；用于刑罚，是指处死人时将人身上的肉一刀刀割去，使受刑人痛苦地慢慢死去，故民间又称为"千刀万剐"。

凌迟在秦汉左右就出现了。那个时候，凌迟属于私刑，国家法律是不允许的。五代时期，凌迟才算合法。辽正式定名为"凌迟"。在明朝及明朝之前，凌迟主要惩罚十恶不赦的罪犯，如犯谋反、大逆等罪之人。到了清朝乾隆时期，凌迟的适用范围越来越广，如杀害父母等触犯伦理道德的重罪，也会被施以凌迟之刑。及至清朝前中期，凡是反抗政府、抵抗纳税的农民等也会被凌迟处死。

凌迟的执行过程一般是将人身上的肉一块块地割下来。朝代不同，行刑方法也有所不同。一般情况下，切八刀，先切头面，然后是手足，再是胸腹，最后枭首。即使是同一个朝代，凌迟之时，所切刀数也是不一定相同。清朝就有二十四刀、三十六刀、七十二刀和一百二十刀之分。然而明朝时期的凌迟却不仅仅是数刀、数十刀，它有时是上千刀、数千刀。据记载，明朝作恶多端的太监刘瑾被割了三天，共四千七百刀，甚至第一天割完后，刘瑾不但没死，还喝了一点粥。第二天继续执行凌迟。直到1905年，凌迟才被废除。

凌迟颇有点像肢解，但是和肢解又有区别。肢解属于私刑，而凌迟是在古代刑法中有明文规定的。在古代史书中处决犯人时，我们经常看到"脔"、"磔"等字样，它们与凌迟有什么关系呢？"脔"之刑有可能是逸事，案例不是很常见。"磔"就是肢解，切除犯人的四肢和头部等。凌迟是一种法律上的完美"刑名"，在《辽史·刑法志》中有明确记载。

五代时，辽国有陵迟、凌持、凌迟等多种写法。宋朝时，凌迟也作陵迟。在宋代典籍中这两种写法同时存在。到了元朝，这种刑罚只有"凌迟"这一种写法，而且只作为刑罚的解释。可以推断，契丹原本有一种刑罚，发音类似于汉语中的"凌迟"。这种刑罚就被斥为凌迟了。经过宋、元时期的发展，到明太祖朱元璋时，已在《大诰》中有凌迟之刑惩罚各种罪犯的记载。

其实女犯人也会被执行凌迟之刑。据史书记载，在明清时就有凌迟女犯人的案件。在正史中记载被凌迟的女犯人，通常是犯下谋杀亲夫、公婆等罪行。在执行凌迟的时候，会先扒光女犯人的衣服，骑着木驴在街上游行示众。之后，在大庭广众之下执行凌迟。当然并不是所有的女犯人都会在大庭广众之下被执行凌迟。对于身份高贵的女囚犯，如嫔妃等，则会在宫内秘密执行。明世宗时，中国历史上规模最大的一次以凌迟集体处决女犯人，共有18名女子被处死。其中有17人骑木驴游行示众后，被施以极刑。另外一人曹端妃因品秩较高，被严加拷打后凌迟处死在宫内。

凌迟是世界上最残忍的酷刑，不仅在中国有，在18世纪之前的欧洲，也有此刑。只是中国把凌迟之刑发挥得淋漓尽致。直到20世纪初，凌迟之刑才被正式废除。

残酷的凌迟之刑

第七篇 惨绝人寰的瞬间

古代令人发指的食人真相

食人似乎应该是蛮荒时期未开化的野蛮人的行为,然而在中国古代的文明时期也有令人发指的食人行为,并且有时还是合法的。那么,这些令人发指的食人行为的背后有什么真相呢?

在古代社会,食人行为主要是为了惩罚罪人。换句话说,食人是惩罚罪人的一种方法。在封建社会,罪犯被处死之后,人们可以把他们的血肉吃掉,以表达心中的愤恨之情。这种食人行为有很多原因,比如政治、法律、感情、军事、医学、伦理道德等。

西周时,周文王为表示对纣王的"忠心",食子之肉,以为掩饰,逃离商都。逃离之后,文王想起食子之痛,不仅呕吐起来。吐出的肉丸都变成了一只只白色的小动物。这种小动物就是"吐子",即兔子。

在历史的记载里,也有很多食子的行为。古话说,虎毒不食子。可以想象,这些人要不是为了什么目的,应该不会去做这种伤天害理的事情。

惩罚不忠,这是食人的原因之一。据史书记载,617年,薛举占据甘肃、陕西一带地区。其长子薛仁杲"获庾信子立,怒其不降,磔于猛火之上,渐割以啖军士"。这是为了惩罚对手不愿效忠。《旧唐书》还记载了一件事:"内给事牛仙童使幽州,受张守珪厚赂。玄宗怒,命思勖杀之。思勖缚架之数日,乃探取其心,截去手足,割肉而啖之。"牛仙童不忠,杨思勖食之肉以示忠心。

惩罚敌人,这是食人的又一原因。东晋末年,海盗孙恩在中国东南沿海大肆抢劫。每当他抢劫捉到县令时,便会杀之,做成肉脯,令手下食用。宋绍兴元年(1131年),刘忠起义军攻入孙知微镇守的舒州。孙知微被俘,"不屈,忠怒,脔而食之"。

为亲人复仇,也是食人的一种原因。古人常说:恨不得食尔之肉,寝尔之皮。这就是

曾食子肉的周文王渭水访贤图

莫大的仇恨。隋朝初年,陈国的武帝杀了王颁的父亲。王颁就加入了正在攻打武帝的隋军。陈国兵败,王颁挖出武帝的遗体,用火焚烧成灰烬,用水和着喝了下去,以泄仇恨之情。大约东晋初年,张猛杀死谢混父亲和兄弟。谢混活捉了张猛,"刳肝而食之",以报父兄之仇。

还有一种原因,是为了泄愤。王莽政权垮台后,"传莽首诣更始,县(通"悬")宛市,百姓共提击之,或切食其舌"。王莽改革触犯了众怒,其篡位夺权更使百姓对其恨之入骨,于是食肉泄愤。

这些都是有一些冠冕堂皇理由的食人行为。还有一些食人行为,比如食人成性。这是一种特别残暴的行径,令人发指。他们

食人只是为了满足精神上的需求，没有什么复仇、示忠、泄愤等原因。宋朝时，王继勋依仗权势，嗜杀成性，"专以脔割奴婢为乐"。后来，被太宗皇帝杀，百姓拍手称快。还有以卖人肉获利的。"饥民相杀而食，其夫妇、父子自相牵，就屠卖之，屠者刲剔如羊豕。"意为闹灾荒时，无粮可食，便杀人卖肉去获利。

因尽孝而被人食。广东一个城镇遭到金兵围攻，粮食告罄。官军决定食人果腹，先从老人开始。有一老人的儿媳妇，愿意自己代替老人被食。其死后，受到了很多人的赞扬。以自己的身上一部分肉作为药引，在古代并不少见。《西游记》中，妖怪曾经要求孙悟空变化的唐僧贡献自己的心作为药引为国王治病。在《淮安府志》中记载了一位媳妇为了能使生病的公公获得更多营养以便疾病早愈，曾割下自己腿部三块肉，烧成汤给他喝。陈藏器《本草拾遗》中就谈到人肉可以治疗某些疾病。柳宗元写的《孝门铭》记载了一个儿子为病入膏肓的父亲割下大腿上的肉作为药物食用的故事。

卖人肉包子的孙二娘

还有一些食人的行为，是为了满足自己的欲望。不管出于什么样的原因，食人行为在现代人看来都是一种不可饶恕、令人发指的行为。在当今社会，前些时候，美国还出现了食人脸的男子。这难道是社会的倒退吗？

古代灭绝人性的大屠杀

纵观人类的文明史，其实就是一部战争史。在战争中因抵抗而死亡的不算是屠杀。本文中所说的屠杀是指放弃抵抗仍被戕害的屠杀行为，包括屠杀平民百姓和放下武器投降的军人。古代灭绝人性的大屠杀有很多，史书记载的也不少。在这里，只简单介绍一下影响比较重大的大屠杀。

春秋战国时期，中国处于四分五裂。战国七雄互相征战讨伐。当时的秦国是军事大国。在史书记载中，秦朝统一中国之前，屠杀人民达400万到600万。这里不算饥饿劳累而死的，只指放弃抵抗投降的士兵或者平民百姓。史书记载，长平之战中，秦军坑杀赵国俘虏达40余万。

东汉末年，黄巾起义，三国鼎立。在此期间，据不完全统计，死于屠杀的人民达1500万。全国"白骨露于野，千里无鸡鸣，生民百余一，念之断人肠"。据统计，在156年全国人口5007万，到265年，三国人口总计才767万，真是十存其一。

黄巢起义时流传着这样一句话："黄巢杀人八百万——劫数难逃。"黄巢攻占长安后，其部下"杀人满街，巢不能禁"。以至于官军攻来时，百姓完全站在官军一方，"巢怒，

张献忠

纵兵屠杀,流血成川,谓之洗城"。在围困陈州之时,黄巢建造数百巨碓,共同制造人肉,以为军粮,日夜不休。当地百姓被全部吃光后,黄巢就"纵兵四掠,自河南、许、汝、唐、邓、孟、郑、汴、曹、徐、兖等数十州,咸被其毒"。

元朝是由蒙古族建立的封建王朝。据史书记载,元朝大军所至,生灵涂炭,"新鬼烦冤旧鬼哭"。在《吉尼斯世界纪录大全》中有所记载。据统计,中国直接死于屠杀的有3000万到4000万人,连同中亚西亚和东欧共死亡约2亿人。史书中记载,蒙古灭花剌子模,屠城百万人口;灭西夏,屠城80余万人口;西征之时,屠巴格达人口数十万。整个中亚地区一片废墟,荒无人烟。据史书记载,1122年全国人口达9347万,到元朝初年,人口才887万,十不存其一。

明末,张献忠率领军队在四川活动。1644年,张献忠攻陷成都,下令屠城三日。三日过后,张献忠仍然每日屠杀数百人,以树军威。据欧洲传教士所著的《圣教入川记》记载,张献忠每天杀人一二百,历时一年又五个月,累计杀人十万余。清军攻来,他就率军逃跑,实行"四光政策",杀人以充军粮,当时"人类几灭"。张献忠死后,清查温江县户口,全县仅存32户,"榛榛莽莽,如天地初辟"。民国时期的《简阳县志》卷十九记载:"明末兵荒为厉,概成旷野,仅存土著14户。"另外,清朝有人发现张献忠的"七杀碑":"天生万物与人,人无一物与天,杀杀杀杀杀杀杀!"这进一步见证了其残暴好杀的品性。

清初,清军入关,为了征服汉人,实行屠杀政策。在辽东,清军先实行"杀穷鬼",后实行"杀富户",屠杀辽民达300万。扬州城破,清军实行大杀特杀的政策。扬州十日,嘉定三屠。惨绝人寰,不忍卒睹。史书记载:只要遇见清兵,哪怕是一个人,"南人不论多寡,皆垂首匍伏,引颈受刀,无一敢逃者"。1650年,广州城破,"屠戮甚惨,居民几无噍类……累骸烬成阜,行人于二三里外望如积雪"。另外,清军屠杀苗民一百万,回民数百万。漠北蒙古的准噶尔部落杀到最后一个幼童。粗略估计,清军屠杀的人数在2000万左右。

太平天国运动是中国历史上规模宏大的一次农民运动。在这场战争中,直接死于屠杀的人口在1000万到1500万之间。太平天国运动爆发之前,全国人口达4.3亿,太平天国运动失败后,全中国人口不足3亿。一场农民战争就减少了上亿人,这是多么残酷的事实。

之后,在近代还有南京大屠杀。在此一提,是要国人勿忘国耻。历史的教训是深刻的。我们应当前车不忘,后事之师。所谓"勇者无惧,霸者无双,智者无虑,仁者无敌"。相信真正无敌的仁义之师是不会屠杀百姓的。屠杀平民的人,都是胆小鬼,怕他们打败自己,才在他们不反抗、手无寸铁的时候,大肆杀戮,斩草除根,灭绝人寰。

太监"净身"大揭秘

宦官是古代社会的产物，通常是指中国古代被阉割后失去性能力而成为不男不女的中性人，以供皇室成员驱使。太监原本是一种官职。唐朝时，高宗改殿中省为中御府，以宦官充任太监、少监。到明朝时，宦官权势很大，人们就把所有宦官尊称为"太监"，太监也就成了宦官的代名词。在有关史料中记载，太监"净身"是一个非常严格的过程。那么，这个过程是如何进行的呢？

第一，必须签立一份契约。据清代笔记《宸垣杂识》记载，愿意做太监的人，必须要由有地位的太监引荐，然后签立一份契约。契约签订时，必须有三老四少在场作证，写明是自愿净身，生死不论，即使出了问题也不能怪到施刀者身上。

第二，准备好手术所需要的物品。首先，要交一定的手术费。手术费在十两左右，视情况而定。一般穷人家的孩子拿不出银子，就会立下契约，等孩子入宫做了太监，然后再逐月回扣，就和现代的分期付款差不多。然后，要准备一些礼物送给施刀者。一般是准备一个猪头，或者一个全鸡，配上一瓶酒。接着，还要准备手术期间所需要的一些物品，如食粮、柴火、窗户纸等。食粮是给自家的孩子在手术期间食用的。柴火是用来烧炕的，烧剩下的灰烬可以垫炕。窗户纸是用来密封窗户的，避免手术后受风凉。施刀者要准备好手术中所需要的一些物品，如猪苦胆、大麻汤、麦秆等。猪苦胆有消炎去肿的作用，手术后用来敷在伤口处。大麻汤不仅能够在手术前用于麻醉，减少手术中净身者的痛苦，还可以手术后让患者漏肚，减少净身者的排尿量。麦秆的作用就是手术后插入尿道，用来导尿。

第三，选择时日。一般手术时会选一个黄道吉日，并且一般会选在春末夏初季节。此时，冷热适中，也没有蚊虫。手术后，净身者不能随意走动，下身一个月都不能穿衣服。手术开始之前，会把净身者关在密不透风的房间里，不饮不食；让净身者清理好粪便，免得手术后排泄物感染伤口，危及生命。密不透风也是出于安全的考虑。如此三四天后，施刀者进入房间，施行手术。

第四，再次确认契约的内容。手术前，施刀者会问："你是自愿净身吗？"净身者回答："是。"又问："若是现在反悔，还来得及。"答："决不反悔。"再问："你断子绝孙和我毫无关系吧？"答："毫无关系。"在回答的过程中，净身者都不能有丝毫的犹豫，或者表示不愿意，否则手术立即停止。在问完问题后，担任引荐的太监就会把之前签立的契约念一遍。此时净身者有犹豫和不愿意的迹象，手术也会停止。

第五，手术的进行过程。当净身者表现出坚决的态度之后，手术就开始进行了。首先把净身者的眼睛蒙上，脱尽衣裤。接着把手术者呈"大

"净身"后的太监

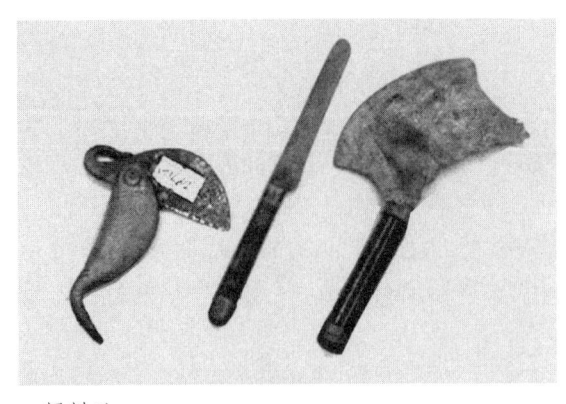

阉割刀

字绑在床上。助手会把净身者的上身和头部固定住。净身者的双股和下腹会被白布绑紧,这些都是为了防止在手术过程中,净身者流血过多导致死亡的发生。然后,用胡椒汤等清洗干净净身者被阉割的部位。手术刀是一种呈镰状弯曲的利刃,施刀前在火上烤一下,算是消毒。与此同时,在净身者口中放一枚鸡蛋,防止净身者因疼痛而咬伤自己。接着,进行切除手术。

第六,善后工作。手术完成后,净身者会被人扶着在房中缓行一段时间,之后才允许躺在床上休息。手术后,三天内净身者不准喝水。在此期间净身者要忍受非常大的痛苦。三天过后,手术基本完成。此时伤口即使能长好,也要它慢慢长,叫"偎脓长肉",这样伤口才能平复。在整个净身前后,大约需要100天的时间。被阉割掉的生殖器会被施刀者收藏起来,净身者无权保管,除非以后拿钱来赎回。

以上只是一般的净身过程。其实还有一些其他的方法。有一些家庭,在男孩还是婴儿的时候,就会雇用一个特别的保姆。这名保姆每天都要搓揉婴儿的小睾丸,逐渐加力,直到婴儿因为疼痛大哭为止。以这种残忍的方法破坏婴儿的生殖机能,使婴儿长大后不能产生精液。随着年龄的增长,这样的男婴会逐渐显示出女性的特征来,没有喉结,双乳突出,臀部翘起,声音尖锐,走路扭扭捏捏,一副太监的模样。这些人一般会在10岁的时候被送进宫做"童监"。

有些穷苦人还会自作主张割除生殖器,比如清末有名的太监"小德张"就是典型的实例。然而像他这种能飞黄腾达的太监能有多少?

太监是一种特殊的职业,到辛亥革命之后,这种职业走向了没落。这个职业的没落是历史发展的必然结果。虽然到了现代,还有好多"阴阳人"的存在,然而他们不是封建统治者的奴仆,有完全的人身自由。

古代第一淫乱凶残的帝王

"后宫佳丽三千人"几乎是古代帝王"必备"的。在古代,男人三妻四妾很是常见。帝王为人之极,其妻妾数也应该位于人之极。在古代帝王中,不乏骄奢淫逸之人。从商纣宠溺妲己,到周幽王为博褒姒一笑而烽火戏诸侯,再到秦汉时期,以至于清朝,在中国古代历史上,帝王多达数百,大部分都是好色之辈。那么,在古代历史中第一淫乱凶残的帝王是谁呢?

宋前废帝刘子业因行为过于荒淫而被废帝,称为"前废帝",与"后废帝"刘昱做区别。前废帝刘子业是孝武帝的长子,大明八年(464年)即位,年号"永光"、"景和"。刘子业荒淫无道,后宫养有宫女嫔妃万千。每日饮酒作乐,调戏宫女。有时兴致到来,刘子业还会命令宫女脱去衣服,赤身裸体地在花园里追逐嬉戏,自己在旁边观赏。史书中称为

"使妇人裸身相逐"。这些还不够,他有个同母的姐姐叫山阴公主。其时,山阴公主已经出嫁,刘子业却把她召回宫中,同吃同住,行夫妻之事,俨然一对夫妻的样子。另外,他还看上了自己的亲姑姑——新蔡公主刘英媚。那个时候,刘子业的亲姑姑刘英媚已经嫁给了宁塑将军何迈,成为何迈的新婚妻子。刘子业不顾姑侄名分,毅然决然地将其纳入宫中,封为谢娘娘,共享鱼水之乐。在刘英媚入宫之时,刘子业还别出心裁,把各王王妃、公主集中起来,强令左右侍从奸污她们。还令将军刘道隆当着他和他叔叔建安王的面,强奸他的婶婶建安王妃。除此之外,刘子业还

宋前废帝刘子业

和宗室女眷大行淫乱之举。除了乱伦,刘子业在宫中还和宫女大玩性游戏,令她们脱光衣物,为其表演歌舞或者表演男女之事。更有甚者,一日,刘子业兴趣大发,要一名宫女脱光衣服,与狗交合。山阴公主觉得皇帝有那么多嫔妃很不公平,就让其皇帝弟弟刘子业赏赐自己男妃,称为面首,共计 30 余人,供自己淫乐。

  刘子业不仅荒淫无道,而且凶残霸道,乱杀无辜。刘子业狂妄、悖逆天理,曾在大臣面前指着自己父亲的画像说:"此人好色,不择尊卑。"还曾在父亲的陵墓上倾倒大粪,并把叔祖剖腹挖心,挑出眼睛泡在蜜里做"鬼目粽"。《魏书·刘子业传》记载:"子业出兵诛义恭,遂刳剔支体,抽裂心藏,挑其眼睛,投之蜜中,谓之鬼目粽。"因顾忌害怕几位叔父谋反,刘子业便把他们囚禁在殿内,随意殴打凌辱。因刘休仁及太宗刘彧、山阳王刘休佑,身体肥胖,刘子业就用竹笼装了他们用秤称其体重。太宗最肥,被封为"猪王",刘休仁为"杀王",刘休佑为"贼王"。东海王刘祎平庸无才,被封为"驴王"。其他几王因年龄很小,才没有遭到侮辱杀害。在地上挖一个坑,盛放猪食,让太宗像猪一样吃,以供刘子业娱乐。并把其妻妾子女拉到他面前,让人当面行非礼之事。如有反抗的,刘子业就命人用皮鞭抽打至死。刘子业杀人如麻,凡是敢谏言或不顺从己意的人全部处死,自己的兄弟也不例外,更何况外人。当时有个将军因妻子被刘子业夺走,心怀不满,被刘子业以阴谋叛变的罪名杀害。

  整日淫乱宫闱,刘子业终于得到了报应。一晚,刘子业在梦中梦见一个满身血污的女子痛骂自己。醒来后,刘子业在宫内巡阅,见有一女子形貌似梦中之人,便下令杀死。当晚,刘子业又做噩梦,见被杀的女子前来向自己索命。刘子业大叫一声,昏了过去。醒来之后,刘子业就带了男女巫士及彩女数百人,往华林园中的竹林堂用弓箭杀鬼。到了竹林堂,巫师们作法招鬼。刘子业向林中射了三箭。巫师上前参拜,说是鬼怪尽除。刘子业大喜,摆下宴席与谢娘娘、山阴公主,一同入席欢饮。恰在此时,太宗密谋反叛,一群武士进入竹林堂,杀了刘子业。之后,太宗即位,是为明帝。

  为政者不能兢兢业业,上梁不正,则下梁歪;穷奢极欲,荒淫后宫;残暴不仁,乱杀无辜,最后只能落个不得好死。刘子业在位仅一年,就被人废去,草草地葬在秣陵县南,总算没有暴尸荒野,还有一处葬身之地,死时年仅 17 岁。

揭秘朱元璋陪葬妃子的残忍死法

殉葬制度自古有之,然而到了汉朝之后,由于其太不人道,渐渐地被统治者废弃了。令人意想不到的是,在明朝开国皇帝朱元璋的陵墓里却发现了大片森森白骨。很明显,这些白骨是属于殉葬之人的。换句话说,朱元璋死时,实行了殉葬制度。那么,这些陪葬者是如何死去的呢?

明朝恢复了殉葬制度,这是明朝的一个特殊之处。朱元璋死后,其孙子朱允炆继承皇位。朱允炆按照朱元璋的遗嘱,把宫中凡是没有生育过的妃嫔全部殉葬。这些为朱元璋陪葬的妃子在史书中被称为"朝天女"。对于这些朝天女的死法,在史学界一直没有定论,主要流行两种说法。

第一种说法是上吊自杀。如此众多的妃嫔同时上吊自杀似乎有点荒谬。持这种观点的学者解释:在朱允炆下达殉葬命令之后,执行命令的官员便把符合殉葬的人的姓名一一编辑造册。由于某些原因,可能已经生育过的也会殉葬,未生育的不会殉葬。殉葬那天,执行命令的官员把名册上的人全部集中到一间大房间里,里面摆了和殉葬之人同等数目的凳子,梁上系着同样数目的七尺白绫。胆子较大点的,一咬牙就把头伸进七尺白绫里,蹬倒凳子,不久便一命呜呼。胆子小的,被吓呆了。在旁边的侍卫和宦官便会强行把她们的头放进七尺白绫里,拿走凳子。一会儿,她们也魂归西天。

第二种说法是灌注水银。水银具有防腐的作用,能够使死者保持生前的面容。那些执行命令的官员便采取这种办法。先是把应该殉葬的人的名字一一编辑造册,到殉葬那天便把殉葬之人集中起来。然后,让她们喝下一杯放有迷药的茶水。等她们昏迷之后,便在她们头顶切开一道口子,在里面灌注水银。等水银灌好之后,她们也就死了。最后把切口缝合起来。这样,这些妃嫔就陪着朱元璋一起长睡不醒了。

在明代的文人笔记里可以看到明朝有被灌水银而死的人。这其实是一种残酷的刑罚。在笔记的记载中,并没有交代这种刑罚执行的详细步骤。从表面看来,这种刑罚是惨无人道的。

这两种说法都有一定的可信度,执行起来也不是特别麻烦。相对第二种说法来讲,第一种说法还是比较值得信服的。因为它操作更加简单。另外,在朱元璋陵墓里发现的大量森森白骨,也是较好的例证。如果真是灌注水银而死,那么在一个完全密封的环境里,灌注水银的尸体保持几百年应该没有什么大的问题。也许,朱元璋陪葬的妃嫔还有其他的死亡方式,如仅仅是在下葬那天被关在陵墓里,窒息而死。至于到底是什么原因,还有待专家学者们进一步考察求证。

朱元璋和皇后马氏的合葬陵墓:南京明孝陵

第八篇 名人死因的幕后真相

西施的最终结局怎样

西施,姓施,名夷光,又称西子,春秋时期越国人,出生于浙江诸暨苎萝山村。西施居中国古代四大美女之首,有"沉鱼"之美名。当时越国被吴国打败,称臣于吴国。越王勾践卧薪尝胆,图谋复国。在国难当头之际,西施忍辱负重,被勾践献给吴王夫差。夫差对西施宠爱有加,为她广建宫殿,恣意游乐。西施把吴王迷惑得无心国事,为勾践的东山再起起到了掩护作用。最终在公元前473年,越军一举攻破吴国都城姑苏,夫差自缢身亡,吴国灭亡。但是作为越国功臣的西施却下落不明。西施的结局到底如何?关于这个谜题的答案历来众说纷纭。

有人认为吴国灭亡后,勾践将西施带回越国。勾践爱西施的美貌,归国当晚就要求西施侍寝,遭西施拒绝后,就以"抗君之罪"将西施处死。这种说法可能是根据"飞鸟尽,良弓藏,狡兔死,走狗烹"的典故杜撰而来。

有人则认为西施最后是沉江而死。这种说法最早见于《墨子·亲士》篇,其中说:"西施之沉,其美也。"认为西施是因其美貌而被沉入江底遇害的。另一典籍《吴越春秋》也明确记载:"吴王亡后,越浮西施于江,令随鸱夷以终。""鸱夷"是一种牛皮,意思是越国人将西施裹在牛皮之中沉入江底。后来的明末小说《东周列国志》对这种说法进行了更为详细的描述,云:越国灭吴后,勾践欲将西施收进后宫。越后认为西施是"祸国之女",担心西施祸害越国,就令手下将其裹进牛皮袋子中沉入江底了。这种说法因较为符合君王好色、王后妒忌的心理,因而比较流行。现在浙江沿海一带还有一道名菜"西施舌",据说就是当地人为纪念西施沉江而发明的美食。

关于西施的结局,还有另一种比较美好的说法。认为西施在吴亡后回到了初恋情人范蠡的身边,两个人驾着一叶扁舟,双双归隐。这种说法在典籍中有所记载。东汉人所写的《越绝书》中记述:"西施,亡吴后复归范蠡,同泛五湖而去。"这么简短一句话被后世文人充分发挥,说吴国灭亡的当天,范蠡做了两件事:一件是劝他的好朋友、一同共患难的文种,趁早离开勾践。再一件事就是在姑苏台下花荫深处找到了委顿不堪的旧日情人西施,仓皇逃到太湖,双双驾一叶扁舟,消失在烟波浩渺之中。苏东坡为此也曾经写道:"五湖问道,扁舟归去,仍携西子。"据说在山东肥城陶山,有范蠡和西施墓。

关于西施的结局,我们只能推测,却永远无法知晓。但是作为政治棋子的西施未必会有多么美好的结局。在越国攻克姑苏的那一刻,一

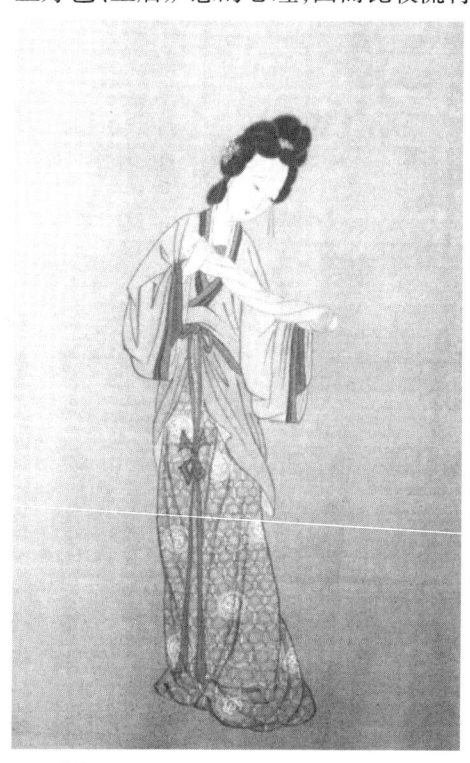

西施

方是自己的故国，一方又是深爱自己的夫君，相信当时的西施自己也无法清楚地选择自己的结局。斯人已逝，留下的只剩叹息。

项羽之死的真相

一句"力拔山兮气盖世"道出了"西楚霸王"项羽的英雄气概。项羽生性刚烈，坚韧不拔，乌江自刎是他生命中最为壮烈的一幕。试想如果项羽忍辱负重渡过乌江，像越王勾践那样卧薪尝胆，也许终有一天能够卷土重来。但是这位盖世英雄却选择了自刎于乌江这个令人哀叹的结局。其原因何在？

有观点认为战争给百姓带来了太多的灾难，项羽想尽快结束战争，还黎民百姓平安幸福，才选择自杀。《史记·项羽本纪》记："楚、汉久相持未决，丁壮苦（于）军旅，老弱罢（疲）转漕。项王谓汉王（刘邦）曰：'天下匈匈数岁者，徒以吾两人耳，愿与汉王挑战，决雌雄，毋徒苦天下之民父子为也。'汉王笑谢曰：'吾宁斗智，不能斗力。'"项王想早日结束战争，与民休息，心系天下苍生的情怀由此可见一斑。可是刘邦不肯，每每避战，拖延战时。后来，当项羽伫立在乌江边，想起自起兵以来，死亡无数，不忍民众再持续这样的伤亡，于是选择自杀，以结束战乱。

另一种说法认为，项羽兵败，无颜面对江东父老，于是自刎乌江。但此说疑点重重。据《史记》记载，项羽军在垓下被汉军包围后，他带领八百骑杀出重围，直奔乌江。其目标很明确。到了乌江后，乌江亭长劝项羽赶快渡江，以图日后东山再起。项羽却说："天之亡我，我何渡为？且籍（项羽名）与江东子弟八千人渡江而西，今无一人还，纵江东父兄怜而王我，我何面目见之纵彼不言，籍独不愧于心乎！"于是下令军士与汉军战，最后他拔剑自刎而死。由于司马迁与项羽年代相隔较近，史料具有一定的可靠性，加上描写的又生动真实，故其记载应当是真实的。但为何已到乌江边，又突然改变想法，选择自杀呢？

有一野史道出了其中的原因。文中说项羽率八百骑从垓下突围后，直奔乌江，欲回老家整兵重来。韩信知以项羽神勇，汉军必不能阻止其回江东。于是他心生一计，派人在乌江渡口的山崖上用蜂蜜写上"楚霸王项羽死于此"几个大字。项羽到乌江渡口后正准备过江时，回头一望，见山崖上有几个黑乎乎的大字"楚霸王项羽死于此"，心大惊，派人过去一看，原来是蚂蚁排成的几个字。其实，这是蚂蚁贪食蜂蜜，而聚于此。但项羽不知此乃韩信之计，又很迷信，认为连蚂蚁都排成字让他死，可能天意如此。至此项羽万念俱灭，不禁长叹曰："此乃天意，非战之过也。"于是下令军士下马与汉军战。其被创百余处，最后自刎而死。但这种说法很可能是后人附会或伪造的，为项羽"突然改变想法，选择自杀"提供一个合理的原因。

霸王举鼎

安徽和县霸王祠

还有一种说法认为项羽只到达定远东城,还没到乌江,就兵败身死。定远东城离乌江还有120公里。学者冯其庸在《项羽不死于乌江考》一文中考证了《史记》《汉书》《楚汉春秋》有关项羽之死的描述,指出《史记》中除《项羽本纪》里有"于是项王乃欲东渡乌江"、"乌江亭长檥船待"两处涉及乌江之外,其余文字无一写项羽乌江自刎;反倒明确提到"使骑将灌婴追杀项羽东城"。于是他推测项羽"身死城东"。另外,计正山通过对《史记》《汉书》中《灌婴传》的分析,也认为项羽在定远东城就"搏杀而死",而不是自刎于乌江。就是说,项羽根本没有渡过乌江的机会。

尽管项羽之死有几种说法,一时难以定论,但楚汉之争中的失利是导致其死亡的直接原因。这是不争的事实。一代霸主就这样悲壮的消失在历史的长河之中,令人可惜可叹。但是客观来说,项羽虽会用兵,但有勇少谋,多妇人之仁,又轻视谋士和将才,只适合做一方霸主,而不能成为一位拥有众多文武人才的君王。

屈原投汨罗江真相

屈平,字原,通常被后世称为屈原,又自云名正则,号灵均,战国末期楚国丹阳(今湖北秭归)人。屈原早年受楚怀王信任,任左徒,常与怀王商议国事,参与法律的制定,主持外交事务。

据史载,屈原主张与齐国联合,共同抗衡秦国。在他的努力下,楚国国力有所增强。但由于其自身性格耿直,加之他人诽谤,屈原被楚怀王疏远。屈原竭力反对楚怀王与秦国订立黄棘之盟,未能如愿,反而于楚怀王二十四年(前305年)被逐出郢都,流放汉北。后又因小人的谗言被楚顷襄王再次逐出郢都,流落江南,最终怀着满腔的悲愤,自投汨罗江而亡。

据考证,最早记载屈原投水自尽的人是汉初学者贾谊。贾谊在《吊屈原》一文中写道:"恭承嘉慧兮,俟罪长沙。仄闻屈原兮,自湛汨罗。造托湘流兮,敬吊先生。"显然,贾谊是从当地百姓流传的故事中,推断出屈原自沉汨罗江而死的结局。这种说法被之后的史学大家司马迁所借鉴。司马迁在《史记·屈原贾生列传》中对屈原自沉汨罗江有着详细的记载:楚顷襄王二十一年,屈原第二次被流放到南方的荒僻地区时,秦军攻破楚国的首都郢都。屈原看到国家沦陷,心如刀割,决定和自己的国家共存亡。公元前278年,正值农历五月初五,屈原写下绝笔作《怀沙》之后,便怀抱大石跳入汨罗江。

但是后世有人认为:事实上屈原可能并未投江,而是高寿而终。这一观点是根据屈原作品的内容推断而来的。屈原在记述郢都沦陷的作品《九章·哀郢》中,说自己"至今九年而不复(指返回郢都)"。这说明该文写于楚国郢都沦陷九年后,即公元前269年。这一点与《史记》中的记述颇为不符。还有一点就是屈原在《天问》一文中一口气提出174个问题,涉及宇宙起源、人类起源、历史事件等多个方面。试问:有着如此博大胸怀的人,怎么会轻易放弃自己的生命呢?

湖南岳阳屈子祠(又名屈原庙)

然而,屈原既然没有投江而死,那么为什么当地会流传其自沉汨罗江的故事呢?这一方面可能有劳动人民朴素的感情在里面。他们愿意把屈原想象成不愿苟活于世,而与国家共存亡的英雄。另一方面,有学者考证认为,屈原出身于巴族巫师家庭,是巴人。而巴人一直遵循特殊的葬仪——船棺水葬。船棺水葬是以船做棺,当船棺在水上漂流时,送葬的人要划着船,不停地向船棺里投放沙石、食物、死者生前用品和其他的随葬物等,一直要等到船棺沉没才算完成葬礼。因此端午节龙舟竞渡,向江河投放粽子的习俗,实际上很有可能就是在模拟船棺水葬,以至于人们误认为屈原乃怀抱大石投江而死。

时至今日,我们没有必要再去纠结屈原到底为何而死,因为他崇高的理想,超前的思维,忧国忧民的人品,气魄宏伟的诗歌都将永远在历史的长河中熠熠闪光。

韩非死亡之谜

韩非,战国末期韩国人,战国时期的法家思想集大成者。韩非为法家学说的发展做出了巨大的贡献,但是最终却落得自杀而亡的结局。其原因何在呢?

韩非之死的原因历来众说纷纭,其中的主流观点认为:韩非死于同门师兄李斯的嫉妒。韩非与李斯是同门,两个人一个善于撰述理论,是理论家;一个善于政治谋划,是政治家。但二人都是法家的集大成者,并师从同一位老师——荀子。荀子是战国时代的最后一位大儒。

韩、李二人同在荀子门下求教,朝夕相对,对彼此的身世、才能和缺点都非常了解。李斯是楚国上蔡人,早年只做了一名小吏。他发现,厕所里的老鼠瘦骨伶仃,见人就跑;而仓库里的老鼠却脑满肠肥,人来了也大摇大摆,丝毫不"怯场",于是发出感慨"人之闲不肖,譬如鼠矣,在所自处耳",奋发之心溢于言表。然而,韩非出身韩国贵族,自幼养尊处优,饱读诗书。不过,韩非拥有一个致命的缺点——天生口吃。据说韩非说起话来磕磕绊绊,许多道理心里明白,却说不出来,所以总是让人感觉底气不足,没有说服力。但是韩非能以长补短,用笔墨代替口舌来传播自己的思想和理论。他想象力丰富,尤其善于以寓言的形式讲述复杂深奥的道理,且文风雄健,汪洋肆恣,读来激荡人心。可以说,

韩非

在先秦诸子里，除了庄子能在文章上与韩非一较高下，其他人根本不是其对手。

至战国末年，韩国已经成了七雄里的末流国家。满怀报国热情的韩非学成归国后，看到祖国江河日下的情景，心急如焚，于是多次上书韩王，希望他能采纳自己的"法、术、势"相结合的治国理念，让韩国再次强大起来。不过，韩王并非明君，并没有把韩非的建议当做金玉良言。韩非无奈之下，将报国无门的满怀忧愤都倾注于笔端，先后完成了《孤愤》《五蠹》《说难》等旷世名篇，共计10万余字。在先秦经典中，《老子》只有几千字，《论语》不过一万字。韩非的著述，在当时可谓是"长篇巨著"。

墙里开花墙外香，这些韩王看不入眼的废话，却被雄才大略的秦王嬴政看到了。秦王对这些著作手不释卷，日夜揣摩，看到精彩处忍不住击节赞赏，渐渐对韩非这个人也产生了兴趣。他对侍从说："若能与韩非先生一起散步，纵论天下，哪怕叫我立即死去，也心甘情愿。"后来，秦王发动大军攻打韩国，目的只有一个：让韩王送韩非赴秦，与之相见。因一个人而发动一场战争，韩非的个人魅力可见一斑。闻名不如见面，韩非果然没有让秦王失望，两人促膝长谈了数个夜晚仍然意犹未尽。

而此时的李斯，早已凭借着自己的政治敏感来到了秦国，并经由吕不韦推荐，慢慢地做到了秦国的高官，也备受秦王的尊敬和倚重。嬴政对韩非的重视被心胸狭隘的李斯看在眼里，急在心中。李斯对这位同门师弟既佩服又恐惧，生怕师弟超过自己，威胁到自己在秦国的地位。李斯于是向秦王进言，说韩非虽然才华出众，但是却一心向着自己的祖国韩国，断然不会被秦国所用。这样的人留在世上，岂不是会给大秦的将来留下巨大的麻烦？秦王思虑再三后认为言之有理，为免除后患就将韩非下狱。天生口吃的韩非，没有能力为自己辩驳，最终被李斯逼死在狱中。

此外也有人认为：韩非之所以不得善终，是因为他向秦王嬴政进了姚贾的谗言，结果害人不成，反而陪葬了自己的性命。据说，韩非当时与姚贾交恶，于是向秦王进谗言陷害姚贾。姚贾获悉后反起而攻之。由于姚贾的口才强过天生口吃的韩非百倍，因此轻而易举地扭转局势，变被动为主动，使秦王相信了姚贾的无辜和韩非的陷害。而韩非反因构陷不成而为秦王所弃，最终身败名裂。

不论何种原因，韩非之死的根本原因

《韩非子》

恐怕是在他自己身上。韩非虽有过人的智慧，却没有很好的处世心机和为官技巧，这在战国乱世之中是很难生存下来的。后来的民间传说认为，韩非本为韩国人，却为秦国效力，甚至还为秦国灭掉韩国出谋划策，是"叛贼"。他的横死是罪有应得。死于非命，最后又落下骂名，韩非的悲惨结局也是那个动乱年代大多数有才之士的共同结局。尤其是谋害韩非的重大嫌疑人李斯，他估计怎么也不会想到，自己有一天也会落得和韩非如此相似的结局。

 ## 蔡伦为何自杀

东汉时的蔡伦为全世界人民所熟知，因为他改进了造纸技术，造出了"蔡侯纸"，普及了纸的应用。因此，蔡伦被誉为中国古代四大发明中"造纸术"的发明者。但是当人们将注意力放在蔡伦改进造纸术的重大科技贡献时，却对他的身世和最后的死因产生了困惑。其身世如何？为何而死？

蔡伦一生坎坷，命运跌宕起伏。他13岁以阉人身份入宫，成为宦官。因为聪敏好学，第二年就被升为小黄门。宫闱之中斗争在所难免，在实权派窦太后的授意下，蔡伦参与了诬陷汉安帝的祖母宋贵人及其子太子刘庆（汉安帝之父）的政治斗争，直接导致刘庆被废为清河王，宋贵人及其妹妹服毒自杀。

10年之后，窦太后薨逝，汉和帝刘肇的皇后邓绥被尊为太后。不久汉和帝刘肇英年早逝，新登基的幼帝也不幸夭亡。邓太后就立了自己的皇侄子刘祜为太子。虽然此时的邓太后依然握有实权，但是刘祜的再次出现却给蔡伦之死埋下了祸根。因为刘祜就是当年蔡伦参与陷害的刘庆的儿子。邓太后主政之

蔡伦

时，蔡伦仍然凭借着出色的政治头脑和办事能力权倾朝野。但是邓太后刚一去世，安帝刘祜就命令蔡伦到廷尉那里去自首。蔡伦为了避免受辱，在洗浴全身并换上整洁的衣冠后服毒自杀，最后被葬于自己的封地龙亭（位于现在的陕西洋县）。

身在其中，不由自主——这八个字是对蔡伦一生最准确的评价。这位对世界文明的发展做出了巨大贡献的人物，却在风云变幻的后宫斗争中悄然落幕，留给后人的是无限的遗憾与深思。

 ## 三国名将吕布死因新解

吕布，字奉先，五原郡九原（今内蒙古包头）人，东汉末年的名将。吕布幼年习文，及年长习武，在战场上堪称千人不敌，万夫难挡，故时人语"人中吕布，马中赤兔"。可惜，吕布虽然骁勇善战，却有勇少谋，性格反复多变。他不断地换主投靠，又不断地加以背叛离

孟德大破吕布

弃，最后使军中上下离心，不敌曹刘联军，被绞死于白门楼。那么真实的吕布是怎样一个人呢？他短暂的生命又因何而结束了呢？

吕布出生在军人世家，祖上一直是留守边关的将领。据说因出生时有异象，加之是家中的独生子，吕布一出生就受尽了父母的宠爱和呵护。吕布自幼聪慧过人，力大无穷，同龄孩童都不敢和他玩耍，敬而远之。在这种环境下，吕布逐渐形成了以自我为中心的性格，让他在混战不断的三国乱世，多次易主，人品颇受诟病。吕布一开始先随父亲投靠丁原。丁原惜才，对其十分亲厚和器重。如《后汉书·吕布传》所载：丁原对吕布"甚见亲待"。汉灵帝刘宏去世后，丁原与董卓开始争夺对汉王朝的控制权。在时局变化中，吕布为了高官厚禄选择了董卓，杀死了对他有知遇之恩的丁原。当时司徒王允试图除掉董卓，用美女貂蝉拉拢吕布，结果吕布又投靠了王允。董卓死后，吕布败给了杀回京城的董卓旧部李傕和郭汜，仓皇出逃。之后，吕布又先后投靠张扬、袁绍，但都因为二人部下的坚决反对而未果。吕布转而投靠曹操，没多久又背叛曹操，自立为徐州刺史，联合袁术攻打刘备，使得刘备不得已投靠曹操。但吕布最后还是被曹操所擒。

当吕布被捆至曹操面前时，他仍然自吹自擂可与曹操共打天下。曹操曾一度想加以留用，但刘备"你难道没看到丁原和董卓的下场吗"的一句话，顿使曹操醍醐灌顶，彻底断了这个念头，下令缢杀吕布。

吕布的一生可谓如流星，灿烂夺目，却转瞬即逝。其虽才华出众，武艺高强，但是又少信寡诚，急功近利，在被人利用中又不断利用他人，这可以说是其不得善终的根本原因。卑劣的人格与动荡的局势使吕布最终只能落得个千古恶名，可悲又可叹。

杨修之死的真实原因

杨修是东汉末年文学家，以学识渊博而著称。建安年间被举为孝廉，任郎中，后为汉相曹操主簿。就是这样一位聪明过人、学识超群的"才子"，却最终被曹操杀害，时年44岁。这中间的真相究竟如何呢？

《三国演义》中讲到的杨修死因，大致有三点：杨修有才，曹操嫉贤妒能；杨修参与曹操家中夺嫡之争，犯了大戒；杨修恃才放旷，自作聪明，妄传"鸡肋"军令，扰乱军心，触犯法令。只是《三国演义》中均是戏说，不是历史本来的面目。

有人认为在真实历史上，杨修是因曹植的陷害而被冤杀的，与"鸡肋"事件毫无联系。杨修身为曹操的主簿,需要长期接触曹操身边的机密工作,就相当于现在的机要秘书,官职不大,却非常重要。因此,在曹丕、曹植争夺世子之位时,都想拉拢杨修。曹植个性张扬,事事主动,他靠近杨修的方法,是写公开信,在文学圈造势,拉杨修做笔友,力求给所有人的印象都是他跟杨修很亲密。但是曹操洞若观火,他要是真认为杨修与曹植亲厚的话,绝对不会让杨修继续当主簿。因此可以推断,杨修与曹丕、曹植两人的交好都是虚与委蛇,力求两边都不得罪。所以杨修之死,应该是被人诬陷,而这个人是曹植的可能性非常大。因为曹植诗文写得极好,但是人品却不佳。在曹植因为跋扈无礼而被曹操淘汰出世子之争以后,他继续通过手段,把很多人才都拖下了水,将很多贤才都从曹丕身边剥离。因为这样,即使曹丕顺利即位,将来也少了不少贤能辅佐,就会给天下人造成曹丕不如曹植的错觉,让天下人认为曹丕无能、不容人,从而暗示曹植才是真命天子。但是此种观点牵强附会较多,不足为据。

杨修

其实在历史上,杨修被杀的真实时间是建安二十四年。那时候,曹植早已被逐到临淄封地了。而且,杨修也不是死在曹操与刘备争汉中时,而是被处死在曹操亲率大军援救樊城的行军途中。关于曹操杀杨修的直接理由,曹操在事后给杨彪写过的一封哀悼信中进行了说明,意思是:杨修违反了军纪,不守其行军规则,军中执法如山,不得不杀他。

杨修在临死前说了这样一句话:"我固自以死之晚也。"可见他自己已早料到躲不过这一劫。杨修死后百日,曹操也死了。可见,曹操杀杨修是有其深刻原因的,并非因一个小小的"鸡肋"。一个原因是杨修被世人认为结连曹植,曹操要帮曹丕排除障碍;还有一个原因是杨修掌握了太多曹氏的秘密,有可能影响将来曹丕行"周武王之事",颠覆汉朝。而后者则是最为关键的。杨修之死虽然谜团重重,但是不难看出在波诡云谲的三国时期,杨修身为一个知识分子,只能充当统治阶级手中一颗棋子而已。

司马昭为何处死嵇康

嵇康是竹林七贤之一,是竹林七贤的"精神领袖",曾娶曹操曾孙女为妻,是曹魏中散大夫。司马昭当政时期,找了一个借口,把嵇康杀了。鲁迅曾说:"嵇康得罪了钟会只是外因;嵇康独立于司马集团之外,又是曹家女婿,这才是内因,才是致死的根本原因。没有钟会搬弄是非,也会有别人搬弄是非。总之,嵇康必死无疑。"那么,司马昭处死嵇康真如鲁迅所说吗?

通常人们认为嵇康被杀的一个主要原因就是没有处理好人际关系。钟会拜会嵇康时,受到冷待。钟会怀恨在心,向司马昭进谗言,拟利用"吕安案"把嵇康除去,以报私怨。吕安有个貌美的妻子,被其兄长吕巽所奸。吕安欲状告吕巽。嵇康与吕氏兄弟交好,

嵇康

便劝告吕安不要上告,以免家丑外扬,影响声誉。吕巽害怕吕安报复,便先发制人,诬告吕安不孝。吕安被官府羁押。嵇康不愤,为之作证,被司马昭抓起来。钟会趁机向司马昭进言,趁此良机除掉嵇康。之后,嵇康被判处死刑。临刑之前,三千太学生请求免除嵇康的死罪,未获准。嵇康临死之前弹奏《广陵散》。曲毕,慷慨赴死。假如钟会真心去拜会嵇康,就不会因为嵇康冷待而怀恨在心。《晋书·嵇康传》记载:"康不为之礼,而锻不辍。良久,会去,康谓曰:'何所闻而来?何所见而去?'会曰:'闻所闻而来,见所见而去。'会以此憾之。"两人一问一答,令局外之人感到莫名其妙。闻何闻,见何见?在《顺治河南通志》中记载:"淬剑池在修武县北,昔嵇康曾淬剑于此,石刻尚存。"那么当时的情况应该是,司马昭听别人告密说嵇康在铸剑,于是派钟会前来查看。钟会到了之后,看到嵇康正在铸剑。于是,达到目的就回去了。所以钟会怀恨报复这个原因难以令人信服。

嵇康"才多识寡","性烈意远","难乎免于今之世"。所以他怠慢钟会是很好理解的。嵇康"非汤武而薄周孔","越名教而任自然"。在当时"魏明帝殂,少帝即位,改元正始,凡九年,其十年则太傅司马懿杀大将军曹爽而魏之大权移矣。三国鼎立至此垂三十年,一时名士风流,盛于雒下,乃其弃经典而尚老庄,蔑礼法而崇放达,视其主之颠危若路人然,即此诸贤为之倡也。自此以后,竞相祖述"。也就是说当时独尊儒术的堤防已经崩溃,处士横议,匹夫抗愤,崇尚通达,裁量执政,知识分子显示出强烈的社会责任感。据记载,阮籍在母丧期间,"饮啖不辍,神色自若"。按儒家思想,阮籍应该被判不孝之罪,而流亡海外。所以,嵇康"非汤武而薄周孔"不是被杀的原因之一。

嵇康被杀,是因为他在舆论上反对司马家族。嵇康在舆论上直接斥责司马家族:"利巧愈竞,繁礼屡陈。刑教争施,天性丧真。季世陵迟,继体承资。凭尊陵势,不友不师。宰割天下,以奉其私。"在当时司马家族大权在握,司马昭之心路人皆知。嵇康不避风头浪尖,反而挺身直上。

另外,嵇康还宣传义不事二的人才价值观。这触犯了司马家族的利益。嵇康还发表《与山巨源绝交书》,对山涛讽刺谩骂。山涛当时为司马家族效力。嵇康骂山涛其实就是骂司马家族。若是把《与山巨源绝交书》看做是嵇康被杀的主要原因,也是不妥当的,但至少是原因之一。因嵇康被杀后,山涛和阮籍就成为当时精神上的领袖。而山涛和阮籍都是司马家族的人。他们二人做了领袖,有助于司马家族代替曹魏,能加快司马氏代替魏氏的步伐。也就是说,嵇康是一个绊脚石,早日杀掉他能加快司马家族代替曹魏。

在史书中记载,嵇康"性慎言行"。然而,到后期他已经置生死于度外。后来,有人告发嵇康想要造反。《世语》中记载:"毌丘俭反,康有力,且欲起兵应之。"吕安案发,钟会又进谗言。司马昭才"因衅除之"。

行刑之时,嵇康毫无畏惧,令人取来爱琴,弹奏一曲《广陵散》,哀叹一声:"《广陵散》于今绝矣!"一代奇才就此湮没在历史的尘埃之中。

奸相蔡京为何被饿死

历史上几乎任何一个王朝的灭亡,都会有一位昏庸无道的皇帝,同时还会有一位奸佞卑鄙的奸臣。北宋王朝的皇帝宋徽宗赵佶和他的宰相蔡京就是这样的组合。蔡京,北宋人,字元长,据说是福建仙游人。宋神宗在位时,进士及第,走进了官场。蔡京先为地方官,后任中书舍人,改龙图阁待制、知开封府,可谓是官运亨通。尤其徽宗一朝,蔡京四次任相,后又官至太师,把持朝政近20年的时间。但是就是这样一位曾经一人之下、万人之上的权臣,最终却被饿死。其原因何在?

在当权期间,蔡京拉帮结党、祸乱朝纲、聚敛私财,搞得朝廷乌烟瘴气,民不聊生。天下百姓公认蔡京是欺君害民的罪魁祸首,但是宋徽宗却对他一直深信不疑,包庇纵容。直到金兵渡河,直指东京时,懦弱无能的徽宗选择逃避,在慌乱中让位于儿子赵桓,是为钦宗。此时,上至群臣下至百姓,对蔡京的讨伐之声震动天地。钦宗只好顺应民意,"连贬(蔡京)崇信、庆远军节度副使,衡州安置,又徙韶、儋二州。行至潭州卒,年八十"。

蔡京

虽然皇帝没有判蔡京死刑,但是百姓们却判了其死刑。王明清《挥尘后录》中记载了蔡京之死:"初,元长之窜也,道中市食饮之物,皆不肯售,至于辱骂,无所不至。遂穷饿而死。"可以说多年的仇恨让百姓们化成了一股复仇的力量。被贬途中,蔡京虽然仍携带有无数金银,但是各地的老百姓竟无一人肯卖给他粮食,供其住宿,任由这位已过八旬的老翁饥肠辘辘,流浪街头。

见此状况,蔡京悲叹道:"八十一年往事,三千里外无家,孤身骨肉各天涯,遥望神州泪下。金殿五曾拜相,玉堂十度宣麻,追思往日谩繁华,到此翻成梦话。"蔡京没有想到自己玩弄权术的报应竟来得如此之快。此时此刻他才认识到老百姓比权术重要,但是大势已去,为时已晚。一代奸相蔡京只能在饥寒交迫中走向穷途末路。

洪秀全死因之谜

洪秀全是太平天国运动的发起者,也是太平天国的"天王"。1864年天京城被曾国藩合围。在清军的围攻下,天京岌岌可危。恰在这个关键时刻,洪秀全竟然去世了。关于洪秀全为何而死,历史上流传了两种说法,一是服毒自杀,二是病死。那么,洪秀全究竟是因何而死的呢?

洪秀全雕像

在20世纪60年代之前,大多数人都认为洪秀全是自杀身亡的。李秀成是太平天国后期的主要领袖。洪秀全在天京去世之时,李秀成正在参加天京保卫战。因而,李秀成对洪秀全的死因应当知情。在曾国藩刊刻的《李秀成自述》中,记载了这样的一句话:"天王(即洪秀全)斯时焦急,日日烦躁,即以四月二十七日服毒而亡。"这也是最早流传出的洪秀全的死因。在《洪仁玕自述》中也提到了洪秀全的死因,说:"天王之自杀,更令全局混乱。"曾国藩在给朝廷的奏折中,这样写道:"首逆洪秀全实系本年五月间,官军猛攻时,服毒而死。"在之后的奏折中,又言:"有伪宫婢者,系道州黄姓女子,即手埋逆尸者也。臣亲加讯问,据供,洪秀全生前,经年不见臣僚,四月二十七日因官军急攻,服毒身死,秘不发丧。而城里群贼,城外官兵,宣传已遍,十余日始行宣布。"大多数史学家根据上述资料,认定洪秀全是服毒自杀的。很多学者在写太平天国的书时,都言洪秀全是服毒自杀的。只有少数人对此有所怀疑,然而却没有证据证明自己的观点。

60年代之后,《湘乡曾八本堂·李秀成亲供手迹》正式影印发行。在这份《李秀成亲供手迹》中,提到洪秀全的死因却是病死的。文中叙述:"此时大概三月将尾,四月将初之候,斯时我在东门城上,天王斯时已病甚重,四月二十一日(天历)而故。"还说:"此人之病,不食药方,任病任好,不好亦不服药也。是以四月二十一日而亡……天王之病,因食甜露病起,又不肯食药方,故而死也。"这句话还说出了洪秀全得病的原因是食"甜露"。什么是甜露呢?甜露其实就是草团。1864年3月,天京被合围之后,城内缺少粮食。众军只好吃草团。天王洪秀全也跟着吃草团,表示同甘共苦。那么,这个记述与之前曾国藩刊刻的《李秀成自述》中洪秀全的死因为什么会不同呢?

一些学者认为,曾国藩之前出版的《李秀成自述》是经过篡改的。曾国藩的幕僚赵烈文在《能静居士日记》七月初七日条中说:"中堂(即曾国藩)嘱余看李秀成供,改定咨送军机处,傍晚始毕。"曾国藩把李秀成供稿呈送军机处时,说:李秀成的供词言语不通顺,但是所言皆是事实,因此我命人抄送一份给军机处,以备查考。由此可知,曾国藩先前出示的《李秀成自述》有改动的可能。曾国藩把洪秀全病死改为自杀而死也在情理之中。洪秀全若是病死,功劳不在自己身上;若是因围城被迫自杀,则功劳在自己身上。在《洪仁玕自述》的后半部分说洪秀全自杀,是因为后半部分是外人翻译的,可能受曾国藩刊刻的《李秀成自述》的影响,而原稿已经丢失。在《洪仁玕自述》前半部分原稿中,有这样一句话:"至今年四月十九(天历),我主老天王卧病二旬升天。"即是说洪秀全是病死的。在《能静居士日记》五月初六日条中记:"闻探报禀称,逆首洪秀全已于四月廿八日病死(彼中之四月二十日)。"

至此,现代的大多数学者都认为洪秀全是病死的。《李秀成亲供手迹》能够提供有力的证据。太平天国运动随着洪秀全的死而失败了。这场声势浩大的农民运动,无论是战争规模与激烈程度,还是军事策划和指挥水平,均达到历代农民战争的高峰。

李莲英死亡之谜

在大清朝风云变幻的历史中,李莲英也可以说是一个声名显赫的人物。慈禧太后对李莲英的宠信已到了令人惊羡的地步。1911年,李莲英离开了人世,享年64岁。他的死必然引起很多人的关注,那么他究竟是怎么死的呢?

据有关史料和李莲英的墓葬碑文所记载,李莲英是年老病死的。李莲英的过继后人李乐正也说,祖父是死于痢疾,得病没多久就死亡了。这两点似乎也前后印证和吻合了。然而随着1966年李莲英坟墓的初见天日,其死因又成了众家争说讨论的焦点。原来在李莲英的棺椁里,整个尸体只有一颗腐烂干净的骷髅头,还有一双鞋底。此外都是空荡荡的,连一小节指骨都没有。难道是盗墓者所为?可是陪葬的那么多稀世珍宝都安然无恙。这不免让人觉得李莲英之死并非病死那么简单;再结合当时李莲英权倾朝野的复杂形势,他杀倒是似乎更有可能。可是究

李莲英

竟是谁与他有仇,将他杀死?又在何处杀死呢?一时间又是众说纷纭,一种说法是说李莲英在后海被他宫内的死敌小德张所杀,但似乎杀完人后留下脑袋,扛着身子走不太符合正常逻辑;另一种说法是说他死于辛亥革命时期的革命党之手;还有传言说李莲英是被宫中的仇敌杀死在去山东的路上。

然而,终究是没有任何直接证据能证明李莲英是被杀。由于史料记载大都模糊,似乎李莲英之死在短期之内不会有太明确的结果。但是有一点我们却可以肯定,那就是李莲英绝非单纯的病死、老死那么简单。

林则徐死亡之谜

林则徐生于1785年,是主持虎门销烟的民族英雄。1850年,林则徐以钦差大臣身份奉旨赴任广西军务。他日夜兼行百余里,至广东潮州普宁时,不幸突然死亡。这样一位既干练又爱国的边疆大员在奉旨赴任途中突然亡故,这不能不使人们产生种种的猜疑和传说。

有人认为林则徐是在赴任途中得病而死。如《清史稿》中所言:林则徐"行次潮州,病卒"。而施鸿保的《闽杂记》对于林则徐死亡前夕的情况有着较为详细的记载:"公患痔漏

林则徐

久,体已羸,至是力疾起行,十一日抵潮州,复患痢,潮守刘晋请暂留养疾,不可。次日遂薨於普宁行馆。"一般官方记载都持此说。根据林则徐《讣文》和林则徐之子林汝舟《致陈子茂书》等材料也可以得出:林则徐此时已经66岁高龄,身体羸弱,赴任途中吐泻严重。但是恪尽职守的他在这种情况下仍然日夜兼程,辛劳颠簸,终于引发了心肺旧疾,使咳喘增加,舌蹇气促。新病加上旧疾,终致无法挽救,一代名臣客死他乡。

然而,时人也有传言谓:林则徐系洋商买通厨人投毒谋害致死。张幼珊的《果庵随笔》和广东《东莞县志·逸事余录》所载内容之中,均直接指出下毒者乃广东十三洋行总商伍氏(指伍绍荣)。因伍氏曾被林则徐在查禁鸦片时锁拿于越华书院,故而忌恨在心。这次又闻林则徐起任广西巡抚,伍氏忧其再次复职督抚广东,特派遣亲信携巨款贿赂林的厨师,用夷药投入食品中,致使林则徐一路上泄泻不止,终于委顿而死。而且,有人根据林则徐在临死时曾三呼"星斗南"的说法,推测"星斗南"者,即洋商聚居之地的"新豆栏"。因为在福建方言中,"星斗南"与"新豆栏"的发音相同。由此说明,林则徐在临死时已发觉自己受洋商所害,所以连呼"新豆栏"。此外,平如衡在《林则徐家书·著者小史》中则认为林则徐是"被奸徒以黄蜡毒死者"。

林则徐的死因扑朔迷离,官方民间的说法大相径庭。但是不论因何而亡,其勇于抗击外来侵略的胆识;不囿于传统旧习,放眼世界,探求新知的精神;整顿河工、兴修水利、救灾放赈、查禁鸦片、改革财政等方面的才干,都将永远彪炳史册,光耀千秋。

李白死亡之谜

诗仙李白的一生,是传奇的一生,也是坎坷的一生。李白诞生在中亚的碎叶城(今吉尔吉斯斯坦国碑城)。据《上安州裴长史书》载:李白自称"五岁诵六甲(道家典籍),十岁观百家(诸子百家)","十五好剑术",25岁"仗剑去国,辞亲远游,南穷苍梧,东涉溟海",曾游遍祖国的名山大川,留下许多壮丽诗篇。但是谈及李白的死因,却和他浪漫而传奇的人生一样,至今仍是一个谜

李白之死,历来众说纷纭,莫衷一是。《旧唐书》中云:李白"以饮酒过度,醉死于宣城",认为李白为醉死。同时也有专家学者经考证认为,李白最后死于疾病。谓李光弼东征临淮时,李白不顾61岁的高龄,闻讯前往请缨杀敌,希望在垂暮之年为挽救国家危亡尽力;不料,却因患病中途返回,次年病死于当涂县令、唐代最有名的篆书家李阳冰处。而有关李白的死因,最富传奇色彩的说法却在民间,说李白在当涂的江上饮酒,因酒醉

跳入水中捉月而溺死。这种说法浪漫而唯美，也与诗人性格非常吻合，但是可信度却不高。

纵观李白的三种死法，《旧唐书》之说最为可信。理由有三：其一，《旧唐书》是后人修的正史，史料选择相当慎重。如果说李白"烈士暮年，壮心不已"，投笔从戎，最后"出师未捷身先死"；那么，如此重要的事件，《旧唐书》不可能丝

马鞍山采石矶公园内的李白纪念馆

毫未记。其二，因为李白一生嗜酒如命（放言"古来圣贤皆寂寞，唯有饮者留其名"，"五花马，千金裘，呼儿将出换美酒"），年老力衰，因饮酒过度而亡，也是情理之中。其三，之所以死于安徽的宣城，而不是当涂，是因为李白一生对宣城情有独钟。因为他仰慕的谢朓曾在此为官。这在其诗文中多次被提及。其实不管哪一种死法，李白之死都与参加永王李璘谋反作乱有着直接的关系。因为李白因罪流放夜郎遇赦后不久，就结束了他传奇而坎坷的一生。

总而言之，李白只适合做一个纯粹的诗人，而不是翻云覆雨的政治家。因为诗人狂放不羁、恃才傲物的秉性根本不适合在尔虞我诈、欺上瞒下的官场中生存。李白一生既想在官场上实现"辅弼天下"的宏愿，又不愿改变自己狂放不羁的性格，结果也只能借诗抒怀，"痛饮狂歌空度日"，用酒麻醉自己的灵魂，了此一生。正如小他11岁的好友杜甫所言，纵使能赢得"千秋万岁名"，那也不过是"寂寞身后事"了！

岳飞被杀真相

岳飞，字鹏举，是中国历史上著名的战略家、军事家、抗金名将，是两宋以来最年轻的建节封侯者，被尊为华夏杰出先烈。南宋初，打败金军的大功臣岳飞被奸相秦桧以"莫须有"之罪名处死。一代名将真的会因为秦桧的几句毫无根据的谗言而被处死吗？其实，事实真相并非如此。岳飞被杀，是有其深刻原因的。

岳飞曾经大破金兵，战功赫赫。功成名就之后，岳飞却数次触及宋高宗赵构的忌讳。岳飞先是于1137年奏请没有亲生儿子的宋高宗立太子。这种干涉朝政的野心令高宗非常不满。同时岳飞让手下公然打出"岳家军"的旗号，无视宋朝重文轻武的治国思想，把大宋官军变成了自己的私人武装。同时，"一天十二道金牌"也能从侧面看出岳飞不爱听命令。这种种悖逆行为都在挑战着高宗的忍耐程度。更重要的原因是，岳飞击败金朝后就有可能迎回"靖康之难"时被金兵掳走的徽钦二帝。他们一位是高宗的父亲，一位是高宗的哥哥，均是北宋皇帝。这样一来必然会对高宗皇位的合法性产生巨大冲击。这让高宗感觉到自己的政权受到了严重的威胁。

岳飞

同时，高宗也想从当时实力较强的张俊、韩世忠、岳飞、刘光世四个武装力量中收回军权，所以他利用秦桧和张俊将岳飞处死。

在岳飞被杀20多年后，高宗退位为太上皇，宋孝宗继位。孝宗立即为岳飞平反，当时高宗还在世，可是并没有反对。为什么呢？因为岳飞在抗金战场上立有重大军功，不明不白地死去，会给朝廷带来诸多负面影响，也容易被反对党派攻击误杀功臣，所以朝廷必须要为他平反，这样才有利于收复人心。其时，岳飞已死多年，其军队已经成功地被朝廷收编，对皇权不会构成任何威胁。因此给予其死后哀荣于朝廷有百利而无一害。然而，秦桧却在此时充当了替罪羊的角色。南宋的统治者把杀害岳飞的责任全部推到他的身上，让其背上了谋害忠臣的千古骂名，遗臭万年。

由此可见，岳飞之死的原因有他本人性格上的一些问题，比如功高盖主，干涉朝政，甚至不服从朝廷调遣的军令，又没有处理好与朝廷大臣的关系等。但是岳飞在抗金斗争中贡献巨大，弘扬了中华民族坚强的民族气节，是一位不折不扣的爱国英雄。

袁崇焕被杀之谜

在中国古代历史上，仁者，常受小人的算计；智者，常受庸人的排挤；勇者，常受呆人的妒忌；廉者，常受贪人的打击。大凡仁智勇廉兼有的贤德之士常常得不到善终。袁崇焕就是如此。他本是明朝末年主持抗后金的将领，曾一度收复辽东失地，为明朝立下了汗马功劳。然而，就是这样一位劳苦功高的将领却被崇祯帝逮捕下狱，并施以"千刀万剐"之刑。袁崇焕为何被杀，一直是史学界关注的话题。

一般认为袁崇焕被杀，是因为崇祯帝中了皇太极的反间计，听信宦官的谗言，将其误杀了。明末，后金侵略中原，袁崇焕曾三度击溃后金大军。皇太极深知不除掉袁崇焕，夺取中原是不可能实现的。于是，施用反间计。其实早在后金进攻北京城的时候，社会上就谣传袁崇焕已与皇太极结下了城下之盟，他引后金大军攻打北京就是为了夺取大明江山。这些流言蜚语也传到了崇祯帝耳朵里。但是他还是不太相信，就派人去调查。《东华录》记载，皇太极抓捕了两个太监，命人严密看守。然后，他派手下将领在离那两个太监不远的地方假装商量军事：我们今天退兵不过是按计划行事……只要袁崇焕一成功……两个太监侧耳倾听，听得不是很清楚，只隐约听到袁崇焕已和皇太极勾搭上了，达成了某种秘密协议。到了庚戌时刻，皇太极命人放了两个太监。两个太监回去后，把皇太极和袁崇焕密谋的事情告诉了崇祯帝。崇祯帝深信不疑，于是下令逮捕袁崇焕，实行"千刀万剐"之刑。

事实真如清朝史书中写的那样，崇祯帝中了皇太极的反间计了吗？有人对此提出了质疑：皇太极熟知兵法，崇祯帝就是白痴吗？这些人认为，崇祯帝杀袁崇焕根本是蓄意杀戮，并非中了反间计而误杀。袁崇焕之所以被杀，是因为他妨碍了崇祯帝的皇权。明朝时期，宦官专权是很正常的事情。崇祯帝即位后，为了除掉阉党对自己的威胁，起用东林党人。阉党权势变小之后，崇祯帝又开始依用宦官削弱大臣的权力。袁崇焕敢说、敢为，正是宦官害怕的人。袁崇焕先斩后奏杀了大将毛文龙，崇祯帝"骤闻，意殊骇"。后来，"己巳之变"发生，崇祯帝对袁崇焕"五年复辽"失去了信心。袁崇焕也没有了利用价值，况且他还妨碍了皇权的专制。崇祯帝杀袁崇焕的主要原因是他与东林党人妨碍了自己的皇权。袁崇焕是皇权与大臣之权相争下的牺牲品。

袁崇焕

不管是中了反间计还是蓄意杀戮，袁崇焕都是难逃一死。也许，事情的真相不是这么简单。自古"信而见疑，忠而被谤"之人不可胜数。袁崇焕为何被杀，在今天已经找不到有力的证据去证明了。不管是猜忌也好，中人奸计也罢，崇祯帝杀了袁崇焕无异于自毁长城。袁崇焕的过早死亡，加速了明朝的灭亡。

郑成功暴死之谜

郑成功，福建南安人。明隆武帝曾赐姓朱，名成功。故后人也多称其为"国姓爷"。郑成功收复台湾不久，却突然暴病而亡，年仅38岁。关于郑成功的死因，历史上众说纷纭。

有这样的说法：郑成功在收复台湾的同时，也接到凶信，说他父亲郑芝龙被家奴伊大器告发。伊大器称郑成功与其父之间不时有书信往来，图谋不轨。清朝廷震怒，将郑芝龙全家处死。郑成功听到消息后，捶胸顿足，望北恸哭。不久郑成功又得知，叛将黄梧在自己家乡挖了郑氏祖坟。郑成功更是捶胸拍案，整天哀伤哭泣。不久，南明兵部司务林英削发为僧，从云南逃到台湾见郑成功，向其哭诉道："皇上（永历帝）听信奸相马吉祥、逆戚李国泰之话，避居缅甸。现在吴三桂攻缅，缅王已将皇上献给吴三桂，听说已经被其杀害了。"郑成功听罢，更是哀痛不已。谁知一波未平，一波又起。郑成功的部下唐显悦告发郑成功的儿子郑经与乳母通奸。郑成功顿时气塞胸膛，立刻派人到厦门，欲斩郑经与其所生婴儿及乳母陈氏，但留守厦门的众将却不执行命令。郑成功天天登高眺望澎湖方向是否有船来到。连番遭受打击的郑成功身体衰弱，因此患上风寒。到了第八天，他突然发狂地喊叫道："吾有何面目见先帝于地下也？"既而用两手抓面而逝。所以，《台湾通志》中说，郑成功死于感冒风寒。

但是，不少人认为郑成功有可能是被毒身亡。因为根据《台湾外志》记述，清政府之

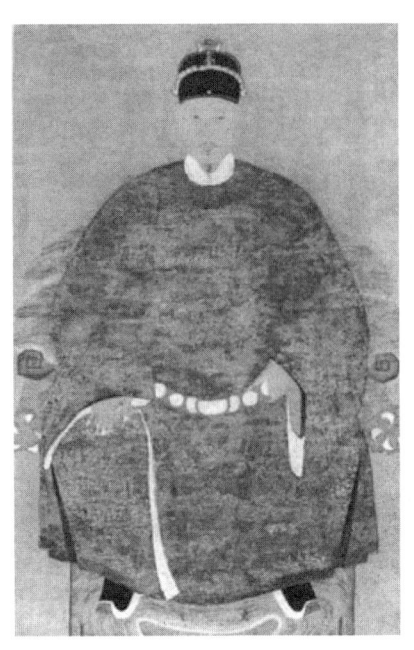

郑成功

前的确有过谋害郑成功的想法并付诸实施，只是最后没有成功。而据与郑成功同时代的李光地《榕村语录续集》、夏琳《闽海纪闻》、林时对《荷闸丛谈》等书的记载：郑成功死前的情状与中毒后毒性发作的症状极为相似。同时郑成功的部将马信在他死后也神秘地死去。马信是清降将，后来成为郑成功的亲信，郑成功去世当天，是由他推荐的医师开的处方。夜里郑成功死去，他本人也突然无病而卒。因此，马信可能直接参与谋害郑成功的活动，但后来又被人杀以灭口。

假若下毒说是真的，那么谁是主使者呢？清政府当然嫌疑最大。同时，也有人认为郑成功兄弟辈的郑泰、郑鸣骏、郑袭等人均有动机。据说，郑成功生性暴烈，用法严峻。郑氏部下，包括他的长辈亲族因过被处以极刑者很多。众将人心惶惶，其中很多人在清廷高官厚禄诱惑下叛逃。郑氏集团内部关系极其紧张。尤其是郑泰，早在郑成功率军攻打台湾时就与郑成功有矛盾。当时，郑泰为运粮官。当郑成功军队出现补给困难时，他对郑泰的失职极为不满，在座前写下了五个大字："户失先定罪！"意思是，要是出了乱子，首先处分郑泰。郑成功去世后，郑泰等人伪造郑成功的遗命讨伐郑经，并抬出有野心但无才干的郑袭来承兄续统。最后，他们的阴谋被郑经挫败，郑泰入狱而死，郑鸣骏等率部众携亲眷投降清朝。据此分析，策划谋害郑成功的很有可能就是郑泰等人。

但是有关郑成功死因的说法均为推测，缺乏直接确凿的证据。郑成功死去这年，无论对台湾还是对他本人，都是一个多事之秋，形势极为复杂。因此，关于郑成功死因的各种说法都有一定道理，也使郑成功之死愈加扑朔迷离起来。

李自成下落之谜

李自成，明末著名农民起义领袖，杰出的军事将领。公元1645年，其入京不足一月便被迫出走。兵败南撤后，不仅浩浩荡荡的农民起义从历史上消失了，而且李自成自己也从历史的视野中神秘地失踪。400多年来，关于闯王下落之谜一直众说纷纭。虽然目前学术界较多人赞同闯王"兵败九宫山后被杀说"与"夹山寺禅隐说"两种说法，但史学界几经推敲后仍觉疑点重重，未有定论。

说法一，"兵败九宫山后被杀"说。1645年，李自成兵败南撤，逃至湖北九宫山时，与清朝将领英亲王阿济格再次激战。最后，李自成只身带了数十亲随突围，却又遭当地乡勇截击，后单人匹马落荒而去，最终在乡勇包围之下自杀身亡。但是令人生疑的是，据史料记载，九宫山之战后，阿济格曾马上表奏清廷说，李自成逃跑后被九宫山当地乡民包围，无法脱身，最终上吊自杀。但不久他又给朝廷上了第二个奏报，验尸的结果竟是因腐烂而无法辨认尸体是不是闯王。清廷大怒，下谕旨一道责备其"往追流贼，迳报已死"。况且，李自成自小贫民出身，有勇有谋，不太可能自杀，所以这种说法可信度不大。

据明末清初学者费密的《荒书》记述，"李自成率十八骑，由通山过九宫山岭"时被山民围攻，十八骑被杀；李自成在与山民程九伯搏斗的过程中，被程

湖南石门李自成闯王陵

九伯外甥从背后袭击致死。同为明末清初诗人吴伟业的《绥寇纪略》中记述，李自成"至九宫山，独自上山谒元帝庙"时，被当地山民看到，以为是盗贼首领，"碎其首"而亡。由此可见，当时李自成被逼入九宫山中，也有可能被误当成山贼头目而被打死。

说法二，夹山寺禅隐说。清代澧州同知何璘在《书〈李自成〉后》一文中，提出了李自成兵败禅隐夹山寺为僧的观点。何璘认为清廷关于李自成死于九宫山的说法不真实，是李自成的障眼法。他根据实地考察和访问，指出李自成兵败后逃到夹山寺削发为僧，法名奉天玉和尚。1981年，湖南石门夹山寺发现一座古墓。考古人员发现墓主人奉天玉和尚违背僧规，按俗礼下葬，而葬俗又与本地葬俗不同。最后他们通过种种物证，认为何璘观点属实，奉天玉很可能就是李自成。

李自成作为一代农民将领，经过艰苦卓绝的斗争，推翻了腐败的明王朝，挽救黎民百姓于水火中。其敢于反抗的精神可歌可泣。但是李自成错失了改变历史的良机，最终败在清兵的刀锋下，至今下落成谜。这与他始终无法摆脱其狭隘的小农思想密切相关。

名妓陈圆圆结局之谜

一代名妓陈圆圆本姓邢，名沅，苏州人，居姑苏山塘街。陈圆圆生活在明末清初，史载她因遭乱流落，沦为歌妓，能诗善画，又善弹琴，遂成曲院名妓，名列"秦淮八艳"。这样一位地位低贱的烟花女子，却频繁地见于史书和民间传说，实与她离奇复杂的一生有关。史载，陈圆圆与闯王李自成及明末总兵、山海关守将吴三桂都有过密切的关系，后来还因为她被李自成（或说刘宗敏）掠走之后，吴三桂冲冠一怒为红颜，引清兵入关，使历史发生了决定性的改变。但是正史中有关陈圆圆结局的记载甚少，因此引起后世对这位"祸国红颜"的诸多猜测。

有人认为陈圆圆很早就死于宁远。《甲申传信录》中记载：自成进北京后，刘宗敏向吴三桂之父吴襄索要陈沅，即陈圆圆。吴襄回答说，陈已被送到宁远（今辽宁兴城）吴三桂处去了，而且已经死了。这种说法与当时的传说颇为不符。据史载，吴三桂从1644年

年老时的陈圆圆

复得陈圆圆,到1656年征讨川、陕,1658年率军入滇,一直将其随身而带。可见,陈圆圆死于宁远之说就疑点颇多,有待查考。而且从当时情况看,"陈圆圆已死",很可能是吴襄在威逼之下的推托之词。其可靠性极差。但也有信此说者,如《国榷》作者谈迁、《明季北略》作者计六奇、《续绥寇纪略》作者叶梦珠和当代作家姚雪垠等。

那么,倘若陈圆圆没有死于宁远,她最后会是什么结局呢?许多人认为,陈圆圆最后跟吴三桂居于云南,最终也死在此地。康熙时陆次云的《圆圆传》叙述了吴三桂在云南被封为平西王后,建苏台,营鄜坞,华贵无比;常歌大风之章向他献媚,令他高兴得不可一世,遂获他数十年如一日的专房之宠。后来,陈圆圆参与了吴三桂的叛乱阴谋,与吴三桂一同被歼。

而写于陆次云《圆圆传》之后钮琇的《觚剩·圆圆传》,记述得更为详细,但与陆次云所云有所出入,云:吴三桂晋爵为王之后,在昆明占据五华山永历故宫。起初吴三桂想将陈圆圆扶为正妃,但陈婉言推辞了。吴三桂于是另娶一女,此女妒心极强,群姬之艳而进幸者,均被其恨而杀之。陈圆圆独居别院,不施粉黛,因与其未生嫌隙,未遭其忌。吴三桂图谋叛乱时,陈圆圆有所觉察,但自感力不能禁,遂以年迈之由向吴三桂请求为女道士。得到许可后,陈便离宫入山,与药炉经卷为伴。然而,书中对陈圆圆的结局却未有明确交代。有传说是吴三桂兵败,陈圆圆自沉莲花池殉情。

清末蔡东藩也认为陈圆圆最后归于云南。蔡东藩在其《清史演义》"蓄逆谋滇中生变,撤藩镇朝右用兵"一篇中描述道:陈圆圆得知吴三桂争帝称王,"没甚趣味,并无可挽回,向吴三桂求一僻室静居,作为净修的居室。一住数年,三桂也不去缠扰。圆圆毕竟有福,到三桂将败时,一病身逝。三桂命葬在商山寺旁。绝代尤物,倒安安稳稳他与世长辞了"。

而谈到陈圆圆归葬何处,则说法更多,有人说其葬于云南、苏州、上海,也有说她葬于陕西、四川,但均拿不出可靠的史料。这大多都是对美人结局的一种臆测而已,故不可信。但是在各种记载中可以看出,陈圆圆的确是一位色艺双绝的女子,而这也正是她招惹是非之处。虽然简单地把美人与祸水相提并论有失公允,但是陈圆圆的美貌就算没有给国家带来祸端,也给自己的一生带来了跌宕起伏的命运与诸多磨难。

名妓柳如是自缢之谜

柳如是,明末清初名妓,本姓杨,名爱儿,号影怜,又号闻我居士、河东君,浙江嘉兴人。柳如是一生感情经历坎坷,最后嫁于东林领袖钱谦益。康熙三年(1664年),钱谦益溘然长逝。几天后，他的爱妻柳如是也悬梁自尽。那么，这位名妓自缢身亡的真正原因是什么呢？是为夫殉情，还是遭到胁迫呢？

柳如是为丈夫殉情是一种较为传统的观点。因为从钱柳二人结合的经历和婚后生活来看，柳如是自缢殉夫也不无可能。钱谦益学识渊博，誉满海外。柳如是十分仰慕钱谦益的才学，曾女扮男装主动前去拜访。两人结为夫妻之后，常在一起诗词唱和，琴瑟和谐。同时，钱谦益敬重柳如是之为人，十分宠爱她，不惜重金为其建造了一幢绛云楼。如此的深情厚谊，使柳如是愈加感激自己的夫君。所以在顺治五年（1648年），钱谦益因资助黄毓祺谋反一案被捕入狱后，柳如是甘愿作为犯人家属入京，并经过多方打点，终于使钱谦益无罪释放。为此，钱谦益感激涕零。可见二人的感情甚笃。因而在丈夫死后，柳如是悲恸欲绝，为其殉情也在情理之中。

柳如是

但是近些年有些史学家却认为，有着强烈民族气节的柳如是，很看不惯钱谦益在明亡后又入清廷为官的行为，绝对不会为之殉情。他们认为柳如是是被钱氏族人逼迫自尽的。柳如是在嫁到钱家的20多年里，一直大权在握，这早已惹来钱氏族人的不满。但碍于钱谦益的颜面，族人从未说过反对的话，但心里一直不情愿。因此在钱谦益死后，家族中便爆发了一场家产争夺的斗争，也就是所谓的"钱氏家难"。族人钱曾等人趁着一家之主办丧之际，开始大吵大闹，敲诈勒索，而且逼着柳如是交出家中的财政大权和房产，还夺走了良田六百亩和数十个仆人。几天之后，钱曾等人又来索要白银三千两，并威胁说："有则生，无则死。毋短毫厘，毋迟瞬息，毋代赍饰。"这些人登堂入室，并扬言要把柳如是唯一的女儿和入赘的女婿赶出家门。柳如是自嫁到钱家就没有受过这样的气。如今丈夫尸骨未寒，就遭到这些小人的凌辱，实在难消此恨。在进退两难的时候，柳如是镇定自若地对前来闹事的族人说："稍静片刻，容我开张。"随即，她独自一人登上阁楼，紧闭房门，悬梁自尽，并留下遗书，让长子和女儿女婿到衙门告状为自己申冤。所以，《中国历代才女小传》一书认为，柳如是实际上是被族人逼迫而自缢身亡的。因此有一些学者认为，柳如是的自杀是一个壮举。其壮举充分显示了她对封建恶势力的大胆抗争。

柳如是用一条腰带结束了自己的生命，尽管她真正的自杀动机至今还是一个未解之谜，但这样一位弱女子身上的凛然正气，的确令那些贪图利益的卑鄙小人而汗颜。

方孝孺被"诛十族"的真相

"诛九族"是古代族诛连坐的最高刑罚。倘若一个人被判"诛九族"，说明这个人一定犯了十恶不赦之罪，同时也说明这个人的家中上下九代人将被全部杀光，一个不留。因

方孝孺

此，一般只说诛九族，很少听说过诛十族。但是明朝建文帝老师方孝孺却是中国历史上唯一一位被诛十族的人。原因何在呢？

方孝孺，字希直，一字希古，号逊志，浙江宁海人。历任陕西汉中府学教授、翰林侍讲、侍讲学士、文学博士。建文帝即位后，召方孝孺入京担任自己的老师，为自己解答学习中的疑惑，同时主持京试，推行新政。据明朝祝枝山的《野记》记载：相传方孝孺的父亲曾经在自己的祖坟之内烧死蛇数千条。晚上有蛇托梦给方父说必当杀方氏全族报仇雪恨。日后，方家果然因方孝孺而被族诛。传说归传说，只能给悲剧增添宿命论的色彩。其实方孝孺被诛十族有其深刻的政治原因。

明太祖朱元璋死后，皇太孙朱允炆继位，是为明惠帝。惠帝听从兵部尚书的削藩建议。驻守北平的燕王朱棣以"清君侧"为名，发动"靖难之役"，挥师南下。惠帝也派兵北伐。当时讨伐燕王的诏书檄文就出自名满天下的第一大儒、翰林学士方孝孺之手。燕军攻破京师后，文武百官多见风转舵，投降燕王。但方孝孺拒不投降，结果被捕下狱。朱棣想借用方孝孺的威信来收揽人心，于是屡次派人到狱中劝降方孝孺，还希望由他撰写新皇帝即位的诏书，但方孝孺坚决不从。最后朱棣强行派人押解方孝孺上殿，强迫他写诏书。但方孝孺却大书"燕贼篡位"四字，令朱棣大怒。朱棣威胁他说："你不怕被诛九族吗？"方孝孺义正词严地回答道："即使诛我十族又怎样？"朱棣怒不可遏，于是大肆搜捕方孝孺的亲属，还包括他的门生和朋友（作为第十族），在方孝孺面前一一杀害。被杀者共达873人，而方孝孺则被腰斩于南京聚宝门外。

方孝孺的刚正不阿虽然为他个人和全家带了悲剧，但是他的高风亮节与坚毅不屈却让人肃然起敬。后福王时追谥方孝孺"文正"，以彰显他的高贵品德。但是死后哀荣再盛，也难换方家全家的无辜性命。暴君朱棣的凶残，由此也可见一斑。

纳兰性德为何英年早逝

他出身贵族，从小锦衣玉食，富贵荣华；他17岁入太学读书，18岁考中举人，22岁考中进士，官拜乾清宫侍卫；他娇妻美妾相伴，琴瑟和谐，家庭幸福美满。他就是有"清代第一词人"之称的纳兰性德。然而，深处如此光鲜的生活中，纳兰性德却因偶感风寒而突然离世，年仅31岁，这给后人留下了无尽的猜想和疑问。

关于纳兰性德英年早逝的原因，许多人认为是"情深折寿"。纳兰性德先后有二妻二妾。其第一任妻子卢氏，不仅相貌端庄，而且精通诗文，能与其对答应和，赌书泼茶。但是红颜薄命，卢氏嫁给纳兰性德三年后就香消玉殒了。虽然后来的妻子官氏和侍妾颜氏都是姣美如花，怎奈卢氏在纳兰性德心中的重要位置，是任何人都无法取代的。从纳兰性德的诗词中可以窥出端倪。纳兰词作的六分之一都写给了亡妻卢氏。其在《青衫湿遍·悼亡》中写道："咫尺玉钩斜路，一般消受，蔓草残阳。判把长眠滴醒，和清泪，搅入椒浆。怕幽泉，还为我神伤。道书生薄命宜将息，再休耽，怨粉愁香。料得重圆密誓，难禁寸裂柔肠。"言语之间，至真至情，缠绵悱恻，凄婉绝伦，若不是对亡妻的切切情深，实在难以写出如此感人至深的词作来。长期的思念，必然会从一定程度上影响未亡人纳兰性德的健康。

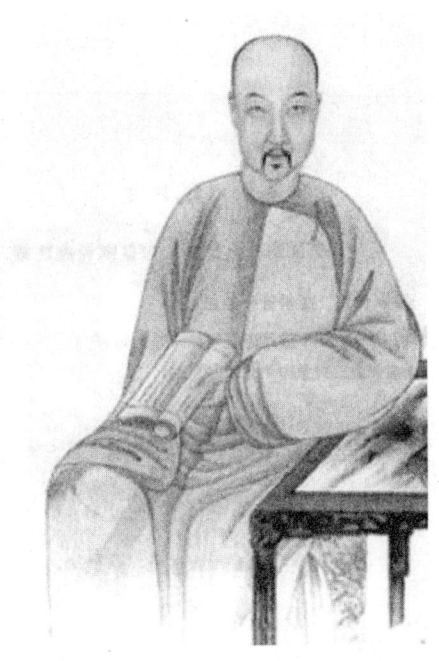

纳兰性德

但倘若说纳兰性德是因情而死，却有些片面，他的死因还来源于仕途不济。纳兰性德22岁考中进士之后，被康熙帝破格点为三等侍卫，不久后晋升为二等侍卫、一等侍卫，其虽然位高，但终究也只是一位在皇帝身边吟诗作赋、消遣娱乐的近侍。康熙借助纳兰性德的才华，拉拢了大批文化名士，但却从没有重用过纳兰性德。而其也因为久居帝王身边，对官场上的是非恩怨、钩心斗角看得明澈清楚，愈加厌恶自己的地位，难以得到心灵上的满足。他写道："西风一夜翦芭蕉。倦眼经秋耐寂寥？强把心情付浊醪。读离骚。愁似湘江日夜潮。"短短数十字，将抑郁的心情宣泄得淋漓尽致。

纳兰性德落拓无羁，天生超逸脱俗，但是深处宫禁，生活压抑，形成了一种常人难以体察的矛盾感和无形的心理压力。加之爱妻早亡，使他无法摆脱内心深处的思念与悲观。郁结于心，久而成病，厌世厌生，纳兰性德英年早逝的原因大抵源于此。只能留下300多首精妙绝伦的词作，任后人品读。

王国维投湖自杀真是为清朝殉葬吗

王国维是我国近现代在文学、美学、史学、哲学、古文字学、考古学等各方面均成就卓著的学术巨子，留下了《人间词话》《曲录》《观堂集林》等不朽著作，堪称国学大师。1927年6月2日王国维自沉颐和园昆明湖而死，给人们留下的不仅有无尽的哀思，还有其莫测的死因。对此，当时及后世均有诸多揣测，有"逼债"说、"惊惧"说、"谏阻"说、"文化殉节"说、"殉清"说、"诸因素"说。其中以为清朝殉葬一说流传最为广泛，而证据却是一道来自清逊帝溥仪的"谕旨"。

王国维自沉昆明湖后的第五天，他生前最敬重的良师益友、儿女亲家罗振玉得知了噩耗。当时罗振玉身在天津，正跟随在溥仪身边，为其出谋划策。于是，他急忙从天津赶到北平清华园进行吊唁。可出人意料的是，罗振玉还带来了清逊帝溥仪的一道"诏书"，谥封王国维为"忠悫公"。正是由于这道"诏书"，许多人联想到王国维当年"奉诏"欣喜地

王国维

出任逊清"南书房行走"一职之事，便顺理推断王国维之死是为"殉清"。在这道"诏书"中，溥仪提到王国维临终前有"遗章"，即后来罗振玉出示的所谓王国维的"遗折"。这让人百口莫辩。

事实上，据后来研究，是罗振玉得知王国维自沉昆明湖后，唆使其子模仿王国维的笔迹，以凄楚哀怨的语气伪造了所谓王国维的"遗章"，传给溥仪，使溥仪下了那道"诏书"，谥封王国维为"忠悫公"。当时罗振玉这样做，一是出于"好意"，给好友一个"名份"，二是出于政治目的，提高溥仪威望。后来溥仪在他那本自传《我的前半生》一书中说："王国维死后，社会上曾有一种关于国学大师殉清的传说。这其实是罗振玉做的文章，而我在不知不觉中，成了这篇文章的合作者。"罗振玉与溥仪"合作"所出的"诏书"和"遗章"，对当时人们调查王国维死因起了误导作用。

王国维投水而死的第二天，检查官在其内衣袋中发现遗书，外有封皮，上书"送西院十八号王贞明先生收"。王贞明为王国维第三子，是当时其在京的儿子中最年长的。遗书全文120字：

五十之年，只欠一死。经此世变，义无再辱。我死后，当草草棺敛，即行藁葬于清华茔地。汝等不能南归，亦可暂于城内居住。汝兄亦不必奔丧，因道路不通，渠又不曾出门故也。书籍可托陈（寅恪）、吴（宓）二先生处理。家人自有人料理，必不至不能南归。我虽无财产分文遗汝等，然苟谨慎勤俭，亦必不至饿死也。

五月初二日（6月1日）父字。

按照王国维的遗愿，他被安葬在清华园茔地。其同事陈寅恪教授为其撰写的碑铭。其中写道："思想而不自由，毋宁死耳。斯古今仁圣所同殉之精义，夫岂庸鄙之敢望。先生以一死见其独立自由之意志，非所论于一人之恩怨，一姓之兴亡。"陈寅恪着重阐明了王国维的死是"独立自由之意志"之缘故，而不是为了殉清。

到底1927年前半年发生了什么事，使王国维感到"不能再辱"，选择自沉呢？

"逼债"说认为原清内务府大臣绍英委托王代售宫内字画，事被罗振玉知悉。罗以代卖为名将画取走，并以售画所得抵王国维所欠其债务，致使王无法向绍英交待，遂愧而觅死。但从王遗书和其他一些证据看，王国维生前并无重债。

"惊惧"说认为1927年春，北伐军进逼北方，而冯、阎两军易帜，京师震动。当时传言北伐军入城后将尽诛留有发辫者，而王视脑后辫子为生命，不愿受辱，便自我了断。但此说不合王国维立身处世方式。

"谏阻"说认为当时罗振玉等人劝溥仪东渡日本避难，王国维以"尸谏"相劝阻。但此说附会成分太多，难使人相信。

"文化殉节"说是陈寅恪所云。他认为："凡一种文化值衰落之时，为此文化所化之人必感苦痛，其表现此文化之程量愈宏，则其所受之苦痛亦愈甚；迨既达极深之度，殆非出于自杀无以求一己之心安而义尽也。"

"诸因素"说认为一遗民绝望于清室的覆亡，一学者绝望于一种文化的式微，一介书生又生无所据，遂"奋身一跃于鱼藻轩前"。此说虽全，但无重点，难得关键处。

海宁王国维故居

王国维自沉之原因，牵涉其个人隐私，实在难以查知。但当时的中国正处在巨大的社会变革时期，传统文化日渐势微，使这位国学大师产生了深深的迷茫，也感到非常无奈。这多少与其早早离世有些关系。

康有为死因之谜

康有为是活跃在清末民初的政治家、思想家、社会改良家、书法家和学者。1927年，北伐军进军上海。康有为为了躲避北伐军，全家迁到青岛临海的一座别墅里。1927年3月，在康有为身上频繁地出现其将要去世的迹象。在他的言谈举止中，无不表示他似乎已经知道自己大限将至。3月31日凌晨5点，康有为死在了自己的卧室里。关于康有为的死因，社会上有好多说法。那么，他究竟是因什么而死的呢？

第一种说法是康有为买的别墅是凶宅，在之前已经死过好多人。康有为自信能镇压住凶宅，可是结果却是死于非命。这在今天看来属于迷信，不足为信。

第二种说法是国民党特务下毒，毒死了康有为。这个说法是来自康有为的后人。康有为被杀，是因为他反对国民党，遭到国民党的仇视。这种说法在其他资料中并没有发现。这只能说是其后人为了强调康有为政治立场的坚定性。因而这一说法也不可靠。

第三种说法是康有为是被慈禧生前派来的杀手暗杀的。在戊戌变法之后，慈禧太后曾派来一个杀手去暗杀康有为。且不说慈禧太后已经死去多少年，康有为晚年也一直致力于清廷的复辟。所以这种说法也不可靠。

第四种说法是康有为是被日本人投毒害死的。康有为的弟子及同乡吕振文曾告诉他的儿子，说自己在投靠日本做汉奸的时候，听说日本人因康有为反对溥仪跟着日本人走，并和溥仪一起对抗日本天皇而怀恨在心。最终，日本人决定投毒杀死康有为。若真是如此，康有为算是一位民族英雄了。

第五种说法是康有为是因为食物中毒而死。这一说法源于康有为临死前几天的一

康有为

次同乡会上的饮宴。当时康有为在青岛中山路附近的粤菜馆英记酒楼，参加同乡宴。饭后，他喝了一杯橙汁。不久，就腹痛难耐。当天夜里，呕吐不止。然而，康有为的家人请来了医生。经过诊治，康有为是食物中毒。第二天，康有为便恢复如初，与平常一样健谈。难道食物中毒能反复发作？

第六种说法是康有为吃的食物发生化学反应，导致中毒而死。这只是一种推测，根本没有真凭实据。

第七种说法是因为康有为移植了类人猿的睾丸，器官排斥而死。康有为在1925年浏览关于返老还童的中外研究资料时，看到一篇俄国外科医生沃罗诺夫把类人猿的睾丸成功地移植到一位80岁老龄男性身上的文章。手术后的老龄男性明显感到自己突然年轻了，充满了青春活力，精神头倍儿棒。当时，康有为经常感觉自己精力不济。受文章的启发，他暗中通过至交好友奔波联络，找来了一名著名的德国医生为自己移植睾丸。手术完成后，康有为明显感到精力充沛，步履轻盈。然而不到一个月，康有为的健康就急剧下降。那个德国名医闻讯逃跑。康有为一怒之下，竟要到法院去告他"欺世盗名"、"妖术欺人"。但是法院尚未开庭，康有为就去世了。现代人大多数都知道，人类有免疫系统，它会排斥外来器官。若是强行移植，有可能致人死命。康有为是改良派人士，思想先进，有可能移植类人猿的睾丸。但是当时的医学技术水平没有现代先进。移植之后，出现排斥反应是很正常的事情，而当事人不知道，从而导致其死亡也是在情理之中的。

当然以上只是推测，至于康有为是因何死亡的还有待人们进一步考证。

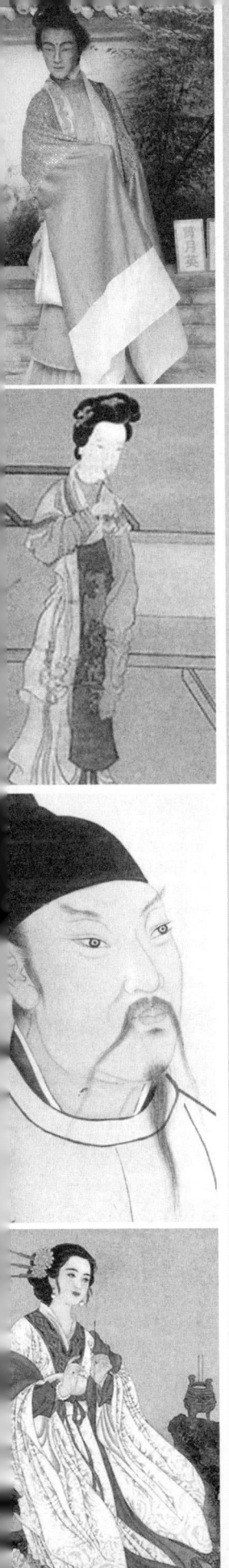

第九篇 名人的另类谜团

孔子的身世之谜

孔子,子姓,孔氏,名丘,字仲尼,汉族,东周时期鲁国陬邑(今中国山东曲阜市南辛镇)人,祖上为宋国贵族。孔子是春秋末期的思想家和教育家,儒家思想的创始人。中国有句俗语叫"英雄不问出处",但是有关孔子这位伟大文化名人的身世历来说法众多,成了世人关注的话题。

孔子乃"野合"而生是一种比较被世人认可的说法。据《史记·孔子世家》记载:孔子的祖先本是殷商后裔。孔子的六代祖叫孔父嘉,是宋国的一位大夫,做过大司马,在宫廷内乱中被杀。自孔父嘉之后,其后代子孙开始以孔为姓。其曾祖父孔防叔为了逃避宋国内乱,从宋国逃到了鲁国。从此孔氏在陬邑定居,变成了鲁国人。孔子的父亲为叔梁纥,母亲为颜徵在。叔梁纥是当时鲁国有名的武士,人品出众,建立过两次战功,因曾单臂托住悬门让冲进城池的部队撤出而闻名。后任陬邑大夫。叔梁纥先娶妻施氏,生九女,无子。又娶妾,生一子,取名伯尼,又称孟皮。孟皮脚有毛病,依照当时的礼仪不宜继嗣。于是,又与年轻女子颜徵在生孔子。由这段史料可以知道,孔子的父亲娶过两任妻子,生了九女一男,但是唯一的儿子还有足疾,按礼仪不能继承家业,于是就找到了孔子的母亲颜氏,然后生下了孔子。传说孔子的父母并无合法的夫妻关系,而是在野外交合生下了孔子,故云"野合",孔子即是私生子。这一点仿佛也得到孔子本人的认可,因为他曾对弟子说"吾少贱也"。

但司马贞在《史记索引》中却对"野合"有另一种解释。《史记索引》云:"此云野合者,盖谓梁纥老而徵在少,非当壮室初笄之礼,故云野合,谓不合礼仪。"即叔梁纥迎娶颜徵在时已72岁,而颜徵在年龄尚幼,二者年龄差距过大。同时叔梁纥是士大夫,而颜徵在则属贱民阶级,二者地位悬殊。因此,纥迎娶颜徵在于礼不合,故称之为"野合"。但是,为了将孔子圣人的形象完美化而对"野合"一词采取曲解也是有可能的。

还有一种有关孔子身世的说法是"祈求赐子"。东汉郑玄《礼记·檀弓正义》所引《论语·撰考谶》记载:"叔梁纥与徵在祷尼丘山,感黑龙之精以生仲尼。"这种说法颇具神话色彩,认为孔子的父亲和母亲祈祷于尼丘山,感受黑龙的精灵而诞育孔子。另外,关于孔子的身世还有"梦生"一说,大抵和前一种相似,也是一种带有迷信色彩的荒诞之说,且同样见于谶纬之书中。《春秋演孔图》中记载:"孔子母徵在梦感黑帝而生,故曰玄圣。"又云:"孔子母颜氏徵在游太冢之陂,睡梦感黑帝使请己,已往,梦口语曰:'汝乳必于空桑之中。'觉则若感,生丘于空桑之中。"书中把孔子说成是其母梦感黑帝神而生。在今天看来这两种说法相当荒谬,大抵是因为后世为了抬

孔子雕像

高孔子的地位附会而来。但也从一个侧面反映出后世学者为了把孔子尊奉为神,在他的出生问题上加进了许多神秘的东西,让其显得与凡人不同,更符合"圣人"的标准。

孔子的身世到底如何,至今尚未有定论。其实不论孔子的身世究竟如何,都不能影响其中国古代伟大思想家和教育家的地位。

鬼谷子有无其人

鬼谷子是中国历史上一位相当神秘的人物,相传其为春秋时楚国人,姓王,名诩,也有说名利,曾隐居于鬼谷,故被人称为"鬼谷子"。鬼谷子长于养性持身和刚柔之势,擅作纵横捭阖之术。当时赫赫有名的苏秦、张仪、孙膑、庞涓等人都是鬼谷子的学生。然而,历史上是不是真有鬼谷子其人,至今仍未有定论。

司马迁在《史记》中记载:"苏秦者,东周雒阳人也,东事师于齐,而习之于鬼谷先生。"由此可见,大史学家司马迁认为历史上真有鬼谷子其人。同时,据张仪、苏秦的卒年推算,鬼谷子生活年代离司马迁不过一二百年,因此《史记》所记当属可靠。而且两汉三国时期有甚多史料都曾提到过鬼谷子,并且在此数百年中,也未见有否定与怀疑的观点出现。同时在湖北当阳,至今仍留有许多关于鬼谷子的遗迹,这也是其在历史上存在过的佐证。

当然,有人怀疑鬼谷子不存在也是有理有据的。乐一在注《史记·苏秦列传》时断言:"苏秦欲神秘其道,故假名鬼谷。"唐朝人李善注《文选》时写道:"鬼谷之名,隐者通号也。"清朝人翁元圻在注《国学纪闻》时更明确指出:"秦、仪即鬼谷子。"这些后来做注的人均认为鬼谷子就是苏秦或张仪,也有可能是隐士的托名。而且在记录神仙的书籍《仙传拾遗》中曾云:鬼谷子"疑神守一,朴而不露,在人间数百岁,后不知所之?"杜光庭在《录异记》中也认为:"鬼谷先生者,古之真仙也……自轩辕之代,历于商周,随老君西化流沙,周末复还中国。"这种观点把鬼谷子当成了神仙,同时也就说明并没有这个实际人物的存在。另外,鬼谷子所著的著作《鬼谷子》本来应该出现在《汉书·艺文志》中,但是最早的出处却是在《隋书·经籍志》中,这更让人怀疑鬼谷子的真正存在。

也有人对鬼谷子的有无疑信参半。一些辞书在提到鬼谷子时会加上"据说"与"相传"等字眼,用来表示不确切。清朝人秦恩复认为:鬼谷子"或云周时豪士,隐于鬼谷,近是"。所谓"近是"是指接近正确。《古籍整理论文集·鬼谷子研究》一书中提到:"欲证鬼谷子真有其人,终不可得其确","鬼谷其人,又不全虚"。

因此,直到今天对鬼谷子是否真有其人仍难有定论。然而,不管鬼谷子本人是否在历史上真实存在过,但他的察人之明,对历史可能

鬼谷子

性的洞察以及对当时外交技巧的掌握,已经使其成为当时最具有影响力的传奇人物之一。

李广为何难封

李广,陇西成纪(今甘肃静宁西南)人,中国西汉时期的名将。唐代大诗人王勃在其千古名篇《滕王阁序》中,曾经哀声悲叹:"冯唐易老,李广难封。"追寻名将李广的戎马一生,虽然他武功高强,却最终未能觅得封侯,这颇耐人寻味。然而追根溯源,其中必然因素也不容讳言。

李广未被封侯的主要原因是战功不突出,俘获敌人不够多。李广虽然身经百战,不乏以个人勇敢脱困出险的壮举,却并不曾取得过什么决定性或关键性的胜利。汉武帝对外用兵初期,认为李广为先朝名将,便屡次重用,但李广均无功而返。公元前133年,李广为骁骑将军参加马邑之役。匈奴识破汉计,双方未能交战。四年之后,李广出雁门关击匈奴,因寡不敌众而被擒。虽然他凭借机智勇敢而逃脱,但依照汉法,"为虏所生得年,当斩",后贬为庶民。李广没有受罚已是武帝格外开恩。公元前120年,李广与张骞出击匈奴,广军几乎全军覆没。然而,西汉是一个执法很严的朝代,如果没有立下突出的战功或者功过相抵,是不可能封侯的。即使是对李广深表同情的司马迁,在《史记·李将军列传》里也有类似记载:"诸将多中首虏率,以功为侯者,而广军无功。"首虏率指斩杀敌人首级和俘获敌人的数量规定,只有达到相应数量,才可封侯。

李广自身睚眦必报、恃强好杀的性格局限也是其难被封侯的原因之一。他在出任右北平太守前赋闲在家,一次欲夜间骑马外出,被当时的霸陵尉制止,李广就此怀恨在心。等到李广受命出任北平太守时,就请求武帝将霸陵划归己属。等到了军中,他就立刻斩杀了此前曾阻止自己外出的霸陵尉。此事虽为武帝所谅解,但作为征讨杀伐、威震一方的军中大将,其不够大度、仁慈的性格必定让最高统治者汉武帝极为不满,使其自身形象大打折扣。

此外,李广治军不严,不善谋略变通,也是阻碍其封侯的关键原因。李广作战喜欢冲锋陷阵,逞勇斗狠,经常带少数骑兵冲击敌方大队,以少胜多而自逞其能。因此尽管李广以"力战"知名,经常在险情面前化险为夷,但也往往因不擅智取而遭受失败。李广治军甚宽松,部队行军可以不按编制的序列行动,对公文表册的处理也比较随意。与李广同时的程不识曾评价说:"李广军极简易,然虏卒犯之,无以禁也;而其士卒亦佚乐,咸乐为之死。"治军不严虽然能够得到士卒的拥戴,但终究不是带兵打仗之道,因而李广很难立有军功,获得封赏。

飞将军李广

李广不曾封侯还与其时运不济有关。文帝

十分欣赏李广,曾为其叹息:"惜广不逢时,令当高祖世,万户侯岂足道哉!"这是因为文帝施行休养生息之策,以和平为先,少有战争,故李广无缘立功受封。后来到武帝时期,卫青与霍去病等青年将领纷纷崛起,已过峥嵘岁月的李广地位迅速下降。公元前119年,汉武帝欲大举进攻匈奴。李广多次自请出征,武帝却认为他年老不济,初不允许,后经再三考虑才答应。但大将军卫青阴承武帝意旨,认为李广数为匈奴所败,难有作为,故以其部为偏师。此时的李广,已经完全丧失建功封侯的机会。

李广一生勇猛绝伦,但是缺点也非常突出,加之遇到了不善利用他优势的君主,难被封侯也不足为奇,只能为后人留下"时运不济,命途多舛"的感叹。

昭君出塞原因之谜

王昭君是我国古代著名的"四大美女"之一,有"落雁"之容。据说王昭君原为汉元帝宫娥,后和亲匈奴。令人称奇的是,众多担负"和亲"重任的汉宗室公主无一在历史上留下明显痕迹,而身份远不如宗室公主尊贵的王昭君,却在《汉书》《后汉书》等正史中留有详细记载,并衍生出了许多新的故事。究其根源,是因为王昭君的低微身份引起了一般民众的同情与关切。文人墨客多对她进行吟咏与赞叹,加上各种民间文艺、野史小说的描写,使其事迹广为流传。所以王昭君本人以及昭君出塞的经历,给后世留下不少悬而未决的问题。

《汉书·匈奴传》对昭君和亲的事迹有所记载,但是比较简略。到《后汉书·南匈奴传》时,记载较为详细:"昭君字嫱,南郡人也。初,元帝时,以良家子选入掖庭。时,呼韩邪来朝,帝敕以宫女五人以赐之。昭君入宫数岁,不得见御,积悲怨,乃请掖庭令求行。呼韩邪临辞大会,帝召五女以示之,昭君丰容靓饰,光明汉宫,顾景斐回,竦动左右。帝见大惊,意欲留之,然难于失信,遂与匈奴。生二子。及呼韩邪死,阏氏子代立,欲妻之,昭君上书求归,成帝敕令从胡俗,遂复为后单于阏氏焉。"《后汉书》补充记载了王昭君自动求行以及元帝为其美丽所动"意欲留之"等故事性情节。再至乐府诗人笔下,则出现了"图画失天真,容华坐误人。君恩不可再,妾命在和亲","汉道初全盛,朝廷足武臣。何须薄命妾,辛苦远和亲"等所谓"昭君怨"、"昭君叹"之类的歌咏之作。除了《汉书》《琴操》《西京杂记》《乐府古题要解》等典籍对王昭君的事迹有详细的记载外,历代诗人词客为其写的诗词,共有503首之多。另外还有不计其数的小说、戏剧等。可见,许多关于昭君的记述是逐渐增多的,其可信度不免会大打折扣。

更有甚者,关于昭君的名字也不能确定。一般认为王昭君姓王名嫱,字昭君;在历史上又被称为"明妃",系西晋时为避司马昭的讳,改称"昭君"为

王昭君

呼和浩特王昭君墓

"明君",后渐有"明妃"一说。然而在诸史书中有《汉书·元帝纪》称"王樯"、《匈奴传》称"王蘠"、《后汉书·南匈奴传》称"王嫱"等几种版本。因此,有人认为"昭君"两字为封号,因出塞和亲必须提高她的政治地位,才能达到和亲的目的,于是被赐封为"昭君"。久而久之,昭君、王嫱这些标志她政治身份或出身特征的称呼就被当成了她的名字。

另外,关于昭君出塞的原因,也有颇多争议。较为普遍的看法是,昭君自恃美貌耿直清高,不肯贿赂画工,于是画工把她画得很难看,未能引起皇帝的注意和兴趣。久之,昭君渐生苦守掖庭之怨。恰巧匈奴前来求亲联姻,她便主动请求出塞和亲。但后世有人考证,毛延寿画王昭君像的事不可信。还有一说认为,王昭君虽然是一个平民出身的宫女,但是她不同凡响、胆识过人,为了摆脱宫廷牢笼的束缚,也为了汉匈两族世代团结友好,自愿应召,作为"和亲使者"远嫁匈奴。这多少有些特定时期对民间故事意味的曲解。至于昭君后来不从胡俗,服毒自尽等说法,都是民间附会,并非历史事实。

"可怜青冢已芜没,尚有哀弦留至今。"历史上真实的王昭君怎样,也许只有青冢上的青草知道了。无论王昭君出身如何,因为什么原因去匈奴和亲,她都是一位值得后世称赞和铭记的伟大女性!

貂蝉身世之谜

貂蝉是中国四大美女之一,有羞花"闭月"之容。传说其先后迷住吕布、董卓、关羽等数位英雄人物。但她毕竟是小说《三国演义》里的人物,未见正史记载。关于她的真实来历,一直是个谜团。

第一种说法是貂蝉是司徒王允府中的歌伎。其人本姓霍,山西忻州人,一说甘肃省临洮人。自幼人才出众、聪敏过人,因而被选入汉宫,任管理宫中冠冕的貂蝉官,故名貂蝉。后因十常侍之乱,避难出宫,为司徒王允收留,并被认为义女。后来因董卓祸国,无人能制之。王允被迫利用貂蝉的美貌离间了董卓、吕布二人,借吕布之手除掉了董卓。之后,貂蝉成了吕布的妻子。但后来其义父王允被杀。她只好跟随吕布东征西战。吕布被杀后,她不知所踪。

第二种说法是貂蝉本为董卓的婢女。据《后汉书·吕布传》载:"(董)卓以(吕)布为骑都尉,誓为父子,甚爱信之。常小失意,(董)卓拔戟掷之,(吕)布拳捷得免。布由是阴怨于卓。卓又使(吕)布守中阁,而(吕布)私与侍婢情通,益不自安。"这段记载的是凤仪亭吕布掷戟之事。由此可大致推断，吕布通情的董卓婢女就是《三国演义》里所说的貂蝉。但可能此婢女原本就是王允所献之歌伎。

第三种说法是貂蝉本是吕布的妻子。据正史《三国志·吕布传》注引《英雄记》记载，吕布欲去截曹操的粮草，令陈宫、高顺守城，"布妻谓曰：'（陈）宫、（高）顺素不和，将军一出，宫、顺必不同心共守城也，如在蹉跌，将军当于何自立乎？妾昔在长安，已为将军所弃，赖得庞舒私藏妾身耳，今不须顾妾也。'布得妻言，愁闷不能自决。"不少人认为正史《三国志》里所记的吕布之妻即为貂蝉。但这个吕布之妻或许正是王允之义女。

第四种说法为貂蝉是吕布部将秦宜禄之妻杜氏。《魏氏春秋》记："宜禄，为吕布使诣袁术，术妻以汉宗室女。其前妻杜氏留下邳。（吕）布之被围，关羽屡请于太祖（曹操），求以杜氏为妻。太祖疑其（指杜氏）有色，及城陷，太祖见之，乃自纳之。"这引起关云长的愤怒。后来元杂剧中有《关公月下斩貂蝉》一出，即是把貂蝉和秦宜禄的妻子联系起来，说关云长月下斩了貂蝉。但是这种说法过于附会，不大可信。

貂蝉

其实，既然正史中没有关于貂蝉身世的记载，就没有必要详究其身世了。貂蝉之所以有名，不在于其身世，而在于其所起的作用。清代大文豪金圣叹曾经评曰："十八路诸侯不能杀董卓，而一貂蝉足以杀之。"而民初史学家蔡东藩的《中国历代演义》评价说："司徒王允累谋无成，乃遣一无拳无勇之貂蝉，以声色为戈矛，反能致元凶（董卓）之死命。粉红英雄真可畏哉。"又说："普天下之忠臣义士，猛将勇夫，不能除一董卓，而貂蝉独能除之。"可见貂蝉所起的作用之大，功在忠臣义士、猛将勇夫之上，故能流芳百世。

诸葛亮娶丑妻探秘

诸葛亮，字孔明，号卧龙，琅邪阳都（今山东沂南县）人，是三国时期蜀国杰出的政治家、思想家、军事家。据陈寿《三国志·诸葛亮传》记载：其"身长八尺，容貌甚伟"，更兼具"逸群之才，英霸之气"。如此一位才华横溢的美少年，却偏偏选中了一位"瘦黑矮小，一头黄发"的丑女为妻，给时人落下"莫作孔明择妇，只得阿承丑女"的笑柄，同时也给后人留下了一个千古之谜。

才貌双全的诸葛亮怎么会娶丑女为妻呢？这首先与丑女黄阿丑的个人魅力密切相关。在中国的历史上，诸葛亮始终以智者的形象彪炳春秋。智者自然不会仅仅以容貌来

黄月英

评判一个人。诸葛亮的丑妻黄月英,荆州沔南白水(今湖北襄樊)人,沔阳名士黄承彦之女,因相貌丑陋得小名"阿丑"。阿丑虽然容貌丑陋,但出身名门,自幼受其父熏陶,熟读经史,多才多艺,知书达理,在文化修养和家庭教育等方面都很出众。《三国志注》援引《襄阳记》云:"黄承彦者,高爽开列,为沔南名士,谓诸葛孔明曰:'闻君择妇,身有丑女,黄头黑色,而才堪配。'孔明许,即载送之。"与诸葛亮喜结连理后,黄阿丑贤惠体贴,勤俭持家,甚至在关键时刻为夫君出谋划策,排忧解难。史传"木牛流马"和"连弩"实际上都出自这位诸葛夫人之手。更为可贵的是,黄阿丑不仅尽心竭力服侍丈夫,而且十分识大体,对经常来家与诸葛亮探讨国家大事的好友也热情招待。毋庸置疑,黄阿丑让诸葛亮有了稳定的后方和温暖的家庭,使其可以更加专心于国家大事的研究。

更重要的是,与黄家联姻也会给诸葛亮带来政治上的帮助。诸葛亮8岁丧父,16岁时叔父病故。到其成人时,家境已至贫寒,没有了显赫的官家门第。但诸葛亮胸怀大志,一心想在政治上建功立业。这就要求他必须进入当时的政治名士集团。为此,诸葛亮把姐姐嫁给了荆州地主集团中在襄阳地区颇有名望的首领人物庞德公的儿子,为弟弟聘娶荆州地主集团中在南阳地区数得着的人物林氏之女为妻。这两次政治联姻使诸葛家在荆州站稳了脚跟。由此可见,诸葛亮选择黄阿丑为妻也有其重要的政治目的。黄阿丑之父黄承彦在当时是荆州地主集团中一个非常有影响的人物,被誉为"沔南名士"。而且黄妻蔡氏和刘表的后妻是姐妹关系。因此,做了黄家的女婿后,诸葛亮不仅可以名正言顺地进入当地的名士集团,而且还能攀上荆州刘表这门亲戚。

事实证明,诸葛亮的这一决定相当正确。婚后的他顺利地进入了荆襄地区的上层社会,有了洞悉天下大事和军政风云人物动向的机会,能够充分了解各个政治集团的利害关系,便于把握分析全国政局。尤其后来,诸葛亮也是靠着司马徽、徐庶等荆襄名士的推荐,才得到刘备的重视,得以在政治上一展宏图。

此外,诸葛亮娶丑妻,还有其深刻的历史背景和风俗习惯。在中国,自古就有"贤妻美妾"之说。妻子是帮助丈夫治家立业的,因而才为先貌其次。而愉悦男主人则是妾的主要任务。因此,纳妾时才一定要选貌美者。据史书记载,诸葛亮在后来也娶了一妾。这一切皆与他长期以来深受封建正统观念的影响密切相关。

尽管至今众人对诸葛亮娶丑女的动机仍存在争议,但是诸葛亮与黄阿丑的婚姻,不仅为其提供了步入政治集团的阶梯和良好的家庭环境,也向后人充分展示了智者的择偶智慧。

李白身世之谜

李白,是继屈原之后中国历史上最伟大的浪漫主义诗人。其丰富、曲折的一生也给后人留下了不少难解之谜。

历朝历代对李白家世的研究和考证不在少数,但至今仍未得出令人信服的结论。李白的好友范伦之子范传正在《唐左拾遗翰林学士李公新墓碑文》(新墓建于唐宪宗元和十二年,即817年,距李白死已五十五年)中说:"公名白,字太白,其先陇西成纪人。绝嗣之家,难求谱牒。公之孙女搜于箱箧中,得公之亡子伯禽手疏十数行,纸坏字缺,不能详备,约而计之,凉武昭王九代孙也。"从史料和李白的诗文中可以看出,李白是"凉武昭王李暠九世孙"。

李白

但是这个身份既没有家谱的印证,也没有李白自己的证明,因而非常可疑。同时,李白对自己的近代长辈始终闪烁其词,不敢向朝廷和皇帝禀明自己的身世。尤其称其家由西域归蜀是"潜还广汉","逃归于蜀"。按理李白先人当年无论是出奔还是触犯刑律而逃往远方,时隔百年,早已改朝换代,根本用不着"潜还",或"逃归"。这里面莫非有什么难言之隐?清人王琦由此推测:李白父亲李客的"逃归"与"潜还"很可能与"任侠"或"避仇"有关。因为李白在自己的言行中,也时而显露出像他父亲那样豪爽侠义的气质。

关于李白的出生地究竟在哪里,古往今来,众说纷纭,莫衷一是。但是以生于蜀中说、西域说、中亚碎叶说影响较大。李白生于蜀中,是历史上最早提出的一种说法。第一次明确提出此说的是明代杨慎,他在《李诗选题辞》中引《成都古今记》说:"李白生于彰明之青莲乡。"现代学者陈寅恪认为李白生于西域;李白之父所以名客,乃原是"西域人其名字不通于华夏,因以胡客呼之"。这点从李白的诗歌风格,懂得景教的经典和仪节,给儿子取奇怪的名字,爱好流浪和决斗等方面即可证明。中亚碎叶说是郭沫若提出的。郭沫若在1971年出版的《李白与杜甫》一书中,根据《范碑》,提出李白"出生于中亚细亚的碎叶城"。其位置就在今吉尔吉斯斯坦境内的托克马克。现在很多教材中使用的就是此说。可见此说影响之大。

纵观李白的一生,无论是身世还是出生地,无不蒙上了神秘的色彩。这和他浪漫主义的情怀十分相像。因此,想要更好地了解李白,只有等到更多的考古发现。

李师师下落之谜

李师师生于北宋末年,自幼学习女红和琴棋书画,加上她精通音律,因而很快便成为东京城色艺双绝的名妓。李师师与当时的著名文人周邦彦、晁冲之曾有来往,后来连

李师师

宋徽宗也拜倒在她的石榴裙下。据传被封为李明妃。宋钦宗即位后，李师师为了免祸，曾将徽宗赏赐的钱财，献给官府，以助河北军饷，并自乞为女道士。靖康元年，汴京沦陷，北宋灭亡。李师师不仅家产殆尽，而且她本人的下落也变得扑朔迷离。纵观历代记载，有关李师师的最终下落，史学界大致有三种说法。

以死殉国说。《李师师外传》记载：金人攻破汴京后，金主也久闻李师师的大名，让其主帅挞懒去寻找李师师，但是寻找多日也没有找到。后来在汉奸张邦昌的帮助下，终于找到了李师师。她不愿意伺候金主，先是用金簪自刺喉咙，但是没有成功，于是又折断金簪吞下自杀。临死之前，李师师大骂张邦昌："告以贱妓，蒙皇帝眷，宁一死无他志。若辈高爵厚禄，朝廷何负于汝，乃事事为斩灭宗社计？"清朝人黄廷鉴《琳琅秘室丛书》也据此说称赞李师师的殉国行为有大丈夫气概："师师不第色艺冠当时，观其后慷慨捐生一节，饶有烈丈夫概，亦不幸陷身倡贱，不得与坠崖断臂之俦，争辉彤史也。"黄廷鉴认为李师师的这一行为将在历史上永放光芒。后世的通俗小说多沿袭这一说法。但《李师师外传》的作者主要是借人借事来抒发亡国的感慨，并没有什么事实依据。

老死江湖说。《青泥莲花记》记载："靖康之乱，师师南徙，有人遇之湖湘间，衰老憔悴，无复向时风态。"张邦基《墨庄漫录》中称李师师被籍没家产以后，流落于江浙一带。有时她也为当地士大夫唱歌，云："靖康间，李生与同辈赵元奴及筑毬吹笛袁绹、武震辈，例籍其家。李生流落来浙，士大夫犹邀之以听其歌，憔悴无复向来之态矣。"清初陈忱《水浒后传》继承了这一说法，说李师师在南宋初期，流落临安（今杭州），寓居西湖葛岭，操旧业为主"唱柳耆卿'杨柳岸晓风残月'"。宋代评话《宣和遗事》也有类似记述，但添加了"后流落湖湘间（今湘南一带），为商人所得"之说。宋人刘子翚《汴京纪事》云："辇毂繁华事可伤，师师垂老过湖湘，缕金檀板今无色，一曲当年动帝王。"这个说法，凄凄切切，充满惆怅之感，颇有"门前冷落车马稀"和"落花时节又逢君"的苦味，很可能是时人的借托之词。

被俘北上说。此说称李师师在汴京失陷以后被俘虏北上，被迫嫁给一个病残的金兵为妻，耻辱地了结了残生。清人丁跃亢《续金瓶梅》等书皆宗其说。但也有人提出异议，当时金帅挞懒是按张邦昌等降臣提供的名单索取皇宫妇女的。李师师早已当上了女道士，自然不在此列，所谓"师师必先已出东京，不在求索之列，否则决不能脱身"。

有关李师师的传闻，难免有讹传和附会的成分。因此，她的归宿究竟如何，恐怕永远是难解之谜了。但细观以上种种说法，李师师老死江湖的可能性最大。汴京失陷前，李师师已被废为庶人，当了女道士。说她匿于民间，流落于江浙，才算合情合理。

欧阳修是否曾作艳词

欧阳修,字永叔,号醉翁、六一居士,谥文忠,吉州吉水(今属江西)人,北宋仁宗时的儒学家与文学家。他曾继包拯接任开封府尹,为唐宋八大家之一。在人们的眼里,作为一代儒宗的大师,欧阳修应该是一位严肃古朴、正气凛然的古人,但是他却留下不少表现男女之情的艳词。这是何原因呢?这些词真的都是欧阳修所作吗?

"走来窗下笑相扶,爱道:画眉深浅入时无?"描写的是温柔可爱的少妇对情郎的欢爱。"连抱得相挨,一向娇痴不下怀",描写的是一对情侣花下相逢。这些充满爱情的长短句和"醉翁之意不在酒,在乎山水之间也"的旷达心境,相差甚远,不由让人觉

欧阳修

得这似乎不应出自欧阳修的手笔。于是,从南宋时代起,就有许多人认为这些情爱之词不是欧阳修亲笔所作,而是一些小人别有用心地托名伪作。南宋曾慥编选《乐府雅词》时说:"欧公一代儒宗,风流自命,词章幼眇(微妙曲折),世所矜式(以为范本)。当时小人或作艳曲,谬为公词,今悉删除(《乐府雅词序》)。"王灼也认为:"欧阳永叔所集歌词,自作者三之一耳,其间他人数章,群小因指为永叔,起暧昧之谤。"

所谓"暧昧之谤",是指当时政敌认为欧阳修《望江南》一词是写给他外甥女的,因而诬蔑他有"盗甥"之事。陈振孙认为欧阳修词中的"'鄙亵之语'当是仇人无名子所为"。蔡絛的《西清诗话》则进一步证实"仇人"或"小人"就是刘煇。南宋末年罗泌整理欧词,也说"其浅近者,前辈多谓刘煇伪作"。

不过,欧公艳词即使不是刘煇伪作,也不能排除有他人作伪。比如南宋末年罗泌校订的欧阳修《近体乐府》就比较混乱。罗泌当时就承认欧公词集中混杂有冯延巳、柳永等人的词作,因无法断定,只能怀疑"或甚浮艳者,殆非公之少作,疑以传疑可也",故不敢将有疑问的作品悉行删去。据考证,罗泌校本《近体乐府》,杂有白居易、吴融、韦庄、李璟、黄庭坚等人的作品,数目达近30首。欧阳修另一本词集《醉翁琴趣外编》由无名氏编收词202首,比《近体乐府》多收83首。这83首中,有三首见于《花间集》,有七首分别见于《尊前集》《阳春集》《乐府雅词》《张子野词》等词集中。可见欧阳修词之复杂混乱。

欧阳修是否写过艳词,又有多少是其真迹,令后人难以确定。现在不少人认为,欧阳修的词中确实有不少伪作。但说所有的情爱之词都是伪作,也太过武断。南宋人之所以怀疑是伪作,大概是因为欧词写得"太柔媚、太女性化",似乎与他"救时行道"、"一代儒宗"的形象不相符,不应有这类作品,后来推崇他的人,便认为是亵渎,故而认为均是伪作。

虽然欧阳修有没有写过艳词,现在还处于争议之中,但作为一代文豪,有儿女情长

也是人之常情。

陆游与唐琬的关系之谜

陆游,字务观,号放翁。南宋著名爱国诗人。自言"六十年间诗万首",今存9000多首,内容极为丰富,是我国现存诗作最多的诗人之一。陆游年少时即受家庭中爱国思想熏陶,博学多才,宋孝宗时中进士出身。中年时,陆游入蜀投身军旅生活,官至宝章阁待制。时至晚年,陆游退居家乡,但收复中原的信念始终不渝。陆游一生坎坷多舛,仕途一直不顺,而他和唐琬的爱情,更让人为之叹息。

唐琬,字蕙仙,是陆游的第一任妻子,后因陆母偏见而被迫分离。陆游与唐琬除了是夫妻关系之外,还被认为是表兄妹。关于他二人是否是表兄妹关系,学界一直争论颇多,莫衷一是。

认为陆游和唐琬是表兄妹关系的观点,所依据的史料来自于《齐东野语》:"务观初娶唐氏,闳之女也,于其母夫人为姑侄。"大致的意思是,陆游的母亲和唐琬的父亲是兄妹,也就肯定了陆、唐二人的姑表兄妹关系。这点在《后村诗话续集》《耆旧续闻》中也有所记载。而且据传唐琬和陆游从小一起长大,而且青梅竹马。这样,表兄妹之说也就有成立的可能性了。

但是《宝庆续会稽志》中记载,唐琬的父亲唐闳是山阴(今浙江绍兴)人鸿胪少卿唐翔之子。从陆游《渭南文集·跋唐修撰手简》《宋史·唐介传》以及王珪《华阳集·唐质肃公介墓志铭》中也可以得知,陆母是江陵(今属湖北)人唐介的孙女。如果陆游和唐琬是表兄妹,那么唐闳应该是唐介的孙子,但是唐介孙子的名都是以下半从"心"字命名,并没有无"心"的唐闳。况且江陵、山阴二地相距遥远,两家虽同姓,却无种族血亲关系。这也就是说,陆游与唐琬并非是表兄妹。同时,假如唐琬为陆游青梅竹马的表妹,陆游的母亲应该很早就能了解唐琬的性情。既然陆母不喜欢唐琬,就不会让儿子先娶之,后休之,如此大费周章。这也从另一个角度反映了唐琬不太可能是陆游母亲的侄女,与陆游并非表兄妹。

因此,从大量的史料中可以看出,陆游和唐琬是表兄妹关系的说法并不准确,但是他们曾是夫妻,而且感情甚笃是不争的事实。"世情薄、人情恶"道出了唐琬心中叹息,"山盟虽在,锦书难托"是陆游心中的无奈。陆游与唐琬这对才子佳人最终只能相忘于江湖,给后世留下了多少慨叹!

陆游与唐琬

王重阳为何穴居"活死人墓"

提到王重阳穴居"活死人墓",人们一定会联想到金庸小说《射雕英雄传》中的人物与情节。其实在历史上确有王重阳其人,他是道教重要派别全真教的创始人,出生于宋徽宗政和二年(1112年)。据说因为王重阳喜欢陶渊明,便改名知明。又因与陶渊明一样喜爱菊花,而菊花恰在重阳节开放,他便给自己起了个号叫"重阳子"。在王重阳的生命历程中,他真的在"活死人墓"中生活了五年,只是其中的原因可没有小说里写得那样浪漫。

王重阳出身于一个"家业丰厚"的富裕家庭。他一出生,就面临着北宋沦亡,金人入侵,民族灾难深重。怀着"痛祖国之沦亡,悯民族之不振"的心境,年轻的王重阳曾于金熙宗天春年间应过文、武试,得中文、武双举人,有志于拯救民族危难。但是由于南宋政权孱弱无力,舍弃广大北方人民不顾,苟且偏安,王重阳的抱负无法施展。

王重阳47岁时抗金失败,深感"天遣文武之进两无成焉",于是愤然辞职,慨然入道,隐栖山林。金正隆四年(1159年),王重阳弃家外游,自称于甘河镇遇异人授以内炼真诀,悟道出家。金大定元年(1161年),他在南时村挖穴墓,取名"活死人墓",又名"行菆",以方牌挂其上,上书"王害疯灵位"(王重阳自称疯子)。王重阳自此居于活死人墓中潜心修持。五年后,其功成丹圆,开始以另一种方式实现自己的理想。

金世宗大定七年(1167年),王重阳来到今山东宁海(今山东牟平)传教。此时的道教,已经被宋徽宗的宠臣道士林灵素弄得人心大失。王重阳大胆改革,创立了全真教。在"南渡君臣轻社稷"的大背景下,王重阳举起全真教的旗帜,为的是保护中国传统文化,将传统精粹留存于宗教与民间。

王重阳

王重阳在山东传教过程中收纳了许多弟子,其中又以马钰(丹阳子)、丘处机(长春子)、谭处端(长真子)、王处一(玉阳子)、郝大通(太古子)、刘处玄(长生子)和马钰之妻孙不二(清静散人)七人为翘楚,人称"北七真",也就是我们通常所说的"全真七子"。王重阳死后,全真七子在北方广泛传播全真教,并且各立支派,即:马钰遇仙派、丘处机龙门派、谭处端南无派、刘处玄随山派、郝大通华山派、王处一全真派、孙不二清静派。这其中又以丘处机及其龙门派影响最大。

可见王重阳原本身怀远大的政治抱负,只是不得施展,才会居于活死人墓中决心悟道。而且穴居的岁月也让他能静心思考人生,最后功成圆满,成为全真教一代开山鼻祖。

沈万三缘何富甲天下

沈万三本名富,字仲荣,世称万三,明初苏州巨贾,富可敌国。沈万三曾出资修观前街,助朱元璋修筑三分之一的南京城墙,财力可见一斑。相传沈万三发家致富是因为他从一位渔翁那儿得到了乌鸦石(或马蹄金)。更多的传说则是沈家藏有聚宝盆,财宝取之不竭。其实这些皆为无稽之谈。关于沈万三致富的真实原因大致有三种说法。

一为垦殖说。在封建生产方式下,农业是主要的经营手段。沈万三的财富,主要也是依靠农业生产,依靠大片土地的重租剥削。沈万三"躬耕起家",继而"好广辟田宅,富累金玉",以至"资巨万万,田产遍于天下"。可见,依靠垦殖发富是其根本。据记载周庄八景之一的"东庄积雪",曾有巨大的粮仓,正是沈氏庄园的标志。

二为分财说。《周庄镇志》卷六载:"沈万三秀之富得之于吴贾人陆氏,陆富甲江左……尽与秀。"杨循吉《苏谈》中亦载:"元时富人陆德原,皆甲天下……暮年对其治财者二人,以资产付之,其一即沈万三秀也。"意思就是,沈万三是得到了苏州陆氏的很大一笔资财,才成为江南巨富的。

三为通番说。据《吴江县志》记载:"沈万三有宅在吴江二十九都周庄,富甲天下,相传由通番而得。"历史学家吴晗也认为:"苏州沈万三一豪之所以发财,是由于做海外贸易。"这说明沈万三是由于把商品运往海外,进行国际贸易才一跃而成为巨富的。

事实上,仔细分析以上原因可知,沈万三之所以成为江南巨富,以上三个原因,密不可分,缺一不可。首先,沈万三"其先世以躬稼起家……大父富,嗣业弗替,尝身帅其子弟力穑"。说明沈氏先祖以农耕立业,为沈家奠定了深厚的根基。之后沈万三得到了苏州陆氏巨资,由于其具有出色的经济管理才能,"治财"有方,才很快完成了资本的原始积累。当沈万三拥有能使自己发展的巨资后,一方面继续开辟田宅,另一方面他把周庄作为商品贸易和流通的基地,利用白蚬江(东江)西接京杭大运河、东北接浏河的便利,把江浙一带的丝绸、陶瓷、粮食和手工业品等运往海外,开始了"竞以求富为务"的对外贸易活动,使自己迅速成为"资巨万万,田产遍于天下"的江南第一豪富。所以说,沈万三是以垦殖为根本,以分财为经商的资本,以大胆通番为手段而一跃成为巨富的。故周庄"以村落而辟为镇,实为沈万三父子之功"。

沈万三富可敌国,富得连朱元璋都生出妒嫉之心。于是沈家在明洪武年间连续遭受朱明王朝的三次沉重打击后,很快便衰落了。刘昌《悬笥琐探》云:"沈万三家在周庄,破屋犹存,亦不甚宏壮,殆中人家制

沈万三

耳。"出身低微的沈万三，由贫而富，又"既盈而覆"，成为元明之际江南地主豪富人生轨迹的一个缩影。其家族结局之悲惨，也着实令人感到悲哀。

郑和下西洋的真实意图

明朝郑和七次下西洋，是中国航海史上最辉煌的事迹。不过，如果考察《明史》中对航海政策的描述，就可以知道明代海禁甚严。在这种情况下，明成祖朱棣为什么会屡次派遣郑和下西洋呢？

《明史·郑和传》中透露出了有关信息："明成祖疑惠帝亡海外，欲踪迹之；且欲耀兵异域，示中国富强。"这其中有两个意思，一是寻找失踪的建文帝朱允炆，二是要"示中国富强"，也就是扬大明之国威于四方。

"靖难之役"后，建文帝的尸体一直没有下落，有人说他逃匿当了和尚，还有人说他跑到了海外。对于建文帝的失踪，明成祖一直耿耿于怀，听说其有可能流落海外，就动了到海外寻找的心思，于是便有了郑和下西洋的壮举。然而，当明成祖得知建文帝在云南一带活动后，这个疑问就已经消除了。另外，在郑和下西洋的宝船上，载满了大量中原土特产和财物。试想，去寻找一个失踪已久的皇帝，有必要这样兴师动众吗？因此，郑和几次去海外探寻建文帝下落的说法有些勉强。

如果说寻找惠帝为虚，那么向海外"示中国富强"、沟通彼此往来则是毋庸置疑的。当时的明朝，是世界上最富强的帝国。从永乐三年（1405年）至宣德八年（1433年），郑和肩负着明成祖交给的艰巨任务，率领当时世界上最大最先进的船队七下西洋。其航程达到了10万余里，最南到爪哇，最北到阿拉伯半岛，最西到非洲东海岸。百艘航船及万名官兵，航行在茫茫太平洋和印度洋上，穿梭往来于马六甲海峡中间，如此规模，如此阵势，足以彰显大明国威。这种威慑式的外交战略，的确令当时的许多国家不敢小觑明朝。有意倾向明朝者，年年朝贡，无意者也不敢对明朝轻举妄动。为了宣扬国威，明成祖还专门昭示："今遣郑和赍敕普谕朕意，尔等只顺天道，恪守朕言，顺理安分，勿得违越，不可欺寡，不可凌弱，庶几共享太平之福。若有虏诚来朝，咸锡皆赏。"郑和作为整个下西洋团队的领导者，他勇敢、机智、有胆略，加之他本身是伊斯兰教徒，更有利于同西洋各地的教徒进行交往。这样明成祖借由下西洋之举以实现敦睦外交的愿望就很容易实现了。当然，郑和身为宫廷内官，也可以兼为明皇室从海外采购奇珍异宝。

所以，寻找建文帝只是明成祖派郑和下西洋的一

郑和下西洋航海船队

个表面原因。明成祖的真实意图是为了彰显国威，宣扬中土文化，加强大明和周围国家的外交关系。事实上，郑和远航对外传播了中华文明，输出了先进的科学技术，为世界文明的进步做出了巨大贡献。郑和本人也以他独特的经历和个人魅力彪炳史册，流芳后世。

魏忠贤私通客氏真相

明天启帝即位后，将朝政大权逐步交给了宦官魏忠贤，至此开始了中国历史上最昏暗的宦官专权时期。魏忠贤把持朝政，排除异己，自称九千岁，以致人们"只知有忠贤，而不知有皇上"。为什么天启帝会如此信任一个宦官呢？这与天启帝的乳母客氏有着密切的关系。客氏18岁便入宫照顾年幼的天启帝，因而她与皇帝的关系明为主仆君臣，实则是深厚的母子之情。天启帝对客氏也是信任至极。与客氏交结是魏忠贤人生中的重大转折点。

魏忠贤的"对食"客氏

明朝习俗，宦官与宫中女子，主要是宫女，也包括像客氏这样的妇女，暗中或公开结为名义上夫妻的，称为"对食"。客氏原与魏朝对食相好。魏朝是最早伺候并保护天启帝的太监，所以天启帝对其非常信任，刚一即位就为其安排要职。客氏与魏朝年纪相当，可以说是很般配的一对儿。但魏朝升任要职后，由于公务缠身，忽略了客氏，魏忠贤便乘虚而入，与客氏暧昧。具有讽刺意味的是，魏朝还是魏忠贤进宫的介绍人。他开始并不知晓魏忠贤与客氏的事情，但终究纸包不住火。魏朝有所察觉后，便去找客氏理论，并责骂客氏。可是此时的客氏已经看中了魏忠贤，当场就与魏朝翻了脸。两人高声对骂起来，互不相让。事情挑明之后，魏忠贤撇下昔日的好友魏朝，公然与如日中天的客氏结成了对食关系。

魏忠贤

魏朝对此事一直耿耿于怀。就在天启帝即位后不久，某日晚，时近丙夜（半夜零点），魏朝遇到了在乾清宫西阁嬉闹的魏忠贤和客氏。恼羞成怒的他踹开门后就和魏忠贤扭打在一起。因为过于激烈，惊动了已经睡下的皇上。司礼监掌印太监卢受、东厂太监邹义、秉笔太监王安、李实、王体乾、高时明等人也都被一一惊醒。当天启帝听到"愤争由客氏起"的原因之后，就什么都明白了。怎奈这位糊涂皇上不但没生气，反而态度和蔼地对客氏说："客奶，只说谁替尔管事，我替尔断。"依仗皇帝的权威，客氏当场表示自己很早就厌恶了魏朝的"佻而疏",转而喜欢上了魏忠贤的"憨而壮"。乳母表态之后,天启帝当场决定,让魏忠贤今后专管客氏之事。天启帝虽然名义上是让魏忠贤负责有关客氏的事务,但实际上是默许了两个人的对食关系。

此后,客氏与魏忠贤两人更是再无避讳,来往亲密。天启帝对这二人也日益宠信,把宫中的一切庶务都交予二人处理,对他们二人的话更是言听计从。后来魏忠贤权势越来越大,以至于威胁到了皇权。明崇祯皇帝继位后,先将客氏赶出宫,又想办法缉拿魏忠贤。一代权宦最终落得个上吊自杀的下场。

唐伯虎点过秋香吗

唐伯虎,名寅,字伯虎,后字子畏,别号六如居士、桃花庵主等,明朝中期的杰出画家、文学家。无论是民间传说还是影视演绎,唐伯虎都是一副才华横溢、风流倜傥的作风。"唐伯虎卖扇记"、"三笑点秋香"、"家有九美"等与其相关的逸闻趣事在民间广泛流传。其中尤以"三笑点秋香"最为著名,达到了家喻户晓、妇孺皆知的程度。但是深究历史,其实并没有"唐伯虎三笑点秋香"一事。

历史上确有"秋香"其人,在《画史》与《金陵琐记》中皆可觅其芳踪。秋香者,本名林奴儿,字金兰,号秋香,亭中人氏。她幼年罹遭不幸,无奈堕入青楼,琴、棋、书、画样样精通,是当时金陵妓院中的头牌。她曾拜师于明代大画家沈周(亦是唐伯虎的绘画老师),因此尤擅画画,所画的丹青很有名气,被时人誉为"女中才子"。后来,她正是凭着过人的才气和善良的本性而改籍从良。这么一位妙人看似与唐伯虎绝配。但遗憾的是,秋香至少年长于唐伯虎20岁。仅凭这一点,唐伯虎就几乎不可能点到秋香。

但是历史上确实发生过与"唐伯虎点秋香"十分类似的事件。明代王同轨在笔记小说《耳谈》中叙述了这样一则故事:苏州才子陈元超,性格放荡不羁。一日,他和友人游览虎丘,途中偶遇一宦家婢女。因陈元超当时衣着奇特,内紫外白,这位婢女见之后不禁一笑。陈公子不明就里,登时便招架不住,回家后立刻暗巡芳踪。寻到之后,陈公子为得良人不惜屈尊身份,乔装打扮到此官宦人家做了公子的伴读书童。不久,陈元超发现两位公子已经离不开他,觉得时机已到,便谎称要回家娶亲。俩公子执意挽留,许诺陈元超可任意挑选府上婢女为妻。陈远超顺势表示恭敬不如从命,即点当日相遇之女为妻,成就美好姻缘。这则故事到了明末小说家冯梦龙的笔端后,主人翁发生了变化,移花接木变成了《唐解元一笑姻缘》。后来

唐伯虎所绘《春宫图》

又随着时间的推移,由"一笑"发展到"三笑",更衍生出许多精彩的情节。

可是为什么这个时间、地点、人物清晰的事件最后会强加在唐伯虎身上呢?这与唐伯虎放荡不羁的性格和"江南第一风流才子"的声名密切相关。因为在世人眼中,只有这样一位放浪形骸、有胆有识的人才有敢闯朱门豪宅,敢于追求真爱的资本和勇气。

戚继光斩子之谜

戚继光,字元敬,号南塘,明代著名军事家、抗倭将领。数百年来,不仅其抗倭事迹家喻户晓,而且其斩子的故事也一直在闽、浙一带广为流传。常言道:"虎毒不食子。"戚继光为何要斩杀自己的亲生儿子呢?故事究竟发生在哪里?历史上是否真有此事?

有一种观点认为,戚继光斩子的故事发生在浙江台州地区。有一次,他率领军队在台州府围剿一股倭寇。戚继光命自己的儿子戚印为先锋,先佯装失败,再诱敌深入以便全歼这股倭寇。但是,戚印年轻气盛,看到倭寇后气愤万分,直接冲杀,忘记了父亲的交代。虽然也歼灭了敌人,但是却破坏了父亲的计策,延误了军机。回营之后,戚继光为了严明军纪,便命将校将其绑出辕门外正法。虽然诸将苦苦求情,但戚继光却认为戚印知令故犯,贻误军机,若不斩杀,难以严明军纪。最终,他还是斩了儿子。后来当地的百姓怀念戚公子,便在常风岭上为他建造了一座太尉殿。据说这座大殿的残迹至今犹存。

还有一种观点认为,戚继光斩子的故事发生在福建麒麟山,所斩的儿子不叫戚印,而叫戚狄平。当时,戚继光率八千义乌兵入闽抗倭,想打掉海上倭寇的巢穴——横屿。在攻击发起之前,戚继光晓谕全军:"潮水涨落,分秒必争,只许勇往直前,不准犹疑回顾。违令者斩!"戚继光任命自己的儿子戚狄平为先锋官。在行军路中,戚狄平因担心父亲年老力衰,跟随不上,便回头向樟湾方向望了望。这时跟在后面的将士以为先锋有令要传达,不觉也都驻脚,停了下来。戚继光率领中军跟在后面,突然发现前面的队伍停了下来,不知发生了什么变故,便立即派人询问。将校如实回禀情况后,戚继光大怒,立刻令人将戚狄平绑至马前,训斥道:"你身为先锋官,带头违令,致使三军疑惑。如若不按军法处置,又以何服众。"说完命令帐下军校将其绑出,斩于军前。后来,戚家军攻占了横屿,斩杀倭寇,彻底捣毁了倭寇盘踞的巢穴。戚继光带军回师时,路过麒麟山,想起于此被自己斩杀的儿子,不禁伤心落泪。后来,当地的人民为感谢戚家父子的抗倭功劳,就在戚继光立足思子的地方建起一座六角凉亭,取名为"思儿亭";在戚公子被斩的麒麟山角树立了一块石碑,名曰"恩泽

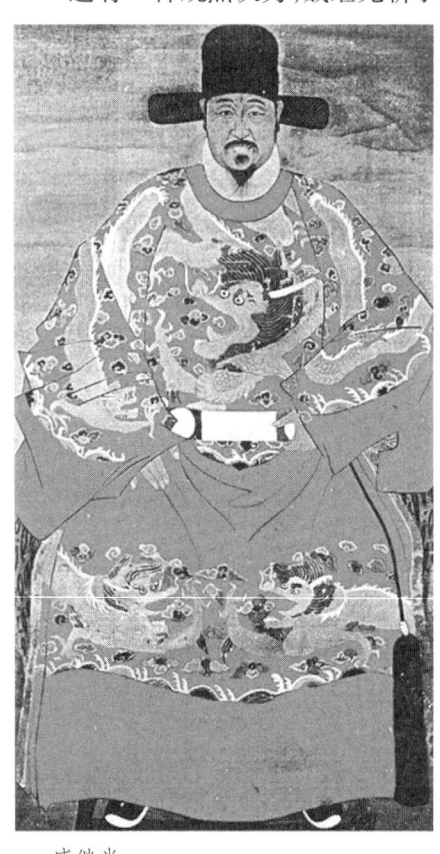

戚继光

坛"，以永远纪念戚继光和戚狄平抗倭保民的事迹。

此外，《仙游县志》中记载："继光至莆田，将出师，烟雾四塞，其子印为前锋，勒马回，求驻师。继光怒其犯令，杀之。"据此，有人指出戚继光斩子的故事应该发生在福建莆田，被斩杀儿子为戚印。

但戚继光斩子的传说在《明史》《罪惟录》《明书》和汪道昆的《孟诸戚公墓志铭》、董承诏的《戚大将军孟诸公小传》、《闽书》中的《戚继光传》等较为可信的史料中均无记载。

秦皇岛老龙头戚继光将台

在戚继光后人所编著的《戚少保年谱耆编》中也没有相关的记录。而且根据《戚继光墓志铭》的记载，戚继光的正房夫人王氏，一生只生有一个女儿，并无传说故事中的长子戚印这个人。戚继光在军中所纳的小妾陈氏、沈氏、杨氏等人虽然先后为他生了戚祚国、戚安国、戚报国、戚昌国、戚兴国等几个儿子。但这些儿子在戚继光抗倭时期都还在襁褓，或是小儿，根本不可能成为领军打仗的将领。

因此，许多历史研究者认为，戚继光斩子之事纯粹是子虚乌有。民间之所以会有这样的故事流传，很有可能是根据戚继光治军严明、军纪如山的特点演绎出来的小说情节。但这也只是一种推测而已。虽然没能从历史材料中找到戚继光斩子或戚印、戚狄平的记载，但是也不能肯定没有。若戚印、戚狄平等人是戚继光的义子，当然是难在史料中找到了。事实到底如何，还有待史学界进一步考证。

福康安是否为乾隆帝的私生子

清乾隆年间的福康安，是当时朝廷之中权力最大的权贵傅恒的第三子，乾隆帝孝贤皇后的内侄。他在兄弟中功勋最为卓著，地位最为显赫，一生转战南北，经历了无数战斗，百战百胜，是乾隆朝叱咤风云的大将。

福康安生于乾隆十八年（1753年），名字是由乾隆帝亲自赐予的，年幼时就被乾隆亲自带进皇宫教养，视如己出。福康安成人后，乾隆更视他为股肱之臣，生前封贝子，死后赐郡王，恩宠至极。乾隆对福康安的特别提拔与宠爱，引起了不少好奇人士的猜测。有人认为这是因为乾隆与福康安的生母有私情。更有人说，福康安实际上就是乾隆帝的亲生骨肉。遍观福康安生平，疑点的确重重。

第一个疑点是"异姓封王"。 清朝入关后，分封吴三桂等异姓王，引出了三藩之乱，因此清政府下令"异姓不王"。但是福康安却被封为"永嘉郡王"，配享太庙。福康安的两个哥哥，一样优秀，一样善战，但是却未曾被加封王爵。若是因为战功而封王，同福康安战功相当的兆惠、阿贵也未获此殊荣。

福康安

第二个疑点是"御驾备战"。 福康安19岁时即以头等侍卫统兵,随定西大将军温福征剿大金川。此后,福康安南征北战,作战英勇,足智多谋,参加过平定大小金川、镇压台湾林爽文起义、击退廓尔喀入侵等重大战役。福康安每次出征前,乾隆帝都会为其精心挑选将领,选派劲旅,加强其必胜的把握。而随其出征的将领也迎合乾隆帝旨意,有意不取胜争功,以归美于福康安。例如,福康安平定台湾林文爽起义时,乾隆帝就让名将海南随福康安出征。乾隆五十六年(1791年),乾隆帝任命福康安为将军出征,又加派海兰察、奎林这两位清代名臣为参赞,随其出征。甚至连兵部户部在平衡每个战场的战争拨款时,也都要先满足福康安的需要。这些都为福康安打胜仗做了最好准备。

第三个疑点是"未娶公主"。 按理说,乾隆帝如此器重福康安,应当指一门好的婚事给他,或者就像他的两个哥哥一样被召为额驸。但是乾隆帝的九格格与福康安只相差四岁,却没有被指婚给他,这也十分令人生疑。

此外,在福康安之父傅恒的葬礼上,乾隆帝郑重许诺:"汝子吾儿定教养。"似乎认定了福康安是自己的儿子。

其实,福康安是不是乾隆的私生子已无从考证,现有的资料中也有许多漏洞。比如异姓封王,是在福康安身死之后,不足为奇。所以有许多史学家认为乾隆帝之所以宠爱福康安,只是因为他是富察家族的子孙,孝贤纯皇后的侄子。乾隆皇帝在他身上看到了自己和孝闲纯皇后所生而早殇的皇二子永琏和皇七子永琮的影子。再加上福康安相貌英俊,自幼便跟随乾隆帝左右,对他多加宠爱也是十分自然的。另外,因福康安长大后屡立战功,乾隆甚喜。这种感情,恐怕和父亲看到儿子在事业上取得成功的感情一样,只是这个父亲是一国之君,他的所作所为很容易被后世瞩目罢了。

和珅为何如此受宠

和珅,钮祜禄氏,满洲正红旗人。他原本出身于普通的军功之家,却步步高升变为权倾朝野的权贵。在朝堂上,和珅处处蒙受乾隆皇帝的庇佑,在其执政的几十年间,积累了巨额的财富。和珅凭什么受到乾隆的无比宠幸呢?历来说法多样,不妨一一细观。

有这样一个传说,乾隆做亲王时,曾钟情于雍正的爱妃马佳氏。两人年龄相当,情投意合,因此时常背着雍正在一起嬉闹调笑。终于有一天被皇后撞到。她以马佳氏调戏皇子为名,下令将其带至月华门赐死。弘历听说后,立即赶到月华门前,看到奄奄一息的马佳氏,大哭道:"是我害了你!"接着便咬破手指在马佳氏颈上滴了一点血,说:"我今生无力救你,来生以红痣相认。"言毕,马佳氏魂归天外。登基后成为乾隆的弘历渐渐忘记了这件事,直到他见到了和珅。和珅不仅酷似马佳氏,而且颈上也有一颗鲜红的血痣,从此乾隆认为和珅就是马佳氏转世,遂对他万般宠爱,常在书房和他同塌而眠。据说,和珅所居住的恭王府中有一条地道可直接通往皇宫。他每次就是通过这条地道,直接到达宫中与皇帝幽会的。不管此事是真是假,和珅面相英俊,被称为"满洲第一美男"却是不争的史实。这的确为他给乾隆留有好印象加了不少分,但是如果仅凭借"色相"来生存,和珅是不会权倾朝野这么多年的。

和珅出身满洲贵族,自幼勤学苦读,满腹经纶。为官后又处处显示出聪明机敏的一面。薛福成《庸庵笔记》记载:有一次乾隆出巡,因临时找不到仪仗用的黄伞盖,乾隆又着急又生气,便厉声询问缘由。因为是杀头之罪,别的人都噤若寒蝉,不敢正面回答。只有和珅朗声道:"管此事者负此责任。"此话一语中的,令乾隆对年轻的和珅刮目相看。

和珅

当和珅做了内务府总管之后,他的理财能力也很快凸显出来。当时内务府不仅一改之前亏空的情况,而且还略有盈余,史载:"岁为盈积,充外府之用。"和珅不仅善于从各省封疆大吏、盐政织造及富商大贾那里聚敛钱财献给皇上,而且还首倡在朝廷施行"议罪银"。各省官员交纳的议罪银越来越多,构成一笔巨大的财源,流入皇帝的金库——内务府广储司,以满足乾隆骄奢淫逸和好事铺张的生活需要。这点深得乾隆皇帝嘉许。

在朝堂之上,和珅还展现出超强的外交能力。和珅精通数国语言,曾多次负责接待朝鲜、英国、安南等国的使臣。《清代名人传略》中就记载有乾隆五十七年(1792年),和珅妥善接待了英使马戛尔尼一行。过后英国特使评论和珅在谈判中"保持了他尊严的身份","态度和蔼可亲,对问题的认识尖锐深刻,不愧是一位成熟的政治家"。和珅还对"清缅关系"、"清与安南的贸易"的改善提出了看法,因而"多称上意,并允行"。

如此一来,和珅无论是处理君臣关系,还是政治能力,都深得乾隆的欣赏和器重,再加上他擅长揣摩

和珅书法

圣心,能恰到好处地溜须拍马以满足乾隆的虚荣心,更让乾隆引以为知己与忘年交。这些可能就是乾隆后来即便得知和珅的种种劣行,却一直没有将其惩治,还一直宠爱有加的原因。

曾国藩为何不称帝

曾国藩是中国近代历史上的风云人物之一,处在清王朝由盛世走向没落、衰败的转折时期。他本是湖南一个偏僻小山村的一介书生,当清王朝统治岌岌可危时,在家乡组建了一支湘军,为平定太平天国运动立下了汗马功劳。因此,曾国藩被清王朝封为一等勇毅侯,成为清代文人出身而获封武侯的第一人。之后曾国藩历任两江总督、直隶总督,官至一品,死后被谥"文正"。让后人产生疑问的是,曾国藩在平定太平天国运动的过程中,手握重兵,掌握地方大权,但他有过推翻清王朝并取而代之的想法吗?令人吃惊的是,曾国藩不但自己不做皇帝,还在镇压太平天国运动后,主动解散了湘军。他为什么要这么做?

从曾国藩自身来讲,他具有根深蒂固的忠君思想,个人追求只是做一个中兴之臣,最终能够封侯拜相、光宗耀祖即可,因而其造反的思想动力不足。追溯曾国藩起兵的目的相当明确:保护地主阶级的利益和保卫清政府。同时,曾国藩为文士出身,深受中国传统儒家思想的浸染,曾饱读史书的他深知,如果起兵造反,将会给黎民百姓带来更大的灾难。而且当时洋务运动正在蓬勃发展,曾国藩对实业救国仍存有一丝希望。因此尽管其手下部将王闿运、曾国荃等屡次劝进,但都被曾国藩严词拒绝。

更重要的是,曾国藩并不具备称帝的条件。从军队实力上讲,湘军虽名义上有30万,但他实际能调动的只有10万,而且军队内部并不团结,几员大将都自成一派。况且湘军经过常年征战,战斗力明显减弱,已不复当年之神勇。而大清皇朝虽已穷途末路,却如百足之虫,死而不僵,依然拥有坚实的社会基础。一旦曾国藩起兵造反,便是乱臣贼子,不能获得任何舆论支持,只能落得和太平天国一样的下场。

其实清政府也对曾国藩有所防范。南有曾国藩,北有僧格林沁。这两人被清王朝倚为肱股之臣。当时科尔沁亲王僧格林沁最受器重,拥有一支以强大的骑兵为主的庞大队伍。其不同于八旗兵,战斗力极强,而且部署在中原河南腹地,虎视东南,使曾国藩不敢轻举妄动。天京陷落之后,清政府当即派兵把守天京,其实就是在防范曾国藩。

曾国藩是中国传统文化熏陶出来的"修身、齐家、治国、平天下"的典型知识分子,同时又看透了复杂的时局,因此他没有称帝野心,只愿做中兴之臣。正是这种明智让其享尽荣华并得以善终,也使黎民百姓避免了更多的纷乱与战争。仅从这个意义上讲,曾国藩也算是中华民族的有功之臣。

曾国藩

第十篇

名士不为人知的脸谱

管仲被妓女奉为"祖师爷"

俗话说:"三百六十行,无祖不立。"也就是说三百六十行,每一行都有本行业的祖师。比如梨园界的祖师爷为唐明皇、建筑业的祖师爷为鲁班等。据说,被妓女们奉为祖师爷的是春秋战国时期大名鼎鼎的齐国国相管仲。清代纪晓岚在《阅微草堂笔记》中说:"娼族祀管仲。"那么,有着"春秋第一相"之称的管仲,为什么会成为这个为后人所不齿的行业祖师呢?

明代作家兼官员谢肇淛在《五杂俎》中说:"管子之治齐,为女闾七百,征其夜合之资,以佐军国。"明朝的另一位礼部尚书于慎行也有相同的记载。"女闾"即妓女,"夜合之资"即卖淫所得。这就是说管仲征收女闾税款,以佐齐国治军治国所需。清代褚学稼在《坚瓠集续集》中也有相同的记载:"管子治齐,置女闾七百,征其夜合之资,以充国用,此即花粉钱之始也。"清代张春帆在其小说《九尾龟》中的"从前管仲设女闾三百,以为兵士休宿之所,这便是妓女的滥觞",也指出管仲设立女闾是作为军队妓院。

有人指出,关于管仲是妓女"祖师爷"的说法并不可信,原因有二:一是明清两代的这些说法大多出自小说家之言,没有学术价值,是他们因作品需要而杜撰的也未可知;二是明清两代距离春秋战国时期年代久远,其说法不足为据。

虽然后世的许多青楼里都把管仲奉为祖师爷,但并不能说管仲就是娼妓业的创立者。第一,娼妓业在春秋以前就有,并非管仲时才有。第二,管仲时的女闾不是妓院,而是女子商店集市。据史书《战国策·东周策》记载:"齐桓公宫中七市,女闾七百,国人非之。管仲故为三归之家,以掩桓公,非自伤于民也?"从这段文字中可知,首先,女闾未必就是妓女或妓院,也有可能是买卖东西的市场。也有学者认为是歌伎或舞女的活动场所。第二,即使女闾是妓女或妓院,也不是管仲设立的,而是齐桓公设立的。管仲只是为了掩饰齐桓公的错误,把老百姓的视线转移到了自己身上。众所周知,齐桓公荒淫无度,是一个典型的好色之徒,其夫人和妻妾多达十余人。因此,齐桓公可能才是女闾的真正创办者。

真正把管仲当做祖师爷的是在清朝时期。清末徐珂的《清稗类钞》说白眉神又叫妖神,"娼家魔术,在在有之,北方妓家,必供白眉神,又名妖神,朝夕祷之。"又据清末民初潘宗鼎《金陵岁时纪》记载,南京花柳之地钓鱼巷里面有一个老郎庙,"神为管仲","眉白而眼赤",俗称"白眉神"。清朝中期常茂徕整理的《如梦录》记载开封城五胜角大街路东有皮场公庙,"向南,三间黑大门,匾曰'富乐院',内

临淄管仲纪念馆

有白眉神等庙三四所"。

其实,把管仲当成娼妓业的祖师真是冤枉了他。因为妓女们拜管仲,主要是为了求财。据民国年间王书奴的《中国娼妓史》记载,近代沈阳妓院中,如果某个妓女在一个时期接客不多,就会手端尿盆,跪在管仲牌前,边敲尿盆边祷告:"祖师爷,保证我客人多!"妓女作为弱势群体,放下尊严而求财,却受到老鸨的压迫和其他势力的盘剥,便希望找一位财神兼祖师爷。管仲是齐国国相,善经营,又多多少少与"女闾"有关,所以娼妓就选其为"祖师爷"。

孔子是否会武功

孔子是我国著名的思想家和教育家,但是由于其生活的年代离我们太过遥远,许多资料已经散佚,人们对孔子本人的了解并不多。孔子是儒家学说的创立者,"文采"自不必说。那么,其在"武略"上的表现又如何呢?孔子是否会些武功呢?根据历代史学的记载以及孔子自身提出的一些言论分析,答案是肯定的。

先从样貌上来说,这位千百年来被无数文人顶礼膜拜的祖师,并不是一位文弱书生,而是一位高大威猛的男子汉。史书上记载孔子:"九尺有六,人皆以'长人'而异之。"根据先秦时1尺等于现在的0.66尺,可推算出孔子身高至少有一米九五。这种身高就是在现在,也算很高了,所以他具备习武的先天条件。

另外在儒家的课业里,最基础的是"六艺"。"六艺"即是"六经",是经孔子整理研究过的《诗》《书》《礼》《乐》《易》《春秋》六本经典。在孔子看来,"六经"可以起到教化社会人心的作用,包含了"修己安人"的"大学之道"。但是根据朱熹所说,周代贵族不仅有"大学",还有"小学":"人生八岁,则自王公以下,至于庶人之子弟,皆入小学,而教之以洒扫、应对、进退之节,礼、乐、射、御、书、数之文;及其十有五年,则自天子之元子、众子,以至公、卿、大夫、元士之适子,与凡民之俊秀,皆入大学,而教之以穷理、正心、修己、治人之道。"从这段文字可以看出,"礼、乐、射、御、书、数"等"六艺",乃"小学"必修;孔子为入学开创之人,像射(射箭)、御(驾车)这样的技艺不仅要修习,而且达到了精通的程度。

孔子一向主张和平,反对战争。《论语》说:"子之所慎:斋、战、疾。"意思是说,孔子对斋戒、战事、疾病等非常慎重。军事战争固然是国家大事,一向为时人所重,但孔子却反对专注于兵战。比如卫灵公在询问孔子有关战事的问题时,孔子很不耐烦地说:"俎豆之事,则尝闻之矣;军旅之事,未之学也。"他告诉卫灵公,祭祀的事情我曾经听说过一些,但是战争方面的事,从来没学过。说完这些话后的第二天,孔子就带着弟子们离开了卫国。可见其是多么地厌恶战争。但这

孔子

也从侧面反映出,卫灵公之所以会问孔子有关战争的问题,是因为孔子对带兵打仗有所了解。同时也正是因为有所了解,知道战争带给人们的痛苦,所以才反对战争。孔子有句名言:"以不教民战,是谓弃之。"意思是说,如果不对百姓进行训练,就让他们上战场参加战斗,无异于抛弃他们。孔子的弟子冉有曾为季氏带兵打仗,取得胜利。当季氏问冉有关于军旅的知识从哪里来时,他说是"学之于孔子"。可见,在冉有看来,孔子乃是"大圣",其学无所不包,文武兼通并用。

由此可见,孔子应当是文韬武略、智勇双全。只是他所擅长的"武",是通晓射、御,懂得军事,了解兵战。同时,孔子还考虑到治国安邦,而且着眼于"平天下"。但是,如果用"武功高强"来形容孔子,尤其说其能御敌格杀,具有现在武侠小说中的高超功夫,那就具有演绎成分了。这不仅缺乏直接的材料证明,也不符合当时的社会大环境。

画丑昭君并非毛延寿所为

王昭君是我国古代的四大美女之一,有"落雁"之称。其以一弱女子的身躯和情怀做出了"出塞"的举动,使匈奴同汉朝和好达半个世纪之久,足以名垂千古。据说"昭君出塞"还是因画师毛延寿画丑昭君而引起的。事实真的是这样吗?

通常情况下人们认为画丑昭君为毛延寿所为。东晋葛洪在《西京杂记》中记载:"元帝后宫既多,不得常见,乃使画工图形,案图召幸之。诸宫人皆赂画工,多者十万,少者亦不减五万。独王嫱(王昭君)不肯,遂不得见。匈奴入朝,求美人为阏氏,于是上案图,以昭君行。及去召见,(昭君)貌为后宫第一,善应对,举止闲雅,帝悔之。而名籍已定。帝重信于外国,故不复更人。(汉元帝)乃穷案(追查)其事,画工皆弃市(在闹市执行死刑,尸体暴露街头)。籍其家资皆巨万。画工有杜陵毛延寿……安陵陈敞、新丰刘白、龚宽……下杜阳望……樊育……,皆同日弃市。"一直以来,很多人都据此认为是毛延寿把昭君画丑了,导致汉元帝错失美人,于是汉元帝便将其杀害。

然而,也有人认为画丑昭君并非毛延寿所为。南朝宋范晔在《后汉书·南匈奴传》中也对昭君出塞作了详尽的记载:"昭君字嫱,南郡人也。初,元帝时,以良家子选入掖庭。时,呼韩邪来朝,帝敕以宫女五人赐之。昭君入宫数岁,不得见御,积悲怨,乃请掖庭令求行。呼韩邪临辞大会,帝召五女以示之。昭君丰容靓饰,光明汉宫,顾景裴回,竦动左右。帝见大惊,意欲留之,而难于失信,遂与匈奴。"在宋晔的版本中,昭君是因来宫中多年并未得到汉元帝召见而心中积怨已深,便趁匈奴和亲的机会主

毛延寿画《汉官春晓图》

动请愿以和亲离开皇宫,并没有皇帝选画之说,更没有提到画师毛延寿。这样也便不会有毛延寿画丑昭君的故事了。另外,即使有画师画像之说,《西京杂记》中提到被杀的画师不止毛延寿一个,还有陈敞、刘白、龚宽、阳望、樊育等人。且文中也并未提到给昭君画像的是哪一个画师。所以,画丑昭君的未必就是毛延寿。再者,我国北宋时期的政治家、改革家、诗人王安石也曾为毛延寿喊冤。他在《明妃曲》中云:"意态由来画不成,当时枉杀毛延寿。"在王安石看来,意态不是画师所能画来的,画丑昭君并非毛延寿有意所为。

事已过千年,由于现存的有关史料太少,我们已无法考证清楚此事,但有一点可以肯定,画丑昭君的画师未必就是毛延寿。

魏晋名士"放浪形骸"的无奈

"名士阶层"是中国古代每一朝代的文化精英,他们或成为国家的股肱栋梁,或退隐山林,过着修身养性的神仙生活。但是魏晋时期的名士阶层却是其中的一个特殊群体。魏晋名士虽满腹才华,却不思进取,以谈玄、吃仙药、饮酒为乐。他们在生活上放浪形骸、放荡不羁。其原因何在?这其中又蕴含了多少深深的无奈?

魏晋名士阶层的代表是竹林七贤,他们放浪形骸的表现最为突出。竹林七贤出现在魏正始年间(240—249),是由嵇康、阮籍、山涛、向秀、刘伶、王戎及阮咸等七人组成,常在当时的山阳县(今河南县、修武一带)竹林之下,喝酒、纵歌,肆意酣畅,世谓竹林七贤。他们放纵自己的行为,嗜酒如命,用酒精来麻痹自己的思想。刘伶曾经一醉三年,同时经常驾鹿车,携一壶酒,抬着棺材,还告诉旁边的人,如果我死了就把我埋了吧!他还常常赤条条地待在屋中。见到他的人都嗤之以鼻,但是他却丝毫不以为意,还说:"我以天地为房屋,以房屋为衣裤,你们干吗要钻到我裤裆里来呢?"

阮籍是建安七子之一阮瑀的儿子,可谓出身名门,曾任步兵校尉。当时司马昭想与阮籍联姻,阮籍竟然醉酒60天,事情也就不了了之了。但是一时酒醉只是一时麻痹了心神。阮籍虽然能醉酒避祸,终不免落得一个郁郁而死的结局。魏晋名士不仅沉溺美酒,也蔑视礼法,向往自由,不畏权贵。阮籍说:"礼岂为我辈设也!"其母亲去世后,面对许多来吊唁的人,阮籍只是披头散发,目光呆滞,形容枯槁,既不还礼,也不哭拜。来客得到的也只是他的白眼。

嵇康因朋友吕安的案子被收押,被判处了死刑。行刑当日,他神色不变,如同平常一般,淡然在刑场上抚了一曲《广陵散》。曲毕,嵇康从容就戮。还有阮咸,当七月七日阮氏各家都把华贵的衣物拿出来晾晒的时候,他却在庭院

放浪形骸的阮籍

里挂了一条寒酸的布犊鼻裈,也就是破裤子。别人问及他时,他只是说:"未能免俗。"其敷衍答复,并不在意。

魏晋名士的这些行为,让一些后人觉得十分潇洒与另类,但是这些怪异的举动仅仅是一种表象,实际上这些名士心中是怀着深深的无奈的。产生这种现象的原因与当时的社会背景有很大的关系。延康元年(220年),曹操逝于洛阳后,曹操之子曹丕逼汉献帝退位,篡夺汉室政权,在洛阳称帝,始建曹魏。短短46年后,公元266年司马炎逼迫魏元帝禅让,自己即位为帝,建立晋朝,史称西晋。新旧王朝的更替大多通过战争实现,即使没有战争,上层统治集团的权力之争同样充满杀气,令整个社会"谈政色变"。动荡的社会,残酷的现实,让当时出身高贵的名士内心极其压抑,于是他们就开始寻找心灵的出口。游山玩水,狂饮滥醉,纵欲享乐,归隐田园就成了这些名士的常态化生活。后来东晋葛洪在《抱朴子》一书中曾形容魏晋时期的名士:"蓬发乱鬓,横挟不带,或褻衣以接人,或裸袒而箕踞……其相见也,不复叙离阔,问安否,宾则入门而呼奴,主则望客而唤狗……终日无及义之言,彻夜无箴规之益。"这正是对当时文人狂放生活的最佳写照。

另外,其行为上的放纵仍然不足以让这些名士的内心完全释放,追求思想的自由和解脱才是他们最终的目的。恰好当时以老子、庄子为代表的"消极避世,任情自然"的道家思想正在风行,紧紧契合了这些名士的心态。《老子》《庄子》《周易》这三部著作的内容深奥渊博,含义玄妙,被当时名士称为"三玄"。对它们的研究与解说形成了专门的学问——"谈玄"。"谈玄"一不与朝权冲突,二找到心有所属,而且名士在谈论间可以完全忘记现实的烦恼,沉浸于虚无缥缈的境界里,无意间形成了精神上的麻醉药。

在魏晋名士"放浪形骸"的形象中,夹杂着无边的忧惧,沉重的哀伤以及深深的无奈。他们无论是顺应环境来保全性命,还是寻求山水以安息精神,甚至服用毒性极大的"五石散"来让自己的精神亢奋,其实际情感中均始终蕴藏着异常尖锐的矛盾。因此,魏晋名士虽外表装得轻视世事、洒脱不凡,但内心深处却更强烈地执著人生,活在矛盾的痛苦之中。

刘备薄情"丢"妻儿

蜀主刘备

受《三国演义》的影响,刘备给后世留下的印象是为人谦和,礼贤下士,志向远大,知人善用,素以仁德著称。可是根据正史记载,这位贤德君主在对待妻儿时,可以用"薄情寡义"来形容。因为他曾经数次"丢弃"妻儿。

兴平元年(194年),刘备因陶谦病死而被糜竺、陈登等人拥戴为徐州之主。建安元年(196年),徐州所治下邳守将曹豹反叛,引吕布轻取下邳,俘虏了刘备的妻儿。正在战场上与袁术僵持不下的刘备听说妻儿被掳,很快溃败下来,但又无力夺回下邳,只好向吕布求和。吕布最终不仅接纳了刘备,还把老婆孩子还给了他。

之后刘备不甘居于人下,在屯驻的小沛招兵买马,扩充实力。吕布凭借徐州的精兵粮足,打得刘皇叔无处可去。刘备只好投奔了曹操,并受到了优待,被封为豫州牧。曹操还给了刘备一些人马物资,让他到小沛攻打吕布。建安三年(198年)春,吕布部将高顺、张辽进攻刘备,曹操派夏侯惇前往支援,结果曹刘联军失利。在这次战争中刘备的妻儿第二次做了吕布的俘虏。之后,曹操亲领大军三征徐州,在下邳活擒吕布。当吕布请降时,刘备说话了:"明公不见布之事丁建阳及董太师乎?"此话一出,有万夫不当之勇的吕奉先被曹操缢杀于白门楼。刘备妻儿算是第二次有惊无险地回来了。

刘备之妻甘皇后

继刘备和曹操"青梅煮酒论英雄"的那次著名谈话后,刘备就如坐针毡。他感觉继续留在曹操身边,实在太危险,便整日思量如何尽早摆脱其控制。建安四年(199年),刘备主动请缨带兵截击经过曹操地盘的袁术,借机脱逃。等曹操心生悔意派人追赶时,刘备已一路狂奔到了下邳。随后,刘备以迅雷不及掩耳之势袭杀徐州刺史车胄,正式举兵反曹。刘备的反叛让曹操大为光火,于建安五年(200年)亲自领兵攻打刘备。被打得猝不及防的刘备又转投向袁绍。其可怜的妻儿第三次做了俘虏,一起被俘虏的还有关羽关云长。至于这次她们是怎么回归的,正史上未见任何文字记载。按照《三国演义》的说法,是关云长"过五关斩六将"、"千里走单骑"护送回来的。

曹操在官渡大败袁绍之后,立即掉转马头,亲征刘备。刘备没等曹操赶到,就掉头跑到刘表处。建安十三年(208年),已平定北方的曹操大举南征荆州。刘表病死,继任荆州牧的刘琮立刻向曹操投降。此时的刘备正在樊城准备为保卫荆州浴血奋战,无奈之下只好渡过汉水向南撤。行至当阳时,被曹操的五千精骑迫于长坂坡。刘备第四次撇下妻儿,带着诸葛亮、张飞等几十个人夺路而走。幸亏得赵云保护,甘夫人和幼主刘禅才幸免于难。可还是有两个女儿被曹军俘虏了。

之后,刘备愈挫愈勇,屡败屡战,终成霸业,堪称一代枭雄。但是刘备一到关键时刻,就薄情撇下妻儿,只顾自己逃命,终究不像大丈夫所为。陈寿评价刘备说他"盖有高祖之风"。的确,当年刘邦为项羽所败逃跑时,也曾一遍遍地把两个孩子从车上往下推,而后来吕后和刘父也让项羽俘获过。看来这位刘皇叔不仅继承了先祖刘邦的雄才大略,连高祖薄情的一面也悉数尽收,给后世留下了许多感慨与谈资。

关羽是否好色

在《三国演义》"屯土山关公约三事"一回中,描写有关羽面对美色诱惑刚正不阿的经典场景:"关公自到许昌,操待之甚厚:小宴三日,大宴五日……及美女十人以侍之。云

关羽

长不能推托,将所赐美女尽送入内门,令伏侍二嫂嫂。"书中情况是刘备败于曹操,关羽为了保护嫂子,甘愿被俘。曹操爱才惜才,意在收降关羽,送来金钱美女。关羽均不为所动。曹操诡诈,夜间让关羽和刘备的二位夫人共处一室。关羽遂彻夜读《春秋》以避嫌,塑造了一个不近女色的光辉形象。

但是关羽真的不好色吗?《三国演义》毕竟只是"三分写实、七分虚构"的历史小说。小说中塑造的人物性格单一,尤其是关羽,更如神仙一样完美。其实,关羽也是凡人,可能还有好色的毛病。

《华阳国志》卷六《刘先主志》云:"时秦宜禄为(吕)布求救于张扬。(关)羽启公(指曹操),妻无子,下城,乞纳宜禄妻。"《〈三国志〉注》引《蜀记》说:"曹公与刘备围吕布于下邳。关羽启公,布使秦宜禄行求救,乞娶其妻,公许之。临破,又屡启于公。公疑其有异色,先遣迎看,因自留之,羽心不自安。此与《魏氏春秋》所说无异也。"至少有三部史籍(《华阳国志》《蜀记》和《魏氏春秋》)都谈到这一情况,且说法相同,看来关羽确有战前索要他人妻子之事。

这三处引文说的时间是在刘备归属曹操,与曹操合力生擒吕布之时。其意大致是:关羽希望攻破下邳后能得到吕布手下将领秦宜禄的妻子,因为自己的妻子没有育有儿子。面对这个要求,曹操起初答应了,后来又反悔了。细辨关羽的理由——自己的妻子未曾育子,显然用心不真。和自己妻子未能育子,难道和秦妻就能生儿子了?难道与别的女子就不能生儿子吗?因此有人推测,秦宜禄的妻子必定为绝色。关羽在向曹操提出这一要求前,大抵已经见过秦妻,或至少听闻了对方的一些情况。"妻无子"只是关羽索人妻子的一个借口罢了。曹操何等奸诈,又是何等好色,当关羽一再提出这个要求时,他自然多加留意,并且已经猜到此女必"有异色"(特别漂亮),于是破城后先派人将秦妻带来亲自看,看的结果是将其留下自用。由此可见,秦宜禄的妻子果然样貌出众,不然也不会引两位大英雄为之竞折腰。

说曹操"贪色",这是摆在眼前的事实。然而,关羽在这一方面恐怕也不亚于曹操,只是权势不及对方,无可奈何而已。由此观之,关羽降曹后,如果曹操果真给了他10名美女,关羽未必不会笑纳和享用。夜读春秋的美谈只不过是《三国演义》的作者美化了关羽的形象。这些历史掌故之所以不被大家传诵,一方面是因为封建统治者需要关羽这样忠义两全的政治偶像,另一方面也出于老百姓对于个人作风良好楷模的需要。

诸葛亮并非千古名相

诸葛亮是千古名相似乎已成历史定论。但纵观其政治生涯,凡事必躬亲,没有识人之明,统兵无功,导致几次伐魏失败。这都是为官为相之大忌。因此说其是一位千古名相，的确有待商讨。

作为一名宰相，凡事亲力亲为，并非为官之道。为官重在善用贤能，官阶越高，越要学会任用贤人扬长避短。但是诸葛亮却是"自校薄书"、"罚而是以上亲览"。虽然他给朝臣们展示了鞠躬尽瘁的典范，但是却导致其下属能力难以提升。同时，蜀汉的上上下下从开始就过于

白帝城刘备托孤堂

依赖这位神机妙算的丞相，其他的言论很少能出现在朝堂上。因此，其事必躬亲造成了蜀汉缺少后备人才的严重后果。当第一代开国重臣或病或死湮没于历史之时，蜀汉朝中的股肱之臣青黄不接，直接导致了其最后的灭亡。

同时，诸葛亮也不善培养人才。国运寄予一人之努力，导致了蜀国整体实力得不到充分发挥。在诸葛亮生命的晚期，他可能意识到了自己在培养人才方面的不力，于是将自己平生所学传授于姜维，只可惜为时过晚；加之后主刘禅昏聩无能，蜀国气数已尽，仅凭姜维一人苦撑危局已是于事无补，最终蜀国灭亡！

诸葛亮之所以没有成为"千古名相"，还有一个很重要的原因，那就是过于忠心，甚至有点愚忠了，缺少为相者的野心。作为一个丞相，他首先应该想到的是国家兴亡，而不是自己的名誉，况且刘备临死托孤时就告诉诸葛亮："君才十倍于曹丕，必能安邦定国，终定大事。若嗣子可辅，则辅之；如其不才，君可自为成都之主。"刘备的话是真是假我们暂且不论，但是作为一个皇帝，能把话说成这样确实难得。这样一来，诸葛亮若执政的话也是奉诏执政，光明正大，并不算是篡权夺位。但他顾念自己的名誉，一直没有取而代之。虽然刘禅被俘、蜀国灭亡是在诸葛亮死后发生的历史事件，但生前常以相父自居的他是难辞其咎的，应负有主要责任。

诸葛亮虽然为自己留下了"鞠躬尽瘁、死而后已"的千古美名，但是他在当宰相时执政能力上的缺失，让他只能成为千古忠臣，而非千古名相。最后值得一提的是，在曹魏大军攻陷成都时，诸葛亮之子、之孙挺枪力战曹军，最后父子二人双双战死疆场。可叹诸葛武侯一门忠烈、祖孙三代全部为国捐躯。这种行为何等悲壮！

魏徵死后的凄惨下场

魏徵，作为我国历史上最负盛名的谏臣，以性格刚直、才识超卓、直言敢谏著称，历任谏议大夫、左光禄大夫、封郑国公。其生前可谓风光无限，常常以极端言辞激怒太宗，自己却神色自若，泰然处之。为了维护和加强唐朝的统治，他曾先后陈谏200多事，劝

魏徵

诚太宗以史为鉴,励精图治,选贤任能,以"仁义"行事,均被太宗一一采纳。然而就是这样一位让皇上又敬又怕的治国"良臣"、国家"忠臣",死后却一片凄凉。

唐贞观十六年(642年),魏徵病故,享年64岁。太宗为其辍朝五日,赠司空,谥文贞。然而,就在魏徵死后,曾经由其向太宗推荐的中书侍郎杜正伦以罪获黜,吏部尚书侯君集也以谋反罪被诛。且太宗不顾皇家颜面下令废除了衡山公主许与魏征长子魏叔玉的婚约,更有甚者还亲自砸掉了魏徵的墓碑。一段君臣佳话,就此而终。

与魏徵形成对比的是,与其同时期的另一位大臣马周,也曾给唐太宗李世民提过不少质量很好的建议。他官至中书令(相当于宰相),于贞观二十二年(648年),也就是在魏徵死后六年去世。在马周死后,李世民为他举行了国葬,还把他的遗体陪葬在自己的昭陵,极尽殊荣。这两人相比,为何会有如此悬殊?

一些人注意到马周在临死前,亲自把多年来他给皇帝的奏折统统都烧掉了。家人问他原因时,他说:"春秋时的管仲、晏婴经常数落国君的过错,显得自己很伟大,还让史官都记录下来,让自己千古留名。这样的事我不做。"而魏徵在临死前曾将自己的谏言全部整理了一遍,并交给史官褚遂良。他条理清晰、内容翔实地罗列了每一条谏言,内容如某年某月某日,魏徵提了某条意见,李世民不愿采纳,被魏徵强制采纳;再如某年某月某日,李世民想出去放松放松,被魏徵批评一顿方才醒悟,不再玩物丧志。

从中我们或许可以窥知一二:对比之下,魏徵的做法让唐太宗李世民有失颜面,且他有博名之嫌,加之之前他曾多次不顾及太宗感受直言进谏,盛怒之下的李世民便取消了婚约,毁掉其墓碑。而马周则很好地为李世民着想。再者,唐太宗李世民怀疑其结党谋私,故或废黜或杀掉魏徵推荐的人才。

不管唐太宗怎么做,史书对魏徵却是极尽赞美之词:"智者不谏,谏或不智。智都尽言,国家之利。郑公(魏徵)达节,才周经济。太宗用之,子孙长世。"然而铮铮铁骨,一代谏臣,死后却落得如此凄惨的下场,不得不让人心寒。

寇准为何不招人喜欢

寇准是北宋时期的政治家、诗人,出生于书香世家,聪明好学,善诗能文,18岁即中进士,22岁出任成安知县,先后在工部、刑部、兵部任职,曾两次出任宰相。然而,正是这样一位学识渊博、位高权重的北宋能臣,却很不招人喜欢。这是为什么呢?

《宋史》记载:"尝奏事殿中,语不合,帝怒起,(寇)准辄引帝衣,令帝复坐,事决乃退。"说的是端拱二年(989年)寇准在殿堂之上奏事,和皇帝意见不一,皇帝怒而离席,寇准竟然扯住皇帝的龙袍把他拉了回来，事情解决后才散去。要知道此时的寇准只有28岁，一个初出茅庐的新人竟敢冒着杀头的危险去拉皇帝，这是怎样的执拗与耿直。好在宋太宗这次并没有计较，反而在事后称赞寇准说："我得到寇准，像唐太宗得到魏徵一样。"也许，这也助长了寇准放荡不羁的个性。

寇准

寇准在君臣之道上无所顾忌，在为官之道上也不懂给同僚留足情面。天禧三年（1019年），三起三落之后的寇准再度出任宰相一职。当时，丁谓为参知政事（副宰相）。二人不仅为上下级关系而且私下也非常亲近。然而，有一天，在一次宴会中，丁谓看到寇准的胡须上沾有一些饭粒汤水，便起身替他轻轻拂去。按常理来说，这一举动再合理不过。不料，寇准非但不领情，还板起了脸，说道："参政，国之大臣，乃为官长拂须耶？"当场让丁谓陷入尴尬之中，一时下不来台。这也就是典故"溜须拍马"中"溜须"的出处。至今仍有很多人对寇准为何会说出这样的话很不理解。其实，寇准的这句话，无非有两层意思：一是寇准认为丁谓身为参知政事，却为他拂羹汤，有失体统；二是在公共场合寇准不希望表现得和丁谓那么亲近，失去了自己的权威。有人分析，首先，丁谓不是那种溜须拍马之辈。其次，结合寇准的个性，后一种解释更为符合当时的场景。因为若是真为朋友着想，认为有损丁谓形象的话，就应该低调处理，私底下再说这件事，而不是当众指出，让丁谓下不来台。从此，丁谓便记恨于寇准，在后来的权力争斗中，终于战胜寇准，将其贬到雷州，也使自己背上了佞臣的千古恶名。

针对他这种耿直的个性，大臣吕端曾说"寇准性刚自任，臣等不欲数争，虑伤国体"。宋太宗也说"若廷辩，失执政体"。两人均劝寇准不要经常与别人起争执。可他依然我行我素，"犹力争不已"，有时还要与太宗"论曲直"。终至太宗也对其失望之极，说道："鼠雀尚知人意，况人乎？"再一次将寇准逐出京城。

因此，无论是在大臣眼里，还是在皇帝眼里，寇准的性格都过于耿直、偏执，且对人苛刻，说话无所顾忌，注定了他虽名垂青史却上至君子下至小人都不喜欢他。

秦桧是否为金人奸细

靖康二年（1127年）四月，金国军队在洗掠了北宋都城汴京之后，俘宋徽宗、宋钦宗二帝及众多大臣等北去。其中秦桧也在被俘人员之列，同样被押往金国。但4年后他突然回到南宋朝廷，主张与金人和谈，给南宋带来无穷之祸害。回想秦桧被俘前反对割地求和，南归后积极主张和谈，人们不禁怀疑他是不是金国的奸细。

在金国时，宋徽宗得知康王赵构已即帝位后，便致书金帅粘罕求和，并让秦桧对议和书加以修改润色。秦桧贿赂粘罕，得到粘罕的喜欢，进而又得到金太宗的信任。金太宗将秦桧送给弟弟挞懒使用。据徐梦莘的《三朝北盟会编》记载，建炎四年(1130年)金人南下进攻淮北重镇楚州(今江苏淮安)，命秦桧随军南下。为了让妻子王氏随其一同南下，夫妻俩秘密合计上演了一出闹剧。王氏故意大声骂道："我家翁父，使我嫁汝时，有资材二十万贯，欲使我与汝同甘苦，尽此平生。今大金国以汝为任用，而乃弃我于途中耶？"挞懒夫妇住在秦桧的隔壁。挞懒之妻闻声赶来，问明情况后，便劝慰王氏此事不必担心，大金国法令允许家属同行。后她又转告挞懒，挞懒也同意王氏及其侍从同行。当山阳城被攻破后，金兵纷纷入城抢劫，秦桧同家人便趁乱乘船逃离。

就这样，秦桧在被俘四年后回到南宋，但他自称是杀死监视他们的金兵，夺船逃回来的。众臣对此表示怀疑，一个疑点是同被金人拘押于燕山府的还有何栗、张叔夜等人，为什么只有秦桧及其家人逃回？而且从燕山至楚州，再从楚州到杭州，千里迢迢，难道就没有盘问的人？他是怎样杀死监视他们的金人而逃回来的呢？即使是他跟随金兵南侵，途中被金人放回，那也只会放了他一个人，而把他妻子等人扣押起来。怎么连他的家人也一起放行呢？

但宰相范宗尹、同知枢密院事李回等人与秦桧私交甚好，极力替他辩解，力说其忠于宋朝。鉴于他在被俘前表现出的慷慨大义，人们有所相信。接下来，他在宋高宗面前提出与金人议和的主张，云"如欲天下无事，南自南，北自北"。这正中赵构下怀。于是秦桧被委以重任，担任礼部尚书一职。不久他又挤掉曾经力荐他的宰相范宗尹，而爬上宰相的宝座。秦桧掌握大权后，卖国求和，不断打击迫害主战派。这样，他被俘又逃回一事就更让人们怀疑了。

究竟是金人故意放回秦桧，还是他自行逃回，这是判断他是否为金人奸细的关键。据专家介绍，事实上，秦桧为"奸细"说并无确切的证据。但《宋史·秦桧传》中肯定地说"秦桧在金廷首倡和议，故挞懒纵之使归也"。朱胜非的《闲居录》中记录秦桧全家及侍从

秦桧

从金国归宋，不是"逃归"，而是"放归"。但众所周知，朱胜非是拥护傀儡皇帝张邦昌的，而秦桧是反对金人立张邦昌的，且秦桧掌权时，朱胜非被废居8年，朱胜非与秦桧之间是有矛盾冲突的。据此一部分专家认为朱胜非的《闲居录》所云秦桧被金人放归一事不足为信，有寻机报复之嫌。另外，还有《金人南迁录》中说秦桧是金人纵归。但据专家考证，《金人南迁录》是一本谬误百出的书，其中有很多错误，所以其记述也不足信。"逃归"还见于其他材料中，如徐梦莘的《三朝北盟会编》、李心传的《要录》、熊克的《中兴小记》等用词均是"逃归"，但没有一个肯定秦桧是金国"奸细"。

秦桧南归后主张议和，陷害忠良，的确很像金人打入南宋内部的一个奸细。但几百年来，

人们一直拿不出确凿的证据证明其就是奸细。这也许是人们的心理偏见也未可知。但若没有更新的史料或考古发现，秦桧就只能继续在杭州西湖岳飞墓前跪着，为千夫所指，遭万人唾骂。其背负着的大奸臣形象及陷害岳飞的罪名让他在历史中永远站不起身来。

据传言，2006年我国考古界发掘了一宋代古墓。墓中出土了有字绸缎。经初步确认，为秦桧亲笔遗嘱。秦桧在该遗嘱中称：他坚信对金议和是当时"国情"下保全国家的唯一出路。而且他还给予岳飞的战功以很高的评价。这份遗嘱若是真的，那么就有可能为秦桧翻案，洗去其将近千年的恶名。但初步估计，此材料有假，可能是好事者哗众取宠而为。不论秦桧是不是金国的奸细，但其议和误国、陷害忠良之事千真万确。

牛皋有无气死金兀术

秦桧铁跪像

《岳飞传》中"笑死牛皋，气死金兀术"的故事为大家所熟知，说的是岳飞的大将牛皋在一次大战中活捉了他的老对手金兀术，并骑到了其身上，一时兴奋过度一阵大笑后突然身亡。金兀术看到自己竟然败在自己平时看不起的牛皋手下，也一气之下一命归西。清人钱彩在《说岳全传》中对此也有描述："兀术身体重，往前一冲，跌下马来。牛皋也是一跤跌下，恰恰跌在兀术身上，跌了个头搭尾……牛皋趁势翻身，骑在兀术背上，大笑道：'兀术！你也有被俺擒住之日吗？'兀术回转头来，看了看牛皋，圆睁两眼，大吼一声：'气死我也！'怒气填胸，口中喷出鲜血不止而死。牛皋哈哈大笑，快活极了，一口气不接，竟笑死于兀术身上。"于是，很多人都把"笑死牛皋，气死金兀术"当成了真实的历史，认为牛皋是笑死的，金兀术是被牛皋气死的。

然而，历史就是历史，它随岁月流逝，却不会改变，更不会以人的意志为转移。

牛皋（108—1147），字伯远，汝州鲁山（今河南鲁山县熊背乡石碑沟村）人，南宋抗金名将。南宋初年牛皋曾在西京一带聚众抗金，在抗金过程中屡立战功，后受到朝廷的重视，于绍兴三年（1133年）加入岳家军。因其年长岳飞且在以后的抗金战事中表现得有勇有谋，立下了汗马功劳，颇受岳飞敬重，被提拔为副统帅。绍兴十二年（1142年）秦桧以"莫须有"的罪名将岳飞毒死于临安（今杭州）风波亭。为了斩草除根，他又于绍兴十七年（1147年）再次上

兀术

演老把戏,密令都统制田师中在任和县以宴请各路大将为名,将牛皋毒死。后来,人们将他埋在今杭州西湖栖露岭北的剑门关畔。

至于金兀术,历史中也有明确记载。其汉语名为完颜宗弼,为金太祖完颜阿骨打的第四子,金朝名将,曾多次率兵南侵,为金的建立下了汗马功劳。据《金史·宗弼传》记载:"皇统八年薨。""皇统八年"是金朝的纪年方式,也就是公元1148年。

由此可见,牛皋是1147年被秦桧的毒酒害死的,而金兀术是在牛皋死后一年即1148年因病去世的。民间传说的"笑死牛皋,气死金兀术"的说法,虽颇具吸引力,却并不符合史实。

潘美是否为"大宋奸臣"

在我国,《杨家将》的故事可谓家喻户晓。人们在为杨家的一门忠烈叹服的同时,也会对那个陷害忠良杨继业的潘仁美无比痛恨。这里边的人物原型,分别对应的是我国北宋历史上的杨业和潘美,名字比民间流传的均少了一个字。与流传中的心胸狭窄、陷害忠良、大奸大佞之臣的人物形象不同,历史中的潘美是一名战功赫赫的北宋名将。

据《宋史·潘美传》记载,潘美(925—991),字仲询,大名(今河北大名东北)人。他初事后周世宗柴荣,后参与"陈桥兵变",拥立赵匡胤称帝,当属宋朝的开国功臣。北宋建立后,宋太祖赵匡胤为避免"陈桥兵变,黄袍加身"的历史重演,"杯酒释兵权",解除开国功臣们的兵权,但唯独潘美例外,足见赵匡胤对他的信任。在以后的岁月中,潘美不负赵匡胤的信任,先后于开宝三年(970年)灭南汉,开宝七年(974年)灭南唐。太平兴国四年(979年),他随宋太宗伐北汉,北汉主降。同年潘美又北伐契丹,节节胜利。为北宋立下汗马功劳的潘美可谓战功赫赫,可与史称"良将第一"的曹彬相提并论。那么,这样一位国之重臣、君之忠臣,怎么会背上"奸臣"的骂名呢?

让潘美背上"奸臣"骂名一事,要从宋辽之战说起。宋太宗雍熙三年(986年),宋兵分东西两路北伐辽朝,曹彬统率东路,潘美统率西路,杨业为副帅。前期潘美、杨业统率的西路军出雁门,连克寰(今山西朔州东)、朔(今山西朔州)、云(今山西大同)、应(今山西应县)等州。七月,辽军主力开始反击。曹彬所率领的东路军大败于岐沟关,潘美等也受诏撤军,并掩护云、应、朔等州的民众内迁。据《宋史》记载,当时部队的主要任务是掩护各州民众撤退内地。但在撤军过程中,随军王侁、刘文裕邀功心切,强令杨业出战。无奈的杨业只得服从,并与潘美、王侁约定他们负责在陈家谷口安置强弩步兵接应他。但

潘美

在实际操作中,王侁为了争功,不按约定行事,率领接应人马私离防地,后发现战况不妙,又临阵脱逃。当杨业杀出辽军重围,赶到陈家谷口时,却并没有看到接应人马。杨业"抚膺大恸,再率帐下士兵力战",浑身受伤数十处后被俘。被俘后的杨业曾叹息说:"朝廷待我甚厚,本当讨敌安边,以报国家,不料被奸臣所逼,致使王师败绩,我还有什么脸面活着!"最终绝食而死。

根据《宋史》中的记述,我们可以发现潘美并不是致杨业兵败死亡的"罪魁祸首",更不像一些电视剧或小说中描述的那样按兵不动,射杀杨业等。他罪在没有及时阻止监军王侁私离防地。战后的处分也显示出了这一点。王侁、刘文裕被撤职发配,潘美则是官降三级,且次年,又复旧官。虽然潘美受的惩罚并不重,但晚年这一失足,让曾经戎马一生的他心中郁郁寡欢,于淳化二年(991年)病死于太原,享年67岁。

《宋史》中潘美位列列传十七,而杨业为列传三十一,排名相差十四,足见潘美对宋朝的功劳要大于杨业。而如今光景却不同,让人不免为这位名将,更为湮没在历史长河中的许许多多的忠臣良将扼腕叹息。古有"一失足成千古恨",潘美是"一失足背千古骂名"。民间传说中也许是为了彰显杨家将一门的忠烈形象,便极力丑化潘美的行为,让一代名将背负奸臣的罪名1000多年。果真应了"人言可畏"、"谎言重复千遍也就成了真理"这些话,堪称"千古奇冤"。

南宋词人李清照是否善赌

南宋词人李清照,是婉约词派代表人物,有"千古第一才女"之称。在大多数人眼中李清照多愁善感、端庄娟秀,文采飞扬,一副"不食人间烟火"的形象。其实这位女词人虽然漂亮多才,但也有很多"劣行",好赌就是其中一项。

在众多赌博方式中,李清照最喜欢打马。据考证,"打马"就是人们现在所玩的麻将前身。李清照曾在《打马图序》中写道:"夫博者无他,争先术耳。故专者能之。予性喜博,凡所谓博者皆耽之,昼夜每忘寝食,但平生随多寡未尝不进者何?精而已。"意思是说:"赌博没有诀窍,就是找到抢先的办法而已。所以只有专注的人才能在赌博时立于不败之地。我天性爱赌,只要一开始赌博就没日没夜,废寝忘食。不管多少,每次赌博我都要赢回钱来。这是什么原因呢?就是我对赌博精通罢了。"由此看来,通宵打麻将是李清照的一大爱好。而且李清照每赌必赢,足见其技术的高超。

李清照

北宋灭亡之后，李清照随丈夫南下逃亡。后来丈夫去世，前半生积蓄几乎丢光，在生活如此艰难的时刻，李清照还是对赌博一事念念不忘。相传，刚从逃难的船上下来安顿好房子后，就找出赌具过了一把瘾。

所以有人说李清照是"赌神"、"赌棍"也就不奇怪了。《古今女史》中就称李清照为"博家之祖"，奉其为赌博的祖师爷。在《打马图序》中有这样一句话："使千万世后，知命辞打马，始自易安居士也。"也许，李清照写这篇文章，除了得意扬扬、生怕别人不知道自己精通赌博外，其最主要的目的，还是要让后辈子孙都知道，"命辞打马"这种赌博游戏就是自己研究发明的。

宋代人好赌成风，李清照善赌也是社会风气使然。她能发明赌博游戏，足见其风流与智慧。

抬棺上疏的海瑞为何平安无事

"良药苦口，忠言逆耳"，历来喜欢听好话者居多，帝王也不例外。因此，古来敢于坚持真理和原则的谏臣，往往要冒着性命危险犯颜直谏，情况好的可能会青史留名，不好的则可能死于帝王的刀下。明代清官海瑞便经历了"抬棺上疏"这富有戏剧性变化，最终有惊无险的曲折历程。

嘉靖二十八年（1549年），37岁的海瑞中为举人，开始了从仕道路。嘉靖四十三年（1564年），海瑞升为户部主事。当时嘉靖皇帝已经20多年没有上朝，整天身居西苑，不理朝政，斋醮玄修，妄求长生不老。总督、巡抚等边关大吏不时向皇上进献有祥瑞征兆的物品以讨皇上欢心。朝堂大臣自杨最、杨爵获罪后，没人敢再妄议朝政，对此事进言。海瑞上任后，对朝廷这种"君道不正，臣职不明"的现状十分忧虑。嘉靖四十五年（1566年），海瑞向皇帝上《治安疏》，批评嘉靖皇帝迷信道教，不理朝政，深居西苑不出，致使法纪废弛，君臣关系隔阂，父子亲情淡薄，夫妇感情淡漠，最后直言导致"天下不直陛下久矣"。嘉靖皇帝看后，龙颜大怒，将奏折狠狠地摔在地上，向左右侍臣大喊："赶快去抓了他，别让他跑了！"此时，嘉靖皇上身边一个叫黄锦的宦官说："海瑞向来有痴名，我听说他在上疏时就知道自己口出此言罪当至死，已经买好了棺材，与妻子孩子诀别，遣散了奴仆。现在正在家待罪呢，应该不会逃跑。"嘉靖皇帝听后，一下子被震住了，沉默良久。此后，他又多次反复读这封奏疏，几个月都没有批复，还曾对身边的人说："此人可比比干，可朕不是商纣王。"但皇帝毕竟是皇帝，是不能忍受人臣对自己的指责的。后来他还是把海瑞给抓起来关进了监牢，但当刑部将海瑞"论死"之后，嘉靖皇帝又采用了"留中"，并未将其处刑。户部司务何以尚从中揣摩出皇上并没有杀海瑞的意思，便上书请求释放

海瑞

海瑞。嘉靖皇帝并没有准许,而是将他杖责一百,关进诏狱,昼夜用刑审问。由此可见,嘉靖皇帝对"抬棺上疏"的海瑞的态度是矛盾的,一方面为他舍己为国、大义凛然的精神所感动,另一方面又觉得皇帝的权威是不可冒犯的,他始终处在矛盾斗争中。没想到,在海瑞入狱不到两个月后,60岁的嘉靖皇帝驾崩。明穆宗朱载垕继位后随即下令释放了海瑞和何以尚。

"伴君如伴虎",虽然此事使海瑞"上自九重,下及薄海内外,无不知有海主事也",但刚正不阿、秉公执法、为官清廉的他注定与当时黑暗的官场格格不入,后遭排挤革职闲居达16年之久。不过,海瑞并不气馁,在万历十三年(1585年)重新被起用后依然坚持自己的为官作风及原则,为国家、人民办了很多好事。最终,他于万历十五年(1587年)在南京病逝,留下了"海青天"的美誉。

郑板桥为何"难得糊涂"

郑板桥名燮,字克柔,江苏兴化人,康熙秀才,雍正举人,乾隆元年(1736年)进士,历任河南范县、山东潍县知县,有不少惠政。后因为饥民请愿得罪上司,告老归家,居扬州,以书画营生,为"扬州八怪"之一。郑板桥有一句家喻户晓的名言叫"难得糊涂"。他为什么会这么说呢?

据说郑板桥在担任潍县知县时,其堂弟为了祖传房屋的一段墙基,与邻居起了纠纷,并写信向他求助。他回诗一首:"千里捎书为一墙,让他几尺又何妨?万里长城今犹在,不见当年秦始皇。"并奉劝他的堂弟要用"难得糊涂"的态度来求得心态的平衡。

也有人说,"难得糊涂"四字是郑板桥为了自我解嘲。他在潍县任知县时,因为官清廉,在当地颇有清誉。一日,郑板桥在衙斋无事,"四壁空空,周围寂寂,仿佛方外,心中不觉怅然"。他感慨一生碌碌,半

郑板桥

世萧萧,便想人生难道就是如此? 追名逐利,争胜好强,到头来又如何呢? 看来还是糊涂一些好。万事都作糊涂观,无所谓失,无所谓得,心灵也就安宁了。于是,郑板桥挥毫泼墨写下了"难得糊涂"四个字。

郑板桥一向特立独行,为官时得罪了贵胄,最后弃官不做而垂钓于秋江之上。这种率真与洒脱实属难得。估计正是因为怀有"难得糊涂"的情操,他才能与世无争、清心寡欲、自由超脱、顺其自然。

关于"难得糊涂",郑板桥自己在注解里写道:"聪明难,糊涂难,由聪明而入糊涂更难。"因此有人推断他写"难得糊涂"的含义可能有二:一方面在官场中需要糊涂,需要及早抽身;另一方面,郑板桥看透世态,觉得为少惹烦恼,应该多一些糊涂。因此,郑板桥的这句名言被后人评价为:"真乃绝顶聪明人吐露的无可奈何语,是面对喧嚣人生、炎凉世

吴三桂

态,内心迸发出的愤激之词。"

吴三桂是否"冲冠一怒为红颜"

"恸哭三军皆缟素,冲冠一怒为红颜",明末清初诗人吴梅村的千古名句,指的是吴三桂与陈圆圆一事。1644年4月29日,李自成围攻北京,吴三桂决定归顺李自成的大顺政权。没想到四天后,他却突然背叛了李自成,不久正式投降了大清朝。这里面究竟有什么原因呢?在这里,吴梅村将吴三桂投降清朝的原因归结于"红颜"陈圆圆。历史中的他真是为了一个女子而投降大清吗?

吴三桂背叛大顺政权的始末,在《庭闻录》和《小腆纪年附考》中都可以找到相关的记载。这段史实也被大部分人认可。但是以上著作皆出自清朝中晚期甚至更晚,时间已经离事件八九十年了。在比《庭闻录》和《小腆纪年附考》更早一些的著作里,有关吴三桂的书籍很多,但是有关"冲冠一怒为红颜"的记载几乎没有。在这些书籍中,唯一涉及吴三桂和陈圆圆关系的主要是《明季北略》一书。其中记载道:"自成入京,刘宗敏系吴襄,索沅(沅,指陈圆圆)不得,拷掠酷甚。三桂闻之,益募兵七千。三月二十七日,将自成守边兵二万尽行砍杀,止余三十二人,贼将负重伤逃归,三桂遂居山海关。"即说刘宗敏没得到陈圆圆,就将吴三桂的父亲吴襄严刑拷打,几乎至死。由此可见,"冲冠一怒为红颜"并非实言。吴三桂背叛李自成的真正原因,还是源于李自成入京后,放纵手下人的一系列错误做法。

还有一种说法认为,吴三桂降清,乃是情势所逼,与陈圆圆没有什么太大关系。吴三桂当时处在清军和李自成两大势力的夹缝之中。无论是出于父亲滞留京城的考虑,还是从他与清军拼杀了十几年的仇恨来看,他归降大顺才是顺理成章的。但是他知道,李自成的起义军与清军精锐的部队是无法抗衡的,清军入关是大势所趋。

而且吴三桂起初只是想和清军结盟,并未真有降清意图。多尔衮收到吴三桂书信后,立刻复书,再次以清朝一贯对吴三桂的招降态度表示:"今伯若率众来归,必封以故土,晋为藩王,一则国仇得报,一则身家可保,世世子孙长享福贵,如河山之永也。"吴三桂在回信中仍未对是否"来归"有任何明确表示,只是模糊表示,若得民心与财土,"何事不成"。然而在山海关之战击败李自成后,多尔衮以顺治皇帝名义封吴三桂为平西王,并令吴三桂以下各将领和吴军全部剃发。此刻的吴三桂处于两难境地,如果反抗,则表示他背叛盟约,失信于天下,如果顺从,则标志他彻底投降清朝,成为逆臣。犹豫再三之后,吴三桂下定决心接受清朝的招降,完成了从降李到反李,从借兵到降清的复杂过程。

其实接受招降的吴三桂虽然身处高位,但心理却很复杂,始终怀着反清复明的抱负。《谀闻续笔》中记载：明亡后数年内，吴三桂仍请求多尔衮"毋伤百姓，毋犯陵寝。访东宫（明太子）及二王所在，立之南京，黄河为界，通南北好"。这显示出吴三桂确实有复明的想法。

因此，作为一名成熟的将领，吴三桂降清绝不可能仅仅因为"冲冠一怒为红颜"，其中的原因相当复杂，以至日后成谜，无人能解。纵观吴三桂的一生，有人认为，他作为汉人，却与清廷勾结，导致大顺政权及南明政权等汉人政权的覆亡，加上曾杀死永历帝、明朝皇族、大臣等，他的行为应被视为"汉奸"。同时也有人认为，在动荡的明清交际时代，吴三桂不过是忠于他和他的家族利益行事，所谓汉奸评价实在太过苛刻。

李卫是否为乞丐出身

近年来，随着清宫剧日火，李卫这一雍正时期的历史人物也逐渐被人们所熟知。在诸多影视剧中，李卫出身贫贱，曾以要饭为生。他文化程度不高，却为人诙谐幽默，风趣可爱，为官正直，不畏权贵。然而影视剧皆为演绎，历史上的李卫到底是个什么样的人呢？

真实的李卫是江苏徐州人，生于康熙二十六年（1687 年），死于乾隆三年（1738 年），终年 51 岁。李卫是雍正最喜爱和器重的地方官员之一，他一生不畏权贵，辑枭捕盗，官声甚好。李卫先出任了兵部员外郎，后又任户部郎中云南盐驿道、云南布政使，浙江巡抚兼理两浙盐政，浙江总督，最后任直隶总督。他死后还获得了"敏达"之谥号。这样一位封疆大吏，竟被后世传为乞丐出身。其原因何在？

其实李卫出身富贵之家，并非乞丐。虽然这一点在历史上并没有明确记载，但可以从现存的史料中推断出来。其主要原因就在于，李卫的官，是家中出资给他捐的。《清史稿·李卫传》记载："李卫，字又玠，江苏砀山县人。入赀为员外郎，补兵部。"在清朝"捐官"又称捐纳，是封建社会时期为弥补财政困难，允许士民向国家捐纳钱物以取得爵位官职的一种方式。李卫家里给他捐的是员外郎，官位是从五品。现在已无法考证捐一个员外郎所需要的花费，但是从相关资料中可以获悉，当时捐一个知县要 4600 两银子，和现在的人民币值核算一下，大约为 90 多万元。知县是正七品，而李卫的从五品员外郎所需要的花费，肯定要远远超过 4600 两银子。所以，有经济实力给儿子捐从五品官的家庭，应该还不是一般的富贵家庭。李卫出身乞丐之说与事实大相径庭。

李卫在影视剧中的乞丐形象，应该与他自身的真实性格有很大关系。历史上的李卫与乞丐一样，大字不识几个，但是却机智过人。据说，李卫在处理

李卫

公文时，均由师爷读给他听，有不合意的地方，李卫当场口述修改，且往往能切中问题要害。同时，李卫本人爱好武艺，疾恶如仇，不畏权贵，经常为民除害；加上本人又随和亲善，深得百姓喜爱，逐渐就演绎成李卫出身社会底层了。

由李卫的经历也可以看到，在清代，虽然捐官会滋生官员的腐败，但也能把像李卫这样的"鬼才"发掘出来，实在是歪打正着。

纪晓岚并未与和珅斗法

电视剧《铁齿铜牙纪晓岚》中演出了许多纪晓岚与和珅智斗的故事。聪明的纪晓岚善于四两拨千斤，将天下第一权贪和珅整得无可奈何。这令观众们捧腹而笑，大呼过瘾。然而在真正的历史上，纪晓岚并未与和珅斗法。

查阅历史可以发现，纪晓岚与和珅是不大可能处处作对的，因为二人年龄相差悬殊。据史载，纪晓岚生于清雍正二年（1724年），而和珅却生于乾隆十五年（1750年）。从出生的年龄上看，纪晓岚比和珅大了整整26岁。也就是说纪晓岚考中进士的时候，和珅才刚出生；和珅飞黄腾达的时候，纪晓岚已经过耳顺之年。试想一位60岁的老翁怎么会和一位30岁的年轻人发生口舌之争？

同时，乾隆对身边近臣的挑选相当严格，有"机警敏捷、聪明干练、样貌俊美"这样的标准。根据史书记载，纪晓岚"貌寝短视"，既样貌丑陋又近视。因而他再有才华，也不符合乾隆的审美观点，无论如何也不会得到真正的重用，只能以文字安身立命。纪晓岚曾三次出任礼部尚书。此外，他一生都没有担任过有实权的官职。而相比之下，和珅虽然出身普通军功家庭，但其才华横溢，模样俊美，能力出众。加上擅长揣测皇帝心意，和珅始终都是乾隆的宠臣和重臣，官拜军机大臣、大学士等高位。君臣关系和官职差异如此巨大的两个人，怎么会有机会斗法呢？

更重要的是，纪晓岚天生有一个致命的弱点，那就是口吃。跟纪晓岚相交甚密的朱珪曾说其"口吃擅著书"，即说纪晓岚有口吃之症，只能把思想转化成文章。相比之下，和珅则善于言谈，不仅能出口成章，而且还通晓满、汉、蒙、藏四种语言。因此，纪晓岚怎么会拿自己的弱点去与和珅的优点相碰撞呢？

由此可见，不论是主观原因，还是客观原因，纪晓岚都不可能与和珅斗法。虽然民间对于纪晓岚与和珅的斗法有很多传说，但大都是说书艺人希望借助自己的口，向百姓们宣讲纪晓岚的智慧与和珅的贪婪，宣扬贪官被清官惩治的正义之举。

纪晓岚

刘墉既非宰相，也非罗锅

在清朝以来的戏曲和小说中，刘墉身为宰相，刚正清廉，不畏强权，又是状元出身，很有才学，但却患有先天残疾，是个罗锅（陀背），故人称"刘罗锅"。然而这只是戏说，事实上，刘墉既非宰相，也非罗锅。

刘墉之所以被误传为宰相，是因为众人不清楚封建王朝中的宰相制度。宰相制度在中国历史上经历了一个从萌芽到创立，从鼎盛到废除的漫长时期。元代以后，宰相制度进入衰落期。元代即开始一省多相，而非一国一相。到了明代，明太祖朱元璋为了强化皇权，就废除了宰相制，改为内阁制，成员都称为"内阁大学士"。相权被划分为六个部分，真正的大权牢牢地握在皇帝手中。清

刘墉

朝统治者沿袭明制，设有保和殿、文华殿、武英殿、体仁阁、文渊阁、东阁，每个殿阁设一个大学士为最高长官。但是雍正时期设立军机处之后，大学士也渐渐失去实权。也就是说，清朝时没有宰相一职。据史料记载，刘墉是乾隆十六年（1751年）的进士，做过吏部尚书，为官清廉，乾隆五十年（1785年）被授协办大学士。刘墉被封的大学士其实只是个虚职，不管多少事，故没有什么政绩可言。由此可见，刘墉既没有担任过宰相的官职，也没有做过宰相做的事情。戏曲小说为了突出其官高才大，受皇帝青睐，才将他的官职改为"宰相"。

说刘墉是"罗锅"，其实也是一大误解。清朝选拔官吏注重的是"身、言、书、判"。其中"身"为第一关，要求应选者五官端正，身无残疾。因此科甲进士出身的刘墉绝对不可能是个罗锅，否则难以通过"以貌取人"这一关。但据史料记载，刘墉在80岁高龄的时候，因为人老而背驼，被清嘉庆皇帝戏称为"刘驼子"。后来以讹传讹，把刘墉描述成罗锅，称为"刘罗锅"。由此可见，人们是被戏曲小说之言误导了。

真实黄飞鸿的武功有多高

提起黄飞鸿，大家的脑海里一定会闪现他武功高强、锄强扶弱的英雄形象。在历史上黄飞鸿真有其人，原名黄锡祥，字达云，1847年生于广东佛山。和影片上塑造的形象一样，黄飞鸿在现实生活中也是武功高强，是岭南武术界的一代宗师。那么，其武功究竟有多高呢？这可以从其武艺来源与提高过程中一窥端倪。

黄飞鸿的父亲黄麒英是他的第一任老师。黄麒英是佛山地区的武术高手，是当时武学界"广东十虎"之一。在父亲的影响下，他六岁开始习武。因禀赋极高，他不仅学得快，而且能够融会贯通，七八岁时就能在人前略展身手。据说，黄飞鸿十二三岁的时候，就在

黄飞鸿

佛山的擂台上击败了当时的高手郑大雄，从而一举成名。这段随父学艺的经历给黄飞鸿打下了扎实的武功基础。随后，酷爱武艺的黄飞鸿又遇到了他人生中的第二个良师林福成。林福成师传"广东十虎"之一的铁桥三（梁坤），是洪拳界的大师。他传授给黄飞鸿铁线拳、飞砣绝技。从此，黄飞鸿的武艺日益精进。

而力争上游的黄飞鸿并没有满足于此，他和门人林世荣一起，切磋整理出铁线拳、工字伏虎拳、虎鹤双形拳等拳法。这些拳法结构新颖，动作轻快，革除了以往南派拳法沉滞狭隘、动作重复之弊病。尤其是虎鹤双形拳，一取虎形推山倒海、龙腾虎跃之势，一取鹤形身手敏捷、气静神闲之妙。虎鹤双形拳刚柔并用，长短兼施，成为飞鸿一脉的代表拳法，在武术界独树一帜，一时风行全省，并远传至港澳、东南亚甚至北美等地，迄今历久不衰。新中国成立后，虎鹤双形拳还被列为中国高等体育院校教材内容之一。

此外，黄飞鸿还有令人称绝的舞狮技艺。这是以武术为基础演化而成的，以"狮子出洞"、"狮子上楼台"等一系列惊险动作而著称，并以飞砣采青为绝技，在当时的广东独树一帜。电影《狮王争霸》中的精彩舞狮动作，就是由黄飞鸿的这项专长改编而来的。

纵观黄飞鸿一生，他武艺高强，自成一派，但同时内外兼修，强调"习武德为先"。同时他也是一位以济世为怀、救死扶伤的名医，开办了"宝芝林"医药馆。黄飞鸿以武德立命，终生以弘扬岭南武术为己任，终于成为一代武术大师！

杨秀清是否曾"逼封万岁"

1856年9月2日，天京事变爆发，东王杨秀清、北王韦昌辉及燕王秦日纲在此事件中被杀，另外约有二万人丧生，轰轰烈烈的太平天国运动从此由盛转衰。有人说，在此次事变中，东王杨秀清之所以会被北王韦昌辉杀害，是因为其曾"逼封天王"，从而招致杀身之祸。

关于杨秀清"逼封天王"问题，太平天国官方文书未作任何记载。直接谈到这个问题的是太平天国后期的军事将领李秀成。李秀成在其被俘后的供状《李秀成自述》中曾提到，杨秀清"过度要逼天王，封其万岁。那时权柄皆在东王一人手上，不得不封"。终于，杨秀清"逼天王到东王府，封其万岁，北翼两王不服……密诏杀东王一人，杀其兄弟三人"。史学界据此认为，东王杨秀清曾"逼封天王"。而且，我国著名的史学家、太平天国史研究专家罗尔纲在《太平天国领导集团内讧考》一文中曾指出："太平天国丙辰六年（1856年）六、七月间，杨秀清迫洪秀全让位，谋夺取太平天国领导权。"

但有人提出反对意见，认为李秀成的记述不足信。首先，《李秀成自述》是否为其本人所写，目前还没有定论。其次，《李秀成自述》即便是李秀成本人所写，1856年天京事变发生时，他还是下级将领，且不在天京，正在丹阳、金塘一带和清军张国梁部作战，因此他所写的内容应是道听途说得来的，并不足信。其三，"北翼两王""密议"杀东王一事也有漏洞。相关资料显示，杨秀清"逼封东王"前北王和翼王曾都在天京，且之后又都离京作战。若如李秀成所述，就变成了北翼两王知道杨秀清"逼封"，竟然置天王洪秀全的安危于不顾，离京达三个月之久，不合常理。有些人说这是他们故意设的调虎离山之计。那么，石达开在闻讯东王被杀后赶来还差点被北王韦昌辉所杀的事实与北、翼事先有"密议"并不符。因此，反对者认为《李秀成自述》中的记载时间不符，逻辑上也说不通，不能作为杨秀清"逼封天王"的有力证据。

南京总统府太平天国御座

另外，还有人指出，洪秀全名义上是太平天国的最高领导人，但定都天京后，他日益讲求仪制，且沉迷于宗教迷信，整日深居简出，疏于朝政，很多大事都是由东王杨秀清来处理的。这样一来，太平天国的军、政大权实际上是掌握在杨秀清手中的，而且就连当时选拔人才的科举取士，也是首先开始于1853年的"东试"。可以说，太平天国的一切政令基本上都是从东王府传出去的。也就是说，整个天京都是杨秀清一人说了算。他实际上已经在执行"万岁"的权力了，又何必"逼封天王"，要一虚名而落下千古骂名呢？

至于杨秀清是否"逼封天王"，我们不得而知，留待史学家进一步研究。单田芳在《百年风云》中的"野心膨胀人发懵，成败利害看不清。汗马功劳化泡影，身败名裂留骂名"，倒是很好地概括了天京事变这一悲剧。

梁启超晚年为何对革命恨之入骨

梁启超是中国近代史上著名的政治活动家、思想启蒙家、资产阶级宣传家、文学家、教育家、史学家。他生于清朝末年，字卓如，号任公，是清朝光绪年间的举人；和康有为等一起领导了"戊戌变法"。"戊戌变法"失败后，梁启超逃往国外。其后，开始专心研究文学等，著有《中国近三百年学术史》《中国历史研究法》《少年中国说》等对后世影响深远的著作。梁启超的前半生献给了革命事业，而到其晚年时，却极度仇视革命，恨之入骨。是什么促使他来了一个180度的大转变呢？

1917年9月，段祺瑞内阁下台。梁启超随之离开，退出了政治舞台。之后，他远赴欧洲，进行了较为细心的考察。他发现，只是靠西方革命方式是不能拯救中国的。回国后，他认真思考了当前的形势，开始动摇了之前全面学习西方的决心。中国整体国民素质的

梁启超

低下,使他不得不向西方寻找解决之法,而西方对中国文化的仰慕,又使他对如何利用传统文化做了深入的思考。于是他异想天开,试图用东方文化补偿西方文化的不足,用西方文化扩展东方文化的所长,终于找到了"光明"的方向。

北伐战争的全过程使梁启超感慨颇深,曾说:"从前有两派爱国之士,各走了一条错路。甲派想靠国中固有的势力,在较有秩序的现状之下,渐行改革。谁想这主意完全错了。结局不过被人利用,何尝见什么改革来!乙派要打破固有的势力,拿甚么来打呢?却是拿和他同性质的势力,说道:'你不行,等我来。'谁想这主意也完全错了。说是打军阀,打军阀的人还不是个军阀吗?说是排官僚,排官僚的人还不是个官僚吗?一个强盗不惟没有去掉,倒反替他添许多羽翼,同时又在别方面添出许多强盗来。"认为只有"甲派抛弃那种利用军人、利用官僚的卑劣手段,乙派也抛弃那运动军人、运动土匪的卑劣手段,各人拿自己所信,设法注射在多数市民脑子里头,才是一条荡荡平平的大路"。

梁启超退出政治舞台后,他的好友和门人仍然投身在政治斗争中。1925年底,林长民在战斗中死去;蒋百里投身到孙传芳帐下。因为蒋百里的缘故,社会上流传了好多关于梁启超的流言。1926年梁启超谈起了蒋百里的目的,"要把蒋、唐分开,蒋败后谋孙、唐联合,便将一崭新局面。国事大有可为……"在其后的一封信中,他这样说:"他(指蒋百里)若败,当然无话可说,若胜,恐怕我的政治生涯不能不复活,我实在不愿意,但全国水深火热,又不能坐视奈何。"其后,孙传芳"倒行逆施",蒋百里等也就离开了。1927年,梁启超写信说:"我们殊不愿对党人宣战,待彼辈统一后,终不能不为多数人自由与彼辈一拼耳。若我们稳健派不拿起积极精神往前干,非惟对不起国家,抑要自己更无立足之地了。"这些都表明梁启超不希望中国走上革命的道路。

不管梁启超晚年是如何痛恨革命,但是革命之风依然吹进了他家。他的孩子"思想一天天趋向激烈,而且对于党军胜利似乎起了无限兴奋"。在其后梁启超给他的孩子的信中还谈起了革命的问题。他认为共产主义和资本主义都救不了中国,不希望大好青年"中了这种迷药,即全国青年之类此者何限,真不能不替中国前途担惊受怕"。这也许就是梁启超晚年为何对革命恨之入骨的原因吧。

第十一篇

颠覆尘封历史的『真相』

商纣王本非昏君

帝辛,名受,后世人称商纣王。商纣王其实是一个骂名,是周人侮辱、蔑视性的称呼。商,是国名,提醒人们这是我们(指周)消失的前朝。纣在《说文解字》里的释义为:"残忍捐义曰纣。"即凶残的坏蛋。纣字,在《古文尚书》中通"受",故帝辛又作受辛,就是坏蛋辛的意思。商纣王一直被后人辱骂,可谓是遗臭万年。然而,他真的如《封神榜》中说的那样,是荒淫无道、残忍凶恶的昏君么?

其实,帝辛并非昏君。他自幼聪明过人,力大无比,在《荀子·非相篇》中,说帝辛"长巨姣美,天下之杰也;筋力超劲,百人之敌也。"《史记·殷本记》云:"帝纣资辨捷疾,闻见甚敏,材力过人,手格猛兽。"帝辛即位之后,重视农桑,大力发展社会生产力,国力强盛。他打退了东夷的扩张,并且使商朝势力扩展到江淮一带。特别是讨伐徐夷的胜利,把商朝的国土扩大到山东、安徽、江苏、浙江、福建沿海。这场战争不仅保卫了商朝的安全,而且扩大了商朝的领土。毛泽东评价:"其实纣王是个很有本事、能文能武的人。他统一东南,把东夷和中原的统一巩固起来,在历史上是有功的。"帝辛统一东南之后,把中原先进的生产技术和文化向东南传播,推动了社会的发展,促进了民族的融合。郭沫若先生写诗赞道:"但缘东夷已克服,殷人南下集江湖,南方因之渐开化,国焉有宋荆与舒。"

那么,为什么后世流传,商纣王是个昏君呢?这都是周朝造的谣言,用以诋毁帝辛,美化自己。在零星出土的商代遗物中,我们发现在商人的史书记载中,商纣王被称为帝辛。而在出土的周代遗物中,才是被称为商纣王。一个帝王有两个不同的称号,说明当时肯定有一段特别的历史。在商周之际,出现了两种正史。一般情况下,正史是官方修的史书;野史,代表民间的看法。也就是说,历史上不应该出现两种正史。商周之际出现两种正史,说明了什么问题呢?当时的实际情况是,作为战胜者的虚弱的周王朝和作为战败

商纣王

者的不可小觑的盘根错节的庞大的商人势力并立于世。由于出发点不同,商人记载的历史和周人记载的历史是截然相反的。

在周人的历史中,商纣王有什么罪行呢?周人的官方史书没有保存下来,唯一流传下来的是政治文典《尚书》。在这本政治文典中,有三篇记录帝辛罪状的文章:《泰誓》《牧誓》《武成》。前两篇为战争前的动员,极力诋毁敌人是不言而喻的。《武成》是周武王战胜后祭天的祭文,可信度较高一些。《武成》记载:"今商王受无道,暴殄天物,害虐烝民,为天下逋逃主,萃渊薮。"这是周人对帝辛的丑化性宣传。其实,情况并非像周人所说的那样,正如毛泽东所说:"当时微子是里通外国。为什么纣王灭了呢?主要是微子反对他,还有箕子反对他,比干反对他。纣王去打东夷,把那个

部族征服了。纣王是很有才干的。后头那些坏话都是周朝人讲的，不要听。"郭沫若又进一步说："殷纣王这个人对于我们民族发展上的功劳倒是不可淹没的。殷代末年有一个很宏大的历史事件，便是经营东南，这几乎完全为周以来的史家所抹煞了。"又说："中国南部之所以早被文化，我们是应该纪念殷纣王的。"其后他又大力宣传，为帝辛翻案："中原文化殷创始，殷人鹊巢周鸠居。"

河南安阳殷墟遗址

通过商人的零星资料，我们可以大概描绘出这样的一个画面：内部四分五裂、外部群强环伺。帝辛即位后，他一方面对四分五裂的内部庞大的反对阵营进行分化、打压，不惜采取高压手段，杀比干，囚箕子，逐微子；另一方面，选拔外来逃臣中的飞廉、恶来为将，牢牢掌握军队。通过这些政策，帝辛依然没能解救病入膏肓的大商王朝。后来飞廉、恶来两人全都战死沙场，为国捐躯。在商人看来，"纣王那个时候很有名声。商朝老百姓很拥护他。纣王自杀了，他宁死不投降"。

可以说帝辛一生所做的贡献远远大于周人所述的"罪状"。至于何时帝辛才能被平反，恐怕还需要更多的资料和更多人的努力吧。

鲁班和公输班是否同一个人

鲁班是古代一位出色的木匠、发明家、建筑学家，发明了很多木匠工具，如锯、钻、刨子、铲子、曲尺、划线用的墨斗等，因此被我国的土木工匠们尊为祖师爷。其发明创造的很多器具为改善人们的生活或提高劳动效率做出了很大的贡献。为了纪念他，木艺工人会组织把每年六月十三日鲁班生日定为师傅诞。在这一天，有一项重要活动，即派"师傅饭"。据说小孩子吃了"师傅饭"，能够聪明伶俐，健康成长，心灵手巧，像鲁班祖师一样。可见木艺工人对鲁班的崇拜。据史学家研究，鲁班真有其人，实为春秋时期的鲁国人公输盘。

公输盘又称公输子、公输盘、班输、鲁般，鲁国公族之后，大约生于周敬王十三年（前507年），卒于周贞定王二十五年（前444年），相当于春秋末期到战国初期。春秋和战国之交，社会变动剧烈，战争频繁，各国都努力发展生产，增强实力。这使工匠们获得了某些自由和施展才能的机会。当时，公输盘在机械、土木、手工工艺、攻战器具等方面均有所发明，为当时名匠。大约在公元前450年以后，他从鲁国来到楚国，帮助楚国制造兵器，如改进攻城用的"云梯"和水战用的"钩强"等。楚王准备用他所改进或发明的武器攻打宋国，但被墨子在攻守推演中打败。墨子主张制造实用的生产工具，反对为战争制造武器。鲁班接受了这种思想，遂专注于发明能够造福人类的工具。

窥探历史真相

鲁班

传说鲁班很注意观察周围的事物，受到启发后，就专心研究，反复试验，致力于发明创造。他小时候曾跟一位有名的老木匠学木工。经过数年的学习，他获得其师傅的倾囊传授。老木匠问鲁班还有什么不懂的。他回答："弟子感觉木匠的许多工具需要改进。"老木匠说："如果你有心改进木匠工具的话，有一件东西会有用的，那就是铁。"后来，鲁班果然利用铁制造了很多有用的工具。一次攀山时，鲁班的手指被一颗小草的叶子划破流血。他仔细观察叶子的形状，发现草叶两边全是排列均匀的小齿，于是深受启发，模仿这种草的形状发明了锯。

又传说，鲁班用两块比较坚硬的圆石，各凿成密布的浅槽，合在一起，用人力或畜力使它转动，就能把米面磨成粉。这种工具就是石磨。石磨的发明，提高了面粉的生产效率，减轻了妇女做饭的劳动强度。另外据《述异记》记载，鲁班在石头上雕刻了"九州图"。这应当是最早的石刻地图。

其实早在汉朝时，人们就知道鲁班和公输班的演变关系。东汉泰山太守应劭著《风俗通义》云："公输班，一作般或作盘，鲁（今山东）人，因称鲁班。世奉为巧匠之祖。尝之水见蠡（一种水神）曰：'见汝形。'蠡迄出头，班以足画图之。又相传旧时有忖留神像，比神尝与鲁班语，班令其神出。忖留曰：'我貌狞丑，卿善图物容，我不能出。'班于是拱手与言曰：'出镜见我。'忖留乃出首。班于是以脚画地。忖留觉之，便还没水。故置其像于水，唯背以上立水上。尝为楚造云梯之械，将以攻宋。墨子解带为城，以牒为械。公输盘九设攻城之机变，墨子九拒之。公输盘之攻械尽，墨子守圉有余。又能削竹木为器，成而飞之，三日不下。"由此可知，鲁班，并不是姓鲁名班（般），而是鲁国的（公输）班之意。鲁班与公输般（班）确实是同一个人。

端午节并非起源于纪念屈原

端午节又称端阳节、午日节、五月节等，为每年农历五月初五，是我国最隆重的传统节日之一。在此节，有吃粽子、赛龙舟、挂菖蒲、插艾叶、喝雄黄酒等习俗。传说端午节起源于人们祭祀屈原。楚襄王二十一年，秦将白起攻破楚国郢都，正在被放逐的屈原难掩心中悲愤，于五月初五这一天自沉汨罗江，以身殉国。楚国百姓不忍屈原的尸身被鱼鳖吃掉，就向江中投入饭团、鸡蛋，以引诱江中鱼鳖来食，从而保护屈原之尸。久之成俗，后来演变成包粽子，或用楝树叶盖油炸麻叶或糖包等。事实上，端午节在屈原之前就已存在，因此并非因纪念屈原而形成。

端午节古称重五节，最早可以追溯至周代。周人认为五月是毒月，湿气增加，五毒（蛇、蜈蚣、蝎子、蜥蜴和蟾蜍）等虫类活动频繁，须采用一些方法避开其害。于是，人们举行赛龙舟、喝雄黄酒、挂菖蒲或艾叶等活动,用来避毒驱邪。端午节前后是庄稼生长的好时候,古人常于此时举行祭祀,以求风调雨顺。故也有人推测端午节可能起源于古人祭祀水神或龙神的习惯。

关于端午节到底是纪念谁的,也有别的说法。据《荆楚岁时记》载:"越地传云,竞渡起于越王勾践。"即是说赛龙舟活动源自春秋末期的越王勾践操练水兵一事。故有人推测端午节所纪念的人也应是越王勾践。而《会稽曲录》则说,端午节起源于纪念吴国大臣伍子胥。因此,有人认为此节应源于长江下游的吴越之地,后来才逐渐传播到长江上游及其他各地。其所纪念的人物,也从吴越地区的勾践或伍子胥演变为屈原。

伍子胥

从上面可以看出,端午节其实源于周代以前先民们五月避毒养生的举措。设立此节,其实就是提醒人们五月时如何避毒养生。至于此节究竟是为纪念屈原,还是伍子胥或越王勾践,都改变不了其作为一个时令节日的本质。

越王勾践"卧薪尝胆"是真的吗

一提起成语"卧薪尝胆",人们就会联想到越王勾践,就会联想到勾践辛酸、艰苦的复国大业。即使到了现在,人们也经常用"卧薪尝胆"一词,来表达刻苦自励、奋发向上的决心和毅力。其实,历史上关于"卧薪尝胆"的事件,众说纷纭,有的说这件事并非真的存在,有的说越王"卧薪"但是没有"尝胆"。事实是怎样的呢?难道这个奋发图强的典故,居然是个巨大谎言?

按照传统的说法,"卧薪尝胆"应该发生在春秋时期,但是,在记载春秋史事最权威的史料《左传》和《国语》中,都没有提及此事,哪怕是只言片语。到了西汉,史学家司马迁在撰写《越王勾践世家》时,第一次把越王勾践曾"置胆于坐,坐卧即仰胆,饮食亦尝胆"的事写进了《史记》中,但没有提到"卧薪"一事;东汉学者赵晔在作《吴越春秋》时,虽然也说到勾践"悬胆于户,出入尝之"的事,但仍然丝毫没有"卧薪"的记述。

把"卧薪"和"尝胆"两个词语连缀起来,作为一个成语使用,最早出现于北宋文豪苏轼的《拟孙权答曹操书》:"……仆受遗以来,卧薪尝胆,悼日月之逾迈,而叹功名之不立,上负先臣未报之忠,下忝伯符知人之明。"可是这里的"卧薪尝胆"指的是孙权,而非勾践。

不过,不少学者还是愿意把"卧薪尝胆"的事情,追加在越王勾践身上。清初大才子吴乘权在编写《纲鉴易知录》时记载:"勾践反国,乃苦身焦思,卧薪尝胆。"蒲松龄在一副

绍兴吼山勾践石像

流传甚广的对联中也明确写道:"有志者、事竟成,破釜沉舟,百二秦关终属楚;苦心人、天不负,卧薪尝胆,三千越甲可吞吴。"表达了他对项羽、勾践丰功伟业的无限感怀,以及对自己屡试不中、落魄至极的无奈自勉。后来,乾隆时期的文学家蔡元放在修订的《东周列国志》中又云:"(越王勾践)累薪而卧,不用床褥;又悬胆于坐卧之所,饮食起居必取而尝之。"这样,关于越王勾践"卧薪尝胆"的故事才愈传愈广,一直至今。

其实,"卧薪尝胆"这个成语,到底有没有确切的历史典故,究竟发生在哪个历史人物的身上,已经显得不重要了。重要的是,它已经普遍成为一个人、一个民族、一个国家不甘落后、自强不息、决心振奋、力图复兴的内在动力。这才是它留给中华民族的无穷财富。

秦始皇焚书时留有完整备份

一说起焚书坑儒,大多数人都是拍案而起,怒斥不已。其实在秦始皇焚书之时,曾经留有完整的备份。在李斯的上书中,有这样的两句话:"臣请史官非秦记皆烧之。非博士官所职,天下敢有藏诗、书、百家语者,悉诣守、尉杂烧之。"意思是说:秦焚书也只是教天下焚书,朝廷依旧留有备份。

古人的书一般是竹简刀笔,著书困难。所以秦朝焚书也是有选择的。所焚之书大概分为两类:一类是六国史记;另一类是诗书、百家语。但是秦始皇留有了备份,其目的就如清人刘大魁所说:"其所以若此者,将以愚民,而固不欲以自愚也。"其实,秦始皇留有备份也是出于一种长远的考虑。正如历史上的天花病毒,它曾肆虐一时,夺走了数千万人的生命,然而人们并没有把它完全消灭。在莫斯科和亚特兰大的两个实验室里还保存了少量样本,以备研究。

对于违反命令的处罚是:"有敢偶语诗书者弃市。以古非今者族。吏见知不举者与同罪。令下三十日不烧,黥为城旦。"从上面这些话可以看出民间藏书不烧者,被发现只是去修长城;议论诗书者却是掉脑袋;讨论古代政治者,诛族。也就是说焚书、禁书令的目的不过是让民间不谈论政治。

那么焚书造成了多大的损害呢?《史记·六国年表》曰:"诗书所以复见者,多藏人家。"《论衡·书解篇》曰:"秦虽无道,不燔诸子,诸子尺书文篇具在。"从这些史料中可以看出,至少在汉代,诗书的精华——诸子还存于世上。换个角度,假设秦国不灭,诗书会藏在哪里?当然是秦朝的宫殿里。那里有完整的古代法制和诗书等古代圣贤的微言大义。项羽攻入咸阳,抢夺完金银财物之后,一把火烧了秦朝宫殿。因而有人说:书之焚,非李斯之罪，实项羽之罪！

其实秦朝所焚之书并没有想象中的那么多。《汉书·艺文志》中记载了677种著作，其中约有524种，即77%的图书，现今已不复存在。也就是说，因磨损而损失的图书甚至可能大于秦朝所焚之书。换句话讲，即使秦朝没有焚书，留传下来的图书也不会比现存的多多少。

秦始皇"焚书坑儒"雕像

焚书的始作俑者并不是李斯。在之前的史料中记载："诸侯恶周礼害己，而皆去其典籍"，"商君教孝公燔诗、书而明法令"。在后世，焚书更不是少见多怪之事。隋人牛弘作《上表请开献书之路》列举了书之五厄，明人胡应麟著《少室山房笔丛》，又增补了书之五厄。

秦始皇焚书之时留有备份。这些备份随着项羽的一把大火毁灭殆尽。可谓是又一次"焚书"。项羽不懂诗书，只懂金银珠宝珍贵，却不明白知识就是力量的道理。可怜一介莽夫，最后自刎乌江而死。

赵高根本不是太监

赵高是中国秦朝二世皇帝时丞相。秦始皇死后他与李斯合谋篡改诏书，立始皇幼子胡亥为帝，并逼死始皇长子扶苏。"赵高是个太监"这种说法，大概已经流行了上千年。但是，这绝对是个以讹传讹的错误。其错误来源于人们对《史记》中关于赵高两点记载的误读，一是赵高兄弟皆生于"隐宫"；二是赵高属于"宦人"，隶属于"宦籍"。

《史记·蒙恬列传》中载："赵高兄弟皆生隐宫。"司马迁的记述没有错误，问题是后世作注的人望文生义，不求甚解，将"隐宫"理解为赵高兄弟都受过宫刑。事实上，在当时，"隐宫"既是指另外一种特殊的地方，类似于我国20世纪曾经存在的劳改农场，同时，也代指劳改就业人员。这些人是身份低于一般平民，略高于奴隶的贱民。《史记·秦始皇本纪》记述修建阿房宫时役使"隐宫徒刑者七十余万人"，就是说使用劳改就业人员和服刑囚犯70余万人。同时，20世纪著名秦史专家马非百先生根据《睡虎地云梦秦简》指出，"赵高兄弟皆生隐宫"中的"隐宫"一词，是"隐官"的误写。再者说，"宫"与"官"在古代本就是通假字，只是不常见用而已。"隐官"，即隐宫，前面说过相当于劳改就业人员。也就是说赵高是秦代劳动改造人员的儿子。

"隐宫"弄清楚了，再说"宦人"、"宦籍"。这也是对赵高最深的误解了。《史记·李斯列传》有记载，说赵高是"宦人"，有"宦籍"。根据新出土的《张家山汉墓竹简》，"宦"意为"在

赵高

宫中内廷任职";"宦人"指的是"任职于宫内之人",也就是皇帝的贴身近侍。"宦籍"是用来登记出入宫门者的登记册。东汉以前宦官是一个官职的名字,并非全是阉人。在宫中供职的阉人被称为"宦阉"。宦官等同于太监,要把时间后移到清朝。由此可知,赵高是任职于宫中的宦人,即皇帝的近臣,而并不是后人所理解的"太监"。

字词上的错误,只是赵高被误解的源头。千古而来的骂名,则源于赵高本人处心积虑的处事方式和政治野心,也是人们对后面历代宦官种种劣行的痛恨。所以"赵高是宦官"、"赵高是太监"这样的言论被久传不衰,也就不足为奇了。

项羽是否真的"火烧阿房宫"

秦始皇嬴政灭六国,统一天下之后,开始修建三项巨大的工程:长城、始皇陵、阿房宫。2000多年后,人们感叹秦长城的雄伟,惊叹始皇陵的规模宏大,而阿房宫却是被"付之一炬",离开了人们的视野。2000多年来,一代霸王项羽一直背着火烧阿房宫的骂名。近年来,考古专家对阿房宫遗址进行了考古研究。竟发现一个惊人的秘密:阿房宫从没有被大火烧过,甚至自始至终就没有建成!那么,项羽"火烧阿房宫"的千年传说就是假的了。项羽真的没有"火烧阿房宫"?

《史记·秦始皇本纪》记载:"前殿阿房东西五百步,南北五十丈,上可以坐万人,下可以建五丈旗,周驰为阁道,自殿下直抵南山,表南山之巅以为阙,为复道,自阿房渡渭,属之咸阳。"秦代一步合六尺,秦尺约0.23米。以此计算,阿房宫的前殿东西宽690米,南北深115米,占地面积8万平方米,容纳万人自然绰绰有余了。秦时三百步为一里。唐代诗人杜牧《阿房宫赋》中记载:"蜀山兀,阿房出,覆压三百余里,隔离天日。"足见阿房宫确为非常宏大的建筑群。相传,阿房宫大小宫殿700余所,一天之中,各殿的气候都不同。《汉书·贾山传》记载,阿房宫整个的规模为"东西五里,南北千步"。现如今,西安还保留着面积约60万平方米的遗址。宏大的规模,众多的宫殿,阿房宫成为"天下第一宫",是世界建筑史上无与伦比的宫殿建筑。

21世纪刚开始,考古专家们便组成了一支考古队伍对现存的秦代阿房宫前殿遗址进行了"地毯式"的全面考古勘探。其结果是仅发现了阿房宫的前殿基址。对于这座被累累黄土尘封了2000多年的阿房宫,考古队伍的意图非常明确,就是要找到那一片被大火焚烧的宫殿遗迹。汉代长乐宫为汉武帝母亲的居所,是汉朝首都长安城中最为华美的宫殿之一,毁于2000多年前的大火。至今,大火焚烧的痕迹依然清晰可辨。经过与长乐宫对比,考古队发现,阿房宫根本没有被大火焚烧!但当时谁都不敢说出口。为了进一步验证,考古队改进了方法,用大面积密探来证实这片土地究竟有没有遭遇大火。结果还是——阿房宫没有被焚烧过!当这个观点在考古界提出的时候,立即引起了震动。有人毫不客气地指出:是不是考古队把地点搞错了,挖了半天根本就不是阿房宫?根据史书资料记载,考古队挖掘的确实是阿房宫遗址。虽是证据确凿,但考古队依然面临着巨大的压力。如是阿房宫没有被大火焚烧,那么就表示《史记》记错了。千百年来,《史记》一直被人们认为是研究古代历史的最佳典籍,甚至有些

项羽

人认为推翻《史记》就等于动摇了中国的古代史。其实,《史记》也有错误之处:在《史记》中记载,商朝持续了近千年。后人考古发现,商灭亡的时代比司马迁所记述的早得多,误差有500多年。那么,这次《史记》是不是也记错了呢?

《史记》中没有明文写阿房宫被烧的记载,只是这样叙述:"(项羽)遂屠咸阳,烧其宫室……烧秦宫室,火三月不灭。"考古队根据这个记载,在咸阳找到了大火焚烧的痕迹。如此说来,2000多年前会有两场大火?还是说有人把咸阳的大火移到了阿房宫上面?关于阿房宫被大火焚烧有明确记载的是杜牧的《阿房宫赋》。文中说:"楚人一炬,可怜焦土。"杜牧是个文学家,写阿房宫被大火焚烧有借古讽今的意思。以此否定考古队的发现似乎难以服众。考古工作者在秦都咸阳第一、第二、第三号宫殿建筑考古发掘中,发现了宫殿建筑遗址被大火焚烧的痕迹。那么,项羽"烧秦宫室"烧的是秦都咸阳宫或其他秦宫室。也就是说焚火现场在咸阳,而不是阿房宫遗址。在距阿房宫前殿遗址西1150米处发现了座规模较大的园林建筑遗址。这个遗址表现出被大火焚烧的痕迹。考古队对现场的砖瓦等建筑材料进行了鉴定和分析,断定这是战国时代秦国的一座园林建筑。也就是说,这座园林建于秦朝统一全国之前。阿房宫建于秦朝统一全国之后,两者不能混为一谈。

阿房宫有没有被大火焚烧的辩论告一段落。其后,考古队又爆料:阿房宫根本没有建成!考古队在阿房宫的北墙上发现了大量的汉代碎瓦。这些汉代的碎瓦为何会出现在秦代的建筑上?难道阿房宫一直被使用到汉代?如是项羽烧掉了咸阳宫、兵马俑,为什么独对阿房宫手下留情呢?

阿房宫没有被大火焚烧,在史学界已经成为一个结论。在之前讨论阿房宫是否为大火焚烧时,人们都忽略了一个问题:阿房宫有没有建成。《史记》记载,秦二世即位时,阿房宫仍"室堂未就"。秦始皇驾崩后,修建阿房宫的人就去修筑秦始皇陵。至四月"复作阿房宫",七月陈胜吴广起义爆发。考古发现,阿房宫前殿遗址夯土台基东西长1270米,南

西安阿房宫

北宽426米，现存最大高度12米，夯土台基面积54万多平方米。仅就前殿54万多平方米的台基来看，像阿房宫这样规模的建筑，在当时那么短的时间里是不可能建成的。《史记·秦始皇本纪》记载："……阿房宫未成；成，欲更择令名名之。作房阿房，故天下谓之阿房宫。"即，阿房宫是未建成之时的名字，若是建成则会换个名字。因为没有建成，所以后世之人一直称之为"阿房宫"。

通过考古和史料的论证，阿房宫一直没有建成。它是秦始皇的一个未竟的梦想。阿房宫的豪奢加速了秦王朝的灭亡。它甚至没有在历史上"昙花一现"。给项羽按一个"莫须有"的罪名，真是冤枉了一代楚霸王2000多年。

项羽盗掘秦始皇陵真相

近几年传出了"是时候打开秦始皇陵地宫"的消息。发言者认为打开秦始皇陵地宫之后，光是门票收入每年可达25亿元人民币。暂且不论赞成还是反对。在人们激烈讨论的时候，有人提出这样的问题：秦始皇陵是否已经被项羽盗掘一空了。若是秦始皇陵地宫被盗，那么再讨论赞成或者反对都没有意义了。

《史记·高祖本纪》记载，刘邦曾经骂项羽"烧秦宫室，掘始皇帝冢，私收其物"。《水经注·渭水》详细地记录了项羽盗墓的情况，云："项羽入关发之，以三十万人，三十日运物不能穷。关东盗贼销椁取铜，牧人寻羊烧之，火延九十日不能灭。"在刘向写给汉成帝的一篇谏书中也有记载："项籍燔其宫室营宇，往者咸见发掘。其后牧儿亡羊，羊人其凿，牧煮持火照求羊，失火烧其藏椁。"从这些史料来看，项羽不仅掘盗秦始皇陵，而且还抢掠一空。《汉书》中也记载了秦始皇陵被盗的事情，但是发起人并没有言明是项羽。《论衡》记载："秦始皇葬于骊山，二世末，天下盗贼掘其墓。"也没有言明盗墓者就是项羽。唐代诗人白居易也说起秦始皇陵被盗的事情，"一朝盗掘坟陵破，龙椁神堂三月火"；鲍溶《经秦皇墓》诗也写道："白昼盗开墓，玄冬火焚树。哀哉送死厚，乃为弃身具。"以上都说秦始皇陵曾被盗，但都没有言明盗墓者就是项羽。

通过以上史料，我们知道秦始皇陵曾经被盗，但是没有被盗空；如果项羽参加了盗墓行动，也肯定不是大张旗鼓的军事行动。其实，这些史书的记载也有失真的时候。"牧羊儿火烧地宫棺椁"的记载就不符合事实。说是一个牧羊儿的羊掉进了地宫，牧羊儿拿着火把去寻找。他越走越深，最后走进了秦始皇的地宫。牧羊儿不小心让火把失火，竟把地宫中的财物焚烧殆尽，连秦始皇的棺椁都燃烧掉了。初看之下，有点道理，细细品读，感觉不然。牧羊儿单凭一个火把就能进入皇陵地宫，并失火烧掉了秦始皇的棺椁？简直匪夷所思。秦始皇地宫中有大量水银，不等他靠近棺椁就会中毒而死。

其实，翻查历代的史籍以及金石著录，2000年来，并没有一本书记录有来自秦始皇陵内的文物。若是文物被盗，肯定流传于世，在史籍或者金石录中会有记载。

秦始皇陵

而且司马迁在《史记·秦始皇本纪》和《史记·项羽本纪》中，对盗墓之事只字不提，仅仅说项羽"烧秦宫室，取其财宝"，甚至都没有提到项羽火烧阿房宫。在《史记·高祖本纪》中提到项羽盗墓时，也不过是刘邦对项羽的谩骂。《水经注》本是一本地理著作，为什么会那么详细地记述项羽盗墓之事？其可信度又有多高呢？后人的诗歌是文学作品，可信度自然更低了。

从项羽的性格上分析，他有妇人之仁，也讲感情、讲理智。项羽和秦始皇是世仇，发掘其陵墓鞭尸泄愤也在情理之中。项羽起兵后，果然大杀秦军以泄愤，并纵火烧掉秦朝宫室。《史记》记载："项王见秦宫室皆以烧残破，又心怀思欲东归。"盗墓是一种人神共愤的事情，"盗墓时也会遇到崩雷晦雨、狂风大雾或者神异动物"等警示。项羽欲求霸业，对此肯定有所忌惮。由此，项羽攻城，久攻不下，意欲将外城中所有15岁以上的男子全部活埋。有人劝谏，若是这样做，以后肯定没有人愿意归顺你了。项羽听后，就不再想这件事情。鸿门宴时，项羽不忍心杀刘邦，范增批评项羽"为人不忍"。在被困垓下时，项羽高歌，虞姬低和。当时身边的将士无不落泪。由此可知项羽是个重感情的人。有人说："挖坟雪恨是最不人道的，刘邦就抓住这一点来揭露项羽掘秦陵，以此搞臭项羽。"

秦陵地宫展览馆

从秦始皇陵的防盗措施上看，一般的盗墓贼不可能进入地宫。史书记载，秦始皇陵的地宫"穿三泉，下铜而致椁"，"塞以文石，敷以丹漆，深极不可入"。《博物志》说："秦氏奢侈，自知葬用珍宝多，故高作陵园山麓，从难也。高则难上，固则难攻。"秦始皇陵的封土堆高达76米，深度在20米以上，甚至达到40米。考古队在陵冢及其周围打了4000多个探孔。通过勘探，秦始皇陵既没有被大规模的掘开与焚烧痕迹，也没有接近地宫的盗洞或被盗扰的痕迹。

其实在目前看来，秦始皇陵地宫依然保存完好。所谓的项羽盗掘秦始皇陵只是以讹传讹，是刘邦传出的诽谤项羽声誉的谣言而已。

"三顾茅庐"是真还是假

"三顾茅庐"的典故发生在三国时期，描写的是刘备礼贤下士，到诸葛亮隐居之处数次请他出山的故事。于是，千百年来，刘备广纳贤才的仁者风范和诸葛亮韬光养晦的隐士形象更加深入人心，为世人流传称颂。那么在历史上，是不是真的发生过刘备"三顾茅庐"呢？关于这个问题，历史学界其实一直存在争议。认为刘备确实曾三次拜访过诸葛亮的，主要有以下两个论据。

第一个也是最主要的是：有史可考。陈寿在《三国志》中写道："凡三往，乃见。"也写到了《隆中对》，不仅提到了刘备的"三顾"，而且也写到了刘备和诸葛亮讨论天下形势的谈话内容。诸葛亮自己写的《出师表》中也说："先帝不以臣卑鄙，猥自枉屈，三顾臣于草庐之中……"这几句话，证据确凿。第二，从当时的时局来看，刘备困难重重，急需像诸葛亮这样的人才辅佐。同时，诸葛亮在当时的确小有名气，他的出山代表了一部分人的愿望。因此在一定程度上，刘备与诸葛亮的认识，以司马徽和徐庶为代表的荆州士人集团起了推动作用，这也促成了后来的三顾茅庐。由此可知，于情于理，"三顾茅庐"是极有可能的，所以历代没有多少人对此事的真实性有过怀疑。

但是也有观点认为刘备"三顾茅庐"是假，诸葛亮"毛遂自荐"是真。在史料中有这样的记载，《魏略》中说刘备屯兵于樊城时，曹操已统一黄河以北。诸葛亮预见曹操马上要对荆州发动进攻；而荆州刘表性情懦弱，不晓军事，难以抵抗。诸葛亮于是北行见刘备。起初，刘备因为诸葛亮年纪小，根本不重视他。诸葛亮通过分析当时天下形势、应对政策，才逐渐获得刘备的信任。最后，刘备才"以上客礼之"。西晋司马彪《九州春秋》的记载也大同小异。其实，当时的诸葛亮只有27岁，刘备则是已有声望的政治家，对诸葛亮不大可能那样低声下气地苦求。《三国志》中的《隆中对》纵然可以作为证据，但当时，曹操几十万南征大军正威胁着刘备，而《隆中对》却只字不提这个紧迫的现实问题，多少有些不合情理。所谓《隆中对》，很有可能是后人附会《出师表》而杜撰的。据此，"三顾茅庐"之说就不可信了。

诸葛亮与刘备究竟是"三见"还是"自荐"，只有当

古隆中三顾堂雕塑

事人知道了。然而,"三顾茅庐"的典故却流传千年,成为中华民族的宝贵精神财富。

周瑜并非心胸狭窄之人

"三气周瑜"是罗贯中小说《三国演义》中的精彩段落。在作者笔下,周瑜心胸狭窄、小肚鸡肠。一句"既生瑜,何生亮"成了对周瑜最大的感叹。只是,这样的周瑜却与正史中的周瑜形象大相径庭。

许多人往往会认为周瑜心胸狭窄,目光短浅,才华平平。其实在陈寿《三国志》中的记载中,周瑜和诸葛亮、庞统、司马懿齐名。诸葛亮、庞统被称为"伏龙"、"凤雏",而司马懿和周瑜则分别被称为"幼麟"、"冢虎"。所以,周瑜是一个具有盖世才华的三国名将,他"英隽异才,文韬武略,可谓万人之英"。无论是人品修养,还是政治、经济、军事才能,周瑜在当时都出类拔萃,无愧于"冢虎"的美称。

年少时的周瑜聪颖过人,读书过目即背。不但精通经史、文赋、诗歌、兵法,而且好音律。相传他酒后听歌,也能把奏错的曲指出。因而时人有云:"曲有误,周郎顾。"同时周瑜具有良好的政治眼光,他少年时和孙策交好,资助钱粮助孙策打下江东,24岁就被封中郎将,33岁被拜为大都督,为东吴的江山建立立下汗马功劳。

说到人品,《三国志·吴书·周瑜传》中有一段文字生动地记载了周瑜恢弘的气量与良好的修养。赤壁之战前夕,周瑜被任命为水军大都督,当时他年仅30出头。一些老将不平,如程普就曾多次奚落他。然而"瑜折节容下,终不与较。普后自敬服而亲重之,乃告人曰:'与周公瑾交,若饮醇醪,不觉自醉。'时人以其谦让服人如此"。今天我们常用"若饮醇醪,不觉自醉"来形容一个品德高尚的人所具有的感人魅力,殊不知这个典故就出自三国周郎。陈寿因此称赞周瑜"性度恢廓,大率为得人"。

周瑜胆略兼人,智勇双全。《三国志·周瑜传》中有这样一段话:"瑜部将黄盖曰:'今寇众我寡,难与持久。然观操军船舰首尾相接,可烧而走也。'"这段话虽然聊聊数字,却展现了一个大将在阵前冷静观测敌情、分析敌情、制定计谋、发号施令的全过程。赤壁之战的结果是曹军大败而归,也充分展现了周瑜不凡的军事指挥和领导才能。

由此可见,历史上的周瑜根本不是什么斤斤计较、嫉贤害能的量窄之人,"三气周瑜"更是毫无根据所查。周瑜是一位礼贤下士、宽以待人的将才。至于后来周瑜在民间的形象越来越差,也是因为之后的文化氛围偏向蜀汉,曹魏和东吴遭到贬低的原因。再加之小说家的改编和渲染,就更加深了

周瑜

人们对于周瑜心胸狭窄的认知。因此评价人物应以细致、严谨、客观为上,以免再让周瑜的情况在当今重演。

被湮没的张飞真实形象

燕颔虎须,豹头环眼,胯下乌骓马,掌中丈八蛇矛枪,这个形象一出场,不用多说,大家就知道是三国时期的张飞。在人们的心中,张飞性格莽撞,武艺高强,是一员猛将。然而历史上真实的张飞,不仅文武全才,而且能书善画,与人们心中的形象大相径庭。

史料记载,张飞喜欢画美人、写草书。这种记载最早见于南北朝时期梁人陶宏景的《古今刀剑录》。其中云:"张飞初拜新亭侯,自命匠炼赤山铁,为一刀。铭曰:新亭侯,蜀大将也。后被范疆杀之,将此刀入于吴。"这个《新亭侯刀铭》便是张飞的书法作品。清代人赵一清所写的《稿本三国志注补》中,引用《方舆纪要》上的话说:八濛山"山下有勒石云:'汉将张飞率精卒万人,大破贼首张郃,立马勒石。盖张飞所亲书也'"。相传其为张飞打败曹操手下名将张郃之后,扬扬自得,用丈八长矛在八濛山石壁上所凿,即后世传诵的"八濛摩崖",又叫"张飞立马铭"。这块有史有记的张飞所书的"立马"石碑,现存在阆中市锦屏山碑林。

其实,历史上的张飞本身就是一个能文能武的"儒将","猛张飞"并不是"莽张飞"。他的书画在当时很有名气,还是三国时流行的"八分书体"的代表。明代的《丹铅总录》中,也有一条关于张飞书法的记载:"涪陵有张飞刁斗铭。其文字甚工,飞所书也。张士环诗云:天下英雄只豫州,阿瞒不共戴天仇。山河割据三分国;宇宙威名丈八矛。江上祠常严剑珮;人间刁斗见银钩。空余诸葛秦川表,左袒何人复为刘。""飞所书也"四字,说明这个铭文是张飞所书。元吴镇《张翼德祠》诗作云:"关侯讽左氏,车骑更工书。文武趣虽别,古人尝有余。横矛思腕力,繇像恐难如。"意思是张飞的书法很有造诣,连三国著名的书法家——魏国的钟繇、吴国的皇像都比不上他。

在古代,书画往往不分家。张飞不仅书法作品甚佳,而且还很爱画画,尤其喜欢画美人。据明代卓尔昌编的《画髓元诠》载:"张飞……喜画美人,善草书。"张飞的书法真迹尚

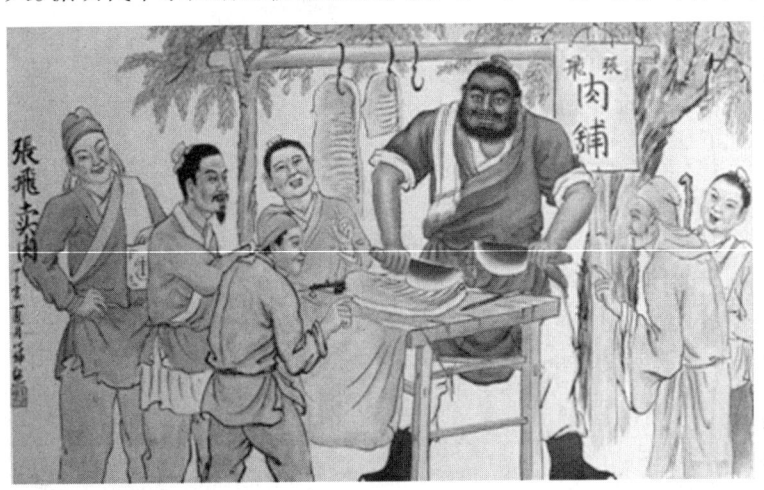

"张飞卖肉"图

有存世者,可惜的是其画的真迹却至今尚未发现,这也是历史的一个小小的遗憾。

至于张飞的相貌,大家心目中那个虬髯大汉的形象,大概也是小说家根据作品的需要虚构而成的。2004年文物部门在四川简阳张飞营山上发现了一个石人头

像。该头像慈眉善目,耳长唇厚,脸上没有一根胡须。据说这是唐代工匠为纪念"五虎上将"张飞,在当年张飞扎寨处专门雕塑的。如果考证属实,张飞的形象就要被彻底颠覆了。而且,张飞有两个女儿,先后嫁给后主刘禅,被封为皇后。能够当上皇后,在讲究后妃美貌的古代,就算不是国色天香,其容貌至少也是不错的。因此推断,她们的父亲张飞本人也不会差到哪里去。

河北涿州张飞墓

由此可知,张飞其实是一个文武全才的大将。"猛张飞"和"莽张飞"的形象虽然粗鲁,但不失鲜活可爱。其之所以与现实有如此大的差异,主要是源于小说和戏曲的演绎。

刘禅并非"扶不起来的阿斗"

蜀汉后主刘禅是刘备的长子,在刘备去世后继位为蜀国皇帝。诸葛亮等贤臣相继去世后,蜀国逐渐衰败。后魏国大举伐蜀,刘禅投降,后被俘虏到洛阳,被司马昭封为安乐公。"乐不思蜀"与"扶不起的阿斗"等典故就是从他身上而来。在人们的心目中刘禅也因此成了庸主的典型;"扶不起的阿斗"也成了对庸人的戏称。事实果真如此吗?一个"亡国之昏君,丧邦之庸人"又怎么会在位长达41年之久呢?

从资质上讲,刘禅不仅不愚钝,而且比较有才。《三国志》记载,刘备给刘禅的遗诏中有这么一段话:"射君到,说丞相叹卿智量,甚大增修,过于所望,审能如此,吾复何忧?勉之,勉之。"射君是谁已不可考,但这段话的意思很明白:诸葛亮对射君称赞刘禅的智慧,射君又将这赞辞告诉了刘备,刘备很高兴予以勉励。诸葛亮当然不会是阿谀奉承之人,刘备也颇有知人之明,由此可见刘禅非鲁钝之人。而且,刘禅在其父刘备的引导下,从小熟读《申子》《韩非子》《管子》《六韬》等书,并且也学习武艺。对于刘禅的表现,诸葛亮还是很满意的,并在《与杜微书》中评价他说:"朝廷年方十八,天资仁敏,爱德下士。"这个"敏"字可说明阿斗并非愚蠢之人。

在军事方面,刘禅很有见地,头脑清醒。诸葛亮急

刘禅

重庆奉节白帝城：刘备托孤处

于北伐的时候，刘禅规劝道："相父南征，远涉艰难；方始回都，坐未安席；今又欲北征，恐劳神思。"尽管诸葛亮置规劝于不顾，决议北伐，刘禅仍然竭尽全力支持其行动。但在诸葛亮死后，刘禅马上停止了空耗国力、劳民伤财的北伐。司马懿率大军征伐辽东公孙渊。刘禅唯恐蒋琬犯诸葛亮老毛病，专门下诏告诫他不要轻举妄行，"须吴举动，东西掎角，以乘其衅"。魏延造反，却诬奏杨仪造反。刘禅听完魏延表奏，马上提出疑问，说："魏延乃勇将，足可拒杨仪等众，何故烧绝栈道？"魏延被杀后，刘禅也没有对其一概否定，而是降旨曰："既已名正其罪，仍念前功，赐棺椁葬之。"可见刘禅对待事情还是很有主见的。

在政治上，刘禅的见地和处理能力也是可圈可点的。他在位共41年，曾得到诸葛亮、蒋琬、费祎、姜维等忠臣重臣尽心辅佐。尤其是诸葛亮，刘禅对其十分敬重，视如亲父，委以诸事，不加干涉。即使他对诸葛亮的有些做法不同意，也不讲出来。这一方面说明刘禅对其父刘备教导的尊重，另一方面也说明刘禅善于审时度势，努力保持统治阶级内部的稳定。诸葛亮去世后，刘禅立即废除了丞相制度，命蒋琬主管行政，费祎主管军事，把原本集权于诸葛亮的权力分为两个部分，让二人互相制约，加强中央集权。蒋琬去世后，刘禅索性亲自执政。这样明智的做法，绝不会是一个愚鲁的人能想出来的。至刘禅统治后期，其生活开始腐化，许多老臣上书劝谏，但他也没有像某些皇帝一样，对谏臣大开杀戒，而只是表示无奈。这一点也是非常难能可贵的。

后人对于刘禅的不良印象，大致源于当邓艾一支孤军突入蜀境，在蜀汉主力军队基本完整的情况下，他就轻易地投降了。其实从另一个角度讲，刘禅是权衡了当时的政治和军事局面，纵然让自己落下骂名，也不让蜀地百姓遭受战乱之苦，也算是用心良苦了。

回到真正的历史中我们才看到，刘禅虽然不是一个聪明有为的君主，但也不是一个完全懦弱无能的人，起码是一位中庸之君。那一顶"扶不起来的阿斗"的帽子，实在应该给他摘掉。

梁武帝40年不近女色真相

在中国古代历史上，几乎每个帝王都好色，甚至妻子成百上千。然而却有一位很特别的皇帝，他以高寿和不近女色闻名。据《梁史》记载，梁武帝萧衍"五十外断房事"。50岁之后，萧衍"不与女人同屋"。按他去世时86岁算，他有近40年不近女色。其真实情况是否可信？

萧衍小时候很聪明,喜欢读书,是个博学多才的少年,尤其在文学方面很有天赋,为"竟陵八友"之一。在三国、两晋、南北朝时期,如果没有家庭背景很难做官。从血缘上来看,萧衍和南齐皇室关系很密切。他的父亲萧顺之就是齐高帝的族弟。优越的家庭背景,使他一开始就在卫将军王俭手下做官。萧衍有才,举止言谈出众,办事果断机敏,与同事以及上司关系融洽。最后他升任太子中庶子和给事黄门侍郎。

萧宝卷即位后,治国无术,乱杀大臣,又无故杀了萧衍的兄长萧懿。萧衍决定废掉萧宝卷。通过军事政变,他攻占了首都建康,拥立萧宝融为帝,被封为大司马,掌管军国大事,还享有剑履上殿、入朝不趋、赞拜不名的殊荣。

萧衍大权在握后,又想废掉萧宝融,自己做皇帝。然而他没有急着动手,而是蛰伏待机。他的好友"竟陵八友"之一的沈约劝说他自立为帝。劝了两次后,萧衍才同意。在谋划的过程中,他居然贪恋原来宫中的两个美女,把头等大事忘到了脑后。在别人的劝说下,他才决定灭掉齐,以免夜长梦多。502年,萧衍正式登基称帝,改国号为梁,史称南梁。

萧衍登基之初,政绩非常显著。但是在女色上一如常人。史书记载,潘玉儿是萧宝卷后宫中最漂亮的妃子。萧衍登基后,打算霸为己有。大将王茂力谏萧衍:"亡齐者此物,留之将恐贻外议。"后来,萧衍又看中美女余妃,范云劝阻:"纳齐东昏侯(萧宝卷)余妃,颇妨政事。"当时萧衍正值壮年,精力充沛。除了这俩人外,他还将萧宝卷后宫里的其他女人都揽入怀中。吴淑媛便是其中之一,她跟了萧衍后七个月就生了一个儿子,取名萧综。后来证明,萧综是萧宝卷的遗腹子。但萧衍一直把他当亲生儿子看待。后来,梁和北魏在边境发生冲突。萧综投奔了北魏,并改名为萧缵。萧衍知道后很生气,撤消了给他的封号,还把其生母吴淑媛废成庶人。后来,吴淑媛病逝。萧衍起了恻隐之心,下诏恢复萧综的封号,给吴淑媛加了谥号为"敬"。

还有一件事对他的打击不亚于此事。萧衍的同父异母弟萧宏和萧衍的大女儿乱伦私通,并且计划谋害萧衍。他们派人刺杀萧衍时,行刺未果,当场被抓,供出事实真相。萧衍的女儿知道自己罪孽深重,也没脸再见父亲,于是自尽。但萧衍没有深究萧宏之罪。后来萧宏得病而死。

以上两件事情深深地打击了萧衍。527年,萧衍亲自到了同泰寺,做了三天的住持和尚。之后,他不近女色,开始了禁欲生活,且不吃荤,甚至祭祀时都要用蔬菜,不准杀牛羊猪等。

据《建康实录》,萧衍到59岁才"断房室"。在过去,这么大年纪的男子"断房室",应该有生理和健康上的原因。萧衍年轻时贪恋女色,此时忽然不近女色,必然有特别原因。他在《净业赋》里有这样的话:"复断房室,不与嫔侍同屋而处,四十余年矣。于时四体小恶,问上省师刘澄

梁武帝长寿图

梁武帝萧衍

之、姚菩提疾候所以。刘澄之云：'澄之知是饮食过所致。'（萧衍）答刘澄之云：'我是布衣，甘肥恣口。'刘澄之云：'官（萧衍）昔日食，那得及今日食。'姚菩提含笑摇头云：'唯菩提知官（萧衍）房室过多，所以致尔。'"姚菩提明确指出萧衍的病是房事过多所致。

万寿无疆是历代帝王的普遍愿望。萧衍"既不御内，无复欲恶障，除此二障，意识稍明，内外经书，读便解悟"。二障是指杀害障、欲恶障。作为一个皇帝，如果萧衍真的是40年不过房事，就是"下半身"有问题。他究竟是得了什么病呢？在《净业赋》中，姚菩提给萧衍开了一味药。但萧衍"服之病逾增甚"，治不了"四体小恶"。恐怕其病不是"四体小恶"，而是阳痿不举。这种病是男人最忌讳的。可能是萧衍得知自己阳痿已不治，于是"出家"，做了个"和尚皇帝"。这大概就是萧衍40年不近女色的真相吧。

隋炀帝并非十恶不赦的暴君

隋炀帝杨广是隋朝第二代皇帝，在位14年。他最后死于部将手中，隋朝也随之灭亡。隋炀帝原谥号明帝，唐时改谥炀帝。"谋兄"、"淫母"、"弑父"、"幽弟"、"逆天"、"虐民"六大罪状，让其成为中国历史上名声最坏的皇帝之一，几乎可以和商纣、夏桀相提并论。可是隋炀帝真的是一个十恶不赦的大暴君吗？翻开历史长卷，隋炀帝只有半生功绩。但只有这"半生"却涉及军事、政治、经济、外交等多个方面。其建树颇多，可以称得上是个有作为的帝王。

根据《隋书·世祖本纪》中记载，隋炀帝"上美姿仪，少敏慧"。可见其自幼样貌俊美，聪慧好学，而且在年轻的时候就展现出卓越的军事领导才能。杨广20岁时就被拜为隋朝兵马都讨大元帅，统领51万大军南下，向富裕、强盛的陈朝发动进攻，并完成统一。在他的统领下，隋军纪律严明、英勇善战，一举突破长江天堑。其所到之处，所向披靡，而对百姓则"秋毫无犯"，对于陈朝库府资财，"一无所取"，博得了人民广泛的赞扬。"天下皆称广以为贤"。如此有才而又贤德的皇子，被隋文帝选为太子就是顺理成章的事情了。

公元604年，杨广即皇帝位。这位新皇帝在登基之初，就表现出卓越的政治敏锐度。为了使当时的南北物资能够更方便地交通，隋炀帝主持修建了大运河，将当时的钱塘江、长江、淮河、黄河、海河连接起来。修建大运河除了达到最初的物资交通目的外，还加强了隋王朝对南方的军事以及政治统治，使黄河流域和长江流域的文明连接在了一起，可谓一举数得。

隋炀帝在位期间，隋朝的外交方面也取得了很大成就。他登基之初，就借隋将韦云起率突厥兵大败契丹之机,亲自带领大臣北上,历时半年,历尽千辛万苦,最终到达河西走廊的张掖郡。这是中国封建时代抵达西北如此远的第一位皇帝。隋炀帝在西巡过程中置西海、河源、鄯善、且末四郡,进一步拓展了中国领土。隋炀帝到达张掖后,西域27国君主与使臣纷纷前来朝见,表示臣服。各国商人也都云集张掖进行贸易。隋炀帝不仅亲自打通了丝绸之路,还把强大的突厥分裂成东突厥与西突厥两部,并在和东突厥的战斗中取得胜利。这也为以后唐太宗的胜利打下了坚实基础。同时,隋炀帝建立了影响中原王朝1500余年的天朝体系,倭国和吐谷浑等西域诸邦开始向隋帝国称臣进贡。

然而,也不能就此认为隋炀帝就是一位明君。他统治期间存在用民过重、急功近利、兵役太重等诸多弊端。尤其是他开凿大运河,劳民伤财;远征高丽,陷入战争泥潭。这些均使人民不堪重负,纷纷流亡、起义,为大隋王朝的最终覆灭埋下了隐患。

隋炀帝杨广

太子李建成并非无能之辈

李建成是唐高祖李渊的嫡长子,生于隋文帝开皇八年(588年),死于唐高祖武德八年(625年)的玄武门之变中,死时年仅38岁。世人对于李建成的评价历来不高,新、旧《唐书》以及《资治通鉴》等许多史书都把他描写成一个庸庸碌碌、无所作为的人。一度是唐朝太子的李建成,真的是这样一个人吗?

根据历史记载,李建成具有卓越的军事才能。建唐初期,李渊于晋阳起兵。在定西河、下绛县、驻永丰、入长安等军事活动中,李建成始终是领兵的主将,任左军统帅。可以说,他是建唐军事战争的指挥者。没有李建成,李渊只怕很难取得天下,成为唐高祖。

除了在军事上有卓越的才能外,李建成在治国用人方面也有着不逊于任何一位君主的才干。在李建成的倡导下,唐营广招贤士,一度网罗了魏徵、王珪这样的治国良才。他们后来都成为贞观年间的一代名臣。在与后汉王刘黑闼的战争中,李建成采用魏徵、王珪的建议,改变以往的高压政策,对当地百姓进行安抚,争取到了民心。结果刘黑闼的部队很快解散,其本人也被唐军擒获,河北问题迎刃而解。此后,李建成又在武德五年、六年和七年多次指挥防御突厥的战争。这些战争的胜利,为唐初的社会稳定打下了坚实基础。

如此一位才华出众的太子殿下,如何变成了史书中"荒色嗜酒,败猎无度"、"以庸劣居其右"的纨绔子弟呢?这是和当时编纂历史的资料息息相关的。一般来讲,一个朝代的国史如果是修于后朝,那么后朝的史官一定会据史直书。但如果国史修于本朝,

窥探历史真相

就必定有曲笔回护之处。唐高祖和唐太宗两朝的《实录》《国史》都修于唐太宗在位期间。唐太宗李世民的皇位并非合法继承而来，他是通过喋血宫门的玄武门之变，杀兄屠弟逼父，才登上皇帝宝座的。这种行为显然不符合封建伦理道德，在封建统治者看来也就不能成为后世子孙的榜样。因此，唐太宗非常在意史官对自己行为的评价。在夺得皇位之后，他就着手修改国史，为自己辩护。史载李世民登基后曾不顾反对，坚持要看国史。房玄龄与许敬宗就删改国史将《高祖实录》《太宗实录》献上。由此看来，实录曾被篡改是毫无疑问的。而《旧唐书》《新唐书》的史实基本参考的是唐朝的《实录》和《国史》的原文，其可靠性就大打折扣了。

细观历史之后，可以发现李建成的才华和能力并不比李世民差。只是李世民在政治斗争中先下手为强，登上了皇位，并有所作为，开创了"贞观之治"。这让后世忽略了李建成这样一位名正言顺的开国太子，实在是令人可叹！

造成李建成兄弟相残的唐高祖

唐僧取经系"偷渡"出境

玄奘，唐代僧人，法相宗创始人。他自幼家贫，父母早丧，13岁出家，20岁时受具足戒。他为了学习佛法，曾游历各地，参访名师。太宗贞观三年（629年），玄奘从京都长安出发，历经艰难抵达天竺，游学于天竺各地。贞观十九年（645年），他回到长安。虽然玄奘的故事在民间广泛流行，但很少人有相信，其成功却是偷渡出行的结果。其原因何在？

玄奘所处的年代，是佛教开始兴盛的时期，但是由于经文都是梵语，精通的人又非常少，在翻译过程中就出现了许多争论。玄奘师从佛法大师慧休、道深、道岳、法常、僧辩、玄会后，虽然造诣日深，但并不精通，而且在多年的学习过程中，他深感异说纷纭，无从获解，就下决心远赴印度，去目睹"原始"佛经的面貌，将正确无误的经文带到中国，福泽众生。不过，其想法一产生，就遇到了巨大困难——出境。

其时为唐太宗执政早期，当时国家时局未稳，还经常受到突厥侵犯，所以唐太宗并不主张对外开放，限制本国人和外国人士来往，以免对政局产生影响。于是就用法律规定，凡需越渡关塞要津出国者，须向官府申请并取得"过所"后方可通行。"过所"其实就是签证。当时前往印度，需要经过突厥，所以这个签证非常难办。他等了三年都没有批下来，但是玄奘西去的决心已定，他做出了一个惊人的举动——偷渡。贞观三年（629年）八月，26岁的玄奘独自一人出发了。在凉州一带，为躲避官府缉拿，他东躲西藏，昼伏夜行，终于来到瓜州城外的大唐边关玉门关。唐代玉门关凭河而建。瓠河（今疏勒河）下广上狭，洄波曲流，湍急难渡。正当玄奘一筹莫展时，当地一个胡人石槃陀出现了。当玄奘知道石槃陀心慕佛法后，就为其亲手剃度，收为弟子。这位弟子砍树铺草，垫沙搭桥，让玄奘过了匏河，又凭借经验带师傅绕过玉门关关口。经此番折腾，玄奘才最终踏上通往自己"镀金"的理想国度——印度。

历尽千难万险后，玄奘到了印度。他虔诚学法19年。其间所翻译的最大经书即是《大般若经》，共有600卷。回到大唐后，唐太宗为玄奘的执著所感动，不再计较他"偷渡"的罪名，还让其安心地在弘福寺、大慈恩寺、玉华宫等地方翻译经书。玄奘不负众望，19年中除了译出经论75部，总计1335卷外，还口述了11万字的《大唐西域记》，成为我国古代一部极为重要的地理著作。

西安唐玄奘塑像

武则天究竟有没有亲手掐死亲生女儿

唐高宗永徽三年（652年），29岁的武则天奉诏离开感业寺，二次进宫，被高宗封为昭仪。次年，武则天生下儿子李弘。又一年，即永徽五年（654年），武则天再次临盆，生下一位小公主，但是小公主却很快不幸夭亡。其具体记载可见于《新唐书》："昭仪生女，后就顾弄，去，昭仪潜毙儿衾下，伺帝至，伪为欢言，发衾视儿，死矣。又惊问左右，皆曰：'后适来。'昭仪即悲涕，帝不能察，怒曰：'后杀吾女，往与妃相谗娼，今又尔邪！'由是昭仪得入其訾，后无以自解，而帝愈信爱，始有废后意。"也就是说武则天为了嫁祸给王皇后，亲手掐死了自己的亲生女儿。

但《唐会要》和旧唐书中对这段历史的记载都非常有限，因此小公主非自然死亡的可能性要远大于自然死亡的可能性。通常皇室子嗣从出生起就配有专人随身看护和照料。武则天所生的女儿深得唐高宗宠爱，身边的奶妈、宫女必定少不了。因此，从王皇后离开到李治发现小公主死亡之间的空隙必定非常短暂。即便在古代婴儿死亡率非常高的情况下，一个孩子在这么短的时间内自然猝死的可能性也是非常低的。换句话说，小公主应该是被人为谋杀致死的。只是关于杀害小公主的凶手是亲母武则天，还是嫡母王皇后？历来争议颇多。

王皇后当时的确很恨武则天，但是她并没有杀死小公主的动机和性格。先看性格，王皇后出身太原王氏（在当时是天下一等士族），是唐太宗李世民亲自为高宗选的佳偶。她自幼接受传统教育，本性端庄严肃，绝对不是一个心狠手辣的人。再看动机，就当时的

窥探历史真相

武则天汉白玉雕像

形势而言，王皇后有强大的家族背景，地位相对比较稳固，适合长期和武则天僵持下去。这个时候是她最不能轻举妄动的时刻。况且，杀死小公主对王皇后没有任何好处。即便王皇后再恨武则天，因此而失去理智，但杀死皇子李弘则更解恨，杀死一个还没有封号的小公主几乎没有任何意义。由此可以推断，王皇后基本不具备杀死这个孩子的性格和动机。

那最有可能的人除了王皇后，就只有孩子的生母武则天了。其实作为小公主生母的武则天极有可能做出杀婴的举措，因为她有杀婴的动机、性格和条件。杀人一般都得有动机，如果从小公主被杀谁受益最大来考虑，武则天就有重大的嫌疑。因为武则天野心勃勃，一心想登上后位，而她最大的障碍就是王皇后。当时和王皇后争宠的胶着状态对武则天极为不利。为了急于结束这种状态，她就有了杀婴并且嫁祸于王皇后的动机。而且武则天不怕冒险，有孤注一掷的勇气，为了达到目的可以不择手段。这种性格使得其具有很强的行动力，能够迅速地将自己的意图付诸行动。还有一点，武则天有能力准确掌握时间杀死小公主。她通过结交宫女，在后宫建立了发达的情报系统，对王皇后乃至皇帝的一举一动都了如指掌。掌握了二人探视小公主的时间，武则天就可以巧妙地打一个时间差，在中间短短的间隙里杀死小公主，嫁祸于王皇后。

在这个行动中，武则天有一个非常特殊的条件，即她是小公主的生母。常言道，虎毒不食子。一般宫女在照看小公主的时候，对外人的警惕心可能会高一些，但对孩子妈妈的警惕心就会低一些。所以都是来看小公主的，如果王皇后来了，其他人就会特别注意；可是如果小孩的亲妈来了，谁都觉得这是非常自然的。所以在发现孩子死了之后，高宗一问，谁来过啊？宫女马上回答，王皇后来过。其实王皇后和武则天都来过。但是在人们的头脑之中，自然地忽略了孩子的妈妈，而只提到了王皇后这个人。也就是这句话，使王皇后在唐高宗心目中的地位一落千丈，由尊重、忌惮转为怨恨了。武则天最终在后

武则天故事画："袁相识面"

位之争中取得了完胜。

12年后,已经贵为皇后的武则天追封夭折的女儿为安定公主,谥号"思",按照亲王的礼仪隆重安葬。这样隆重的葬礼似乎也从另一个层面上说明了武则天对女儿深深的歉疚之情。

历史已过千年,武则天掐死亲女的事件已然无法还原成本来面目。这个未出襁褓的女婴是死于宫廷斗争,还是死于母亲的争宠,恐怕只有当事人心中才清楚。看来生在帝王家的孩子,未必都是幸福!

陈世美蒙受的不白之冤

提到陈世美,许多人会自然想起《铡美案》或者《秦香莲》中那个喜新厌旧、企图杀妻灭子、被世人唾弃的负心汉、无义男。"陈世美"也成为后世对移情别恋、忘恩负义男人的骂称。

戏剧《铡美案》的故事情节,大家都很熟悉:北宋年间,家住荆州的陈世美赴东京汴梁赶考,高中状元,随后被皇帝看上。陈世美隐瞒了婚史,与公主结为夫妻。这期间,荆州连续三年大旱,其父母饿死,原配妻子秦香莲领着一儿一女,沿途乞讨,到汴梁找到了他。但陈世美不仅不认,还欲差家将韩琪杀害秦香莲母子以图灭口。后秦香莲向开封府告状,包拯顶住压力,冒着丢官的风险,终将陈世美执行死刑。

但是陈世美其人其事并不见于正史。据今人对历代状元的统计,从北宋初年至清末,包括夏、辽、金在内,共有状元345人,其中陈姓者只有10名,但没有陈世美其人。在中国历史上,状元当驸马的事例实际上少之又少。从唐高祖武德五年(622年)的孙伏伽,到清光绪三十年(1904年)的末代状元刘春霖,有名可考的状元共592人。其中做了驸马的状元,可考的只有唐武宗会昌三年(843年)的状元郑颢。他的妻子是唐宣宗的女儿万寿公主。驸马之中少有状元的主要原因在于年龄,常言道"三十老明经,五十少进士",凡是参加进士考试能中状元的,绝大多数都不再是青春少年,公主自然难以下嫁。

安徽合肥包公祠审判陈世美蜡像

通过一些学者的深入考证,陈世美的原型是清代的陈年谷,又名世美、熟美,湖北均州人,顺治年间的进士。陈熟美家境贫寒,但自幼勤奋好学,妻子秦馨莲是他青梅竹马的结发妻子,两人感情很好。陈熟美于顺治年间进京考取进士,并被点为七品知县,后又升为陕西学道,专为国家选拔人才,是一个不折不扣的国家栋梁。这样一位好官为何被蒙不白之冤,背上了负心汉的骂名呢?

据说,当年陈熟美是在同窗好友胡梦蝶和仇梦麟的资助下,才到京城去赶考的,而胡仇二人却名落孙山。之后这二位找他求官,但被为人正直的陈熟美拒绝了。二人为此怀恨在心,在返乡的路上请戏班子编排《秦香莲怀抱琵琶》,为的就是辱骂"陈熟美",说他贪图荣华富贵,忘恩负义。胡梦蝶把剧中的人物改名为"陈世美",发生的时间改为北宋。剧目被广为流传之后,没有人还记得陈熟美的原型,都只记得"陈世美"的恶劣形象了。真正的陈世美就这样被蒙受了不白之冤。

由此看来,陈世美在历史上是根本不存在的一个人,如果把他看成是清朝进士陈熟美,那他就背负了太大的误会和冤屈。

包拯并未做过丞相

包拯是宋朝有名的官员,以断狱英明刚直而著称于世。知庐州时,其执法不避亲党,被传为美谈。在演义中,包拯更是能日审阳夜断阴,甚至可以斩杀王公贵族,被人们称为包青天、包丞相。其实,包拯官至枢密副使,但从没有做过丞相。

包拯为天圣朝进士。宋仁宗天圣五年(1027年),他考中进士,被任命为"大理评事",相当于现在的法院陪审员。接着被任命为建昌(今江西永修)知县,因父母在不远游,而辞官不做。后来,朝廷委派他到家乡附近的和州(今安徽和县)做官,负责管理税收钱粮。包拯去了几个月后,因放心不下家中年迈的父母,就打道回府了。等到父母去世之后,守孝期满,包拯才开始真正地步入仕途。他前往京城,等候授予新的官职。在等候的过程中,他每夜都坚持点灯苦读。在此期间,他写下了生平唯一的一首五言律诗:"清心为治本,直道是身谋。秀干终成栋,精钢不作钩。仓充鼠雀喜,草尽狐兔愁。史册有遗训,无贻来者羞。"立志做一个清官、好官。

景祐三年(1036年),包拯知天长(今安徽天长)县。在那里,他公正地断了好多奇案,博得了清官的好名声,开始崭露头角。

包拯

包拯为官清廉。在他担任端州(今广东肇庆市)知州时,一改以往知州在上贡朝廷的端砚数目之外,还要多加几倍,作为贿赂京官本钱的陋习。包拯升迁,离开端州时,他的船在羚羊峡口遇到一阵奇怪的大风雨。他下仓查看,发现了百姓私自送给他的一块端砚。他不发一言,只是将其丢在了水中。人们为了纪念他,就把附近的一座岛叫做砚洲岛。

皇祐二年(1050年),包拯升任天章阁待制,担任了谏官的职务。甫上任,包拯就以魏徵为师,据理力荐,"披肝沥胆,冒犯威严,不知忌讳,不避怨仇"。在任职期间,他尽职尽责,提出了很多宝贵的意见。朝廷多采纳施行。在同年的九月，宋仁宗因大涝之后天气放晴的吉兆，祭祀天地，并大赦天下。包拯力荐，认为罪犯服刑是对他们以往犯下的罪行所给予的惩罚，不能随便减轻他们的刑罚。同理，官员的升迁也要看他的功绩，不能随意而为。

包拯不畏权贵，据理力争。张尧佐是宋仁宗宠妃张美人的伯父，胸无点墨，甚至连小官都做不好，却因张

开封府

美人的关系，被任命为三司使。包拯坚决反对。宋仁宗不听，又加封其为节度使。包拯更加痛心，再次进谏。无果。翌年，张尧佐被任命为宣徽南院使。包拯又一次进谏，痛加陈词，在朝堂之上和宋仁宗辩论起来。宋仁宗不得已才罢了张尧佐的官。

王逵是有名的酷吏。他任地方官时，目无王法，随意增派各种名目的苛捐杂税，横征暴敛，并且随意杀害百姓。据说，他赴任湖南路转运使时，百姓闻声逃进山林中。包拯为民请命，前后达七次参奏王逵。甚至在一次激烈辩论中，唾沫星子溅到了皇帝身上。最终，皇帝才把王逵罢免。

包拯知开封府时，执法如山，连皇亲国戚也不敢轻易犯法。

嘉祐七年（1062年），包拯卒于枢密副使任上，谥号"孝肃"，被追封为礼部尚书。礼部尚书是相当于丞相的官职，但却是在包拯死后追封的。实际上，包拯并没有做过丞相。包拯一生为官清正廉明，为百姓称道，死后被追封为尚书，故有包丞相一说。

狸猫换太子的历史真相

狸猫换太子是清末小说《三侠五义》里的经典桥段，之后也被不断搬上梨园舞台。故事情节比较曲折：北宋真宗年间，真宗的两个妃子刘氏、李氏同时怀孕。为了争当皇后，刘氏把李氏刚生下来的儿子换成了一只剥了皮的狸猫。李氏由此被打入冷宫，刘氏自然为后。后来李氏所生儿子登基做了皇帝，是为仁宗。仁宗得知自己身世后，寻回母亲，母子团圆。这样一个情节既有真实的史实，也有歪曲历史的部分。

小说情节中符合史实的是，宋仁宗是由小说中所说的"刘皇后"抚养长大的。根据《宋史·后妃传》记载：仁宗的生母李氏，原本只是当时权位很重的刘德妃（后来的刘皇后）的宫女。偶然机会被皇帝看中宠幸，不久竟有身孕，诞下一子。当时的宋真宗已经有五个儿子先后夭折。刘德妃虽然专宠，但是却不能生育。于是，仁宗还在襁褓之中时，就被刘德妃抱回自己宫中，认成自己的儿子，和另一个妃子杨淑妃一同抚养。

历史在这里发生了有趣的一幕。宋仁宗直到登基后，依然认为自己是已经成为刘太

"狸猫换太子"图

后的刘德妃所生,称刘太后为"大娘娘",称杨太妃为"小娘娘",而且母子感情十分融洽。李氏在后宫中平静地度过了一生,直到病逝之前才被封为宸妃,薨逝时也只有46岁。刘太后在世时,没人敢和仁宗说起事情的真相。1034年,刘太后去世,这个秘密才被逐渐揭开。告诉仁宗此事的人,有可能是自幼抚养他的杨太妃,也有可能是隐居多年的皇叔赵元俨。赵元俨同时还强调:"陛下乃李宸妃所生,妃死于非命。"

不管真相是谁告诉仁宗的,年轻的皇帝在了解自己曲折的身世后,马上包围了刘太后亲属的府邸,想要查出历史的真相。因为仁宗真的担心自己的母亲盛年而亡,是被人所害。结果当打开棺木时发现,李妃安详地躺在棺木中,服饰华贵,面容安详,周身被水银浸泡。仁宗感慨道:"人言岂能信?"于是下令撤兵,对刘氏一族恩宠如旧。原来这是当初刘太后听从了宰相吕夷简的劝解,厚葬李妃,从而保全刘氏一家的性命。仁宗最后追封生母李氏为"庄毅皇太后",以示怀念。

到这里"狸猫换太子"真相大白。在整场换子风波中,既没有狸猫的影子,也没有刘德妃对李妃的陷害,可见小说中的情节大多都是凭空虚构的。

武松并没有上过梁山

提到武松这个名字,人们脑海中一定会出现这样几个经典的场景:武松打虎、醉打蒋门神、大闹飞云浦、血溅鸳鸯楼。故事中的武松行侠仗义,武艺高超,形象鲜明,给人留下了非常深刻的印象。然而,这些形象都来自于小说《水浒全传》。但历史上的确有武松这样一个人,只是他的经历和小说中的差别非常大,既没有这些光辉事迹,也没有上过梁山,参加过农民起义。然而,真实的武松的确是一位爱打抱不平,为民除害的英雄。

真实历史中的武松,是今河北邢台清河县人,生活在北宋年间,武艺高强。根据《临安县志》《西湖大观》《杭州府志》《浙江通志》等史籍,都记载了其行侠仗义的一生。武松原本是浪迹江湖的卖艺人,杭州知府高权偶然了解到了他,先是见到他"貌奇伟,尝使技于涌金门外","非盗也",后又了解到他武艺高强,人品端正,就请入知府衙门中当都头。武松果然没有辜负高权对他的赏识,成为都头后,尽心办差,屡立战功,没过多久,就被提为提辖,成为知府高权的心腹。然而好景不长,知府高权为官正直,得罪了当地权贵,被奸人诬陷而罢官。武松也因此受到牵连,被赶出衙门。

继任的新知府是当朝太师蔡京的儿子蔡鋆。和蔡京一样,蔡鋆也是个奸臣。他倚仗其父的权势,在杭州任上虐政殃民,为非作歹。当地百姓怨声载道,人称蔡鋆为"蔡虎"。武松对这个奸臣恨之入骨,决心拼上性命也要为民除害。

一日,他身藏利刃,隐匿在蔡府之前。当蔡鋆前呼后拥地向武松走来时,他便箭一般冲上前去,向其猛刺数刀,当即结果了"蔡虎"的性

武松景阳冈打虎

命。官兵蜂拥前来围攻武松,他终因寡不敌众被官兵捕获。后惨遭重刑,死于狱中。当地"百姓深感其德,将他葬于杭州西泠桥畔"。后人立碑,题曰"宋义士武松之墓"。

从这段真实的记录可以看到,武松的确是一位行侠仗义的真英雄,但是他并没有上过梁山,而是"遭重刑"而死。但是武松的行为和风采一定打动了施耐庵,他将其中的几个细节充分渲染,便成了小说中的武松,至于武松的最后结局,《水浒全传》中写到,他最终成了清忠祖师,得享天年。这也应该是一种符合老百姓心愿的美好的艺术处理。

武大郎与潘金莲:蒙冤千年的恩爱夫妻

《水浒传》里描写的武大郎,被描写成"三寸丁,枯树皮"。"武大郎"这三个字成了龌龊男人的代名词,而潘金莲,也被描写成千古淫妇。但在现实历史中,武大郎和潘金莲是被严重扭曲的典型代表。千百年来,这对恩爱夫妻一直遭受着世人的天大误解,蒙受着千古奇冤。那么,现实中的武大郎与潘金莲究竟是什么样子呢?人们对他们的历史性误解又是怎么产生的呢?

武大郎本名武植,山东清河县武家那村人。武植出身贫寒,早年聪颖过人,崇文尚武,是典型的封建书生,少年即考中进士,不久出任山东阳谷县县令。在武植为官期间,清正廉明,平反冤狱,治理河患,处处为百姓着想,世人尊其为"武大郎"。1946年,武植墓被发掘。发掘者依据比例和经验推断,武植的实际身高应该在1.78米以上。这样的身材就是在现今社会,也可以算得上是伟岸了。另外,武植墓的规模在当地"老坟"中也算是比较大的。虽然为官清廉,并没有什么随葬品,但是他的棺木是用珍贵的楠木制成的。这绝对不是一个卖炊饼的升斗小民所能做到的。而被武家后世称为"老祖奶奶"的潘金莲,即住在距武家那村三里外的黄金庄。潘金莲乃知州家的千金,不说是大家闺秀也称得上是出身名门。真实的潘金莲知书达理,嫁给武植后,尽心打理家中的事。武、潘两人恩恩爱爱,白头到老,还育有四个孩子。

河北邢台清河县武植祠

那么武、潘二人的真实面貌为什么会遭受历史残酷的"扭曲"呢？据武植的 24 世孙武双福等武家后人介绍，这其中另有因由。早年贫苦的武植曾经得到过一位王姓同窗好友的资助。后来等武植做官之后，这位王姓同窗家境败落，于是便千里迢迢来投奔他，希望能谋得一个职位。然而，当他在武家住了大半年后，发现为官清正廉明的武植并没有提拔他的意思。愤怒之下这位王姓书生不辞而别。为发泄心中怨恨，他在回乡的路上四处编造张贴，极尽污蔑损毁武、潘二人的各种丑事。这或许就是后世各种故事的雏形。而先前武植曾经得罪过的当地恶少西门庆，更是与王姓书生沆瀣一气，煽风点火，添油加醋。很快有关武潘的各种谣言便传遍街头巷尾，而且版本颇多，其声誉遂遭受极大损毁。然而，当这位王姓书生回家以后发现，武植早已为他重修了房舍，并购置了家当。这时候他才对自己的行为感到无比懊悔，并发疯似地回头揭撕自己沿街张贴的污蔑言论。只是谣言已然传开，并被后来的小说家们一一利用，就出现了现在的挫男淫妇形象。

后世的文学作品不论是《水浒传》还是《金瓶梅》，就文学创作本身而言无疑是非常成功的，其价值和地位在中国文学史上也可谓举足轻重。但是为了创作的需要或者剧情的安排，作者不可能也没必要对这些"道听途说"的故事蓝本做史学家们一样的确凿考证。然而，他们在取得文学创作巨大成就的同时，又对那些原本用以污蔑诋毁的"谣言"的流传起到了推波助澜的作用，让武大郎和潘金莲这二位蒙冤千年。

达摩并不是少林武术的祖师爷

少林寺是少林武术的发源地。早在唐朝，少林寺就以武术和禅宗而享有盛誉。在 20 世纪 80 年代，新派武侠小说涌入中国大陆，少林派与武当派分别被奉为僧、道的武学正宗。这也让民间形成了"天下武功出少林"的印象。有正宗就有圣地——以河南嵩山少林寺为主，福建南少林（现已不存在）为辅。其中，一位名叫达摩的印度和尚，就被认为是少林武术的创始人。然而，这么一位知名的高僧，在中国佛教史中却无迹可考。他的来龙去脉扑朔迷离。之所以说达摩不是少林功夫的祖师爷，主要因为其本身的身世、来历、经历都不明确。

先是达摩的身世不明确。达摩又称"达磨"、"菩提达摩"，在元代僧人觉岸的《释氏稽古略》及梁代释慧皎的《高僧传》上说他是南天竺人。北魏人杨炫之的《洛阳伽蓝记》中说："时有西域沙门菩提达摩者，波斯国胡人也，起自荒裔，来游中土。"以上三本书都是佛教研究的重要文献，但记载却相差甚远。南天竺相当于现在的印度，波斯相当于现在的伊朗，达摩究竟是印度人还是伊朗人？至今无从考证。

除了身世不明之外，达摩来华时间也不明确。关于达摩来到中国的时间，在《释氏稽古略》《景德传灯录》《佛祖统记》中分别记载为520年、526年、527年。但是《景德传灯录》中又说："（达摩）太和十九年丙辰岁十月五日乃端居而逝。"而南北朝时期用过"太和"这一年号的只有北魏孝文帝元宏，太和十九年是495年。问题就产生了，一个在495年去世的人，如何到了520年（或526年、527年）又来到了中国？只怕是妄传。

达摩虽然被认为是少林功夫的祖师爷，但他是否到过少林寺还不能确定。根据《旧唐书·方伎传》中，大致可以看到达摩来中土后的活动路线：来中国以后他先到了南朝的梁帝国，并且与梁武帝萧衍有过一面之缘。然而，两人对佛教的理解差异较大，所以谈得很不投机。

达摩雕塑

之后，达摩渡江北上，到了北朝的北魏帝国，并隐居于嵩山少林寺。去过嵩山少林寺的人，都知道那里有个达摩洞。据说达摩当初在此地修炼，由于面壁时间过长，至今还可以看到其反映在石壁上的影像。但是《旧唐书》的作者是谁，目前尚存在争论。其成书的年代，距达摩所生活的时代约有400多年之久；而之前提及达摩其人的《洛阳伽蓝记》《高僧传》《续高僧传》中，均未提及达摩曾经到过少林寺一事，所以《旧唐书》中的说法值得怀疑。既然没到过少林寺，那么达摩是少林武学祖师之说，也就是无稽之谈了。如果达摩确实到过少林寺，那么他与少林寺武术有渊源吗？这一点史料也未有记载。在《洛阳伽蓝记》《高僧传》《续高僧传》，以及《旧唐书》《景德传灯录》等一大批史书中，均没有提到达摩与少林武术有关。

真正把达摩与少林武术联系在一起的，是一部名叫《易筋经》的武学著作。但是这严重缺乏可信度，因为达摩同时也被认为是禅宗的创始人。不立文字是历代禅宗大师的公认教规，倘若承认达摩是禅宗开山鼻祖，就应该遵守"不立文字"的规矩，也就不会有《易筋经》了。从近代的研究结果看，把武术带到少林寺并发扬光大的是少林寺的第二任住持稠禅大师。

由此可以看出，达摩的身份、来历都不明确，只知道他来过中国，去没去过少林寺还是个历史谜题。所以，达摩是少林功夫的创始人的可能性几乎为零。

武当拳的鼻祖是张三丰吗

武当派乃是我国古代武苑中的一支重要流派，与少林派齐名，两派并称中华武术的两大主脉，有"北崇少林，南尊武当"之说。清代著名学者黄宗羲在其所作《王征南墓志

武当山张三丰雕塑

铭》中，将武艺归类为外家与内家两大派。外家主要讲究搏人（攻击），又称为少林派；内家则重在御敌（防守），亦称武当派。世人历来有这种观点，认为武当派的鼻祖是武当三丰派，武当拳的鼻祖理所应当为张三丰。但是经过武术史家的考证与研究，认为张三丰可能并非武当拳的鼻祖。

认为张三丰是武当拳创始人的根据是《明史·张三丰传》及《三丰全集》。张三丰是辽东人，之后入陕西终南山学道于火龙真人，道成后入武当山，结庵修道传艺、治病救人，备受时人尊敬。另据《武当山志》载，张三丰隐居于武当山，为技击家内功之祖。《太岳太和山志》谓，张三丰"研磨太极阴阳之奥蕴，静观龟鹤之动态。探究其长寿之源，顿有所得"。如此看来，张三丰把道家内功和民间武术熔为一炉，从而创立了武当武功。

《武当拳术秘诀》在称张三丰为"武当之正宗"的同时，更说"武当脱胎于少林"，意谓武当派之源在少林派之中。张三丰开始学拳于少林派，得其要诀后进行了创新，研究出武当拳。有关这一说法的渊源很早。清初学者黄宗羲之子黄百家（王征南的掌门弟子）在康熙年间所著的《内家拳法》一书中就说："张三丰既精于少林，复从而翻之，是名内家。"根据这一说法，武当武功之祖师为张三丰，而张三丰又是从少林武功"从而翻之"而创始了武当武功。

但有人在对史料中的张三丰进行了考证研究后，却指出张三丰并非武当武功之祖师。关于张三丰，各种文献所述多有矛盾。《神仙鉴》载，南朝刘宋时有名道士，名叫张山峰。黄宗羲在《王征南墓志铭》中所记又有一个北宋人张三丰；《道统源流志》也载有一个元末明初的张三丰："张三丰真人，名君宝……辽东懿州人。"黄宗羲所说的北宋张三丰，是他把《神仙鉴》里南朝刘宋时的道士张山峰与武当传说中的张三丰混淆了，并把刘宋误作为赵宋王朝，而且这个张三丰并

武当太极

不懂武功。至于元末明初的张三丰，也不可能是武当派的开山鼻祖。因为倘若如此，武当山本是明成祖朱棣出动几十万人马建成的中国道教圣地，而《明史·张三丰传》及《方伎传》不可能只字不提张三丰的武技。因此说张三丰是武当武术鼻祖比较荒唐。

但是无论是否承认张三丰是武当拳的鼻祖，武当拳都和少林功夫息息相关。时至今日，经过武当拳法研究会和一些专家的潜心挖掘整理，现已确认了武当拳法100多个门派和500多种拳谱。武当武功也一定会在日后的时间里继续发扬光大，为全世界人民所喜爱和接受。

清宫选秀女和选宫女不是一回事

最近清宫剧热播，其中经常出现"选秀女"和"选宫女"这样的情节。许多观众都认为，在应选秀女中，有一些会被选为皇帝的后妃，而落选的则将成为宫女。其实在清朝，从筛选范围、选拔标准以及入宫后的归属看，选秀女和选宫女有着天壤之别。

选秀制度开始于清入关之后，大体承袭了明代的选秀女制度。选择的频率是三年一次，范围是清八旗内部年龄在15～17岁之间的女子。这些女子先由户部一一登记在册。等到选秀之年，户部请示皇帝是否选秀，获准后就把批文下发到八旗各族中。符合条件的八旗女子进入京中候选。同时规定，八旗各族女子在候选之前均不得订婚，只能等到入宫选秀落选后，才可以自行婚配。

选秀当天，按各旗人数多少进行，每天选两旗。这些女子每人乘一辆骡车入宫，车前挂着两盏灯，分别标示着候选女子的旗属、父母、姓名等基本资料。早起发车之后，秀女们到达神武门时依次下车，行至顺贞门外等候。之后分成五人一班，太监按班引入，立而不跪，由皇帝或者太后们亲自挑选，中意者留牌子，此为初选。初选过后，被选中的宫女要回家等待复选。如果初选入围的秀女复选时超过期限没有参加复选的，则终身不得婚配，而复选淘汰的秀女则可以自行成婚。入选的秀女则留在宫中，或者成为后宫嫔妃中一员，或者指婚给皇子皇孙、亲王、郡王等皇室男子。

由此可以看出，选秀女是从八旗贵族中进行选择的，是给皇室选择嫔妃或者是给皇室男子选择配偶，无论被选上还是落选，都一直是贵族身份，脱不开"主子"的地位；而清宫"选宫女"，就是选"奴才"了。

清代宫女

清代选宫女为每年一次，主要从内务府三旗包衣家庭，也就是正黄、镶黄、正白三旗内佐领、内管领的女儿中选取。包衣是满族的奴仆，也就是专门为奴的。这些家庭中，所有年满13岁的女子，都要参加宫女的候选。和秀女一样，在候选宫女之前，任何女子不得订婚，落选后才能婚配。备选宫女由后载门入宫，到达指定地点侍立。等到人到齐后，由内监捧牌入宫，请皇帝亲自挑选。有选中者，即记其姓名、籍贯、父母名氏。选中的宫女会留在宫中当值，落选的就放回家中。

宫女入选后，需要经过严格的训练，在知晓宫规礼仪后被分配在宫中各个部门当值，从事仆役工作。清代的宫女因为均来自于八旗之中，所以待遇还是不错的，平时吃穿用度都有一定配额，还有薪水。因为经常在皇帝身边，也有可能被皇帝临幸成为妃嫔，或者赏赐给大臣做妾室。清廷规定，宫女到了25岁，就可被放还回家。如果特别受主子喜爱，则留用到35岁。

但是大多宫女的生活并不好过，或被分到宫内偏远辛苦的地方当差，或被年长的宫女和太监欺压。同时，宫女们是奴才身份，经常有被主子虐待的情况发生，受主子虐待惨死的也大有人在。而且如果是伺候公主的宫女，还有可能随公主远嫁。

从选秀女和选宫女的种种差别可以看出，两种制度完全不同。同为八旗女子，虽然家庭背景、品位高低不同，但是都有可能进入帝王贵胄之家，变成任人分配和宰割的棋子，着实令人感慨。

康熙帝不可能爱苏麻喇姑

《康熙王朝》的热播给我们留下了深刻的印象，其中康熙与苏麻喇姑的感情纠缠更是被演绎得有声有色。但是苏麻喇姑和康熙帝真的有这样美好的感情吗？斟酌史料可知，这样的事情是不会发生的。

苏麻喇姑

先是从年龄上看，康熙和苏麻喇姑差距太大。苏麻喇姑出生在明万历四十年（1612年），而清圣祖玄烨出生于清顺治十一年（1654年），两人相差42岁。如果这两人要是相恋，可不是什么姐弟恋，而成了祖孙恋了。

但是，苏麻喇姑的确是康熙帝生命中非常重要的女人，她和康熙之间有着非常深厚的感情，甚至超过了康熙与奶奶孝庄太皇太后的情谊。据史书记载：玄烨幼年时曾患天花绝症。他的奶奶、当时的孝庄皇太后与他的父亲顺治皇帝把他扔到福佑寺里面听天由命。这个时候，只有苏麻喇姑一直在照顾玄烨，直到其彻底康复。可以说，没有苏麻喇姑，也就没有日后的康熙皇帝，更不会有后来长达130多年的康乾盛世。所以，苏麻喇姑在宫中的实际地位很高，颇受尊敬。孝庄太后称她为格格。这是清朝皇室女儿的专用称号。康熙皇帝则称她为"额涅"、"额娘",即母亲。康熙帝的众皇子们,则尊称她为祖母。

同时苏麻喇姑还是康熙帝的第一位满文老师。所以说,康熙和苏麻喇姑之间的感情,既有绵绵的亲情,也有厚重的师生情。之后,康熙还把自己的十二皇子允祹交由苏麻喇姑抚养,可见康熙帝对苏麻喇姑的信任和重视。在苏麻喇姑无微不至的关爱和孜孜不倦的言传身教下,允祹后来也成为一位颇有政治头脑和才干的皇子。

苏麻喇姑既是康熙的救命恩人,也是他的授业恩师,是康熙帝生命的守护者,更是康熙帝一辈子都感激的人。他们之间

被民间丑化的朱元璋

有着深厚感情。但康熙爱上苏麻喇姑的故事,只是存在于影视剧中的美好情节罢了。

历史上朱元璋的真实面目

明太祖朱元璋,有史学家称他是下巴奇长、耳朵肥大、满脸麻点的丑陋、猥琐男人,可以算是中国帝王中的第一丑。但也有的人称朱元璋是五官超格、相貌超俗,乃大富大贵的罕见帝王之相。两种观点截然相反。那么,朱元璋的真实面目究竟是什么样的呢?

《明史·太祖本纪》描述朱元璋的长相时,说他"姿貌雄杰,奇骨贯顶。志意廓然,人莫能测"。前四个字虽是溢美之词,后四个字却也是隐晦描述朱元璋长得奇怪。试想,头顶一块"奇骨"不是很奇怪吗?朱元璋生于社会底层,和民间接触较多,民间传说他的一些外貌特征——额头和太阳穴隆起,颧骨突出,宽阔的下巴要比上颚长出好几分,大鼻子、粗眉毛、金鱼眼、满脸麻子,也极有可能是实际情况。在民间广为流传的朱元璋肖像中,朱元璋身着红袍,头扎黑色逍遥巾。此像突出了民间传说中其阔长宽广的大嘴巴子,形容十分夸张。而民间其他14张朱元璋肖像则均以这张为蓝本,极力夸张、丑化这位明朝开国皇帝。有些甚至在其脸上画上比例不当的斑点,以突出民间传说的"三十六颗红麻子"形象。这些图像线条粗陋,有的服饰冠带不合明朝规制,显然是民间艺人的信手涂鸦之作,不足为信。

而在明朝宫藏的画像中,朱元璋身着朝服,面貌慈祥。从故宫所藏历代明朝皇帝的长相看他们的面貌大抵相仿。

由上可知,真正的朱元璋既不像宫廷藏本画得那么慈祥英俊,也不可能像民间版本那么丑恶和不堪。他极有可能面貌一般,但有些特征较为独特,譬如大嘴巴等特点让人印象深刻。中国古代帝王为了维持自己高高在上的形象,和百姓接触较少,以至于堂堂一代明太祖朱元璋竟被丑化至如此地步,着实令人可笑又可叹。

"独臂神尼"并非会武功

金庸小说《鹿鼎记》中记录了一位武功盖世的独臂女尼——九难。她原是明末崇祯皇帝的女儿长平公主,国破家亡之时流落民间。怀着深仇大恨的公主从此断发出家,拜师学艺,练就武功,发誓要报仇雪恨。然而,历史上真正的长平公主并不会武功。

历史上的长平公主出生在1628年,是崇祯帝的第二个女儿,也是崇祯帝六个女儿中唯一一个成人的女儿,因而深受崇祯帝宠爱。但是长平公主生于明末乱世之中,身世凄苦。

崇祯十七年(1644年)三月十七日,李自成的起义军攻破了北京城。崇祯帝为了不让自己的后妃和公主受到凌辱,决定杀死她们。当崇祯帝闯入寿宁宫时,长平公主牵衣而哭。崇祯帝说:"汝何故生我家?"然后挥剑砍去。长平公主本能地以手阻挡,故左臂被砍下,当场昏死过去。失魂落魄的崇祯来不及确认女儿是否真正死亡,便匆匆离去,登上了紫禁城后面的万岁山(今景山),自缢而死。而此时的紫禁城里也乱成一团,谁也没有在意长平公主的死活。

长平公主后来被人抬到周皇后的父亲周奎家中,五天后竟然苏醒过来。当长平公主一梦醒来之时,国家已经易主,北京城已经成了大顺国的天下。周奎不敢收留长平公主,就把她交给了李自成。李闯王见长平公主居然死而复苏,感到很意外,于是将她交给刘宗敏救治。然而"大顺"只在北京城里威风了两个月,就结束了它短暂的历史使命。李自成在清军的追击下落荒而逃,没有来得及带上长平公主。

清军引兵入关后,为了笼络人心,多尔衮下令,五月初六至初八,为崇祯帝哭灵三日,上谥号"怀宗端皇帝",后来又改称庄烈愍皇帝。并将崇祯帝和周皇后的棺木起出,重新以皇帝之礼下葬在昌平明皇陵区银泉山田贵妃陵寝内,将妃陵改称思陵,让一后一妃陪着崇祯前往另一个世界。长平公主看到父母终于入土为安,在国破家亡的悲痛之中也获得了一丝安慰。不久,在清顺治二年(1645年),长平公主向顺治帝及摄政王多尔衮上书,曰:"九死臣妾,踽踽高天,愿髡缁空王,稍申罔极。"长平公主希望自己能够出家为尼,断绝这尘世间的哀伤与悲痛。然而她是先朝公主,身份特殊。为了显示仁爱,让汉人归心,清廷没有答应长平公主的请求,而是下诏让她与崇祯为她选定的驸马周显完

长平公主

婚,并且同时赐予府邸、金银、车马、田地。虽然就此看来,长平公主得到了最好的归宿。但仅仅过了几个月,她就病逝了,年仅18岁。随她一起而亡的还有腹中五个月大的胎儿。

历史的真相无人可知,但长平公主的一生虽然短暂,却饱经风云变幻与生死离别。也许长平公主最后真地选择了青灯古佛,削发出家,缁衣黄卷相伴终生,成了独臂女尼。也许她就像史书中写的那样,一生都没有踏出过北京城一步,郁郁而终。但是无论哪种结局,有一点可以肯定,缠了一双小脚的长平公主绝对不可能成为一位武林高手。

李鸿章是否为卖国贼

李鸿章是中国近代史上争议颇大的一个人物,而且也是一位影响了近代中国近半个世纪的晚清军政重臣。他一生中,代表清政府签订的不平等条约有30多条,从而背上了卖国贼的骂名。那么,李鸿章是否真如现代人眼中的那样,是个不折不扣的卖国贼呢?

李鸿章是安徽合肥人,世人多称为李中堂,官至直隶总督兼北洋通商大臣,授文华殿大学士,谥号文忠。他少年时期就勤奋好学,后来拜入曾国藩门下,学习经世治国之道,被曾国藩赞为"才可大用"。1851年,太平天国运动爆发,曾国藩组建军队,李鸿章在其手下做幕僚。其后,他奉命组建淮军,镇压太平天国运动。太平天国运动失败后,李鸿章被赏加太子太保衔,授湖广总督协办大学士,后因成功调解天津教案,被任命为直隶总督,旋兼任北洋通商事务大臣,接着被加授武英殿大学士。从此之后,李鸿章在直隶总督兼北洋大臣任上秉政达25年,参与了清政府有关内政、外交、经济、军事等一系列重大举措。

他一手创办的淮军陆续被清廷派防直隶、山东、江苏、广西、广东、台湾各地,成为充当国防军角色的常备军;以他自己为领袖,由淮军将领、幕僚以及一批志同道合的官僚组成的淮系集团,开始了洋务运动。

洋务运动引进了西方资本主义国家的一些近代科学生产技术,培养了一批科技人员和技术工人,在客观上刺激了中国资本主义的发展,对外国经济势力的扩张,也起到了一些抵制作用。比如1872年李鸿章创办轮船招商局,使"内江外海之利,不致为洋人尽占"。三年多时间,外轮损失1300多万两,美国旗昌行因不堪赔累,被招商局归并。

历史上对李鸿章的评价如下。英国人及美国人对其最为著名的评价是:不仅是中国在当代所孕育的最伟大的人物,而且综合各方面的才能来说,他是全世界在20世纪中最为独特的人物。以文人来说,他是卓越的;以军人来说,他在重要的战役中为国家做出了

李鸿章画像

有价值的服务;以从政30年的政治家来说,他为这个地球上最古老的人口最繁盛的国家的人民提供了公认的优良设施;以一个外交家来说,他的成就使其成为外交史上名列前茅的人。

日本人对李鸿章的评价是:知西来大势,识外国文明,想效法自强,有卓越的眼光和敏捷的手腕。

梁启超说:"吾敬李鸿章之才,吾惜李鸿章之识,吾悲李鸿章之遇。"又说:"吾欲以两言论之,曰:不学无术、不敢破格,是其所短也;不避劳苦、不畏谤言,是其所长也。"

孙中山说:"我中堂佐治以来,无利不兴,无弊不革,艰难险阻,尤所不辞。如筹海军、铁路之难,尚毅然而成立,况于农桑之大政,为民生命脉之所关,且无行之难,又有行之人,岂尚有不为者乎?"

由上可见,李鸿章一生兢兢业业,为社会的发展做出了极大的贡献。可见,为什么有些人总是在某些事情上揪着他的小辫子不放,声讨他是卖国贼呢?

现代人一直骂李鸿章是卖国贼,其实他何尝出卖过国家?条约的签订是政治的延续。清政府腐败无能,李鸿章忍辱负重,去签订条约。在条约签订之前的谈判里,李鸿章多次哪怕争取国家少受一分的损失也要争论半天。在《马关条约》签订时,李鸿章曾被刺客枪击,以身犯险。这个"苦肉计"使大清国少赔了1亿两白银。之后,李鸿章再也没有踏上日本的土地,他开始倾向于变法。当时慈禧倾尽国库正在筹备万寿庆典。民情激愤,无法指责慈禧,李鸿章就成了替罪羔羊。

甲午大海战失败,是李鸿章的过错吗?北洋水师不是李鸿章的私人军队,是国家的军队。军费自当由国家支付。众大臣挑拨李鸿章与慈禧的关系;掌管户部的翁同龢念与李鸿章有私人恩怨,常克扣军费;海战期间,李鸿章命丁汝昌执行"保船制敌"的方针。为什么要保船制敌?军费不足导致北洋舰队多数舰艇老化,战败也是自然的。因多方面的原因,北洋舰队全军覆没,而责任全落在李鸿章的头上,实为不公。此次战败,并不能说明洋务运动完全失败。这样大的改良运动,非一日之功。这一次战败后,洋务运动各方面的机器仍在运转,未有停过。

合肥李鸿章故居大门

1901年9月7日,李鸿章代表大清国签订了中国近代史上著名的不平等条约《辛丑条约》。在签字回来后李鸿章再一次大口吐血,"紫黑色,有大块","痰咳不支,饮食不进"。医生诊断为胃血管破裂。

李鸿章在病榻上上奏朝廷:"臣等伏查

近数十年内,每有一次构衅,必多一次吃亏。上年事变之来尤为仓促,创深痛巨,薄海惊心。今议和已成,大局稍定,仍希朝廷坚持定见,外修和好,内图富强,或可渐有转机。"

试想一下,一位70多岁的老人在病榻之上,写下"每有一次构衅,必多一次吃亏"时会是什么样的心情。至此,仍念念不忘"外修和好,内图富强,或可渐有转机"。两个月后,李鸿章就逝世了。他临终留下诗歌一首:"劳劳车马未离鞍,临事方知一死难。三百年来伤国步,八千里外吊民残。秋风宝剑孤臣泪,落日旌旗大将坛;海外尘氛犹未息,诸君莫作等闲看。"

100多年来,李鸿章一直背负着卖国贼的骂名。其实若处在他那个年代,你又能有什么作为呢?他不代表清政府签订条约,自然会有其他人代签。李文忠公在风雨飘摇的时代,尽了自己最大的努力,虽没有力挽狂澜,但其心可敬。

中国最后一位状元是谁

自隋朝举行开科取士到1905年清朝废除科举共1300余年的历史中,产生了很多状元。而最后一科状元一直很受人的关注。那么,中国最后一位状元是谁呢?很多书刊把张謇说成是"末代状元"或"最后一个状元"。按清代的科举考试制度,乡试三年举行一次,在子、卯、午、酉年八月举行,会试在次年举行。其实,张謇考中状元在1894年,即光绪二十二年,甲午年。按时间推断应该还有三次科举考试。光绪三十年,即1904年,这一年是慈禧太后的七十大寿,增加一次科举考试,即甲辰科。这一科的状元是刘春霖,也是历史上最后一名状元。

刘春霖是直隶(今河北)肃宁人。他家境贫寒,常有断炊之忧。他8岁时入私塾读书,后来在保定的莲池书院攻读10余年,深得吴汝纶的赏识。吴汝纶是"桐城派"后期一位非常重要的作家,还是我国近代的教育家。

恩科始于宋代,明、清沿用此制。恩科就是逢朝廷庆典,特别开科考试。1904年,为慈禧70寿诞,朝廷特开恩科。其实,刘春霖考取状元还有一定的运气成分。

殿试之后,主考大臣认真挑选,把试卷按名次排好,请求帝国的最高掌权者慈禧太后定夺。当时清朝内忧外患,慈禧太后想从科举考试中讨点吉兆。她翻开头名的考卷,一看考生是广东人朱汝珍,立即火冒三丈。朱是前明皇帝的姓,慈禧自然不待见;珍字使慈禧想起了珍妃,一个曾支持光绪皇帝改良,试图从自己手中夺权的女人;广东人使慈禧太后想起了洪秀全、康有为、梁启超、孙中山等朝廷"首逆",他们都是广东人。慈禧不高兴,状元自然没有朱汝珍的

刘春霖

份了。她气息未平,继续看第二份考卷,大喜。只见考卷的考生是直隶肃宁人刘春霖。春霖二字含春风化雨、甘霖普降之意,正符合清朝久旱欲雨的情况;肃宁又象征肃静安宁的太平景象,自然是"吉祥"之兆。因而本应是榜眼的刘春霖成了状元。

时也命也,第二年,科举制度就被废除了。刘春霖被派到日本留学。归国后,其历任咨政院议员、记名福建提学使、直隶法政学校提调、北洋女子师范学校监督等职。辛亥革命时,一度隐居。袁世凯当政时,刘春霖被任命为大总统府内史。其后,他又担任中央农事试验场场长、总统府秘书帮办兼代秘书厅厅长、直隶省教育厅厅长、直隶自治筹备处处长等职位。1928年,其愤然辞官,在上海、北京以诗书自慰。

刘春霖字写得很好,有"大楷学颜(颜真卿),小楷学刘(刘春霖)"之美誉。他还很有民族气节。"九一八"事变爆发后,伪满洲政府邀请他任职,被其严词拒绝。后来时任伪"中华民国临时政府"赈济部总长的大汉奸王揖唐亲自多方设法说服他,均被其拒绝。

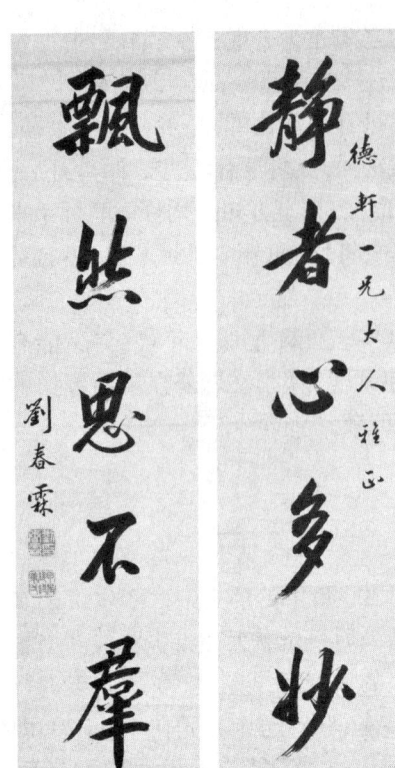

刘春霖书法

刘春霖身为最后一名状元,在汉奸的胁迫下坚持民族气节,保全了晚节,被国人争相传颂。他还在古文学、史学和金石学方面造诣很深。刘春霖为状元画上了圆满的句号。

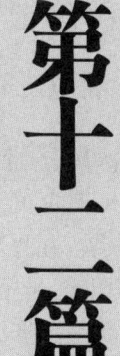

第十二篇 金戈铁马的军事之谜

炎黄二帝战蚩尤是否真实存在

中华民族常自称炎黄子孙。所谓炎黄，指的正是炎帝和黄帝。然而，炎帝、黄帝是否存在，是否有炎黄二帝战蚩尤一事，一般人说不清楚。

其实，在先秦史籍和汉代史料中，对炎帝和黄帝作了较为详细的记载。炎帝又称赤帝、烈山氏、神家氏，距今约5000年。炎帝制耒耜，教民众种五谷；立市场，令民贸易多余之物；治麻为布，使民着衣裳，作五弦琴，以乐百姓；削木为弓，以威天下；制作陶器，改善生活；初都于河南淮阳宛丘。炎帝共传八世，皆号炎帝。第一世炎帝为神农，他的时代比黄帝的时代大约早500多年；第八世炎帝叫榆罔，比黄帝稍年长。

据《史记》等古籍追记，炎帝姓"伊耆"，名石年，母为有娇氏女，名曰女登，是少典正妃，生炎帝。炎帝长于姜水，故又姓"姜"。据《纲鉴》记载："炎帝以火德代伏羲治天下，其俗朴，重端悫，不忿争而财足，无制令而民从，威厉而不杀，法省而不烦，于是南至交趾，北至幽都，东至旸谷，西至三危，莫不从其化。"《越绝书》说："昔者神农之治天下，务利之已矣，不望其报；不贪天下之财，而天下共富之；不以其智能自贵于人，而天下共尊之。"炎帝治理天下时，是中国比较安定的时期。《庄子·盗跖》说神农氏时，人"无有相害之心"。《商君书·画策》说神农时，"刑政不用而治，甲兵不起而王"。

到八世炎帝榆罔治理天下时，天下大乱，诸侯相戕伐，而榆罔莫能止。于是黄帝代炎帝征伐四方，以安天下。天下稍安，诸侯尊轩辕黄帝为天下之主，以取代八世炎帝。神农炎帝以火德王，轩辕黄帝以土德王。《国语·晋语》载："昔少典娶于有蟜氏，生黄帝、炎帝。黄帝以姬水(今陕西武功县漆水河)成，炎帝生于厉山，以姜水成。成而异德，故黄帝为姬，炎帝为姜。二帝用师以相济也，异德之故也。"

《竹书纪年》记载："黄帝轩辕氏。母曰附宝，见大电绕北斗枢星，光照郊野，感而孕。二十五月而生帝于寿丘。弱而能言，龙颜，有圣德，劾百神朝而使之。应龙攻蚩尤，战虎、豹、熊、罴四兽之力。以女魃止淫雨。天下既定，圣德光被，群瑞毕臻。有屈轶之草生于庭，佞人入朝，则草指之，是以佞人不敢进。元年，帝即位，居有熊。初制冕服。二十年，景云见，以云纪官。有景云之瑞，赤方气与青方气相连，赤方中有两星，青方中有一星，凡三星，皆黄色，以天清明时见于摄提，名曰景星。帝黄服斋于宫中，坐于玄扈、洛水之上。有凤凰集，不食生虫，不履生草，或止帝之东园，或巢于阿阁，或鸣于庭，其雄自歌，其雌自舞。麒麟在囿，神鸟来仪。有大螾如羊，大蝼如虹。帝以土气胜，遂以土德王……五十九年，贯胸氏来宾，长股氏来宾。七十七年，昌意降居弱水，产帝乾荒。

郑州炎黄二帝塑像

一百年,地裂,帝陟。葬,群臣有左彻者,感思帝德,取衣冠几杖而庙飨之,诸侯大夫岁时朝焉。"《史记·五帝本纪》:"黄帝者,少典之子,姓公孙,名曰轩辕。生而神灵,弱而能言,幼而徇齐,长而敦敏,成而聪明。"黄帝轩辕氏寿110岁,葬于陕西桥山。

蚩尤是当时南方长江流域三苗部的首领,善于制作铜兵器。《管子》记:"蚩尤受葛卢之金而作剑铠矛戟。"因三苗部所制兵器精良坚利,而且部众勇猛剽悍,生性善战,故三苗部是当时的南方强族。八世炎帝后期,蚩尤率部进入中原,与轩辕黄帝的大军战于涿鹿之野。初期其占据上风,后来逐渐势衰。《玄女兵法》载:"蚩尤幻变多方,征风招雨,吹烟喷雾。黄帝师众大迷。"蚩尤最终被黄帝部的大将应龙刺伤并擒获,后被杀,分葬在今山东阳谷县寿张镇西南3华里的后三里河村、河南省台

凯里市博物馆蚩尤雕塑

前县城、山东巨野城东北郊固堆庙村、河北省怀来县李官营乡二堡村、河南涿鹿县保岱乡保岱村等地,至今墓犹存。

蚩尤与黄帝之战,一说是黄帝胜八世炎帝之后,又战胜蚩尤;另一说是蚩尤驱逐炎帝(即八世炎帝),赤帝求诉于黄帝,于是黄帝杀蚩尤于中冀。据西周的《逸周书·尝麦》记载:"蚩尤乃逐帝,争于涿鹿之阿,九隅无遗,赤帝大慑。乃说于黄帝,执蚩尤,杀之于中冀。"关于涿鹿之战的位置一说在河北涿鹿县,一说在山东。

据《龙鱼河图》记载,蚩尤死后,"天下复扰乱不宁,黄帝遂画蚩尤形象,以威天下,天下威谓蚩尤不死,八方万邦,皆为珍服"。大下人都以为蚩尤没死,惧其威名,于是天下安定。蚩尤被后世尊为兵器神,故后人造反时要祭蚩尤。《史记》记载刘邦起兵反秦时,就祭蚩尤以起事。据说其铜头铁面,头上长角,善于角抵之戏,即后来的相扑。《述异记》卷上云:"蚩尤氏头有角,与轩辕斗,以角抵人,人不能向。今冀州有乐名蚩尤戏。其民两两三三,头戴牛角而相抵。汉造角抵戏,盖其遗制也。"现在的三苗族称蚩尤为剖尤公,是一位祖先神,牛头龙身。

从史籍记载中可以看出,神农炎帝、轩辕黄帝、蚩尤都是上古时期真实存在的人物,而且涿鹿之战也确实发生过。在考古发掘上也证明在4400年以前,中国确实有一个城邦很发达的时期。而4300年前的湖北石家河城址就被认为是蚩尤时期三苗部的都邑。有些人怀疑这段历史,一是因为古书读得不够多,二是叛逆疑古思想在作祟,三是考古发掘报告看得少。

 秦赵渑池之会的幕后真相

公元前279年,秦昭王约赵惠文王在渑池相会(今河南省三门峡市渑池县城西南部)。在会上,秦国君臣曾欲欺辱赵王。赵方的蔺相如毫不示弱,处处反击,使秦国占不到

窥探历史真相

蔺相如

便宜，维护了赵国的尊严。这次会晤的结果，实在出乎秦昭王的预料。但是，赵国获得这样的外交胜利，除了有蔺相如的功劳以外，还有别的什么幕后原因吗？

在战国中后期，原来的第一强国魏国被击败并衰落，秦国成为当时七雄中最强之国。赵国虽经胡服骑射的改革，成为军事强国，但与秦国相比还处于下风。赵国以骑兵闻名。当时赵国的骑兵虽然跑得快，但难于和秦国的装甲车兵正面对抗；而且，两国的交战地大都是狭路相逢的山地，一旦双方交战，就是硬碰硬，对赵国骑兵非常不利。所以，赵国与秦国相比，军事上处于下风。《史记》记载："后秦伐赵，拔石城（今林州市）。明年复攻赵，杀二万人。秦王使使者告赵王，欲与王为好，会于西河外渑池。"于是才有渑池之会。

《史记》记载："秦王使使者告赵王，欲与王为好，会于西河外渑池。赵王畏秦，欲毋行，廉颇、蔺相如计曰：'王不行，示赵弱且怯也。'赵王遂行，相如从。廉颇送至境，与王诀曰：'王行，度道里会遇之礼毕，还，不过三十日。三十日不还，则请立太子为王，以绝秦望。'王许之，遂与秦王会渑池。"从记载来看，秦昭王在秦军数次战胜赵军之后，约赵王相会于渑池，其目的是：如果赵王不敢来，则证明赵王已胆怯，可以继续攻伐赵国；如果赵王来了，一是羞辱之，二是将赵王拘留，以要挟赵国。所以赵王刚开始不想来，廉颇、蔺相如则劝不能示弱于秦王，并且廉颇还请示，如有不测，要立太子为王，以绝秦王之企图。可见廉颇、蔺相如对秦王相邀的动机很清楚，已有相应的准备。

在渑池之会上，蔺相如折了秦昭王的威风。秦王怒。其左右亦要杀蔺相如，但无奈蔺相如离秦王最近，足可以先血溅秦王，所以被蔺相如张目叱退。秦国几次都不能加胜于赵，如意算盘一一落空。赵国亦设兵以待秦国，秦国不敢轻举妄动。这次相会令赵王很满意，本是件要受辱的事，没想到却争回了面子，羞辱了秦国。这不能不说是蔺相如和廉颇所领赵军的功劳。

另外，公元前279年，本已几乎国灭的齐国，又奇迹般地转败为胜。齐国墨守将田单以火牛阵打垮了燕军主力后，各地军民乘机蜂起响应，燕军则纷纷北逃。齐国收复本土70余城，并夺回赵军占领的麦丘等地。时局发生这样的重大改变，使秦国不得不有所顾虑。

还有更重要的一点，渑池之会之前不久，楚顷襄王在秦赵交战之际派大将庄蹻率军通过黔中郡（今湖南怀化市沅陵县）向西攻入秦占之巴郡，又向西南攻克且兰、夜郎国，一直打到滇池。这使秦国非常不安，愿暂时与赵国讲和，转而处理巴郡的事务。于是才出现了渑池之会的一幕。

与赵国讲和后，秦国立即着手处理巴郡的危机。第二年（前278年），秦派大将白起出武关伐楚,次年攻入楚国腹地,陷郢都。楚卒溃败不能战,楚顷襄王迁都陈丘,以避秦军之锋。自此,楚国衰落。天下已成秦、赵相争之势,再也没有两国国君相会讲和的可能。

李陵投降匈奴之谜

李陵,字少卿,汉族,陇西成纪(今甘肃静宁南)人,西汉武帝时的著名将领,飞将李广之孙。汉武帝天汉二年(前99年),李陵率5000步兵与匈奴数万骑兵鏖战数日,矢尽被俘。有人说他投降了匈奴,有人说他是为了日后报效汉朝。究竟是为了什么,一直存在争议。

天汉二年秋,汉武帝遣贰师将军李广利率骑兵3万出征匈奴。李广利军在天山与右贤王相遇,双方激战。汉武帝令李陵为李广利军监护辎重。李陵辞谢,请缨率所部独立成军,出击匈奴,以辅助李广利的正面作战。武帝应允。因为战马不足,李陵率5000步兵于居延(今甘肃额济纳旗西北),北击匈奴。李陵军从居延北行一个月,在浚稽山与匈奴且鞮侯单于3万骑兵相遇。匈奴军将汉军围在两山之间。汉军以辎重车布阵于营外,前列士兵持戟盾,后列士兵持弓箭。匈奴见汉军人少,便开始进攻,遭到汉军千弩急射,匈奴兵应弦而倒,被迫退走上山。汉军追击,杀数千人。单于大惊,急调左右部8万余骑攻打李陵。李陵且战且退。士兵伤重者卧于车上,伤轻者推车,再轻者持兵器搏战。第二天再战,斩敌首3000余级。行10余日,抵一大泽中,泽中多芦苇。匈奴顺风放火。汉军亦烧周围的芦草以自救。退至一山,李陵军与匈奴兵战于树林中,斩杀数千人。又发连弩射单于,单于逃走。

单于见李陵部卒勇锐,久攻不下,又渐渐近于汉塞,便问:"此汉精兵,击之不能下,日夜引吾南近塞,得毋有伏兵乎?"诸将说:"单于自将数万骑击汉数千人不能灭,后无以复使边臣,令汉益轻匈奴。"于是再战。当时,两军一日战数十次,汉军又伤杀匈奴2000余人。匈奴见形势不利,便想退兵。这时汉军军侯管敢被校尉侮辱,气愤之下投降匈奴,向单于报告说:"陵军无后救,射矢且尽,独(李陵)将军麾下及成安侯校各八百人为前行,以黄与白为帜。当使精骑射之,即破矣。"单于大喜,于是便派骑兵合攻汉军,并大呼:"李陵、韩延年趣降!"汉军在谷中,匈奴在山上,四面对射,矢如雨下。汉军南撤,未至鞮汗山,一日50万矢用尽。此时,汉军尚有3000余人,以短刀,车辐为武器,退至一峡谷内,被匈奴阻断后路。单于军在角落里向汉军投石。汉军多数战死,又无法前行。黄昏后,李陵出营视察,良久而还,长叹:"兵败,死矣!"军吏说:"将军威震匈奴,天命不遂,后求道径还归,如浞野侯为虏

李陵

苏武、李陵别意图

所得,后亡还,天子客遇之,况于将军乎!"李陵说:"公止!吾不死,非壮士也。"李陵慨叹:"复得数十矢,足以脱矣。今无兵复战,天明坐受缚矣!各鸟兽散,犹有得脱归报天子者。"夜半李陵命汉军分成小股突围。李陵与成安侯韩延年率壮士10余人突围,被匈奴数千骑兵追击,韩延年战死。匈奴招降李陵。李陵曰:"无面目报陛下。"遂降匈奴。仅有400余汉军回到了汉境。

这场战役李陵以5000步兵与10万余匈奴骑兵苦战,杀伤匈奴骑兵万余,矢尽而败,虽败犹荣。但是这些天中,塞内汉军未能给李陵军支援,是造成李陵军战败的原因之一。李陵战败后,武帝召见了李陵的妻母,大怒而责。李陵军的报捷信使陈步乐自杀。群臣皆言李陵有罪。武帝问太史令司马迁,司马迁说:"陵事亲孝,与士信,常奋不顾身以殉国家之急。其素所畜积也,有国士之风。今举事一不幸,全躯保妻子之臣随而媒蘖其短,诚可痛也!且陵提步卒不满五千,深轹戎马之地,抑数万之师,虏救死扶伤不暇,悉举引弓之民共攻围之。转斗千里,矢尽道穷,士张空拳,冒白刃,北首争死敌,得人之死力,虽古名将不过也。身虽陷败,然其所摧败亦足暴于天下。彼之不死,宜欲得当以报汉也。"于是武帝遣使者慰劳李陵军脱还的人。

一年后,公孙敖率兵入匈奴,无功而还,回报说:"捕得生口,言李陵教单于为兵,以备汉军,故臣无所得。"武帝大怒,将李陵母、弟、妻子全部诛杀,将司马迁宫刑。其后,汉遣使者出使匈奴,李陵对使者说:"吾为汉将步卒五千人横行匈奴,以亡救而败,何负于汉,而诛吾家?"使者说:"汉闻李少卿教匈奴为兵。"李陵说:"乃李绪,非我也。"李绪本为汉塞外都尉,居奚侯城,后降匈奴。李陵怨因李绪而其家被诛,便叫人杀了李绪。匈奴大阏氏要杀李陵,单于将李陵藏于北方,至大阏氏死后才接回。匈奴单于非常佩服李陵,把自己的女儿嫁给他,并封为右校王。

汉昭帝即位后,大将军霍光、左将军上官桀辅政。二人与李陵故交甚好,便派陇西任立政等三人去匈奴招降陵。任立政见李陵说:"汉已大赦,中国安乐,主上富于春秋,霍子孟、上官少叔用事。"想请李陵回汉。但李陵说:"吾已胡服矣!"又云:"归易耳,恐再辱,奈何?丈夫不能再辱。"

如果李陵"上念老母,临年被戮;妻子无辜,并为鲸鲵",则可以带匈奴兵马杀回汉地。然而李陵没有这么做。征和三年(前90年)三月,单于与李陵率领匈奴军3万骑在浚稽山追击汉朝军队,被御史大夫商丘成率2万人击退。可见李陵并未实心与汉军作战。

李陵在匈奴20余年,于元平元年(前74年)病死。李陵投降的原因并非贪生怕死,他在《答苏武书》中道:"陵岂偷生之士,而惜死之人哉?宁有背君亲,捐妻子,而反为利者乎?然陵不死,有所为也,故欲如前书之言,报恩于国主耳。"这应该是真正原因。据传,李陵与苏武会面时曾作《别歌》云:"径万里兮度沙漠,为君将兮奋匈奴。路穷绝兮矢刃摧,士众灭兮名已颓。老母已死,虽欲报恩将安归!"很好地体现了他当时李陵的心情。

霍去病为何英年早逝

霍去病(前140—前117),西汉武帝时名将,河东郡平阳县(今山西临汾)人,是大将军卫青的外甥,善骑射。元朔六年(前123年),17岁的霍去病被汉武帝任命为骠姚校尉,随大将军卫青出征匈奴,率领800精骑长驱数百里,突袭匈奴后方,一举斩杀匈奴兵2028人,俘获匈奴的相国和当户,并杀死匈奴单于祖父一个辈分的若侯产和季父,勇冠全军,被封为冠军侯。元狩二年(前121年),汉武帝任命19岁的霍去病为骠骑将军,于春、夏两次率兵出击匈奴,使匈奴浑邪王降汉,从而使汉朝控制了河西地区,打通了西域通道。元狩四年(前119年),21岁的霍去病第四次出击匈奴,深入漠北,寻歼匈奴主力,最终致使"匈奴远遁,而漠南无王庭"。

元狩六年(前117年),年仅23岁的霍去病去世,一位勇猛果敢、有勇有谋的西汉名将就这样在正当风华正茂之时突然离去,真可谓天妒英才,让人扼腕叹息。同时霍去病的死也给后人留下了难解之谜:他为何会英年早逝?

对于霍去病的死因,史书中并没有记载。《史记》《汉书》等正史只对犯罪或横死(遭遇意外而死亡)的人才记载死因,而对老死、病死等正常死亡的人往往只有简简单单一个"薨(或卒)"字。因此,司马迁在《史记》中对他的死因并没有作任何记载,仅仅是"骠骑将军自四年军后三年,元狩六年而卒"。

对于霍去病的死因,向来有三种说法:

一说死于疾病。这是历代官方的说法,也是最流行的说法。持此观点的人认为匈奴人把得瘟疫而死的动物丢到水源里,霍去病率领的军队正好喝了这些水,染上瘟疫而死。但这种说法存在一个很大的漏洞:为何随霍去病一起出征的汉军没有染病,只有霍去病一人染病而死呢?难道只有他一人喝了染有瘟疫的水?最重要的是如果真的在出击匈奴的汉军中发生过大面积的瘟疫,那么史书中必会有所记录,但在历代史书中并没有看到相关记录。

二说死于意外事故或被匈奴人暗杀。事实上,这种意外死亡的说法发生的可能性很小,同样的理由:史书中没有记载。意外死亡纯属小概率事件,可不必考虑。至于被匈奴人暗杀,理由不够充分:一个大将军,保卫森严,暗杀

霍去病雕刻

谈何容易。

三说死于宫廷谋杀,是政治斗争的牺牲品。这是最有争议的一种说法,如果是谋杀,必有凶手,那么凶手又是谁呢? 有说是汉武帝,也有说是他的亲舅舅卫青,还有说他是不堪残酷的宫廷斗争而自杀的,但均无足够证据做支撑。

在霍去病的身后留下了"匈奴未灭,何以家为"的千古名句,也给人们留下了其英年早逝的难解之谜。

官渡之战是否"以寡敌众"

在历史上以少胜多的战役有很多,最著名的有巨鹿之战和官渡之战。《话说中国·群英荟萃》中说:"公元200年,曹操在此(官渡)大败袁绍,创造了历史上以少胜多的著名战例。"《中国通史》中说:"曹操以一比十的劣势兵力在官渡大败地广兵强的袁绍。"《中国古代史纲》中说:"曹操以万人,大破袁军于官渡,全歼袁军七万余人。"然而在官渡之战中,曹操是否真的是"以寡敌众"呢?

曹操起兵之初已有5000兵马,其后收复青州黄巾军30万余众,吞并其他势力,所获兵马"不可悉纪","虽征战损伤,未应如此之少"。史书记载,两军于官渡驻扎。袁绍军达10万余众,军营绵延数十里。兵书上说:"十则围之,五则攻之,敌则战之。"袁军若真10倍于曹军,为何不围而歼之? 当时曹操西有马腾,南有刘表、刘备,东南为孙策,虎视眈眈。据推算,当时曹军的参战人数应在2万人左右,只是袁军的五分之一。官渡之战开始之前,双方阵营的谋士武将人数不相上下,才智勇猛也不相上下,唯独兵力袁军是曹军的五倍,那么曹操是如何大获全胜的呢? 先分析一下官渡之战的前后经过。

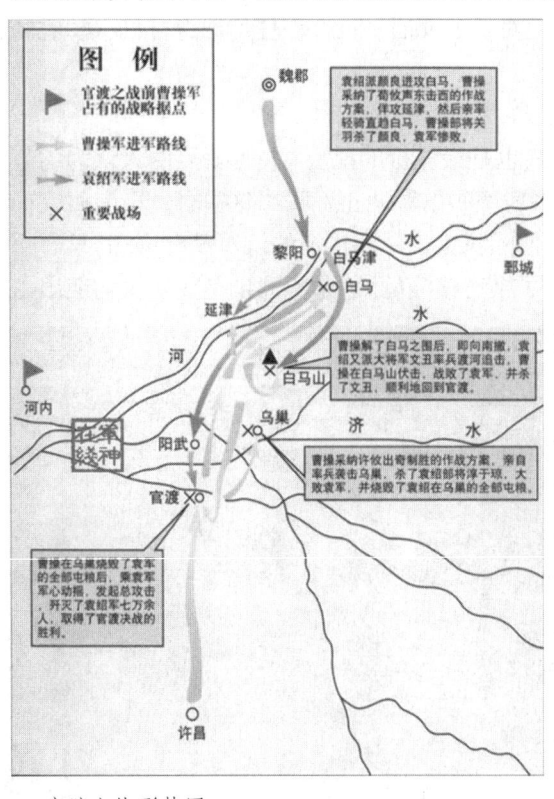

官渡之战形势图

建安五年(200年),袁绍首先发难,派大将颜良攻打白马,大将文丑进攻延津。驻守白马的刘延只有3000人,于是向曹操求援。曹操采用谋士荀攸声东击西的计策,率领一支部队大张旗鼓地向延津方向挺进,秘密派遣关羽率一支轻骑兵抄小路直扑白马。袁绍不听谋士的正确判断,中了曹操声东击西、调虎离山之计,白白损失了两员大将。曹军初战告捷,然而在兵力上曹军依然不及袁军。曹操要想取得胜利还需要一些时间。

曹操虽然初战告捷,然而自己也明白,白马之地不能久守,便退守官渡。他也知道袁绍尽起10万精锐之师，肯定不会善罢甘休。果然，袁绍追到官渡，驻扎下来，深沟高垒，建造防御工事。双方进入了相持阶段。在此阶段，双方互有损耗，争持不下。曹军粮食将尽，士卒疲乏。曹操便生退却之心。那么，曹操最后为什么没有撤军呢，反而还打赢了这场战争呢？

刘备撤离，许攸叛逃，张郃叛变，三件事情接连发生，使战争局势发生了重大的变化。刘备撤离，显示出袁军已经是失道寡助。许攸叛逃，袁绍军中的谋士便不及曹军，更无智谋之士愿意为之出谋划策。张郃叛变，不仅削弱了袁军的实力，更动摇了袁军的军心，反而还增加了曹军的实力。

时至此时，袁军已经不及曹军。政治上、谋略上、实力上，曹军已经完胜袁军。到最后，曹操进行了决定性的一场战斗，袁绍败亡。曹操获得了官渡之战最后的胜利。其实在决战前夕，袁军军心离散，能够战斗的士兵已经不及曹军。袁绍手下虽有良将智士，却不能知人善用。刚愎自用，狂妄自大，使袁绍一开始就输给了曹操。从综合实力上看，袁绍性格上的弱点完全可以使自己的10万大军无用武之地。也就是说，从综合实力上看，曹操不能算是以寡敌众。

官渡之战中失利的袁绍

行军打仗，不似小孩斗殴打架，人多力量大就能打赢。没有好的谋略，不能善用人才，随意而为，没有决心和毅力，注定要失败。曹操所谓的"寡"只是用于战斗的兵少而已。在综合实力上，曹操甚至是"以强恃弱"、"以众敌寡"。所谓兵熊熊一个，将熊熊一窝。熊一窝的将可谓是寡，熊一个的兵可以算是众了。

曹操赤壁之战失败之谜

赤壁之战是我国历史上著名的以少胜多的战例。在赤壁战争前期，曹操有很大的优势，"挟天子以令不臣"，率领数倍于孙、刘联军的新胜之军，气势汹汹，奔长江而来。然而，却是铩羽而归。在《三国志》中，史书记载了曹操大败的情况，说："权遣周瑜、程普等水军数万与先主并力，与曹公战于赤壁，大破之，焚其舟船。"后世之人大多也认为曹操是败于火攻。《三国演义》中更是描写为"火烧赤壁"。那么，曹操赤壁之战真的是败于火攻吗？

在《资治通鉴》中，司马光说："（黄盖）乃取蒙冲斗舰十艘，载燥荻、枯柴，灌油其中，裹以帷幕，上建旌旗，预备走舸，纱于其尾。去北军二里余，同时发展，火烈风猛，船往如箭，烧尽北船，延及岸上营落。"在这些史书中记载，曹操败于火攻，可谓是证据确凿。然而，现代却有人对火攻论提出了质疑，认为曹操不是败于火攻，而是败于瘟疫。

质疑者提供了一些证据。陈寿在《三国志·魏书·武帝纪》中叙述赤壁之战时，并未提

赤壁之战场景

及"火攻"这件事。只说曹操到赤壁之后,与孙、刘联军大战,不占上风。后来军中感染瘟疫,士兵大部分都死了,于是率军返回。其后,曹操给孙权写了一封信,信中说:"赤壁之战,有疾病侵袭,我烧船而退,使周瑜白捡了这个好名声。"在《吴书吴主传》中,说:"曹公烧剩余船而退败。"质疑者认为曹操失败是因为瘟疫,即血吸虫病。其理由如下:

第一,我国古代就有血吸虫病,远古医书称为"山风蛊"。公元7世纪初的《诸病源候论》也记载了血吸虫病。大量调查资料表明,赤壁地区为血吸虫病发区。

第二,血吸虫的易感染季节就是曹军训练水军时的秋季。血吸虫的潜伏周期为一个月。等曹操训练水军完毕之后,到冬季决战,血吸虫病正好发作。曹军士卒经过病痛的折磨,已是不堪一击。孙、刘联军长期占据南方,对血吸虫病有一定的免疫力。曹军大多为北方人,不习惯南方水土,对血吸虫病也没有抵抗力。因此,曹军患血吸虫病时会更加严重,一发不可收拾。

对这个观点持反对意见的人说:第一,曹操训练水军的地方在邺,那里不是疫区,感染的可能性很小。第二,史书记载曹操烧船之事,是在赤壁大战之后,兵退巴丘时。

血吸虫病的观点有漏洞,火攻的观点也不能使人尽信。那么,曹操赤壁之战失败的原因到底是什么呢?

有观点认为:第一,曹操骄傲自满,过于轻敌。官渡之战的胜利助长了其骄傲之心。实不知官渡之战有一定的侥幸存在。黄盖投降,曹操也没有认真勘察真伪。对于"连环计"也没有深切的考虑。《汉晋春秋》中说:"昔齐桓一矜其功而叛者九国,曹操暂自骄伐而天下三分。皆勤之于数十年之内,而弃之于俯仰之顷,岂不惜乎。"

第二,曹军不习水战,且组织混乱。曹操军中之人基本都是北方人,不擅长水上作战,并且多为其他势力的降兵。其中有官渡之战时袁绍的降兵,有平定徐州、荆州时的投降部队,甚至还有更早时期投降的黄巾军。这些不同背景的人被编在了一起,同队不同心,内部矛盾很多。

第三,当时大雾,当黄盖来"诈降"时,曹操没有分辨清楚,且不听谋士的建议,为黄盖所

曹操

乘。

第四,还有可能是士兵患有血吸虫病的原因。《三国志·武帝纪》记载:"公至赤壁,与备战不利。于是大疫,吏士多死者,乃引军还。"

诸葛亮"借"东风之谜

《三国演义》从出书以来就成为脍炙人口的长篇历史小说,至搬上电视荧幕之后,更是家喻户晓,妇孺皆知。鲁迅曾在《中国小说史略》中评价《三国演义》的作者罗贯中"欲显刘备之长厚而似伪,状诸葛亮之多智而近妖"。《三国演义》中的诸葛亮似是神人般的存在,能"借东风",有通天彻地之能。然而,后世之人对诸葛亮借东风一说颇有怀疑。那么东风是诸葛亮"借"来的吗?他又是如何"借东风"的?

《三国演义》中对借东风有详细的描写。现摘录如下:

孔明曰:"亮虽不才,曾遇异人,传授奇门遁甲天书,可以呼风唤雨。都督若要东南风时,可于南屏山建一台,名曰七星坛:高九尺,作三层,用一百二十人,手执旗幡围绕。亮于台上作法,借三日三夜东南大风,助都督用兵,何如?"瑜曰:"休道三日三夜,只一夜大风,大事可成矣。只是事在目前,不可迟缓。"孔明曰:"十一月二十日甲子祭风,至二十二日丙寅风息,如何?"瑜闻言大喜,蹶然而起。便传令差五百精壮军士,往南屏山筑坛;拨一百二十人,执旗守坛,听候使令。

孔明于十一月二十日甲子吉辰,沐浴斋戒,身披道衣,跣足散发,来到坛前。吩付鲁肃曰:"子敬自往军中相助公瑾调兵。倘亮所祈无应,不可有怪。"鲁肃别去。孔明嘱咐守坛将士:"不许擅离方位。不许交头接耳。不许失口乱言。不许失惊打怪。如违令者斩!"众皆领命。孔明缓步登坛,观瞻方位已定,焚香于炉,注水于盂,仰天暗祝。下坛入帐中少歇,令军士更替吃饭。孔明一日上坛三次,下坛三次。

是日,看看近夜,天色清明,微风不动……将近三更时分,忽听风声响,旗幡转动。瑜出帐看时,旗脚竟飘西北。

从文中可知,诸葛亮曾遇到异人,学会奇门遁甲之术。所谓奇门遁甲其实就是古代预测学中最高深的一门。利用《周易》、八卦、洛书九宫、六十甲子等天文历法知识,将天、地、人结合在一起,推演未知之事。

利用奇门遁甲需要确切的年、月、日、时,而东南风起的具体日期和时间都有确切的交代,因此我们可以利用奇门遁甲推算一下当时赤壁的天气情况。

翻开万历年,我们可以

诸葛亮借东风雕塑

襄阳古隆中牌坊

知道:建安十三年为公元208年,年干支为丁亥,冬十一月为壬子月,二十日为甲子日,二十一日为乙丑日,二十二日为丙寅日。第一天甲子日无风,第二天乙丑日,从丙子时末开始有风,到丁丑时即二十一日凌晨一点以后东南风大起。按冬十一月二十一日乙丑,已在冬至节以后,符头为甲子,属冬至上元,应用阳遁一局来测算。丁丑时属甲戌旬,天芮星为值转到七宫,值使死门运转到五宫;天辅星到九宫,天英星到二宫,八将盘上白虎落三宫。测天气,以天辅星为风,以天英星为火,二者旺相主风量。此时天辅星落九宫,为旺相,主有东南风;天英星落二宫,为旺相,主量大;离九宫又呈出现辛加乙的格局,这叫白虎猖狂,主有大风;八将盘上白虎落三宫,也主有东风。综合以上几点,可知当时应出现晴天、东南风大起的天气。另外,甲子旬中戌、亥空,西北方落空亡,为孤地。西北乾位所在六宫又出现丁加癸即雀投江的凶格,很不利于曹操一方。而且,按阳时利客的原则,丁丑时为阳时,先动者有利。周瑜利用凌晨起的东南风,采取火攻,大败曹操于赤壁,获得了赤壁之战最后的胜利。

诸葛亮懂奇门遁甲之术,早已预知那日会有东风,所谓的筑七星坛施法祈东风,不过是迷惑众人,以神化自己,使其在以后的战争中令人高深莫测。当然也不排除诸葛亮真有"异术",利用七星坛祈求东风,使之为己所用。因为在当时没有现代预测天气的科学技术,诸葛亮只好利用奇门遁甲之术预测天气,再施以法术,务必"借"来东风,确保万无一失。

另外,利用直接源于《周易》的纳甲筮法测试,也能得到当日会出现大刮东南风的天气。也许草船借箭,也是诸葛亮测知当晚会有大雾天气发生,而采取的军事行动。因当时具体时间书中没有详细记载,在此也不好验证了。

《三国演义》七分写实,三分写虚。在"借"东风这件事上,写得很是详尽,且与利用奇门遁甲或《周易》所推测的天气情况相吻合。罗贯中应当是作了一番考证,言之有据的。所以,诸葛亮的"借"东风,其实就是利用天文历法知识推算天气状况。

诸葛亮究竟杀没杀马谡

马谡,是三国时期蜀国的大臣,因失守街亭,导致之前的战果全部丢失,而被诸葛亮"挥泪斩马谡"。这只是历史小说《三国演义》中的描写。然而,在历史上,诸葛亮究竟杀没杀马谡呢？

在小说中，马谡向诸葛亮立下军令状，以王平为副将，率两万五千人守卫街亭。马谡不听诸葛亮的计策，以兵法云"居高临下，势如破竹"及"置之死地而后生"等理由，在山上驻扎。王平在苦谏之下，才被允许带领5000人马在山下扎寨。司马懿和张郃率军来攻王平，对马谡只是围而不攻，断其水源。马谡不战自乱，王平在也抵挡不住，只好与马谡一起逃离街亭。街亭失守，马谡自缚请罪，被斩于大营之前，全军落泪。诸葛亮也是失声痛哭，泪流满面。这就是小说中的"挥泪斩马谡"情节。

翻开历史资料，在晋朝陈寿所著《三国志》及裴松之为其做的注释中，都有对此事的描写，且被其他传记所引述。

向郎是丞相长史，随军征战，与马谡交好。《向郎传》中记述："谡逃亡，朗知情不举，亮恨之，免官还成都。"可知街亭之败后，马谡是逃跑了，并没有自缚请罪。向郎知情不报，才被诸葛亮罢官免职，赋闲家中。直到诸葛亮死去，一直"优游无事"20年。

马谡

在《马谡传》中，提及马谡写给诸葛亮的书信："明公视谡犹子，谡视明公犹父，愿深惟殛鲧兴禹之义，使平生之交不亏于此，谡虽死无恨于黄壤也。"这段书信说明了在马谡死之前，马谡和诸葛亮两人没有见面。否则，也不会写书信要诸葛亮效古收养自己的遗孤了。其后，"十万之众为垂涕。亮自临祭，待其遗孤若平生"。而在《诸葛亮传》中，诸葛亮"戮谡以谢众"。《王平传》中，记载："丞相亮即诛马谡及将军张休、李盛。"这些史料说明，诸葛亮确实下令要处决马谡。但是这条命令是如何执行的呢？或者说，这条命令到底有没有执行？还是看看《马谡传》，书中记载"谡下狱物故"。意思是说，马谡被下放狱中，病故。也就是说，在处决之前，马谡已经死了。

《三国演义》毕竟是历史小说，有艺术加工也不足为怪。马谡精通兵法，诸葛亮"以谡为参军，每引见谈论，自昼达夜"。马谡的兄长马良与诸葛亮交好，裴松之在《三国志》注释中说："良盖与亮结为兄弟，或相与有亲，亮年长，良故呼亮为'尊兄'耳。"马氏兄弟二人与诸葛亮交情都非为一般，而且正值用人之际。然而诸葛亮一向"赏罚之信，足感神明"。故小说中说诸葛亮"挥泪斩马谡"还是比较符合史实的。只是事实是在处决之前，马谡已经病故狱中。《三国演义》避过马谡逃亡一事，只说"挥泪斩马谡"，经过艺术加工，比历史更加感人，更富有感染力，更能打动读者。

若想更真实地了解三国历史的话，还是把《三国演义》和《三国志》结合起来，做比较阅读。在差异中寻根究底，才能更准确地知道历史的真相。作为个人，我更倾向于"挥泪斩马谡"这个"史实"。在这出戏里，不仅能看出诸葛亮的秉公执法、铁面无私，还能懂得世间的人情世故、法不容情。可坐下来，泡上一杯茶，静静地品味三国。

淝水之战是否以少胜多

淝水之战，在中国历史上一直被作为以少胜多的著名战例。在这场战争中，流传下来好多成语，如风声鹤唳、草木皆兵等。那么，历史上的淝水之战真的是以少胜多吗？

西晋王朝灭亡之后，中国陷入分裂时期，呈现出南北对峙的局面。当时，在南方，司马睿建立东晋；在北方，各贵族争权夺利，陷入混战局面，直到前秦皇帝苻坚统一北方。北方统一后，前秦势力颇为强大。

公元 383 年，苻坚不顾大臣的反对，毅然决然地发动了对东晋的淝水之战。《春秋十六国》记载："甲子，坚发长安，戎长戎卒六十余万，骑二十七万，前后千里，旌鼓相望。"走到淝水，苻坚骄傲地说："朕今有近百万大军，兵多将广，人多势众，投鞭于江，足断其流。岂惧天险？"人多势众，何愁东晋不灭？然而结果却出人意料。《资治通鉴》记载了战争的过程：秦兵逼淝水而陈，晋兵不得渡。谢玄遣使谓阳平公融曰："君悬军深入，而置陈逼水，此乃持久之计，非欲速战者也。若移陈少却，使晋兵得渡，以决胜负，不亦善乎！"秦诸将皆曰："我众彼寡，不如遏之，使不得上，可以万全。"坚曰："但引兵少却，使之半渡，我以铁骑蹙而杀之，蔑不胜矣！"融亦以为然，遂麾兵使却。秦兵遂退，不可复止。谢玄、谢琰、桓伊等引兵渡水击之。融驰骑略陈，欲以帅退者，马倒，为晋兵所杀，秦兵遂溃。玄等乘胜追击，至于青冈；秦兵大败，自相蹈藉而死者，蔽野塞川。其走者闻风声鹤唳，皆以为晋兵且至，昼夜不敢息，草行露宿，重以饥冻，死者十之七八。初，秦兵少却，朱序在陈后呼曰："秦兵败矣！"众遂大奔。序因与张天锡、徐元喜皆来奔。获秦王坚所乘云母车。复取寿阳，执其淮南太守郭褒。

但是有些历史爱好者研究了史料，在双方兵力的对比上作出了新的见解。

第一，前秦所谓的百万大军只是虚数。首先，苻坚统一北方，但都是少数民族，从总人口数来考虑，一百万已经是一个很巨大的数据了。其次，就算苻坚有一百万的军队，也不可能全部派往前线，至少要留一部分人守卫各地重镇。再次，淝水之战三个月前，苻坚的儿子已率领一部分人进入襄阳和蜀地以抵抗晋军。所以百万之师值得怀疑。

第二，如果前秦没有百万雄师，那么它的军队到底有多少人呢？其实，在淝水之战中，集结在淝水一带的秦军只有苻融率领的 30 万人。这 30 万人还被分布在长达 500 里的战线上。最终参加淝水之战的前秦军队也就在 10 万人左右。而晋军集结在淝水的 8 万人却全部参加了战斗，再加上其在长江中游部署的兵力，总人数应当在 12 万人。这样，渡江之后，方才能对前秦斩尽杀绝。不然，前秦百万

淝水之战中东晋名将谢玄

雄师即使死了十之七八,也还剩20万之众,用8万人去攻打不会那么简单吧?

也许淝水之战真如这些历史爱好者所说,不是以少胜多,而是以多胜少。如此的话,可能历史上这个著名的"以少胜多"的战役就不再那么耀眼了。其实,从历来的战争中,我们发现,胜利的关键因素不是人多,而是计谋的运用得当,能洞察先机,知人知己,方能百战不殆。

关羽败走麦城,刘备为何不救

西汉末年,天下大乱,三国鼎立,互相征讨。公元219年冬,关羽水淹七军,活捉庞德,之后遭遇孙吴的偷袭,公安、江陵等重镇瞬间落入敌手,接着迅速土崩瓦解。十二月,关羽及其子关平等于临沮被俘,随后遭到处决,其首传于曹操。从大胜到大败不过半年之久,前后相差真是天壤之别。对于关羽的覆灭,刘备却袖手旁观。这其中有什么不可告人的原因呢?

有人认为不救关羽是因为当时刘备进位汉中王,为了巩固王权,也为了给阿斗扫清道路,便借孙吴之手,除去关羽。这有什么证据能够证明呢?

要想证明这个问题,必须先弄清楚刘备和关羽到底是什么关系。刘备和关羽之间的关系,在其他人看来很是复杂。首先,兄弟关系,这一点不可否认。接着是君臣关系,因后人一直把关羽作为忠臣的象征,这一点也可以确定。父子关系,是三国时期曹操的谋士刘晔提出的。他说:"且关羽与备,义为君臣,恩犹父子。"刘晔是曹操的谋士,职业性质决定了刘晔判断的可信度应当是很高的。三国时期的人只是知道刘备和关羽的关系非常密切。其实,他们还有另外一种关系——合伙人关系。

刘备起兵之初,无权无势又无财,凭空创建一片基业是很艰难的事情。当时,关羽和张飞便入伙,"羽、飞为之御侮"。史书中记载:"而稠人广座,侍立终日。"人多的时候,他们才会"侍立终日",私下里时,他们"恩若兄弟"。为什么会这样呢?共同创业需要在外部交涉,内部也需要个领导人。由于刘备年长,资历高(人称刘皇叔),便成为外部交涉时的领头人。刘备做了平原相,是因为印绶只有一个,必须得有一个人去佩带。建安四年(199年),刘备袭击徐州,"使羽守下邳城,行太守事","以羽领徐州",自己却返回小沛。关羽领有徐州,刘备为豫州刺史,两人平起平坐。

从细节上也可看出刘备与关羽的合伙人关系。建安十三年(208年),刘备四处逃窜。关羽怒斥刘备。这个怒字就反映出关羽

被神化的关公

和刘备不是臣属关系,没有上下级之分。马超投降,刘备封其为平西将军,关羽来信询问此事:"羽闻马超来降,旧非故人,羽书与诸葛亮,问超人才可谁比类。"诸葛亮回信:"孟起兼资文武,雄烈过人,一世之杰,黥、彭之徒,当与翼德并驱争先,犹未及髯之绝伦逸群也。"从表面看是关羽问马超才能,诸葛亮回答不及关羽。其实,深入地去看,刘备"以超为平西将军,督临沮,因为前都亭侯"。临沮位于当时关羽"董督"荆州的南郡域内。刘备把一颗钉子安排在合伙人关羽那里,关羽才写信发问。而诸葛亮巧妙的回答,使关羽"省书大悦,以示宾客"。

还有一次,刘备进位汉中王,大封功臣。关羽虽位列刘备之下,但已与黄忠、张飞、马超等平起平坐。身为合伙人的关羽,当然不乐意,拒收印绶。刘备派来的使者说:"夫立王业者,所用非一。昔萧、曹与高祖少小亲旧,而陈、韩亡命后主,论其班列,韩最居上,未闻萧、曹以此为怨。今汉中王以一时之功隆崇于汉升,然意之轻重,宁当与君侯齐乎!且王与君侯臂犹一体,同休等戚,祸福共之,愚为君侯不宜计官号之高下、爵禄之多少为意也。仆一介之使,衔命之人,君侯不受拜,如是便还,但相为惜此举动,恐有后悔耳!"先是赞美关羽,最后一句就是威胁关羽了。关羽最后以"假节钺"的条件才同意接受印绶。

这些都能从侧面反映出他们合伙人的关系。

重读史书,会发现,在关羽覆灭之前,刘备有一些反常的举动。建安二十四年(219年),刘备已是汉中王,派魏延镇守汉川。魏延是刘备的家臣。当时张飞赋闲,按实力和威望,应当派张飞镇守。刘备却派魏延,说明刘备已有维护王权之心。张飞与关羽兄弟相称,若是派张飞镇守汉川,岂不使关羽势力更加庞大?

孟达进攻上庸,刘备"阴恐达难独任",害怕孟达有异心,便派养子刘封从汉中顺沔水而下统领孟达之军。上庸等地战略位置非常重要,但却是蛮荒之地,民众开化程度极低,建立独立王国,简直是愚蠢至极。所以怀疑孟达包藏祸心的理由不能令人信服。后来,关羽被杀,孟达降魏。孟达向刘备写了一封信:"昔申生至孝见疑于亲,子胥至忠见诛于君,蒙恬拓境而被大刑,乐毅破齐而遭谗佞,臣每读书,未尝不慷慨流涕,而亲当其事,益以伤绝。何者?荆州覆败,大臣失节,百无一还。惟臣寻事,自致房陵、上庸,而复乞身,自放于外。"

关羽走麦城

孟达是逃走了,刘封成为替罪羔羊。很多年后,有人告诉孟达,诸葛亮一直想要杀死孟达的老小。孟达回答:"诸葛亮见顾有本末,终不尔也。"意思是说,诸葛亮知道事情的始末,他不会那么做的。这从侧面说明了刘备不救关羽是故意的。

通过种种分析,我们知道了刘

备不救关羽的根本原因是,关羽成为阻碍刘备王权的一个绊脚石,也是阿斗即位后一个潜在的威胁。当然以上只是一家之言。仁者见仁,智者见智。也许还有其他的原因,以待智士求证。

"陈桥兵变"的历史真相

陈桥兵变是中国历史上赵匡胤发动取代后周、建立宋朝的兵变事件。后周显德六年(959年),世宗柴荣突然驾崩,其幼子柴宗训继立为恭帝。恭帝年仅7岁,"主少国疑"。殿前都点检、归德军节度使赵匡胤,与禁军高级将领石守信、王审琦等人开始秘密筹划政变。

公元960年,传闻契丹和北汉发兵南下。当时任后周执政大臣的范质等人不辨真假,匆忙派赵匡胤率军抵御。赵匡胤离开京城,夜宿陈桥驿(位于今河南封丘东南陈桥镇)。在赵匡胤离开京城之后,京城内就传来"点检做天子"的谣言。谣言不知从何处传出,但大多数人都不太相信。一些高官也听到了谣言,但不知如何是好,乱作一团。其实这些都是赵匡胤一手策划的。在夜宿陈桥驿的当晚,赵匡胤的亲信在将士中散布议论:"今皇帝幼弱,不能亲政,我们为国效力破敌,有谁知晓?不若先拥立赵匡胤为皇帝,然后再出发北征。"议论越传越广,慢慢全军都知道了。赵匡胤的亲信见时机成熟,便依照计划,将黄袍加在假装喝醉的赵匡胤身上,山呼万岁。

赵匡胤被惊醒,装出一副窘迫的样子,说:"你们自贪富贵,立我为天子,能从我命则可,不然,我不能为汝主矣。"拥立者们一齐表示"唯命是听"。于是赵匡胤冠冕堂皇地坐上了皇位。后来,赵匡胤回到京城开封,逼迫恭帝禅位,以宋为国号,建立了大宋王朝。这就是历史上著名的陈桥兵变。

然而,在史料记载中却说,陈桥兵变属于一个意外。在兵变之前,赵匡胤以契丹和北汉南下为借口,率兵离开京城开封。赵匡胤称帝后,"契丹、北汉兵皆自退"。战争不是儿戏,为何契丹等不战而退?大军未动,粮草先行。契丹若是真的来犯,必然是准备充足;既然准备充足,就不会不战而退。在古代,北方的少数民族向来好战。在中原朝廷不稳之时,经常掠夺边境财物。有时中原繁盛之时也会如此。赵匡胤初登大宝,朝政肯定不稳,契丹既已兴兵,更应该坚持打下去,为何却是"自退"?若非契丹内部发生变故,便是契丹本就没有兴兵南下。

在当时,后周的殿前副都点检慕容延钊被赵匡胤派往传闻中受到侵袭的城镇。在这一点上有点疑问。赵匡胤和慕容延钊在官面上是上下级关系,在私下里是什么关系呢?有人说两人自幼一起习武,情同兄弟。若真如此,他更应该留下来参与兵变。成功后,便成为宋朝的开国元勋。如果两人私下里毫无关系,那么赵匡胤把他派往前线,只不

赵匡胤

参与筹划"陈桥兵变"的石守信

过是调虎离山,免得他成为兵变的阻碍。

大宋王朝的建立过程中充满着阴谋,这是毋庸置疑的。比这一点更引人注意的是,大宋王朝的建立几乎是兵不血刃。陈桥兵变没有发生流血事件,赵匡胤率兵返回开封没有受到任何抵抗。他以受禅的方式成为九五之尊,和平夺取政权。在双方都没有伤亡的情况下,改朝换代,在中国历史上是很少见的。而大宋王朝的建立如此轻描淡写,在历史上也是绝无仅有的。

纵观中国古代史,凡是改朝换代,几乎都要经历人口上的剧减。秦灭六国建立秦朝,人口从战国时期的3000万减少到1300万;西汉中期,人口增加到5900万,东汉初人口减少至2100万;东汉末年,三国鼎立,人口降至1660万;隋末战争,人口从4600万降至1500万;唐朝,官方统计人口最多时为5300万,到宋初,全国人口又已降至1600万。在宋之后的元明清等皆是如此。

以此对照,大宋王朝的建立虽充满着阴谋,但也充满了祥和。这对于百姓来说,是天大的好事。赵匡胤大军入城之后,秋毫无犯,"市不易肆"。"闾巷奸民往往乘便攘夺,于是索得数辈斩于市。被掠者,官偿其资。"

宋人撰史将赵匡胤的阴谋兵变竭力描写成一场意外,对宋太祖宽厚仁和、治军严明的描写,多少也有一些水分。不可不信,也不可尽信。阴谋也好,谎言也罢,大宋王朝的建立在当时却是黎明的到来。一个空前繁荣的时代即将来临。

"杯酒释兵权"之谜

继黄袍加身之后,赵匡胤又玩了一手"杯酒释兵权"的好戏。宋太祖知道自己皇位是如何得来的,也知道如果要"建国家久长之计",必须采取一定的策略,"以息天下之兵"。在史书中,关于"杯酒释兵权"的记载基本相同。

建隆二年(961年)七月的一天,晚朝结束,赵匡胤宴请石守信等大将。酒酣,赵匡胤屏退左右,谓曰:"朕非卿等不及此。然天子亦大艰难,殊不若为节度使之乐,朕终夕未尝安枕也,居此往者,谁不欲为之。"守信等顿首曰:"陛下何为出此言,今天命已定,谁敢有异心。"帝曰:"卿等固然,其麾下欲富贵何?一旦有以黄袍加汝之身,虽欲不为,其可得乎?"守信等泣谢曰:"臣等愚不及此,陛下哀怜,指示可生之途。"帝曰:"人生如白驹过隙。所以好富贵者,不过欲多积金钱,厚自娱乐,使子孙无贫乏耳,卿等何不释去兵权,出守大藩,择便好田宅市之,为子孙立永远不可动之业,多买歌儿舞女,旦夕饮酒相欢,以终其天年。朕且与卿等约为婚姻,君臣之间两无猜疑,上下相安,不亦善乎。"守信等皆谢曰:"陛下念臣等至此,所谓生死而肉白骨也。"明日,皆称疾乞罢典兵,赐赍甚厚。

然而后世之人对此却有所怀疑,甚至认为"杯酒释兵权"根本没有发生过。首先,关于释兵权的时间记载,北宋史书没有任何说明,直到南宋时的《续资治通鉴长编》才说此事发生于建隆二年（961年）七月。然而在同年的六月,杜太后病逝。按照习俗,六月至七月应该是国丧期间,禁止饮酒作乐。所以,宋太祖不可能宴请大臣。

"杯酒释兵权"场景

其次关于赵普的记载也有所矛盾。《涑水纪闻》和《续资治通鉴长编》都说发生释兵权之时,赵普任宰相。然而,史书记载,赵普任宰相最早是在乾德二年（964年）,这是在释兵权之后的三年。《谈录》中,宋太祖是听了赵普的建议才实行的释兵权。《笔录》中,宋太祖是因为赵普的多次苦谏,"不得已"才同意的。《涑水纪闻》中,释兵权是宋太祖和赵普商量的结果。

其三,关于石守信等人的出路,三个史书的记载也有所不同。有的说"不令石、王主兵",有的说"寻各归镇",还有的说"皆以散官就第"。

献计"杯酒释兵权"的赵普

其四,杯酒释兵权是一件大事,在《太祖实录》和《三朝国史》中不见只字片言。

所以,有些人就认为杯酒释兵权是后人杜撰的,读起来很有趣味,历史上却没有此事。其他一些人认为,杯酒释兵权在宋朝政治上、军事上产生了重大的影响,不可能是子虚乌有的事情。

第一,石守信等人确实是在建隆二年（961年）七月被罢官的。在《国史》中有明确记载,无可置疑。只是被罢免的细节没有详细记载。

第二,从方式上看,"杯酒释兵权"极具戏剧性。如果考虑到太祖与石守信等人私下里的关系,可再读一下王巩《闻见近录》中记载"郊宴抑偃塞"这个版本的杯酒释兵权。之所以有不同版本的杯酒释兵权,是因为记述者都没有亲身经历,也说明了杯酒释兵权确有其事。

第三,关于丧期问题。《宋史·礼志》载:"建隆二年六月二日,皇太后杜氏崩……太常礼院言:……

准故事,合随皇帝以日易月之制,二十五日释服。"也就是说,六月二十五日之后,服丧期就满了。《宋会要辑稿·礼》中就记载了当年"七月十九日……宴群臣于广政殿。"所以杯酒释兵权和服丧之间没有时间冲突。

第四,"杯酒释兵权"的方式不为人知,后人也无从考证,只从流传的片言只语中了解一部分的事实。这样,经过后代多人的推理,才演绎成现代这样的故事。或者说,"杯酒释兵权"经历了一个从简到繁的发展过程,不能说是编造的,子虚乌有的。

其实,从"杯酒释兵权"的本质上看,而不考虑它的形式,我们可以发现,宋太祖的这一举措,有效地保证了宋朝军队的长期稳定,彻底结束了武人乱政的动荡局面。虽然它的负面效应也是不可忽视的——这也导致了武官以保身为大幸,北宋之时,朝中几乎没有什么名将。面对女真族的入侵,北宋王朝只能束手待毙。

宋朝为何不养战马

在冷兵器时代,骑兵的机动性和冲击力远胜于步兵。马的重量比人要大得多,而跑的速度又比人快很多,因此骑兵的冲击力远大于步兵。骑兵在攻击步兵的时候,可以利用人和马的总动量来冲击步兵方阵。步兵将骑兵击败后,骑兵会逃跑,但步兵追不上。如果步兵败了,则是跑不掉的,很容易被全歼。两条腿的人很难抵挡六条腿的骑兵。而在北宋时期,宋军缺少战马是很明显的,所以宋军以步兵为主,以至于在与辽国骑兵和后来的金国骑兵交战时,往往处于劣势。宋军的优势主要表现在守城上。那么北宋为何不多养战马呢?

其实北宋朝廷非常重视养战马,设置了几个养马场,但花大价钱养出来的马,壮不如驴,羸弱不能使用。于是有大臣提出养马不如买马。当时辽国禁止把战马卖给大宋,西夏也是如此。由于北方优良马种的输入被这两国切断,北宋只好从吐蕃买马。但吐蕃马不如北方的马好,而且可买的数量也有限,远远不能满足宋军的需要。所以宋朝始终没有解决战马不足的问题。

开封清明上河园古代武士形象图

面对这种情况,有大臣又提出,宋军不与北方敌国的骑兵交战,而专注于守城,使敌国的骑兵不能发挥其长处。这一下策被宋朝廷采纳,使宋军陷入一个死守的境地,失去机动活力,出城必败。那么北宋为何养不出好的战马呢?

首先,宋朝缺乏可供大量养马的草场,因为战马最好是放养,老是圈着养是不行的。其次,马生长于比较寒冷的北方地区,对于温暖潮湿的气候不适应。再次,养马的成本很高,尤其是养军马,成本更高。养活一匹战马的费用可以养活六七个人,而且几匹马里才能出一匹好马。这使养马资源不好的北宋很难承受,不能大规模养马。而在北方草原地区,养马是牧民基本的生存方式之一。虽然也是养一二十匹马里才出一匹好马,但养马成本低,劣马可以杀掉吃肉。这对北宋来说是不可想象的。还有一个重要原因在以往的研究中没有提及,那就是马种问题。按说北宋的农业发达,粮食物产丰富,是可以养出好马的,可为什么养出来的马壮不如驴呢?

真正的养马民族都非常重视纯种马,因为纯种马能保持优良的性能,繁殖很多代以后也不会出现退化。因此他们禁止不同的马种相互杂交,甚至会以色别为群,以提纯马种纯度。而且在自然放养的马群中,不同马种的习性不同,也会自然分群,不会出现杂交现象。

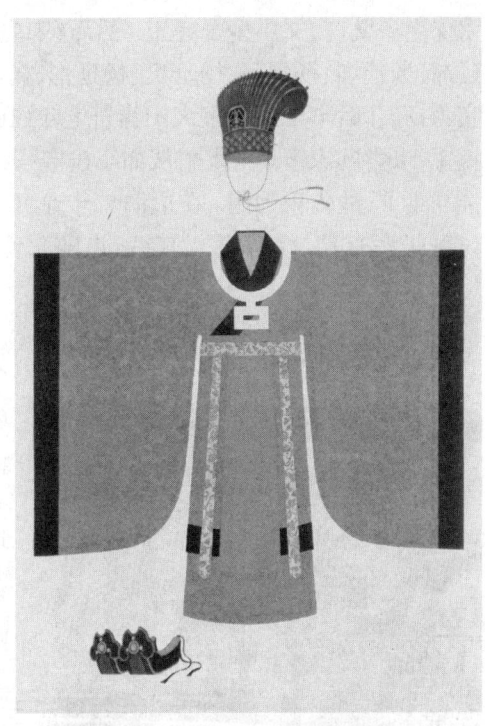

宋朝服饰

但中原的马都是从北方或西方输入的,马种驳杂,很难保持马种一直纯正。还有很多人热衷于让马种杂交,以产生强壮的杂种马。事实上第一代杂种马的性状确实很好,甚至优于纯种马,但优良的性状只能保持这一代,之后一代不如一代,最后育出来的马壮不如驴。唐朝时,中原的马种较多,后来马种杂交退化,又没有多少纯种种马补充,以至于到北宋时,中原的马壮不如驴,羸弱不能使用。由于没有好的马种,北宋始终不能大规模地养出好马来。

应当指出的是,宋朝军事屡弱的主要原因是其政治制度的问题,缺乏马匹只是次要原因。北宋末期,徽宗、钦宗亲自到金营谈判求和,解散义勇,退回勤王之兵,以致被金人俘虏而去。可见宋军兵弱主要是宋朝的政策问题,而缺乏马匹也是其政治软弱造成的一种现象。

杨门女将:一段美丽的"历史传说"

杨门女将在人们心中留下了不可磨灭的印象,她们不仅美丽动人,多情多义,而且文武双全,能征善战,精忠报国。然而,历史经常给我们开玩笑,我们相信的"事实"只不过是千百年来一个美丽的故事而已。这个美丽的"历史传说"牢牢地吸引着我们,使我们对这段可歌可泣的"历史"深信不疑。

在人们的印象中,在一些电视剧、电影和戏曲中,杨家的家谱是这样的:第一代为杨继业,即金刀令公杨业,膝下有八子,其中第六子叫杨延昭,又称杨六郎,六郎生子宗保,宗保生子文广，文广生子怀玉。然而《宋史》记载，杨业只有七个儿子，分别为：杨延朗、杨延浦、杨延训、杨延环、杨延贵、杨延彬、杨延玉。这不仅名字不符，数量上也不对。杨延昭实为杨大郎，卒于宋真宗大中祥符七年（1014年），史书记载他："智勇善战。所得赏赐悉犒军，未尝问家事。出入骑从如小校。号令严明，与士卒同甘苦。遇敌必身先行阵。克捷推功于下，故人乐为用。在边防二十余年，契丹惮之。"而杨宗保应为杨文广，"以班行讨贼张海有功，授殿直"。其后，追随狄青南征，官至定州路副都总管，迁步军都虞侯。

杨门女将剪纸

在一些电视剧、电影和戏曲中，宋仁宗时，朝政混乱，奸臣当道，边关烽火连天，战事不断，民不聊生。西夏国举兵进犯中原，意欲夺取大宋江山。杨家虎将仅剩杨宗保守卫边关，其余全部战死。朝中奸臣庞太师故意陷害杨宗保，拒不发兵，致使杨宗保惨死边境。宗保之妻穆桂英强忍家仇国耻，披挂上阵，带领杨家遗孀，远赴边关，浴血杀敌……而《宋史》中的记载却是这样的：杨延玉随父征战，于陈家谷口一战殉国。其余六子或为崇仪副使，或为供奉官，或为殿直，且都得善终，并无流落边疆、死于奸臣之手。

在人们的印象中，杨业和潘仁美之间有莫大的仇恨。杨业历史上确有其人，潘仁美也确有其人，叫潘美。在传说中，潘美于陈家口逼杨业进军，其后又将接应部队撤走。这才致使杨业败亡。然而在《宋史·王侁传》中记载，王侁字秘权，开封浚仪人，"性刚愎"，"以语激杨业，业因力战，陷于阵，侁坐除名，配隶金州"。这也就是说，潘美不是历史传说中的那么坏，最起码，他在陈家口并没有算计杨业，更没有射杀杨七郎。如果说对这场战役负有失败的责任，他也不过是误听王侁之言。所以事后，宋太宗赵光义在处理参战人员时，对潘美仅是降三级使用，对负有主要责任的监军王侁则"除名，隶金州"，刘文裕"除名，隶登州"。

还有一点，如果杨门女将在历史上真的存在的话，就应当在史书中有所记载。她们英勇善战的飒爽英姿不可能不被编入史书中。在《宋史·杨业传》中，只记录了杨业及其子杨延昭等人，以及其孙文广一人，并无片言只语提及其女眷，更不要说杨门女将

杨继业

了。另外，专门收录烈妇贞女，"义妇节妇"的《烈女传》共收录了近40名"奇女子"，却无一人出自杨家。

综上所述，杨门女将只是文学作品中的人物，在历史上并不存在。所以千万不要把文学作品中的人物当做史实。也许，这段美丽的"历史传说"能够吸引我们，深深地打动我们，但历史就是历史，它容不得半点虚假的存在。不管事情的表象是什么样的，历史的真相却只有一个。当我们读文学作品的时候，如果能够结合史书去看，也许会获得意想不到的好处。

穆桂英：历史上并无此人

杨门女将的故事一直脍炙人口，而穆桂英更是其中的佼佼者。其高超的武艺，高人一筹的战术，使之成为家喻户晓的人物。在民间传说中，穆桂英是一位顶天立地、勇冠三军的女英雄。她不仅具备很多妇女没有的文化心理素质和出类拔萃的英武行为，也蕴含男子所缺乏的将帅之才。然而，历史上真有这样一位超凡脱俗的巾帼英雄吗？

杨业，原名杨继业，北汉刘崇赐其父姓刘。北宋灭北汉后，刘崇投降，刘继业也随之投降。宋太宗命他复姓杨，名业。因杨业熟悉边关，被任命为代州刺史，授右领军卫大将军，率军常驻代州，抵抗辽兵。980年，辽兵入侵雁门关，杨业父子绕背夹击，辽兵死伤惨重。后来，辽兵看到杨业旗号便望风而逃。

雍熙三年（986年），宋太宗赵光义趁辽国皇帝更换，分三路大军伐辽。杨业奉命掩护新收复的四州百姓迁入关内。由于孤立无援，被困在陈家谷口。杨业奋不顾身，拼死杀敌，后因战马受创，无法前行，最终被俘。其子及部将全部力战而死。杨业被俘后，威武不屈，三日不饮不食，绝粮自尽。这是杨家第一代忠良。

杨家第二代忠良的代表要数杨延昭。杨业阵亡后，杨延昭担任保州缘边都巡检使，在河北的边防前线任职。后来在一次战斗中，使用巧计保全了遂城，被授予莫州刺史。景德元年（1004年），宋真宗将杨延昭的兵马增加到上万人，许他便宜行事。景德二年（1005年），杨延昭被授予高阳关副都部署。后来，杨延昭卒于任上，享年57岁。宋真宗听到消息后，极为悲恸，并派人护送灵柩归还京师。之后，宋真宗录用其三个儿子在朝为官。杨文广是杨延昭的第三个儿子。狄青南征广西时，杨文广随军从征，屡立战功，又因是杨延昭之子，被屡次提拔。后来杨文广也死于任上。

雁门关杨六郎石雕

穆桂英挂帅壁画

杨延昭在民间传说中是杨业的第六子,因而被称为杨六郎。其子为杨宗保,而穆桂英就是杨宗保的妻子。其实,在史书中记载,杨延昭是杨业的长子,其子叫杨文广。也就是说,在历史上根本没有穆桂英这个人,她只是虚构出来的人物。

杨家将一代接一代地保卫祖国,恪尽职守。他们的事迹不断地在民间传播开来。随着时间的推移,民间传说也渐渐地偏离历史真相。欧阳修说:"(杨延昭)父子皆名将,其智勇号称无敌,至今天下之士至于里儿野竖,皆能道之。"宋元之际,民间开始有杨家将的戏曲流传。到明朝时,民间文学家把他们的故事演绎成《杨家将演义》等小说或者评书。这些文学作品刻画的人物形象栩栩如生,仿佛就是真的历史一样,以至于后世之人把历史和演义混合在一起,分不开来。新中国成立后,为了扫除"封、资、修、迷信"成分,对杨家将演义一类的评书、传说等作了一些修改,情节变动很大。现今的《穆桂英挂帅》《百岁挂帅》等,都是那个时期重新编排的。

虽然演义多于历史,但是杨家一门忠烈,为国鞠躬尽瘁死而后已的精神,一直为人们广为传诵。

蒙古铁骑为何灰飞烟灭

蒙古铁骑是由成吉思汗亲自创建的。成吉思汗死后,铁骑由他的继承者率领。这支部队在世界历史上都赫赫有名。其所到之处,无人能挡,不可一世。一部元史,其实就是一部战争史。蒙古铁骑曾经横扫亚欧大陆,极大地扩展了元朝的疆域。然而,随着元朝的覆灭,蒙古铁骑也从历史舞台上消失了。那么,蒙古铁骑为何会灰飞烟灭呢?

1206年,铁木真成为蒙古各部落的可汗,被尊称为成吉思汗。1211年,成吉思汗统一蒙古地区,并开始扩建版图。在征战过程中,成吉思汗发现单纯依赖骑兵无法攻占筑有高墙的城市,便聘用能工巧匠创建了攻城利器。1221年,波斯花剌子模帝国臣服成吉思汗。接着,蒙古铁骑向东、南、西席卷了整个亚洲大陆。之后,蒙古铁骑从波斯出发向西北方向推进。1223年,蒙古铁骑在卡尔卡河岸击败了一支由俄罗斯人和库曼人组成的军队。接着和卡马河流域的保加利亚军队遭遇,又击败了他们。之后,蒙古铁骑返回。在这次西征之后,成吉思汗的后代制订出了征服欧洲的详细作战计划。

蒙古铁骑为什么能那么勇猛呢?这与其军队配置有关。它是单一而简洁的组织体制。标准的蒙古铁骑部队是由三个骑兵纵队组成。每个纵队有一万骑兵。一个骑兵纵队分为10个骑兵团,每个骑兵团分为10个骑兵连,每个骑兵连分为10个骑兵班。

蒙古铁骑分为重骑兵和轻骑兵两种,重骑兵占四成,轻骑兵占六成。重骑兵主要用于突击行动。他们全身披着盔甲,其马匹往往也披着少量皮质护甲。每个重骑兵配备一支长枪,一支弯刀或者狼牙棒。轻骑兵头戴一个头盔,身上没有盔甲。以长弓为主要兵器,随身携带两种箭枝,一种用于远战,一种用于近战。另外也配有弯刀或狼牙棒。其主要任务是侦察、掩护,为重骑兵提供火力支援,肃清残敌以及跟踪追击。

蒙古骑兵都是百里挑一的战士。他们从小就要经受严格的训练。在戈壁沙漠中训练

丰宁大汗行宫前蒙古铁骑

出来的他们,不仅吃苦耐劳,而且身体健壮,驾驭马匹和武器的本领非常强大。他们对上级的命令能够无条件地服从,人人都能严守不怠。

每个骑兵都有一匹或几匹备用马。这些马紧跟着部队,在行军过程中就可以替换,保证了骑兵的机动性。这些战马都经过极其严格的训练,不论严冬酷暑都生活在野外,甚至可以连续几日不吃东西行走,具有极强的忍耐力。

在战斗开始之前,每个骑兵都要披一件绸布长袍。这种绸布长袍使用生丝细密地编织而成。箭枝一般不能够射穿,只会连同绸布一起插进伤口。在医治时,只需将绸子拉出便可把箭头从伤口中拔出。

战斗开始时,蒙古骑兵纵队摆开极宽的阵势高速向前冲去,各部队之间有传令兵传递信息。发现敌军之后,所有部队都以此为目标,进行突袭。在进行的同时,敌军的位置、兵力、行进方向等所有情报都会传到总指挥部,然后再分传给各个野战部队。如果敌人太少,则直接迎战。若是敌军数量庞大,则在敌军完全集结之前,各个击溃。

在蒙古铁骑的东征西讨之下,经过数十年的战斗,蒙古人最终统一四海,建立了大元王朝。经过连续数十年的征战,元朝也成为当时最强大的封建帝国。然而如此强大的元朝却被朱元璋的起义军击败。

其实在元朝建立之初,元帝国就没有完全统一。成吉思汗生前,曾把蒙古军征服区域分封给四个儿子。随着征服区域越来越大,四个分封地也成为四大汗国。元朝建立时,连同四大汗国,就像五个独立的国家。

另外,元朝一直处于阶级矛盾、民族矛盾、政治内部矛盾之中,从始至终,都没有建立起稳定的政治统治。加上连年征战,不得人心,各个地区的人民都不断抵抗。元朝末

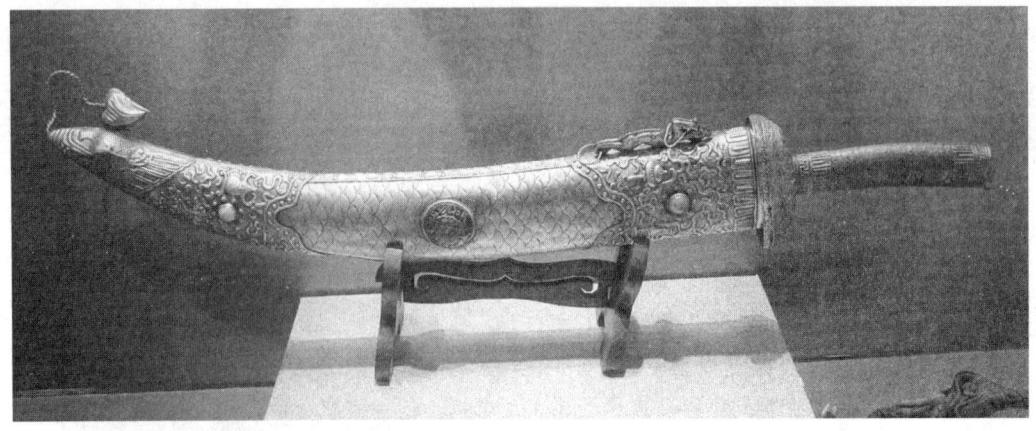

蒙古马刀

年,农民起义四起,政局更加动荡不安。元朝统治者也失去了雄心壮志。1368年,朱元璋进逼北京,元顺帝逃走。元朝覆灭。得人心者得天下,元朝蒙古铁骑虽然能傲世无双,然而不得民心,最终还是败于人民之手。

施琅是否忠臣

施琅,生于明天启元年(1621年),卒于清康熙三十五年(1696年),字尊候,号琢公,福建晋江龙湖衙口村人,祖籍河南固始县。他是明末清初军事家,同时也是一个有争议的历史人物,人们对他褒贬不一。

早年的施琅是郑芝龙的下属,顺治三年(1646年)跟随郑芝龙投降清朝。不久,由于郑成功的招揽,便加入其抗清义旅,凭借自己的能力很快成为郑军的重要将领,积极参与抗清活动。但青年时期的施琅个性极强,说话直率,常与脾性相同的郑成功产生冲突。最后终因杀害郑成功手下的曾德而得罪了郑成功。其全家遭到郑成功的追杀,自己则侥幸得以逃脱。由于亲人被郑成功诛杀,施琅再次走上投清之路。降清后的施琅先后担任清朝副将、总兵、水师提督等职务,并参与清军对郑军的进攻和招抚。康熙二十二年(1683年),施琅率军平台,之后,他积极呼吁清廷在台湾屯兵驻守,力主收复台湾,实现"四海归一"。

可以说,施琅的经历,比较复杂:他两度弃明投清当属叛徒;但他收复台湾,推进了统一中国的步伐,又当属爱国忠臣。那么,到底该怎样评价这样一个历史人物,他究竟是叛徒还是忠臣呢?

从当时来看,明王朝政治腐朽、军事无能、良将被杀,已经得不到人民的拥护,走到了穷途末路之时。当时,只有明朝的遗老们还在奋力反抗。对于施琅的弃明投清,普通大众多不会关心,而明朝遗老则肯定视施琅为奸臣逆贼。此时,清朝统治者正当用人之时,自会伸出欢迎之手,但并不会真心信任他。至于施琅第二次降清,则是在其父亲和兄弟被郑成功诛杀之后,投清实属无奈之计。在当时的情况下他只有走这条路。因此,在当时的历史环境中,他是两面都不讨好的:明朝容不下他,清朝在统治稳固之后视他为不忠

施琅将军塑像

的典型。在当时两朝的士大夫心中,他是一个标准的叛徒。

从现在来看,施琅降清后,他力主收复台湾,实现"四海归一",在实现统一祖国的进程中进行了不懈的努力,他的爱国思想和行动是值得肯定的。从维护国家统一方面来看,他是有功的。

评价一个历史人物应将其放在特定的历史背景中去,才能做出更客观和公正的判断。在施琅故乡福建晋江的施琅纪念馆中有这样一副对联:"平台千古,复台千古;郑氏一人,施氏一人。"这是对施琅功绩的客观、公正描述。至于施琅究竟是叛徒还是忠臣自有后人评说。

皇太极为何两次招降祖大寿

祖大寿,字复宇,辽东人,吴三桂的舅舅,明末清初重要的军事将领。《祖氏家谱》中记载,祖大寿不仅跟祖冲之是同宗,而且还是东晋名将祖逖(典故"闻鸡起舞"中的人物之一)的后代。

祖大寿曾是袁崇焕的四大猛将之一,跟随袁崇焕参加了宁远保卫战、宁锦大捷等多次重大战役,表现神勇,为明朝立下了汗马功劳。崇祯三年(1630年),袁崇焕被陷害致死后,祖大寿力守大凌河、宁远、锦州长达13年之久,成为明朝抗击清军的中流砥柱。

崇祯四年(1631年),祖大寿镇守大凌河并着手修复残破的城墙。八月,当城修了一半时,皇太极率领倾国之师包围了大凌河城。八旗军队把大凌河城团团围住,在城外连挖四圈深七尺的壕沟,壕沟之间又建起高一丈有余的垛墙,方圆50华里筑垒营盘45座。皇太极驻扎在城南山冈上,把大炮对准通往锦州的大道,堵截明朝援军。这样,祖大寿几次突围不得,援军又被击退,只能闭城坚守。在此期间,皇太极不断送信劝他投降,他始终不予理睬。坚守了三个月后,城里粮食吃完了,就杀马吃;马杀完了,就吃饿死的百姓;饿死的平民百姓吃完了,就吃军中的老弱病残者。当军中的老弱病残也吃光时,就实在没法再生存下去了,总不能健壮将士之间互相残杀吧。所有的将领,除了副将何可纲,都认为这城无论如何是没法再坚守下去了,只剩下投降一条路了。祖大寿长叹一声:"人生岂有不死之理?但为国为家为身,三者并重。今既尽忠报国,惟惜此身命。"命人在皇太极面前杀了誓死不从的何可纲,与皇太极在城外设坛盟誓,献出大凌河城,宣布正式投降。皇太极则赏赐祖大寿自己亲用的狐皮帽子、貂皮袍子、金玲珑皮腰带、白马、雕鞍等物品以示恩宠。祖大寿当即向皇太极献计说,趁其他明军还不知他已投降,他愿带一支兵马去锦州城里当内应。这样清军久攻不下的锦州要塞便唾手可得。皇太极听后十分高兴,立刻同意他的计划。但祖大寿一进锦州城,便抵抗起清军来。即使如此,皇太极依

祖大寿祠

然为收服祖大寿而努力。他对软禁的祖大寿的族人待遇优厚，起用祖大寿的旧部担任汉人"承政"（尚书），其中包括祖大寿的儿子祖泽洪、过房侄儿祖泽润、养子祖可法等。但这些措施都没有打动祖大寿归降清军，他这一守，又是10年。皇太极曾两次御驾亲征攻打锦州、宁远，但都无功而返。

崇祯十四年（1641年）四月，清兵再次围攻锦州城。这一次整整围了一年，明朝派来的由洪承畴率领的14万援军在松山被击溃，洪承畴投降。祖大寿粮尽援绝，再一次走投无路，只好投降。皇太极封祖大寿为汉军正黄旗总兵，希望他能够为自己效力。但直到顺治十三年（1656年）祖大寿病逝时，除了给自己的外甥吴三桂写过一封不咸不淡的劝降信外，其他再无关于祖大寿的记载。

祖大寿虽最终背弃旧主投降，却终生不为新主效力。面对祖大寿第一次时的"言而无信"，皇太极为何还会对他再次招降并礼遇有加呢？

一方面，祖大寿抗击清军20多年，皇太极深知其军事作战能力，很欣赏佩服这位对手，希望可以为自己所用。另一方面，对于图霸业的皇太极来说，锦州之后的下一个战略目标是军事重镇宁远。而宁远总兵、辽东提督吴三桂统率的关外明军是清军的最大阻力。但是，祖大寿却是吴三桂的舅舅。皇太极深知在即将开始的对吴三桂的战役中，祖大寿有着举足轻重的作用。

石达开兵败大渡河之谜

石达开（1831—1863），小名亚达，绰号石敢当，广西贵县客家人，太平天国翼王。他骁勇善战，多次大败清军。由于受到洪秀全的猜忌，1857年6月2日，石达开率领所部20万人离开天京，前往安庆，之后又转战多地。1862年初经湖北进入四川。清同治二年（1863年），石达开兵败大渡河畔的安顺场，其所率的数万太平军几乎全军覆没。石达开也被清军拘禁，并处死，年仅32岁。那么，石达开究竟是如何兵败的呢？

安顺场位于四川省西南部的雅安市石棉县大渡河中游南岸，原名紫打地，距石棉县城11公里。安顺场渡口东西向流过的是大渡河，大渡河南岸有松林河注入。"翼王悲剧地"就是指这里。清同治二年三月十七日（1863年5月14日），石达开率太平军抵达安顺场大渡河畔。此时太平军尚有4万余人，对岸尚无清军。石达开下令准备船筏，于次日渡河。但当晚天降大雨，河水暴涨，无法行船。三日后，清军陆续赶到大渡河另一侧布防。清军于对面山上架炮猛轰太平军，太平军伤亡惨重。太平军为冰冷湍急的洪水所阻，三次抢渡大渡河都没有成功。后改为抢渡松林河，也没有成功，粮草用尽，陷入绝境。士兵多战死、饿死，仅余6000多人。

在大渡河的支流松林河上，原设有一悬桥。在石达开大军到来之前，土司为防备太平军，将桥拆毁，且坚壁清野，令太平军找不到粮食。6月11日，石达开率残部退至大渡河老鸦漩河段的石儿山下。石达开决心以身换取将士生还。经双方谈判，由太平军自行遣散4000人，剩余2000人保留武器，随石达开进入清营。后石达开被押往成都，2000太平军也被屠杀。石达开在成都被凌迟处死，但至死默然无声，使观者无不动容，叹其为"奇男子"。四川布政使刘蓉敬佩地说："枭桀坚强之气溢于颜面，而词句不卑不亢，不作摇尾乞怜语。临刑之际，神色怡然，是丑类之最悍者。"

据说，石达开刚到安顺场时，有一个当地的私塾先生带着他的儿子去见石达开，告诉他此地不易久留，应前往上游泸定桥走，从泸定桥过河。因为泸定桥是康熙亲笔题名的桥，大清的官员不敢毁了。可石达

翼王石达开

开说泸定桥离此地300多里，且小路难行，几日才能到达；而且自己大江大河见多了，岂能败在这小安顺场渡口？两人话不投机，私塾先生便携子回去了。不久，石达开兵败此地。

石达开的失误有三，其一，安顺场处于大渡河的滩地，山环水绕，宜被包围，不宜于驻军；其二，没有于抵达当时立即抢渡大渡河，不期遇上大洪水，贻误了战机；其三，没有听从当地有识之士的忠告，从前方泸定桥讨河。

1935年5月24日，红军在国民党军队的追击和川军的堵截下，抵达安顺场。蒋介石要朱、毛成为第二个石达开。但同样的时节、路线和形势，却产生了不同的结局。当时大渡河水已涨，河面宽200多米，水流湍急，鸣声震耳，水冷彻骨，架浮桥过河和泅渡都是不可行的。虽然缴获三只木船，但要用这几条小船把数万红军渡过河去，至少需一个月。毛泽东等很为此事发愁。

5月26日，毛泽东带领一些人登上营盘山，遇到一位老人，是个前清的秀才。这个老人就是72年前和石达开会面的那个私塾先生所带的小孩。他告诉毛泽东一行石达开的兵败往事，并嘱咐应前往上游泸定桥走，从泸定桥过河。于是毛泽东立即派兵前往抢夺泸定桥。在其他部队的掩护下，红四团以一昼夜奔行240里山路的强行军，于29日晨出其不意地出现在泸定桥西岸，一番交火后，夺得此桥。随后，红军主力从泸定桥上越过大渡河天险。

《李秀成自述》是曾国藩伪造的吗

《李秀成自述》对评价李秀成的个人功过及考察太平天国农民运动的意义有重要的参考价值。但自从1864年《李秀成自述》的曾国藩刻本问世以来，其真实性就遭到众多

国内外学者的质疑,目前存在两种截然不同的声音。

一种观点认为,《李秀成自述》是李秀成亲笔。这以著名历史学家、太平天国史研究专家罗尔纲为代表。1944年,曾国藩后人勉强答应广西通志馆可派人前往抄录李秀成亲笔的《李秀成自述》。罗尔纲通过对这些原稿的抄本及拍摄来的《李秀成自述》原稿的一部分照片的研究判别,从内容笔迹、语汇、用语、语气等方面做出仔细鉴定,认定"曾国藩后人家藏的《李秀成自述》确是李秀成亲笔"。曾家后人也力证其为李秀成亲笔。1963年曾国藩的后人曾约农在台湾地区世界书局影印出版《李秀成自述》原稿,已证实其确是李秀成亲笔。

另一种观点认为,《李秀成自述》乃"曾国藩所伪造"。1956年,有人以司法部法医研究所研究笔迹的专家审定为依据,提出曾氏后人所存的《李秀成自述》乃"曾国藩所伪造"。历史学家荣孟源分别于1979年和1984年两次撰文,从其写作的时间间隔、字数、页码、书写规范等方面进行详细论证后断定:"《李秀成自述》不是李秀成的真迹,而是曾国藩修改后重抄的冒牌货。"

关于《李秀成自述》的真假,这两种不同的观点向来各执一词,但又都没有足够充分的证据来证实自己的观点。同时国内的热烈争论也使得国际上不少人士加入了讨论的队伍。

《李秀成自述》原稿的台湾地区影印本的英译本译者、伦敦大学柯文南坚定地站在了"李秀成亲笔"的队伍。他说:"我相信我们今天所能细查的《李秀成自述》的确是他亲手写的,而看不出什么重要的、决定性的遗漏。"

也有持相反观点的。吟唎在《太平天国革命亲历记》中说:"1852年,在太平军占领南京以前,满清官方即已捏造了一篇名为《天德供状》的文件,说是叛军领袖的供状,谎称他们俘获了这个领袖。因此,《李秀成自述》很可能也是靠不住的。这篇文件或为某个

苏州太平天国忠王府李秀成塑像

著名的俘虏所伪造(他可能因此而得赦免),或为两江总督曾国藩的狡猾幕僚所伪造。"1978年国际友人路易·艾黎对《李秀成自述》的真实性坦率地提出了自己的看法。他说:"如果像曾国藩这样一个肆无忌惮的卖国贼官吏竟然会不去充分利用被俘的李秀成来进一步达到满清的目的,这是绝对不可思议的。他可以先鼓励李写下他本人的历史,然后再通过专家在同样的纸张,以同样的文风,添加上有害于太平天国事业的东西,之后在显示他本人宽宏大量的同时,对全部东西加以编辑剪裁。"他还说:"由于自首书是经过篡改的,所以,曾国藩对它显得神经过敏。他曾命令其家属不得给他人看这份自首书。我曾亲自在上海听见过他的孙子说过这件事。"

《李秀成自述》的真假之争还在继续,相信"真理"越辩越明。在这两种声音的争论声中,《李秀成自述》的真伪终会分明。

第十三篇

不可思议的历史怪圈

"子贵母死"的背后隐情

在中国古代社会,立储是政治制度中的一项重要内容。在鲜卑族建立的王朝中,北魏很长时间实行一种"子贵母死"制度,即立储君,就会把其生母杀掉。这是一项很残忍的制度,对北魏的政治产生了深刻的影响。立太子前,先赐死其生母。开此先河的,是汉武帝;形成制度的,却是北魏拓跋氏。"子贵母死"在汉代仅此一例,在北魏却成了制度。这背后有什么隐情呢?

北魏时期,因为君位传承而引发的动乱十分频繁。当时北魏尚未确立一套父子传承的嫡庶长幼之序,储君的策立和登基往往有赖于母后和母族的强大,可谓"母强子立"。贺兰、独孤、慕容等部落与拓跋部既为联盟,又世代为婚,因而成为君位传承中举足轻重的力量。在储君年幼的时候,拓跋君长的妻族或母族也往往通过他们来控制拓跋部内大事。在北魏,妇女没有礼教束缚以及对其用权的制约,所以她们能更加容易地操纵朝政。道武帝拓跋珪的即位,就有赖于其母后及舅族的干预和支持。但是拓跋珪即位后,这种联姻制度产生的势力成为北魏由部落联盟向帝国转轨的负担。为了消除这种负担,道武帝拓跋珪不惜发动战争,强制离散母族贺兰部、妻族独孤部、祖母族慕容部等大部落。为了子孙后代不受母族或者妻族的制约,他先后逼死自己的母亲贺兰太后,赐死太子的母亲刘皇后。从此开始,北魏"子贵母死"成了一种制度。

"子贵母死"的目的在于防止母后干政。汉武帝"恐女主颛恣乱国家",杀钩弋夫人。《魏书》中谈起"子贵母死"的制度时给了两个起源,一是源于汉典,即汉武帝杀钩弋夫人一事;二是北朝旧制,其实就是拓跋旧制。

道武帝拓跋珪雕塑

道武帝拓跋珪制定这一制度与他生平经历有关。从386年到396年的10年间,拓跋珪虽贵为帝王,却依然活在他母亲贺氏的影子里。在北魏建国之前,拓跋珪一直受制于其母贺兰氏。拓跋珪即位后,一直致力于削弱和打击部族势力,使"父死子继"制度能够顺利实行,从而巩固封建君主专权。在北魏之前的代国和北魏初期,有"统国三十六,大姓九十九"的说法,即部族势力很强大,而且很多。拓跋氏世代和其他部族通婚。外族利用皇太后或者皇后获取很多权力,严重影响了皇权。代国实行的是"兄死弟及"制度,而拓跋珪坚持实行"父死子继"的制度,因而部族的存在将会严重妨碍这个制度的实行。若想遏制外族谋取权力,必然先制止母后本人。"子贵母死"制度就能直接遏制外族利用母后谋取权力。同时,这一制度的实行,也能保持最高统治圈内继承者血缘上的纯洁性。当然也不排除,这一制度受到汉武帝的影响。因为从实行"子贵母死"的过程来看,两位帝王都是先谴之,然后"幽于宫",最后杀之。

道武帝拓跋珪晚年,"服寒食散","喜怒乖常","追思既往成败得失,终日竟夜独语不止,若旁有鬼对扬者"。这样的精神错乱也可能使他立下"子贵母死"的制度。

拓跋珪《定都盛乐》蜡像

道武帝后期虽然骄奢淫逸,精神失常,但是不可否认道武帝时代是中国北方民族的混乱关系走向稳定,十六国历史行将结束的时代。道武帝拓跋珪制定"子贵母死"制度,虽然不能从根本上解决母后干权的问题,但在当时来说似是无可奈何之举,也有一定的积极意义,巩固了专制集权统治。

"子贵母死"在北魏沿袭七代,历经百年,见证了北魏拓跋氏一族的兴衰。《资治通鉴·梁纪》记载:"天监十一年(512年)冬,十月……乙亥,魏立皇子诩为太子,始不杀其母。"至此,这一残忍的制度才从北魏历史上消失。

项羽为何根本不能过江东

力拔山兮气盖世,时不利兮骓不逝,骓不逝兮无奈何,虞兮虞兮奈若何。项羽逃到乌江,"乌江亭长舣船待,谓项王曰:'江东虽小,地方千里,众数十万人,亦足王也。愿大王急渡。今独臣有船,汉军至,无以渡。'项王笑曰:'天之亡我,我何渡为!且籍与江东子弟八千人渡江而西,今无一人还,纵江东父兄怜而王我,我何面目见之?纵彼不言,籍独不愧于心乎?'乃谓亭长曰:'吾知公长者。吾骑此马五岁,所当无敌,尝一日行千里,不忍杀之,以赐公。'乃令骑皆下马步行,持短兵接战"。项羽为什么不渡乌江,是不肯还是不能,这一个问题一直困扰着后人。

宋代女词人李清照写诗赞美项羽:"生当作人杰,死亦为鬼雄。至今思项羽,不肯过江东。"在她看来,项羽是顶天立地的英雄好汉,"不肯过江东"也成了后人对项羽不渡乌江的看法。杜牧写诗说:"胜败兵家事不期,包羞忍耻是男儿。江东子弟多才俊,卷土重来未可知。"项羽若是肯渡乌江,东山再起也未必不可。李宗吾说:"当其败北之时,如果渡过乌江,卷土重来,尚不知鹿死谁手。而项羽向天长叹:'籍与江东子弟八千人渡江而西,今无一人还,纵江东父兄怜我而王,我何面见之?纵不言,籍独无愧于心?'英雄一世却没能战胜自己的自尊心!放弃了一线生机。"项羽若不是脸皮薄,爱面子,渡过乌江,也许有一线生机。

宿迁项王故里

总之，人们认为项羽有条件渡江，只是"不肯过江东"。

事实真的如此吗？宋人的《屏山全集》中说：当时刘邦正悬赏项羽的项上人头。项羽逃到垓下，本愿渡江以图东山再起，但是受到农夫的诓骗陷入大泽之中。项羽听到亭长说的话，认为他在骗自己，同时他意识到"人心不予己"，也就不敢贸然相信亭长的话。与其被俘，不如力战而死，留下一个美名。

当项羽逃到乌江的时候，只有一个亭长在等候。见此情景，他心灰意懒，不再认为能够东山再起。而且当时，江东之地也不再是项羽的地盘了。朱东润《史记考索·读高祖功臣侯者年表书后》中说："其间堂邑侯陈婴已定豫章、浙江都浙自立为王，羽虽渡江，天下事已无可为者，此则时势所趋，不特愧见江东父老也。"在《史记》中江东的情况是这样说的："及诸侯畔秦，无诸、摇率越归鄱阳令吴芮，所谓鄱君者也，从诸侯灭秦。当是之时，项籍主命，弗王，以故不附楚。汉击项籍，无诸、摇率越人佐汉。汉五年，复立无诸为闽越王，王闽中故地，都东冶。孝惠三年，举高帝时越功，曰闽君摇功多，其民便附，乃立摇为东海王，都东瓯，世俗号为东瓯王。"《史记》中清楚地说明了当时的情况，楚汉战争一开始，东越人就占有今湖南、江西、福建，以及浙江南部、湖北东南等地，并且"不附楚"。项羽逃到乌江，手下只剩28骑，"自度不能脱"。就算逃脱，以28骑如何在江南重新打下一块地盘。

一息尚存，还要挣扎，项羽为什么要自刎乌江？有人认为项羽之所以自杀是"为早日消除人民的内战苦难"。长期的内战给人民带来了极大的痛苦。项羽意识到这一点之后，果断地放弃了东渡乌江，卷土重来，而选择自刎身亡，以尽快结束战争。项羽是一个残暴的人，这点在史料中多有记载，不可否认。然而项羽有一种"敌生我死，成人之美"的心理。当他胜利的时候，会把所有敌人消灭；当

蚌埠垓下遗址

他失败的时候,就会把自己消灭,成人之美。乌江自刎就是这种性格的最后一次体现,既成人之美,也不委屈自己。

其实不管怎么样,项羽没有渡过江东,选择了乌江自刎。其可歌可泣的英雄行径,值得人们深思,也为后人留下了一段佳话。

瓦岗军为何灭不了隋朝

瓦岗军是隋末农民起义中战斗力最强的一支军队,早在大业七年(611年),由翟让在瓦岗寨建立,故名。其后王伯当、单雄信、徐世绩等纷纷加入。大业十三年(617年),瓦岗军内讧,李密杀翟让做了头领。翌年三月,瓦岗军与宇文化及大战于洛阳城下。瓦岗军大败,李密投降唐朝。至此,瓦岗军土崩瓦解。在当时瓦岗军有很强的军事实力,隋朝已是病入膏肓。为什么瓦岗军灭不了隋朝呢?

大业七年(611年),东郡韦城县(今河南滑县)人翟让因犯罪而被判坐牢。翟让越狱而逃,来到了瓦岗寨,便聚众起义。其后,各路豪强纷纷前来投靠。他们在永济渠沿岸抢夺来往的富商豪绅,"资用丰给,附者益众"。

大业十二年(616年),官宦人家出身的李密在参加杨玄感造反失败后,投奔了瓦岗军。李密饱读诗书,精通军事兵法。在李密的建议下,翟让积极发展势力,扩大影响。其后进攻荥阳。荥阳东是平原,西接虎牢关,是中原的战略要地。取得荥阳,就可威胁虎牢关。虎牢关以西的巩县有隋的大粮仓洛口仓。取得洛口仓就可以获取大量的粮食,而且还可以逼近东都洛阳。所以荥阳是瓦岗军和隋军的必争之地。

瓦岗军气势汹汹而来,荥阳太守立即请求隋炀帝支援。于是,"号为名将"、"威震东夏"的张须陀被任命为荥阳通守,镇压瓦岗军。李密精通兵法,又知道张须陀有勇无谋,建议翟让正面和张须陀接战,之后,佯装败退。张须陀不知是计,紧紧地跟在翟让逃军之后。到大海寺以北的林间时,李密尽起埋伏的精锐士兵把张须陀团团围住。张须陀不愧为一个"名将",几度杀回重围救援被围困的部下。最后,力竭而死。隋军大败,"昼夜号哭,数日不止"。

之后,瓦岗军势如破竹。大业十三年(617年)二月,瓦岗军攻取洛口仓,并开仓放粮。开仓放粮,使瓦岗军声势大噪,得到了人民群众的拥护。贫苦农民纷纷加入瓦岗军。其后,隋朝在洛阳的越王侗派遣虎贲郎将刘长恭率军二万五千人前往镇压。翟让和李密精密部署队伍,表面上示敌以弱,麻痹刘长恭。刘长恭中计。在隋军初来乍到,疲惫之际,瓦岗军大举进攻。刘长恭大败,逃

河南滑县瓦岗寨瓦岗军点将台

回洛阳。瓦岗军获得大量辎重，武器盔甲等。同年四月，瓦岗军攻破回洛仓；九月，又破黎阳仓。每攻破一座粮仓，瓦岗军就开仓放粮，人民群众纷纷来投。至此时，瓦岗军达到鼎盛时期，控制了中原大部分地区。随后，瓦岗军历数隋炀帝十大罪状，决定推翻隋朝。

在这些战斗中，李密发挥了重大的作用，其威望越来越高，已经超过了翟让。翟让决定把头领的位子让给李密。随后，翟让的亲信却又要翟让夺回领导权。如此一来，瓦岗军出现了内讧。最后，李密杀了翟让。

瓦岗军内部的分裂直接削弱了瓦岗军的军事力量。618年6月，宇文化及率江都隋军和瓦岗军大战一场。瓦岗军取得了胜利，但也损失惨重。9月，东都隋军进攻瓦岗军。瓦岗军大败，李密逃往长安，投奔李渊。瓦岗军也就消失了。

瓦岗军之所以不能灭掉隋朝，是因为在其最强大的时候，发生了内讧，导致军队无形中被分散，大大削弱了其实际战斗力量。"攘外必先安内"，李密安抚了内部，杀了翟让，但同时也使瓦岗军走上了末路。"窝里斗"是瓦岗军失败的主要原因，也是瓦岗军不能灭掉隋朝的主要原因。

超级富国宋朝为何被落后的少数民族灭亡

翻开历史长卷，悉数中国几千年封建社会王朝，要数宋朝时期的经济、文化最为发达。据史载，自宋太祖时代始，铸币叠增到年500万贯的数量，其两年的铸币数就要超过400年后明朝近300年所铸之总和，而唐朝极盛的玄宗朝年铸币也不过32万贯。中国的四大发明有三项产生在宋代，唐宋八大家中有六家属于宋，宋词更是中国文学史上的一枝奇葩。

与此同时，大宋王朝也是中国历史上最为窝囊的朝代之一，泱泱大国同时被多个游牧民族虐待欺凌，半壁江山居然逐渐陷入了少数民族政权手中，最后整个国家都被灭亡。为什么有着如此强大国力的王朝会有这样的结局呢？

追溯历史，宋朝当时与东南亚、中东、非洲、欧洲等50多个国家通商贸易，可以说是个超级富国了。但是这些钱大部分都没有在国库中，而是落在了皇帝的"封桩库"里。"封桩库"原本是宋朝建立之初收藏每年国家财政结余的，可以用来救急，但是后来变了性质，成为皇帝的小金库。当然，国家一旦遇到战争、灾荒之类大事的时候，皇帝的小金库就会迫于压力出钱赈灾。宋朝皇帝的小金库到底有多少私藏，没有人知道。所以当时虽然经济富裕，但出现了朝廷没钱皇帝有钱的奇怪现象。

嘉定通宝（铁母） 开禧通宝 嘉泰元宝（铁母）
南宋　　　　　　南宋　　　　　南宋

南宋货币

宋朝经济高速发展的

时候,北方少数民族也正在崛起。和唐代不一样,北宋时期,我国的气候经历了一个由温暖向寒冷的变化过程,伴随着酷寒,还有干旱。原本以游牧为生的少数民族人们,其生产和生活就更加艰难。于是建都于内蒙古近郊巴林左旗南的辽,建都于西北地区银川的西夏,建都于会宁(今黑龙江省哈尔滨市阿城区)的大金,就更加觊觎中原地区的财富。这三个政权对大宋摩拳擦掌,虎视眈眈。景德元年(1004年)澶渊之盟之后,大宋王朝不仅承认契丹占有幽云十六州的合法性,还每年送银20万两、绢10万匹,开创了"岁币"的恶例。此后,西夏主动与大

金朝官印

宋议和,也得到了宋朝赐予的岁币。每年给予少数民族数量如此庞大的岁币,加上只是表面光鲜的国家经济和庞大的政府开支,宋朝的经济面临着巨大的危机。

当我们的大宋朝面临这样强大的敌人和重重危机时,其政治上又是怎样的状况呢?宋朝最高统治者推行的是"重文教,抑武事"的基本国策。这一国策的制定从宋太祖赵匡胤开始。原因也很好理解,赵匡胤经历陈桥兵变,被手下将士黄袍加身拥立为帝。于是他比历代皇帝都懂得兵权的重要性,便用"杯酒释兵权"解除了重要军事领导者的职位。在国家统一平稳后,就采取"抑武事"的基本治国思想,以便自己的后代能长久统治。这一政策的结果就是两宋时期文化发展到空前高度,出现了大批文化大家,社会大环境均以附庸风雅为能事,但是当国家遭遇危机时,这些官员自然推诿扯皮,束手无策,甚至奴颜婢膝,卑躬屈节。

大宋王朝的重文轻武思想,致使当时军人的社会地位非常低,大量士兵都是脸上刺字后发配充军的罪犯。"好男不当兵,好铁不打钉"的俗语就是宋时流行起来的。尚武之风日渐衰败,军队的精神已经失掉了大半,当兵犹如坐牢。这样一支军队,就算有过百万的人员编制,有当时最先进的热兵器做装备,面对出生在马背上,从小尚武,而且如果不征战掠地就无法生存下去的少数民族军队,怎么会是对手呢?

于是乎,外敌气焰日盛,大宋犹如一座华丽的殿堂,城池渐失,仿佛高楼大厦地基被挖空,就算外表装饰得再金碧辉煌,也无法挽住颓然倾倒的局面。中国历史上经济最发达的大宋王朝,在数个游牧民族轮番攻击之下,渐渐退出了历史的舞台,也给后人留下了许多教训和思考。

"尽忠报国"并非岳母所刺

南宋抗金英雄岳飞背刺"尽忠报国"四字,广为人所传诵。但是其背上的这四字究竟是何人所刺,在《宋史》中并没有详细记载。民间广泛流传的说法是由岳母所刺。但也有人考证说,岳飞背上的刺字乃是宋朝兵制使然。

传说中的"岳母刺字"

记载岳飞背后刻字的是《宋史·岳飞传》。其记载说当岳飞入狱被刑讯时,要其承认谋反时,他"裂裳以背示,铸有'尽忠报国'四大字,深入肤里"。但是,岳飞的母亲姚氏是一个农家妇女,也许并不识字,所以亲手刺字的可能性非常小。有可能是,岳母为了鼓励他报效国家,请人在岳飞背上刺的。

关于岳飞背部刺字的另一种说法是,其源于宋代募兵制度。两宋的募兵制是国家从老百姓中招募士兵,由国家出钱雇用他们。雇佣兵的人员来源往往比较复杂,"刺字为兵"就成为一种规范运作的制度。岳飞19岁入伍,其身体部位有刺字似乎也符合当时"刺字为兵"的规定。

但是细细追究岳飞刺字的内容和部位,都不符合宋代士兵刺字的规定。宋代需要刺字的士兵有两种:作战部队禁军和工程部队厢军。之所以给这两种兵刺字,主要是为了防止士兵随意流动和逃跑,所刺内容都为部队番号。而"尽忠报国"这四个字显然不符合识别部队番号的作用。关于刺字的部位,宋代初期是刺在脸上的,也称之为"黥面",后来改为刺在手臂、手心、虎口等部位。只有刺在明显的部位,才能发挥番号的作用。如果像岳飞那样刺在背上,太隐蔽了,根本没有任何标志作用。也就是说,岳飞背部的"尽忠报国"并不符合"刺字为兵"的募兵制度。

"尽忠报国"的确是岳飞身上的刺字,但是既不太可能是岳飞母亲所刺,也不太可能是"刺字为兵"的募兵制度所致。至于是何人所刺,至今仍是一个谜。

马可·波罗是否曾来过中国

马可·波罗因《马可·波罗游记》而闻名世界,是13世纪来自意大利威尼斯的商人和旅行家。据《马可·波罗游记》说,他17岁时跟着父亲和叔叔到达元大都,并在元朝任职达17年之久。在17年的时间里,他游览过中国的大部分地方,详细地考察了当地的风土人情。后来他返回威尼斯。在一次战争中被俘后,他口述了在东方的见闻,由鲁思梯谦记录下来,即成《马可·波罗游记》一书。近年来,有关专家学者对马可·波罗曾到过中国一事产生了质疑。那么,马可·波罗是否到过中国呢?

在中国人的印象里,游记一般都是本人所写,比如《大唐西域记》作者是玄奘,《徐霞客游记》作者是徐霞客等,但是《马可·波罗游记》却不是马可·波罗本人所写。据《马可·波罗游记》所言,马可到过中国的大部分地区,足迹遍布新疆、甘肃、内蒙古、山西、陕西、四川、云南、山东、江苏、浙江、福建及北京等地。最后,在奉命护送阔阔真公主出嫁之时,趁机离开中国,返回威尼斯。

早在马可生前,就有人怀疑其著作的真实性。首先,人们只是在感性上怀疑马可,认为一个囚徒说的话不靠谱。后来随着中西方交流的加深，人们渐渐转移到理性上的怀疑。后世学者更是对此进行了专门研究。

英国人克鲁纳斯发表了一篇《马可·波罗到过中国吗》的文章。在文章中，他提出了四个疑点：在中国古代浩如烟海的史籍中，没有一件可供考证关于马可·波罗的史料；《马可·波罗游记》中很多地方充满着可疑的统计资料，把中国丰富多彩的景象搞得灰蒙蒙的；中国两件最具特色的文化产物茶和汉字，以及中国四大发明之一的印刷术在书中都没有提到；《马可·波罗游记》中的许多中国地名用的都是波斯叫法。所以，马可·波罗有可能只到过中亚的伊斯兰国家。

马可·波罗

在《永乐大典·经世大典·站赤》和外国的《伊利汗史》《蒙古史》等史料中，有人找到这样的一个证据：这几部史书中提到公元1290年阿鲁浑王的三位使者兀鲁斛、阿必失呵、火者的名字，与《马可·波罗游记》中提到的阿鲁浑王三位使臣的名字完全相同。

然而，这只是孤证，古人云："例不过十，说法不立。"其实，《元史·兵志·站赤》所记载的和《永乐大典·经世大典·站赤》中的记载却不一样。也就是说，究竟成书早几百年的《元史》的可信度大，还是《永乐大典》的可信度大呢？

2011年8月11日出版的《环球时报》报道称大探险家马可·波罗事实上从来没有真正到过中国。英国《每日电讯报》报道，考古学家认为《马可·波罗游记》中的故事都是他道听途说的"二手"故事。专家们还指出，《马可·波罗游记》描述的忽必烈1274年和1281年两次远征日本部分存在矛盾和不准确性。书中写元军舰队第一次远征离开朝鲜、抵达日本海岸前曾遭到台风打击。事实是那是第二次远征发生的事情。

1995年，英国历史学家弗朗西斯·伍德著书称，马可·波罗事实上并没有到过黑海以外的地区。因为当时在中国很常见的一些东西，如四大发明、筷子、裹脚布和长城等，马可·波罗都没有提到过。在《马可·波罗游记》中，确实找不到有关的记述，难道是疏忽吗？还是有意为之，抑或根本不知道？

另外，在《马可·波罗游记》整个原稿中，只有18个句子用第一人称书写；全书中大部分地名都是波斯叫法。但

忽必烈会见马可·波罗图

是,却有一个特别值得注意的地方。《马可·波罗游记》说,杭州当时称行在,城中有一个大湖(即杭州西湖),周围达30英里,风景优美。《乾道临安志》和《梦粱录》等古籍中都能证明《马可·波罗游记》的记载。《马可·波罗游记》还详细地记载了卢沟桥。如果说完全是道听途说,似乎不可思议。

其实,不管马可·波罗是否到达过中国,是否在中国任职17年,这些都不重要。《马可·波罗游记》一书的出版发行,使大多数欧洲人了解了中国,大大丰富了欧洲人的地理知识,促进了中西方的文化交流,对15世纪欧洲的航海事业也起到了巨大的推动作用。事实证明,《马可·波罗游记》对世界产生的巨大影响是不可忽视的,其功绩是不容抹杀的。

康熙并没有"微服私访"

"双辕车,乌篷船……"每次听到这首歌都让人兴奋不已。电视剧《康熙微服私访记》曾红遍大江南北,是最火的大陆古装剧之一。在电视剧中,康熙带领妃子、宫女、太监、和尚一行五人,走南闯北,体察民情,惩治贪官污吏。然而在历史上,康熙真的"微服私访"过吗?

据史书《清圣祖实录》中记载,康熙确实是历史上出巡次数最多的皇帝之一,但是他每次出巡都带有大量随从,并不是像电视剧中那样只有几个人。除去在京城的巡视不说,康熙巡查的足迹遍布全国,周边省份如山东、河南、安徽等地有他的足迹,甚至连塞外都有他的身影。康熙多次出巡,主要目的是为了考察民情,了解当地官员的政务,考察和修缮一些水利工程。当然兴之所至,也有趁机游玩的时候,但是次数很少。按照史书记载,康熙每次出巡都不曾微服私访,都有大队人马跟随。皇帝是封建制度的权力掌管者,若是深入民间,如有歹徒刺驾,造成的后果无法想象。在当时,明朝遗老遗少、反清复明之人还有很多,条件也不允许康熙微服私访。所谓的微服私访只是百姓的戏说。

康熙在出行时十分注意影响,尽量避免骚扰百姓,但也并不是穿着粗布衣服,如同平头百姓一样。他要求巡查时所用之物一切从简,更不允许官员向当地百姓索取,只准以市场价格收购。随行的官员不准接受以任何理由赠送的财物。以上,如有违反,坚决查办。在巡查之地,张贴告示,安抚民心,要求百姓按平常一样生活。如此大张旗鼓,还算什么微服私访。可以说,康熙的每次巡查似乎是唯恐人们不知。当然,他巡查的目的还是为了江山社

康熙

稷。

在巡查期间，康熙并不是不与百姓接触。比如，他到了扬州一带，百姓争相观看龙颜。有人甚至被挤到了水里。迫不得已，康熙提出，百姓们见皇帝可以，但是必须站在街道两旁，且不准拥挤，防

康熙御笔

止产生祸患。当他巡视之时，男女老幼，夹道欢迎，好不热闹。康熙还经常问路旁的百姓，比如收成如何，生活如何。老百姓多数则回答：连年丰收，生活殷实。总的来说，康熙巡查之时，百姓很是欢迎。康熙对百姓嘘寒问暖，气氛很是融洽。有流离失所之人，康熙也会立即派当地官员救助。

通过巡查，康熙了解了民间的真实情况，对于国策的制定有很大帮助。比如，康熙年间，人口剧增。他巡查之时的政策是，如一家有五六口人，则需要缴纳一个人的钱粮就行；10多口人，只需要缴纳两个人的钱粮。后来人口越来越多，康熙就直接下令，新增加的人口不需要缴纳钱粮。

通过巡查，康熙在民间留下了极好的印象：身体力行，关心民生疾苦，制定国策，以人为本。如此一个千古圣君，自然得到百姓的推崇和爱戴。人们认为他是一个好皇帝，所以就口口相传其巡查事迹，以至于后来演绎成康熙微服私访的故事。其实史书中记载，康熙每次巡查时，几乎都有皇子随行。所以，鉴于皇帝和未来继承人的安全考虑，微服私访是不可能发生的。

古代文人为何偏爱"小脚"女人

"小脚"女人其实就是缠足之后形成"三寸金莲"的女子。在封建社会，女子用布条把脚裹起来，使脚骨变成畸形，从而成为小脚女人。中国古代文人，对小脚女人情有独钟。这其中有什么原因呢？

在《史记·货殖列传》中记载："赵女郑姬……揄长袂，蹑利屣。"此处的"利"字，即尖细之意。由此可知，在赵国就有以尖鞋为美的意念。穿尖鞋的脚必然是小脚。唐朝时著名诗人白居易的诗中有一句话"小头鞋履窄衣裳"。穿小头鞋的脚必然也是小脚。唐代温庭筠说："织女之束足。"束，约束。束足，即缠足的意思。这说明唐时已经有人"束足"了。唐代诗人杜牧又有两句诗云："钿尺裁量减四分，纤纤玉笋裹轻云。"这就是文人对小脚的赞美了，说其如同"纤纤玉笋"。后来，发展成为一种品足的风气。

在唐代李义山（即李商隐）著《李义山杂稿》一书中，对缠足有数千字的记载。清代徐震（秋涛）著的《美人谱》，都是谈小脚女性的文字……这些文人写书文"论足"有的是出

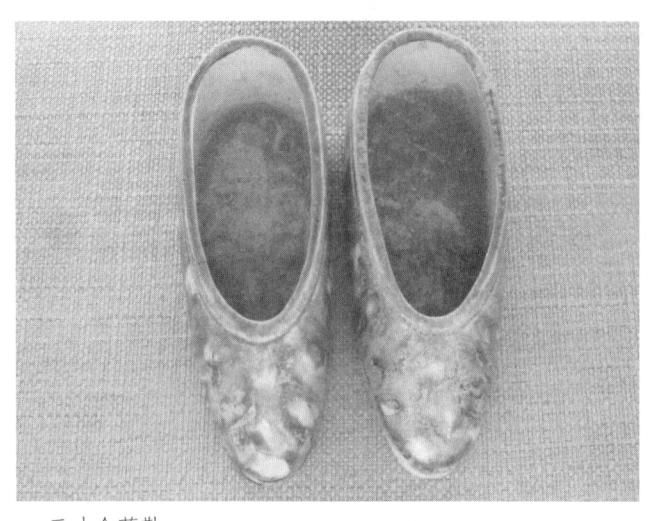

三寸金莲鞋

于好奇,有的就是对"小脚"的喜爱。比如自称随园老人的袁枚,就特别喜欢小脚,曾作过一篇《缠足谈》。再比如,清代的大名士方绚,大加赞美缠足,作《香莲品藻》一篇,并追加"谥",达40字之多,且在每个"谥"字下还要"品"它数十句。"谥"本来是一个严肃的词语,竟被他用在此处,真是可恶、荒唐。

自古就有"品头论足"一词。品头,自然是说女子的容貌、衣饰。论足,是如何论的呢?真正的小脚应当有形、质、姿、神、肥、软、秀七美。虽名为"七美",其实看起来极为肮脏。在此不作谈论。

中国文人自古就以天下为己任,希望自己济世展才。自古就有"学成文武艺,货与帝王家"的谚语。一个"货"字写出了多少心酸和无奈。君王只有一个,而文人武士却数不胜数。文人"待贾"不得,便"惶惶如丧家之犬"。而小脚女人的兴起,使文人找到了"自尊"。中国文人自古就有"君阳臣阴,夫阳妻阴"的封建道德理念。"文史星历,近乎卜祝之间,固主上所戏弄,倡优畜之,流俗之所轻也。"在皇帝那里受了委屈,文人自然要到家里成为一个"暴君"。裹成"小瘦尖弯香软正"的三寸金莲,让她摇摇摆摆,弱柳扶风,不得不依附于男人,心甘情愿地成为男人的玩偶。这样,他们就找到了自尊,找到了自信。于是他们就偏爱于"小脚"女人了。

宋代文人有"偷穿宫样稳,并立双跌困,纤妙说应难,须从掌上看"的溢美之言;清朝有将三寸金莲作为国粹,送往国际博览会之举。"红肿之处,艳若桃花;溃烂之时,美如乳酪",其变态心理真是不可救药,愚蠢至极。

其实不管如何变态,古代文人偏爱小脚,都是想证明自己在家里是阳,是主子,是施虐者。古代文人偏爱小脚,达到痴迷和病态的程度。有些古代文人甚至还喜欢闻小脚之臭,这种情形并不少见。而且他们还有专门的一套理论:"莲肉天然之香,如餐软玉,美不可言……"

古代文人偏爱"小脚"女人,与他们所处的地位和封建思想有关。"小脚"在表面上看来是很美的,但是除去鞋子,你会发现不可想象、不敢置信的形状。如今,女子生理上的裹足行为已经被废除。但是文人思想上的"裹足"行为何时能够终止呢?

古代商人为何长期地位低下

中国有句古话叫做士农工商,商人排在了最后。比商人地位更低的是戏子。为何古代商人长期以来地位低下呢?这要从商人的由来谈起。

古往今来，社会上一直把买卖人称作"商人"，把做买卖称作"经商"。商人，古已有之，虽则腰缠万贯，然而地位低下，甚至被称为"五蠹"之一。最初，人们把贩运贸易的叫做"商"，坐售货物的叫做"贾"，即所谓"行曰商处曰贾"。商和贾不是一个概念。武王伐纣之后，商朝灭亡，留存下来的商朝遗民，被称为"商人"或"殷人"。周成王时，管、蔡二叔（武王之弟）与纣王之子武庚联兵反叛。叛乱被平定后，洛阳被建成军事要塞，称为"成周"，"成周既成，迁殷顽民"。商朝遗民被迫迁到洛阳。在洛阳城里，商朝遗民没有政治地位，也没有土地，如何生存成为燃眉之急。于是有些商朝遗民就去做买卖。买卖在当时，贵族不会去做；平民要种地，没时间去做。只有商朝遗民才有机会去做。也就是说，起初从事商品交易活动的人，主要是商朝遗民。

随着经济的发展，商业成为必不可少的活动，而且人们能够靠它赚钱，使生活富足。慢慢地，就有一部分贵族从事商业活动。之前从事商业活动的商朝遗民也渐渐脱离了"顽民"的概念，有了一定的政治地位。因为，从事商业活动的人主要还是商朝遗民，所以人们把从事这一行业的人，称之为"商人"。

到了春秋时期，商人被列为四民，即士、农、工、商之一。商人的地位依然低下。虽然其摆脱了"贱民"的身份，但是依然很"贱"，被排在最末。《左传》称"商农工贾，不败其业"，又称"商工皂隶，不知迁业"。尽管商人此时地位低下，但已经是一种专门的职业。齐桓公问管仲曰："成民之事者若何？"管子对曰："四民者，勿使杂处，杂处，则其言咙，其事易。"公曰："处士、农、工、商若何？"管子对曰："昔圣王之处士也，使就闲燕；处工，就官府；处商，就市井；处农，就田野。"其实，春秋以"官商"为主，但是由于生产力大发展，也出现了一大批"富可敌国"的大商人。《国语·晋语八》云："夫绛之富商，韦藩木楗，以过于朝，唯其功庸少也；而能金玉其车，文错其服，能行诸侯之贿，而无寻尺之禄。"这些无寻尺之禄的"私商"，积累了大量财富，常常放"高利贷"。古人称为"假贷"。

战国时期，吕不韦先前是个商人，后来"弃商从政"，用赚来的金钱"投资"在政治上，从而获得了崇高的政治地位。他是一个成功的"转型"商人。但是这样的商人，在历史上很少。春秋战国时期，富商弦高用12头牛犒劳偷袭郑国的秦军，使其不敢攻郑，上演了历史上富商救国的一幕。即使如此，弦高的政治地位也没有什么提高。

秦始皇一统天下之后，中国进入封建社会时期。在2000多年的封建社会里，王权不断加强，商业却一直被抑制，商人的地位也从来没有真正地提高。到晚清时期，著名的大思想家龚自珍还偏执于"重农桑，抑贾人"的观点。在历史上有很多"富可敌国"的大商人，有些为富不仁，有些甚至危害国家安全。所以，人们自古以来就认为商人"唯利是图"、

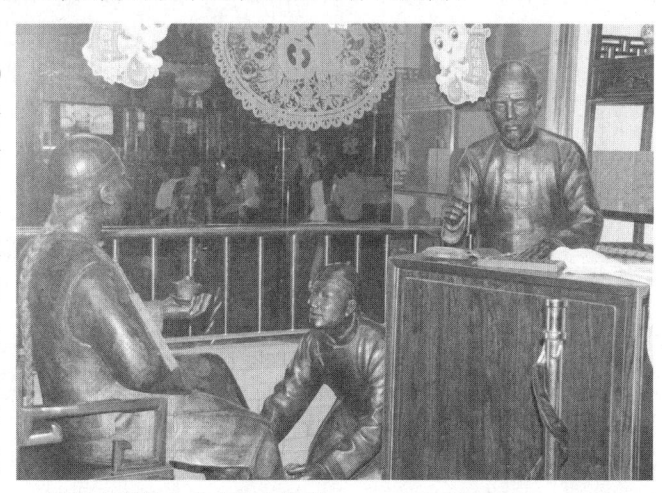

前门大栅栏内联升经营雕塑

"无商不奸"。

在政治上没有地位,在民间还受到歧视,商人的地位一直没有提高。一方面是社会制度的原因,另一方面恐怕就是其唯利是图的本性,导致"为富不仁",被百姓们所鄙视。洋务运动之后,商人的地位开始有了提高,到辛亥革命成功后,商人的地位再次提高。如今,有些商人甚至当了政协委员、人大代表。

古代名医为何都不愿入宫当值

中国古代不乏名医,但是大都流落民间,都不愿入宫当值。原因很简单,入宫当值,责任重大,行事需要极其小心,否则轻者丢官罢职,严重的可能是性命不保。

人们所说的太医,一般指在太医院任职的医官。他们侍候于君王左右,为帝后贵胄诊病,治疗的过程还会有朝廷官员的监督,责任和风险之大,可以想象。《韩非子·喻劳》中记述了名医扁鹊四次见蔡桓公的故事。他告诉蔡桓公病情,但是其讳疾忌医,直到感到身体疼痛,才想起扁鹊的话。但是此时扁鹊已经治不了这深入骨髓的病,又怕性命有虞,便逃到秦国去了。而扁鹊的同行华佗就没这么幸运了。华佗为曹操治疗过一次头风病后,曹操就想请其到身边成为长留府中的侍医,但是却遭到华佗拒绝。结果华佗被曹操迫害致死,连多年辛苦所著医书也没留下来。有了这样惨痛的前车之鉴,还会有多少名医愿意去冒着性命危险去伺候这些贵人呢?

并且进宫供职的太医,有时还需要向内府官员、太监等纳以贿金,否则,就会遭遇重重阻碍。于是再精于岐黄之术的太医,如果遇到多方掣肘,想一展身手也是难上加难。即便有时能医治见功,看似荣耀异常,平步青云,其实恩赐所入,兴许尚不够贿赂之所出。至于太医院里的相互嫉妒、彼此排挤、上下其手、结党营私等种种黑暗,更是难以尽述。

历来宫禁之中,政治变幻风云莫测,人和人之间钩心斗角,尔虞我诈。太医一

被曹操迫害的华佗

般是这些贵人的贴身侍候之人,一不小心就会被牵扯进来。他们本身又没有什么深厚背景,因误投药物而死还可理解,如果是因为时局变幻、宫廷斗争而惨遭杀身之祸,就太得不偿失了。另外,像清代名医薛福辰,因为为慈禧诊病效果颇佳而被留在京中,结果自己家里遭遇瘟疫,二女儿竟死于非命。这可以说是太医的另一种悲剧了。

所以有些名医把应召入宫视为危途,甚至闻讯远遁,希图一跑了之。真正官运亨通的极为寥寥。世间流传着"太医难当"的说法,绝非虚言。其中甘苦,非个中人不可尽知。

古代为何屡现外戚干政

外戚干政是中国古代外戚利用皇帝年幼把持政权的现象。外戚又称"外家"、"戚畹",是帝王的母族、妻族一脉。外戚若能安分守己,自然可享受荣华富贵。然而在历史上外戚干政,甚至篡权,都时有发生。那么,是什么原因导致古代屡现外戚干政呢?

幼帝登基,不能勤政,这似乎是历史的惯例。当然也有例外,比如康熙,在此不作谈论。秦始皇一统江山,建立了封建制度,实行嫡系继承帝位的规矩。这个规矩一直被沿用下来。

也就是说,皇帝英年早逝,不管子嗣多么年幼都得即位称帝。西汉时期,皇帝多是在中年之后亡故,但是在东汉,却连续遭遇几代皇帝30余岁驾崩的情况。在这种情况下即位的幼帝,根本不能亲政,于是后宫势力发展起来。

在中国古代,女性不能直接参与政治,但是她们可以通过扶持本家的势力来掌握政权。东汉时期,有四大外戚:马、窦、邓、梁。东汉明帝的马皇后,是功臣马援的女儿;章帝的窦皇后,是功臣窦融的曾孙女;和帝的邓皇后,是功臣邓禹的孙女;顺帝的梁皇后,是功臣梁统的后代。这四大家族既是外戚,又是功臣,有封地,有势力。

外戚之所以能干政,一方面是因为皇帝年幼,外戚势力庞大;另一方面是因为光武帝刘秀遗留下来的尚书台的规制。秦及汉初,尚书是少府的属官,是在皇帝身边任事的小臣。刘秀在南方建立政权之后,为了稳固皇权,遏制相权,虽然保留了过去的宰相"三公"之职,却将三公的实权抽走,徒留地位和俸禄,而设置名为"台阁"的尚书台掌握实权,由自己直接指挥。尚书台的官员品阶不高,但是很有权力,由皇帝直接指挥。一旦皇帝早逝,那么指挥权就会落在后宫、外戚手里。这样,后宫、外戚就能够利用尚书台去把持朝政。

东汉时期,比较有名的外戚干政有以下几个。章和二年(88年),章帝去世,年仅10岁的和帝即位。窦太后临朝听政,其兄大将军窦宪乘机操纵朝政。和帝年龄稍大后,对外戚干政不满,就与宦官密谋,逼死了窦宪。窦家一族也被牵连。和帝死后,邓太后立出生仅100天的殇帝为帝。过了两年,殇帝夭折。邓太后又立13岁的安帝。邓太后把持朝政。邓太后死后,朝政落在外戚邓家手里。安帝倚重宦官,并启用皇后的哥哥阎显掌管大权。一时间出现外戚和宦官共同把持政

和熹邓皇后

武三思

权的局面。安帝死后,阎氏干政。其后又出现了梁太后临朝,其兄大将军梁冀掌权的局面。

东汉之后,外戚干政的现象时有发生,但是和东汉相比,是小巫见大巫了。比如武周时期,武则天当政,武氏一族无所不用其极,武承嗣、武三思等武氏外戚都手握大权。武则天死后,武氏一族才开始没落。外戚干政时,如果有野心就会危害国家,发生动乱;如果没有野心,其势力还是可以控制的,不会危及国家的根本。最可笑的是唐玄宗时的杨氏一族,杨贵妃没有野心,其兄长杨国忠却在那里瞎搅事。杨国忠知道安禄山会造反,还逼他造反,但自己却又没能力去平叛。真是自作孽不可活,可笑至极。

古代宦官为何能专政

宦官是中国古代宫廷制度最可耻的产物之一。宦官专政实际上是封建专制体制惹的祸。宦官本身有残疾,被极度地蔑视和奚落,原本应该成为弱势群体。但是他对社会带有仇恨心理,在掌握了朝廷权力之后,更有可能疯狂地报复社会。

宦官专政开始于东汉时期。东汉的第十一任皇帝刘志成年后,在政权上依然受到外戚梁氏集团的干预。他在无计可施的情况下与五个宦官密谋铲除梁氏集团。计划成功后,这五个宦官均被刘志加以高官厚禄。其中功劳最高的一位被封为一等侯爵。自此,东汉政权从外戚手中转换到宦官手中。当时宦官专权长达31年,是中国历史上第一个宦官专权的时代。

宦官能够专政的原因,自然是和他们服侍的主子,尤其是皇帝有关。许多皇子自出生起,接触最多的不是自己的父母,而是伺候他们的宦官。所以这些皇子往往在感情上对宦官有着深深的依赖。一旦这些皇子继位成了皇帝。他们所依赖的宦官自然也会平步青云,获得更大的权力。比如唐玄宗李隆基的贴身太监高力士,自幼陪伴在玄宗身边,不仅是玄宗的玩伴,同时也照顾玄宗的生活起居。玄宗继位后,高力士还利用自己的聪明才智为玄宗出谋划策,最后被封为齐国公。玄宗曾言:"力士当上(值日),我寝乃安。"可见其对高力士的信任。

此外,封建王朝的"朝仪"制度复杂烦琐,大臣和皇帝很少有单独在一起的机会,包括最最尊贵的大臣。大臣如果想单独向皇帝陈述自己的意见是很难找到机会的。相比之下,宦官不但能自由出入宫廷,有的还能整天围着皇帝打转,有相当多的机会单独向皇帝吹耳边风,把自己的观点和好恶潜移默化为皇帝的观点。这也就是为什么有些大臣想要办成事情,还要去行贿宦官的原因。这样宦官就有相当多的机会接近权力,对政治施加影响。明代臭名昭著的宦官魏忠贤原本是一个市井之徒,连字也不认识。但是他凭借自己的谄媚之功，接近皇上，不仅当上了司礼秉笔太监，而且还独揽大权，排除异己，专断国政，自称"九千岁"，以致人们"只知有忠贤，而不知有皇上"。

可以说，宦官专政的根源在于专制体制对他们身心的迫害。身体的残缺让他们的心灵深处有太多委曲和不平。他们渴望掌握权力，因为利用权力可以向社会索取自己失去的东西。然而由于宦

二等宦官出入禁宫通行牌

官接近皇帝，又很容易从皇帝手中窃取权力，故往往会产生宦官专权的局面。一个王朝一旦形成宦官专政的局面，它覆亡的命运也就不远了。因为宦官大多既无智慧也无才华，只能将皇朝带向灭亡，给国家和自己带来巨大的灾难。

为什么功臣都很难避免"兔死狗烹"的下场

春秋末期，范蠡、文种辅佐越王勾践复兴越国，于公元前473年灭掉吴国。勾践成为当时一霸。范蠡认为大名之下，难以久居，便想辞去。勾践对其说："孤将与子分国而有之。不然，将加诛于子。"范蠡便抛弃财宝，和从属乘舟隐去，从海路至齐国。《史记·越王勾践世家》记："范蠡遂去，自齐（国）遗人夫（文）种书曰：'飞鸟尽，良弓藏；狡兔死，走狗烹。越王为人长颈鸟喙，可与共患难，不可与共乐。子何不去？'（文）种见书，称病不朝。人或谗（文）种且作乱。越王乃赐（文）种剑曰：'子教寡人伐吴七术，寡人用其三而败吴，其四在子。子为我从先王试之。'（文）种遂自杀。"

韩信

文种被赐死之事，《吴越春秋·勾践伐吴外传》分析得很透彻。其文曰："越王复召相国，谓曰：'子有阴谋兵法，倾敌取国九术之策。今用三已破强吴，其六尚在子。（孤）所愿幸以余术，为孤前王于地下谋吴之前人。'于是（文）种仰天叹曰：'嗟乎！吾闻大恩不报，大功不还。其谓斯乎？吾悔不随范蠡之谋，乃为越王所戮。吾不食善言，故哺以人恶。'越王遂赐文种属卢之剑。（文）种得剑又叹曰：'南阳之宰（指文种），而为越王之擒！'自笑曰：'后百世之末，忠臣必以吾为喻矣。'遂伏剑而死。"

尉迟敬德

之后各代，果如文种所言，"蜚（即飞）鸟尽，良弓藏；狡兔死，走狗烹"的事例一幕又一幕地上演。战国时，秦国大将白起一生战功无数，为秦国立下大功，但最终因与秦王意见相左，拒不领兵，被秦王赐剑，自杀。

西汉初年，韩信因打败楚霸王项羽，立下大功，被刘邦封为楚王，赐其封地。后有人告韩信谋反。刘邦假借出巡狩猎，要韩信前往陪同。韩信一到便被逮捕。《史记·淮阴侯列传》记韩信叫屈："果若人言，'狡兔死，良狗烹；高鸟尽，良弓藏；敌国破，谋臣亡。'天下已定，我固当烹！"刘邦感其言，降其为淮阴侯。汉高祖十一年（前196年）正月，有人向吕后告韩信谋反。吕后用计诱捕了韩信，将其斩于长乐钟室，年仅35岁。明朝初期，朱元璋在太子朱标死后，怕功臣对皇孙朱允炆不利，便大杀功臣。

这此功臣之所以被诛死，不得善终，有以下原因。其一，伴君如伴虎。普天之下，莫非王土，率上之滨，莫非王臣。不管有多大的功劳，在帝王眼里，臣子都是他用来打天下，守卫天下的工具。其二，不知功成身退，不愿意舍弃出生入死换来的富贵。若君主胸怀坦荡，能够容人，或功臣知功成身退，不留恋荣华富贵，这种功臣被诛的现象或许可避免。

除范蠡功成身退外，西汉初，张良协助刘邦夺得天下后，也及时退隐，避免了韩信、彭越等被杀的下场。隋唐时期，尉迟敬德追随李世民打天下，屡立战功。在李世民登基之后，他被封为右一府统军。尉迟敬德掌权之后，做事有些蛮横。李世民便寻机给他讲了韩信的故事。尉迟敬德听后，被吓出一身冷汗。此后，他专心追求黄老之道，再也不敢胡作非为了。从这看来，李世民比吕后聪明，尉迟敬德也比韩信幸运。

宋太祖赵匡胤经陈桥兵变成了皇帝。但有军功的将领持功不法，令他不安。他心生一计，请功臣们吃饭，借醉说："当了皇帝之后，总也睡不着。"众人问何故。他说："这个位子谁不想坐啊！假设有一天，你们的部将将黄袍披在你们身上，你们能拒绝吗？"众人惶恐，匍匐于地。宋太祖又说："人生在世，如白驹过隙，何不多置良田美宅，以享天年。君臣无猜，上下相安，岂不甚好！"第二天，石守信等功臣便以老病为由，交出了兵权。

这"杯酒释兵权"之举，两不相伤，是唯有明主仁君才会想出的解决办法。但这样的明君，历史上又有几人呢？功臣们还是以自醒自觉，尽早功成身退为妙。

为何位高权重的"顾命大臣"大多难得善终

先皇去世之前，若即位的皇帝太小，就会挑选一批德高望重、才德兼备的大臣去辅佐小皇帝。这些大臣在朝中代替小皇帝执掌朝政，权力很大，甚至能够废立皇帝，被称为"顾命大臣"。所谓"无限风光在险峰"，位高权重，当然风险也高。在历史上有很多顾命大臣都是难得善终。这其中有什么原因吗？

南朝宋武帝刘裕临终托孤，任命司空徐羡之、领军将军谢晦、中书令傅亮等为顾命大臣，将少帝义符托付给他们。可是刚过两年，少帝义符就被他们废为营阳王，后来被中书舍人邢安泰活活用门闩打死。为什么会是这样呢？原来义符自小缺少管教，养成年少轻狂、行止悖乱、荒诞淫逸的坏习惯。登基之后，他更是肆无忌惮，做出了很多伤天害理的事情。此时，义符还没有亲政，还没有对军国大事造成什么危害。所谓"小时看大"，徐羡之等顾命大臣不能不对义符日后的荒唐误国行为产生顾虑。而且如此昏乱的一个小皇帝，等他亲政之后会如何对待这些顾命大臣呢？为了国家社稷，为了黎民百姓，徐羡之等顾命大臣遂废了少帝义符，另立一帝。这个新立的皇帝是只

鳌拜

比义符小一岁的义隆。此时，义隆已经到了18岁，可以亲政了。如果徐羡之等人不是为了国家利益，大可立一个年龄很小的人做皇帝。在义隆亲政后，顾命大臣们就把权力交了出去。但纵使如此，他们还是没有逃脱被杀的命运。史书记载，徐羡之被迫自杀；傅亮被官兵捕获伏诛；谢晦领兵在外，也最终被檀道济率领的讨伐大军击败擒获，曾作诗歌言："功遂侔昔人，保退无智力。既涉太行险，斯路信难陟。"

义隆登基后之所以拿顾命大臣来开刀，是因为这样做不仅可以树立皇帝至高无上的权威，还可以化解顾命大臣当政期间朝中众臣的怨气，同时也借机发泄他自己深藏在心中的仇恨。

如此忠诚的顾命大臣，为国为民都依然死于非命。而历史上那些奸诈的顾命大臣就更是不得好死了。鳌拜是康熙初年的辅政大臣之一。他早年立下赫赫战功，被誉为"满洲第一勇士"。其后半生则操握权柄、结党营私，最后被康熙利用计策在武英殿生擒，老死在狱中。

历代顾命大臣几乎都不得善终。究其原因，一是帝王无情，出于政治目的或者是自身安危的考虑不得不除掉他们。二是顾命大臣本身目无王法，胡作非为，到了皇帝必须除去的地步。顾命大臣，风光之时，可操纵帝王的生死；没落之时，甚至不如平民百姓。所谓站得高就摔得狠。"既涉太行险，斯路信难陟"，既然明白了，何必当初呢？也许忠诚之士，会为了国家社稷，鞠躬尽瘁死而后已吧。

为何中原王朝总以和亲换和平

和亲只是一种政治手段，是利用联姻来扩大自己的势力。真正起作用的不是个人而是集团利益。在封建社会时期，中原王朝经常以和亲换和平。和亲在名义上是停止民族、国家战争，彼此捐弃仇怨、和平共处的外交手段，但却包含了多少辛酸，多少无奈。看似

有爱情韵味,其实是政治、军事上的妥协政策。在这种政策下,两国交好,失去的是没有话语权的女性的幸福。

纵观中国五千年的历史,在周襄王时期(前651—前619),就有了和亲政策。当时周襄王想要讨伐郑国,但是害怕自己实力不足,打不赢。于是就娶狄女为王后。这样,周襄王和戎狄就是亲家关系。双方联合,共同讨伐郑国。胜利后,双方共同瓜分郑国的土地和财富。这是中国历史上有记录的最早的和亲事件。很显然,这次和亲是成功的,双方都获得了理想的利益。此后,和亲事件在历史上屡见不鲜。汉唐时期,为了缓和边境紧张的民族关系,和亲成了惯用的手段。宋明清时期也是如此。也正因为和亲,才有了"一去紫台连朔漠,独留青冢向黄昏"的诗句。读之,令人恻然。不禁使人联想到茫茫荒野、连绵枯山。纵使浮想联翩,又如何能深切体味其中的凄凉。

和亲并不是皇帝的突发奇想,其实是其深思熟虑的结果。当国家不能抵御外来侵略的时候,献上公主、郡主,陪同金银财宝,送给敌人,敌国矛盾就会被软化。只要接受了和亲政策,双方就是亲家关系,就成了所谓的一家人。看在亲戚和金钱的份上,总不能再好意思继续打仗了吧。双方和和气气,还可以联合起来打击共同的敌人。

汉朝时期,第一位和亲的女性叫刘细君,有皇室血统。汉武帝手握大权之后,准备解决匈奴的威胁问题,决定通过战争手段,迫使匈奴北迁。为了彻底解决匈奴问题,武帝广泛展开外交攻势,其中一条,就是与西域大国乌孙结盟以"断匈奴右臂"。公元前115年,乌孙国使者出访汉朝,以1000匹良马作为聘礼,表示愿与汉朝通婚。汉武帝当即答应,令江都王刘建的女儿、武帝的同父异母兄弟刘非的孙女刘细君出嫁乌孙。刘细君嫁给乌孙王之后,带着自己的侍女住进了仿照汉人居室建造的房屋里,一年也只能礼节性地见乌孙王几次面。刘细君不习惯游牧民族的生活方式,又悲愁难耐,曾写下一首诗歌:"吾家嫁我兮天一方,远托异国兮乌孙王。穹庐为室兮毡为墙,以肉为食兮酪为浆。居常土思兮心内伤,愿为黄鹄兮归故乡。"在此之后,汉朝与外族和亲的人还有解忧公主、王昭君等。

唐朝时,中原依然采取和亲的政策。和亲的公主有宏化公主、文成公主、金山公主等,共有数十位。在汉代,和亲是为了促使边境和平,仅仅是中原自保的手段;在唐朝,和亲是为了"以夷制夷",彰显国威。唐朝初期,与突厥人和亲,表面上看是优待突厥人。其实,一方面是用软手段同化突厥人,令其没有反抗之力。另一方面,有了突厥人的支持,其他处于漠北、漠西的少数民族就不敢再侵犯中原。有些小的国家,甚至派遣

文成公主

蒙汉和亲画卷

使者携带聘礼主动向唐室请求赐婚,以壮声威。宋明清时期,也大抵如此。

总的来说,中原王朝以和亲换取和平,是明智之举。通过和亲可以避免或拖延战争的发生。在和亲政策下,只要双方还有共同的利益,那就不会开战。一旦和亲不能解决政治问题,就只能使用军事手段解决问题了。和亲政策,在客观上促进了中原地区与少数民族地区政治、经济、文化的交流。在一定的时期,和亲政策确实能够换来和平。

为何中国产生不了哥伦布

哥伦布四次航海,装备简单,船员又少,但他却发现了美洲大陆。人们提起他时无不称叹。但是早在哥伦布航海之前,郑和曾七次下西洋。在郑和的船队中,船队规模庞大,船只种类齐全,装备精良,船员众多,历次随行人员达二万八千人。除了基本的管理人员、杂务人员、航海技术人员等以外,还有行政大员、军事官员。这样的航海规模在当时是空前的。在此后很长的一段时间里也是无人能及的。那么,为什么中国产生不了哥伦布,也就是说美洲大陆为什么不是中国人发现的?

首先,郑和之所以没有发现新大陆,是因为当时他航海的目的是宣扬国威。鲁迅先生说过,中国人发明了火药,外国人用它做成子弹抵御敌人,而我们却是用来制造烟花;外国人用罗盘在航海中指引方向,而我们却是用来看风水。哥伦布航海是为了寻找利益,而郑和只是为了宣扬国威。航海目的的不同,导致了两人在航海中关注的事物也有所不同。这是郑和没有发现新大陆的直接原因。

其次,就是哥伦布和郑和在科学认识上的差异。中国自明朝初期开始就实行海禁政

哥伦布

策。海禁政策的实施，使中国古代在科学技术的发展上远远落后于西方国家，甚至后来形成了闭关锁国的政策。闭关锁国导致了很多先进的科学技术信息无法传到中国。也就是说，在郑和眼里，一直是"天圆地方"。从这一点出发，郑和认为只会越走越远，不可能回到原点。在哥伦布眼中，地球是圆的，从一点出发，沿着一个方向，最后肯定能回到起点。客观地说，郑和所处的年代，科学技术肯定没有哥伦布所处的时代发达。也就是说，科学知识上的差异，是郑和发现不了新大陆的根本原因。

虽然郑和在七次航海中没有像哥伦布一样，有举世震惊的发现，但是其历史功绩是值得肯定和赞扬的。首先，郑和圆满完成了扬我国威的任务，展示了明朝前期中国国力的强盛。中国的海军纵横大洋，实现了万国朝贡，盛世追及汉唐。在当时，很多外国人都感叹中国强大的航海实力和经济实力。其次，郑和下西洋向海外诸国传播了先进的中华文明，加强了东西方文明间的交流，同时也带回来国外先进的科学技术。再次，郑和开拓了海上贸易，为明朝带来了大量的财富。这对于闭关锁国的中国来说有很大的帮助意义。在航海技术上，郑和更是把传统的海上观星发展为比较先进的牵星过洋，并配备罗盘进行测定方向等。《郑和航海图》更是当时最先进的航海技术成果。

郑和没有成为发现新大陆的"哥伦布"，但是他七次下西洋，对中国做出的贡献是功不可没的。郑和下西洋是中国古代历史上最后一件世界性的盛举。至此之后再也没有此类的壮举。

第十四篇 千年难解的文化疑案

孔子著《春秋》之谜

《春秋》,又称《麟经》《麟史》,是中国现存最早的一部编年体史书,儒家五经之一,记载了从鲁隐公元年(前722年)到鲁哀公十四年(前481年)的历史。据史籍记载,《春秋》是孔子修订的。但也有人认为《春秋》是鲁国史官的集体作品。那么,《春秋》是不是孔子所著,孔子又为何著《春秋》呢?

《春秋》中用于记事的语言极为简练,然而几乎每个句子都暗含褒贬之意,被后人称为"春秋笔法"。由于《春秋》的记事过于简略,因而后来出现了几个对《春秋》进行解释的《传》。较为有名的是被称为"春秋三传"的《左传》《公羊传》和《穀梁传》。《公羊传》和《穀梁传》讲"圣人的微言大义",希望试图阐述清楚孔子的本意。故有人认为两传中有些内容有牵强附会的嫌疑。《左传》以史实为主,补充了《春秋》中没有记录的大事。

《春秋》一书的史料价值很高,对242年间诸侯攻伐、盟会、篡弑及祭祀、灾异、礼俗等,都有记载。它所记鲁国十二代的世次年代,也完全正确,所载日食与现代天文学界推算的日食,互相符合的有30多次。这足以证明《春秋》并非古人凭空虚撰,可以定为信史,绝非一般的文人所能作。然而,由于《春秋》对事件的记载很简略,加上在长期的流传过程中,文字上有脱、增、窜之类的问题,所以较为难懂。北宋王安石说《春秋》是"断烂朝报",述事过于简短。

《左传·成公四十年》云:"《春秋》之称,微而显,志而晦,婉而成章,尽而不污,惩恶而劝善,非圣人谁能修之。"清朝时袁谷芳的《春秋书法论》说:"《春秋》者,鲁史也。鲁史氏书之,孔子录而藏之,以传信于后世者也。"石韫玉《独学庐初稿·春秋论》也说:"《春秋》者,鲁史之旧文也。《春秋》共十二公之事,历二百四十年之久,秉笔而书者必更数十人。此数十人者,家自为师,人自为学,则其书法,岂能尽同?"很显然,《春秋》是孔子对原有史料修改润色而成。这一点学者们无异议。

孔子作《春秋》的原因,在《史记》中有详载:"余(太史公)闻董生曰:'周道衰废,孔子为鲁司寇,诸侯害之,大夫壅之。孔子知言之不用,道之不行也,是非二百四十二年之中,以为天下仪表,贬天子,退诸侯,讨大夫,以达王事而已矣。'(孔)子曰:'我欲载之空言,不如见之于行事之深切著明也。'"司马迁说:"夫《春秋》,上明三王之道,下辨人事之纪,别嫌疑,明是非,定犹豫,善善恶恶,贤贤贱不肖,存亡国,继绝世,补敝起废,王道之大者也……故春秋者,礼义之大宗也。夫礼禁未然之前,法施已然之后;法之所为用者易见,而礼之所为禁者难知。"先贤孟子亦云:"孔子作《春秋》,而乱臣贼子惧。"在春秋时

《春秋》

代,诸侯挟持天子,大夫放逐诸侯,家臣反叛大夫,天下的秩序混乱了。"弑君三十六,亡国五十二,诸侯奔走不得保其社稷者不可胜数。"孔子看到这样的景象后,编定《春秋》,寓大义于叙事之中,以褒善贬恶,警戒后人,使志士知是非善恶,使乱臣贼子有所惊惧。

《孙子兵法》作者之谜

春秋时期的《孙子兵法》通称《孙子》,又称《吴孙子兵法》,是中国历史上一部经典而又影响深远的军事著作,曾被中外人士奉为兵书之鼻祖。《孙子兵法》相传为春秋吴将孙武所撰。但是关于《孙子》的实际作者,战国子书《商君书》《韩非子》等都提到过"孙吴之书",指的是《孙子兵法》和《吴子兵法》,但并未说明作者即是孙武。所以《孙子兵法》的作者到底是不是吴国将军孙武,史学界一直未有定论。

认为《孙子兵法》是孙武所作的依据来源于《史记》。汉代司马迁《史记·孙武列传》正式记载了孙武的事迹,云:"孙子武者,齐人也,以兵法见吴王阖闾。阖闾曰:子十三篇吾今观之矣。"肯定《孙子》十三篇为孙武所著;说孙武以此十三篇兵法进谒吴王,协助其整军经武,富国强兵,西伐强楚,北威齐晋,争霸中原。《史记》之说一出,千年之间,无人怀疑。但是自宋代开始,就有史学家陈振孙、叶适等怀疑《孙子》不是孙武撰写,甚至还怀疑历史上是否真有孙武其人。但针对这一观点,明代宋濂认为:《汉书·艺文志》载古兵法有《膑孙子》(孙膑)和《吴孙子》(孙武),区别清楚,本为两人,实无可疑。而且太史公撰书严谨,是严肃认真的史家,其记事立言,翔实可靠,本传中所叙孙武、孙膑之事明明白白。

还有一种观点主张《孙子》是由孙武与其门徒们共同撰著的。持此种观点的人认为,《孙子》的主要思想体系肯定是属于孙武的,但有一个成书过程。即当孙武、伍子胥佐助阖闾成就事业后,伍子胥被排挤,孙武遂见机隐退,总结战争经验,整理成系统的军事理论,然后讲学授徒,传授军事学术。其门徒耳受笔录,世代相传,最后在春秋战国期间逐渐地形成了这部丰富、体系比较完整的兵法著作。其间文字虽会有所增删,但未改变孙武的核心思想。因此被视为孙武所撰,也未为不可。

虽然要彻底解开《孙子》作者之谜,还有待于进一步的考古和研究,但相对于这部书带来的社会价值来讲,已并不那么重要了。因为时至今日,《孙子兵法》的价值已经不仅仅是一部军事教科书了。许多中外人士纷纷学习其中的运筹用计之精粹,甚至有人用《孙子》经营工商企业,并颇有建树。

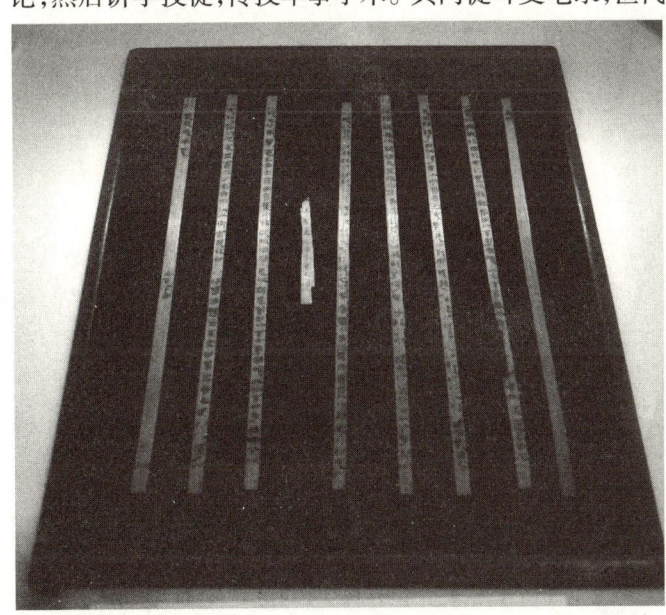

汉简《孙子兵法》

窥探历史真相

《国语》是由左丘明所作吗

《国语》是中国最早的一部国别史著作。它记录了周朝王室和鲁国、齐国、晋国、郑国、楚国、吴国、越国等诸侯国贵族间的朝聘、宴飨、讽谏、辩说、应对之辞以及部分历史事件与传说。《国语》又叫《春秋外传》,传说为春秋末期鲁人左丘明所作,与《左传》并列为解说《春秋》的著作。后世之人对《国语》是由左丘明所作产生了怀疑。那么,如果《国语》的作者不是左丘明的话,又会是谁呢?

最早提出《国语》的作者是左丘明的人是西汉的大史学家司马迁。在司马迁的《史记》中记载:"左丘失明,厥有《国语》。"此后,东汉的大史学家班固在《汉书》中记载:"《国语》二十一篇,左丘明著。"按照这些史书的说法,左丘明为孔子的《春秋》做好传记后,不幸失明,然而他"雅思未尽……稽其逸文,纂其别说……"意思是说,根据作传时没有用完的材料,左丘明又写了一本书,即《国语》。

汉朝之后,许多学者对左丘明作《国语》一事产生了质疑。晋代思想家傅玄说:"《国语》非左丘明所作。凡有共说一事而二文不同,必《国语》虚而《左传》实,其言相反,不可强合也。"从此之后,宋人朱熹、清人皮锡瑞等人对《国语》的作者是左丘明也存有疑问。

时至今日,《国语》的作者到底是不是左丘明这个问题依然困扰着我们。虽然近代之人和晋之后的古人都认为左丘明不是《国语》的作者,但是都拿不出有力的证据。现代人普遍认为,《国语》的内容是由各国史料汇编的,并非出于一人、一时、一地,这也解释了为什么《国语》中的描写手法不尽相同。《国语》主要来源于春秋时期各国史官的记述,后来经过熟悉历史掌故的人加工润色而成。大约是在战国初年,或者稍后编纂成书。也就是说,《国语》的原文是由很多人写成的。至于这个"润色"之人是不是左丘明就不得而知了。

虽然关于《国语》的作者是谁,还需要进一步的考证,但是它在中国文学史上的地位是有目共睹的。柳宗元作《非国语》,论《国语》是非,乃以《国语》"文胜而言庞,好诡而反伦……学者……溺其文必信其实,是圣人之道翳也"。司马迁认为《国语》所载内容"皆国家大节兴亡之本"。姑且不论《国语》是否违背圣贤之道,但是从另一方面,我们也不难看出,散文大家柳宗元都认为《国语》"文胜"。也就是说,《国语》在文学史上确实有一席之地。其笔法缜密、生动、精练、真切,对后世的文学创作有很好的借鉴意义。

另外,《国语》还开创了中国以国分类的国别史体例,对后世史书的体例产生了深远影响。比如陈寿所著《三国志》、崔鸿所著《十六国春秋》、吴任臣所著《十国春秋》等书,莫不是受

左丘明雕塑

到《国语》的影响而仿照其体例编写的。

《胡笳十八拍》究竟为谁所做

《胡笳十八拍》是一篇长达1297字的骚体叙事诗,根据此诗谱写的同名乐曲位列我国古代十大名曲之一,流传至今。郭沫若曾评价它"是继《离骚》以来最值得欣赏的一部长篇叙事诗"。《胡笳十八拍》原载于宋郭茂倩《乐府诗集》的卷五十九和朱熹《楚辞后语》的卷三,但这两本书中的文字记载稍有出入。至于其作者,有学者认为是东汉才女兼文学家蔡文姬所作,但也有学者提出异议。

蔡琰,字文姬,是东汉文学家和书法家蔡邕的女儿,也是我国历史上著名的才女和文学家。她天资聪慧,加上受父亲的影响,从小耳濡目染,博学多才,长于辩论,精通音律,且还精于天文数理,曾与父亲一起续修汉书。蔡文姬16岁时嫁给了河东世族卫家的卫仲道。卫仲道也是出色的学子,可谓"才子配佳人"。婚后夫妻两人恩爱,生活幸福。可惜好景不长,结婚不到一年,卫仲道便咯血而死。他们也无一儿半女,卫家更是嫌弃她克死了自己的丈夫,对她冷言冷语。心高气傲的蔡文姬不顾父亲的反对,毅然回到娘家。东汉末年,社会动荡,23岁的蔡文姬被南匈奴掳去。因其极富才情,后被南匈奴左贤王纳为王妃,并生下两个孩子。她虽贵为王妃,但却独自一人远离故土,流落他乡,饱尝异域异俗生活之苦。12年后,曹操统一北方,感念恩师蔡邕对自己的教诲,便出重金赎回了蔡文姬。这年她35岁。回来后的蔡文姬在曹操的安排下,嫁给了田校尉董祀。董祀一表人才,通书史,谙音律,而蔡文姬饱尝生活艰辛,精神时常恍惚,自然受到董祀的偏见。他只是迫于曹操的压力,才接受了蔡文姬。婚后第二年,董祀犯了死罪,蔡文姬不顾夫妻二人的嫌隙为他向曹操求情。曹操考虑到蔡文姬的遭遇便宽恕了董祀。此后,董祀感念妻子的救命之恩,也重新审视了蔡文姬,且夫妻二人看透世事,便隐居山林。

认为《胡笳十八拍》是蔡文姬所作的学者有李颀、王安石、严羽、李纲、王应麟、韩愈、黄庭坚、罗贯中、郭沫若等。他们认为《胡笳十八拍》是蔡文姬在被曹操赎回嫁给董祀后,想到自己一生三嫁,命运坎坷,在还乡之喜和与自己孩子分离的思念之痛的矛盾心理交织下而作的。没有亲身经历的人是作不出如此感人肺腑的诗句的。蔡文姬流落南匈奴达12年之久的遭遇,"回归故土"与"母子团聚"不能两全的矛盾痛苦心理,与《胡笳十八拍》所述十分相符。

而持否定意见的有朱文长、苏轼、王世贞、胡应麟、沈德潜等。综合起来,争论点主要在以下几个方面。

《胡笳十八拍》乐谱

蔡文姬归汉雕塑

首先,史书《后汉书》、诗文选集《文选》、诗歌总集《玉台新咏》、《蔡琰别传》中均没有《胡笳十八拍》的记述,晋《乐志》和宋《乐志》中也没有。因此,人们认为唐以前并没有此诗,应是唐代人伪造的。其次,《胡笳十八拍》与东汉诗的语言风格、修辞炼句、音律等方面均不同。《胡笳十八拍》的一些词句讲究对仗,且炼字修辞精巧,平仄谐调,与唐代的七言律诗很像,并不像东汉诗的风格。再次,《胡笳十八拍》中描述的场景和地理环境与历史事实不符。《胡笳十八拍》中"城头烽火不曾灭,疆场征战何时歇?杀气朝朝冲塞门,胡风夜夜吹边月"的诗句描写的是汉与匈奴连年征战的局面,而事实并非如此。蔡文姬是被南匈奴掳去,而汉末南匈奴分为二支,于扶罗、呼厨泉一支居河东平阳,也就是今天的山西临汾。诗中"夜闻陇水兮声呜咽,朝见长城兮路杳漫","塞上黄蒿兮枝枯叶干"则描述的是甘肃等地的环境,地理环境方面也与事实不符。

还有人引唐代刘商《胡笳曲序》的小序:"蔡文姬善琴,能为离鸾别鹤之操……后董生以琴写胡笳声为十八拍,今之《胡笳弄》是也。"说《胡笳十八拍》为"董生"即唐代董庭兰所作。而郭沫若解释为"后董生"应为"后嫁董生",是指蔡文姬后来嫁给了董祀,董祀弹奏蔡文姬的这首诗。更有反对者指出刘商的这段文字不足信,因其中多处内容与其他文字记载不同。

关于《胡笳十八拍》的作者究竟是不是蔡文姬,目前学术界还没有统一定论。我们翘首以待希望早日得到满意答案。一首诗,写不尽坎坷人生路,悠悠琴声,诉不完胸中万般情怀。我们可于这感人肺腑的千古绝唱中,同作者一起体味辛酸人生,感受荆棘世界……

诸葛亮到底有没有写过《后出师表》

蜀汉政权在刘备亡故后,诸葛亮主持发动了对曹魏的第六次北伐。据史载,《前出师表》和《后出师表》分别是诸葛亮在公元227—228年先后向后主刘禅献的上疏。两篇上疏语义恳切,情致动人。尤其是《后出师表》提到"鞠躬尽力,死而后已"一语,发人肺腑,以致后来演变成为一个成语,专门用来赞美那些献身国家和民族的伟大"公仆"。但是有许多史学家认为,诸葛亮可能并没有写过《后出师表》。其原因有二。

首先,《后出师表》的出处不明。在陈寿《三国志·蜀志·诸葛亮传》中,只载有《(前)出师表》,而没有《后出师表》。《后出师表》是刘宋裴松之注《三国志》时引录东晋习凿齿《汉晋春秋》的,而《汉晋春秋》中的这篇《后出师表》又是出于三国孙吴大鸿胪张俨的《默记》。中国最早的诗文总集《昭明文选》,也只选录《(前)出师表》,而不收《后出师表》。因此,这篇文章可能并非出自诸葛亮之手。

同时,通过对比前后《出师表》会发现,文中的立意、写作目的和历史年代甚至文辞风格都有很大的差异。从立意上看,《前出师表》表示了诸葛亮对北伐必胜的信心:"当奖率三军,北定中原,庶竭驽钝,攘除奸凶,兴复汉室,还于旧都。"《后出师表》却语气沮丧:

成都武侯祠岳飞手书《后出师表》

"然不伐贼,王业亦亡;惟坐待亡,孰与伐之?"虽然此时已有街亭一败,但"受任于败军之际,奉命于危难之间"的诸葛亮怎会雄心全挫呢?从写作目的上看,《后出师表》的意义不明确。根据历史记载,《后出师表》谈到"议者谓为非计",但当时蜀汉并没有人反对北伐,诸葛亮根本无需上此表以说服别人。这句话不符合当时的情况。最后就是遭人诟病最多的史实部分了。《蜀志·赵云传》说赵云"建兴七年卒"。《后出师表》上于建兴六年十一月,却说:"自臣到汉中,中间期年耳,然丧赵云、阳群、马玉、阎芝、丁立、白寿、刘命、邓铜等及曲长屯将七十余人",而且阳群、马玉、阎芝、丁立、白寿、刘合、邓铜等人,均不见史书记载,显系作伪者故意捏造,以混淆视听。从文辞风格上看,《前出师表》风格豪迈,读时可感是忠臣志士所写;《后出师表》辞意庸陋,如"群疑满腹,众难塞胸,今岁不战,明年不征"四句,均一句四字,两句对偶,意思完全雷同。《前出师表》就没有这样风格的句子。

既然认为《后出师表》非诸葛亮自作,那么,真正的作者又是谁呢?因为《后出师表》出于张俨的《默记》,因此一些学者就认为它是张俨所作。也有人认为伪作者应是诸葛亮的胞侄诸葛恪。诸葛恪在公元252年孙权临死时,受命为东吴大将军,全权辅佐幼主孙亮。当时孙氏皇族与江南大族的势力非常强大,诸葛恪为了树立自己的威望和掌握兵权,就发动对魏的战争。然而这却引起举国反对,正如《后出师表》中所说的"议者谓为非计"。于是,诸葛恪一方面"著论以谕众",另一方面伪制《后出师表》,以便使自己的伐魏主张得到一个有力的旁证。后来这篇文章被张俨收录进他所撰的《默记》。

时隔千年,《后出师表》究竟是谁所作,仍没有统一定论,只待有一天有新的考古发现,或许可以解开这千古谜题。

《兰亭序》是王羲之写的吗

《兰亭序》,又名《兰亭集序》《兰亭宴集序》《临河序》《禊序》《禊帖》,由晋代书法家王羲之在绍兴撰写,书法成就很高,与颜真卿《祭侄季明文稿》、苏轼《寒食帖》并称三大行书书法帖。1000多年来,人们对《兰亭序》是由王羲之书写一事深信不疑。然而到了20世纪60年代,在中国主流媒体上,却掀起了一场《兰亭序》是不是由王羲之书写的争论。事实上又是怎么回事呢?

东晋穆帝永和九年(353年)三月初三,王羲之与谢安、孙绰等41位名士,在今浙江绍兴会稽郡山北面的兰亭聚会,行流觞(shāng)曲(qū)水之乐,各有诗文,辑为《兰亭集》。王羲之乘着酒兴方酣,用蚕茧纸、鼠须笔疾书,为《兰亭集》作序文。书法帖共28行,324字,章法、结构、笔法都很完美。其书写遒健飘逸,为书法中的极品。当时王羲之50岁,正是书法家最好的时候。《兰亭序》书法不类王羲之早先的作品,连他自己都感到不似平生之作。王羲之酒醒之后,再书《兰亭序》,但均逊色于原作。所以《兰亭序》原稿一直被王羲之视为至宝,并当做传家之宝传给王氏后代。至王羲之第七代子孙智永和尚时,《兰亭序》原稿被唐太宗李世民"骗"入朝廷。唐太宗得《兰亭序》后,曾诏名手赵模、冯承素、虞世南、褚遂良等人临摹数个副本,分赐亲贵近臣,但摹本无一胜过王羲之的原作。

传说因为唐太宗太喜欢《兰亭序》真迹了,以至于死时也让其陪葬。可是,到五代时,耀州刺史温韬把唐太宗的昭陵盗后,却发现在其写的出土宝物清单上,并没有《兰亭序》。另一说《兰亭序》真迹藏在武则天的乾陵里面。又一说温韬盗出的有《兰亭序》贴,后来传到明朝时入藏于藏书家丰坊的万卷楼。1562年,《兰亭序》原贴毁于万卷楼大火。

现存的《兰亭序》帖为唐朝时的摹本,有五大摹本,分别是《兰亭神龙本》《虞本》《褚本》《定武本》《黄绢本》,以"神龙本"最为著名。

《冯本》为唐代内府栩书官冯承素摹写,因其卷引首处钤有"神龙"二字的左半小印,后世又称其为"神龙本"。因使用"双钩"摹法,摹写精细,笔法、墨气、行款、神韵,都得以体现,故《冯本》为唐人摹本中最接近兰亭真迹者,是最能体现兰亭原貌的摹本。另有碑拓神龙本、天一阁碑刻神龙本。

《虞本》为唐代大书法家虞世南所临,因卷中有元朝天历内府藏印,亦称"天历本"。虞世南得智永和尚真传,书法直取魏晋风韵,与王羲之书法意韵极为接近,用笔浑厚,点画深邃。故《虞本》是最能体现兰亭意韵的摹本。

《褚本》为唐代大书法家褚遂良所临,因卷后有米芾题诗,故亦称"米芾诗题本"。此册临本笔力轻健,点画温润,血脉流畅,丰神洒落,深得兰亭神韵。故《褚本》是最能体现兰亭魂魄的摹本。

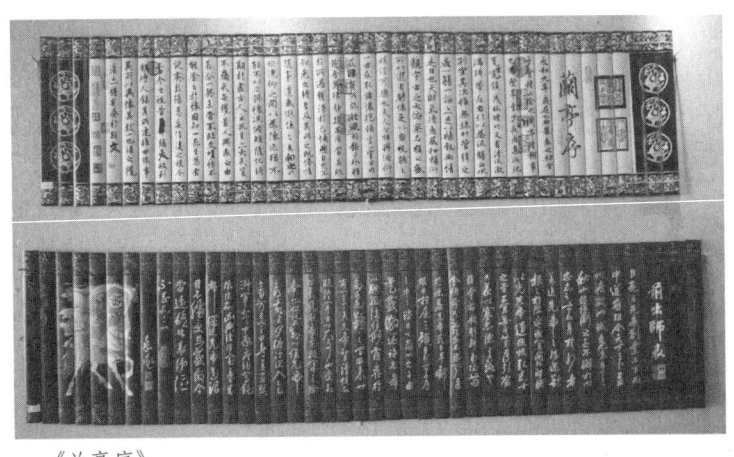

《兰亭序》

《定武本》是唐代大书法家欧阳询的临本,于北宋宣和年间勾勒上石,因于北宋庆历年间发现于河北定武而得名。定武原石久佚,仅有拓本传世。《定武本》是最能体现兰亭风骨的摹本。

《黄绢本》因书于黄绢上而得名,相传亦为

褚遂良所临。

后人称赞《兰亭序》的书法艺术"点画秀美,行气流畅","清风出袖,明月入怀","飘若浮云,矫若惊龙","遒媚劲健,绝代所无","贵越群品,古今莫二"。

清代乾隆年间,有一位名叫赵魏的学者首先提出,王羲之的字不可能像《兰亭序》那样的行书,应该更有古意一些。到清朝末年,广东书画家李文田认为,古人评价《兰亭序》时,说其"龙跳天门,虎卧凰阙,铁画银钩",认为王羲之的真迹应该像"虎卧凰阙"那样古拙才对,但《兰亭序》的书法儒雅漂亮,不像是王羲之所写。

王羲之

在1964年和1965年,南京出土了两块东晋时期的王、谢家族墓志。郭沫若研究发现墓志上的字体非常古拙,带有浓厚的隶书笔意,与同时代的《兰亭序》的行书笔意大不相同。他认为"天下的晋书都必然是隶书",并大胆提出《兰亭序》行书帖"既不是王羲之的原文,更不是王羲之的笔迹",而是王羲之的第七代孙智永和尚所写。

此说一出引起很多学者的反驳。经毛泽东批示可以进行学术辩论后,在学界掀起了一场长时间的辩论,以论证《兰亭序》是不是王羲之的笔迹。1973年3月,文物出版社收集相关18篇文章,编纂成《兰亭论辩》一书。

现在的专家分析认为,郭沫若的论点不够严谨,把晋朝墓志上的字体跟《兰亭序》手稿里的字体相对比,这种比法是行不通的。因为古人写正式文字时,用的是正式书体,而平时手稿里的字,隶书的笔意可能相对就会少一些,甚至没有。所以郭沫若的比较方法是不对的。另外,他大胆怀疑《兰亭序》是智永和尚伪造的,也是出于主观推断,并没有根据。大多数学者相信《兰亭序》书帖是王羲之所书。

《推背图》神奇的预言之谜

2009年一部关于全球毁灭的灾难电影《2012》上映后,引发了人们对"预言"的好奇,因为电影中2012年世界末日到来的说法源于古代美洲玛雅人的预言。在我国也不乏相关的预言著作。我国的《推背图》《易经》与西方的《玛雅预言》《诸世纪》一起被誉为世界四大预言经典。《推背图》和《乾坤万年歌》《马前课》《梅花诗》《藏头诗》《烧饼歌》《黄蘖禅师诗》一起被称为"中国七大预言书"。而《推背图》更是号称"中华第一预言书"。

相传,《推背图》由我国唐代著名的天象家李淳风和袁天罡所作,以推算大唐国运。据说在唐太宗李世民年间,一天李淳风在观天象时看出武则天将夺权之事,于是一时兴起,开始推算起来,谁知一发不可收拾,竟然一直推算到唐以后中国2000多年的命运。旁边的袁天罡在背后忍不住推他的背说道:"天机不可再泄,还是回去休息吧!"这才停止。《推背图》的名字也由此而来。因《推背图》中的预言极其准确,一直以来被历代统治者列为禁书。现在我们所能看到的《推背图》版本是清朝乾隆年间的举人金圣叹评批的版本,原本现保存于台北故宫博物院中。

从目前我们所能看到的内容来看,《推背图》是在《周易》八卦学说的基础上,运用一定的演绎方法对人类社会发展轨迹作出的概括性预言。每一卦象以八八六十四卦之一起始,全书共60象。除第一象引言和最后一象结言不是预言外,共有58象预言。每一象的编排是:卦图一幅,图下面是谶(chèn)诗二首,谶下面是颂。"谶"是预言的意思,是推断和猜测。"颂"是主流歌曲。

《推背图》预言的时间跨度大,内容既广泛又集中。其预言的是唐代以后约1800年有关国家命运的政治历史大事。预言范围从第2象的大唐气数一直到第59象的世界大同,每象相接,且依历史顺序而来,并不错乱。内容涉及争霸战争、宫廷政变、王朝开辟、太平盛世、农民起义等多个方面,但每一件事又都是关系到国家命运和历史发展的大事,意义非凡。

《推背图》的神奇性还在于其预言的准确性。截止到清代学者金圣叹在世时已应验到第33象,一般认为从39象到47象预言的是20世纪中叶至21世纪上半叶的历史,其中39象至42象的预言已经发生。最令人不可思议的是已经发生的历史似乎被《推背图》中的预言一一言中。如第3象的卦图是手握刀刃的女尼,因武则天曾出家为尼,暗示武则天称帝;第5象图为史书、马鞍、玉环,杨贵妃又名杨玉环,预示唐朝中期的安史之乱和马嵬之变;第21象图为一位胡人驱赶两位皇帝,预示女真南侵,"靖康之变";第27象中预言朱元璋建立明朝;第28象则预言"靖难之役";第32象是说李自成推翻明朝,明朝灭亡;第34象预言太平天国内讧;第35象图为城门大开,有两个士兵(后面远处还跟着一个士兵)正大踏步地往里闯,暗示第二鸦片战争英法联军入侵北京;第36象描述的是辛酉政变及其后的两宫太后垂帘听政的历史事件;第37象就是清朝的结束;第39象预言中华民族的抗日战争及战争的胜利。

一个个预言预期发生,准确得令人瞠目结舌,让我们不得不佩服1000多年前的古人竟能有如此神通。也许有人会说,那赶紧研究一下我们现在及以后会发生什么,以提前做好应对准备。但预言虽隐藏天机,很神奇,语言却常常晦涩难懂。人们往往是在事情发生后才会如梦初醒般醒悟。如果人们只是想当然地去理解,不仅不能预知未来,还可能会带来严重后果。秦始皇把"灭秦者胡"中的"胡"理解为"胡人",耗费了巨大的人力、物力和财力修筑万里长城以抵御胡人

李淳风

的进攻,但没想到这里的"胡"是指他的儿子胡亥。也许,如秦始皇不那么看重这句谶语,一门心思治国安民,秦朝也不会仅15年就"二世而亡"。或许正如《推背图》第60象颂中所写:"万万千千说不尽,不如推背去归休。"一切皆在言说与不可言说之间。

《推背图》

"道可道,非常道;名可名,非常名。"预言虽神,却只能用心去悟,给我们提供一些有关运势的见解,但我们绝不能完全沉迷其中,忽略了人本身应该做出的努力。

《广陵散》失传没有

《广陵散》,又名《广陵止息》,这是我国古代的一首大型器乐作品。魏晋琴家嵇康以善弹此曲著称。公元262年,嵇康以"乱政"之罪被斩首。刑前索琴弹奏此曲,并慨然长叹:"《广陵散》于今绝矣!"《广陵散》失传了吗?

其实,嵇康所说的"绝矣"和失传并不是一个概念。据《世说新语·雅量》载:"嵇中散临刑东市,神气不变。索琴弹之。奏《广陵》。曲终曰:'昔袁孝尼尝从吾学《广陵散》,吾靳固之,《广陵散》于今绝矣!'"正因为嵇康临刑前索琴弹奏《广陵散》,才使这首古典琴曲名声大振。因而在一定程度上,《广陵散》是因嵇康而"名"起来的。但所谓"于今绝矣"则非指曲子本身而言,它主要反映了嵇康临刑时的愤激之语。况且在嵇康之前,《广陵散》就流传于民间。在长期的流传过程中,它凝聚着历代传颂者的心血。后来又经嵇康这位音乐大家的精心加工,《广陵散》必定是震慑人心。但由于其"谱简腔繁"的记谱法,嵇康所奏的《广陵散》无法流传后世。

事实上,琴曲《广陵散》经《神奇秘谱》保存,一直流传到今天。"广陵"是古代扬州的称谓之一,"散"是操引乐曲的意思。《广陵散》的作者不详,很可能是广陵地区的劳动人民。《广陵散》是我国古代的一首大型器乐作品。它萌芽于秦、汉时期。其名称记载最早见于魏应璩《与刘孔才书》:"听广陵之清散。"到魏、晋时期,它已逐渐成形定稿。随后曾一度流失,后人在明代朱权编印的《神奇秘谱》中发现它,再重新整理,才有了

《广陵散》

我们现在听到的《广陵散》。起初,广陵散有多个曲谱,据张永《记录》载:"又有但曲七曲《广陵散》《黄老弹飞引》……《窈窕》,并琴、筝、笙、筑之曲。"可见《广陵散》在成曲之初并非是古琴曲,也是有其他乐器伴奏的。

《神奇秘谱》所载的《广陵散》较为完整,是今日经常演奏的版本。谱中有关于"刺韩"、"冲冠"、"发怒"、"报剑"等内容的分段小标题。所以古代琴曲家即把《广陵散》与《聂政刺韩王》看做是异名同曲,讲述的是战国时期聂政为父报仇,刺杀汉王的故事。全曲贯注着一种愤慨不屈的浩然之气。嵇康也正是看到了《广陵散》的这种反抗精神与战斗意志,才如此酷爱并对之产生了深厚的感情。

所以,历史上的《广陵散》并没有因为嵇康被杀而失传,而是保留了最精华的琴曲部分,在清代曾绝响一时。新中国成立后我国著名古琴家管平湖先生根据《神奇秘谱》所载曲调进行了整理、打谱,才使这首奇妙绝伦的古琴曲音乐又回到了人间。

《满江红》的作者是否为岳飞

岳飞的《满江红》一词,文字慷慨激昂,感情真挚,充分反映出其精忠报国的英雄气概。该词从明代中叶以后开始流传,400多年来脍炙人口,妇孺皆知,很少有人对它的著作权产生过怀疑。但是近年来关于这首词的作者是否为岳飞,却产生了颇多非议。有人认为此词可能不是岳飞所作。

认为《满江红》不是岳飞所作的原因主要有三点。首先是考证中发现《满江红》并非出自岳飞的文集。岳飞孙子岳珂所编《金陀粹编》中的《岳王家集》没有收录《满江红》一词。《满江红》最早见于明代嘉靖十五年(1536年)徐阶所编的《岳武穆遗文》,是根据弘治十五年(1502年)浙江提学副使赵宽所书岳坟词碑收入的。而且赵宽碑记中提及的岳飞另一首《送紫岩张先生北伐》诗,经清人王昶考系明人伪作。所以《满江红》词也有可能是明人伪作。

其次,《满江红》词中存在地理常识错误,问题出在"驾长车,踏破贺兰山缺"一句。岳飞伐金曾直捣黄龙府,黄龙府在今吉林境内,而贺兰山在今甘肃河套之西,南宋时属西夏,并非金国地区。贺兰山在史书中扬名,始于北宋。唐、宋时人若以贺兰山入诗,都是实指。所以,岳飞作为一代名将,不会把地点混淆到如此地步。弄混这些地点只能有一个可能,这首词不是有亲身经历的岳飞所作。而在《满江红》出现的明代中叶,明将王越在贺兰山抗击

杭州岳王庙岳飞塑像

鞑靼,打了第一个大胜仗。因此"踏破贺兰山缺",非常符合当时的军事情况。

最后,《满江红》一词的内容和风格都存在疑点。词中提到了多处岳飞自己的事迹和典故,如"三十功名"与"八千里路云和月"等。作者自己总结自己的生平,细想起来颇为不合常理,只有完全了解岳飞生平的人才能写出这些语句。另外就是《满江红》一词的风格慷慨澎湃,与已认定为岳飞原作的《小重山》词中的失意之味大相径庭。

当然也会有历史学者认为《满江红》就是岳飞的杰作。关于《满江红》未被《岳王家集》收录的问题,文学史上也有过作品历久始彰的先例。如唐末韦庄的《秦妇吟》被湮没900多年后才看到全文。因此《满江红》不见于宋、元人著录,直到明代才出现,也不足为怪。有关地理错误,有学者认为贺兰山为"长安"、"天山"一类地名,可用作比喻性的泛称。岳飞是把贺兰山比作黄龙府。关于"三十功名尘与土"之句,可知此词是在岳飞30岁或30岁前后有感而作。岳飞30岁时受到朝廷的恩宠,开始掌指挥大权,因责任重大,身受殊荣,感动深切,乃作成此壮怀述志的《满江红》词。而"八千里路云和月"则来源于岳飞自20岁离开家乡,转战南北,至30岁由九江奉召入朝,"计其行程,足逾八千里。故词中有这句"。还有关于这首词的风格,历来文学史上两种风格兼擅的作家很多,岳飞的《小重山》与《满江红》风格不一致,也不足为怪。

虽然《满江红》的作者是否为岳飞未有定论,但是这首词中饱含的爱国精神却令人振奋。就算是伪作,但也足见作者功力之深厚。其将岳飞想言而未言之语诉诸笔端,被人千古传颂。

《百家姓》为何以"赵"姓为首

提起中国姓氏,人们最熟悉的自然是《百家姓》一书。《百家姓》是一本关于中文姓氏的书,在旧时与《三字经》《幼学琼林》《千字文》等一起被列入孩童的启蒙读物。书中将常见的姓氏编成四字一句的韵文,以便诵读记忆,头两句为"赵钱孙李、周吴郑王"。这么多姓氏,为什么偏偏把赵姓放在首位呢?

赵姓为大姓,由来已久。根据《姓纂》记载,颛顼帝的后代造父是西周著名的驭马能手。传说他曾取良马八匹,献予周穆王,并且驾马西行至昆仑,见到了西王母,乐而忘返。后来,他又亲自载着穆王,日行千里,平定乱事,因功被赐于赵城(大概在今山西洪洞县赵城镇)。下传至赵襄子时,与韩、魏三分晋地,建立赵国,其后子孙以国名为氏,称赵姓,并尊造父为其始祖。

此外,《百家姓》以"赵"姓为首的最重要原因是,宋朝皇帝姓赵,故尊赵姓为天下第一姓。王明清的《玉照新志》记载:"如市井

古籍《百家姓》

间所印《百家姓》,(王)明清尝详考之,以是两浙钱氏有国时小民所著,何则?其首云:'赵钱孙李',盖钱氏奉正朔,赵本朝国姓,所以钱次之;孙乃忠懿(钱)之正妃;又其次,则江南李氏。次句云'周吴郑王'皆武肃而下后妃。"由此可见,《百家姓》以"赵"姓打头,并非因为"赵"为天下第一大姓,而是因为《百家姓》完书于北宋初年的吴越钱塘地区。当时宋代的皇帝姓"赵","赵"自然成为当时的"天下第一姓",不排在首位,就有"欺君之罪",必然会引祸上身。而宋时吴越王的钱氏后裔居浙江,所以"钱"姓便排列第二。钱氏的正妃姓"孙",借钱氏之威势,排在第三。而"李"氏为第一大姓,故排在第四。

明朝初年,又出现过一部《皇明千家姓》,首句是"朱天奉运",因为开国皇帝是朱元璋的缘故,所以这一回是朱氏当头了。到了清朝,还由政府颁布过一部以康熙皇帝名义主编的《御制百家姓》,该姓谱只收汉族姓氏,起首几句是"孔师阙党,孟席齐梁;高山詹仰,邹鲁荣昌",以示尊孔崇儒。如今,《百家姓》作为儿童识字发蒙的的作用日显,以尊卑定姓序的观念则越来越淡薄,直至被人们遗忘。

《清明上河图》"五次入宫、四次被盗"之谜

《清明上河图》是北宋徽宗时期画师张择端所画,描绘的是北宋都城汴京东南郊的街市风俗和漕运情况。这幅画完成后,被献给了宋徽宗。宋徽宗用"瘦金体"书法亲笔在图上题写了"清明上河图"五个字,并钤上了双龙小印(今佚)。在以后的800多年里,《清明上河图》成为帝王权贵巧取豪夺的目标,几经辗转飘零,五次进入宫廷,四次被盗出宫,演绎出许多传奇故事。

1127年,金国将北宋汴京的图书珍宝运往金国都城哈尔滨,包括《清明上河图》。金国人张著、张公药、郦权、张世积等题跋于图后。蒙古人灭金国后,将《清明上河图》收入秘府。官匠装池者以赝本偷换出宫,售予某贵官。中途又被保管人偷售给杭州的陈彦廉。1351后,杨准从陈彦廉处购得此图,题长跋记述始末。次年,江西的刘汉从杨准处获观,为之题跋,誉之"精艺绝伦"。1365年李祁记图为静山周氏家。1451年明朝人李东阳在图后两次题写长跋,详记画面内容,并说在弘治以后,图固归华盖殿大学士徐溥所有。徐溥临终时,赠李东阳。1461年前后,明朝的吴宽题称,图在大理寺卿朱鹤坡家,说:"朱公云:'此图有稿本,在张英公家。'"

明嘉靖三年(1524年),《清明上河图》转到了兵部尚书陆完家。陆完在图后作题记。陆完死后,他的夫人将《清明上河图》缝入枕中,不离身半步,视如身家性命。后来

开封清明上河园张择端雕像

其子急等钱用,便将《清明上河图》卖至昆山顾鼎臣家。此事被严嵩父子得知后,又强行将其索去。严嵩败后,家产被籍没,图入大明宫廷。1578年,图由明朝内府转入司礼监冯保手中。冯保作跋。1644年清军入关以后,图先后为陆费墀、毕沅等人收藏。毕沅死后第三年(1799年),因案牵连,家产被籍没,图被收入清宫廷,藏于迎春阁内,并著录于钦定《石渠宝笈三编》。

清朝亡后,从1922年11月16日开始,到1923年1月28日的73天时间里,溥仪以"赏赐"其弟溥杰的名义,将书画手卷1285件,册页68件移出皇宫。每一件书画都价值连城。其中,《清明上河图》就有四卷之多,包括北宋画家张择端所画的《清明上河图》,明代画家仇英仿画的《清明上河图》,以及明代其他画家以苏州为背景仿画的"苏州片"《清明上河图》等。1925年2月24日,溥仪打扮成商人的模样,在日本人的监护下,来到天津法租界的张园。他移出的大量紫禁城珍宝、字画,也秘密地被转移至天津。溥仪在天津度过了7年多的时光。

1932年3月8日,溥仪带着他的家眷和大量珍宝、字画,从天津迁往长春,就任伪满洲国皇帝。《清明上河图》等珍图藏在伪皇宫东院图书楼中。1945年8月,日本关东军司令官山田乙三通知溥仪迁都通化。溥仪请宽限3天的时间打理行装,实际上,是打包那些从北京故宫带出来的珍宝、字画。他从大量的珍宝、字画当中精选了一些珍品,便逃往通化大栗子沟。剩下的珍宝、字画被侍卫哄抢一光。溥仪在大栗子沟仅仅住了3天,之后又匆忙逃往沈阳,准备从沈阳逃往日本。他又从所携的珍宝、字画中选出小部分携带,而将大部分珍宝、字画留在了大栗子沟。这些被遗弃在大栗子沟的珍宝、字画,有的被抢走,有的被烧毁,后来有一部分被解放军收缴。

1945年8月19日,溥仪在沈阳机场乘飞机准备逃往日本。飞机起飞后被苏军迫降,溥仪和他的随从人员,以及随身携带的珍宝、字画被苏军截获。溥仪被遣往苏联赤塔,后转至伯力,五年之后,被遣送回国。但四个不同版本的《清明上河图》则下落不明。1948年,解放军解放了长春。解放军干部张克威通过当地干部收集到伪满皇宫流散出去的珍贵字画十余卷,其中就有《清明上河图》。后转给林枫,林枫又转给东北博物馆。

1950年冬天,东北局文化部开始整理解放战争后留下的文化遗产。书画鉴定专家杨仁恺先生在鉴定收缴来的大量字画时,发现一卷画面呈古色古香的淡褐色的长卷,画中描绘人物、街景的方法,体现着独特古老的绘画法式,气势恢弘,笔法细腻,人物、景物栩栩如生。这幅画上虽然没有作者的签名和画的题目,然而画卷上历代名人的题跋丰富翔实,历代的收藏印迹很多,仅清末代皇帝溥仪的印章就有三枚之多。

《清明上河图》模型

尤其是画卷之后有金代张著的题跋:"翰林张择端,字正道,东武人也,幼读书,游学于京师,后习绘事,本工其'界画',尤嗜于舟车市桥郭径,别成家数也,按向氏《评论图画记》云,《西湖争标图》《清明上河图》选入神品,藏者宜宝之。大定丙午清明后一日。"杨仁恺判断这就是北宋张择端的《清明上河图》。于是将这幅画卷的照片,发表于东北博物馆编印的《国宝沉浮录》中。

此事立即引起了国内外专家学者的高度关注。时任国家文物局局长的郑振铎将这幅画卷调往北京。经专家学者进一步考证、鉴定,确认这幅绘画长卷就是闻名遐迩的北宋张择端的《清明上河图》。画面中虹桥的结构符合北宋木拱桥的结构,而其他本的《清明上河图》不能体现这一点。于是稀世国宝《清明上河图》入藏北京故宫博物院。

"文化大革命"中,林彪的部将李作鹏利用权势将《清明上河图》从故宫博物院"借"出,据为己有。他还伙同邱会作、吴法宪等人一起,夺取了其他一大批珍贵文物。林彪一伙倒台后,《清明上河图》又入藏北京故宫博物院。

谁是《金瓶梅》真正作者

《金瓶梅》,位居明代"四大奇书"之首,所署笔名是兰陵笑笑生。那么,兰陵笑笑生到底是何方神圣,姓甚名谁? 这个问题一直困扰着我国文学界和"金"学界的专家学者和众多读者们,从而成为《金瓶梅》研究中的"哥德巴赫猜想"。

据考证,"兰陵"为地名,而全国叫兰陵的地方仅有两处,一是今山东枣庄市峄城区,另一处是今江苏常州市武进县。"笑笑生"为作者笔名,但至此我们还是对作者没有明确的概念。万历丁巳年(1617年)刻本《金瓶梅词话》开卷序后有一篇廿公《金瓶梅跋》,其中第一句话说"《金瓶梅传》,为世庙时一巨公寓言"。明沈德符《万历野获编》则说"嘉靖间大名士手笔"。从中我们可以窥知,"笑笑生"是明嘉靖"一巨公"、"大名士",但依然无真实姓名。据此信息,后人展开了多方研讨论证,到目前为止,各种猜想中提出的可能作者达60人之多,但主要有以下几种主流的说法。

王世贞

王世贞说:王世贞,字元美,号凤州,又号燕州山人,明嘉靖年间的文学家、史学家,曾任南京刑部尚书。他博学多才,文满天下,与李攀龙、谢榛等被合称为"后七子"。《明史》中称赞他"才最高,地望最显,声华意气,笼盖海内"。相传,王世贞的父亲因进献《清明上河图》的赝品被人识破,从而得罪权臣严嵩和严世藩父子,最终被迫害致死。于是,王世贞便以严嵩父子为原型创作《金瓶梅》,揭露他们的种种丑恶罪行,从而替父报仇。

而最早记载王世贞作《金瓶梅》的是明刻本《山林经济籍》和《万历野获编》。清康熙十二年(1673年)宋起凤的《稗说》与清初的《〈玉娇梨〉缘起》均指出《金瓶梅》作者为王世贞。值得一提的是,《稗说》虽为野史和民间传说,但就史料价值而言,这本书还是相当可靠的。此后,人们口耳相传,坚定了王世贞作《金瓶梅》这一信息。此说在20世纪30年代时遭到鲁迅、吴晗、郑振铎等人的严重抨击。1979年朱星重新提起此说,并从王世贞籍贯山东,是"嘉靖间大名士",才学高深,经历过官场大场面,见多识广,好酒好色的情怀

《金瓶梅》

等10个方面进行了论证。此后上海交通大学许建平教授也从内外两方面对此说进行了全面论证。

屠隆说: 此说是由黄霖教授首先提出来的,因他发现《金瓶梅》中第56回的"哀头巾诗"和"祭头巾文"出自屠隆的《开卷一笑》;且屠隆祖籍江苏常州武进(古称兰陵),他以"淫纵"罢官,坚持写作"淫雅杂阵"。这种情欲观与《金瓶梅》很相符。而且,目前发现的最早的明万历年间的《金瓶梅》版本由欣欣子作序。经查家谱,欣欣子为屠隆的族孙屠本畯,所以大家便认为《金瓶梅》为屠隆所作。

李开先说: 此说最早见于中国社会科学院文学研究所《中国文学史》1962年版由吴晓铃所加的一条脚注:"李开先的可能性较大。"但在1979年重印时他把这句"李开先的可能性较大"删除了。不过,她本人在1982年6月在美国发表讲演时重申此说。我国著名古代文学研究专家、元明清戏曲小说研究领域的泰山北斗级的人物徐朔方教授(1923—2007)也主张李开先是《金瓶梅》的作者。主要依据如下:首先,李开先是山东人,"嘉靖八子"之一,曾担任京官,创作过多种戏曲。其《词谑》《诗禅》表明他对市井文学的爱好和修养。其次,《金瓶梅》第七十回〔正宫·端正好〕套曲五支出自李开先的《宝剑记》第五十出原文,而且《金瓶梅》中大量引用了李开先《宝剑记》中的曲白,文风也和《宝剑记》有相似之处。再次,《金瓶梅》中有李开先的"自我影射"。如书中西门庆在妻妾、家乐、园林、会友方面都有李开先的影子;书中有"藏春坞",而李开先家有"藏春阁";都说过"留驴阳"的笑话;李开先的长子"戊申"生人,极受宠爱,不幸夭折,与书中的官哥相似等。

徐渭说: 潘承玉教授在1999年1月出版的《金瓶梅新证》一书中详细论述了《金瓶梅》作者之"徐渭说"。在该书中,潘承玉教授首先通过对《金瓶梅》一书中佛教、道教的描写进行分析,把《金瓶梅》的作者定位在"跨越嘉、隆、万三朝,主要生活在嘉靖年间",接着"指出小说作者同时又是资料丰赡的戏曲学者、技巧纯熟的戏曲作家、素养全面的画家与擅长应用文写作的幕客";"作者应该有边关甚或御敌的生活阅历","具有较强烈的民族忧患意识和御敌卫国意识";"作者有强烈的方言俗语爱好";"作者必有以上各方言区(指绍兴、山东、北京、苏州、山西、福建、广东等)的生活经验";"有著书藏名于谜的爱

徐渭

好"。他又通过对一系列文献资料的研究考证，"证明小说作者必为绍兴人"。然后，潘承玉教授逐一论证，认为徐渭符合《金瓶梅》作者的条件。

贾三近说：这是20世纪新时期《金瓶梅》作者新人第一说。徐州教育学院张远芬教授在其《金瓶梅新证》中指出，贾三近为山东枣庄峄城人，也即古时的兰陵，是明嘉靖、万历年间的文学家，而且贾三近的生平事迹、人生经历、个人嗜好等方面都符合《金瓶梅》作者的要求。

蔡荣名说：浙江学者陈明达于2008年11月推出长篇论文《〈金瓶梅〉作者蔡荣名考》，从八个方面以翔实的证据论证《金瓶梅》真正的作者是明朝黄岩人蔡荣名。这篇文章一经发表，引起了海内外众多学者和媒体的注意。美国、香港等多家报刊刊发了陈明达的这篇论文。

蔡荣名（1559—？），字去疾，别字簸凡，明黄岩人。他出身书香门第，从小聪慧异常，17岁时考中头名秀才，但他我行我素，偏激狂傲，不耐繁文缛节，多次赴省试均未中举。于是就纵情诗酒，常常醉中成诗。蔡荣名于24岁时北上拜谒王世贞，深受赏识。著有《太极注》《芙蓉亭诗钞》等。

陈明达认为，《金瓶梅》中大量独特的黄岩方言只有黄岩人才能写得出来。蔡荣名的籍贯、出身、经历和性格特点等方面都符合《金瓶梅》作者的要求，而且书中多处或暗示或影射其作者为蔡荣名。

此外还有"王稚登说"、"汤显祖说"、"冯梦龙说"、"李元芳说"、"李渔说"、"赵南星说"、"李贽说"、"金圣叹说"、"王采说"等，不一而足。但均不能完全使人信服，因此至今《金瓶梅》的作者仍无定论，悬而未决。

《金瓶梅》作为明代"四大奇书"之首，是我国文学史上最伟大的小说之一，在我国文学史上具有开拓性的意义。也许，谁是《金瓶梅》的真正作者并不重要，重要的是这是一本让人百读不厌的好书，影响着一代又一代的人。

《永乐大典》的正本下落之谜

《永乐大典》是明永乐年间编纂的一部类书，全书22 937卷，11 095册，约3.7亿字，是目前我国最大的一部类书，《大英百科全书》称之为"世界有史以来最大的百科全书"。明成祖朱棣即位后为了证明自己的文治武功，便于即位后的第二年（1403年）命翰林学士解缙、姚广孝编纂类书。解缙组织学者们夜以继日地编修，1404年《文献大成》编写完成。但明成祖认为编写时间仓促，内容不够丰富，便下令加派人手重新编纂修订。3000多名文人儒士经过四年的精心编纂修订，一部上至先秦，下到明初，包括经、史、子、集、释藏、道经、戏剧、评话、工技、农艺等各方面的集古今图书之大成的《永乐大典》，终于于永乐六年(1408年)问世。

《永乐大典》有两个版本，一是明成祖永乐年间编纂修订完成后的版本，称为"永乐正本"，开始放在南京文渊阁的东阁。明成祖朱棣于永乐十九年(1421年)迁都北京后，一部分藏书也随之被带到北京。《永乐大典》被放置在北京文楼中。另外一个版本是明嘉靖年间重新抄录的版本，称为"嘉靖副本"。明世宗嘉靖三十六年(1557年)北京紫禁城奉天门、午门和三大殿发生大火，喜爱《永乐大典》的明世宗令人及时把《永乐大典》从文楼中抢了出来。《永乐大典》这才幸免于焚毁。此后，明世宗恐书再有意外，便萌生了重录《永乐大典》的想法。嘉靖四十一年(1562年)，明世宗任命高拱、瞿景淳、张居正等人负责《永乐大典》的重录工作。重录时完全按照"永乐正本"摹写，不加任何改动。前后109位阁臣儒士经过将近六年的辛苦抄写，终于在明穆宗隆庆元年(1567年)四月完成副本的抄写工作。抄好的副本被放置在嘉靖十三年(1534年)明世宗新修建的皇史宬中。

两个版本的《永乐大典》均藏于深宫之中，没有刊印，流传很少，真正接触过此书的人也并不多。现存《永乐大典》约400册，分散在世界八个国家30多个收藏机构中，我国仅有226册，且为"嘉靖副本"。历史上《永乐大典》屡遭浩劫，"嘉靖副本"到清乾隆时已缺2000多卷。在经历了清朝官员的盗窃和光绪二十六年(1900年)八国联军侵华时的焚毁后，《永乐大典》"嘉靖副本"所剩无几。而更令人可惜的是，在明嘉靖年间重录后，"永乐正本"已不知所踪，竟然神秘地失踪了。后世人们对《永乐大典》正本的下落也是众说纷纭。有人认为其被李自成焚毁；有人认为其作为殉葬品深埋于永陵；也有人提出其毁于万历年间的一场大火。

李自成兵败迁怒《永乐大典》？

1644年3月18日，李自成攻克北京，4月被吴三桂和多尔衮的联军击溃。4月30日李自成率残余人马撤离北京。心有不甘的李自成临行前曾火烧紫禁城和北京的部分建筑。因此，有学者推测，《永乐大典》正本可能就焚毁在这场大火中。郭沫若是此观点的支持者，他曾在《影印永乐大典序》中说："明亡之际，(北京)文渊阁被焚，正本可能即毁于此时。"但反对者认为这种观点只是猜测，并没有相关证据，且李自成的那把大火确实烧毁了许多书籍，但并没有资料记载其中有《永乐大典》。

为嘉靖皇帝殉葬藏于永陵中？

嘉靖后，《永乐大典》正本便神秘地失踪了。另外，嘉靖皇帝生前相当喜爱此书。据此，有人猜测，《永乐大典》正本作为殉葬品埋藏于嘉靖皇帝的永陵中。曾任中国社科院秘书、钱钟书秘书的栾贵明在《永乐大典之谜——永乐大典索引·序》中说："尽管天际封锁得异常严密，又有副本存在，水火之灾、流传丧失等种种烟雾，但事实是不可改变的。《永乐大

解缙

《永乐大典》

典》正本,完整的一部大书,没有毁亡,更没有佚失。按照嘉靖本人的说法,它应该好端端地藏在'他所'。'他所'就是永陵的玄宫吧?这也就是那个该找而没有找过的地方啊!"他指出,嘉靖帝于1566年12月驾崩,但过了三个月也就是在1567年的3月才葬入永陵,而且是到了4月15日,继位的隆庆帝才赏赐《永乐大典》的重录人员。为什么嘉靖帝死后3个月才入葬永陵?有人计算,若现代人要运整套《永乐大典》,则要装满4卡车才运得完,而在没有现代交通工具的明代只能用马车来运输。也许在这三个月里,隆庆帝为了满足嘉靖帝的心愿,命人把《永乐大典》正本运往永陵也未可知。

但这也只是推想,并无确切证据。而嘉靖皇帝的永陵是谢绝参观的,且现在世界范围内都反对主动发掘帝陵。若主动发掘永陵,则将会是又一场文化浩劫。因此,若为这种设想寻找证据,只能从其他方面来研究探索了。

真正凶手是明万历年间的一把火?

中国美术学院国际教育学院院长、明史专家任道斌教授于2009年5月22日在北京明长陵营建600周年学术研讨会上提出,《永乐大典》正本毁于明万历年间的一把火。

据《明史》记载,明万历二十五年(1597年)六月,北京皇宫三大殿皇极、中极、建极殿发生火灾。火灾损失惨重,朝廷甚至"捐官俸、开矿税"以集资进行修复。在晚明学者方以智的《通雅》中有这样一段关于《永乐大典》的记载:"近时《永乐大典》,洪州云命解缙纂集……今散失矣。"而在这段文字的后面是方以智的儿子方中履写的注文:"《永乐大典》藏于文楼,嘉靖中火,上亟命救得免,复命儒臣摹录,隆庆元年始竟。万历中因三殿火,书遂亡。"晚明另一位学者董其昌在其《容台集》中也记载皇宫火灾殃及文渊阁中的典籍。据考证,方以智是明崇祯十三年(1640年)进士,曾任翰林院编修、定王讲官等职,擅长典章制度和考据之学;方中履秉承家学,亦擅长考据,谙熟明季史事;董其昌为明万历十七年(1589年)进士,后任翰林院编修。因此,任道斌教授认为他们的记述是可信的。谈迁在其记载明朝历史的编年体史书——《国榷》中也有"万历末,《永乐大典》不存"的说法。据此,任道斌教授认为《永乐大典》正本毁于明万历年间的火灾。

关于《永乐大典》正本的下落,目前虽有各种说法,相关专家学者也都在努力研究探索,但均无足以让人信服的证据来证明自己的观点。因此,其下落至今仍是我国文化史上的不解之谜。

《水浒传》的作者是施耐庵吗

《水浒传》一般简称《水浒》,是中国历史上第一部用白话文写成的长篇小说,开创了白话章回小说的先河,是中国古典四大名著之一。但是关于《水浒传》的作者问题,几百年来学术界一直难以统一,有人认为是施耐庵所作,有人则认为是罗贯中所作,还有人认为是施耐庵和罗贯中合著，众说纷纭，莫衷一是。

在众多说法中最主流的观点是，《水浒传》的作者是施耐庵。这个版本首见于胡应麟的《少室山房笔丛》。施耐庵自幼聪明好学，元至顺二年（1331年）中进士，后助张士诚反元，离开张士诚后浪迹江湖，悬壶济世，替人医病解难。至正二十七年（1367年），朱元璋剿灭张士诚后，到处查探张士诚的旧部属。为避免祸端，施耐庵隐居不出，专心于《江湖豪客传》的创作。《江湖豪客传》即为日后的《水浒传》。

山东梁山施耐庵雕塑

还有一种观点认为《水浒传》的作者是罗贯中。这种说法首见于郎瑛的《七修类稿》。同时在田汝成《西湖游览志余》、王圻《续文献通考》《稗史汇编》、许自昌《樗斋漫录》、阮葵生《茶余客话》等书中均有记载。罗贯中是《三国演义》的作者这一点并不存在争议。而《三国演义》和《水浒传》两部小说，前者用的是文言，后者却用通俗的白话，在语言形式上完全不同，说它们出自同一作者的笔下，实在很难获得肯定。

而另一种比较可信的说法是，《水浒传》为施耐庵与罗贯中合著而成。这种观点首见于高儒的《百川书志》。虽然有一定的道理，但遗憾的是书中并没有交代清楚他们的合作关系，谁为主，谁为次。依照常理来判断，一半对一半的可能性极小，也不可能那么凑巧。目前比较准确反映二者合作关系的史料是明代有关《水浒传》作者的题署。高儒《百川书志》载："施耐庵的本，罗贯中编次。""嘉靖本"、天都外臣序本、袁无涯刊本载："施耐庵集撰，罗贯中纂修。"所谓的"本"，是宋、元、明时代的常用语，即"真本"。"集撰"含有"撰写"之意。这表明，施耐庵是作者，是执笔人。所谓"纂修"，可解释为"编辑"，和"编次"是同样的意思。这即是说，罗贯中是编者，或整理者和加工者。由此可以推断施耐庵是《水浒传》的作者应该是不争的事实。同时，罗贯中也应该参与了创作的过程，是施耐庵的合作者。

高鹗到底有没有续写《红楼梦》

《红楼梦》是中国古典四大名著之一，集思想性和艺术性于一身，是我国古典小说发展的巅峰之作。它是一部章回体小说，全书共一百二十回，情节生动，文字紧凑，笔调流畅，为读者展现了一幅封建大家族盛衰交替的历史画卷。可是，根据《红楼梦》研究人员的传统说法，这部历史真实性很强的文学巨著并不是完全由作者曹雪芹写成的。曹雪芹没有完成全书原定的创作计划，只写完了八十回，就在贫病交加中油枯灯灭；是稍晚于曹雪芹的高鹗根据前八十回的思路续写了后四十回。但是也有人持反对意见。那么高鹗究竟有没有续写《红楼梦》呢？

高鹗

关于高鹗续写《红楼梦》的说法，最早起于20世纪20年代初，以胡适和俞平伯发表的考证文章最有说服力。后来鲁迅先生也认为《红楼梦》有原作与续作之分。鲁迅考证认为："高鹗续《红楼梦》当在乾隆辛亥时，未成进士。"这种说法影响极其深远，在《辞海》中《红楼梦》条的内容里就有："前八十回曹雪芹作，后四十回一般认为系高鹗所续。"

其实从当时的情况来看，高鹗续写红楼梦的可能性并不太大。这种说法首先可以在程伟元的程甲种本卷首序中找到证明。程伟元在序中写道："是书既有一百二十回之目，岂无全璧？爱为竭力搜罗，自藏书家甚至故纸堆中无不留心。数年以来，仅积二十余卷。一日偶于鼓担上得十余卷，遂重价购之。"这段话讲得十分清楚，程伟元本人曾见过一百二十回的回目。他用了多年的时间，终于从货郎担子上淘获了曹雪芹所写《红楼梦》的后四十回原稿。程伟元与高鹗是同时期的人，也没有理由撒谎，所以上述记载应该是可信的。

而且高鹗想凭一己之力续写《红楼梦》的难度是非常大的。书中第一回记载着曹雪芹在悼红轩中"披阅十载，增删五次，纂成目录，分出章回"。这些被记录在书中的工作，应该是作者写完全书时才应该做的事。同时从技术层面上分析，续书并不容易，续书者不仅要揣摩原著者的意图，还要熟悉原著者的语言习惯、艺术构思、写作手法等诸多方面的特点，这几乎比写原著还要难。可按传统说法，高鹗仅用不到两年的时间就写完了四十回，而曹雪芹写八十回却用了十年的时间，相比之下差距太大。

近些年来，有红学研究者将1959年在山西发现的《乾隆抄本百廿回红楼梦稿》（简称《红楼梦稿》）与其他所有版本进行了对照，发现：《红楼梦稿》才是曹雪芹的手稿本。因为其中的语言含有大量的南京方言，符合曹雪芹世代居住在南京的实际情况。这一点是东北籍的高鹗无论如何也模仿不来的。所以有学者断定红楼梦一百二十回均由曹雪芹完成，高鹗不过是做了简单的补缀而形成了"程高本"。

真相如何，我们无法获悉，但是有一点可以肯定：高鹗必定与《红楼梦》有着千丝万缕的关系，或续写，或补缀。然而《红楼梦》的魅力不就在于其中所蕴含的这一个个未解而难解的谜团吗？

《红楼梦》插图

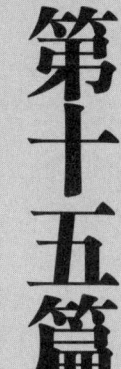

第十五篇

难以破解的文明、文物之谜

秦始皇传国玉玺下落之谜

公元前221年，秦国灭掉最后的齐国，完成了中华统一的大业。由于象征天下政权的九鼎没有下落，秦始皇便用价值连城的和氏璧制作了一枚传国玉玺，作为正统合法政权的信物。据史书记载，此玺方圆四寸，螭虎纽，一说龙鱼凤鸟纽，正面刻有丞相李斯以大篆书写的"受命于天，既寿永昌"八个字，由玉工孙寿雕琢。岁月沧桑，在历史的长河里，这块传国玉玺经历了怎样的沉沉浮浮，现在又在哪里呢？

做此玉玺的和氏璧大有来头。春秋时，楚国人卞和在山间见一凤凰落在一块石头上，便知此石中有宝玉，于是将此石献给了楚厉王。谁料楚王的玉工不识货，说是一块普通石头。卞和因此获罪，被斩断左脚。楚武王时，卞和再次献玉，又被砍了右脚。直到楚文王时，剖开石头，才发现里面真是块美玉，便把其做成璧，取名和氏璧。后来和氏璧流落到了赵国。秦王听说后，要以15座城池来换取和氏璧。蔺相如看出秦国没有交换诚意，出妙计拒绝了秦王。直到公元前228年秦破赵后，和氏璧才落入秦国。

据《史记》记载，秦嬴政二十八年（前219年），秦始皇帝乘龙舟过洞庭湖，风浪骤起，龙舟将倾，疑是湖中龙王索宝，秦始皇便将传国玉玺抛入湖中，风浪顿息。八年后，华阴平舒道上有老者将此传国玉玺交给使臣，之后忽然不见。秦王子婴元年（前207年）冬，沛公刘邦驻军灞上。子婴献传国玉玺于刘邦，秦朝亡。到西汉末年，外戚王莽欲篡权，遣其弟王舜到长乐宫太后处索要玉玺。太后怒而骂之，掷玺于地，破其一角。王莽令工匠以黄金补之，但是玉玺还是留下了瑕痕。后来王莽兵败被杀，禁卫军校尉公宾得传国玉玺，趋至宛，献于更始帝刘玄。更始三年（25年），赤眉军杀刘玄，立刘盆子。后刘盆子兵败宜阳，将传国玉玺献于汉光武帝刘秀。至东汉末期的灵帝时，袁绍入宫诛杀宦官，段珪与张让等人劫持少帝、陈留王（汉献帝）出逃。传国玉玺几经辗转到了汉献帝的手里。公元220年，曹丕逼汉献帝禅位，建立了曹魏，乃使人于传国玉玺肩部刻隶字"大魏受汉传国玺"7字。晋代魏后，玉玺归晋。

五胡乱华时，动荡不安，政权更迭频繁。晋永嘉五年（311年），前赵刘聪俘晋怀帝司马炽，玺归前赵。19年后，后赵石勒灭前赵，得玺，于右侧加刻"天命石氏"。20年，冉魏帝灭后赵，得玉玺。后冉魏求东晋救援，把传国玉玺送至东晋建康。这一时期，有多人私刻假玉玺冒充，比如东晋刻了一个玉玺，西燕慕容永刻一玉玺，姚秦刻一玉玺等。公元589年，隋统一全国，传国玉玺归隋。隋朝廷将那些假的传国玉玺统统销毁。隋亡

江苏疏通河道时挖出来的"传国玉玺"

后，萧皇后携皇孙杨政道和传国玉玺遁入突厥。唐贞观四年（630年），唐朝令李靖率军灭东突厥，将杨政道和萧后迎回大唐。传国玉玺归大唐。

五代十国时期，937年，后唐河东节度使石敬瑭带契丹军攻至洛阳。后唐末帝李从珂怀抱传国玉玺在玄武楼自焚。从此传国玉玺下落不明。

宋绍圣三年（1096年），咸阳人段义称修房舍时从地下掘得了一块"色绿如蓝，温润而泽"、背螭钮的玉印，经翰林学士蔡京等13名官员考证，认定是"真秦制传国玺"。然而，据后世考证，这是蔡京等人为哄骗皇帝而伪造的。

皇帝之宝玉玺

元成宗铁穆耳时，天下又一次"发现玉玺"。1293年，铁穆耳回京即位的途中，右丞相张九思献上"传国玉玺"一枚，说是秦朝相传的国玺，为元朝大将军木华黎所得。铁穆耳收下玉玺后，回京即位。但这个玉玺没有其他人见过，也没经考证，不大可能是真的。

朱元璋建立大明朝后，并未得到传国玉玺。由于元朝朝廷远遁漠北，朱元璋便遣徐达率军入漠北，多次败北元军，但未能找到传国玉玺。后来大将蓝玉在摸鱼儿海袭破北元朝廷，俘获数万人，也没有找到它。可以推断，元朝时的蒙古人没有得到传国玉玺。

1924年11月，冯玉祥等人驱逐清末代皇帝溥仪出紫禁城时，警察总监张壁和鹿钟磷等人曾在宫中追索镶金的传国玉玺，也没有找到。至此，人们相信，真正的传国玉玺早已失传了。

传国玉玺虽然无法像秦始皇期望的那样可以百代万代地传承下去，但是它可以长久地保存下去。如果有缘，或许那一天它会重现真容吧。

秦始皇陵兵马俑之谜

1974年，位于今陕西临潼县骊山北麓的秦始皇陵兵马俑一经发现，便立刻震惊了全世界。法国前总理希拉克参观后忍不住赞叹道："世界上有七大奇迹，秦俑坑的发现堪称第八大奇迹。"

秦始皇陵兵马俑位于距秦始皇陵东侧1.5公里的一片荒原上，是秦始皇陵的陪葬坑，也是世界上最大的军事博物馆。俑坑布局合理，结构奇特，坑深5米，三个俑坑间分别是宽3米的承重墙。8000多个如同真人真马的陶俑依次排列在这三个俑坑中。陶俑身材高大魁梧，一般在1.8米左右，长相各不相同，神态各异；陶马则昂首肃立，肌肉丰满，装备齐全。此外，还出土了130多辆战车及大量铜兵器和金、铜、石等饰品。这些陶人陶马栩栩如生，青铜兵器制作精良，令人叹服！它是世界第八大奇迹，也给后人留下了许多不解

秦始皇陵兵马俑兵勇

之谜。

首先是目的之谜。秦始皇为什么要在自己的陵墓旁边建造如此大规模的陶俑阵呢?有人认为,古代的丧葬习俗是"事死如事生"。秦始皇生前致力于统一天下,为彰显其历史功绩,故以大量兵马陪葬。

但大多数学者更倾向兵马俑是秦始皇陵的一部分,反映的是秦始皇在位时秦国的军事情况。在这个问题上具体又分出两种不同的观点,一种观点认为,这些兵马俑不仅是秦朝军事实力的象征,也是秦始皇创建和加强中央集权的象征。另一种观点认为,这个兵马俑阵按前、后、左、右、中配置兵力,是秦军演习的八种阵法里最基本的一种方阵。但它还没有完成,全部建成应有 50 000 兵马俑,是一项未完成的工程。

秦始皇为什么要建造兵马俑,至今我们仍无法完全确定。

其次是建造之谜。经仔细观察,兵马俑坑中陶人、陶马数量虽多,但形态各异,应为逐个雕塑而成。但是,数量如此巨大的兵马俑,原材料只能就地取得,并就地烧制,而学术界也一直认为兵马俑系用竖穴式窑炉烧制而成。可令人疑惑的是,人们至今未发现一处烧制兵马俑的窑址。对于兵马俑是如何建成的这一疑问,人们还停留在猜想阶段。

这些陶人、陶马均为泥制灰陶,火候要求高、质地硬。制作过程中有几个关键性的问题:泥巴从湿到干的收缩比例如何掌握?烧制到何种程度为好?火候如何掌握?同时可看到俑马身上原都绘有颜色,虽然现在几乎全部脱落,但从局部残留的颜色仍可推测出这些陶马颜色种类多,而且色调和谐艳丽。其制作堪称到了"炉火纯青"的境界。而当代的制陶工艺大师仅能仿制一些简单的陶人,复制陶马的工作根本无法进行。因此,1000多年前秦代的泥塑工艺和制陶工艺让我们为之叹服的同时也成为最大的一个谜。

再次是兵马俑中并不见统帅俑。兵马俑是按真实的军队建制制作的,其中人俑中有步兵、弩兵、车兵等。但令人奇怪的是,并不见统帅俑。有人认为,秦朝的统帅是每次出征前由秦始皇亲自指定,而修建作为指挥部的3号坑时,秦始皇还未任命将帅。工匠们不敢妄为,索性不塑造统帅俑。还有人认为,这是因为秦始皇就是秦军的最高统帅,但若把其塑在兵马俑坑中有损皇帝的尊严和绝对权威,故而兵马俑坑中不见统帅俑。但目前这两种说法都只是猜测,并没有确切的证据。

"秦兵马俑的发现,是世界的奇迹,民族的骄傲。"我们在为这民族瑰宝自豪的同时,也要早日探寻出其中的奥秘。

南越王国千古之谜

1983年，在我国广州象岗山的一个工地上发现了一个面积约100平方米，深入地下20米，用750多块砂岩大石构筑而成的陵墓。经专家证实，此墓是南越王国第二代君主赵眜的陵墓。后又相继发现了南越王国时期的大型地下石构水池、南越国王宫御苑和南越国宫殿遗址。由此，关于南越王国的资料就一点点丰富起来，关于南越王国的千古之谜也逐渐被揭开。

南越王国是岭南地区的第一个封建王国，由赵佗于公元前204年建立。赵佗自称"南越武帝"，定都番禺（今广州），是一个地方性政权。后来，他向西汉政权称臣，接受汉朝封王。公元前111年汉武帝平南越，一把火烧了南越王国的都城番禺城。历经五世、93年历史的南越王国宣告结束。

当时的南越王国除了宫殿之外，应该还有百姓生活区、贸易区等地方，但目前只发现了南越王宫署，其他的遗迹目前还没有一点出土的迹象。这令相关专家很困惑：南城王宫署只是番禺城的一部分，那么当时的城在哪里？规模有多大？城墙修建在什么地方？这些目前均无从知晓。

在出土的众多文物中，令专家兴奋的是一枚约5厘米高、质地坚硬、未完成的象牙印章。首先，当时古代南方尚未开发，一向被称作蛮夷之地，出土的文物一直都很有限。这次南越王宫署的发现，大大丰富了广州地区的文物数量。其次，这枚象牙印章采用的不是中国印章传统的正方形或长方形，而是西方印章常用的椭圆形，其上的头像无论是从脸形还是发型来看，明显是一个外国人的头像。这反映了当时的广州已有外国人存在。史料记载广州有外国人存在，但苦于一直没有物证，因此这枚印章有着非同寻常的意义。但印章上的这位外国人到底是哪个国家的，为什么来到广州，当时的广州有多少外国人等一系列问题还有待于进一步的研究。

在出土的南越王宫署建筑中使用了大量的石质材料，如石柱、石梁、石墙、石门、石砖、石池、石渠等，而我国建筑在唐宋以前多以木质结构为主，唐宋以后才大量使用石质材料，西方古代建筑则以石质结构为主。这引起了专家们的兴趣，其独树一帜的石建筑是否意味着当时的南越王国已经引进了西方的建筑风格和建筑人才呢？

此外，专家还提出了"南越王宫署石渠流向图形之谜"、"御花园'龟鳖石池'上的建筑之谜"、"带刺的瓦当有什么功用"等几大谜团。相信，随着南越王宫殿的进一步挖掘，会出

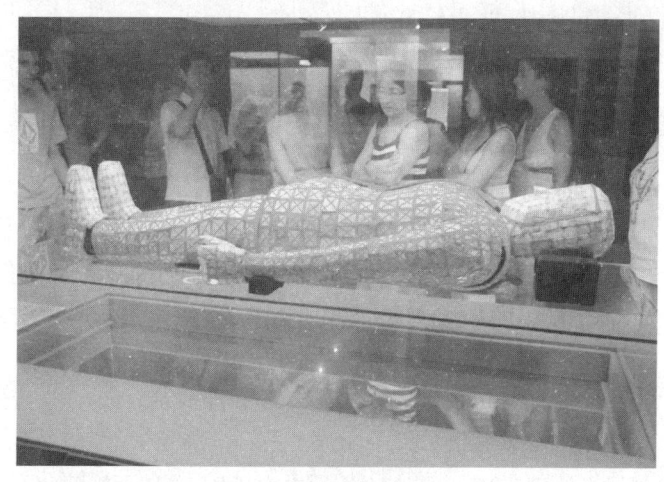

西汉南越王墓出土的丝缕玉衣

现越来越多的谜团,而且,随着考古工作的进行,这些谜团终会得到解开。

巴人王朝为何湮没

巴人是生活在长江三峡峡江地区的一支古老民族,起源于湖北清江下游长阳的钟离山,后在清江边建筑夷城,成立了巴王国。巴人以虎为图腾,好鬼神,实行祖先崇拜。从原始社会起,巴人就活跃在这峡江地带。商、西周时期是巴国的全盛时期。战国以后,由于支柱产业巫盐产地的盐泉沦落楚国,巴国由此开始衰落。战国后期,中原七雄争霸,西边的秦国在商鞅变法后强大起来。巴蜀遂成为强秦猎食的对象。公元前316年巴国被秦灭亡。

湖北长阳巴人故里

一个王朝有起源,有发展,有衰落,这本来十分正常。但让大家百思不得其解的是,巴国被秦灭亡后,巴族没有留下任何文字记载,数十万巴人也在历史中突然消失,杳无音信,无相关资料记载,也无迹可循。从此巴人王朝湮没在历史中。

有人猜测说,秦军残暴,也许是巴人在败于秦军后被全部坑杀,因为秦军就曾坑杀赵军40万之多。

也有人说,也许是巴国兵败后存活下来的人都迁移他地了。最近商洛地区出土的一些文物与三峡地区出土的巴人文物几乎如出一辙,有很大的相似性,而且器具上的符号也惊人一致。于是,人们猜测,也许是人们为躲避战乱祸害而迁移他地(比如商洛地区)并隐居起来。

还有一种说法是巴人并没有被坑杀,也没有迁移他地,而就是现在土家族的祖先。之所以史料上没有记载,是因为巴国已经灭亡,不复存在,没有巴国,他们也便不称自己为巴人了。而且,据考查研究发现,现在土家族的生活方式、习俗等与曾经的巴人很相似。但这种说法也并没有进一步更有力的证据来证实。

这个曾活跃在三峡峡江地带的古老民族,早在公元前十几世纪就拥有可以与中原强大的商王朝相媲美的青铜文明,并且拥有自己独特的至今难以破解的文字符号,创造了属于自己的辉煌文化。但其更多的文明、文化及湮没之谜尚待人们进一步探索。

女儿国消失之谜

"美丽痴情的女王,喝了其中的水就能生孩子的子母河……"相信大家对《西游记》

中的女儿国印象颇深，而且也充满了好奇。难道历史上真的有女儿国吗？

据四川省社科院历史研究所研究员、四川康藏研究中心副主任任建新介绍，他经过长期的研究和实地考察发现，"女儿国"在历史上确实存在过。今天四川甘孜州的丹巴县至道孚县一带就是《旧唐书》中记载的东女国的中心，而且现在有一些村寨一直保留着"女儿国"的一些古老习俗。

据史料记载，东女国最大的特点是重女性、轻男性。东女国的女王和副女王均是由族群内推选出的有才能的女性担任。女王去世后，由副女王继位。女王的旨意，通过女官传达到宫外。女王和官吏都为女性，男人是不能够在朝廷做官的，只能在外服兵役。且

泸沽湖

东女国不存在夫妻关系，家庭中以母亲为尊，主导一切事务。东女国的建筑都是碉楼，女王住在九层的碉楼上，普通百姓住四五层的碉楼。

《旧唐书》中有关于东女国的记载，但唐代以后，相关记载便中断了。难道，东女国神秘失踪了？

任建新认为，唐玄宗时，吐蕃的势力从雅鲁藏布江向东扩展到大渡河一带，且唐朝和吐蕃的关系一度很好。唐中期时，唐朝和吐蕃的关系变得紧张，唐朝先后招降吐蕃统治区的 8 个少数民族部落从岷山峡谷迁移到大渡河边定居，东女国便是其中之一。后来，唐逐渐衰落直至分裂，已无暇统一管理，吐蕃也渐渐灭亡，其曾经统治过的青藏高原地区重新回到了原来的部落时代。包括后来的宋元明三代，对青藏高原地区的统治一直都很薄弱，因此基本没有史料记载。清代时健全了土司制度，但此时的东女国部落由于受外来文化影响较大，逐渐演变成父系社会，传统的习俗保留下来也很少，只有一些依旧生活在深山峡谷的部落，仍保留了母系社会的痕迹。

就这样在历史的风云际变和社会的向前发展中，女儿国慢慢地消失了，但美丽的女王和神奇的子母河却永远地留在我们的记忆深处。

楼兰古城消失之谜

历史上的楼兰古城在汉时又称鄯善国，位于新疆罗布泊西岸，是一个历史悠久的文明古国。古代"丝绸之路"在这里分为南、北两道，加之楼兰古城依山傍水，河流两岸水草丰美，土地肥沃，因此楼兰古城成为西部的交通枢纽重镇。一时间商旅往来不断，热闹非凡，繁华一时。然而，公元 400 年，高僧法显西行取经时途经此地。他在《佛国记》

罗布泊楼兰古城遗址

中记载,此时的楼兰已是"上无飞鸟,下无走兽,遍及望目,唯以死人枯骨为标识耳"。从此,这座昔日绿草遍地、人流如织的丝绸之路上的重镇便在人们的视线中悄无声息地消失了,只留下"城廓巍然,人物断绝"的不毛之地和其神秘消失之谜。

人们对楼兰古城自4世纪后的神秘消失,历来说法不一。

一说楼兰消失于战争。随着楼兰国的衰落,被其他国家入侵,后被灭亡。

二说楼兰消失于干旱、缺水和生态恶化。持此说者认为,这里逐渐干旱、缺水,生态环境恶化,于是人们便离开楼兰迁到了其他地方生活。同时,罗布泊的干涸也印证了此处生态环境的恶化。

三说楼兰消失于丝绸之路北道的开辟。丝绸之路北道的开辟使经过楼兰的丝绸之路逐渐被废弃不用。没有了经济支撑,加之这里风沙较大,楼兰便逐渐衰落下来。

四说楼兰消失于一场大规模的瘟疫疾病。一场突袭而来的瘟疫疾病夺去了楼兰城大部分的生命,侥幸存活下来的人纷纷逃离楼兰,躲避瘟疫。

五说楼兰消失于生物入侵。相传,在楼兰有一种从两河流域传入的蝼蛄昆虫,对人类健康和生活有极大的危害,但苦于其生命力顽强,在楼兰又没有天敌,人们无法消灭它们,便只得举城迁移。

在众多说法中,被大多数人认可的说法是:由于泥沙淤积,孔雀河改道,塔里木河断流,旧湖在炎热的气候中逐渐蒸发变成沙漠,使得下游的楼兰地区水源逐渐枯竭。加之汉、匈奴及其他游牧国家常在这里进行战争,导致植被破坏严重,加剧了自然环境的恶化。而水是生命之源。于是,楼兰古城的人们纷纷搬离此地,楼兰古城逐渐成为空城,湮没在肆虐的风沙中。

另外,楼兰古城的消失还与其经济地位的丧失有关。海上丝绸之路的开辟,使陆上丝绸之路逐渐废弃,而楼兰古城便慢慢丧失了其原有功用,回归宁静。在这片西北荒漠中,没有了经济支撑,伴随着漫天黄沙的楼兰古城,只能湮没在这片黄沙中了。

如今,在楼兰古城遗址中,坍塌、破败的城垣,孤零零地矗立在这西北荒漠中,更增添了几分苍凉、悲壮。

乐山大佛为何历经1000多年风雨而不毁

乐山大佛雕凿成后,已历1000多年,遭到各种各样的破坏,有自然的原因,也有人为战祸的原因;尤其明、清以来,大佛饱受风雨侵蚀,以致佛身多处受损。但各个朝代都对大佛进行过维修,并加以保护。所以,大佛虽历经千年风雨,但基本保存完好。究其原因,人们普遍认为,这主要是因为乐山大佛设计合理。其一,山是一座佛,佛是一座山,佛身稳固。其二,有非常巧妙的排水系统。其三,大佛原建有护阁,使其免受日晒雨淋。

乐山大佛具有设计巧妙、隐而不见的排水系统。在大佛头部的18层螺髻中,第4层、第9层和第18层各有圈排水沟,用锤灰垒砌而成,远望不见。大佛衣领、衣纹皱褶处以及正胸也有排水沟,且其巧妙地与右臂后侧的水沟相连。两耳后的山崖处,有洞穴左右相通,可以汇山泉,使佛身一侧的崖壁比较干燥。这些水沟和洞穴,能够排水除湿和通风,有效防止了大佛的侵蚀风化。

另外,大佛两耳垂以木为之,减轻了重量,且坏了还可以更换。大佛隆起的鼻梁,也是以木修饰,便于修复。

佛像雕成后,曾建有13层楼阁覆盖,使大佛免受日晒雨淋。唐时称为"大佛阁",宋时称"天宁阁"。可惜于明末清初时,被张献忠的乱军焚毁。现在大佛两侧山崖上的几十处孔穴,就是楼阁梁柱的插孔。曾有人提议重建大佛阁,也有人嫌佛阁有碍观瞻,故至今未重修。

乐山大佛

1982年2月乐山大佛被国务院列为全国重点文物保护单位。1996年12月,峨眉山和乐山大佛被联合国教科文组织列为"世界文化与自然遗产"。

马王堆女尸不腐之谜

马王堆汉墓是西汉初期长沙国丞相軑侯利苍及其家属的家族墓地,位于今湖南长沙市区东郊的马王堆乡。1972年至1974年先后挖掘出土三座汉墓:二号墓是汉初长沙丞相軑侯利苍,一号墓是利苍妻,三号墓是利苍之子。共出土漆器、丝绸、帛画、帛书等3000多件珍贵文物。更令人称奇的是,一号墓的主人利苍妻"辛追夫人"的尸体历经2000多年竟然保存完好。

1972年,一号墓出土时,辛追夫人保存完好的尸体让世人震惊。虽然已深埋地下2000多年,但其尸体几乎与新鲜尸体无异:形体完整,全身润泽,而且部分关节可以活动,软结缔组织甚至还有弹性。辛追夫人的遗体既不同于木乃伊,也不同于尸蜡和泥炭鞣尸,

而是利用了特殊类型的尸体保存方法，堪称防腐学上的奇迹。千年不腐女尸，一时震惊世界，吸引了不少游人、学者的目光。

据湖南省博物馆副馆长刘小豹介绍，辛追夫人尸体千年不腐的原因大致有两个：深埋和密封。根据湖南的地理环境，地下8米以下的土壤有恒温恒压恒湿的特质；其次尸体用四座棺材呈阶梯式摆放，用木炭、白膏泥、夯土和封土作为密封材料，有效地起到缺氧、无菌的作用。

另外，在辛追夫人出土的时候，人们发现棺材里注满了一种红色的棺液。经检测化验，这种红色棺液成分复杂，其主要成分是有机汞也就是水银，还在其中检测出多种中药成分。之所以呈红色是因为在里面加了朱砂，而朱砂中含有砷和汞，这对人体是有害的。同时，专家推测，辛追夫人生前可能有服用丹药的习惯，以求延年益寿。众所周知，我国古代为求长生炼出的丹药多含有汞等有毒性物质。这些古人并没有意

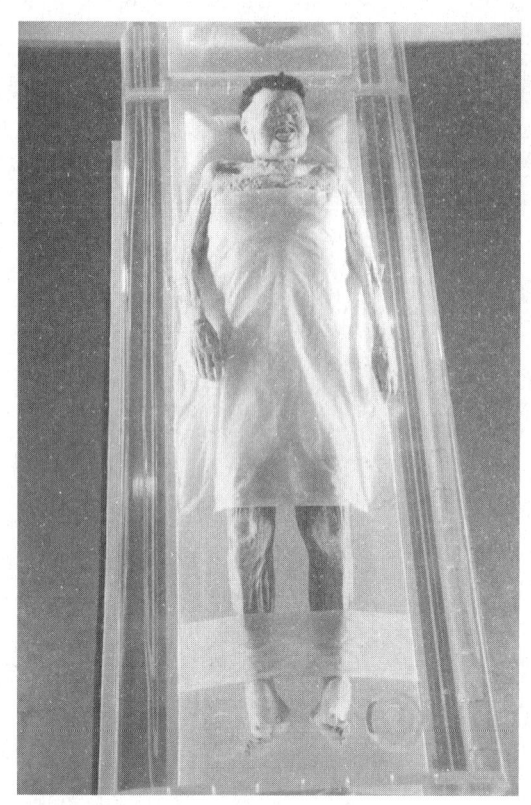

长沙马王堆汉墓出土的女尸

识到。但在其死后却意外起到杀菌作用，从而保证尸体不腐。

也许会有人发出这样的疑问：为什么利苍及利苍之子的尸骨没有完好保存下来，唯独辛追夫人的尸体保存完好呢？湘雅医学院人体解剖学和神经生物学系主任罗学港认为，这种红色棺液的防腐药水是因偶然因素形成的，并不是人们为保存尸体而特意配出的。

现在，对于辛追夫人尸体历经千年而保存完好的情况，我们只是有了初步的认识，并未完全搞清楚。相信随着研究的进一步深入，辛追夫人尸体不腐之谜终会得到合理的解释。

悬空寺悬空千年之谜

悬空寺位于我国山西浑源县北岳恒山的金龙峡，始建于北魏年间，是我国现存时间最早并保存最完整的高空木构摩崖建筑，也是国内仅存的佛、道、儒三教合一的独特寺庙，是我国建造史上的奇迹。2010年12月，悬空寺与"全球倾斜度最大的人工建筑"阿联酋首都阿布扎比市的"首都之门"、希腊米特奥拉修道院、意大利比萨斜塔等国际知名建筑一起被选入美国《时代》周刊公布的全球十大最奇险建筑。

悬空寺，顾名思义，就是悬在空中的寺庙。悬空寺距地面约60米，最高处的三教殿离地面约90米（常年的河床淤积，至今仅剩58米）。远远望去，一座错落有致的三层古刹

镶嵌在这刀劈斧砍的峭壁上，犹如一幅壁画一样精致巧妙。唐代诗人李白曾在此写下"壮观"二字，且"壮"字右边多了一个点。据说是李白觉得"壮观"二字描述不出悬空寺的雄伟，便在"壮"字旁边加了一点，以示强调。明代徐霞客在此留下"天下奇观"的墨迹。当地老百姓用一首民谣唱出了悬空寺的"奇"、"悬"、"巧"："悬空寺，半天高，三根马尾空中掉。"

山西大同悬空寺

所谓"奇"是指悬空寺的设计和选址。悬空寺处于恒山金龙峡谷的一个小盆地内，悬挂在陡峭的岩壁上。石崖顶峰突出部分好像一把伞，使古寺免受雨水冲刷。山下的洪水泛滥时，也免于被淹。四周的大山也减少了阳光的照射时间。优越的地理位置是悬空寺能完好保存的重要原因之一。

所谓"悬"是指悬空寺的40间殿阁表面看上去只是用十几根碗口粗的木柱支撑着。更为惊险的是，有的木柱可以轻易被晃动，根本没起到支撑作用。

而真正的重心撑在坚硬岩石里，利用力学原理半插飞梁为基。

所谓"巧"是指悬空寺的修建因地制宜，充分利用了峭壁的自然因素，将一般寺庙平面建筑因素建造在立体的空间中。在山下仰望悬空寺时，感觉悬空寺紧贴崖壁，里面的空间很小，而当走到里面就会发现，一般寺庙的布局、形制，山门、钟鼓楼、大雄宝殿、伽蓝殿、栈道、三教殿、五佛殿、关帝庙等，无一缺少，应有尽有，而且设计得十分精巧。

始建于北魏后期的悬空寺至今已有1500多年的历史。在历经千年风雨沧桑之后，悬空寺何以依旧耸立在这悬崖峭壁上呢？

首先是其科学的选址。 悬空寺背倚翠屏峰的崖壁，处在石崖向内凹的地方。这样石崖上面的突出部分就像一把伞，为悬空寺"遮风挡雨"。同时，悬空寺所处的位置较高，不会受到洪水泛滥的影响，从而保持了干燥的环境。另外，悬空寺四周为山，每天的日照时间不超过3个小时，避免了阳光的暴晒而引起的木材风化。

其次是悬空寺精巧的设计。 事实上，悬空寺并不是简单用几根碗口粗的柱子支撑起来的，而是巧妙运用了力学原理。外面的柱子可以轻易被晃动，并没有起到支撑作用，真正起作用的是悬空寺下的27根铁杉木制成的悬臂梁。它们深深地嵌进石壁里，露在外面的部分约一米左右，像从岩石中长出来一样，且在嵌进去之前用桐油浸泡过，可以起到防腐、防虫的作用。

悬空寺悬空千年而不倒，造就了世界一大奇观，随同它一同屹立的是我国古代匠师们闪闪发光的智慧。

塞外雄关玉门关之谜

在甘肃敦煌的玉门关遗址,我们会看到这样的景象:一座东西长245米,南北宽264米,残高97米的用黄土筑成的四方形小城堡,面积约60 000多平方米,大小与北京的四合院相差无几,孤独地耸立在这西北戈壁滩狭长地带中的砂石岗上。在城的西边和北边各有一个门,东西墙下宽4米,西北墙下宽49米,四周上宽均为37米。城顶四周有宽13米的走道,设有内外女墙。城内东南角有一条宽不足1米的马道,靠东墙向南转上可直达顶部。

玉门关关口

你也许不敢相信眼前的景象:曾经通往西域的交通要道怎会如此荒凉?可真应了唐朝王之涣《凉州词》里的"羌笛何须怨杨柳,春风不度玉门关"的苍凉诗句。

玉门关始建于汉武帝时,是丝绸之路通往北道的咽喉要隘。通过玉门关这座关门,中原的丝绸、茶叶等物品源源不断地输出到西方各国,而西域诸国的瓜果葡萄、宗教文化等也相继传入中原。因西域运往中原的和田玉从此处入关,故得名玉门关。只是到海上丝绸之路兴起后,这里逐渐衰落下来,被历史掩埋在了这西北厚厚的黄沙中。

当时的玉门关又叫小方盘城,城墙高达10米,上宽3米,下宽5米,上有女墙,下有马道,人和马都可以直接到达顶部。登上玉门关,极目远眺,四周沼泽遍布,黄沙满地,远处长城蜿蜒,胡杨挺拔,也有芦苇摇曳,泉水碧绿,与古雄关交相辉映,令人不禁百感交集,油然而生怀古之情。而且,曾经的玉门关是一座热闹繁华的边关。这里商队络绎不绝,旅客川流不息,驼铃声声,一派繁华的景象。

或许,玉门关故址有些许荒凉,或许,你对这里有些许失望。但现在的落寞并不影响玉门关曾经的繁华,并不影响其曾经的重要地位。因为,它是塞外雄关玉门关,它曾经繁华过。

诸葛亮造的木牛流马之谜

在《三国演义》中,把诸葛亮的木牛流马描述得绘声绘色,活灵活现,在人推拉之下会行走,十分神奇。但木牛流马到底是什么样的一种步行机器呢?

木牛流马最远可追溯到春秋末期的自动机器。据《韩非子·外储说》:"墨子为木鸢,

诸葛亮

三年而成，蜚一日而败。"《论衡》记载，鲁班为其老母造了一驾木车马，"木人御者，机关备具，载母其上，一驱不还"，而走失其老母。

至三国时代，诸葛亮发明木牛流马，仅靠人力推拉，即可用其在崎岖的山道上运送军粮，且"进退自如"，"人不大劳，牛不饮食"。东晋陈寿《三国志·蜀志·诸葛亮传》记载："(建兴)九年，亮复出祁山，以木牛运粮，尽退军，与魏将张郃交战，射杀郃。十二年春，亮悉大众由斜谷出，以流马运……亮性长于巧思，损益连弩，木牛流马，皆出其意；推演兵法，作八陈图，咸得其要云。亮言教书奏多可观，别为一集。"《三国志·后主传》："(建兴)九年(231年)春二月，亮复出，围祁山，始以木牛运……十二年(234年)春二月，亮由斜谷出，始以流马运。秋八月，亮卒于渭滨。"但陈寿和罗贯中却没详述如何制造木牛流马。宋齐时期的祖冲之(429—500年)曾造出一种人力自行机器。《南齐书·祖冲之传》记载："(祖冲之)以诸葛亮有木牛流马，乃造一器，不因风水，施机自运，不劳人力。"

作木牛流马法在《三国志》裴松之的注中有详载："《亮集》载作木牛流马法曰：'木牛者，方腹曲头，一脚四足，头入领中，舌着于腹。载多而行少，宜可大用，不可小使；特行者数十里，群行者二十里也。曲者为牛头，双者为牛脚，横者为牛领，转者为牛足，覆者为牛背，方者为牛腹，垂者为牛舌，曲者为牛肋，刻者为牛齿，立者为牛角，细者为牛鞅，摄者为牛秋轴。牛仰双辕，人行六尺，牛行四步。载一岁粮，日行二十里，而人不大劳。流马尺寸之数：肋长三尺五寸，广三寸，厚二寸二分，左右同。前轴孔分墨去头四寸，径中二寸。前脚孔分墨二寸，去前轴孔四寸五分，广一寸。前杠孔去前脚孔分墨二寸七分，孔长二寸，广一寸。后轴孔去前杠分墨一尺五分，大小与前同。后脚孔分墨去后轴孔三寸五分，大小与前同。后杠孔去后脚孔分墨二寸七分，后载克去后杠孔分墨四寸五分。前杠长一尺八寸，广二寸，厚一寸五分，后杠与等。版方囊二枚，厚八分，长二尺七寸，高一尺六寸五分，广一尺六寸，每枚受米二斛三斗。从上杠孔去肋下七寸，前后同。上杠孔去下杠孔分墨一尺三寸，孔长一寸五分，广七分，八孔同。前后四脚：广二寸，厚一寸五分，形制如象轩；长四寸，径面四寸三

成都锦里街角摆放的木牛流马

分;孔径中三脚杠,长二尺一寸,广一寸五分,厚一寸四分,同杠耳。'"

对此段文字,后世不同的人有不同的理解。很多人想复制出木牛流马,创意不少,但样式不一,互不认同。宋《事务纪原》说:"蜀相诸葛亮之出征,始造木牛流马以运饷,盖巴蜀道阻,便于登陟故耳。木牛即今小车之有前辕者,流马即今独推者是。"宋《陈后山集》载:"蜀中有小车,独推,载八石,前如牛头。又有大车,用四人推,载十石,盖木牛流马出。"清朝麟庆撰《河工器具图说》土车则云:"独轮,料、土兼载。"这些都说木牛流马演变为独轮车,或本来就是独轮车。今四川的独轮车名为鸡公车,传说就是诸葛亮的木牛流马。

但多数人认为,木牛流马应该有四只脚,在数人推拉之下还会行走。依此理解复原出的木牛流马有四条腿,有的还加一两个轮子。此外,还有五腿的、三轮的、四轮的等。由于复原出来的木牛流马样式不一,且差别很大,所以不能确定原物是什么样的机器。

此外,有人认为蒲元才是"木牛流马"的真正发明者。杜佑《通典》说:"亮集督军廖立、杜睿、胡忠等,推意作木牛流马。据此,则蒲元诸人实创之,非亮自创也。"清朝严可均辑有蒲元的三篇文章。蒲元为丞相诸葛亮的西曹掾。其一文为《与丞相诸葛亮牒》:"元等辄率雅意,作一木牛,廉仰双辕,人行六尺,牛行四步,人载一岁之粮也。"此句文字与裴松之所注略同。也或许木牛流马为蒲元和诸葛亮等人共同研制,但没有更多的史料证明。

舍利子是怎么形成的

舍利子最初是指佛教祖师释迦牟尼圆寂火化后留下的遗骨和珠状宝石样生成物,成结晶体状。佛经上说,舍利子是一个人透过戒、定、慧的修持,加上自己的大愿才可得来,一般只有得道高僧圆寂火化后才能出现,十分稀有、宝贵。

舍利子本十分罕见,但近年来各地常有舍利现象出现,令大家喜闻乐见。1990年12月人们在新加坡华人高僧宏船法师的骨灰中捡到480颗彩色的、类似水晶体的硬物,有些还闪烁着钻石般的光亮。经辨认,这些水晶体硬物是舍利子。1991年3月,五台山佛教协会副会长通显法师圆寂火化后,得五色舍利子1.1万颗。1994年在陕西长安县法华寺修行的93岁高龄的圆照法师自进入6月份就水米不进;6月12日,他突然精神很好,神色异常,晚上还对前来探望的寺内众弟子讲了一通佛法,在说了一句"我将心留给众生"后便悄然圆寂。火化时大火整整烧了一天,法师法体形成百多颗大小不一、形态各异的舍利子和舍利花。经鉴别这些均是罕见的舍利子。据2012年4月12日《广州日报》报道,人们在弘法寺本焕长老的骨灰中发现了呈圆形、椭圆形的七彩色泽的舍利子。

据《法苑珠林》记载,舍利子可以分为白色的骨舍利、黑色的发舍利和赤色的肉舍利三种,因此人们在这些高僧的骨灰中找到的舍利子大小不一、颜色、形态各异。如今这些珍贵的

云居寺石经山雷音洞内出土的佛舍利

舍利子已被作为佛教的圣物而受到尊崇。

舍利子的来源一般不外乎以下几种：结石、骨头、牙齿、死者携带的随葬品或人为放入骨灰中的东西。但关于舍利子的形成，历来说法不一，莫衷一是。

素食说：有学者提出，佛门僧人长期吃素，摄入了大量的植物纤维素和矿物质，经过人体的新陈代谢，易形成大量的磷酸盐、碳酸盐等，以结晶体的形式沉积于体内。其经火烧而不化，从而形成舍利子。反对者指出，世界上的素食主义者成千上万，并没有发现他人有舍利子出现。佛门弟子也不计其数，并不是每个人都有舍利子。

结石说：另一些学者认为，舍利子可能是一种类似于胆结石、肾结石之类的病理现象，因为这些结石见火不化，且多呈颗粒状。但这种说法并不能使人完全信服，不少患有结石症的人在死后火化并没有发现舍利子存在，况且那些出舍利子的高僧生前几乎都是身体健康、安然自得的长寿老人。

南京栖霞寺舍利子塔

外物说：这种说法认为，所谓的舍利是外来的，大致可以分为两类：一类是佛珠等随身物品中夹杂着玛瑙玉石等物；另一类是人为因素所致，如在僧人去世后，其他僧人塞到其口中或者手里的一些东西，甚至有些是专门为了获得"舍利"而特意放进去的。

千年舍利百年功德，其实不管舍利子究竟是如何形成的，其引导人们向善，给人以信仰寄托的作用是不容否认的。

敦煌莫高窟选址之谜

位于甘肃敦煌市东南 25 公里鸣沙山东麓宕泉河崖壁上的敦煌莫高窟又称千佛洞，南北长约 1600 米。始建于前秦建元二年（366 年），是一座举世闻名的融建筑、彩塑、壁画为一体的佛教艺术宝库，至今（2013 年）已有 1600 多年的历史。

莫高窟虽然在漫长的岁月中受到大自然的侵袭和人为的破坏，但目前仍保存有从十六国后期到北魏、西魏、北周、隋、唐、五代、宋、西夏、元等各代洞窟 492 个，泥质彩塑 2415 尊，壁画 45 000 多平方米，唐宋木结构建筑 5 座，从而成为世界上现存规模最宏大、内容最丰富、保存最完好的佛教艺术圣地。

敦煌莫高窟虽位于西北戈壁荒漠的一处断崖上，但历经千年风雨沧桑仍保存完好，这与其科学选址有很大关系，体现了古代劳动人民的智慧。

传说当初莫高窟建在这里是因为一乐姓和尚在此看见千佛闪耀，于是便在此建下了今天的天下第一窟——敦煌莫高窟。

据历史记载，自汉代古"丝绸之路"开通之后，敦煌便成了汉唐时期通往西域的门

敦煌莫高窟

户、中西文化的交汇点。商贾频繁往来于此，使敦煌成为繁华一时的贸易中转城市。在这西北戈壁荒漠中，来往的商人往往要举行正式的祈祷仪式以祈求身体健康、生意兴隆。另外，由于当时佛教盛行，往来商贾纷纷出资开凿石窟。一代代积累下来，敦煌莫高窟终于在唐代时形成了千窟争荣的鼎盛局面。

古人将莫高窟修建在鸣沙山东麓宕泉河崖壁上，也是有其科学依据的。冬季，风沙主要从西方吹来，而莫高窟坐西朝东。这样风沙便从洞窟背面吹过窟顶，呈45°角吹下，与洞窟正面形成"死水区"，从而使洞窟不受风沙的影响；夏季盛行东风，此时莫高窟东面的三危山又成为其天然屏障，从而使风沙无法直接威胁到洞窟。因此，莫高窟便成为这西北干燥地区里一个相对安全的地带。

同时，将莫高窟建在这西北戈壁荒漠的断崖上，依山面水，远离敦煌市区，使得其显得更加清静而神圣，也体现出佛教与世俗生活隔离、与大自然融合的思想。

敦煌莫高窟静默地立在这西北荒漠地区，向世人展现着它史诗般的壮观与唯美。其科学的选址不仅使得它可以长久地保存，更使得它永远闪烁着古代劳动人民的智慧。

"南海一号"南宋沉船之谜

"南海一号"是一艘我国南宋初期的船，因失事沉没于广东阳江市南海海域。它最初于1987年被发现。限于技术、资金等方面的问题，人们当时并没有及时打捞。"南海一号"是20世纪90年代初中国水下考古事业创始人俞伟超先生为这艘沉船起的名字。

打捞于2007年开始，距离初次发现已20年。"南海一号"是一艘全木质结构（马尾松木、杉木）的船，船长30.4米，宽9.8米，高3.5米（不包括桅杆）。其于水下23米深处沉没，船身上覆盖了近2米的淤泥，甲板已经腐烂，但令人大为吃惊的是，船身其他部分保存较为完好，是目前为止所发现的最大的宋代船只。

针对"南海一号"，人们产生了太多的疑问。

一是沉船原因及沉船的确切时间。 人们在对外国沉船事件进行考察后，认为"南海一号"之所以沉船很有可能是因为超载。据说当时欧洲的两艘军舰瑞典的"瓦沙"号和英国的"玛丽·罗斯号"，都是因为加装了大炮，造成载重量过大而沉没的。至于沉船的确切时间，一时无从考证。因为在船上发现了不同时期的钱币，有北宋末期和南宋初期的，甚至还有汉初的钱币。

二是它从哪里出发,要到哪里去。相关专家从沉船的船头所在位置推测,"南海一号"应该是从中国出发,到新加坡、印度等东南亚、南亚地区或中东地区进行海外贸易的。同时"南海一号"出水的文物大多产自江西和福建,而且史料中曾有记载,在宋代广东港的船很少有向北航行的,多发自泉州及以北港口。史学家据此判断,"南海一号"发自广州的可能性不大,很有可能出发地是在福建泉州地区。

南海一号博物馆

三是船主是谁,是否逃生。目前"南海一号"已出水了四两重的金手镯、金戒指、1.8米长的金腰带等黄金首饰,都没有生锈,且数量较少,不可能是远洋货物。考古专家据此推测,这些黄金饰品的主人可能是非常富有且身材高大魁梧的富商。根据目前的打捞情况看,还没有发现人的骸骨。假设当时有逃生的机会,船上的富商应该不会把随身所戴的这些金手镯、金腰带、金戒指等饰品扔掉再逃生,所以很可能的是当时船上的人同"南海一号"一起葬身南海。

四是木质沉船长期不腐的秘密。虽然沉船的具体年代还没有确定,但据专家推算,其大概时间在840年前,且"南海一号"位于水下20多米处,被2米多厚的淤泥覆盖着。一艘木质的货船如何会在水下浸泡800多年而不腐烂呢?相关专家称,这里主要有两方面原因:一是船体上的淤泥提供了隔绝氧气的环境,而且淤泥内有很多生物,但没有存活的,这说明船体周围氧气浓度非常低;二是"南海一号"虽是木质,但所使用的材质是松木,松木是抗浸泡比较好的造船材料,且广东民间历来都有"水泡千年松,风吹万年杉"的说法。

五是沉船所携带的历史信息。"南海一号"上装载有八万余件保存完好的瓷器、生活用具等文物,已出水完整的可复原器物总计4500余件,主要以瓷器为主。此外,还包括金器、银器、锡器、铁器、铜钱、漆器、动物骨骸、植物果实等。对"南海一号"的考古,将会为复原海上丝绸之路的历史、陶瓷史提供极为难得的实物资料,具有极高的历史文化价值和学术研究价值。

2011年4月,"南海一号"完成了第二次试发掘,为其整体发掘奠定了基础。我们期待从这艘古沉船上能探测到更多的"秘密",获取更多有价值的信息。

小雁塔离合之谜

小雁塔位于西安市南门外碑林区友谊西路东段南侧的荐福寺内,始建于唐景龙年间(707—710)。因塔形似大雁塔,但规模较大雁塔小,修建时间比大雁塔晚,故称"小雁塔"。小雁塔原有15层,现存13层,高43.4米。因塔形秀丽,挺拔玲珑,环境清幽,风景优美,小雁塔及其古钟构成的"雁塔晨钟"清代时曾被誉为"关中八景"之一。

在小雁塔北门楣上,有这样一段文字:"明成化末,长安地震,塔自顶至足,中裂尺许,明澈如窗牖,行人往往见之。正德末,地再震,塔一夕如故,若有神比合之者。"这段文字记载的便是小雁塔神奇的"离合"史。明成化末年(1487年)西安地区发生了6级地震,小雁塔中间从上到下裂开了一条一尺多宽的缝。然而在时隔34年后的1521年的又一次大地震中,裂缝在一夜之间又合上了。人们觉得这种现象很神奇,便把小雁塔的合拢称之为"神合"。门楣上的文字是1555年9月一位名叫王鹤的京官回乡途中夜宿小雁塔时,偶听小雁塔"神合"的故事后将其刻在小雁塔的北门楣上的。

西安小雁塔

小雁塔裂而不倒、开而不塌且能自动合拢的神奇传说,一直为大家津津乐道。直到新中国成立后修复小雁塔时,人们才发现,原来所谓的"神合"其实是"人合"。古代工匠在建筑"小雁塔"时,考虑到西安的地质情况,特地将小雁塔的塔基用夯土筑成一个半圆球体,如同一口"大锅"。这样屹立于"锅"上的塔身受震后压力可以均匀分散,从而使小雁塔像一个"不倒翁"一样,1300多年间虽历经70余次地震,仍裂而不倒、开而不塌,巍然屹立在这关中大地上。

小雁塔离合之谜的揭开,再一次显示出我国古代工匠的智慧和高超的建筑技术。

慈禧太后遗体三次入殓之谜

慈禧太后(1835年11月29日—1908年11月15日),姓叶赫那拉,名杏贞(同治帝即位,尊其为圣母皇太后,号慈禧太后),满洲镶蓝旗(后抬入满洲镶黄旗)人,清咸丰帝的妃子,同治帝的生母。她三度垂帘听政达47年之久,乾纲独断、两决皇储、运大清国脉于其股掌之上,是1861—1908年间清王朝的实际统治者,极大地影响了中国近代历史的走向。然而,这样一位清朝"无冕女皇",生前享尽荣华富贵,拥有至尊无上的地位,却在死后的76年间,先后三次被殓入同一口棺材内,不得不让人慨叹所谓的"生前身后名"。

第一次入棺:1908年死后第二天。光绪三十四年(1908年)十月二十二日(公历11月15日)未时三刻,慈禧走完了她74年的人生路程。第二天上午8时5分,在隆裕皇太后和瑾妃的敬视下,慈禧的遗体被殓入棺内。陪同她一起入棺的还有满满一棺的奇珍异宝。她的心腹太监李莲英和侄子所著的《爱月轩笔记》中记载:慈禧尸体入棺前,先在棺底铺三层金丝串珠锦褥和一层珍珠,共厚一尺。头部上首为翠荷叶;脚下置粉红碧玺莲花。

头戴珍珠凤冠,冠上最大一颗珍珠大如鸡卵,价值1000万两白银。身旁放金、宝石、玉、翠雕佛爷27尊。脚下两边各放翡翠西瓜、甜瓜、白菜,还有宝石制成的桃、李、杏、枣200多枚。身左放玉石莲花,身右放玉雕珊瑚树。另外,还有玉石骏马8尊,玉石18罗汉,共计700多件。葬殓完毕,又倒入四升珍珠,宝石2200块填棺。慈禧的梓宫于宣统元年(1909年)十月初四日巳时葬入河北遵化菩陀峪东陵地宫。

第二次入棺:1928年遭盗墓抛尸后。"树大招风风撼树,人为名高名丧人。"慈禧也不例外,随同她一起下葬的满满一棺的珠宝便为她招致了毁尸抛棺的祸患。在她死后20年,也就是1928年的7月4日至10日,军阀孙殿英盗掘了乾隆帝的裕陵和慈禧陵,不仅掠走了全部随葬珍宝,嘴里的宝珠也被抠走,而且慈禧的遗体被抛出棺外,上衣也被扒光了,下体仅剩一条内裤。

慈禧太后

慈禧遗体在地宫被暴尸40多天后,溥仪派载泽、耆龄、宝熙等人到东陵对慈禧的遗体进行了重新安葬。载泽等人进入地宫后,见慈禧遗体趴在棺盖上,出现了许多斑点,长满了白毛,头朝北,脚朝南,左手反搭在后背上,景象凄惨。载泽等人见内棺可以继续使用,就命旗妇用一块黄绸将慈禧遗体盖上,将一件黄缎褥铺在遗体一侧,然后慢慢翻转尸身,这样正好将遗体仰卧在黄缎褥上。只见慈禧面色灰白,两眼深陷无珠,颧骨高隆,嘴唇有伤痕。众人用如意板将慈禧遗体抬入棺内。如意板并未撤出。又在遗体上盖一件黄缎被,并把从地宫里捡到的慈禧生前剪下的指甲和掉的牙齿用黄绸子包好,放在黄缎被上。最后载泽又将当年得到的慈禧遗物——一件黄缎袍、一件坎肩盖在上面,盖上棺盖,用漆封上棺口。第二次入殓完毕。

第三次入棺:1984年文物局清理内棺搬出尸体。1984年1月5日,由国家文物局和清东陵文物保管所组成的10人清理小组开始了对慈禧内棺的清理工作。慈禧内棺基本完好,通体朱漆,顶部四面收起,呈坡状。棺长225厘米,前高98厘米,后高91厘米,前宽128.5厘米、后宽123厘米。棺盖上有9尊团佛像和凤戏牡丹图案,四壁内外均阴刻藏文佛经,填以金漆。开启棺盖后,只见一件黄缎被把棺内盖得严严实实,被上盖着一件黄缎袍,袍上又盖一件坎肩……很明显,这是1928年溥仪派人重殓后的原状,55年来一直没人动过。

清理小组依次揭取了被上的两件衣服,发现了1928年放入的包着慈禧生前剪的两节指甲和掉的一颗牙齿的小黄包。把黄缎被卷起后,便是慈禧的遗体。只见她头朝北,脚朝南,仰身直卧。脸部及上身用黄绸包裹着,下身穿着绣满了"寿"字的裤子,每个字长7厘米,宽6厘米。揭开黄绸,只见头微微左偏,两眼深陷成洞。有些花白的头发一部分披散于胸前,一部分顺垂于右侧。右手搭放在腹部上,左手自然垂于身体左侧,腰间扎着一

清东陵慈禧陵地宫内的慈禧棺椁

条丝带,胸部袒露。两只脚上也裹着黄绸,揭开黄绸,只见右脚穿着白绫袜子,左脚赤裸,袜子放在左裤腿上。整个遗体虽然肌肉无存且有许多裂口,但全身仍然皮骨相连,保存得比较完整。

清理小组用她身底下当年抬遗体用的如意板将遗体从棺中抬出,往棺内喷洒了防腐消毒药液,后又将其抬入棺内。然后将黄缎被、小黄包及两件衣服依次按原样放回棺内,并再次往棺内喷洒防腐消毒药液,盖上棺盖,封好棺盖口。在木工们将残破的外椁修好后,将其套在棺外。这是慈禧死后第三次被殓入棺中。

权倾朝野的慈禧无论如何也不会想到自己死后会被三次殓入同一口棺内,而且遭受盗墓、暴尸的羞辱。如今,慈禧的遗体被完整地安放在棺内,保留着1928年第二次入殓时的原样,只留下静默的荒冢任后人评说。

北京人头盖骨失踪之谜

1929年12月2日,在北京房山周口店龙骨山上,挖掘出第一块完整的北京猿人头盖骨。考古学家将其命名为中国猿人北京种,简称"北京人"。1936年,另外三个完整的北京人头盖骨和一个完整的人类下颌骨,又相继在周口店被挖掘出来,一时震动了全世界。北京人头盖骨化石的发现,不仅将人类自身历史整整提前了50万年,而且平息了20世纪以来围绕爪哇猿人的争论,确立了"猿人阶段"的存在,证实了达尔文关于人类起源于古猿的理论,从而揭开了人类进化史上重要的一页。

1937年,日本发动侵华战争,考古工作被迫停止。5个出土的北京猿人头骨化石,被存放进了美属北京协和医院,由中美学者共同创建的"中国地质调查所新生代研究室"负责保管。1940年12月26日,日军占领北平,战事一触即发,出于安全考虑,文物专家们决定将头骨化石交由美国代为保管。

但运送头骨化石的过程却一波三折,起初国民政府、美国政府都因各种理由拒绝这一请求。但经科学家们的不懈坚持和多方努力,1941年11月,重庆国民党政府最终明确表态,允诺"头盖骨"出境,美国方面也同意了头盖骨由美国领事馆安排,美国人带出中国,暂存纽约的美国自然历史博物馆的决定。

然而,意外再次出现。据记载,"头盖骨"转移行动按计划实施,由美国海军陆战队护卫,乘从北平到秦皇岛的专列预计于12月8日上午抵达秦皇岛,再由秦皇岛港转乘"哈德逊总统"号船运往美国。当时列车按计划到达秦皇岛,"哈德逊总统"号却因1941年12月7日清晨开始的日本对珍珠港的空袭而没能靠港。此时,驻扎在秦皇岛山海关一带的日军也开始了对美军的突袭行动,美国海军陆战队的列车和军事人员包括美在秦皇岛的霍尔姆斯兵营的人员顷刻成为日军的俘虏,包括"北京人"在内的物资和行李均成为日军的战利品。北京人头盖骨从此下落不明,至今已70多年……

自1941年太平洋战争爆发,"北京人头盖骨"化石不见踪影后,我国方面多次寻找但均无果而终。"北京人头盖骨"到底去了哪里?

观点一:在日本侵略者手中。日本早就对"北京人头盖骨"化石垂涎三尺,而且1937年"七七事变"后,日本方面就曾派人到北京打探过相关的情报。

"二战"后,在裴文中的报告中提到这样的信息:(民国)三十四年十一月十四日,中央社东京专电:"盟军最高总部称:前为日军窃夺并运至东京之北京人骨骼现已发现。"(民国)三十五年一月一日,北平《英文时事新闻》载有路透社电:"东京帝国大学已将此无价之骨骼标本运赴盟军总部。"从这些信息中人们判断出"北京人头盖骨"确实是被日军劫走了而且日本已经将其上交盟军。

在战后事务处理中,我国方面就此询问了当时的驻日美国海军司令斯脱特,但斯脱特的回答却让人十分失望:盟军司令部已经就中国政府此前的要求,根据报端的信息查问过东京帝国大学。回答是,没有任何根据证明"北京人"在东京或者在日本!白纸黑字的官方通讯社电讯,在这里却遭到矢口否认。

日本外务省民间财产局作为战后归还被侵略国物资的执行部门,在发给盟军总部民间财产管理组的报告中表示,日本并没有发现"头盖骨"化石。并且1941年12月在秦皇岛及其周围驻扎的日本部队的相关资料已经丢失,该部队人员姓名和现在的地址不详。

这样,"北京人头盖骨"在日本寻找的线索便中断了。

观点二:在中国。作为"北京人头盖骨"押运人的美国军医威廉·弗利自1941年12月8日之后就音信皆无。直到30年后的1971年,《纽约时报》上发表了一篇作者是威廉·弗利的文章:"12月8日,我在秦皇岛被日军逮捕,一周后被释放回天津租界。之后,我收到了从秦皇岛战俘营寄回的行李,以及应该装着北京人头盖骨化石的军用提箱。我打开自己的行李,发现被人动过。第二天,我就把其中的两只箱子送到天津的百利洋行和巴斯德研究所,而另两只则交给我平时最信任的两位中国人。"

根据这些线索,相关方面询问了百利洋行天津分行和巴斯德研究所的所有老职员,得到的回答却惊人的一致:"提箱?什么提箱?我们从来没有见过美国军医。"而威廉·弗利所提到的"两位中国人"则表示,他们的箱子里绝没有任何和化石乃至骨头相似的东西。

20世纪90年代,一名曾是日本"731"部队的上尉军医、参加了侵华战争的老兵在弥留之际,透露:"头盖骨"化石埋在日坛公园的一棵松树下,这棵松树被刮下一块长约1米、宽约20厘米的树皮作为记号。后来有关人员确实找到了一棵被刮过树皮的松

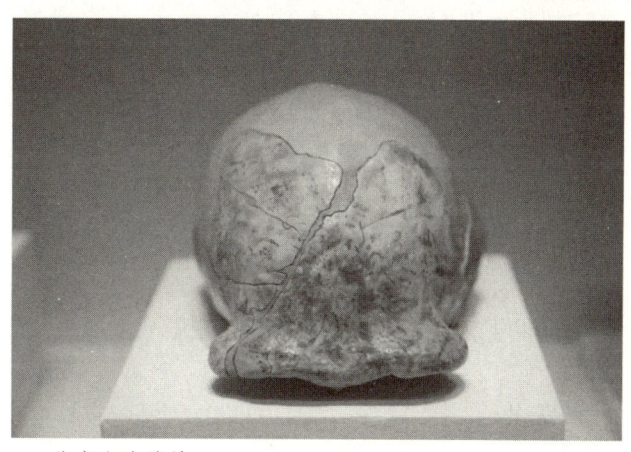

北京人头盖骨

北京世界地质公园博物馆内北京猿人生活情景再现

树并进行了深达3米的挖掘,结果仍没能找到"北京人头盖骨"化石。

观点三:在"哈德逊总统"号上。有人认为,"北京人头盖骨"化石应该是在"哈德逊总统"号上丢失的,而"哈德逊总统"号由于受到日舰追逐,半途被击沉。

但也有人认为"哈德逊总统"号根本没到秦皇岛去接应美国海军陆战队。它从菲律宾首都马尼拉开航以后,就一直被一艘日本军舰追逐,随后搁浅在上海以东长江口附近,最终被日军击沉。

观点四:在沉船"阿波丸"号上。1972年,时任美国总统的尼克松访华,曾将美方认为的化石下落作为绝密礼物送给中国政府,称化石可能在日本沉船"阿波丸"号上,并提供了"阿波丸"号沉没在中国海域的具体方位和装载货物清单。

"阿波丸"号是一艘日本远洋油轮,建造于20世纪40年代。1945年3月28日,"阿波丸"号载满了从东南亚一带撤退的大批日本军官和要人从新加坡出发驶向日本。4月1日午夜时分,该船行至中国福建省牛山岛以东海域时,被正在该海域巡航的美军潜水舰袭击,3分钟后迅速沉没。

1977年,"77·13工程"正式启动,开始了对"阿波丸"号沉船的初步打捞。除了资料记载的橡胶、锡锭等物品准确相符外,打捞人员还发现了伪满洲国内阁总理大臣郑孝胥以及郑孝胥之子郑禹的家藏小官印和圆砚。由此可以断定,"阿波丸"号确实携带大量中国北方宝物。那么,有国宝之称的"北京人头盖骨"化石会不会也在这艘船上呢?

但由于当时种种条件的限制,打捞于1980年停止。在已经打捞上来的物品中并没有发现与"北京人头盖骨"相关的任何线索。

观点五:"北京人头盖骨"也许已被毁坏。一部分人认为,当时战火纷繁,如果是金银珠宝书画等,倒还可能保存下来,但对于"北京人头盖骨"化石,很难说日军有如此高的辨别力。伴随着1998年由14名中科院资深院士发起的"世纪末大寻找"的无果而终,再一次寻找的希望破灭,于是,人们综合目前各种信息和线索,认为"北京人头盖骨"很可能已经毁于战火之中了。

幸运的是,当年在这些"头盖骨"被运往美国前,已由胡承志制作了相关模型。这不仅让人们有机会了解原始祖先的模样,而且也为我们今天的研究留下了珍贵的资料。

2005年7月2日北京市房山区寻找"北京人头盖骨"化石工作委员会成立,又开始了新一轮的寻找工作。虽然一次又一次的线索中断,希望破灭,但这阻止不了我们的寻找之路。

第十六篇 神秘的墓葬之谜

曾国国君墓为何建在随国

机缘巧合下，一座古代墓葬在湖北省随县被无意发现。其后，考古工作者们对它进行了发掘。随着发掘的进行，大量珍贵的青铜制器出土。经研究得知，这座古墓为战国时期曾国国君曾侯乙墓。随县在战国初期为随国所在地。人们不禁要问：曾国国君墓为何建在随国？

曾国是楚的附庸国。公元前433年，楚惠王赠送给曾国国君曾侯乙礼乐器铜钟。包括这个铜钟在内，此次发掘共出土了文物7000多件。如此庞大的数目，令人惊叹不已。其中兵器4500件，能够一窥当时楚国强大的军事实力。如此众多的陪葬品也证明了曾侯乙在楚国的地位非同一般。其陪葬品中的编钟，是目前中国出土乐器中规模最大、质量最佳、完整性最好、音律协奏性最高的顶尖精品。这些编钟及其他古乐器的出土，是中外音乐史上的一大奇观。

曾侯乙是曾国国君，其墓葬却在随国。这其中的原因是什么，后人对此作了一些推测。第一种说法是，曾国就是随国，曾、随是同一个国家。曾国和随国都是姬姓国，是西周分封于江汉的诸姬姓国之一。另外，从两国的国君家来看，也是一致的。到目前为止，出土的曾国青铜器都分布在随枣走廊一带，且是从南阳盆地进入随枣走廊的。还有，在古代一国两个名字也很常见。如河南附近的吕国又称甫，山东附近的州国又称淳于，楚称荆，魏称梁，俯拾皆是。因此，曾国很可能就是随国。所以把曾国国君的墓葬建立在随国的国土里也不足为奇了。

第二种说法是考古发现的曾国有可能是史籍上的缯国或鄫国。在春秋战国时代，各诸侯国的领土大小不一样，国君的墓葬也不一定就建在本国国都。一些小的诸侯国因为封地面积小，国君的墓葬会建在国都附近。较大的诸侯国，封地面积大，才有专门的墓地。如鲁国国君墓地不在国都曲阜而在阚（距曲阜100多公里）。《史记》中记载了秦国的国君葬地，有不少的一部分都没有葬在秦国国都。也许，随国被楚国灭亡之后，作为楚国的附庸国曾国就迁移到随国，把曾侯乙的墓穴建在随国也是可能的。从曾侯乙的陪葬品中也可发现楚国国君与曾侯乙的关系不浅。因而迁移一说也未必不可信。在今人编写的《曾国考》等书中，考证了曾国和随国在西周时期就已经同时存在了。说随国就是曾国缺

曾侯乙编钟

曾侯乙墓出土的漆器

乏有力的证据。

以上两种说法都没有直接的证据能够证明自己观点的正确性。考古是一项很艰巨的任务，只有经过缜密的思考，做出合理的推断，然后用科学的方法找出有力的证据后，才能得到历史的真相。曾国国君的墓葬为什么会出现在随国，恐怕还需要专家们进行更深入的考证。

金缕玉衣之谜

金缕玉衣是汉代规格最高的殓服。玉衣，也称玉匣，是汉代皇帝和高级贵族死后穿用的殓服。按死者等级分为金缕玉衣、银缕玉衣和铜缕玉衣。缕是指连接玉片的丝线。金缕是说丝线是金的，银缕、铜缕以此类推。玉衣的形状在古书中有记载，"匣形如铠甲，连以金缕"，"如铠状，连缝之，以黄金为缕"等。然而直到在汉代墓穴之中发现金缕玉衣后，才真正解开了其中之谜。

1968年5月的一天，正在满城陵山施工的解放军无意中发现了一座古墓，随后上报。国家有关部门立即派专人进行发掘工作。在发掘的过程中，发现了好多带有"中山内府"字样的铜器。经过专家们的推断，认为中山是指中山国。中山国在中国历史上出现过两个。一个是春秋战国时代的鲜虞中山国，另一个是西汉时期的中山国。通过墓穴中其他文物的佐证，专家们认为这座古墓为汉代墓葬。这座古墓的发现，证实了史书中记载的汉代以山为陵的埋葬制度。专家们初步认定，这座古墓是属于中山国国王的墓葬。中山国存在了150多年，共有10位王执政。到底是哪一个王呢？

满城发现汉墓的消息传到了郭沫若那里。郭沫若当时任中科院院长。当得知汉墓中发现金丝连缀玉片的玉衣时，郭沫若推掉所有工作，亲临现场。经过郭沫若确定，这件玉衣是金缕玉衣，为王者所有。之后，在这个墓葬旁边又发现了一座墓葬。结合史书资料和现场文物，确定了这两个墓穴的主人分别是刘胜和其妻子窦绾。

至于玉衣是怎么制作的，现代人已经想象不出来。人们为何制作如此精美的玉衣作为殓葬品，也众说纷纭。归纳一下，主要有下面几点。

第一，它是由祭祀用玉到殓葬品自然发展而来的。 其实，在新石器时代，人们就有将玉器作为殓葬品的风俗。如良渚文化出土的墓葬中，发现了大量的玉器。在《周礼》中有"疏璧琮以殓尸"的记载。在西周，有缀玉面饰的丧葬习俗。

第二，它反映了当时独尊儒术的社会风

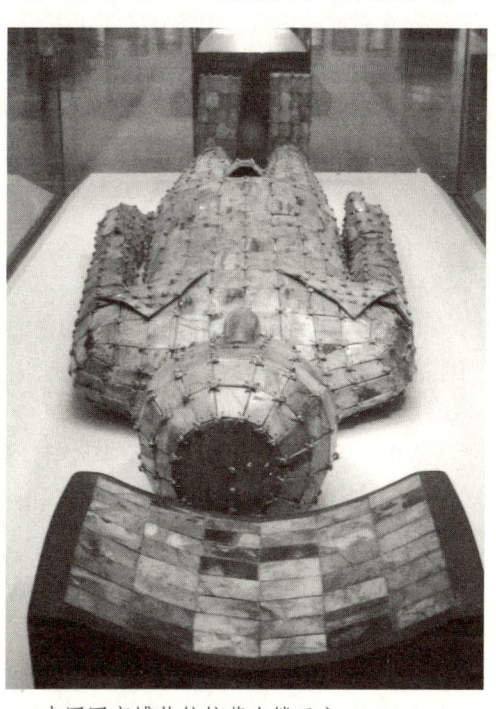

中国国家博物馆馆藏金缕玉衣

保定满城汉墓出土的金缕玉衣

气,也是死者身份和地位的象征。孔子认为玉是君子的象征。《礼记·聘义》载:"夫昔者君子比德于玉焉。温润而泽,仁也;填密以栗,智也;廉而不判,义也。《诗经》曰:言念君子,温其如玉。故君子贵之也。"在古代,只有君子才能佩戴玉器。后来,玉器逐渐成为身份地位的象征。在汉代,"罢黜百家,独尊儒术"。金缕玉衣恐怕与此有某些关联。

第三,古人认为玉器殓葬可使尸身长期不朽,有防腐的作用。古代帝王都希望自己能够长生不死,即使死去也希望自己能够获得重生。在一些史书典籍中也有相关的记载。《抱朴子》中曰:"金玉在九窍,则死人为之不朽。"《后汉书》卷四十一说:"凡贼所发,有玉匣殓者,率皆如生。"《西京杂记》曰:"棺器天象形兆,尸身不坏,孔窍中有金玉,其余器物皆朽烂不可别。"在古人看来玉器能够使尸身不腐。古代帝王更是耗费人力物力去打造玉衣,来保护自己的尸身,以待自己能够重生。

据说汉武帝的玉衣更为豪奢。《西京杂记》曰:"武帝匣上皆镂为蛟龙、鸾凤、龟鳞之象,世谓蛟龙玉匣。"

金缕玉衣的出现,表明了汉代玉器雕琢技术达到了极高的水平。金缕玉衣制作工艺的高超让现代人都为之汗颜。汉朝覆亡之后,史上再也没有皇帝使用金缕玉衣殓葬了。中山王刘胜墓穴中金缕玉衣的发现,解开了金缕玉衣的存在之谜。然而伴随而来的却有更多的谜团。金缕玉衣是如何制作的,又是何人制作的。这些谜语有待后人进一步研究解决。

龟山汉墓千古之谜

龟山汉墓位于徐州市的龟山西麓,是西汉第六代楚王襄王刘注的夫妻合葬墓。1981年,当地群众开山采石时首次发现了龟山汉墓。其后,有关部门进行了发掘工作。到1993年6月,龟山汉墓第一期保护工程竣工。

龟山汉墓为典型的崖洞墓,其中南为楚王(襄王)刘注墓,北为其夫人墓,两墓均为横穴崖洞式。龟山汉墓中有15间墓室和两条甬道,总面积超过700平方米,容积达2600立方米,几乎掏空了整个山体。这么庞大的工程是如何开凿的,至今仍是历史之谜。

南甬道被发现时由26块塞石堵塞,分上下两层,每层13块,每块重达6~7吨。在石块间的空隙很小,连一枚硬币也难以塞下。据专家考证,这些塞石来源于西南很远的地方。它到底来自哪里,不为人知,又是如何被运来并塞进甬道中的,也是未解之谜。这两条甬道各长56米,高1.78米,宽1.06米,沿中线开凿最大偏差仅为5毫米,精度达

1/10 000；两甬道之间相距19米，夹角为20秒，误差仅为1/16 000，如将其向西无限延伸，其交点将位于1000公里外的西安。这是迄今世界上打凿精度最高的甬道。甬道两壁都被磨得如平镜一般。在当时的技术条件下修建这样的甬道，现代人真是无法想象。

徐州龟山汉墓

在楚王刘注的棺室北面墙上，清楚地显示着一位真人大小的影子。这个影子身穿汉服，峨冠博带，作拱手迎宾状，被称为"楚王迎宾"。令人不可思议的是，这一现象是在墓室正式开放之后才形成的。有人认为是渗水的原因，可是影子外却没有任何渗水痕迹；有人认为是由于岩石石质不同而形成的，但是它为什么偏偏出现在楚王棺室呢？

刘注前殿位于整个墓葬的中心部位，为15间墓室中最大的一间。中间的擎天石柱，高大粗壮，气势雄伟，恰好撑在南北甬道的中轴线上。这是巧合，还是布局？

在刘注夫妇两个墓宫之间有一道石门，在楚王夫人下葬后，才由工匠们开通。这道门楚王这边小，夫人那边大，使整个甬道成为一曲尺形，也是5个墓室中唯一一个开凿不规则的过道。那么为什么会出现这样的现象？仅仅是误凿吗？

在刘注夫人墓室的前厅和棺室及石柱上都分别留有乳头状石包。这些石包星罗棋布，毫无规则可言，又不似天上的星辰，也不像做装饰之用。这些石包是做什么用的呢？是天然形成的吗？还是另有用意？

目前龟山汉墓正在向社会寻求四大谜团的答案。这四大谜团分别是：第一，如此精确的甬道是如何修建的？第二，龟山汉墓几乎挖空了整个山体，如此庞大的工程是如何进行的？第三，"楚王迎宾"是如何形成的？第四，刘夫人墓室中的那些石包有什么用意？这些未解之谜陆续提出后，好多专家学者均对此做了一些解释，但都不能自圆其说。至今，仍没有一个能让人信服的说法。秦唐文化看西安，明清文化看北

徐州龟山汉墓出土的车马

京,两汉文化看徐州。这座汉代古墓为徐州增色不少,也为徐州蒙上了一层神秘的面纱。

秦始皇陵坐西朝东之谜

秦始皇陵中埋葬着中国历史上第一位封建皇帝——秦始皇嬴政,为世界八大奇迹之一。秦始皇陵位于陕西省西安市临潼区骊山脚下,由丞相李斯主持规划设计,大将章邯监工,修筑时间长达38年。这座工程浩大、气魄宏伟的陵墓,创历代封建统治者奢侈厚葬之先例。陵墓仿秦都咸阳建造,分内外两城,内城周长2.5公里,外城周长6.3公里。坐西朝东的格局深深地迷惑了一代代的学者。那么,秦始皇陵为什么要坐西朝东呢?

秦始皇陵博物馆

在秦汉时期,有一种社会风俗,但凡主人或者地位高的人都是坐西朝东。在《史记》中记载,"项王、项伯东向坐,亚父南向坐。亚父者,范增也。沛公北向坐,张良西向侍。"当时,项羽称王,地位崇高,事项伯为父,故项伯地位也很崇高,皆坐西朝东。沛公刘邦在当时的地位很低,故坐东朝西,且是"侍奉"他们。在其他文献中也有坐西朝东的座位是尊贵的记载。秦始皇自称天下第一个皇帝,地位自然尊贵无比,死后当然也要坐西朝东。

有人认为这与秦始皇的雄心壮志有关。秦始皇陵从秦始皇成为秦王的时候就开始修建。当时秦朝还没有一统天下。秦国地处西域,坐西朝东修建皇陵,即使秦始皇有生之年看不到秦朝统一天下,死后也要看到。皇陵修建了38年,在修到一半时,秦国已经统一了天下。秦始皇成为七国之主。但是皇陵方向也不用修改了,因为秦始皇还想在死后俯视着他所征服的土地。坐西朝东的秦始皇陵,显示了秦始皇的雄才霸业。

秦始皇好道,这是众所周知的事情。他生前曾派徐福东渡,去寻找传说中的蓬莱仙岛。在史书记载中,秦始皇也曾多次出

秦始皇陵地宫

巡,东临碣石,南达会稽,无不显示出他对长生不老、求仙问药的向往。徐福一去不返,秦始皇是朝思暮盼。死后,秦始皇还是忘不了,仍要向东而望,祈求神仙来度自己,让自己飞升仙境。

有些人认为,这与秦朝人的祖先来自哪里有关。认为秦人祖先来自东方的人认为,叶落要归根,秦朝人却不能回到东方的故乡,因为中间隔着好几个国家。只好死后坐西朝东,以示对故乡的思念。认为秦人祖先来自西方的人认为,秦人采用"头朝西方"的葬俗,是想彰显他们来自中国西部。如此,华夏诸族流行的北首而葬之俗,是否说明他们来自北方呢?还有人提出了新的看法,认为西首而葬的习俗和"屈肢葬"习俗一样,都与他们的古代文化和宗教信仰有关。"白马藏人"对本民族盛行的西首葬的解释是,日落归西,人亦随太阳走。至于秦人对西首而葬有什么解释就不得而知了。

以上这些都是后世之人根据史书和风俗习惯等方面做出的推测。秦始皇陵为什么要坐西朝东,这个问题目前还没有定论。有人认为,坐西朝东也许仅仅是因为当时的一种丧葬习俗。或者,是因为秦始皇笃信风水,认为坐西朝东埋葬能够更好地利用风水而已。

汉景帝陵墓为何如此奢华

汉景帝在西汉历史上占有重要的地位,他上承汉文帝的事业,创造了"文景之治",下启汉武帝的事业,为刘彻的"汉武盛世"作了奠基,完成了从"文景之治"到"汉武盛世"的过渡,获得了"清静恭俭"的评价。"清",是为政少事;"静",是安定百姓;"恭",是善待臣民;"俭",是节省汰用。汉景帝时期,实行轻徭薄赋、休养生息的政策,使百姓安居乐业,经济得到恢复和发展。汉景帝一直是以德服人、勤俭为政的皇帝。但是,如此一位节俭的皇帝,其陵墓却为何建造得十分奢华呢?

阳陵是汉景帝刘启和其皇后王氏合葬的陵园,同陵不同穴,从而形成了两个相对独立的小陵园。阳陵面积较广,以帝陵陵园为中心,四角拱卫,南北对称,东西相连,结构严谨。汉景帝陵园处在阳陵陵区西部的中间部位,平面呈正方形,边长约为420米。在这座恢弘壮观的陵园建造之时,汉景帝煞费苦心。阳陵中建有很多礼制性建筑,如陵庙、寝殿、便殿等。其中,位于汉景帝陵园东南部的"罗经石"遗址,被认为是文献记载中的阳陵陵庙——德阳宫遗址。在汉景帝陵园的西南部还有一处礼制性建筑。

南区、北区都有陪葬坑。南区陪葬坑中陪葬有大量着衣式陶俑、生产工具、兵器、车马器等珍贵文物。北区陪葬的是妃嫔。

除此之外,在汉景帝陵园西北部还发现了修陵人的墓地,面积约有8万平方米。墓地中的墓葬排列毫无次序,埋葬方式也不尽相同。墓坑形状也呈不规则样

咸阳汉景帝刘启墓冢

式。墓穴中的死者死状恐怖,有的身首异处,就是肢体与躯干脱离,甚至有些骨架上还有刑具,异常血腥,惨不忍睹。

在陵墓中,发现了数以千计的大量彩绘裸体陶俑,与秦兵马俑风格完全不同,非常具有历史意义。值得庆幸的是,这些彩绘裸体陶俑还未被盗。这些陶俑中最多的是男性,其次女性,宦官最少,一般高度在55~60厘米之间。其形态各异,有动态,也有静态,都惟妙惟肖,栩栩如生。

汉景帝是一个爱民如子、勤俭节约的好皇帝,为何他的陵园却有如此大的排场?在其陵园内,还发现惨无人道的陪葬墓坑,实在令人发指。然而这一切究竟是怎么回事,史学界至今都没有定论。也许有一天,我们会找到历史的真相,揭开这个历史之谜。

曹操的72座疑冢之谜

曹操一生戎马生涯,为中国的统一大业做出了巨大的贡献。在当时,他"挟天子以令诸侯",地位是何等尊贵。大权在握,富贵自然不成问题。然而,他却提倡节约,对家人和官吏也极为严格。据说,曹操的一个儿媳妇,因穿绫罗绸缎,被其下令"自裁"。在财物短缺的一段时间里,曹操冬天不穿皮质衣服,大臣们也不敢戴皮帽子。曹操不仅提出"薄葬",并且身体力行。传说,安葬曹操的那一天,72辆马车从城里分为东西南北四个方向驶出。以至于现在,还无人能够确定其尸身埋于何处。

曹操虽未称帝,却有帝王之尊,为何却会提出"薄葬",并且还要建造72座疑冢呢?后人通过各种史料和传说,从各个角度分析了曹操真墓的地点。然而,并无令人满意的答案。1988年,《人民日报》上登出了一条震惊世人的文章《"曹操七十二疑冢"之谜揭开》。文中说:"闻名中外的河北省磁县古墓群最近被国务院列为第三批全国重点文物保护单位。过去在民间传说中被认为是'曹操七十二疑冢'的这片古墓,现已查明实际上是北朝的大型古墓群,确切数字也不是72,而是134。"于是,曹操的72疑冢的说法便不再准确了。

然而曹操的尸首究竟埋于何处呢?

据传说,曹操曾当过盗墓贼,并且还成立了专门的盗墓机构——"发丘中郎将"和"摸金校尉"。这两个职官名称,被《鬼吹灯》的作者使用,被称为盗墓史上的两大宗派,而曹操也成为盗墓祖师爷。其实在史书中也有记载曹操盗墓的事情。"操别入砀,发梁孝王冢,破棺,收金宝数万斤,天子闻之哀泣。"曹操看到过很多盗墓现场尸骨纵横、面目全非的场面,便想,自己本身有很多仇人,更何况地位尊贵,若不实行"薄葬",死后肯定会受到盗墓贼的打扰,不得

安阳曹操高陵二号墓

安息。加上其生性多疑,认为若是只造一座墓穴,恐怕会被后人发掘,不如多造一些疑冢。因此后来便有了曹操72疑冢的传说。

然而也有人对曹操是盗墓贼的说法提出了质疑。他们认为曹操可能是看到了厚葬的弊端和被人盗掘的险境,才实行"薄葬",并设置72座疑冢。

有一首诗歌写曹操的墓穴所在地,诗云:"铜雀宫观委灰尘,魏之园陵漳水滨。即令西湟犹堪思,况复当年歌无人。"据诗歌推断,曹操的墓葬应该在漳水。《彰德府志》说,魏武帝曹操陵在铜雀台正南5公里的灵芝村。然而这些都是假设,或者说这些都可能是曹操的疑冢。还有一种说法,曹操陵位于其故里谯县的"曹家孤堆"。

亳州曹操运兵道

《魏书·文帝纪》载:"甲午(220年),军治于谯,大飨六军及谯父老百姓于邑东。"《亳州志》载:"文帝幸谯,大飨父老,立坛于故宅前树碑曰大飨之碑。"《魏书》还说:"丙申,亲祠谯陵。"如此推断的话,曹操的陵墓应该在亳州了。然而这一说法也没有得到世人的认可。

曹操是东汉末年著名的政治家、军事家,他的一生波澜壮阔。因《三国演义》一书褒蜀贬魏,曹操被写成是一代枭雄,奸诈无比。后人对他更是贬多褒少。愈应符《曹操疑冢》诗写道:"生前欺天绝汉统,死后欺人设疑冢。人生用智死即休,何有余计到丘陇。人言疑冢我不疑,我有一法君未知。尽发七十二疑冢,必有一冢藏君尸。"后代文人大多贬低曹操,骂其为奸贼。曹操的功过是非,我们暂且不论,其所造疑冢却是真实存在的。然而,曹操的真冢在哪儿,却不为世人所知。这也达到了曹操当年建造疑冢的目的。

古人死后,都不愿意被世人打扰。如果没有适当的时机,就让曹操伴随他的真冢长眠地下吧。若是有一天,时机来临,曹操真冢得见天日,其奸贼的千古骂名也许就可以被洗掉了。

刘备陵墓之谜

刘备的惠陵位于成都南门武侯祠大街,前大门悬挂着"汉昭烈庙"的横匾,后面是陵墓(汉昭烈是刘备的谥号)。但有人认为惠陵只是刘备的衣冠冢。那么这里是不是真的刘备墓呢?另外,大门匾额明明说这是刘备的庙,为何当地人却称此庙为武侯祠呢?

刘备攻打吴国失败后,退到了白帝城,于公元223年四月病逝。五月,诸葛亮扶灵柩回成都。八月葬惠陵。有一种说法认为刘备死时天气很热,从白帝城运回成都至少需一

成都武侯祠惠陵

个多月,在将尸体运回成都的途中,尸体腐烂,只好葬于眉山市牧马山、彭山脚下的莲花村。因此莲花村刘备墓才是刘备的真墓所在地。另外,郭沫若于1961年在奉节考察时认为,刘备墓在奉节的可能性比较大。奉节还有甘夫人墓,可做佐证。

早在南宋绍兴年间维修刘备陵庙时,学士任渊作《重修先主庙记》云:"成都之南三里许,丘阜岿然曰惠陵者,实昭烈弓剑所藏之地。"他只是说惠陵是"昭烈弓剑所藏之地",并没有说它不是真墓。这可能只是历史学笔法,为王者讳,为亲者讳,以代指刘备兵败而亡,葬于此地。

《三国志·蜀志·先主传》记载:"五月,梓宫自永安还成都,谥曰昭烈皇帝。秋八月,葬惠陵。"《三国志》被认为是信史,因此刘备葬于惠陵较为可信。至于尸体防腐技术,可用水银朱砂护尸,以使尸体长期不腐烂。

武侯祠内刘备殿中,正中为刘备贴金塑像,左侧陪祀的是他的孙子刘谌。在刘禅降魏时,其子刘谌到刘备墓前哭告,杀掉家人后自杀身亡。因其忠孝,故而享祀。这也可证刘备的家人认为惠陵为刘备的真墓。

刘禅是刘备的长子,但殿中没有其配祀。据说以前也有刘禅像,但因他昏庸无能,不能守基业,是个亡国之君,令人厌烦,以致他的像在宋、明两代多次被毁,之后就没有再塑。所以现在刘备殿中没有刘禅。

汉昭烈庙始建于公元223年。建惠陵的同时在陵旁建庙。武侯祠建于唐朝之前,起初与昭烈庙相邻。杜甫《蜀相》诗中提道:"丞相祠堂何处寻,锦官城外柏森森。"明朝初年,将武侯祠并入汉昭烈庙,形成君臣合庙。现存祠庙建于清朝康熙十一年(1672年)。庙内刘备殿是主殿。殿后下几个台阶有一殿,是武侯祠。因为诸葛亮的历史功绩大,在百姓心中的威望远远超过了刘备,所以人们将刘备庙改称武侯祠。民国年间邹鲁诗曰:"门额大书昭烈庙,世人都道武侯祠。由来名位输勋业,丞相功高百代思。"

为何40万人都挖不动武则天墓

乾陵是唐高宗李治和武则天的合葬陵,也是历史上唯一一座一陵二帝的皇陵。其实在古人眼里,乾陵只是李治的皇陵,武则天只是陪葬。按古人的说法是一帝、一后的合葬墓。自郭沫若以来,现代人才认为这是二帝合葬墓。其实"神龙政变"之后,武则天已经把大唐江山归还给李氏皇族，并宣布废去自己的帝号，将自己以唐高宗皇后的身份附葬于唐高宗的乾陵。唐中宗李显为表孝心，同意了武则天的请求。

乾陵建于684年。705年时，乾陵迎来了它的女主人武则天。之后，历经1300多年的风风雨雨，乾陵依然屹立不倒。历史上有名有姓的盗墓者就有17人。其中规模最大的一

陕西乾陵

次盗墓行动出动人数达40万，可依然对乾陵无可奈何。那么，历代帝王墓葬被盗者不计其数，甚至连唐太宗的昭陵也被盗了，为什么乾陵就安然无恙呢？这要从乾陵的建造中寻找答案。

乾陵位于梁山之上。梁山有三座山峰，主峰直插天际，另两峰如同女性的胸脯，从侧面看，就像一位女性仰面向天躺卧。在风水学上，梁山是一块风水宝地，只适合埋葬女性。传说中，李治派长孙无忌和李淳风去选自己百年之后的居所。一日，二人寻到梁山，探察一番之后，认为梁山乃是世间少有的一块"龙脉圣地"，就回去禀报李治。袁天罡也在，对李治说："梁山从外表上看是一块风水宝地，但细看有许多不足之处：一是梁山虽东西两面环水，能围住龙气，但与太宗龙脉隔断，假如百姓选祖茔于此，是可以兴盛三代，但作为帝王之山陵址，恐三代后江山有危。大唐龙脉从昆仑山分出一支过黄河，入关中，以岐山为首向东蔓延至九嵕山、金粟山、嵯峨山、尧山。今太宗已葬九嵕山，为龙首。陛下不可以后居前，况梁山又非龙首，而是周代龙脉之尾，尾气必衰，主陛下治国无力。二是梁山北峰居高，前有两峰似女乳状，整个山形远观似少妇平躺一般。陛下选陵于此，恐从此后为女人所控。三是梁山主峰直秀，属木格，南二峰圆利，属金格。三座山峰虽挺拔，但远看方平，为土相。金能克木，土能生金，整座山形龙气助金，地宫营主峰之下，主陛下必为金格之人所控。依臣愚见，若陵址定于此山，陛下日后必为女人所伤！"李治不听。第二天早朝的时候，李治命众大臣给即将建设的皇陵命名。长孙无忌奏曰："梁山位于长安西北，在八卦中属乾位，乾为阳，为天，为帝。长安是陛下今世帝都，梁山自然为陛下万年寿域的天堂帝都，人间、天堂、天地合一，乾坤相合，主定陛下永世为帝王。依臣之见，就定名为乾陵吧！"李治听了很高兴。于是乾陵就开始修建了。当然这只是传说。

据史书记载，李治死后，武则天遵照高宗"得还长安，死亦无憾"的遗愿，令人在梁山建造了乾陵。《新唐书·陈子昂传》载："山陵穿复必资徒役，率癃弊之众，兴数万之军，调发近畿，督扶稚老，铲山背石，驱以就功。"历时300多个日夜，主体工程竣工。安葬好李治之后，乾陵营建工程继续进行。22年之后，武则天去世。李显遵其母亲武则天的遗愿，将武则天与李治合葬。合葬武则天后，中宗、睿宗朝又将二太子、三王、四公主、八大臣等

唐高宗李治

17人陪葬乾陵。其实完成乾陵的所有工程时，已经是740年，也就是说，乾陵修建了50多年。

据史书记载，五代时，温韬为后梁耀州节度使期间，"唐诸陵在其境内者，悉发掘之，取之所藏金宝……惟乾陵风雨不可发"。黄巢起义时，黄巢军费不足，曾率领40万人盗挖乾陵，仍然没成功。民国时期，国民党将领孙连仲以保护乾陵为幌子，率兵用洋枪洋炮炸了许多处地方，依然没找到乾陵墓道入口。在一个偶然的机会下，乾陵墓道才为人们发现。其后，有关部门对其进行了一系列的保护措施。

乾陵修建之时，正值大唐盛世，国力空前强大。乾陵规模之宏大，建筑之宏伟，堪称"历代诸皇陵之冠"。唐初，李世民就指出，没有不亡之国，没有不掘之陵。从他开始，唐朝所有皇陵都要遵循"因山为陵"的葬制。昭陵是由当时的艺术大师阎立德、阎立本兄弟主持设计的。陵墓由建筑群与雕刻群相结合，参差布置于有"龙盘凤翥"之势的山峦之上。及至乾陵的时候，昭陵的形制已得到了发展和完善。《旧唐书·严善思传》记载："乾陵玄阙，其门以石闭塞，其石缝隙，铸铁以固其中。"可见，乾陵是多么的坚固。这也是为什么乾陵是唯一一座历经千年仍未被盗掘的唐代帝王陵的原因。

如今，乾陵成为旅游胜地。其在中国古代陵墓史上占有重要的地位。有关部门表示，在50年内，将不会对乾陵进行发掘工作。历经千年的皇陵依然在沉睡。

武则天无字碑之谜

乾陵位于梁山上，是李治和武则天的合葬墓。在陵前并立着两大石碑，西侧的叫"述圣碑"，东侧的就是武则天无字碑。"述圣碑"是武则天为歌颂高宗功德而立的碑，碑文由武则天亲自书写。黑漆碑面，字填金粉，光彩照人。而东侧的无字碑在唐时却无任何文字。自秦汉以来，帝王将相无不希望死后能树碑立传，而中国历史上唯一一个女皇帝武则天的石碑上却没有刻一个字。

无字碑是由一块完整的巨石经能工巧匠之手雕凿而成。它高7.53米，宽2.1米，厚1.49米，重量达98.9吨，是中国历代群碑中的巨制。碑额上雕凿八条螭龙，却没有题碑名。这八条螭龙缠绕在一起，鳞甲分明，筋骨突出，寓动于静，富有生机。在无字碑的两侧，各有一条腾空而起的巨龙，线条分明，栩栩如生。无字碑阳面是一组狮马图。骏马屈蹄俯首，温顺可爱；雄狮昂首怒目，十分威严。无字碑上还有许多花草纹饰，线条优美流畅，是碑中的精品。

从史书记载中可知，无字碑和述圣碑都是在武则天的授意下立起来的。而述圣碑中写满了歌功颂德的文字，无字碑中却没有唐人一个字。这种罕见的现象一直令人百思不得其解。

民间关于武则天立无字碑有三种说法。

第一种说法是武则天认为自己的功劳太大，没有文字能够形容。从武则天做皇后开始，到"神龙政变"被迫退位，前后执政达50年。就是从唐高宗死时算起，武则天执政也达21年，且武则天是中国历史上唯一一个被历史承认的女皇帝。她在位期间，政治上，打击豪门，鼓励科举考试，知人善任，破格用人，鼓励各级官吏举荐人才，并虚心纳谏；军事上，加强封建国家的边防，改善与边境各族的关系；经济上，奖励农桑、兴修水利，减轻徭役并整顿均田制。总之，武则天精明能干，在统治期间，她不仅巩固和发展了"贞观之治"，还为"开元之治"作了铺垫，起到了承前启后的作用。

第二种说法是武则天自知罪孽深重，不敢立有字碑。武则天使用阿谀奉承、阴谋诡计等手段得到皇后宝座。之后，她打着李唐的旗号，培植党羽，消灭异己。在位期间，实行恐怖政策消灭"李氏余孽"，滥杀无辜，甚至"虎毒食子"。且在当政期间，失掉了安西四镇，没有保全国家领土的完整，危害了国家的统一。武则天自知过大于功，还是立无字碑为好。

第三种说法是武则天天资聪慧，自己的功过是非唐人无法评定，还是留给后人去说。持这种说法的人认为武则天既有功，也有过，功过不好评判。她既有值得肯定的地方，也有应该否定之处。在武则天统治前期，吏治比较清明，知人善用，善于纳谏，形势一片大好。而其晚年笃信佛教，花费大量人力、物力、财力修建庙宇，劳民伤财，滥杀无辜，且生性淫乱，为人所不齿。

其实除以上三种说法以外，还有人认为是因为唐中宗李显怀恨于心，既不能否定其母武则天废唐建周的行为，也不能公开发泄对母亲的憎恨，故碑文中既无法歌功颂德，也无法诋毁谩骂，索性不留一字，让后人去评价她的是非功过。还有人说，武则天死之前已经写好了碑文，也刻好了碑文。只是武则天死后，碑文被人磨去。还有人说，李显对武则天不知道如何称呼，是称先帝还是称太后？

到底出于什么原因而留下这座无字碑已经很难考证了。值得一提的是，在宋金之后，无字碑上渐渐有了文字。这些文字几乎都是评价武则天的功过是非的。由于年代久远，前人、后人无法协调，导致无字碑上的文字毫无章法，杂乱无序。保存比较完整的有《大金皇弟都统经略郎君行记》，为女真文字，旁边有汉字译文。这段文字为后人研究女真文字提供了可靠的资料。

无字碑历经沧桑，其上刻满了文字，自然形成了后人对武则天的评价。碑上文字虽然杂乱无章，但在书法上真、草、隶、篆、行五体皆备。换句话说，无字碑跨越了朝代，成为一部石质巨书。功过是非人评论，武则天也许实现了她立碑的目的。

陕西乾陵无字碑

包公两座墓之谜

包公,即包拯,合肥人。一生为官刚正不阿,执法铁面无私。嘉祐七年(1062年),卒于任上,谥号"孝肃"。包公去世后,古人遵循落叶归根的原则,将其遗体运往其故乡合肥安葬。然而,在现实中,不仅在合肥发现了包公墓,在河南巩义也发现了其墓。为什么包公墓会有两座呢?

也许从包公的生平中可以找出一些端倪来。北宋咸平二年(999年),包公生于官僚家庭。天圣朝进士,官至枢密副使,死后追赠礼部尚书,谥号"孝肃"。他曾任开封知府。开封知府一般是由亲王、大臣兼任。历来京官难当,一方面皇权可以干涉地方事务,另一方面京城是皇亲国戚会聚的地方,他们往往仗势欺人,无理可讲。包公在任开封知府期间,铁面无私,秉公办案,得罪了很多皇亲国戚。其刚正不阿,执法如山,很得皇帝的器重。

在河南巩县有北宋9个皇帝的陵墓,称为"巩县宋陵",是一个旅游胜地。在这片宋陵中却有一座包公墓。明代嘉靖三十四年(1555年)修的《巩县志》中载,包公墓在"巩县西宋陵"中。在其后清代顺治年间的《河南通志》中也记载,包公墓在永定陵区域范围内。然而,在合肥发现的包公墓已经被认定为真正的包公尸身埋葬处。那么,河南巩义的包公墓是假的吗?为什么县志等史书中都有明确的记载?在巩县宋陵中建造包公墓有什么特别意义吗?

从史料中可知,巩义的包公墓最晚建造于明朝,至今也有数百年的历史。修建这座包公墓的用意已经不可得知了。在史书中找不到答案,只能做一个假设或者推测。也许原本包公死后,皇帝是让其葬在巩县宋陵,以陪伴北宋帝王。后来,才由包公后人将其墓葬迁往合肥。也或者,巩义的那座包公墓,建造之后,就没有埋葬包公本人,里面也许是一座空棺,或者是包公的衣冠冢。其实,在合肥的包公墓发掘之前,巩义的包公墓一直被认为是包公的埋身处。

合肥是华东名城,有2000多年的历史。其大兴集有"一里三公"的美称。三公是指宋朝的孝肃公包拯、明朝的蔡国公张得胜、清朝的文忠公李鸿章。若论年代久远、名声大小,包公墓首屈一指。据说,包公死后的第二年从开封归葬合肥市大兴集。由于其生前执法如山,得罪了很多权贵。这些权贵恨不得对他挫骨扬灰。因此,包公出殡之时,其家人做了21口棺材,由合肥的七座城门同时驶出,让人难辨真假……

1973年的春天,《安徽日报》上登出一个消息,限

合肥包公墓

时迁走合肥大兴集的包公墓，否则按无主坟处理。消息登出之后，吴兴汉等人得到上级领导批准后，对包公墓进行了抢救性发掘工作。由于经验不足，吴兴汉等人就先从小墓入手。然而歪打正着，却挖出了包公和其夫人董氏的"合葬墓"。在这个小墓中，发现了两块墓志铭，分别写着"宋枢密副使赠

合肥包公墓地宫

礼部尚书孝肃包公墓铭"、"宋故永康郡夫人董氏墓志铭"等字样，令吴兴汉等人兴奋不已。他们还在墓中发现了34块人骨。这些人骨被送往北京检测，得知其属于40岁以上男性所有。据史书记载，包公去世时60多岁。由此可知，这些人骨是包公的遗骨。后来，人们又在油菜地里发现了包公的真正陵墓。墓葬已被人毁去，整个墓底居然不剩一块铺地的砖石。即使墓室已经面目全非，考古工作者还是找到了一些蛛丝马迹。原先摆放墓志铭的砖台，其大小与前面发现的包公墓志铭正好吻合。在墓室中还发现了只有二品以上身份的官员才有资格使用的木俑。

结合大量史料，可推断出，当时宋、金之间正处于战火之中。包公墓被破坏后，其后人于逃难前，将包公的遗骨迁葬到考古工作者首先发现的那座小墓中。当发掘结束后，其后人又将包公及其家人的遗骨运回大包村。但由于种种原因，包公的遗骨被埋葬在一处不为人知的地方。后来合肥包公墓得到重建，人们在墓室中安放着包公的34块遗骨，供游人瞻仰、凭吊。

其实，不管是合肥包公墓，还是巩义包公墓，都是后人为了纪念包公而修建的。后人纪念和崇敬的是包公的为人，而不是他的遗骨。所以，至于包公的遗骨在哪里安息都不是很重要了。只要怀着一颗秉公为民的心，那么，纪念包公也就有了现实的意义。正所谓："铁面贮黄泉，清声远播墓侧，犹张三宝铡；赤心化紫气，明镜长悬民间，永念一青天。"

西夏王陵千古之谜

西夏王陵，又称西夏陵，位于宁夏回族自治区银川市西约30公里的贺兰山东麓，有"东方金字塔"的美誉。西夏王陵是西夏王朝的皇家陵寝，占地53平方公里。其中有9座帝陵，253座陪葬陵，是中国现存规模最大、地面遗址最完整的帝王陵园之一。那么，在这样一座王陵中，究竟有什么秘密呢？

王陵为什么没有被损坏？这里最早的一座王陵距今有900多年历史。如此漫长的岁月，以夯土筑成的九座王陵主体却依然挺拔独存！其原因一直是考古学家探寻

银川西夏王陵

的答案之一。西夏王陵的平面总体呈纵向长方形布局，主要是夯土实心砖木混合密檐结构。这种结构十分坚固实用，应该是王陵主体依旧巍然耸立的原因之一。

也有人认为，王陵周围原有的附属建筑保护王陵主体，使其免受风雨的侵袭。可是最让人见怪的王陵和附属建筑都在贺兰山的屏障之下。为什么失去附属建筑的依靠配衬，它却依然默默矗立在风雨之中呢？这种言论不攻自破，站不住脚。

王陵为什么不长草？生活在贺兰山麓的党项民族以原始部落游牧生活方式为主，而且西夏王陵周围也多是牧民放羊牧牛的好地方。可是为什么唯独这王陵寸草不生呢？有人说陵墓是夯土筑成，没有草籽驻留生根的缝隙。可是泥土能比石头坚硬吗？我们知道，石头稍微有裂缝，落下草籽，便可长出草来。陵墓的夯土也不可能一点缝隙没有。这显然是一种牵强的说法。

王陵为什么不落鸟？在人烟稀疏的西北地区，鸟兽在此聚集较多，尤其是鸦雀遍地都是。可是为什么鸦雀不落在王陵上？有人说光秃的王陵没有鸦雀可以觅食的草籽。可是光秃秃的石头和虬枝也不见得会有许多食物。这真让人感到匪夷所思。

王陵为什么是八卦北斗布局？西夏王陵的布局有些令人费解。其布局特别怪异，每座王陵具体位置的安排似乎体现着一种事先设计好的规划。从高空俯视九座王陵的分布，好像与北斗七星图相似。但是单独看八座王陵的分布，又与八卦图形相近似。有学者猜测，这可能是根据风水文化来定位安排的。于是疑问由此而发，西夏王国最早到最晚共经历九代，时间相差近200年，事先谁又能预测到西夏王国会传9代王位呢？再说党项族在其文化渊源里，并没有一些明显的实际例子证明，西夏王国有崇拜八卦和相信风水的的特征。因此，不管是考古专家还是历史学者，都难以解释王陵的格局呈八卦图形的缘由。这其中蕴含的秘密，一直都令人困惑。

西夏王陵中的文物，为研究西夏文化提供

西夏王陵出土的琉璃宝珠

了丰富的实物资料,对于研究西夏的历史有非常重要的意义。我们相信,随着对西夏王陵发掘的深入进行,西夏王陵的千古之谜终将大白于天下。这些神秘的"东方金字塔"也将被世人破解,当年突然湮没的西夏光辉灿烂的文化也将重见天日。

成吉思汗陵为何建在"马背上"

成吉思汗铁木真一生戎马,弯弓射箭,东征西讨,建下了不朽功业。然而其死后,尸身葬于哪里,一直是未解之谜。元朝是蒙古人建立的王朝。蒙古人有一种丧葬习俗就是人死后不立碑,不立冢。只是在埋葬地上面当着一头母骆驼的面杀掉一头小骆驼,将驼血洒在墓地上。然后派人看守,直到来年春天长出青草,再也看不出墓地的痕迹。之后这些看守墓地的人都会被杀死。等祭祀的时候再牵着母骆驼来。母骆驼会在小骆驼死去的地方哭泣。于是也就找到了墓地。等这只母骆驼死后,就再也找不到墓地所在处了。铁木真就是这么埋葬的。现在的成吉思汗陵中埋葬的只是他的"衣冠冢"——棺木里面并没有成吉思汗的尸身,只有一团驼毛。

成吉思汗铁木真一生是在马背上度过的。他死后,蒙古人也是利用这种杀小骆驼的丧葬习俗来埋葬他的。等到母骆驼死后,蒙古人就在马背上建立了一座陵园——"八白室"。所谓"八白室"就是八座白色的毡帐。毡帐里供奉着成吉思汗的遗像,象征着墓地。这座"陵园"很符合游牧民族的特点,便于迁移,也便于祭祀。

关于成吉思汗的死因有多种说法,比较常见的有以下几种。据《蒙古秘史》记载,在出征西夏前一年,成吉思汗已经染病。在一次打猎中,成吉思汗竟然从马背上摔下来。其经过慎重考虑,已经打算退兵,不再攻打西夏。然而在一次外交交涉中,西夏使者出言不逊,激怒了成吉思汗。于是,成吉思汗带病出征。在出征过程中,成吉思汗已经病死。他留下遗嘱,"秘不发丧"。直到攻下西夏,成吉思汗的灵柩才往回运。另外,还有人说是出征西夏时,他被雷击而死。马可·波罗在其著作中称,成吉思汗是在攻打西夏时中箭而死。《蒙古源流》中说,成吉思汗在攻打西夏时没有死去,且俘获了西夏的王妃,见色起意,纳为己有。他夜晚行房的时候,被王妃用匕首刺杀而死。

这些说法都没有确切的能够令人信服的证据。人们更热衷于寻找成吉思汗的藏身处,也就是真正的成吉思汗陵。陵墓中肯定有陪葬品。这些陪葬品对研究那个时期的历史应该有很大的帮助。关于成吉思汗的葬身处,有四种说法:

内蒙古鄂尔多斯成吉思汗陵

内蒙古鄂尔多斯成吉思汗陵出土的令牌

一是位于蒙古国境内的肯特山南、克鲁伦河以北的地方；二是位于内蒙古鄂尔多斯市鄂托克旗境内；三是位于新疆北部阿勒泰山；四是位于宁夏境内的六盘山。

一些文人的著作和零星的史料为四种说法都提供了证据。只是，成吉思汗墓地上没有标志性的东西可供辨认。也就是说，我们到了以上四个地点，即使墓地就在自己脚下，也不会察觉。

2004年，日蒙考古队发表消息称找到了成吉思汗墓。然而这一消息受到了中国国内人士的质疑。成吉思汗的棺木在史书中记载是由三根金箍箍上的。也就是说，找到三根金箍才能找到成吉思汗的棺材。

成吉思汗究竟葬在何处，成为未解之谜。然而其"马背上"的陵园——"八白室"确实存在于内蒙古鄂尔多斯市伊金霍洛旗。以守护成吉思汗陵寝为唯一职责的世袭的守陵人达尔扈特蒙古人一直实行着最完备、最权威、最具蒙元特色的祭祀制度。

成吉思汗的第34代嫡孙、中国最后一位蒙古王爷奇忠义说，蒙古人祭奠先人主要是祭灵魂，不是祭尸骨。按照蒙古民族的习惯，人将死时，他的最后一口气——灵魂离开人体后会依附到附近的驼毛上。成吉思汗灵魂的驼毛，一直被收藏在鄂尔多斯成吉思汗陵中。

也许考古专家们一开始就找错了方向，总希望挖掘出什么东西来，也许成吉思汗墓葬中根本就没有什么有价值的东西陪葬。按照蒙古族传统，打搅死者灵魂是对死者的不敬。所以，若是真的想看看成吉思汗，还是到内蒙古鄂尔多斯市伊金霍洛旗去看看他"马背上"的陵园——"八白室"吧。

僰人悬棺千古之谜

在我国古代的南方民族中，百越、干越、僚人、僰（bó）人（都掌人）等民族都有悬棺葬的习俗。而最有名的就是川南的僰人悬棺和福建的船形悬棺。僰人悬棺位于四川省宜宾市，珙县、兴文、筠连等县境内均有分布，被称为世界之最、巴蜀一绝。初次看到悬棺的人无不感到惊奇，棺材是如何被放到悬崖上的，又为何要把棺材放到悬崖上呢？

宜宾市的珙县、兴文县与云南接壤，为古西南夷腹地。汉武帝开夜郎，置犍为郡时属僰道县。《珙县志》载："珙本僰地，僰人多悬棺。"悬棺葬俗有三种形式：一是木桩式悬棺，二是洞穴式悬棺，三是岩墩式悬棺。这三种形式在珙县均有。僰人悬棺主要集中在距县城巡场镇约80公里的麻塘坝和苏麻湾，在被称之为僰川沟的南北长约5000米的两侧石灰岩山崖上。现存上万个棺桩棺孔，仅过去10余年，便已坠落了近20具，现存260具左右悬棺。在麻塘坝的九盏灯、三仙洞、邓家岩、棺材铺、狮子岩、猫儿坑、九颗印等处有200多具，苏麻湾有40多具。现存悬棺的时间大约从唐代到明代。葬器物有刻花竹简、木漆、质碗、铁刀、串珠、瓷碗等。在僰人悬棺的岩壁上，还有许多红色彩绘壁画。内容丰富，线条粗犷，构图简练，形体动人，有舞蹈、体操、杂技和各种动物、武器等。

据元代李京《云南志略》说："人死则棺木盛之，置之千仞巅崖，以先堕者为吉。"认为把死者的棺木挂在高岩，棺木先坠落下来的为"吉祥"。所以这个民族流行这种悬棺葬，民间俗称"挂岩子"。其放置的方法有三种：第一种是凿孔安桩再安放，第二种是利用天然岩石，第三种是人工钻石成墓。悬棺的棺盖和棺身全系整木挖凿而成，质地十分坚硬。至今，部分棺材仍然完整无损。

据四川兴文县发现的《平夷图》、建武时期《平蛮碑》碑文、兴文县凌霄山上的宋代石刻等记载，历经宋、元、明等时期的一系列战乱，僰人消亡。也有观点认为僰人为躲避剿杀，四处迁徙，与其他民族融合后自然消失。有人认为现存悬棺是川南、滇东北一带的白僚、仡佬民族所有。

僰人悬棺的岩壁

僰人悬棺距地面近的有十几米，高的有130多米。见到悬棺的人无不惊奇它是如何放上去的。唐朝张鷟在《朝野佥载》一书中假设，尸棺先抬到悬崖绝顶，再悬索缘桩往下放。但此说很难施行，悬棺多在悬崖的半腰，距顶甚远，且多置放于悬崖上的凹陷处，怎么往下放，又如何塞进去？民国时刘锡蕃在《岭表纪蛮》一书中提出："筑土为台，运棺其中，事后台卸土撤，而棺乃独标岩际。"但这样做的话工程量很大，实难施行。还有人提出先铺栈道通到悬崖，放好棺木后再拆栈道。但人们并没有找到栈道痕迹，故此说也不可靠。还有的人认为是搭云梯送上去的，但古代云梯能搭100多米高吗？

由于僰人是一个已经消失的民族，因此，僰人为何要把棺材放到悬崖上，又是如何放到悬崖上的，成为一个无处可问的谜。

明孝陵地宫之谜

明孝陵是明朝开国皇帝朱元璋和其皇后马氏的合葬墓。因马皇后谥号"孝慈"，故名孝陵。明孝陵规模宏大，代表了明初建筑和石刻艺术的最高成就。它坐落在南京市紫金山南麓独龙阜玩珠峰下，是南京最大的帝王陵墓，也是中国古代最大的帝王陵寝之一。如何进入明孝陵地宫，多年来一直困扰着人们。

传说，明太祖朱元璋出殡之时，南京的13座城门同时出现送葬队伍，似有模仿曹操七十二疑冢的味道。至于朱元璋的遗体在哪一支送葬队伍中就不为外人所知了。关于朱

南京明孝陵

元璋的死因有很多种说法。在古人眼里,帝王逝世的原因和时间很重要。史官一定会把帝王的死因和时间记录在史书中。然而朱元璋的去世日期却扑朔迷离。在朱元璋死后,帝位传给了朱允炆。朱允炆为尽快登基,就迅速把朱元璋下葬。燕王朱棣便以此为借口,发动叛乱,夺取了皇位。因而,明朝的史书有可能已经被修改得面目全非了,而朱元璋的死亡时间和下葬时间也成为未知之谜。

为了找到明孝陵的地宫,考古工作者做了很长时间的努力,组织过很多次大型勘探活动。直到1997年,才找出一丝端倪。通过仪器勘测,考古工作者发现了孝陵的地宫所在处。但是他们虽然发现了地宫,却并不知道墓道的入口在哪里。找不到墓道入口就无法进入地宫。其实从朱元璋下葬的那一刻起,盗墓贼就一直在寻找墓道的入口。多年来,考古工作者也对此无可奈何。通过科学技术,利用先进的仪器,考古工作者才发现了一条曲折的异常线状。后来才知道,它就是苦苦寻找的墓道。为什么这条墓道却是弯曲的呢?一条比较合理的解释是,这条墓道原本设计的时候是直线的,由于特殊原因,在挖掘的时候遇到了困难,于是只有改变方向。那么这个特殊的原因是什么呢?经过探测发现,明楼西侧的墓道是用形成于侏罗纪中晚期的砾岩修建的,东侧用的却是侏罗纪中晚期之后形成的石英砂岩。这两种不同时期的岩石,硬度相差很大。在修建墓道之初,遇见的可能是硬度较小的石英岩。后来遇见了非常坚硬的石英砂岩,工程无法进行,之后便改变墓道的走向。于是,便有了曲折蜿蜒的"异类"墓道。

明孝陵是明朝开国皇帝朱元璋的陵墓,里面的陪葬物肯定是数不胜数,应当是盗墓贼的重点照顾对象。明朝灭亡后,明孝陵再无军队把守,正是盗墓的好时机。然而事实是,考古工作者利用先进的探测技术得知,明孝陵还未被盗墓贼光顾过。在明孝陵周围的墓葬都有被盗掘的痕迹,为什么明孝陵能完好无损呢?这要从明孝陵的建造方式上谈起。明孝陵是从山腰部横向掏洞,把山腹掏空,然后再修建地宫。这种方法工程量很大,费

南京明孝陵棂星门

时费力,但是却异常坚固,能保证地宫的安全。这种独特的建造方法异于之前从山顶开洞的修建方式。不但迷惑了盗墓贼,而且连考古工作者也意想不到。还有一个特异之处是,孝陵地宫的墓道也不像以往的地宫那样位于明楼中轴线上,而是偏向于一侧。这异于以往帝王的地宫墓道设计迷惑了很多人。此外,在地宫宝顶高高的封土堆下,还有很多鹅卵石。这些鹅卵石是人工安置的,不仅能把聚集在宝顶的水导入到设置的排水设施中,而且还有防盗作用。当盗墓贼在鹅卵石上挖开一个洞,企图向下深挖时,那些圆润的鹅卵石就会迅速地滑下来填补所挖的洞穴。盗墓贼再挖洞也是如此。要想挖到地宫的宝顶,必须经过鹅卵石这一关。

2003年,明孝陵被列入世界文化遗产。之后不久,明孝陵就对外开放了。地宫是陵墓的核心,也是最神秘、最令人向往的地方。但是这并不能说明朱元璋的尸身就埋葬在那里。要想完全揭开明孝陵的真面目,还需要进一步的发掘。

定陵出土的帝后尸骨下落之谜

定陵是明十三陵中的一陵,陵中埋葬的是明万历皇帝和他的两位皇后。定陵地宫是明十三陵中唯一被开发的地下宫殿,也是共和国成立后第一座有计划发掘的帝王陵墓。定陵地宫被打开,万历皇帝和他的两位皇后的尸骨也被发现。之后,经过一场浩劫,这三具尸骨却从世界上消失了。那么这三具尸骨下落何处呢?

1956年5月,在国务院批准的情况下,发掘工作队队长赵其昌带领发掘工作队开始了发掘工作。到1958年7月底,清理定陵的工作基本完成。7月,明万历及其两位皇后的尸骨以及他们的陪葬品于故宫神武门城楼向世人展示。展览结束后,工作人员立即对帝、后的尸骨进行修补、复制。此时正在中国帮忙的苏联著名雕塑家格拉西莫夫自动请缨,请求把尸骨带回苏联,进行修补和复制模型。在此之前,格拉西莫夫曾经帮助博物馆修补和制作了古人类头骨的模型。然而有关方面怕出现什么闪失,婉言谢绝了他的好意。

最后,这三具尸骨被送往中科院进行修补。另外,人们还请了两位从事雕塑工作的大师做万历帝后的模型。万历帝后在他们心目中都是地主阶级的代表,因而也就被制成典型的地主形象。就在塑造模型的同时,有关人员也对出土的丝织品等进行技术处理和保护工作。工作完成之后,沈从文先生想对这些丝织品做些研究。他原本是文学家,后来专门研究古代服装。沈先生打开那些装裱好的布匹后,发现了一个严重的问题:整匹布全部装

北京定陵陵门

定陵出土的镶宝三菱形金带饰

反。他直言不讳地指出了工作人员的错误。沈先生说完之后也不想再看下去，便离开了。这件事传到郑振铎、夏鼐等人耳中后，他们大吃一惊，对如此轻率地对待明代织锦遗产，既感到焦虑不安，又对不负责任的人痛心疾首。此时又传来消息，各省份正摩拳擦掌，对境内的古代皇陵蠢蠢欲动，吹响了发掘的号角。郑振铎等人立即上报国务院，请求对这种极不正常的发掘之风予以制止。周恩来总理立即批准，并通令全国，一场浩劫被扼杀在摇篮里。

等定陵出土的文物修补、复制完毕后，1959年9月30日，定陵博物馆正式宣告成立、开放。然而令游客们失望的是，整个地宫空荡荡的，皇帝和皇后的原装棺椁已不复存在。那么，这三具棺椁到底在哪里呢？

1959年9月30日早晨，几十个警卫班战士接受博物馆办公室主任命令，将这三具沉重的棺木抬到宝城上，扔下城墙，滚入到山沟之中。不久这个消息传到夏鼐耳中。这位大师气得全身发抖，脸色苍白，不停地在房中来回走动，等待博物馆把丢失的棺木找回的消息。然而空荡的山谷早已经见不到棺木的踪影了。

1966年，"文革"开始了。定陵万历帝后的尸骨遭到破坏。红卫兵给万历帝后举行了"盛大"的批斗大会。万历帝及其皇后的尸骨被摆在地上，旁边还有他们的画像、照片资料等"罪证"。人们群情激愤，随着"打倒保皇派"的口令，数十块石头把三具尸骨砸得七零八落，一片狼藉。前来声援的群众欢呼雀跃，拍手称快。批斗大会的组织者心中一热，一句"点火烧了他们"后，就把这些历史文物付之一炬了。此时，烈焰腾空，尸骨在火焰中伴随着木柴啪啪作响；骨灰伴随着烟灰升入天空，纷纷扬扬。火场周围到处是刺鼻难闻的气味。忽然一声炸雷，万历帝后的骨灰伴随着雨水和泥土融合在一起，尘归尘，土归土，来于自然，归于自然。

《考古中国：定陵地下玄宫洞开记》记载了这场浩劫，也为后世之人发掘古墓如何保护文物敲响了警钟。呜呼，一场大火烧掉了多少文物，腾起的不是烈焰，而是人们的无知！

定陵出土的三彩瓷觚

明代宗的陵墓为何葬于北京西山

明代宗朱祁钰是大明朝的第七位皇帝。他死后,并没有追随他的列祖列宗葬于明朝的皇家陵墓——明十三陵,而是葬于北京西郊玉泉山金山口北麓通往香山公路边一片苍郁的森林中。那么,为何堂堂大明皇帝的陵墓会在如此偏僻本是明代亲王和妃嫔墓园的金山口呢?

这要从正统十四年(1449年)的"土木堡之变"说起。这一年,代宗的长兄明英宗朱祁镇在太监王振的怂恿下,御驾亲征讨伐瓦剌。不料,英宗兵败被俘,瓦剌也率军长驱直入,直逼京师。以礼部侍郎于谦为代表的主战派,率军击退瓦剌大军。英宗之弟朱祁钰临危受命,被拥立为监国,并在同年得周太后懿旨和英宗口谕,登基即皇帝位,定国号为景泰,封英宗之子朱见深为太子,尊英宗为太上皇。

第二年,对于瓦剌失去利用价值的明英宗被放回明朝。于是英宗回归后不久,明宫就上演了一出争权夺位的宫廷斗争。英宗回归后,不甘心大权旁落。代宗生怕英宗复辟,于是绝口不提让英宗复位之事,反而将他软禁,还废掉英宗儿子太子朱见深,立自己的独子朱见济为太子。于是,兄弟俩结下了很深的仇怨。

不料,朱见济在被立为太子一年多就因病夭折。痛失爱子的代宗也身染沉疴,在景泰八年(1457年)一病不起。被软禁了七年的英宗趁机发动政变,夺回皇位。

明代宗朱祁钰

痛失爱子和皇位的代宗病情日益严重,不久就郁郁而逝。代宗死后,英宗不承认他的皇帝身份,而且不准他葬入十三陵,更将代宗在位期间预建的昌平天寿山寿陵摧毁,然后将其以亲王的身份葬于北京西山。后来,宽宏大度的英宗子朱见深即位,才恢复了景泰帝的年号,并将西山景泰陵以皇帝之礼重新布置。但代宗陵墓却始终没有迁移。

西宫太后慈禧死后为何葬在东边

在中国历史上,有位赫赫有名的女人对中国历史的发展产生了重大影响。她不是皇后,却拥有皇后的权势;她不是皇帝,却操纵皇帝的生死。在长达半个世纪的岁月里,她一直站在权力之巅。也就是在这半个世纪的岁月里,中华民族开始走向被动挨打的年代。也是在这半个世纪里,社会开始改变,思想开始解放。她就是叶赫那拉·杏贞,清朝的慈禧皇太后。同万历帝一样,慈禧看着自己的国家一步步走向衰败,却没有看到国亡。死

窥探历史真相

遵化清东陵东边的的西太后慈禧陵

后,她仍然能够携带大量的稀世珍宝长眠于富丽堂皇的陵墓之中。慈禧太后,一直是西太后,死后为什么会被葬在东边?这样埋葬有什么特殊的意义吗?

清朝的皇陵不同于明朝的那样集中,也不像汉唐时期那样每个皇帝都有自己单独的陵区,而是几位帝后共同葬在一个陵区。清皇陵共分为四个陵区:今辽宁省新宾满族自治县的永陵,埋葬的是清太祖努尔哈赤以前的女真首领;在今辽宁省沈阳市附近的福陵,埋葬的是清太祖努尔哈赤和清太宗皇太极;在今河北遵化附近的东陵,埋葬的是顺治、康熙、乾隆、咸丰、同治及他们的妃嫔;在今河北易县的西陵,埋葬的是雍正、嘉庆、道光、光绪和他们的妃嫔。

慈禧就是埋葬在规模最大、随葬品最多的清东陵。到了清东陵,你会发现一个奇怪的现象:咸丰皇帝的两位皇后——西宫皇太后慈禧和东宫皇太后慈安的陵寝形制、规格一模一样,分别置于马槽沟的东西两侧,而西宫太后慈禧葬在了东面,东宫太后慈安却葬在了西面。按古代人的思想,是东大西小,以东为贵。如此,两位太后的安葬位置应该调换一下才对。为什么会出现不合乎常理的现象呢?

慈安是咸丰皇帝的正宫皇后,虽然权势没有慈禧的大,但在名义上,其地位要高于慈禧。慈禧生前没有得到正宫皇后的名分,死了葬在东面是要争回正宫皇后的名分吗?在民间有这样的两个说法。一是,本来慈安太后是要葬在东面,慈禧太后葬在西面。然而慈禧太后不满意这样的安排,于是和慈安太后打赌,以棋局定胜负,赢的葬在东面,输的葬在西面。慈禧对东面的陵寝志在必得,所以在棋局中做了手脚。慈安太后生性温顺,不予计较,愿赌服输。二是,慈安死后,慈禧大权在握,她说什么就是什么。大臣即使苦谏也毫无办法。其实不管是用计谋还是利用权力,慈禧都想在死后获得比慈安更高的地位。

在古代,帝王之家的丧葬方式有严格的规定,即使是皇帝也不能随意更改下葬的位置。若是违背祖训,就是不孝,会受万世唾骂的。慈禧太后纵然专横独断,飞扬跋扈,然而毕竟是爱新觉罗家的媳妇,必须遵循祖制。其实,两位太后的陵寝都是在咸丰皇帝陵墓的东侧。因慈安太后是东宫太后,所以要离咸丰皇帝的陵寝近一些,便葬在了马槽沟的西面。而西宫太后慈禧不得不委屈葬在离咸丰皇帝陵寝较远一些的马槽沟的东面。也就是说,以咸丰皇帝为主,离得近的为贵。

慈禧太后叱咤风云达半个世纪,死后却不能左右自己的陵墓,屈居慈安之下,所以她很不甘心,改变不了位置,就在陪葬品上下手。于是慈禧太后的陵墓豪华无比,陪葬品数不胜数。也许,她抱着这些大清国的奇珍异宝下葬的时候心还有所不甘,更令她想不到的是，自己在地下没有安眠多久，就被人打扰了清静，被迫重见天日。

清东陵被盗之谜

清东陵是清朝四大陵区之一，也是中国现存规模最大、体系最完整的古帝陵建筑，现为全国重点文物保护单位。清东陵中埋葬有顺治、康熙、乾隆、咸丰、同治5位皇帝，还有14个皇后，数以百计的妃嫔，是清陵中最重要的陵区。1928年的一天，忽然传出了清东陵被盗的消息。全国哗然，国民政府为之震惊，一时间民众议论纷纷。清东陵为何被盗，又是何人所为呢？

清东陵中埋葬的乾隆，喜欢舞文弄墨，也喜欢玩赏名家字画。在裕陵中埋有他生前的大部分喜爱之物。慈禧太后也是埋葬于此，陵寝之中的古玩、异宝等不计其数。这些价值连城的陪葬品自然成为盗墓贼的垂涎目标。然而，清东陵吸收了前代皇陵防盗的经验，在防盗措施上可谓是煞费苦心，防备周详。但是如此严密的防范，也挡不住盗墓贼的脚步。

1911年，辛亥革命结束了长达2000多年的封建制度。民国初期，风云变幻，军阀混战，社会动荡不安。优待清室的条件成为一纸空文。原本驻扎大量军队的清东陵也无人防守，失去了昔日的威严，裸露在盗墓贼的眼皮之下。

清东陵被盗后，已经退位的溥仪把护陵大臣毓彭喊到天津，以家法处置，将他从宗谱上除名。随后，溥仪召开了会议，派遣皇室成员到东陵去料理后事。《东陵盗案汇编》中记载了清东陵被盗的情况："慈禧尸体侧卧，脸朝下，头朝北，脚朝南，左手搭在后背上，发色青黑，散而不乱，发根仍有红头绳缠绕……只见她面色灰白，两眼无珠，深陷为两坑，其颧骨隆高，不异昔表，惟有唇下有伤痕，当系盗匪从口中取珠时所致。"

清东陵被盗后，很多人纷纷请缨去调查此案。有人指出，清东陵的防盗措施吸收了前代皇陵的保护经验，断非一般人能够盗掘。换句话说，能够盗掘清东陵的必须有大量的人力、物力、财力。在当时具备这种"实力"的也只有国民党军队了。

在一片声讨中，国民政府不得不采取一系列措施，摆出一副整饬军纪、严惩主犯的阵势，彻查此案，缉拿元凶。于是以国民政府委员刘人瑞为首的调查人员开赴东陵，调查此案。

在调查过程中，他们在清东陵发现了一把军用的锄头、盗墓者挖掘的痕迹，还有清东陵入口类似被炸药炸开的现场。调查组向附近村民打探到，清东陵方向曾传来过两声巨响。一些军人不时到集市购买燃料，人人腿上

清东陵牌坊

河北遵化清东陵孝陵演出

粘有白灰。其实这些不是白灰，是来自地宫墙上干了的糯米粉。随后有人报告，曾见到国民革命军第六军团第十二军军长夜间乘汽车从马伸桥前往马兰峪。马兰峪正是清东陵的所在地，而国民革命军第六军团第十二军当时正驻扎在马兰峪。那么，清东陵会不会是被国民革命军第六军团第十二军所盗呢？

在清东陵被盗案发生一个月后，北平警备司令部逮捕了北平琉璃厂"尊古斋"的老板黄百川及一个神秘顾客。这名顾客曾以10万元出售一件十分罕见的异宝。经过审讯，这名神秘顾客叫谭温江，是国民革命军第六军团第十二军的师长。

至此，国民革命军第六军团第十二军军长孙殿英已经难辞其咎了。案发后，孙殿英向上司递交了一份报告，称自己在马兰峪剿匪时缴获了一批文物。孙殿英和谭温江两人拒不承认盗墓。没有铁证如山，无法定两人的罪名。然而在不久之后，青岛警察厅抓获了具有国民革命军十二军标志的两名逃兵，他们身上携带36颗珍珠。两人供出了参与盗掘清东陵的事实。这一份证词是唯一明确与孙殿英有关的证据。其后，当时的四大集团军首脑都派出自己的代表组成高等军法会来会审此案。经过一个多月的秘密审理，公开了预审判决草案的结论：东陵盗案系遵化驻军勾结守陵满人所为，盗墓分赃。这个结论含糊其辞，并没有明确指出遵化驻军是哪支军队。最后这件震惊中外的盗墓大案不了了之。

文强曾为孙殿英的少将高级参谋，在他的回忆中，提起了孙殿英曾以夸耀的口吻谈论东陵盗墓的事情。这也是现在人们判定孙殿英为罪魁祸首的证据之一。孙殿英敢冒天下之大不韪，光天化日之下盗掘帝王陵墓，真是可恶至极，理应该受到制裁。这个逍遥多年的罪魁祸首最终被解放军生擒，死于战犯收留所中。

第十七篇 不容误解的文化史实

灵柩不是棺材

在当今社会,许多人都认为"棺材"与"灵柩"是同一个意思,都是盛放死者遗体的匣子。其实在中国旧有的丧葬制度中,二者有着根本的区别:棺材是指为装殓逝者而准备的空棺材,而灵柩则指已经装入死者遗体的棺木。在土葬盛行的过去,二者区分清晰,不可混淆乱用。

台湾地区慈湖蒋介石灵柩

中国人自古就很重视终极关怀,认为人死后会到另外一个世界,和生前一样重要。就因此上到王公贵族,下到平民百姓,都会提前在生前准备自己的百年后事。统治阶层自不必说,很多人在青年时期就动工为自己选地修陵建墓。就是普通家庭,也会早早为家中的老人备下一口材质上乘的棺木。这样既能应不时之需,又带有"压寿"的含义,祝愿老人长命百岁。此时人尚未去世,因此空棺木便被称为棺材。

当人去世之后,根据丧葬制度,死者的亲属不能立刻把逝者的遗体放入空棺之中,而是要等上一段时间。根据各地风俗不同,短则三日,长则七天,才能进行入殓仪式。"入殓",古称"大殓",又叫"入棺"、"入木"、"落材"。即是将死者的遗体移入棺木之中。此外,有身份地位的贵族还要在棺外加椁。椁就是套在棺木外更大一号的棺材。椁的层数根据死者地位品级的不同而不同,目的都是为了能更好地保护遗体。此时此刻,遗体已入棺椁,只等待入土为安,棺材便改称灵柩。

当今社会推行火葬,许多古老的丧葬风俗已逐渐淡出人们的视线,对棺木的讲究更是难寻踪迹。因此,不少人难以分清"棺材"和"灵柩"的区别亦属情有可原。

鸳鸯并非仅仅指夫妻

鸳鸯在中国常被称作"守情鸟",是恩爱的典型。这与它们"止则相耦,飞则成双"的特性密切相关。因此千百年来,鸳鸯一直象征着夫妻二人和睦相处,相亲相爱。《孔雀东南飞》中曾云:"中有双飞鸟,自名为鸳鸯。"这使鸳鸯成为中国古代文艺作品中坚贞爱情的化身。然而根据史料记载,鸳鸯并不仅仅只代表夫妻。

在中国古代,鸳鸯也可以代指兄弟。《文选》中有"昔为鸳和鸯,今为参与商"之句。这是一首兄弟之间的赠别诗,用鸳鸯来体现兄弟骨肉深情。

此外,鸳鸯还有比喻才子或贤者之意。《文选·曹植赠王粲诗》云:"树木发青华,清池激长流。中有孤鸳鸯,哀鸣求匹俦。"李善为之注释:"鸳鸯,喻粲也。"说明曹植把"建安七子"之一的王粲比作孤鸳鸯。晋人郑丰所讲更为明白,他在《答陆士龙诗·鸳鸯》的序文中明确写道:"鸳鸯,美贤也。有贤者二人,双飞东岳。"这里是用鸳鸯来称赞陆机、陆远兄弟二人皆为贤者。

不论鸳鸯代指夫妻、兄弟,还是贤者,它们在中国古代人的心中都是美好事物的象征,都寄托着美好的寓意,承载着厚重的文化内涵。

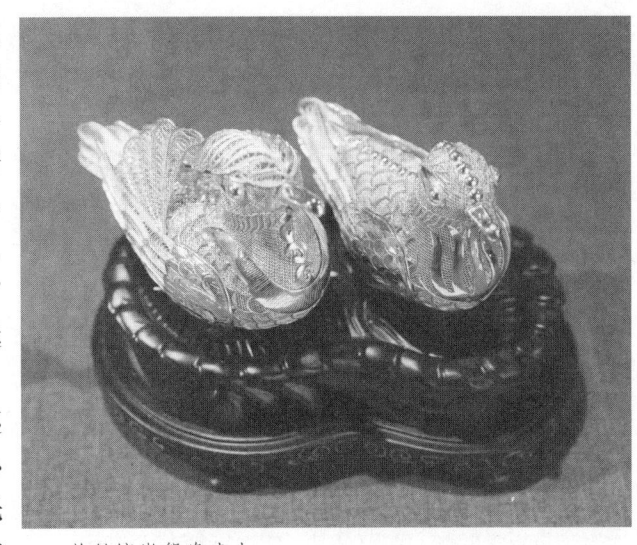

花丝镶嵌鸳鸯戏水

"千金"原并非指女子

"金"原是我国古代的货币单位。秦代以前一镒(20两)为一金,汉代以一斤为一金。据考证,当时的金并非黄金,而是黄铜。但由于当时生产力低下,铜的生产量也很少,故千斤铜也是相当贵重的了。因此"千金"一词从古至今都包含着无比尊贵之意,例如"千金之家"、"一诺千金"等。

千金有一个用法,就是指地位尊贵的未嫁女儿,比如说"千金小姐"、"侯门千金"、"相府千金"等。然而,"千金"最早并非形容女儿,相反是为了夸赞儿子。

唐代李延寿在其《南史·谢弘微传》中记载:南朝梁司徒谢朏自幼十分聪慧,10岁便能写出漂亮的文章,时人谓之神童,很得其父亲大文学家谢庄的喜爱,时常被带在身边。一次谢朏随父游玩,受命作游记。谢朏文不加点,片刻而成。这得到宰相王景文的夸赞:"贤子足称神童,复为后来特达。"儿子为自己长了脸,谢庄十分高兴,轻拍谢朏的背赞道:"真吾家千金!"这是用千金称男儿的较早例证。之后在历史上很长的一段时间里,千金都被用来形容出类拔萃的男子。

千金小姐古装

直到元代,"千金"才开始被用来称女子。元曲作家张国宾所写的杂剧《薛仁贵荣归故里》中有这样一句话:"你乃是官宦人家的千金小姐,请自稳便。"元以后的明清时期,在话本和小说中称女孩为"千金"就更普遍了。久而久之,"千金"便成了女孩子的专称。时至今日,人们仍然把女儿昵称为"千金"。谁家生了个女儿,就会恭喜他"喜得千金"。

五毒原来是良药

在现代日常生活中,提起"五毒",有人认为是指"吃、喝、嫖、赌、抽";有人认为是指"坑、蒙、拐、骗、偷";还有人认为是指"蛇、蝎、蜈蚣、蜘蛛、蟾蜍"这五种带有剧毒的动物。不论是哪一种,只要有人被冠以"五毒俱全"之名,就是指这个人违法乱纪,无恶不作,到了不可救药、死有余辜的地步。然而,五毒的实际意义并非指恶习和毒虫,而是一种可治疗外伤的良药。

五毒之青蛙

"五毒"一词最早语出《周礼·天官》,云:"凡疗伤,以五毒攻之。"这里的"五毒"指的是石胆、丹砂、雄黄、矾石、慈石这五种矿石药材。其中,石胆主金创和邪毒;丹砂养精神,安魂益气明目,主风湿与各种肿毒;雄黄主鼠瘘恶疮;矾石主解毒杀虫,燥湿止痒;慈石主治风湿麻痹。虽称"五毒",并不是每种药材都有剧毒,譬如丹砂、慈石并无太大毒性。只有当古人将这五种矿石药材一起放入砂锅或瓷锅,水煎三天三夜;到第三天后,取出矿石,再将药水烧干,便会留下铁锈状的剧毒药粉。这就是"五毒粉"。

"五毒粉"药性虽然刚猛酷烈,却恰巧应了中医"以毒攻毒"之道,是治疗外伤和严重感染的良药。只是"五毒"之名颇为狰狞,逐渐成了恶习的代名词。

"衣冠禽兽"实为赞美

"衣冠禽兽"一词在现代往往被用来形容道德败坏的人。说他们徒有人的外表,行为却如同禽兽。其与道貌岸然、伪君子的意思相近。但是如果仔细追究这一词汇的来源,会发现这个词原本实为赞美之意。

根据史料记载,"衣冠禽兽"一词来源于明代官员的服饰。明朝为了明确区分官员文武和品级,便规定文官官服绣禽,武官官服绘兽。品级不同,所绣的禽和兽也不同。具体而言:文官一品绣仙鹤,二品绣锦鸡,三品绣孔雀,四品绣云雁,五品绣白鹇,六品绣鹭鸶,七品绣鸳鸯,八品绣黄鹂,九品绣鹌鹑。武官一品、二品绘狮子,三品绘虎,四品绘豹,五品绘熊,六品、七品绘彪,八品绘犀牛,九品绘海马。同时明朝还规定官员一品至四品穿红袍,五品至七品穿青袍,八品和九品穿绿袍。如此一来,一个官员是文是武,品级如何,令人一看便知。所以"衣冠禽兽"在当时代指大小官员。人人都以能"衣冠禽兽"为荣。

然而到了明朝中后期,皇帝昏庸无能,政治腐败混乱。不少文官武将都仗着自己的权势肆意欺压百姓,无恶不作。老百姓遂把这些身着"衣冠禽兽"的人都视为强盗悍匪。于是,"衣冠禽兽"一词开始有了贬义。这最早见于明末陈汝元所著的《金莲记·构衅》:"人人骂我做衣冠禽兽,个个识我是文物穿窬。"到了清代以后,"衣冠禽兽"开始彻底沦为贬义词,含义和现代相同。

明朝服饰

"皇袍"并非全是"黄袍"

在当下的许多影视剧中,我们经常能见到穿着黄色皇袍的皇帝。黄色,尤其是明黄,在中华民族的传统意识中一直是最尊贵的颜色。所以很多人都认为皇帝的龙袍必然全是黄色。其实不然,"皇袍"并非全是"黄袍"。

皇袍,是古代皇帝的服饰,无论颜色、款式以及其上细微的纹样,无不具有深刻的含义。所以皇袍颜色的选择,只是皇帝服饰设计中的一部分。周朝时期,典章制度完善。据《礼记·月令》记立春时,天子"着青衣"。春秋时期,各诸侯国纷争,其国君的朝服颜色更加难以统一。

从战国到秦汉魏晋时期,"水火木金土五行终始说"非常盛行。统治阶级认为水、火、木、金、土五行与黑、赤、青、白、黄五色分别相配,也称为"五德说"。这种说法直接影响到了对应朝代对吉庆颜色的选择。例如秦朝,实行的是水德制度,故尚黑色。其衣服、旌旗等都以黑色为贵。秦始皇也穿着黑色的"皇袍"。晋代实行的是金德制度,故尚赤色。晋代皇帝的"皇袍"均为红色。之后随着社会的发展,"五德"之说受到了挑战。一些皇帝也不再以"五德"之说作为唯一的行事准则。同时,皇帝"皇袍"的颜色也失去了可以参考的定制。

另外,在旧有的观念中,黄色一直都被认为是五色中代表中央的颜色,地位尊贵。加上与金色相类,因此黄色一直都是汉民族引以为贵的颜色。于是到了隋朝,隋文帝开始着黄袍,但他并未禁止

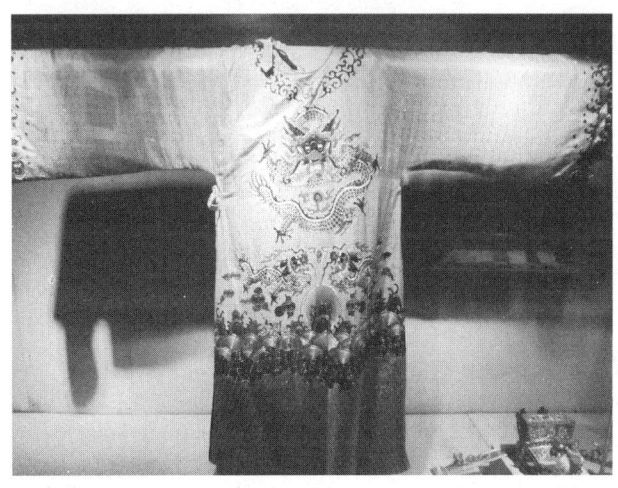

皇袍

山西晋祠圣母殿宦官泥塑

其他人穿黄色的衣服。黄色成为皇帝和皇家的专用色是在大唐武德年间。唐高祖李渊规定只有皇帝才能服黄,其他人禁穿黄色衣服。自此,黄袍成为皇帝专用之服,才从真正意义上成了"皇袍"。

宦官不等于太监

太监是中国封建社会的特殊产物,但是在人们印象里,经常会把太监和宦官混为一谈。其实宦官并不等同于太监,甚至二者之间有着严格的区别。

"宦"原是星座之名,宦官是在皇宫里为皇帝及其至亲服务的官员的总称。东汉以前,充当宦官的并不都是阉割之人。"悉用阉人"是在东汉之后。而"太监"一词最早出现在辽代。据《辽史·百官志》记载,"监"是辽代一个政权机构的名字,有"太监"一官,但在具体称呼上,仅称"监",如太府。元代的太府和各监,也有"太监"一官,如仪文监、典牧监、典室监、太府监等均设太监。此时太监和宦官还是完全不同的两个称谓,指的是两种完全不同的人,没有任何联系。

明太祖朱元璋称帝后,为巩固其政权,在全国范围内设置二十四衙门,由十二监、四司、八局组成。其中十二监的提领者被称为"掌印太监"。这些"太监"均由宦官来担任。官阶高的称为"太监",官阶小的称之为"少监"或"中监"。可以说,"太监"是宦官们的领导,享有品级和俸禄。因此,明朝时"太监"必须由宦官来担任,但宦官却不一定是"太监"。值得注意的是,"太监"和"宦官"也是在此时才变为专门为皇室服务的群体。时至清朝,侍奉皇帝和皇族的宦官都被予以"太监"之称。因此,"太监"这一称谓逐渐取代了"宦官"。

观音菩萨原本是男相

在佛教供奉的诸多菩萨中,人们对观音菩萨最熟悉、最感亲切。从古至今,观音菩萨的造像多达30余种。我们现在经常所能见到的造像有水月观音、十一面观音(千手千眼观音)等。但是无论是哪种造像,观音菩萨都是以一位慈眉善目的妇人形象出现。其实,观音菩萨原本是个勇猛无比的男子汉,确切地说是位无男相无女相的猛者。

观音又称观世音,是梵文的意译,亦称光世音、观自在、观世自在。据《悲华经》的说法,观世音是转轮圣王无净念的太子,名不拘。他曾立下宏

南海观音菩萨

愿,生大悲心,断绝众生诸苦及烦恼,使众生常住安乐。在佛教中,观世音菩萨是西方世界阿弥陀佛之子。观世音菩萨、大势至菩萨、阿弥陀佛,被合称为"西方三圣"。观世音菩萨具有"大慈与一切众生乐,大悲与一切众生苦"的德行。《华严经》称其为"勇猛丈夫观自在",可见观音菩萨原是男相不虚。

佛教在汉代传入中国时,观音菩萨的圣像一直是男身,而且留有小胡子。这在印度和斯里兰卡的壁画中都可以找到有力证据。并且依据佛法的道理,诸佛菩萨成就菩提道时,皆是非男相非女相。即所谓"应以何身得度者,即现何身而为之"。就是说如有一类众生需要观音菩萨显示男相来度化的,菩萨就为其显示男相。另有一类众生需要观音菩萨显示女相来度化的,菩萨就为其显示女相。因需而变,不能决定观世音到底是男还是女。

观音菩萨正式以女相出现是在唐朝。在唐朝,封建社会的发展已近高峰。社会中女子的痛苦要远大于男子。观音菩萨既以救苦救难、普度众生为目的,当然要先救度苦痛多的女子。所以观音菩萨必须多呈现女身,度化有需求的女子。同时,唐代的政治统治中崇尚"以母为慈"的伦理背景。因此,观音菩萨以女相出现,更能符合用母亲的慈爱帮助众生的社会背景。这也更加符合人性,深入人心,有利于佛教的发展。自此,观音菩萨开始稳定地呈现女相,一直沿用至今。

纵览观音菩萨由男向女的转变过程,可以发现这既是佛教中国化的过程,同时也彰显出佛教顺应民众需求的宗教优点。

皇帝的女儿并非全是格格

熟悉清宫戏的人都知道,清代的公主称格格,皇子称皇阿哥。其实格格并非都是公主,皇帝的女儿也并非称为格格。

"格格"一词源于满语的译音,出现在清朝的前身后金时期。格格起初并不是正式的封号,只是满族人对身份高贵女性的一种尊称。当时国君、贝勒的女儿,尤其是未嫁之女均被称为"格格",并无尊卑等级的区别。比如清太祖努尔哈赤的长女称"东果格格",次女称"嫩哲格格"。而孝庄太后的侍女,曾抚养过康熙帝的苏麻喇姑也被内务府称为"苏麻喇额涅(母亲)格格"。

清太宗皇太极即位后,效仿明制,于崇德元年(1636年)将皇帝的女儿改称为"公主",以示与其他贵族之女的区别。其中皇后嫡出之女称"固伦公主",妃子庶出之女及皇后的养女,称"和硕公主"。自此"格格"成为王公贵胄之女的专用名称。

清世宗福临于顺治十七年(1660年)又把"格格"分为五等:封亲王之女为"和硕格格",嫡福晋所生之女称郡主,侧福晋所生之女称郡君;封世子及郡王之

绢人格格

女为"多罗格格",嫡福晋所生之女称县主,侧福晋所生之女称县君;封多罗贝勒之女亦为"多罗格格",嫡福晋所生之女称郡君,侧福晋所生之女称乡君;封固山贝子嫡福晋所生之女为"固山格格",称县君,侧福晋所生之女不受封,称宗女;封镇国公、辅国公嫡福晋所生之女为"格格",称乡君,侧福晋所生之女不受封,称宗女。此外,"公"以下之女,俱称宗女。

但是在清朝,格格成为贵族未出嫁少女的统称。即就算没有正式封号,贵族未嫁之女均可称为格格,相当于汉语中的"小姐"之意。这一点在《清稗类钞》中有所记载:"亲王之女称郡主,郡王及贝子、贝勒、辅国公之女称县主。然除公主外,虽有郡主、县主资格,如未奉有正式封号者,皆统称格格。大抵称格格者,以次女以下之处子为多。若其长女,未得正式之封号者亦罕。"另外,清朝亲王的妾室有时也被叫做格格,地位在侧福晋、庶福晋之下。《清史稿》记载雍正帝的孝圣宪皇后"年十三,事世宗潜邸,号格格"。

"格格"之称一直沿用至清末,伴随着清王朝的灭亡才渐渐终止。但是从皇太极开始,皇帝的女儿就不再被称为"格格",而改称"公主"了。荧屏上以康雍乾时期为背景的清宫戏中,将公主称为"格格",是编剧者对"格格"与"公主"称谓的混淆,并不符合历史史实。

万岁原本非皇帝

提起"万岁"一词,人们必定能联想到皇帝。因为皇帝被称为"万岁"或"万岁爷"。大臣上朝、下朝、谢恩之时也都会连声高呼:"吾皇万岁、万岁、万万岁!"仿佛"万岁"成了皇帝的代名词和另一种称谓。其实,这是一种误解,"万岁"一词的产生与皇帝并没有直接关系。

"万岁"一词最先出现在西周时期铸鼎之上的金文中,与"万年无疆"、"万寿"意思相近。它只是表达了对长命百岁的希冀,而非对周天子的美称。"万岁"一词开始频繁使用,是在战国至汉武帝之前。但此时"万岁"仍然并非帝王专用词,其意义也被分为两类。一指百年,如刘邦定都关中后,曾说:"吾虽都关中,万岁后,吾魂魄犹乐思沛。"这里的"万岁后"和普通人称"百岁后"、"百年之后"的意义相同,均指死后。另一种含义指欢呼,如楚汉争霸时,项羽放回刘邦的家眷时,汉军也曾"高呼万岁"。

到汉武帝时,刘彻采取儒学大家董仲舒"罢黜百家,独尊儒术"的意见。"万岁"至此被儒家定为专用于皇帝一人之语。从此,"万岁"成了皇帝的代名词,一直沿用至封建社会终了,帝制结束之时。

皇帝令牌

"倒楣"原来非"倒霉"

"倒霉"由"倒楣"一词而来,指一个人遇事不利,遭遇不幸。然而"倒楣"的原意虽非指好事,但意义并没有现在"倒霉"一词这么广泛。

据考证，"倒楣"一词大约出现在我国明朝后期的江浙一带，和当时的科举制度密切相关。为了给应举的考生以心理安慰，同时求个好彩头，于是在临考之前，有考生的家庭一般都会在自家门前竖起一根旗杆，以此为考生打气壮行。时人称这根旗杆为"楣"。揭榜之时，谁家的学子榜上有名，自家门前的"楣"便可照竖不误，而且要在上面悬挂写有"捷"字的大旗，意为装点门楣，荣耀祖宗。如果不幸失利，该考生的家人就会把自家的"楣"放倒撤去，叫做"倒楣"。

泉州博物馆科举匾

明朝承袭隋唐以来的科举取士制度。科举不仅成为当时读书人出人头地的唯一门路，而且愈演愈烈。因此，明朝科举取士对人才的要求标准相当严格，但当时的考试又舞弊成风，普通的考生若想在科考中有所斩获实属不易。因此谁家的"楣"倒了，就表示该家的考生没有抓住改变命运的机会，是人生的最大不幸。

后来，这个词被愈来愈多的人口语化和书面化，一直到现在。值得一提的是，在这个词语的运用过程中，人们常把这两个字写作"倒眉"或"倒霉"。而"霉"字本身就带有坏运气的含义，泛指各种不顺利或不幸的事，配上"倒"字更为相得益彰。

"长袖善舞"不跳舞

一说到"长袖善舞"中的"长袖"，很容易和戏剧中的"水袖"联系起来。水袖是指戏剧演员戏服衣袖前端的白色部分，从古人衬衣的衣袖演变而来。一般戏曲服装上的水袖，长度仅为50多厘米。如果需要特别展示，就会使用特制的长袖，一般长约一米，宽60余厘米。表演戏剧时，演员们会用身体的大幅度动作，配合着冲、甩、翻、转等功法，完成一个个高难度的技巧表演，用以表达剧中人物悲愤、忙乱和激动等各种感情。在中国传统戏剧，如京剧、豫剧、越剧中，演员的水袖功夫如何，往往代表着其表演水平。

然而，如果我们用"长袖善舞"来形容戏曲演员的水袖功夫高超的话，那就大错而特错了。"长袖善舞"一词语出《韩非子·五蠹》，原句为"长袖善舞，多钱善贾"。这其中蕴含着一个历史典故。战国时期，魏国出生的范雎做了秦国的丞相，深得秦昭王的赏识。燕国的蔡泽到秦国拜会了范雎，劝其急流勇退。范雎听从劝告，将蔡泽引荐给秦昭王后就告老还乡了。

近代长袖旗袍

范、蔡两人都是极有口才、能言善论的说客。在战国时代,虽辩士众多,但能像范、蔡二人这样相继取得秦王信任,取得高官的辩士却也不多见。司马迁在其《史记》中便引用"长袖善舞,多钱善贾"来讽刺范雎和蔡泽。他认为两人仅仅依靠辩才在政坛上平步青云,就像舞蹈者有更美的舞衣,经商者有更多的本钱一样,并非依靠真正的实力。

因此"长袖善舞"一词原意虽指袖子长,有利于起舞表演,但后来演变成有所依靠,事情就容易成功,借以讽刺那些有权有势及会耍手腕,依靠投机钻营来达到自己目的的人。

"呆若木鸡"境界高

"呆若木鸡"一词,现在往往用来形容一个人呆头呆脑、痴傻发愣的样子,带有贬义色彩。然而其最初却满含褒义,与现在的用法大相径庭。

"呆若木鸡"一词出自《庄子》。《庄子·达生篇》讲了这样一个寓言故事。周宣王喜爱斗鸡,命训鸡高手纪子为自己训练斗鸡。第一个10天过去了,周宣王问纪子是否训练妥当?纪子回答说:"没有,这只鸡表面看起来器宇轩昂,其实没什么底气。"第二个10天过去了,周宣王再次询问。纪子说:"还不行,这只鸡一看到别的鸡的影子,就立刻开始紧张,表明它还有好斗的心理。"第三个10天过去了,周宣王有点耐不住性子了,又去询问,得到的回答仍是否定的,因为纪子认为这只鸡还有些目光炯炯,气势未消。一直到了40天后,纪子终于告诉周宣王:"大功告成,这只鸡从外表看起来不动声色,呆头呆脑,仿佛木头雕成一样,但这才说明它已经进入争斗的精

周宣王像

神境界了。"于是周宣王就把这只鸡放进斗鸡场,其他的斗鸡一看到这只"呆若木鸡"的斗鸡,立刻掉头就逃。

其实,"呆若木鸡"不是真呆,只是看着呆,实际上却有很强的战斗力。貌似木头的斗鸡根本不必出击,光气势就可令其他斗鸡望风而逃。由此可见,斗鸡的最高境界是"呆若木鸡"。

庄子这则寓言很有趣,同时也揭示出深刻的哲理:真正有大智慧的人表现出来的也许是愚钝,真正有高超技巧的人看起来却有些笨拙,真正勇敢的人往往被别人误解为胆怯。可是一旦情况处于紧急时期,这些人往往能表现出异于常人的能力,出奇制胜。所以"呆若木鸡"可以说是面对危险和困难时的高境界,是"大智若愚"、"大巧若拙"、"大勇若怯"的另一种表现。

"五服"并非五件衣

"五服"一词在现代语汇中出现的频率并不高。然而在中国传统文化中,"五服"一词

地位重要,蕴含着多种而且复杂的含义。

按照字面意思解释,五服可以表示为"五等服饰",指的是天子、诸侯、卿、大夫、士五等人的服饰。另外,"五服"还是一种计量单位。王畿之外,每500里为一服。"五服"就有2500里之遥。"服"在这里有服侍天子之意。根据离王畿的远近,由近及远,分别称为侯服、甸服、绥服、要服、荒服。

五服最重要的含义是我国传统的丧服制度。在中国古代的一个大家族中,自高祖以下的男系后裔及其配偶,即自高祖至玄孙的九个世代,通常称为本宗九族。假如这个家族有人去世,在本宗九族范围内的亲属,包括直系亲属和旁系亲属,均为有服亲属,需要服丧。只是亲者丧服重,疏者丧服轻。为了以示区别,古人按照服丧期限的长短和丧服质量的不同把丧服制分为五种:斩衰、齐衰、大功、小功、缌麻。"五服"表面上指"五种丧服",实际上代表了血缘的亲疏远近。

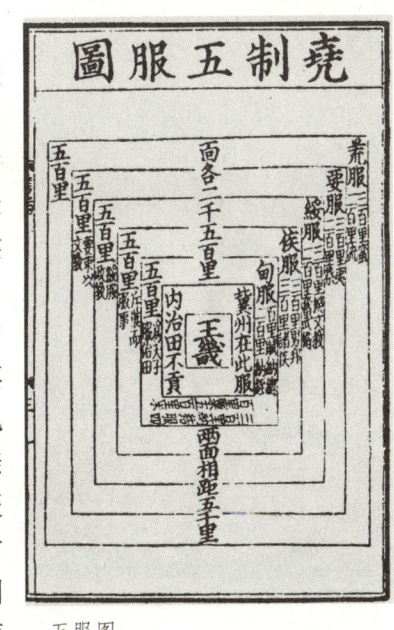

五服图

时至当下,在中国农村的许多地方,依然保留着"五服"丧服制度。熟悉此种制度的人,可一目了然服丧者与逝者的亲戚关系。同时,"五服"也慢慢含有更偏重于指家族血缘关系远近的含义。

"昨日黄花"应该是"明日黄花"

"昨日黄花"在现代语言应用中表示过时的东西,但它却是由"明日黄花"演变而来的。"昨日"与"明日"明明是相反的两个词语,怎么可以用来表达同一个意思呢?

苏东坡

"明日黄花"出自苏轼的《九日次韵王巩》一诗。原句为:"相逢不用忙归去,明日黄花蝶也愁。"此诗写于重阳节,诗中的"黄花"即是指菊花。在中国古代,重阳节是一个重要的节日,在这一天,大家会相约赏菊。因为过了重阳节之后,菊花就会渐渐凋谢。因此苏东坡就用"明日黄花"形容菊花即将凋谢过时。佳句流传到民间后,"明日黄花"便成为比喻过时事物或消息的词语。

"明日黄花"在苏东坡的诗句中显得合情合理。但是一旦脱离了这首诗的语境,将"明日黄花"单独拿出来使用时,就显得有些逻辑不通。因为"明日"本是表示将来时的词语,而如今却要用来形容过时之物,颇有些于理不合。相比之下,"昨日"反而显得更为恰当,因为"昨日"代表过去,用"昨日黄花"形容过时之物更为准确和妥当。因此,"昨日黄花"日渐流行,逐步取代了"明日黄花"。

"跳槽"本是青楼语

"跳槽"在现代语汇中指的是更换工作之意,毫无褒贬色彩。但是"跳槽"一词最早却出自青楼,在明清时期含有狎邪不雅之意。

明代冯梦龙所编民歌集《挂枝儿》里有一首名叫《跳槽》的歌。歌词曰:"你风流,我俊雅,和你同年少,两情深,罚下愿,再不去跳槽。"描写的是一名妓女与她的情郎两情相悦,因此定下盟约不再跳槽去接待其他的客人。由此可见,"跳槽"在此时专指风月场中男女另寻新欢的浪荡行为。

清末文人徐珂在他的《清稗类钞》中对"跳槽"有着准确的解释:"原指妓女而言,谓其琵琶别抱也,譬以马之就饮食,移就别槽耳。后则以言狎客,

青楼妓女

谓其去此适彼。"意思即指当时的妓女在发现更中意或更有钱的嫖客后,便抛弃旧爱,另觅新欢的行为。因为这种举动就像马吃食物时由一个食槽换到另一个食槽一样,故曰"跳槽"。后来经过演化,"跳槽"一词也被用到了嫖客身上。嫖客对一个妓女厌倦了,又另外找了一个,这种行为也可称为"跳槽"。

不论是妓女,还是嫖客,"跳槽"一词出自青楼无疑。但是"跳槽"在何时改变了原义,成为变换工作的代名词已无法考究。

狗咬吕洞宾原来与狗无关

"狗咬吕洞宾,不识好人心",常常被人们用来形容人不识好歹。其实这个典故与狗毫无关系,狗受到了天大的冤枉。

吕洞宾是传说中的八仙之一。在吕洞宾成仙之前,有个好友叫苟杳。他父母双亡,家境十分贫寒。吕洞宾和其结拜为兄弟,并请他到自己家中居住,鼓励他刻苦读书,将来能拼个出头之日。

一天,一位姓林的客人来吕洞宾家,见苟杳一表人才,读书用功,就想把妹妹许配给他。吕洞宾怕耽误了苟杳的前程,连忙推托。但是苟杳却心动了,表示同意这门亲事。吕洞宾思忖片刻告诉苟杳:"成亲可以,但我要先陪新娘子睡三宿。"苟杳虽不情愿,但还是咬牙答应了。成亲当晚吕洞宾进到书房后坐到桌前灯下,埋头读书,天刚亮就离开了。一连三天,新娘子头盖红纱,和衣而睡,天明醒来,丈夫早已不见。三日之期一过,苟杳进了新房。他挑开红盖头后,发现新娘子正在伤心落泪,于是连忙上前赔礼。在新娘子细说经过之后,苟杳才恍然大悟。原来是吕洞宾怕自己贪欢,忘了读书,想出这个激励自己的办

法。夫妻感动地说道:"吕兄此恩,我们将来一定报答!"几年后,苟杳果然金榜题名做了大官。夫妻二人与吕洞宾洒泪而别,前去赴任。

八年之后,吕洞宾家不幸遭遇火灾,家产瞬间化成一堆灰烬。无奈之下,吕洞宾只好一路艰辛地找到苟杳求助。苟杳对吕洞宾盛情款待,挽留其住下。然而吕洞宾在苟家住了一个多月,苟杳却对帮忙的事只字未提,一分钱也没有给吕洞宾。吕洞宾认为苟杳忘恩负义,一气之下回了家。他到家一看,大吃一惊。只见家中新房林立,瓦檐崭新。等他迈进家门后,发现屋内放着一口棺材。自己的妻子披麻戴孝,正在号啕大哭。而供桌上的牌位上分明写着自己的名字。吕洞宾仔细询问过后才知晓:自己离家没多久,就有一帮人来帮忙盖房子。前天中午,又有一大帮人抬着一口棺材进来了,说吕洞宾在苟杳家病死了。

从此"苟杳吕洞宾,不识好人心"就流传下来了。只因"苟杳"和"狗咬"同音,便以讹传讹,成为"狗咬吕洞宾,不识好人心"了。

吕洞宾

"丰碑"自古不是碑

"丰碑"在现代是指高大的石碑,借以比喻不朽的杰作,伟大的功业。然而丰碑诞生之初却并非是碑。

"丰碑"一词最早见于《礼记·檀弓下》:"公室视丰碑,三家视桓楹。"对此,东汉经学大师郑玄注解道:"丰碑,斫大木为之,形如石碑。于椁前后四角树之,穿中于间,为鹿卢。下棺以纤绕。天子六纤四碑,前后各重鹿卢也。"由此可见,丰碑最早是由木头所制,上有圆孔,是下棺所用的工具。对于丰碑的下棺作用,北周庾信在《周柱国楚国公岐州刺史慕容公神道碑》一文中也有明确的记载:"邑里萧索,宅惟荒凉;丰碑下柩,题凑迁丧。"秦代以前的丰碑都是木制的,汉代以后才改用石材。

到了南北朝时期,丰碑才成为现代意义上的碑,并且有了歌功颂德的作用。《南史·王琳传》中云:"丰碑式树,时留堕泪之人。"从此

拉萨和平解放纪念碑

丰碑记录功德的意义一直沿用下来。《隋书·杨素传》中曾有记载："记德丰碑，所以垂名迹于不朽，树风声于没世。"金朝元好问也曾在《读李状元朝宗禅林记》一诗中写道："千字丰碑谁国手，百城降虏尽王臣。"从此，人们很难再想起丰碑起初只是一种下葬所用的工具了。

"捉刀""捉笔"意不同

"捉刀"与"捉笔"仅一字之差，意义却差之千里。

曹操

"捉刀"一词出自《世说新语·容止》篇，说的是曹操有个武官名叫崔琰，长得仪表堂堂，胸前长须飘飘，容貌威武不凡，连曹操都常认为自己相貌远不如他。有一次，匈奴使者觐见曹操。曹操为了让匈奴使者见而敬畏，就叫崔琰冒充他代为接见。接见时，崔琰身穿曹操衣帽，扮作魏王。曹操自己却在崔琰的坐榻旁持刀而立，扮做侍卫。接见过后，曹操十分想知道匈奴使者的反应，便派人去暗中打听。没想到匈奴使者却说："魏王虽然仪表出众，但是稍欠气势。反而是坐榻旁的捉刀人，看起来倒真是一位了不起的英雄！"后经演变，人们便把代人作文的行为称为"捉刀"。如请人代写文章，就叫"请人捉刀"。而替人作文的人，便叫做"捉刀人"。另外，晋朝以前，人们在竹木简上写字，用刀刮改，故刀笔之吏则指执笔的文官。

相较于"捉刀"，"捉笔"一词更为常见。"捉"即"握住"、"拿住"之意。"捉笔"的含义即为提笔、执笔，丝毫未带"替别人写作"之意。"请人捉笔"的意思就是请别人帮忙拿笔。

两个词字面虽然相近，但仔细留意便可区分，因为"捉刀"有代替之意。比如在现实生活中，若有人为了考试能够顺利通过而找他人替考作弊，就可以批评其有"捉刀"行为，而非"捉笔"。

"道人"未必是"道士"

和舶来品佛教不同，道教是中国土生土长的宗教，亦是中国古代最为兴盛的宗教之一。道教徒被称为道士，又叫做道人。出家修行的佛教徒被称为"和尚"，又称为僧人。看上去两者的称谓互不混淆，但也有例外的时候。

在蒲松龄《聊斋·画壁》中，老和尚就对出入画境不可自拔的朱举人自称"贫道"。原句为："幻由人生，贫道何能解！"这里用"贫道"一词，难道是蒲松龄的"笔误"吗？其实不然，在历史上僧人的确被称作过"道人"，其目的也是为了与道教徒的"道士"称谓相区别。这与早期佛教徒与道教徒称谓相近,两者宗教地位势力此消彼长有着密切关系。

佛教于东汉初年传入中国。当时道教已在中国民间以原始的形态广为流行。虽然与佛教相比,道教理论不够系统,组织也不够严密。但是由于道教本源于巫术与方术,传播对象植根于普通民众,又与先秦诸子中的道家联系紧密,因此其传播范围非常广泛。佛教传播者为了佛教能更好地被大众接受,只好采取借"道"而行的做法,选取了很多道教的名词与说法为自己所用。比如,佛教又称为"浮屠教",僧人也叫做"道人"。

唐宋以后,随着佛教地位的逐渐上升,佛教徒们渐渐放弃了之前借助道教传播的方式。佛教取消了"道人"等道教化的称谓,转用翻译过来的"和尚"、"僧"等称谓词语。

由此可知,在中国古代,"道人"未必是"道士",还有可能是僧人。如果在阅读古代典籍的时候,看到僧人自称"道人"的情节,我们也不用疑惑。只要对其衣着和行为方式多加注意,我们就会很容易地辨析出其到底是道教徒,还是佛教徒。

道士陶俑

"兵""勇"其实本不同

翻阅清朝的史料,我们经常可以见到有关"兵"和"勇"的记载。"兵"和"勇"有什么区别呢？难道说"兵"是普通士兵,而"勇"是表现勇猛的士兵吗,还是两者意义相同,可以通用呢？ 其实这是清代军事史上特有的现象。

根据史料记载,努尔哈赤创立了"八旗制度",其目的主要是为了适应满族社会的发展和军事斗争的需要。八旗兵制初建之时,全民皆兵,兵民合一,同时建立了"八旗常备兵制"。可是随着军事斗争中对士兵数量的需求越来越大,于是只好征用"八旗"之外的汉人为兵。汉族士兵军队以绿旗为标志,以营为建制单位,故而得名"绿营兵",也叫"绿旗兵",简称"营兵"。"绿营兵"与"八旗兵"一起,构成了清代的国家常备武装力量,这即是所谓的"兵"。

而在雍正、乾隆朝后若遇有战事,当八旗兵和绿营兵均

沈阳故宫八旗子弟

不足用时,会就地临时招募乡勇组成军队,战事完了后立即解散,不算是国家正式的军队编制。这即是所称的"勇"。可以说勇是临时兵,是对常规兵的补充。

但是到清末太平天国时,曾国藩大胆出新,改非正式的乡勇为练勇(即湘军),定兵制,发饷粮,称为勇营。勇营的特点是拿国家军饷的私募武装。所谓"兵为将有",士兵和军官只忠于自己的长官,不直接效忠皇帝。从此,"勇"基本代替了"兵",成为国家的主要军事力量。

"三教九流"无贬义

在现代语汇中,"三教九流"是一个颇具贬义色彩的词。这和它最初的意义相距甚远。

在官方权威记载中,"三教"最早见于东汉《白虎通·三教》一文,云:"教所以三何?法天、地、人,内忠、外敬、文饰之,故三而备之。"意思是夏代崇尚忠,商代崇尚敬,周代崇尚文,将这些道德规范和礼仪总汇在一起,称为"三教",是上古文明的精华。这是有关"三教"的最早说法。北周武帝时,"儒、释、道"三大流派此消彼长,是当时先进文化的三个代表。于是"三教"又有了新的含义——儒教、道教、佛教。最有利的证据是河南嵩山书院曾立有一尊三神像,在一个头上雕刻出孔子、老子、释迦牟尼三人的面孔。

有关"九流"的权威记载,最早见于《汉书·艺文志》。其中收录诸子189家,认为其中最重要的九家为:儒、道、墨、

《西厢记》

法、名、阴阳、纵横、杂、农。这代表了汉代主要的学术流派,故称"九流"。

元代王实甫在《西厢记》中写道:"秀才是文章魁首,姐姐是仕女班头;一个通彻三教九流,一个晓尽描鸾刺绣。"他用"三教九流"来夸奖张生才华横溢。元末明初的罗贯中在《三国演义》第二十三回中也写道:"三教九流,无一不晓;天文地理,无一不通。"他将"三教九流"与"天文地理"相比肩。由此可见,"三教九流"在中国古代不仅无贬义,而且还很高雅,是对汉唐主流文化的高度凝练。时人也以通晓"三教九流"为荣。

后来随着时间的推移,到了近代以来提倡白话文,"三教九流"一词便逐渐衍生出各种各样的解释,甚至被用来划分社会等级。尤其是"九流",被人按照职业贵贱分为了上九流、中九流和下九流三个等级。从此"三教九流"就开始泛指社会上各种行业、各色人物。其中下九流皆是贫贱和令人所不齿的职业,因而慢慢取代了"三教九流"的整体含义,使"三教九流"一词逐渐带有了贬义的色彩。

"淑女""美女"大不同

"窈窕淑女,君子好逑",是《诗经》开篇《关雎》中的第一句。其中"窈窕淑女"一词总能引起后人的无限遐想。什么样的女子才是君子所爱的"淑女","淑女"是不是就是"美女"呢?

据考证,"窈窕淑女"中的"窈窕"是古人评价女子的理想词汇。其意为"美心为窈,美状为窕"。也就是说窈窕是形容心灵和外貌都美好的女子。所以倘若只将窈窕淑女理解成为身材苗条的女子,就会有失偏颇。要成为君子的好配偶,和君子相匹配,就要符合"君子"的审美标准。单从"窈窕"

瓷器淑女雕像

这两个字来看,君子心中的好配偶是需要内外兼修,达到内在美和外在美和谐统一的女子。

外表的美丽是父母给予的,而内心的娴静美好需要后天的培养和修习。而中国古代对于淑女的要求不可谓不严格。东汉班昭所著《女诫》中用"卑弱"、"夫妇"、"敬顺"、"妇行"、"专心"、"曲从"和"叔妹"七篇,对淑女的行为准则做了详细的论述和规定。而美女中一个"美"字,就把女子定位在了外貌的美好上,实在是和淑女的标准相距甚远。

"使节"原本不是人

在现代,"外交使节"特指外交人员,或是一国常驻他国的外交官,或是派往他国临时办理事务的代表。但"使节"一词的原意指的是物,而非是人。

在我国古代,"使节"又叫"符信",是一种官职的凭证。卿大夫受聘于诸侯时,也就是卿大夫被派往诸侯国赴任时,国君要授予其任职凭证,这种凭证就是使节。同时,当使臣受命出使他国时,国君也要给他出使凭证,这种凭证也叫"使节"或"符节"。使臣持节,表明持节者是皇帝的代表。尤其当皇帝派使臣出国造访时,持节者不仅代表皇帝,还代表国家。因此"使节"的意义重大。

使臣持节的做法早在汉代就有了,但是起初形状简单。后来经过发展,"使节"根据用途不同,形状也不相同。作为任职凭证的"使节"大多用铜铸成,并根据任职地区的不同,分别铸成不同的动物图像。例如在山区任职的,授其"虎节";在平原地区任职的授其"人节";在湖泽地区任职的授其"龙节"。作为出使凭证的"使节"一般都以竹子为柄,上

《步辇图》中的外国使臣

面缀牦牛尾为装饰,故又称"庭节"。张骞出使西域时,持的就是这种"使节";苏武牧羊时所持的也是这种"使节"。

"使节"是权力的象征,所以历朝历代都非常注意"节"的使用。汉代中央设有专门掌管符节的使臣,称"符节令"。此外,中央政府严格禁止任何人伪造"节",如有查获,严惩不贷。

关于"节"的使用,有其演变过程。秦汉魏晋南北朝时期的使臣均要持节。到唐宋以后,使臣基本不再持节。但是"节"作为权力的象征,依然保留在皇帝出行的队伍之中,并且日趋华丽。这时候"节"的形状和象征意义与秦汉时期的"节"都已相差甚远了。然而不论如何改变,"使节"一词在中国古代是一种凭证或象征,并非指人。只是在后来的慢慢演化中,"使节"由指物变成了代指出使之人。